PRINCIPES DE MACROÉCONOMIE

N. Gregory Mankiw
Harvard University

Germain Belzile
HEC Montréal

Benoît Pépin
HEC Montréal

Traduction des ajouts
de la quatrième
édition canadienne
Serge Paquin

MODULO

Principes de macroéconomie est la traduction de la quatrième édition canadienne de *Principles of Macroeconomics* de N. Gregory Mankiw, Ronald D. Kneebone, Kenneth J. McKenzie et Nicholas Rowe. © 2008, Nelson Education. Tous droits réservés. Traduit de l'anglais avec la permission de Nelson Education.

Nous reconnaissons l'aide financière du gouvernement du Canada par l'entremise du Programme d'aide au développement de l'industrie de l'édition (PADIE) pour nos activités d'édition.

Catalogage avant publication de Bibliothèque et Archives nationales du Québec et Bibliothèque et Archives Canada

> Principes de macroéconomie
>
> Traduction de la 4e éd. canadienne de: Principles of macroeconomics.
>
> Comprend des réf. bibliogr. et un index.
>
> ISBN 978-2-89650-058-1
>
> 1. Macroéconomie - Manuels d'enseignement supérieur. I. Mankiw, N. Gregory.
>
> II. Belzile, Germain, 1957- . III. Pépin, Benoît, 1959- .
>
> HB172.5.P74414 2009 339   C2009-940324-2

Équipe de production
Éditeur: Bianca Lam
Chargée de projet: Suzanne Champagne
Révision linguistique: Serge Paquin
Correction d'épreuves: Sabine Cerboni, Marie Calabrese
Montage: Interscript, une division de Dynagram
Coordination de la mise en pages: Nathalie Ménard
Maquette: Marguerite Gouin
Couverture: Marguerite Gouin (*Le prêteur et sa femme* [1514], Quentin Metsys [1466–1530]. Huile sur bois, 70,5 cm x 67 cm. Inv.: INV 1444. Photo: Gérard Blot. Louvre, Paris, France.)
Recherche photos et textes: Anne Hébert, Claudine Bourgès
Gestion des droits: Gisèle Séguin

MODULO

Groupe Modulo est membre de l'Association nationale des éditeurs de livres.

Principes de macroéconomie

© Groupe Modulo, 2010
5800, rue Saint-Denis, bureau 1102
Montréal (Québec) H2S 3L5
CANADA
Téléphone : 514 738-9818 / 1 888 738-9818
Télécopieur : 514 738-5838 / 1 888 273-5247
Site Internet : www.groupemodulo.com

Dépôt légal - Bibliothèque et Archives nationales du Québec, 2009
Bibliothèque et Archives Canada, 2009
ISBN 978-2-89650-058-1

Imprimé au Canada

5 6 7 14 13 12

À Catherine, Nicholas et Peter.
Ma contribution pour les générations futures.

À René et Gisèle.

À Diane et Jean-Pierre. Pour tout.

REMERCIEMENTS

La production d'un manuel est une affaire d'équipe. Nous aimerions donc remercier les membres de l'équipe de la maison Modulo pour leur ténacité, leurs encouragements, leurs conseils, leur professionnalisme… et leur patience : Jean Bouchard, directeur général ; Lucie Robidas, directrice de l'édition ; Dominique Lefort, responsable de la production éditoriale ; Suzanne Champagne, chargée de projet ; Serge Paquin, réviseur linguistique ; Sabine Cerboni, Marie Calabrese et Marie Théorêt, correctrion d'épreuves ; Lise Marceau, direction artistique ; Marguerite Gouin, conception graphique ; Nathalie Ménard, coordination de la mise en pages ; Gisèle Séguin, gestion des droits ; Anne Hébert et Claudine Bourgès, recherchistes. Et surtout à Bianca Lam, éditrice : sa patience, sa gentillesse, son doigté et sa bonne humeur ont rendu ce projet agréable. À toutes ces personnes qui ont contribué à la réalisation de ce projet, nous exprimons notre profonde reconnaissance.

Nous aimerions aussi remercier les personnes suivantes pour leurs conseils et leurs commentaires judicieux : Jean Boivin (HEC Montréal), Hafedh Bouakez (HEC Montréal), Simon Cadorette (UQAM et HEC Montréal), Pierre Chaussé (UQAM et HEC Montréal), Foued Chihi (HEC Montréal), Martin Coiteux (HEC Montréal), Nathalie Elgrably (HEC Montréal), Olivier Gergaud (UIT de Troyes et Reims Management School), Franck Jovanovic (TELUQ), Alexandre LeLeyzour (HEC Montréal), Michel Normandin (HEC Montréal), Josée Rousseau (HEC Montréal), Paul Roussel (UQAM), Marc Santugini (HEC Montréal), Jean Soucy (UQAM et HEC Montréal) et Nicolas Vincent (HEC Montréal). Nous regretterons sûrement de ne pas avoir suivi tous leurs conseils.

Germain Belzile
Benoît Pépin

PRÉFACE DESTINÉE AUX ENSEIGNANTS

Durant mes 20 années de vie étudiante, le cours qui m'a le plus stimulé est le cours d'introduction à l'économie, que j'ai suivi en première année de baccalauréat. Cela a changé ma vie.

J'ai grandi dans une famille où l'on discutait fréquemment de politique aux repas, mais à l'école, je m'intéressais plutôt aux sciences : alors que la politique me semblait être un sujet vague et subjectif, la science était analytique, systématique et objective. Les débats politiques continuaient sans aboutir, pendant que la science progressait.

Mon cours de première année en économie m'a ouvert les yeux. La science économique combine les bons côtés de la science et de la politique : c'est véritablement une science sociale. Son objet d'étude est la société, soit comment les gens choisissent de mener leur vie et comment ils interagissent les uns avec les autres. Mais l'économie aborde la société sans passion, d'une façon scientifique. En utilisant les méthodes scientifiques pour étudier les questions politiques, l'économie favorise notre compréhension des défis auxquels font face toutes les sociétés.

C'est dans l'espoir de susciter le même enthousiasme que celui ressenti lors de mon premier cours d'économie que j'ai décidé d'écrire ce livre.

N. Gregory Mankiw

COMMENT CE LIVRE EST-IL CONSTRUIT ?

Ce livre a été conçu de manière à présenter la matière sous une forme condensée et agréable à utiliser. Voici un bref aperçu de son contenu. Ce survol devrait permettre tant aux étudiants qu'aux enseignants de comprendre le plan général de l'ouvrage qu'ils ont entre les mains.

Le manuel *Principes de macroéconomie* commence par trois chapitres d'introduction, dans lesquels est élaboré un « coffre à outils » de base pour l'analyse économique. **Le chapitre 1**, Dix principes d'économie, présente aux étudiants la vision du monde qu'ont les économistes. Il introduit les principaux concepts qui sont au cœur de la science économique, tels que le coût de renonciation, le raisonnement à la marge dans la prise de décisions rationnelles, le rôle et l'importance des incitatifs, les bénéfices associés aux échanges et à la spécialisation, et l'efficience des marchés. Ces concepts seront repris à plusieurs occasions dans le livre, puisqu'ils constituent la base de toute analyse économique. Dans le manuel, un pictogramme placé en marge du texte signalera une référence à l'un de ces dix principes élémentaires.

Le chapitre 2, Penser comme un économiste, examine de quelle façon les économistes conçoivent leur discipline. On y décrit le rôle des postulats dans le développement d'une théorie et on y introduit la notion de modèle économique. On y commente aussi la responsabilité des économistes en matière de politique économique. L'annexe de ce chapitre présente une brève récapitulation de l'art d'utiliser les graphiques et rappelle la prudence dont on doit faire preuve au moment de les interpréter.

Le chapitre 3, L'interdépendance et les gains tirés de l'échange, présente la théorie des avantages comparatifs. Cette théorie explique pourquoi les individus commercent avec leurs voisins et pourquoi les pays commercent entre eux. Puisque le but de l'économie est d'analyser la façon dont le marché coordonne les multiples décisions individuelles en matière de production et de consommation, il est tout naturel de comprendre en quoi la spécialisation et les échanges peuvent être bénéfiques.

Le chapitre 4, Les forces du marché : l'offre et la demande, introduit les notions fondamentales d'offre, de demande et d'équilibre de marché. L'étude de la macroéconomie à proprement parler commence au chapitre 5. Notre démarche consiste en premier lieu à examiner l'économie dans une perspective à long terme, c'est-à-dire lorsque les prix sont flexibles. Nous passons ensuite à l'étude de l'économie à court terme, soit une situation où les prix sont rigides. Nous croyons que cette façon de faire simplifie grandement l'étude de la macroéconomie, et cela, pour plusieurs raisons. Premièrement, nous pouvons aisément relier l'hypothèse classique de la flexibilité des prix à l'offre et à la demande, que les étudiants viennent d'aborder au chapitre 4. Deuxièmement, la dichotomie classique permet de diviser l'analyse du long terme en plusieurs petites parties, plus facilement assimilables. Troisièmement, étant donné que le cycle économique peut être vu comme une déviation de l'économie par rapport à sa croissance tendancielle à long terme, il est plus naturel d'étudier ces déviations temporaires après avoir compris les équilibres à long terme. Finalement, la théorie macroéconomique du court terme ne fait pas autant l'objet d'un consensus entre les économistes que celle du long terme. Pour toutes ces raisons, la plupart des cours de macroéconomie de niveau supérieur présentent le long terme avant le court terme. Nous voulons offrir les mêmes avantages aux étudiants qui abordent la macroéconomie avec le présent manuel.

Revenons maintenant à la description plus détaillée du contenu des chapitres. Nous commençons l'étude de la macroéconomie par la mesure des données et des variables macroéconomiques. Dans **le chapitre 5**, Le revenu d'un pays, nous examinons le PIB ainsi que d'autres mesures provenant des comptes nationaux. **Le chapitre 6**, **La mesure du coût de la vie**, traite de l'indice des prix à la consommation.

Les trois chapitres qui suivent s'intéressent au comportement de l'économie réelle à long terme. Dans **le chapitre 7**, **La production et la croissance**, on s'intéresse aux facteurs qui causent d'importantes variations du niveau de vie dans le temps et dans l'espace. **Le chapitre 8**, **L'épargne, l'investissement et le système financier**, présente les diverses institutions financières de l'économie et leurs rôles dans l'allocation des ressources. **Le chapitre 9**, **Le chômage et son taux naturel**, se penche sur les facteurs déterminant le taux de chômage à long terme, dont la recherche d'emploi, le salaire minimum, la syndicalisation et les salaires d'efficience.

Après cette étude de l'économie réelle à long terme, nous nous tournons vers l'évolution de la monnaie et des prix à long terme. **Le chapitre 10**, **Le système monétaire**, montre comment l'économiste envisage la monnaie et comment la banque centrale en contrôle la quantité en circulation. **Le chapitre 11**, **La croissance monétaire et l'inflation**, expose la théorie classique de l'inflation et analyse les coûts qu'elle impose à la société.

Les deux chapitres suivants présentent la théorie macroéconomique de l'économie ouverte, en maintenant les hypothèses des prix flexibles et du plein-emploi. **Le chapitre 12**, **Les principes macroéconomiques de base d'une économie ouverte**, explique la relation entre l'épargne, l'investissement et la balance commerciale ; il expose également la différence entre le taux de change réel et le taux de change nominal, ainsi que la théorie de la parité des pouvoirs d'achat. **Le chapitre 13**, **Une théorie macroéconomique de l'économie ouverte**, présente un modèle classique des flux de biens et de capitaux. Ce modèle permet d'éclairer certains thèmes, tels le rapport entre les déficits budgétaires et les déficits commerciaux ainsi que les effets macroéconomiques des politiques commerciales. Étant donné que chaque enseignant voudra accorder une importance plus ou moins grande à ces notions, nous avons présenté ces chapitres de sorte qu'ils puissent être utilisés de différentes façons. Ainsi, on peut choisir de couvrir le chapitre 12 mais de laisser de côté le chapitre 13, de sauter ces deux chapitres ou encore de reporter l'étude de l'économie ouverte à la toute fin du cours.

La théorie de l'économie à long terme ayant été présentée dans les chapitres 7 à 13, nous étudions ensuite les fluctuations économiques à court terme, soit les mouvements autour de la tendance à long terme. Cette organisation simplifie l'enseignement du court terme, car les étudiants ont normalement assimilé, à ce stade, les concepts de base de la macroéconomie. **Le chapitre 14**, **L'offre et la demande agrégées**, présente d'abord quelques faits concernant le cycle économique, avant d'introduire le modèle de l'offre et de la demande agrégées. **Le chapitre 15**, **Les impacts des politiques monétaire et budgétaire sur la demande agrégée**, explique comment les dirigeants peuvent utiliser les outils à leur disposition pour faire déplacer la courbe de la demande agrégée. **Le chapitre 16**, **L'arbitrage à court terme entre l'inflation et le chômage**, explique pourquoi les dirigeants, qui contrôlent la demande agrégée, font face à un arbitrage entre l'inflation et le chômage. Nous examinons pourquoi cet arbitrage existe à court terme, pourquoi il change au fil du temps et pourquoi il n'existe plus à long terme.

Dans **le chapitre 17**, **Les outils de la finance**, nous présentons les outils essentiels pour la compréhension des décisions des participants aux marchés financiers, dont la valeur présente, la gestion du risque et l'évaluation des actifs. Le livre se clôt avec **le chapitre 18**, **Cinq controverses sur la politique macroéconomique**. Ce chapitre aborde cinq débats importants concernant la politique macroéconomique.

PRÉFACE DESTINÉE AUX ÉTUDIANTS

« L'économie étudie comment l'homme se comporte dans la vie de tous les jours. »
C'est ainsi qu'Alfred Marshall, le grand économiste du xixᵉ siècle, a défini la science
économique dans son livre *Principles of Economics*. Bien que l'étude de l'économie ait beaucoup évolué depuis, cette définition reste aussi pertinente aujourd'hui
qu'elle a pu l'être en 1890, au moment de la parution de la première édition de
l'ouvrage de Marshall.

Pourquoi donc devriez-vous vous intéresser à cette science, vous, étudiants du
xxiᵉ siècle ? Nous vous proposons trois raisons.

Premièrement, la science économique peut vous aider à comprendre le monde dans
lequel vous vivez. Vous vous posez sans doute des questions qui relèvent de l'économie. Par exemple, pourquoi est-il si difficile de trouver un appartement à Montréal ?
Pourquoi les compagnies aériennes proposent-elles des billets aller-retour à tarif
réduit, à condition que le voyageur fasse une escale le samedi soir ? Pourquoi Céline
Dion obtient-elle de si gros cachets pour ses engagements ? Pourquoi le niveau de
vie est-il si faible dans plusieurs pays d'Afrique ? Pourquoi est-il facile de trouver un
emploi à certaines époques et beaucoup plus difficile à d'autres ? L'économie peut
vous aider à répondre à ce genre de questions.

Deuxièmement, la connaissance de la science économique peut vous aider à mieux vous
tirer d'affaire et à mieux participer à la vie économique. Au cours de votre vie,
vous devrez prendre plusieurs décisions d'ordre économique. Pendant vos études, vous
devrez décider combien d'années vous resterez à l'école. Au moment où vous vous
mettrez à travailler, vous aurez à décider de quelle façon vous dépenserez votre revenu,
combien d'argent vous épargnerez et quels genres d'investissements vous ferez. Il se
pourrait que vous soyez un jour à la tête d'une entreprise, grande ou petite, et que vous
ayez à déterminer le prix des produits que vous aurez fabriqués. Les connaissances
que vous allez acquérir dans les chapitres qui suivent vous fourniront une nouvelle
perspective sur des décisions de cette nature. L'étude de l'économie ne peut pas vous
garantir la fortune, mais elle peut vous donner des outils susceptibles de vous aider.

Troisièmement, l'étude de l'économie vous aidera à mieux comprendre les possibilités et les limites de la politique économique. En tant que citoyens, vous contribuez au
choix des politiques qui déterminent l'allocation des ressources du pays. Quand vous
réfléchissez à la politique qui vous semble idéale, vous vous posez des questions sur
l'économie. Quels sont les effets d'un type de taxe par rapport à un autre ? Comment
le libre-échange nous touche-t-il ? Quelle est la meilleure façon de protéger l'environnement ? De quelles façons le déficit budgétaire d'un pays influe-t-il sur l'économie ?
Ces questions préoccupent les dirigeants un peu partout dans le monde.

En somme, les principes de l'économie s'appliquent à une foule de situations. Ainsi,
plus tard, que vous lisiez un journal, que vous dirigiez une entreprise ou que vous
soyez à la tête du pays, vous vous féliciterez d'avoir étudié l'économie.

N. Gregory Mankiw
Germain Belzile
Benoît Pépin

LES OUTILS D'APPRENTISSAGE

L'objectif premier de ce livre est de donner aux étudiants les outils de base de la théorie économique qui leur permettront de mieux comprendre ce qui se passe autour d'eux. Dans cet esprit, nous avons eu recours aux outils d'apprentissage suivants.

OBJECTIFS

Chaque chapitre débute par une énumération succincte des objectifs poursuivis. L'énumération des quatre ou cinq leçons essentielles du chapitre permettra aux étudiants d'en percevoir le fil conducteur pendant la lecture.

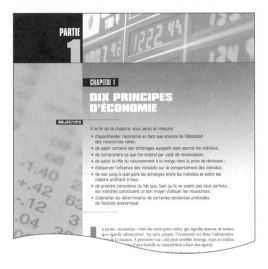

ÉTUDE DE CAS

La théorie économique n'a d'intérêt que si elle peut être appliquée. Dans chaque chapitre, des études de cas se donnent précisément cette mission : montrer la pertinence des concepts présentés.

[DANS L'ACTUALITÉ]

Dans la même veine, un choix d'articles de journaux récents permet d'illustrer une problématique ou un concept particuliers.

Définition des concepts clés

Lorsqu'un concept clé est introduit, il est en couleur dans le corps du texte. De plus, sa définition est placée en marge du texte, ce qui facilite le repérage.

MINITEST

À la fin de chaque section importante, un minitest est proposé aux étudiants. Puisque l'objectif consiste à vérifier leur compréhension de la matière, les étudiants incapables de répondre rapidement à ces questions devraient reprendre la lecture de la section concernée.

RÉSUMÉ

Chaque chapitre se termine par un bref résumé de la matière, qui permettra aux étudiants de revoir les idées les plus importantes.

CONCEPTS CLÉS

À la fin de chaque chapitre, on trouve une liste des concepts clés. Pour permettre un repérage facile, la page de référence est indiquée.

QUESTIONS DE RÉVISION

Afin de donner aux étudiants une vision d'ensemble de la matière présentée, le chapitre se termine par quelques questions de révision.

CHAPITRE 15

LES IMPACTS DES POLITIQUES MONÉTAIRE ET BUDGÉTAIRE SUR LA DEMANDE AGRÉGÉE

CHAPITRE 16

L'ARBITRAGE À COURT TERME ENTRE L'INFLATION ET LE CHÔMAGE

INTRODUCTION

PARTIE 1

DIX PRINCIPES D'ÉCONOMIE

OBJECTIFS

À la fin de ce chapitre, vous serez en mesure :

→ d'appréhender l'économie en tant que science de l'allocation des ressources rares ;

→ de saisir certains des arbitrages auxquels sont soumis les individus ;

→ de comprendre ce que l'on entend par *coût de renonciation* ;

→ de saisir le rôle du raisonnement à la marge dans la prise de décisions ;

→ d'observer l'influence des incitatifs sur le comportement des individus ;

→ de voir jusqu'à quel point les échanges entre les individus et entre les nations profitent à tous ;

→ de prendre conscience du fait que, bien qu'ils ne soient pas tous parfaits, les marchés constituent un bon moyen d'allouer les ressources ;

→ d'identifier les déterminants de certaines tendances profondes de l'activité économique.

Le terme « économie » vient des mots grecs *oikos*, qui signifie maison, et *nomos*, qui signifie administrer. Au sens propre, l'économie est donc l'administration de la maison. À première vue, cela peut sembler étrange, mais en réalité, l'économie et la gestion d'une famille se ressemblent à bien des égards.

Un ménage doit faire de nombreux choix. Il doit déterminer les tâches qui seront effectuées par ses membres et définir ce que chacun d'eux en retirera. Par exemple, qui préparera le souper ? Qui fera la lessive ? Qui reprendra du dessert ? Qui choisira l'émission de télévision ? En somme, la famille doit répartir les ressources rares entre ses membres selon les capacités, les efforts et les désirs de chacun.

À l'instar d'un ménage, une société doit faire des choix. Elle doit décider des tâches à réaliser tout comme de leur distribution. Certains devront produire de la nourriture, d'autres, fabriquer des vêtements, et d'autres encore, concevoir des logiciels. Après avoir affecté la main-d'œuvre (de même que les terres, les bâtiments et les machines)

Rareté
Situation où les besoins dépassent les ressources dont on dispose pour les satisfaire. Ce concept illustre le caractère limité des ressources de la société.

Économie
Étude de l'utilisation de ressources rares pour satisfaire des besoins illimités; étude de la manière dont la société alloue ses ressources rares.

à ces différents métiers, la société doit allouer les biens et les services ainsi produits. Elle doit décider qui mangera du caviar et qui mangera des pommes de terre, qui conduira une Ferrari et qui prendra l'autobus.

La rareté des ressources rend leur allocation essentielle. Cette **rareté** met en lumière le caractère limité des ressources dont dispose la société, celle-ci ne pouvant produire la totalité des biens et des services dont la population a besoin. Tout comme une famille ne peut offrir à ses membres tout ce qu'ils veulent, une société ne peut satisfaire aux aspirations de chacun.

L'**économie** consiste à étudier la manière dont la société alloue ses ressources rares. Dans la plupart des contextes sociaux, les ressources ne sont pas allouées par un seul planificateur central, mais plutôt par les activités combinées de millions de ménages et de firmes. Les économistes étudient ce qui motive les décisions des individus: leur volonté de travailler, leurs habitudes d'achat, d'épargne et d'investissement. Ils observent également les interactions des individus et se penchent sur les façons dont les millions d'acheteurs et de vendeurs d'un bien en fixent ensemble le prix de vente et la quantité vendue. Enfin, les économistes analysent les forces et les tendances de l'économie générale, notamment l'augmentation du revenu moyen, la proportion de la population qui ne trouve pas d'emploi et le taux d'augmentation des prix.

La science économique comporte certes de multiples facettes, mais son champ est unifié par plusieurs principes fondamentaux. Dans ce chapitre, nous étudierons **dix principes d'économie**. Ces principes, qui reviennent tout au long de l'ouvrage, sont introduits ici pour donner une vision globale de ce qu'est l'économie. Ce chapitre offre un aperçu des chapitres suivants.

COMMENT LES GENS PRENNENT-ILS LEURS DÉCISIONS?

La nature de l'économie n'a rien de mystérieux. Que l'on parle de l'économie de Montréal, de celle du Canada ou de l'économie mondiale, on ne fait référence à rien d'autre qu'à un groupe d'individus interagissant au quotidien. Le comportement de l'économie ne fait que refléter le comportement des individus qui en font partie. L'étude de l'économie commence donc par les quatre principes ayant trait à la prise de décisions individuelles.

LE PRINCIPE N° 1: LES GENS SONT SOUMIS À DES ARBITRAGES

On n'a rien pour rien. Cet adage résume bien la première notion relative à la prise de décisions. Pour obtenir ce que nous voulons, nous devons habituellement renoncer à autre chose qui nous tient à cœur. Prendre une décision, c'est faire un arbitrage entre un objectif et un autre.

Prenons le cas d'une étudiante qui décide de l'allocation de sa ressource la plus précieuse: son temps. Elle peut consacrer tout son temps soit à l'étude de l'économie, soit à l'étude de la psychologie, ou encore répartir son emploi du temps entre ces deux matières. Pour chaque heure passée à étudier un sujet, elle renonce à une heure consacrée à l'autre. Et chaque heure d'étude est une heure de moins pour faire la sieste, se promener à bicyclette, regarder la télévision ou travailler à temps partiel pour se procurer un peu d'argent de poche.

Examinons maintenant le cas de parents aux prises avec les difficultés de la gestion du revenu familial. Ces derniers peuvent acheter de la nourriture, acheter des vêtements ou se payer des vacances. Ils ont aussi la possibilité d'économiser une partie de leur revenu pour préparer leur retraite ou pour financer les études universitaires de leurs enfants. Lorsqu'ils décident de dépenser un dollar supplémentaire pour ces biens, ils en ont un de moins à consacrer aux autres.

À l'échelle de la société, les arbitrages revêtent une autre forme. L'arbitrage le plus classique est celui des canons ou du pain. Plus on affecte de ressources à la défense nationale pour protéger le pays contre une éventuelle agression (les canons), moins il en reste pour améliorer le niveau de vie par les biens de consommation (le pain). Un autre arbitrage important de la société contemporaine oppose un environnement propre à un niveau de revenu élevé. En effet, la législation exige des firmes qu'elles réduisent la pollution, ce qui se répercute sur le coût de production des biens et des services. La hausse de ce coût influe à son tour sur les bénéfices, entraîne une diminution des salaires, provoque une augmentation des prix ou les trois à la fois. Les lois sur la pollution offrent l'avantage de protéger l'environnement et la santé, mais elles entraînent du même coup une baisse du revenu des entreprises, des travailleurs et des consommateurs.

Efficience
La capacité de la société à tirer le maximum de ses ressources rares.

Équité
La capacité de répartir de façon juste la richesse entre l'ensemble des agents.

La société doit aussi choisir entre l'efficience et l'équité. L'efficience signifie que la société profite au maximum des ressources rares. L'équité concerne la juste répartition des bénéfices de ces ressources entre tous les membres. En d'autres termes, l'efficience concerne la taille du gâteau, tandis que l'équité renvoie à la manière dont on le partage. Lors de l'élaboration des politiques publiques, ces deux objectifs entrent souvent en conflit.

Considérons l'exemple des politiques visant une distribution plus équitable du bien-être économique. Certaines de ces politiques, comme les prestations d'aide sociale ou d'assurance emploi, tentent d'aider les plus démunis de la société. D'autres, comme l'impôt sur le revenu des particuliers, réclament des mieux nantis une contribution plus grande que celle des autres membres de la société pour couvrir les dépenses du gouvernement. Si ces politiques ont le mérite d'assurer une plus grande équité, elles ont en revanche un coût sur le plan de l'efficience. En effet, en augmentant le fardeau fiscal de certains contribuables, la redistribution des revenus réduit la rémunération du travail, ce qui incite ces personnes à travailler moins et, par conséquent, à produire moins de biens et de services. Autrement dit, lorsque le gouvernement essaie de partager le gâteau économique en parts plus égales, ce gâteau devient plus petit.

Le fait de savoir que les gens sont soumis à des arbitrages ne nous dit pas quelle décision ils devraient prendre. L'étudiante n'abandonnera pas nécessairement l'étude de la psychologie pour avoir plus de temps à consacrer à l'économie. La société ne doit pas renoncer à protéger l'environnement uniquement parce que les lois environnementales risquent d'entraîner une baisse de notre niveau de vie. Il ne faut pas abandonner les plus démunis sous prétexte que cette aide modifie les incitatifs au travail. Néanmoins, il importe de prendre conscience de ces arbitrages, car on ne peut prendre de bonnes décisions sans comprendre toutes les options existantes.

LE PRINCIPE Nº 2 : LE COÛT D'UN BIEN EST CE À QUOI IL FAUT RENONCER POUR L'OBTENIR

En raison des arbitrages auxquels les gens sont soumis, la prise de décisions implique de comparer les coûts et les avantages des diverses options possibles. Dans la plupart des cas, le coût d'une action n'est pas aussi évident qu'il y paraît.

La décision de poursuivre des études universitaires constitue un bon exemple. Le bénéfice réside dans l'enrichissement intellectuel et de meilleures possibilités de carrière, mais quel en est le coût ? Afin de répondre à cette question, on peut être tenté de faire l'addition des différents frais engagés : droits de scolarité, livres, hébergement et nourriture. Ce total ne représente pourtant pas le coût exact de ce à quoi il faut renoncer pour une année à l'université.

Cette réponse pose un premier problème : certains éléments inclus dans cette addition ne correspondent pas aux coûts réels liés aux études supérieures. En effet, même si l'on arrête d'étudier, on continue d'avoir besoin de se loger et de se nourrir. Ces frais d'hébergement et de nourriture ne pèsent donc dans la balance que s'ils excèdent ceux que l'on aurait payés en temps normal. En fait, le coût d'une chambre et de la nourriture sur le campus a de fortes chances d'être inférieur au coût habituel du logement et de la nourriture. Dans ces circonstances, les économies réalisées sur le gîte et le couvert représentent l'un des bénéfices des études universitaires.

Un second problème de calcul se pose : on ne tient pas compte du coût le plus important des études universitaires, à savoir l'investissement en temps. Une année passée à assister aux cours, à lire des manuels et à rédiger des travaux, c'est une année de moins de vie professionnelle. Pour la majorité des étudiants, le principal coût des études universitaires correspond au salaire qu'ils n'auront pas gagné durant leurs études.

Coût de renonciation
Ce à quoi il faut renoncer pour obtenir quelque chose. Meilleure possibilité à laquelle on a renoncé en faisant un choix.

Le **coût de renonciation** d'un bien est ce à quoi il faut renoncer pour l'obtenir. Avant de prendre quelque décision que ce soit, comme dans l'exemple des études universitaires, il faut être conscient des coûts de renonciation associés à chaque action envisageable. Les athlètes qui ont l'occasion de gagner des millions en abandonnant leurs études universitaires pour devenir des sportifs professionnels savent parfaitement que le coût de renonciation associé à l'université est très élevé. Il n'y a par conséquent rien d'étonnant à ce qu'ils décident qu'un tel sacrifice n'en vaut pas la peine.

LE PRINCIPE N° 3 : LES GENS RATIONNELS RAISONNENT À LA MARGE

Gens rationnels
Personnes qui tentent délibérément et systématiquement d'atteindre les objectifs qu'elles se fixent, en tenant compte des contraintes auxquelles elles font face.

Les économistes supposent généralement que les gens sont rationnels. Les **gens rationnels** tentent délibérément et systématiquement d'atteindre les objectifs qu'ils se fixent, en tenant compte des contraintes auxquelles ils font face. En étudiant l'économie, vous rencontrerez des entreprises qui décident du nombre de travailleurs à embaucher et du volume de production à mettre sur le marché afin de maximiser leurs profits. Vous rencontrerez également des consommateurs qui tentent de maximiser leur satisfaction en tenant compte de leur revenu et du prix des biens.

Changements marginaux
Petits ajustements apportés à un plan d'action.

Cela dit, les décisions à prendre au cours de l'existence sont rarement aussi tranchées et comportent la plupart du temps bien des nuances. Lorsque vient le temps de souper, le choix qui s'offre à vous n'oppose pas l'option de manger comme un ogre à celle de jeûner complètement ; il consiste plutôt à décider de reprendre ou non une cuillerée de purée de pommes de terre. Quand vient le temps des examens, vous n'avez pas à choisir entre étudier 24 heures sur 24 ou tout laisser tomber, mais plutôt à choisir entre passer encore une heure à étudier ou une heure à regarder la télévision. Les économistes emploient l'expression **changements marginaux** pour décrire les petits ajustements marginaux apportés à un plan d'action existant. Il faut garder à l'esprit que le mot *marge* signifie ici « écart », ces changements marginaux se limitant à de petits ajustements autour de l'action prévue.

Les gens rationnels prennent leurs décisions en comparant le bénéfice marginal et le coût marginal. Prenons l'exemple d'une compagnie aérienne qui évalue la possibilité de faire payer les passagers en attente. Supposons que le vol transcanadien d'un avion de 200 places coûte 100 000 $. Le coût moyen de chaque siège sera de 100 000 $ divisés par 200 passagers, soit 500 $. Il est tentant de conclure que cette compagnie aérienne ne devrait jamais vendre un billet d'avion à moins de 500 $. Cependant, en réalité, cette compagnie peut voir ses profits augmenter en raisonnant à la marge. Imaginons que l'avion s'apprête à décoller avec 10 sièges vides et qu'un passager en attente est prêt à payer 300 $ pour monter à bord. La compagnie devrait-elle accepter ? Probablement. S'il y a des places libres dans l'avion, le coût additionnel d'un passager supplémentaire est ridiculement petit. Même si le coût moyen du transport de chaque passager s'élève à 500 $, le coût marginal pour ce passager se limite, à peu de choses près, à un peu de kérosène additionnel, à un sac de friandises et à une canette de boisson gazeuse. Si ce passager en attente paye un tarif supérieur au coût marginal, la vente de ce billet est rentable.

Le raisonnement à la marge peut nous aider à rendre compte d'un phénomène qui a longtemps troublé les économistes. Pourquoi l'eau, qui est pourtant essentielle à la vie humaine, coûte-t-elle infiniment moins cher que les diamants, objets de convoitise parfaitement superflus ? La réponse tient en ceci : la volonté de payer des gens repose sur le bénéfice marginal retiré de la consommation d'une unité additionnelle d'un bien, et ce bénéfice marginal dépend du nombre d'unités que la personne détient déjà. Le bénéfice marginal associé à un verre d'eau additionnel est très petit, car l'eau est très abondante. Par contre, la rareté des diamants fait en sorte que le bénéfice marginal associé à un diamant additionnel est très élevé.

Ces exemples le montrent bien, les individus et les sociétés prennent de meilleures décisions lorsqu'ils raisonnent à la marge. Un décideur rationnel ne se lance dans une action qu'en sachant que le bénéfice marginal excède le coût marginal. La compagnie aérienne est parfaitement rationnelle en vendant son billet à un prix inférieur au coût moyen, et il est parfaitement rationnel d'offrir un diamant à l'être aimé, plutôt qu'un verre d'eau !

LE PRINCIPE N° 4 : LES GENS RÉAGISSENT AUX INCITATIFS

La perspective d'une récompense, ou d'une punition, amène les gens à modifier le cours de leurs actions. Un incitatif est justement ce qui conduit une personne à agir. Puisque les gens prennent leurs décisions en comparant les coûts et les bénéfices, leur comportement se modifie généralement en fonction de ceux-ci. Autrement dit, les gens réagissent aux incitatifs. Comme vous aurez l'occasion de vous en rendre compte, les incitatifs jouent un rôle fondamental en économie.

Par exemple, lorsque le prix des pommes monte, les gens en consomment moins et mangent plus de poires. Par ailleurs, les producteurs de pommes décident d'embaucher plus d'employés pour ramasser plus de pommes, car les bénéfices tirés de la vente des pommes s'accroissent avec l'augmentation du prix. Le cas du marché des pommes illustre que le prix affecte le comportement des acheteurs autant que celui des vendeurs. C'est là un élément fondamental pour comprendre le fonctionnement de l'économie.

Incitatif
Ce qui conduit une personne à agir.

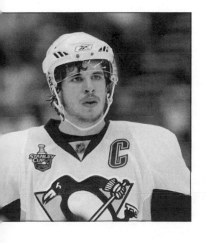

Sydney Crosby, une vedette du hockey, comprend parfaitement les coûts de renonciation et les incitatifs. Les études universitaires lui coûteraient une fortune s'il devait renoncer à une carrière en or dans la LNH.

Les pouvoirs publics ne devraient jamais négliger les incitatifs, car de nombreuses politiques changent les coûts et les bénéfices prévus, ce qui modifie les comportements. Ainsi, une taxe sur l'essence pousse les automobilistes à conduire de petites voitures moins énergivores. Elle les encourage également à opter pour les transports en commun et à résider plus près de leur lieu de travail. Si cette taxe devenait suffisamment importante, les conducteurs se tourneraient éventuellement vers les voitures électriques.

Lorsque les pouvoirs publics négligent de tenir compte des effets incitatifs de leurs politiques, ils obtiennent parfois des résultats non voulus. Prenons l'exemple de la réglementation ayant trait à la sécurité automobile. De nos jours, toutes les voitures disposent de ceintures de sécurité, mais ce n'était pas le cas il y a 40 ans. À la fin des années 1960, un livre de Ralph Nader, *Unsafe at Any Speed*, a fait de la sécurité automobile une préoccupation d'ordre public. La réaction du gouvernement a été d'approuver une réglementation obligeant les fabricants à doter tous leurs nouveaux véhicules d'un certain nombre de dispositifs de sécurité, dont les ceintures de sécurité.

Quel a été l'effet de ces lois sur la sécurité routière ? Leur effet direct paraît évident. La présence des ceintures de sécurité dans tous les véhicules a incité les conducteurs et les passagers à les boucler, augmentant ainsi leurs chances de survivre à un accident grave. De toute évidence, les ceintures de sécurité sauvent des vies.

Toutefois, l'histoire ne se termine pas là. Pour bien comprendre les conséquences de cette loi, il faut aussi tenir compte du changement de comportement des individus causé par les incitatifs. Dans ce cas, l'élément pertinent concerne la vitesse et la prudence. Conduire lentement et prudemment coûte en effet assez cher en raison de la perte de temps et d'énergie du conducteur. Les individus rationnels, lorsqu'ils décident de conduire prudemment, comparent le bénéfice marginal de la conduite prudente avec son coût marginal. Ils ralentissent et font plus attention lorsque le jeu en vaut la chandelle : la sécurité rapporte. C'est pourquoi ils conduisent plus lentement et plus prudemment sur une route enneigée que sur une chaussée sèche et dégagée.

Examinons maintenant comment une loi sur les ceintures de sécurité modifie le calcul des coûts et des bénéfices d'un conducteur rationnel. Les ceintures réduisent les risques de blessures et de décès ; elles diminuent donc les coûts des accidents. En revanche, elles réduisent les bénéfices de la conduite lente et prudente. Les conducteurs réagissent aux ceintures de sécurité comme ils réagiraient à une amélioration des conditions routières : ils accélèrent et prennent des risques. Cette législation entraîne alors paradoxalement un nombre plus élevé d'accidents.

Quel est l'effet de cette loi sur les statistiques d'accidents de voiture mortels ? Les conducteurs qui bouclent leur ceinture de sécurité ont plus de chances de survivre à un accident, mais ils sont également plus susceptibles d'avoir un accident. Le résultat net est ambigu. De plus, une conduite imprudente entraîne des conséquences néfastes pour les piétons (et pour les conducteurs qui ne portent pas leur ceinture). La loi leur est donc préjudiciable, puisque les risques d'être impliqués dans un accident augmentent sans être contrebalancés par la protection de la ceinture. En conséquence, une loi sur les ceintures de sécurité a tendance à faire augmenter le taux de mortalité des piétons.

À première vue, cette analyse portant sur les incitatifs et les ceintures de sécurité peut sembler relever d'une simple conjecture. Pourtant, dans une étude réalisée en 1975, l'économiste Sam Peltzman a démontré que les lois sur la sécurité automobile avaient, pour la plupart, entraîné ce type de conséquences. Il a prouvé que ces législations provoquent à la fois moins d'accidents mortels, mais plus d'accidents tout court. En conclusion, le nombre de décès des conducteurs diminue, mais celui des piétons augmente.

L'analyse de Peltzman concernant la sécurité automobile démontre le principe général selon lequel les individus réagissent aux incitatifs. Dans l'analyse d'une politique, il faut considérer non seulement les effets directs, mais aussi les effets indirects et non voulus que provoque cette politique. Tout changement de politique amène une modification des incitatifs et peut donc conduire les gens à changer de comportement.

[DANS L'ACTUALITÉ

LE POIDS DES INCITATIFS

Ce texte illustre jusqu'à quel point les gens réagissent aux incitatifs.

COMMENT AIDER LE BON SOI À L'EMPORTER SUR LE MAUVAIS SOI

AYANT décidé de perdre du poids, deux diplômés d'économie un peu corpulents de l'Institut de technologie du Massachusetts ont eu recours à l'appât du gain comme source de motivation. Dean Karlan a alors promis à John Romalis de lui verser 10 000$ s'il ne perdait pas 17 kilos avant une date mutuellement convenue, puis M. Romalis a pris un engagement similaire. Si les deux échouaient, celui qui se rapprocherait le plus de l'objectif visé recevrait 5000$. Heureusement pour eux, ils ont tous deux fini par perdre les kilos prévus, plutôt que les dollars convenus, si bien que l'engagement initial a fait place à un «contrat de maintien», en vertu duquel chacun d'eux pouvait se rendre à l'improviste chez l'autre pour vérifier son poids et… toucher 5000$ pour chaque demi-kilo dépassant un poids convenu.

Cet engagement date de 2002. Le mois dernier, M. Karlan, toujours aussi mince et maintenant professeur à l'université Yale, a lancé stickK.com, une entreprise fondée sur une démarche contractuelle analogue pour l'atteinte d'objectifs personnels ardus. L'entreprise s'appuie sur l'économie des comportements chère à M. Karlan, qui associe des notions de psychologie et d'économie pour expliquer le processus de prise de décisions qu'emploient les individus. Le modèle économique rationnel traditionnel de la prise de décisions ne peut expliquer pourquoi certaines personnes sont tentées d'adopter des pratiques néfastes à court terme (fumer, trop manger, etc.) dont elles connaissent bien les conséquences à long terme qu'elles ne désirent pas (cancer, obésité). Selon une théorie de l'économie des comportements, le (mauvais) soi à court terme n'accorde pas assez d'importance aux résultats que le (bon) soi à long terme valorise le plus.

StickK tente de corriger cela en ayant recours au mécanisme des prix, pour hausser le coût à court terme qu'entraîne le fait de tourner le dos aux intentions à long terme. En allant dans son site Web, vous pourrez mettre au point un «engagement contractuel» qui vous imposera un coût immédiat si jamais vous ne respectez pas cet engagement.

➡

Ainsi, vous pourriez vous engager, par l'entremise de stickK, à cesser de fumer ou à perdre un certain nombre de kilos avant une date spécifique. Le contrat habituel prévoit la nomination obligatoire d'un arbitre indépendant, chargé de vérifier l'atteinte ou non de l'objectif fixé et d'en informer stickK.

Que se passe-t-il en cas de non-respect de l'engagement contractuel? Tout client de stickK qui se retrouve dans une telle situation s'expose alors à diverses sanctions, qui peuvent être douces (l'information sur l'échec du client est diffusée dans le site Web de l'entreprise) ou sévère (le client doit verser une forte somme à un organisme de charité, et non à stickK). Un client peut également indiquer dans son engagement contractuel qu'il dépose à l'avance, dans un compte de stickK, un montant d'argent de son choix. Si jamais ce client ne respecte pas son engagement, ce montant sera remis, à sa discrétion, soit à l'organisme de charité qu'il a préalablement choisi, soit à l'organisme de charité qu'a choisi stickK, soit, pour l'inciter encore davantage à respecter son engagement, à un organisme de charité ou à une cause qu'il déteste (jusqu'à un certain point: le Ku Klux Klan, par exemple, serait un choix inacceptable).

M. Karlan et les cofondateurs de stickK, Ian Ayres, professeur de droit, et Jordan Goldberg, un jeune entrepreneur étudiant, ont déjà recueilli 1,2 million de dollars auprès d'un investisseur providentiel. Ils espèrent favoriser la croissance rapide de leur entreprise par la diffusion de publicités électroniques, la vente de produits aidant les clients à atteindre leur objectif respectif et la conclusion d'ententes avec des firmes pour la mise au point de programmes de santé. Plus de 1000 engagements contractuels ont déjà été signés, assortis de sanctions totalisant plus de 50 000$ en cas de non-respect. Qui a dit que la vertu ne paie pas?

Source: «Carrot and StickK», The Economist, New York, 7 février 2008.

MINITEST

■ Énumérez et décrivez brièvement les quatre principes de la prise de décisions individuelles.

COMMENT LES INDIVIDUS INTERAGISSENT-ILS ?

Les quatre premiers principes économiques présentés concernent la prise de décisions individuelles. Toutefois, dans la vie, bon nombre de nos décisions personnelles concernent également autrui. Les trois principes suivants s'intéressent aux interactions des individus.

LE PRINCIPE Nº 5 : LES ÉCHANGES AMÉLIORENT LE BIEN-ÊTRE DE TOUS

Vous avez probablement déjà entendu dire que les Américains sont nos concurrents économiques à l'échelle mondiale. D'une certaine manière, c'est exact, car les Canadiens et les Américains produisent souvent le même type de biens. Nortel et

Cisco rivalisent sur le marché des télécommunications. Inniskillin et Gallo s'adressent aux mêmes consommateurs de vin.

Pourtant, il est facile de s'égarer lorsqu'on aborde la question de la concurrence entre nations. Le commerce entre le Canada et les États-Unis n'est pas une compétition sportive où il y a un gagnant et un perdant. Les échanges commerciaux entre deux pays profitent à tout le monde.

Pour comprendre pourquoi, considérez l'impact des échanges sur votre famille. Lorsque l'un de vos proches cherche du travail, il fait concurrence aux membres des autres familles qui sont également à la recherche d'un emploi. Les familles entrent aussi en compétition lorsqu'elles vont magasiner, chacune cherchant à acheter les meilleurs articles au plus bas prix. En un sens, du point de vue économique, les familles rivalisent les unes avec les autres.

Votre famille n'aurait cependant aucun avantage à s'isoler des autres. Si tel était le cas, elle devrait produire elle-même ses aliments, confectionner ses vêtements et construire sa maison. Votre famille a donc beaucoup à gagner en échangeant avec les autres. Les échanges permettent à chaque personne de se spécialiser dans le domaine où elle excelle, qu'il s'agisse de l'agriculture, de la couture ou de la construction. Grâce à ces échanges, les gens peuvent se procurer une plus grande variété de produits et de services à un meilleur coût.

Tout comme les familles, les pays ont avantage à commercer les uns avec les autres. Ces échanges leur permettent de se spécialiser dans un domaine, tout en bénéficiant d'une plus grande variété de produits et de services. Les Américains, de même que les Français, les Égyptiens et les Brésiliens, sont donc à la fois nos partenaires et nos concurrents à l'échelle de l'économie mondiale.

LE PRINCIPE N° 6 : LES MARCHÉS REPRÉSENTENT EN GÉNÉRAL UNE BONNE FAÇON D'ORGANISER L'ACTIVITÉ ÉCONOMIQUE

L'effondrement du système communiste dans l'ancienne Union soviétique et l'Europe de l'Est représente probablement l'événement le plus marquant de la fin du XXe siècle. Les pays communistes se fondaient sur la prémisse selon laquelle une planification centrale étatique constituait la meilleure manière d'organiser l'activité économique. Les planificateurs décidaient quoi produire, combien produire, de même que qui devait produire et consommer. Cette planification centralisée reposait sur la théorie suivante : seule l'autorité gouvernementale est en mesure d'organiser l'activité économique pour assurer le bien-être de la nation.

Économie de marché
Économie dans laquelle l'allocation des ressources repose sur les décisions décentralisées des ménages et des firmes interagissant sur les marchés.

À l'heure actuelle, la plupart des pays ont abandonné cette planification centralisée et ont tenté de mettre sur pied une *économie de marché*. Dans ce type d'économie, les décisions de millions d'entreprises et de ménages remplacent celles des planificateurs centraux. Les entreprises décident des travailleurs à embaucher et des biens et des services à produire. Les ménages choisissent l'entreprise où ils vont travailler et la manière de dépenser leurs revenus. Motivés par leur intérêt individuel et conduits par les prix, ces entreprises et ces ménages interagissent sur de nombreux marchés.

Le succès des économies de marché intrigue à première vue. Après tout, dans une économie de marché, personne ne se préoccupe du bien-être économique de la société dans son ensemble. Les millions d'acheteurs et de vendeurs d'immenses quantités de biens et de services ne pensent qu'à leur propre intérêt. Pourtant, en dépit de cette prise de décisions décentralisées et de l'égoïsme des agents, les économies de marché ont été remarquablement efficaces dans l'organisation de l'activité économique et dans la promotion du bien-être économique général.

Dans son livre publié en 1776, *Recherches sur la nature et les causes de la richesse des nations*, Adam Smith a fait l'observation la plus célèbre de toute la science économique : les ménages et les entreprises interviennent sur les marchés comme s'ils étaient guidés par une main invisible qui les conduit, sans qu'ils en soient conscients, vers des solutions collectivement avantageuses. En étudiant l'économie, vous apprendrez que les prix sont un instrument qui permet à cette main invisible de diriger l'activité économique. Les prix reflètent à la fois la valeur qu'un bien représente pour la société et son coût de production. Les entreprises et les ménages considèrent les prix lorsqu'ils décident d'acheter et de vendre et, inconsciemment, ils tiennent compte des bénéfices et des coûts sociaux de leurs actions. Au bout du compte, les prix guident ces agents de façon à obtenir des résultats qui, dans bien des cas, maximisent le bien-être de toute la société.

De cette remarquable capacité de la main invisible à guider l'économie découle un corollaire important : lorsque le gouvernement empêche les prix de fluctuer librement au gré de l'offre et de la demande, il empêche également la main invisible de coordonner les millions de ménages et d'entreprises qui composent l'économie. Voilà qui explique l'effet néfaste qu'ont les impôts sur l'allocation des ressources : ils modifient artificiellement les prix et, par conséquent, les décisions des ménages et des entreprises. Mais cette intervention publique cause un dommage encore plus important lorsqu'elle vise à contrôler directement les prix, comme c'est le cas de la réglementation des loyers. De là vient également l'échec du communisme, au sein duquel les prix n'étaient pas fixés par le marché mais dictés par les organismes de planification. Ces organismes ne disposaient pas de l'information véhiculée par les prix dans un marché libre. Les planificateurs ont perdu la partie en essayant de diriger l'économie avec une main attachée dans le dos — la main invisible du marché.

[BON À SAVOIR]

Adam Smith

ADAM SMITH ET LA MAIN INVISIBLE

Ce n'est sans doute qu'une coïncidence si 1776 est l'année où Adam Smith fait paraître son traité d'économie, *Recherches sur la nature et les causes de la richesse des nations*, et où les révolutionnaires américains signent la Déclaration d'indépendance. Ces deux documents partagent un point de vue qui prévalait à l'époque : il est préférable de laisser les individus décider eux-mêmes, sans que le gouvernement intervienne cavalièrement dans leurs affaires. Cette philosophie politique constitue la base intellectuelle de l'économie de marché et de la société libre en général.

Pour quelle raison les économies de marché décentralisées fonctionnent-elles si bien ? Parce qu'on peut compter sur les individus pour se traiter entre eux affectueusement et gentiment ? Pas du tout ! Voici comment Adam Smith décrit les interactions des intervenants dans une économie de marché :

> [...] l'homme a presque à tout moment besoin de l'assistance de ses frères, et il l'attendrait en vain de leur bienveillance seule ; il y parviendra plutôt s'il peut intéresser leur amour-propre en sa faveur, en leur montrant qu'il est de leur avantage de lui accorder ce qu'il demande. [...] Ce n'est pas de la bienveillance du boucher, du

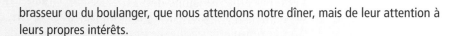

brasseur ou du boulanger, que nous attendons notre dîner, mais de leur attention à leurs propres intérêts.

Chaque individu [...] n'a nulle intention de servir l'intérêt public, et il ne sait même pas jusqu'à quel point il peut être utile à la société. [...] Il ne pense qu'à son propre gain ; en cela, comme dans beaucoup d'autres cas, il est conduit par une main invisible à remplir une fin qui n'entre nullement dans ses intentions ; et ce n'est pas toujours ce qu'il y a de plus mal pour la société, que cette fin n'entre pour rien dans ses intentions. Tout en ne cherchant que son intérêt personnel, il travaille souvent d'une manière bien plus efficace pour l'intérêt de la société, que s'il avait réellement pour but d'y travailler.

Adam Smith soutient ainsi que ceux qui participent à l'économie sont motivés par leur propre intérêt et que la main invisible du marché guide cet intérêt vers la promotion du bien-être économique général.

Bon nombre des idées de Smith dominent aujourd'hui l'économie moderne. Dans les prochains chapitres, notre analyse permettra de préciser les conclusions de Smith et d'étudier en détail les forces et les faiblesses de la main invisible du marché.

LE PRINCIPE N° 7 : LE GOUVERNEMENT AMÉLIORE PARFOIS LES SOLUTIONS DE MARCHÉ

Si la main invisible est si formidable, pourquoi avons-nous besoin du gouvernement ? Paradoxalement, l'étude de l'économie vous permettra de raffiner votre point de vue sur le rôle du gouvernement et de ses politiques.

Nous avons besoin du gouvernement, ne serait-ce que pour établir les conditions et les institutions qui permettront à la main invisible de jouer pleinement son rôle. Tout d'abord, les marchés ne fonctionnent correctement que si les **droits de propriété** sont respectés. Un agriculteur ne fera jamais pousser du maïs dans son champ s'il s'attend à ce qu'on lui vole sa récolte ; un restaurateur ne servira aucun repas s'il s'attend à ce que ses clients partent sans payer ; une compagnie de disques ne lancera jamais un CD si elle s'attend à ce que les amateurs de musique en fassent des millions de copies illégales. Nous avons besoin du gouvernement pour établir et faire respecter les droits de propriété. Les lois, les tribunaux et la police jouent un rôle essentiel au bon fonctionnement d'une économie de marché.

Cela dit, il existe une raison encore plus fondamentale qui milite en faveur du rôle de l'État. La main invisible peut faire bien des choses, mais elle n'est pas omnipotente. La règle selon laquelle les marchés constituent un excellent moyen d'organiser l'activité économique comporte quelques exceptions notables. L'intervention du gouvernement se justifie pour deux raisons principales : promouvoir l'efficience et assurer l'équité. Autrement dit, la plupart des politiques visent à faire augmenter la taille du gâteau ou à le diviser différemment.

La main invisible conduit habituellement les marchés à allouer les ressources de manière efficiente. Néanmoins, pour diverses raisons, il arrive que cette main invisible ne parvienne pas à assumer son rôle. Les économistes emploient l'expression **défaillances du marché** pour caractériser ces situations où ce dernier ne parvient pas à résoudre lui-même l'allocation efficiente des ressources.

Droits de propriété
La possibilité pour un propriétaire d'utiliser ses actifs comme il l'entend, c'est-à-dire de les exploiter et d'en disposer par la vente.

Défaillances du marché
Situations dans lesquelles le marché, livré à lui-même, ne parvient pas à allouer les ressources de manière efficiente.

14

Externalité
Effet du comportement d'un agent sur le bien-être d'un tiers.

Les externalités sont une cause possible de défaillance du marché. L'**externalité** résulte de l'effet des actions d'une personne sur le bien-être d'un tiers. La pollution constitue l'exemple classique d'externalité. Si une usine de produits chimiques n'a pas à acquitter le coût de l'émission de ses fumées, il y a fort à parier qu'elle les rejettera dans l'atmosphère sans compter. Dans ce domaine, l'État peut intervenir pour accroître le bien-être au moyen, par exemple, d'une réglementation environnementale.

Pouvoir de marché
Capacité d'un agent économique (ou d'un petit groupe d'agents) à avoir une influence importante sur les prix du marché.

Le **pouvoir de marché** représente une autre cause possible de défaillance du marché. Ce pouvoir représente la capacité d'un individu (ou d'un petit groupe d'individus) à avoir une influence importante sur les prix. Supposons que tous les habitants d'une ville aient besoin d'eau mais qu'il n'y ait qu'un seul puits. Le propriétaire de ce puits dispose d'un fort pouvoir de marché — il a un monopole — sur la vente d'eau potable. Ce propriétaire échappe à la concurrence rigoureuse qui permet à la main invisible de sauvegarder les intérêts de chacun. Dans une telle situation, vous verrez que la réglementation gouvernementale des prix du monopole peut accroître l'efficience économique.

Une autre faille de cette main invisible consiste en son incapacité à assurer une distribution plus égalitaire de la richesse. L'économie de marché rétribue les individus selon leur capacité à produire des biens que les autres veulent acheter. Le meilleur joueur de hockey du monde gagne plus d'argent que le meilleur joueur d'échecs parce que le public accepte de payer beaucoup plus cher pour assister à un match de hockey qu'à un tournoi d'échecs. De plus, la main invisible ne garantit pas une nourriture suffisante, des vêtements convenables et des soins de santé appropriés pour tous. Nombre de politiques publiques, tels l'impôt sur le revenu et le système d'aide sociale, visent précisément une redistribution plus juste des richesses.

Le fait d'affirmer que le gouvernement améliore parfois les solutions de marché ne signifie pas que ce sera toujours le cas. Les décisions politiques ne sont pas prises par des saints ; elles sont adoptées à la suite d'un processus politique imparfait. La mise en place de certaines politiques répond parfois uniquement à l'influence de puissants intérêts. D'autres fois encore, certaines décisions bien intentionnées ont été prises par des dirigeants mal informés. L'étude de l'économie a notamment pour objectif de vous permettre de juger si une politique gouvernementale se justifie ou non du point de vue de l'efficience ou de l'équité.

MINITEST

■ Énumérez et décrivez brièvement les trois principes liés aux interactions économiques.

COMMENT L'ÉCONOMIE FONCTIONNE-T-ELLE ?

Après avoir vu comment les individus prennent leurs décisions et interagissent en composant ce que l'on nomme *l'économie*, nous verrons maintenant les trois derniers principes économiques s'appliquant à son fonctionnement général.

LE PRINCIPE Nº 8 : LE NIVEAU DE VIE D'UN PAYS DÉPEND DE SA CAPACITÉ À PRODUIRE DES BIENS ET DES SERVICES

À l'échelle mondiale, il existe une disparité colossale entre les niveaux de vie des pays. En 2009, le revenu du Canadien moyen avoisinait 48 000 $. La même année, le revenu du Mexicain moyen n'était que de 15 000 $, tandis que celui du Rwandais moyen n'excédait pas 1000 $. Il n'est guère surprenant de constater que de telles disparités ont une incidence sur la qualité de vie des habitants. Les citoyens des pays riches, comparativement à ceux des pays à faible revenu, possèdent plus de téléviseurs et de voitures, ont une meilleure alimentation, de meilleurs soins de santé et une espérance de vie supérieure.

L'évolution de ces niveaux de vie au fil du temps est également importante. Au Canada, dans les dernières décennies, les revenus réels ont augmenté de 2 % par année (en tenant compte de l'augmentation du coût de la vie). À ce rythme, le revenu double tous les 35 ans. Au cours du dernier siècle, ce revenu s'est multiplié par huit.

Comment expliquer ces écarts énormes entre les pays ? La réponse est étonnamment simple. Cet accroissement des niveaux de vie dépend essentiellement des différences de **productivité** entre les pays — c'est-à-dire de la quantité de biens et de services produits par heure travaillée. Dans les pays où les travailleurs produisent une grande quantité de biens et de services par unité de temps, la majorité des citoyens jouissent d'un niveau de vie élevé ; dans les pays où les travailleurs sont moins productifs, la majorité des gens ne peuvent compter que sur de maigres moyens de subsistance. De la même manière, le taux de croissance de la productivité influe directement sur le taux de croissance du revenu moyen.

Productivité
Quantité de biens et services produits par travailleur ou par heure travaillée.

Bien qu'elle semble couler de source, la relation fondamentale entre la productivité et le niveau de vie a des implications considérables. Si la productivité constitue le facteur déterminant du niveau de vie, les autres facteurs ne revêtent dès lors qu'une importance relative. Ainsi, il peut être tentant d'attribuer aux syndicats ou à la loi sur le salaire minimum l'augmentation du niveau de vie des travailleurs canadiens au cours du dernier siècle. En réalité, le véritable responsable est la hausse de productivité des travailleurs. Certains analystes ont attribué le ralentissement de la croissance dcs revenus des Canadiens au cours des 30 dernières années à la concurrence accrue avec les autres pays. En fait, au lieu d'incriminer la bonne performance des autres pays, il faudrait plutôt dénoncer la faible croissance de la productivité canadienne.

Cette relation entre la productivité et le niveau de vie a également des implications importantes sur le plan des politiques économiques. Afin de saisir les conséquences des interventions politiques sur notre niveau de vie, il faut évaluer leurs effets sur notre capacité à produire des biens et des services. Ainsi, pour améliorer le niveau de vie en augmentant la productivité, les décideurs doivent s'assurer que les travailleurs ont une formation suffisante et pertinente. Ils doivent aussi voir à améliorer la technologie et les outils nécessaires à la production des biens et des services.

LE PRINCIPE Nº 9 : LES PRIX MONTENT LORSQUE LE GOUVERNEMENT ÉMET TROP DE MONNAIE

« As-tu remarqué ? Partout, les prix montent sans arrêt. »

En janvier 1921, un quotidien allemand coûtait 0,30 mark. Moins de deux ans plus tard, en novembre 1922, ce même journal coûtait 70 millions de marks, les autres prix ayant tous connu le même sort. Cet accroissement du niveau général des prix constitue l'un des épisodes inflationnistes les plus spectaculaires de l'histoire.

Inflation
Augmentation générale du niveau des prix.

Le Canada n'a jamais connu, même de loin, une **inflation** comparable à celle de l'Allemagne dans les années 1920, même si le problème de l'inflation s'est parfois posé. Au cours des années 1970, l'inflation atteignait en moyenne 8 % par année et le niveau général des prix a plus que doublé. En revanche, dans les années 1990, l'inflation ne dépassait pas 2 % par année. Avec un tel taux, il aurait fallu plus de 35 ans pour que les prix doublent. En raison des nombreux coûts liés à une inflation galopante, tous les responsables des politiques se préoccupent du maintien de l'inflation à des niveaux acceptables.

D'où vient l'inflation ? Dans la majorité des cas d'inflation forte ou persistante, l'origine est la même : la création de monnaie. Lorsque l'État émet de grandes quantités de monnaie, la valeur de celle-ci s'effondre. Dans l'Allemagne des années 1920, la moyenne des prix triplait mensuellement, de même que la quantité de billets imprimés. L'histoire économique du Canada, notoirement moins dramatique, conduit à la même conclusion. L'inflation galopante des années 1970 était liée à une croissance très rapide de la masse monétaire, alors que l'inflation réduite des années 1990 était associée au contrôle de cette même masse monétaire.

LE PRINCIPE Nᵒ 10 : À COURT TERME, LA SOCIÉTÉ EST SOUMISE À UN ARBITRAGE ENTRE L'INFLATION ET LE CHÔMAGE

Les économistes s'entendent pour dire qu'à long terme l'émission de monnaie constitue la cause principale de l'inflation. Des désaccords surgissent toutefois au sujet des effets de l'émission de monnaie à court terme. L'analyse la plus couramment admise va comme suit.

- Augmenter la quantité de monnaie dans l'économie stimule la demande de biens et services.

- Une augmentation de la demande peut éventuellement conduire les firmes à augmenter leurs prix, mais à court terme, elle les encourage à accroître leur production et à embaucher plus de travailleurs.

- Cette augmentation de l'embauche provoque une diminution du taux de chômage.

Pareil raisonnement nous conduit tout naturellement au dixième principe économique : à court terme, la société est soumise à un arbitrage entre l'inflation et le chômage.

Bien qu'elle soit parfois controversée, cette proposition est tout de même largement acceptée par les économistes. Elle signifie que, sur une période d'une année ou deux, les politiques économiques poussent l'inflation et le chômage dans des directions opposées. Et les pouvoirs publics sont soumis à cet arbitrage, que l'inflation et le chômage soient élevés (comme dans les années 1970 et 1980) ou relativement modérés (comme dans les années 1990). Du reste, cet arbitrage joue un rôle important dans l'analyse du cycle économique, ces fluctuations irrégulières et largement imprévisibles de l'activité économique telle que mesurée par la production de biens et de services et le niveau d'emploi.

Cycle économique
Fluctuations de l'activité économique.

Les pouvoirs publics peuvent tirer profit de cet arbitrage entre l'inflation et le chômage. En modifiant les dépenses gouvernementales, en changeant les divers impôts et taxes et en gérant la masse monétaire, nos gouvernements peuvent modifier le niveau d'inflation et le taux de chômage qui prévaudront au sein de l'économie. Puisque ces outils de politique monétaire et budgétaire sont d'une grande puissance, il n'est pas étonnant que de nombreux débats aient cours quant à la façon opportune d'y avoir recours.

MINITEST

- Énumérez et décrivez brièvement les trois principes liés au fonctionnement de l'économie.

[BON À SAVOIR]

COMMENT FAIRE UN BON USAGE DE CE LIVRE

L'économie est une discipline intéressante, mais certains efforts sont requis afin d'en tirer le plus grand profit. Tout au long de ce livre, nous avons essayé d'exposer le plus simplement possible les concepts économiques fondamentaux. Mais en tant qu'étudiant, vous avez également un rôle majeur à jouer. L'expérience montre que c'est en vous y engageant que vous bénéficierez le plus de cet enseignement. Voici quelques conseils à ce propos.

1. *Ne vous contentez pas de surligner le texte, faites-vous des résumés.* Faire glisser un marqueur jaune sur un texte est une activité beaucoup trop passive pour garder son esprit alerte. Lorsque vous avez terminé la lecture d'une section, prenez un moment pour résumer ce que vous venez de lire. Utilisez les marges de ce livre pour écrire quelques notes. Lorsque vous aurez terminé le chapitre, comparez vos résumés avec celui que nous proposons en fin de chapitre. Avez-vous été en mesure de faire ressortir l'essentiel ?

2. *Mettez-vous à l'épreuve.* Les Minitests sont là pour vous aider. Utilisez-les ! Ils vous permettront d'évaluer votre compréhension de la matière. Si vous doutez de la justesse de votre réponse, c'est peut-être le signe qu'une relecture de la section s'impose.

3. *Pratiquez, pratiquez et pratiquez encore.* Chaque chapitre se termine par des questions de révision. Répondez-y ! Plus vous mettrez vos connaissances à l'épreuve, plus vous les intégrerez solidement.

4. *Étudiez en groupe.* Lorsque vous aurez terminé la lecture d'un chapitre et que vous aurez fait les exercices, réunissez-vous avec des collègues de classe afin de discuter des connaissances nouvellement acquises. Vous verrez, on apprend beaucoup des autres.

5. *Ne perdez pas la réalité de vue.* Dans le tourbillon des graphiques, des chiffres et des nouveaux concepts, il est facile d'oublier que l'économie sert à éclairer la réalité. Les multiples études de cas et les coupures de presse sont là pour vous le rappeler. Ne commettez pas l'erreur de les négliger. Elles permettent en effet de vous aider à faire le pont entre la théorie économique et la réalité de tous les jours. Si vous complétez votre cours d'économie avec succès, nous osons penser que vous serez désormais incapable de lire un journal sans y voir l'offre, la demande et les autres concepts économiques.

 ## CONCLUSION

Vous avez maintenant un aperçu de ce qu'est l'économie. Les prochains chapitres seront consacrés au développement du principe de la rationalité des agents, au fonctionnement des marchés ainsi qu'à celui des économies au sens large. La maîtrise de ces connaissances exige certains efforts, mais rien qui ne soit hors de votre portée. L'économie repose en fait sur quelques principes fondamentaux pouvant s'appliquer à une variété de situations.

 Tout au long de cet ouvrage, nous nous référons aux **dix principes d'économie** résumés dans le tableau 1.1 (voir la page 18). Le plus souvent, vous trouverez le chiffre dix entouré de flèches dans la marge, comme c'est le cas maintenant. Lorsque l'icône n'y figure pas, vous devez garder ce chiffre à l'esprit, car même l'analyse économique la plus raffinée repose sur ces dix principes.

18

TABLEAU 1.1	DIX PRINCIPES D'ÉCONOMIE

LES MÉCANISMES DE LA PRISE DE DÉCISIONS

N° 1	Les gens sont soumis à des arbitrages.
N° 2	Le coût d'un bien est ce à quoi il faut renoncer pour l'obtenir.
N° 3	Les gens rationnels raisonnent à la marge.
N° 4	Les gens réagissent aux incitatifs.

LES MÉCANISMES D'INTERACTION DES AGENTS

N° 5	Les échanges améliorent le bien-être de tous.
N° 6	Les marchés représentent en général une bonne façon d'organiser l'activité économique.
N° 7	Le gouvernement améliore parfois les solutions de marché.

LES MÉCANISMES GÉNÉRAUX DE L'ÉCONOMIE

N° 8	Le niveau de vie d'un pays dépend de sa capacité à produire des biens et des services.
N° 9	Les prix montent lorsque le gouvernement émet trop de monnaie.
N° 10	À court terme, la société est soumise à un arbitrage entre l'inflation et le chômage.

RÉSUMÉ

■ La prise de décisions individuelles présente les caractéristiques suivantes : les gens sont soumis à des arbitrages, le coût d'un bien est ce à quoi il faut renoncer pour l'obtenir, les personnes rationnelles prennent leurs décisions en fonction des bénéfices et des coûts marginaux et elles modifient leur comportement en fonction des incitatifs.

■ Les mécanismes d'interaction des agents reposent sur trois idées essentielles : les échanges profitent à tous, les marchés représentent en général une bonne façon d'organiser l'activité économique et les gouvernements peuvent parfois améliorer les solutions du marché en cas de défaillances de celui-ci.

■ Les mécanismes de l'économie nous enseignent que le niveau de vie dépend directement de la productivité, que la croissance de la masse monétaire est la cause première de l'inflation et que la société est soumise à court terme à un arbitrage entre l'inflation et le chômage.

CONCEPTS CLÉS

Changements marginaux, p. 6

Coût de renonciation, p. 6

Cycle économique, p. 16

Défaillances du marché, p. 13

Droits de propriété, p. 13

Économie, p. 4

Économie de marché, p. 11

Efficience, p. 5

Équité, p. 5

Externalité, p. 14

Gens rationnels, p. 6

Incitatif, p. 7

Inflation, p. 15

Pouvoir de marché, p. 14

Productivité, p. 15

Rareté, p. 4

QUESTIONS DE RÉVISION

1. Citez trois exemples d'arbitrages auxquels vous serez confrontés au cours de votre vie.

2. Quel est le coût de renonciation d'une séance de cinéma ?

3. L'eau est essentielle à la vie. Le bénéfice marginal d'un verre d'eau est-il important ou négligeable ?

4. Pourquoi les pouvoirs publics doivent-ils tenir compte des incitatifs ?

5. Pourquoi le commerce international n'est-il pas un jeu avec des gagnants et des perdants ?

6. Quel est le rôle de la main invisible dans le marché ?

7. Donnez les deux sources principales de défaillances du marché en illustrant chacune par un exemple.

8. Pourquoi la productivité est-elle importante ?

9. Expliquez l'inflation et son origine.

10. Comment l'inflation et le chômage sont-ils reliés à court terme ?

CHAPITRE 2

PENSER COMME UN ÉCONOMISTE

OBJECTIFS

À la fin de ce chapitre, vous serez en mesure :

→ de saisir comment les économistes ont recours à l'approche scientifique ;

→ de prendre connaissance du potentiel explicatif des modèles économiques ;

→ de comprendre deux modèles simples : le diagramme des flux circulaires et la courbe des possibilités de production ;

→ de faire la distinction entre la microéconomie et la macroéconomie ;

→ de différencier un énoncé positif d'un énoncé normatif ;

→ d'examiner le rôle des économistes dans l'élaboration des politiques gouvernementales ;

→ de comprendre les désaccords entre les économistes.

Chaque discipline possède son propre langage et sa manière de penser. Les mathématiciens parlent d'axiomes, d'intégrales et d'espaces vectoriels. Les psychologues s'expriment en évoquant les notions du moi, du ça et de la dissonance cognitive, tandis que les avocats emploient les termes de juridiction, de délit civil et de commutation de peine.

Comme toutes ces disciplines, l'économie possède également son propre vocabulaire : offre, demande, élasticité, avantage comparatif, surplus du consommateur, chômage, inflation. Dans les chapitres suivants, vous vous familiariserez avec de nouveaux termes et avec des mots courants auxquels les économistes accordent une signification particulière. À première vue, ce nouveau vocabulaire peut vous sembler inutilement compliqué, mais vous constaterez rapidement qu'il vous permettra d'appréhender une nouvelle réalité.

Ce livre vise principalement à vous apprendre à penser comme un économiste. Bien sûr, cela prendra du temps. On ne devient pas économiste du jour au lendemain, pas plus qu'on devient mathématicien, psychologue ou avocat en un jour. Combinant à la fois la théorie, les études de cas et les coupures de presse, ce livre vous initiera à cette façon de voir la réalité et vous permettra d'en maîtriser les fondements.

Avant de plonger dans le vif du sujet et d'en aborder les détails, il est essentiel d'avoir une vue d'ensemble de la perception du monde propre aux économistes. Par conséquent, ce chapitre aborde la méthodologie inhérente à cette discipline. De quelle façon les économistes abordent-ils une question ? Qu'est-ce qui distingue leur vision du monde ?

L'ÉCONOMISTE EN TANT QUE SCIENTIFIQUE

«Oui, Laurent, je suis spécialiste en sciences sociales. Je suis incapable d'expliquer l'électricité ou les choses de ce genre, mais si tu veux en savoir plus sur les gens, je suis ton homme.»

Les économistes s'efforcent de traiter leur sujet avec l'objectivité propre aux scientifiques. Ils abordent l'étude de l'économie comme un physicien examine la matière ou comme un biologiste se penche sur l'étude de la vie. Ils élaborent des théories et recueillent des données qu'ils analysent afin de corroborer ou de réfuter ces théories.

De prime abord, le fait de considérer l'économie comme une science peut sembler déroutant. Après tout, les économistes ne manipulent ni éprouvettes ni télescopes. Toutefois, l'essence de la science ne se trouve-t-elle pas dans la méthode scientifique — l'élaboration et la mise à l'épreuve objective des théories sur le fonctionnement du monde ? Cette méthode de recherche s'applique donc aussi bien aux phénomènes économiques qu'à la gravité ou à l'évolution des espèces. Comme le faisait remarquer Albert Einstein, la pensée scientifique n'est rien d'autre qu'une version plus pénétrante des idées de tous les jours.

Même si cette affirmation vaut autant pour les sciences sociales, telle l'économie, que pour les sciences naturelles, telle la physique, la plupart des gens n'ont pas l'habitude d'observer la société avec le détachement d'un scientifique. Pour commencer, voyons comment les économistes appliquent la méthode scientifique à l'observation des phénomènes économiques.

LA MÉTHODE SCIENTIFIQUE : L'OBSERVATION, LA THÉORIE ET LE RETOUR À L'OBSERVATION

Selon ce qu'on raconte, Isaac Newton, le célèbre scientifique du XVIIe siècle, fut un jour intrigué par une pomme tombant d'un pommier. Cette observation l'amena à formuler la théorie de l'attraction gravitationnelle, laquelle s'applique non seulement à une pomme tombant sur la Terre, mais également à deux objets quelconques dans l'univers. Les expériences subséquentes ont démontré que la théorie de Newton s'appliquait dans de nombreuses circonstances (mais pas dans toutes, comme Einstein le fera remarquer plus tard). La physique newtonienne est parvenue à expliquer tellement de phénomènes qu'on l'enseigne encore aujourd'hui à tous les étudiants de premier cycle en physique partout dans le monde.

Cette interaction entre la théorie et l'observation existe également en économie. Un économiste qui vit dans un pays où les prix montent en flèche voudra vraisemblablement élaborer une théorie de l'inflation. Il pourra soutenir que l'inflation survient lorsque le gouvernement émet trop de monnaie (d'après l'un des **dix principes d'économie** présentés dans le chapitre 1). Pour corroborer sa théorie, cet économiste recueillera et analysera les données concernant les prix et la masse monétaire dans de nombreux pays. Si l'augmentation de la masse monétaire n'est en aucun cas liée à une flambée des prix, il doutera de la validité de sa théorie sur l'inflation. Si, au contraire, les données internationales montrent une corrélation directe entre l'augmentation de la masse monétaire et l'augmentation des prix, comme cela est effectivement le cas, il confirmera alors son hypothèse.

Même si, à l'instar des autres scientifiques, les économistes s'appuient sur la théorie et l'observation, ils se butent à un obstacle qui complique leur travail : la difficulté de réaliser des expériences. Les physiciens ont la possibilité de faire tomber des objets en laboratoire pour obtenir les données corroborant leurs théories de l'attraction gravitationnelle. Cependant, les économistes n'ont pas le droit de manipuler à leur gré la politique monétaire simplement pour obtenir des données utiles. Les économistes, tout comme, du reste, les astronomes et les spécialistes en biologie évolutionniste, se contentent donc des données qui sont à leur disposition.

Plutôt que de mener des expériences en laboratoire, les économistes examinent attentivement les données historiques. Lorsqu'une guerre au Moyen-Orient interrompt l'approvisionnement en pétrole, les prix du brut grimpent sur le marché mondial. Un tel événement fait chuter le niveau de vie des consommateurs de pétrole et de produits dérivés du pétrole, et les gouvernements se trouvent alors devant des choix difficiles. Les économistes, de leur côté, profitent de l'occasion pour étudier les effets de la hausse du prix de cette ressource naturelle essentielle à l'économie mondiale, bien au-delà de la durée de la guerre et de la flambée des prix. Tout au long de cet ouvrage, nous aurons recours à des exemples historiques. L'intérêt de ces exemples ne se limite pas à la compréhension des événements passés : ils permettent d'illustrer et d'évaluer les théories économiques actuelles.

LE RÔLE DES POSTULATS

Si vous demandez à une physicienne d'indiquer le temps qu'il faut à une bille pour tomber du dixième étage d'un édifice, elle vous répondra en supposant que la bille tombe dans le vide sans aucune résistance. À l'évidence, cette supposition est fausse. Dans la réalité, l'immeuble est entouré d'air, lequel exerce une friction sur la bille et la ralentit dans sa chute. Néanmoins, la physicienne fera remarquer qu'une friction aussi faible a un effet pratiquement négligeable. Le fait de postuler que la bille effectue sa chute dans le vide simplifie considérablement le problème sans pour autant en fausser le résultat.

Les économistes se servent des postulats pour la même raison : ceux-ci leur permettent de simplifier le monde afin de le comprendre. Dans le cas d'une étude sur le commerce international, on suppose que le monde est composé de deux pays et que chacun d'eux produit uniquement deux biens. Dans les faits, il existe des dizaines de pays produisant chacun des milliers de biens. En nous limitant à deux pays et à deux biens, nous pouvons mieux nous concentrer sur le phénomène à étudier. Après avoir saisi le commerce international dans ce monde imaginaire, nous sommes en mesure de mieux le concevoir dans le monde complexe où nous vivons.

L'art de la pensée scientifique — qu'elle concerne la physique, la biologie ou l'économie — réside dans l'élaboration de postulats. Supposons que nous fassions tomber un ballon du toit de l'immeuble, au lieu d'une bille. Notre physicienne devra remettre en cause le postulat de l'absence de friction, car l'air exerce une plus grande friction sur un ballon que sur une bille. Dès lors, le postulat du vide, admissible dans le cas de la bille, ne s'applique plus au ballon.

De la même manière, les économistes recourent à différents postulats en fonction des questions traitées. Imaginons que vous vouliez connaître le comportement de l'économie lorsque le gouvernement modifie la quantité de monnaie en circulation. L'un des éléments importants de cette analyse concerne l'évolution des prix. Certains ne changent que rarement ; c'est le cas du prix des magazines vendus en kiosques, qui varient seulement tous les deux ou trois ans. Conscients de cette réalité, nous formulerons, dans notre étude sur les conséquences des politiques, des postulats différents en fonction des divers horizons temporels considérés. Nous supposerons ainsi que les effets de la politique ne se feront pas sentir à court terme. Nous pourrons même en arriver à formuler la supposition extrême et artificielle selon laquelle les prix restent totalement rigides à court terme. À l'inverse, afin d'examiner les effets à long terme, nous partirons du présupposé selon lequel les prix sont totalement flexibles. Tout comme la physicienne employait deux postulats distincts pour l'étude de la chute d'une bille ou d'un ballon, les économistes partent de suppositions différentes lorsqu'ils étudient les effets à court et à long terme d'une modification de la masse monétaire sur les prix.

LES MODÈLES ÉCONOMIQUES

À l'école secondaire, les professeurs de biologie enseignent les rudiments de l'anatomie à l'aide de mannequins de plastique montrant les principaux organes : le cœur, le foie, les reins, etc. Ces mannequins leur permettent de faire voir aux élèves la disposition des principaux organes du corps humain. Bien entendu, ces modèles ne représentent pas à l'identique un véritable corps humain et personne ne les confond avec la réalité. Il s'agit de répliques simplifiées, comportant très peu de détails. Néanmoins, malgré ce manque de réalisme — ou, en fait, grâce à lui — l'étude de ces modèles simplifiés aide à comprendre la physiologie humaine.

Les modèles dont se servent les économistes pour expliquer la réalité sont des diagrammes et des équations qui remplacent en quelque sorte les mannequins de plastique. À l'instar des mannequins des professeurs de biologie, les modèles économiques sacrifient bien des détails afin de se concentrer sur l'essentiel. Au lieu de négliger certains muscles et capillaires, ils font abstraction de certains phénomènes économiques.

Lorsque nous examinerons les divers problèmes économiques dans cet ouvrage, nous emploierons des modèles fondés sur des postulats. Tout comme la physicienne considérait la friction de l'air comme négligeable dans l'analyse de la chute de la bille, les économistes présument que de nombreux détails n'ont pas de véritable pertinence dans l'étude du problème envisagé. Tous les modèles, qu'ils soient issus de la physique, de la biologie ou de l'économie, simplifient la réalité pour en faciliter la compréhension.

UN PREMIER MODÈLE : LE DIAGRAMME DES FLUX CIRCULAIRES

La réalité économique englobe des millions de personnes se consacrant à une multitude d'activités : acheter, vendre, travailler, louer, produire, etc. Pour interpréter son fonctionnement, il faut trouver une façon de simplifier notre perception de cette myriade d'activités. En d'autres termes, nous devons disposer d'un modèle expliquant de manière générale l'organisation de l'économie et les interactions des agents économiques.

Diagramme des flux circulaires
Modèle qui fait état des transactions économiques entre les ménages et les entreprises dans un circuit simplifié.

La figure 2.1 fournit un modèle visuel de l'économie, appelé **diagramme des flux circulaires**. Ce modèle ne comporte que deux types d'agents : les ménages et les entreprises. Les entreprises produisent des biens et des services grâce aux intrants, tels que le travail, la terre, le capital (immeubles et machinerie). On appelle ces intrants *facteurs de production*. Les ménages détiennent les facteurs de production et consomment les biens et les services produits par les entreprises.

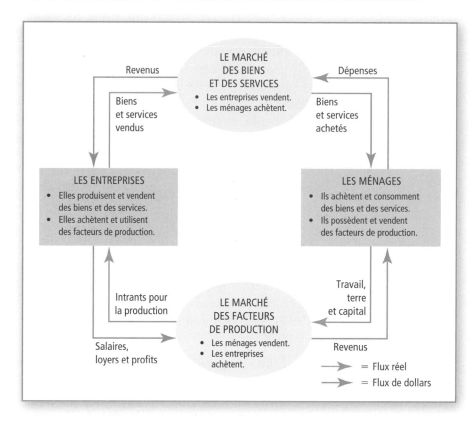

FIGURE 2.1   **LES FLUX CIRCULAIRES**   Ce diagramme représente schématiquement l'organisation de l'économie. Les ménages et les entreprises interviennent sur le marché des biens et des services (où les ménages et les entreprises sont respectivement les acheteurs et les vendeurs) et sur le marché des facteurs de production (les ménages et les entreprises étant cette fois-ci respectivement les vendeurs et les acheteurs). La boucle extérieure représente le flux de dollars, alors que la boucle intérieure représente le flux réel.

Les ménages et les entreprises interagissent sur deux types de marchés, à tour de rôle en tant qu'acheteurs et vendeurs : le marché des biens et des services, où les ménages acquièrent la production des entreprises ; le marché des facteurs de production, où les ménages fournissent aux entreprises les intrants afin de produire ces biens et ces services. Le diagramme des flux circulaires est une façon simple de représenter les transactions économiques entre les ménages et les entreprises.

La boucle intérieure du diagramme représente le flux réel entre les ménages et les entreprises. Les ménages vendent leurs facteurs de production — travail, terre et capital — aux entreprises qui les utilisent pour produire des biens et des services, lesquels sont vendus aux ménages sur le marché des biens et des services. Ainsi, les facteurs de production circulent des ménages vers les entreprises, tandis que les biens et les services transitent des entreprises aux ménages.

La boucle extérieure de ce diagramme correspond au flux de dollars. Les ménages dépensent de l'argent pour acheter des biens et des services produits par les entreprises. Celles-ci consacrent ces revenus à l'acquisition de facteurs de production, comme les salaires des employés ; ce qui leur reste correspond au profit des propriétaires, lesquels font eux-mêmes partie des ménages. Les dépenses pour les biens et les services se trouvent donc à circuler des ménages vers les entreprises, tandis que les revenus, sous forme de salaires, loyers et profits, transitent des entreprises aux ménages.

Décrivons ce diagramme en suivant le circuit que parcourt une pièce de un dollar circulant d'une personne à une autre dans l'économie. Prenons comme point de départ les ménages, le dollar se trouvant plus précisément dans votre porte-monnaie. Vous avez envie de prendre un café. Vous dépensez alors ce dollar sur le marché des biens et des services, au Tim Hortons du coin, pour consommer votre boisson favorite. Ce même dollar devient un revenu dans la caisse enregistreuse de cet établissement. Toutefois, il n'y demeure pas longtemps, car cette entreprise achète, avec ce même dollar, des intrants sur le marché des facteurs de production. Elle peut l'employer pour payer le loyer de l'espace commercial occupé ou encore les salaires des employés. Dans un cas comme dans l'autre, ce dollar réintègre le revenu d'un ménage et retourne encore une fois dans le porte-monnaie d'un travailleur. À cette étape, l'histoire se répète et le flux circulaire de l'économie reprend de plus belle.

Le diagramme des flux circulaires de la figure 2.1 (voir la page 25) constitue un modèle simplifié de l'économie et ne s'embarrasse pas de détails qui, dans d'autres circonstances, seraient importants. Un diagramme circulaire plus complexe et plus réaliste comprendrait notamment le rôle du gouvernement et du commerce international. Néanmoins, ces détails n'ont rien de crucial pour la compréhension de l'organisation économique. En raison de sa simplicité, ce diagramme est plus aisé à garder à l'esprit lorsqu'on réfléchit aux interactions des divers agents économiques.

UN DEUXIÈME MODÈLE : LA COURBE DES POSSIBILITÉS DE PRODUCTION

À la différence du diagramme des flux circulaires, la plupart des modèles économiques mettent à profit les mathématiques. Afin d'illustrer certains concepts fondamentaux, examinons maintenant le modèle de la courbe des possibilités de production.

Courbe des possibilités de production (CPP)
Courbe qui indique les combinaisons de biens et de services qu'il est possible de produire avec les ressources et la technologie disponibles.

Dans la réalité, les économies produisent des milliers de biens et de services différents, mais, pour les besoins de cet exemple, l'économie n'en produira que deux : des ordinateurs et des automobiles, ces deux industries requérant la totalité des facteurs de production. La **courbe des possibilités de production (CPP)** illustre les différentes combinaisons de production accessibles (dans le cas présent, celle des automobiles et des ordinateurs), compte tenu des facteurs de production et de la technologie disponibles.

La figure 2.2 constitue un exemple de courbe des possibilités de production. Dans ce contexte économique, si toutes les ressources sont allouées à l'industrie automobile, on produit 1000 automobiles et aucun ordinateur. À l'inverse, lorsque toutes les ressources sont allouées à l'industrie informatique, on produit 3000 ordinateurs et aucune voiture. Les deux extrémités de la courbe des possibilités de production représentent ces situations. Si les ressources sont réparties entre les deux industries, la production pourrait être de 600 voitures et de 2200 ordinateurs, comme l'illustre le point A de la courbe. Ou encore, si nous déplaçons certaines ressources de l'industrie informatique vers l'industrie automobile, l'économie pourrait produire 700 voitures et 2000 ordinateurs, comme l'illustre le point B de la courbe.

En raison de la rareté des ressources, il ne fait aucun doute que certaines combinaisons d'automobiles et d'ordinateurs ne sont pas accessibles. Quels que soient nos efforts d'allocation des ressources, l'économie est incapable de produire le nombre d'automobiles et d'ordinateurs que représente le point C. Étant donné la technologie disponible, l'économie ne dispose pas de ressources suffisamment nombreuses pour produire autant d'automobiles et d'ordinateurs à la fois. En d'autres termes,

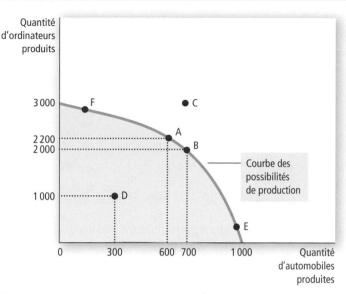

FIGURE 2.2 **LA COURBE DES POSSIBILITÉS DE PRODUCTION** Cette courbe indique toutes les combinaisons de production — dans ce cas particulier, celles des automobiles et des ordinateurs — que l'économie est en mesure de produire. Ces combinaisons se situent sur la courbe ou à l'intérieur de celle-ci, mais jamais au-delà, compte tenu de la technologie et des ressources disponibles.

l'économie est en mesure de produire à n'importe quel point se situant sur la courbe des possibilités de production, ou à l'intérieur de celle-ci, mais elle est incapable de produire à un point se situant à l'extérieur de cette courbe.

On considère qu'une allocation est efficace si l'économie tire le maximum des ressources rares dont elle dispose. Les points situés sur la courbe (plutôt qu'à l'intérieur) correspondent aux niveaux de production efficaces. Lorsque l'économie se situe au point A, il est impossible de produire davantage d'un bien sans réduire la production de l'autre. Le point D représente quant à lui une allocation inefficace. Pour une raison quelconque, peut-être un chômage trop élevé, l'économie produit moins qu'elle ne le pourrait compte tenu de ses ressources : 300 voitures et 1000 ordinateurs. Si on éliminait la cause de cette inefficacité, la production pourrait passer de D à A, ce qui ferait augmenter ainsi simultanément la production de voitures (de 300 à 600) et d'ordinateurs (de 1000 à 2200).

Selon l'un des **dix principes d'économie** abordés dans le chapitre 1, les gens sont soumis à des arbitrages. La courbe des possibilités de production illustre l'un des arbitrages auxquels se heurte la société : une fois le niveau d'efficacité atteint, la seule façon d'augmenter la production d'un bien consiste à diminuer celle de l'autre. Lorsque la production passe par exemple de A à B, la société produit 100 voitures de plus, mais elle doit réduire sa production d'ordinateurs de 200 unités.

Cet arbitrage nous permet de comprendre un autre des **dix principes d'économie** : le coût d'un bien est ce à quoi il faut renoncer pour l'obtenir, c'est-à-dire à son coût de renonciation. La courbe des possibilités de production démontre que le coût de renonciation d'un bien se mesure par la quantité d'un autre bien. Ainsi, lorsque la société redistribue certains de ses facteurs de production de l'industrie informatique à l'industrie automobile, en faisant passer la production de A à B, elle renonce à 200 ordinateurs pour obtenir 100 voitures supplémentaires. Par conséquent, le coût de renonciation de 100 voitures correspond à 200 ordinateurs. Autrement dit, le coût de renonciation d'une voiture est de deux ordinateurs. Notez que le coût de renonciation d'une voiture est égal à la valeur absolue de la pente de la courbe des possibilités de production (si vous avez oublié ce qu'est une pente, rafraîchissez-vous la mémoire en consultant l'annexe de ce chapitre à la page 39).

Cela dit, le coût de renonciation d'une voiture exprimé en nombre d'ordinateurs n'est pas une constante. Il dépend du nombre d'automobiles et d'ordinateurs produits. La forme de la courbe des possibilités de production est révélatrice à cet égard : puisqu'elle est arquée, le coût de renonciation d'une voiture est plus élevé lorsque l'économie produit beaucoup de voitures et peu d'ordinateurs, comme c'est le cas au point E, là où la courbe présente une pente assez abrupte. Par contre, lorsque l'économie produit peu d'automobiles mais beaucoup d'ordinateurs, comme c'est le cas au point F, la courbe s'aplatit et le coût de renonciation d'une voiture est plus faible.

Les économistes s'entendent pour affirmer que la courbe des possibilités de production présente habituellement cette forme arquée. Lorsque l'économie utilise la majorité de ses ressources pour fabriquer des ordinateurs, comme c'est le cas au point F, les ressources les plus adaptées à la production d'automobiles, les travailleurs spécialisés de l'industrie automobile, sont utilisées pour fabriquer des ordinateurs. Puisque ces travailleurs sont probablement peu efficaces dans la production d'ordinateurs, on peut penser que l'économie n'aura pas à renoncer à beaucoup d'ordinateurs pour augmenter d'une unité la production d'automobiles. Le coût de renonciation d'une automobile est relativement faible et la courbe des possibilités de production est plutôt horizontale. Par contre, lorsque l'économie utilise la majorité de ses ressources pour produire des voitures, comme c'est le cas au point E, les ressources les mieux adaptées à la production d'automobiles sont déjà largement utilisées pour fabriquer des véhicules. Par conséquent, produire une automobile additionnelle nécessite le déplacement des meilleurs techniciens de l'industrie informatique vers l'industrie automobile. Et le résultat n'est pas surprenant : produire une voiture additionnelle nous force à renoncer à une quantité imposante d'ordinateurs. La courbe des possibilités de production devient alors plus verticale en raison de l'augmentation du coût de renonciation d'une voiture.

La courbe des possibilités de production illustre l'arbitrage que l'on doit faire entre la production de différents biens à un moment donné, mais cet arbitrage est susceptible d'évoluer dans le temps. Par exemple, supposons que les progrès technologiques de l'industrie informatique permettent d'augmenter le nombre d'ordinateurs qu'un travailleur peut produire chaque semaine. Cette avancée technologique élargit l'ensemble des possibilités de production. En effet, pour n'importe quel volume de véhicules produits (à part, bien sûr, 1000), l'économie peut désormais produire plus d'ordinateurs. La courbe des possibilités de production se redressera alors, comme le montre la figure 2.3.

Cette figure illustre bien le phénomène de la croissance économique. La société peut se déplacer d'un point sur l'ancienne courbe des possibilités de production à un point sur la nouvelle courbe. La nature précise de ce déplacement dépend bien sûr des préférences des citoyens. Dans notre exemple, la société passe du point A au point G et peut bénéficier de plus d'ordinateurs (2300 au lieu de 2200) et de plus d'automobiles (650 au lieu de 600).

La courbe des possibilités de production a le mérite de simplifier la réalité complexe de l'économie pour faire ressortir et préciser des concepts fondamentaux. Elle nous a permis d'illustrer quelques principes vus au chapitre 1 : la rareté, l'efficacité, l'arbitrage, les coûts de renonciation et la croissance économique. Vous retrouverez ces

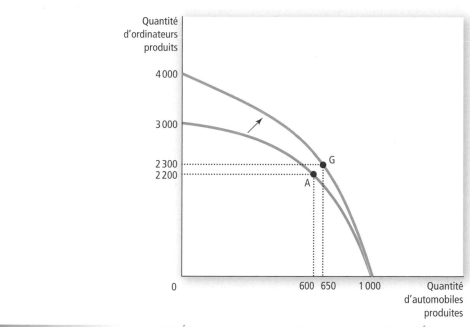

FIGURE 2.3 **LE DÉPLACEMENT DE LA COURBE DES POSSIBILITÉS DE PRODUCTION** Une augmentation de la productivité dans l'industrie informatique fait augmenter la production d'automobiles et d'ordinateurs et fait déplacer la courbe vers le haut.

concepts sous de multiples formes tout au long de vos études en économie. La courbe des possibilités de production est une façon simple et épurée de les schématiser.

LA MICROÉCONOMIE ET LA MACROÉCONOMIE

L'étude d'un ensemble de phénomènes donnés s'effectue souvent sous différents angles. Prenons la biologie comme exemple. Les spécialistes de la biologie moléculaire étudient la composition chimique des êtres vivants. Ces biologistes se consacrent à l'étude des constituants moléculaires des cellules qui composent la structure des organismes vivants. Par ailleurs, ceux qui s'intéressent à la biologie évolutionniste étudient les nombreuses variétés de plantes et d'animaux et leur évolution au cours des siècles.

L'économie comporte également plusieurs niveaux d'investigation. Nous pouvons scruter les décisions individuelles des ménages et des entreprises. Nous pouvons nous pencher sur les interactions des ménages et des entreprises sur certains marchés spécifiques. Nous pouvons également analyser le fonctionnement général de l'économie, lequel regroupe les actions de l'ensemble des agents sur l'ensemble des marchés.

Microéconomie
Étude de la prise de décisions des ménages et des entreprises ainsi que de leurs interactions sur les marchés.

Macroéconomie
Étude des phénomènes économiques globaux, notamment l'inflation, le chômage et la croissance économique.

La discipline économique se divise traditionnellement en deux grands domaines : la **microéconomie**, soit l'étude de la prise de décisions des ménages et des entreprises ainsi que de leurs interactions sur des marchés spécifiques, et la **macroéconomie**, soit l'étude des phénomènes économiques globaux. Une spécialiste en microéconomie pourra analyser les effets de la réglementation des loyers sur le marché résidentiel de Montréal, les conséquences de la concurrence étrangère sur l'industrie automobile canadienne ou encore les effets de la fréquentation scolaire obligatoire sur les salaires. Quant au spécialiste en macroéconomie, il examinera les conséquences des emprunts du gouvernement fédéral sur les taux d'intérêt, l'évolution du taux de chômage ou les politiques visant à améliorer la croissance du niveau de vie.

La macroéconomie et la microéconomie sont étroitement liées. Comme les changements qui affectent l'économie dans son ensemble relèvent, en dernière analyse, des décisions prises par des millions de personnes, il devient impossible de comprendre la macroéconomie sans prendre en considération les décisions microéconomiques. Prenons l'exemple d'une spécialiste en macroéconomie cherchant à étudier l'effet qu'une diminution de l'impôt sur le revenu a sur la production globale de biens et de services. Pour analyser cette question, elle devra préalablement, dans une perspective microéconomique, examiner l'impact de cet allègement fiscal sur les décisions de consommation des ménages.

En dépit de leurs liens fort étroits, la microéconomie et la macroéconomie ont tout de même des champs d'étude nettement délimités. Puisqu'elles s'intéressent à des phénomènes différents, elles ont recours à des modèles qui leur sont propres et elles sont souvent enseignées dans des cours séparés.

MINITEST

- Expliquez pourquoi l'économie est considérée comme une science.

- Tracez la courbe des possibilités de production d'une société ne produisant que de la nourriture et des vêtements. Indiquez une combinaison efficace, une combinaison inefficace et une combinaison inaccessible. Illustrez les effets d'une sécheresse.

- Donnez une définition de la microéconomie et une autre de la macroéconomie.

L'ÉCONOMISTE EN TANT QUE CONSEILLER POLITIQUE

On demande bien souvent aux économistes d'expliquer l'origine des phénomènes économiques : pourquoi le chômage frappe-t-il plus les jeunes que les travailleurs âgés ? Quelles politiques faut-il adopter pour améliorer la situation économique ? Que devrait faire le gouvernement pour améliorer le bien-être des adolescents ? Lorsque les économistes tentent d'expliquer le monde, ils se comportent comme des scientifiques. Quand ils essaient de l'améliorer, ils deviennent des conseillers politiques.

L'ANALYSE POSITIVE ET L'ANALYSE NORMATIVE

Afin de circonscrire les deux rôles qu'un économiste est appelé à jouer, examinons un peu le vocabulaire utilisé. Puisque les scientifiques et les conseillers politiques poursuivent des objectifs différents, il n'est pas étonnant qu'ils emploient un vocabulaire distinct.

Prenons l'exemple de deux personnes en train de discuter de la législation relative au salaire minimum. Voici un extrait de leur dialogue.

BENOÎT : La loi sur le salaire minimum est responsable d'une partie du chômage.

ANNE-MARIE : Le gouvernement devrait augmenter le salaire minimum.

Que vous soyez d'accord ou non avec ces déclarations, remarquez qu'Anne-Marie et Benoît n'ont pas du tout le même discours. Benoît s'exprime comme un scientifique : il tente de décrire le fonctionnement du monde. Anne-Marie parle comme une conseillère politique : elle suggère une manière de changer le monde.

Les énoncés sont généralement classés en deux catégories. Ainsi, en tentant de décrire la réalité telle qu'elle *est,* Benoît formule un **énoncé positif**. En revanche, en parlant de la réalité telle qu'elle *devrait être,* Anne-Marie formule un **énoncé normatif**, lequel a un caractère prescriptif.

Énoncé positif
Proposition par laquelle on essaie de décrire l'état du monde.

Énoncé normatif
Proposition par laquelle on essaie de déterminer ce que devrait être le monde.

La différence essentielle entre un énoncé positif et un énoncé normatif réside dans la manière dont nous les justifions. En principe, nous pouvons infirmer ou confirmer un énoncé positif en nous basant sur des observations. Un économiste pourra mettre à l'épreuve l'affirmation de Benoît en analysant les données relatives à l'évolution conjointe du salaire minimum et du taux de chômage. En revanche, la justification des énoncés normatifs porte à la fois sur des faits et sur des jugements de valeur. Il est impossible de justifier l'affirmation d'Anne-Marie sur la simple base des données empiriques. Décider du bien-fondé d'une politique dépasse le domaine scientifique et relève de nos positions en matière d'éthique, de philosophie politique, voire de religion.

Malgré qu'ils soient distincts, les énoncés positifs et les énoncés normatifs sont souvent entremêlés dans le tissu des valeurs d'un individu. Notre compréhension du fonctionnement du monde influe sur nos propositions normatives concernant les politiques à adopter. S'il était vrai, comme l'énonce Benoît, que la loi sur le salaire minimum provoque du chômage, cela nous conduirait à rejeter les conclusions d'Anne-Marie visant à faire augmenter ce dernier. Un fait demeure toutefois : nos énoncés normatifs ne peuvent pas découler uniquement d'une analyse positive. Ils s'appuient également sur nos jugements de valeur.

Au cours de vos études en économie, gardez à l'esprit cette distinction entre un énoncé positif et un énoncé normatif. Notre discipline s'efforce d'expliquer le fonctionnement de l'économie sans pour autant renoncer à tenter de l'améliorer. Quand vous entendrez un économiste formuler des propositions normatives, vous saurez que, de scientifique qu'il était, il est devenu un conseiller politique.

DES ÉCONOMISTES À OTTAWA

Le président américain Harry Truman a déclaré un jour qu'il aimerait trouver un économiste n'ayant qu'un seul côté. Lorsqu'il interrogeait ses conseillers économiques, ceux-ci lui répondaient toujours : « D'un côté […], mais de l'autre […]. »

Truman avait parfaitement raison de remarquer que les conseils des économistes sont rarement simples. Cette tendance vient directement de l'un des **dix principes d'économie** vus au chapitre 1 : les gens sont soumis à des arbitrages. Les économistes sont conscients des arbitrages sur lesquels reposent de nombreuses décisions politiques. Une politique peut améliorer l'efficience au détriment de l'égalité ou bien elle peut profiter aux générations futures en portant préjudice à la génération actuelle. Si un économiste déclare que toutes les décisions en matière de politiques économiques n'ont rien de sorcier, il convient de s'en méfier.

Le gouvernement canadien, à l'instar des autres gouvernements, s'appuie sur les conseils des économistes. Ceux du ministère des Finances contribuent à l'élaboration de la politique budgétaire. Ceux du ministère de l'Industrie conçoivent les

La Banque du Canada emploie plus de 200 économistes.

lois antitrust et contribuent à leur application. Ceux du ministère des Affaires étrangères et du Commerce international participent aux négociations des accords commerciaux avec les autres pays. Ceux du ministère des Ressources humaines et du Développement social analysent les données sur les travailleurs et les chercheurs d'emploi et formulent les politiques relatives à la main-d'œuvre. Les économistes d'Environnement Canada prennent part à l'élaboration de la réglementation environnementale. L'Agence canadienne de développement international (ACDI) compte sur des économistes pour formuler des recommandations sur les projets de développement international. Les économistes de Statistique Canada recueillent les données qu'analyseront ensuite ceux qui formuleront des recommandations politiques. Enfin, la Banque du Canada, l'organisme responsable de la politique monétaire canadienne, emploie plus de deux cents économistes pour l'analyse des marchés financiers et des perspectives macroéconomiques.

Les économistes qui ne travaillent pas comme fonctionnaires donnent également des conseils politiques. L'Institut C.D. Howe, l'Institut de recherche en politiques publiques, l'Institut économique de Montréal et d'autres organisations indépendantes publient des rapports économiques concernant les problèmes actuels, tels que la pauvreté, le chômage et la dette. Ces analyses visent à influencer l'opinion publique de même qu'à formuler des recommandations sur les politiques gouvernementales à adopter. Le tableau 2.1 dresse une liste des sites Web de certaines de ces organisations.

L'influence des économistes sur la politique ne se limite pas à leur rôle de conseillers. Par leurs recherches et leurs écrits, ils ont une portée indirecte sur la politique, comme l'économiste John Maynard Keynes le fit un jour remarquer :

> Les idées des économistes et des politicologues, qu'ils aient tort ou raison, exercent souvent une emprise plus importante qu'on ne le croit. De fait, elles mènent pratiquement le monde. Les individus pragmatiques, qui se pensent libres de toute influence intellectuelle, ne font que répéter les idées d'un économiste disparu. Ces gouvernants perturbés, qui entendent des voix, alimentent leur délire des écrits des scribouillards universitaires d'hier.

TABLEAU 2.1

DES SITES WEB Les organisations suivantes engagent des économistes et influent sur la politique économique.

Affaires étrangères et Commerce international Canada	http://www.itcan-cican.gc.ca
Banque du Canada	http://www.banqueducanada.ca
Industrie Canada	http://www.ic.gc.ca
Institut de la statistique du Québec	http://www.stat.gouv.qc.ca
Ministère des Finances du Canada	http://www.fin.gc.ca
Ministère des Finances du Québec	http://www.finances.gouv.qc.ca
Statistique Canada	http://www.statcan.ca
Canadian Center for Policy Alternatives	http://www.policyalternatives.ca
Institut C.D. Howe	http://www.cdhowe.org
Institut de recherche en politiques publiques	http://www.irpp.org
Institut économique de Montréal	http://www.iedm.org

Ces mots, écrits en 1935, demeurent toujours aussi vrais. En fait, le scribouillard universitaire qui influence aujourd'hui la politique économique est bien souvent Keynes lui-même.

MINITEST

■ Donnez un exemple d'énoncé positif et d'énoncé normatif.

■ Nommez trois organismes gouvernementaux qui utilisent les conseils des économistes.

ÉTUDE DE CAS

M. MANKIW S'EN VA À WASHINGTON

Un des auteurs du présent manuel, Gregory Mankiw, reconnaît volontiers être l'un de ces professeurs d'université comme on aime bien se les imaginer, c'est-à-dire plus à l'aise parmi sa montagne de livres que dans le monde des dirigeants politiques exubérants. Néanmoins, il a récemment saisi une occasion de quitter sa tour d'ivoire et a occupé, de 2003 à 2005, la présidence du Comité des conseillers économiques (CCE) des États-Unis. Pendant ces deux années, il a rempli les fonctions d'économiste en chef du président George W. Bush. Voici un aperçu de l'expérience unique qu'il a vécue.

En tant que président du CCE, je rencontrais le président Bush deux fois par semaine. Si quelques-unes de ces rencontres ont surtout été consacrées à des comptes rendus sur l'état de l'économie, la plupart ont donné lieu à des discussions sur des questions d'actualité en matière de politique économique. J'ai travaillé en étroite collaboration avec d'autres membres du personnel de la Maison-Blanche pour analyser les options économiques disponibles et informer le président Bush sur une foule de sujets, tels que la politique fiscale, le budget fédéral, la sécurité sociale et le commerce international. J'ai aussi rencontré régulièrement d'autres responsables chargés des questions économiques, comme John Snow, secrétaire au Trésor, et Alan Greenspan, président de la Réserve fédérale, ainsi que des dirigeants du monde des affaires.

Pour quiconque est habitué à réfléchir posément dans le calme du milieu universitaire, occuper un tel emploi s'avère des plus stimulants. S'asseoir dans le Bureau ovale, voler à bord d'*Air Force One* et passer la fin de semaine à Camp David avec le président constituent autant d'expériences inoubliables. Témoigner à titre de représentant du président devant différents comités du Congrès, dont certains membres ne cachent souvent pas leur partisanerie et parfois leur hostilité, est une autre expérience dont on se souvient très longtemps, même à son corps défendant.

Pendant mes deux années passées à Washington, j'ai appris beaucoup de choses sur la façon de mettre au point une politique économique. Cette façon diffère à maints égards de la méthode théorique que décrivent les manuels d'économie.

Dans le présent manuel, l'analyse des politiques économiques est souvent axée sur la question suivante : quelle est la meilleure politique que le gouvernement devrait mettre en œuvre ? Nous raisonnons comme si cette politique était déterminée par un roi bienveillant. Après avoir établi la politique appropriée, le roi n'aurait aucune difficulté à l'appliquer.

Dans le monde réel, déterminer la politique appropriée ne représente qu'une des nombreuses tâches d'un dirigeant, et c'est même parfois la plus facile. Après avoir

écouté ses conseillers économiques lui suggérer ce qu'ils estiment être la meilleure politique économique possible, le président se tourne vers d'autres conseillers pour élargir sa perspective. Ses conseillers en communications lui indiquent alors la meilleure façon d'expliquer cette politique à ses concitoyens et tentent de prévoir toute interprétation erronée qui pourrait en découler et entraver sa mise en œuvre. Ses attachés de presse lui décrivent ensuite la façon dont les médias vont présenter cette politique et les opinions qui seront exprimées dans les éditoriaux des principaux quotidiens du pays. Puis, ses conseillers en matière législative l'informent des réactions probables du Congrès, des amendements que les représentants ou les sénateurs vont déposer et de la probabilité que le Congrès adopte une version modifiée de la politique que propose le président. Ses conseillers politiques identifient alors les groupes susceptibles de se mobiliser en faveur ou à l'encontre de la politique proposée, et lui indiquent en quoi celle-ci va affecter son image aux yeux de différents groupes d'électeurs et se répercuter sur l'appui donné à d'autres initiatives politiques du président. Après avoir écouté et soupesé tous les conseils reçus, le président prend alors sa décision concernant la politique économique.

Ces deux années passées à Washington m'ont permis de toujours garder à l'esprit une importante leçon : définir une politique économique dans une démocratie représentative est une démarche très compliquée. C'est pourquoi un président (et d'autres responsables politiques) a souvent de bonnes raisons de ne pas mettre en œuvre les politiques que préconisent les économistes. Ceux-ci apportent au processus politique une contribution qui, aussi essentielle soit-elle, n'est qu'un seul ingrédient entrant dans la préparation d'une recette complexe.

POURQUOI LES ÉCONOMISTES NE S'ENTENDENT-ILS PAS ?

« Même en mettant tous les économistes bout à bout, ceux-ci ne parviendraient pas à une conclusion. » Cette boutade de George Bernard Shaw est tout à fait révélatrice. On critique fréquemment les économistes pour leurs recommandations politiques contradictoires. Le président américain Ronald Reagan avait fait remarquer en plaisantant que si le jeu *Quelques arpents de pièges* avait été conçu par des économistes, il comprendrait trois mille réponses pour cent questions.

Pourquoi les économistes semblent-ils être si souvent en désaccord entre eux lorsqu'ils font des recommandations à la classe politique ? Citons deux raisons fondamentales :

■ les économistes divergent d'opinion sur la validité des diverses théories économiques en présence ;

■ les économistes ont des valeurs différentes et, par conséquent, une vision normative différente des objectifs que devrait poursuivre la politique économique.

Revenons sur chacune de ces raisons.

DES RAISONNEMENTS SCIENTIFIQUES DIVERGENTS

Il y a plusieurs siècles, les astronomes débattaient pour décider lequel, de la Terre ou du Soleil, se trouvait au centre du système solaire. Plus près de nous, les météorologues débattent de la possibilité d'un réchauffement de la planète et des raisons qui l'expliqueraient. La science cherche à comprendre le monde qui nous entoure. Dans cette quête incessante de la vérité, il n'est pas étonnant de voir apparaître de profonds désaccords entre chercheurs.

Les économistes ne font pas exception à cette règle. Il s'agit d'une science toute récente où il reste beaucoup à découvrir. Les querelles entre économistes proviennent souvent de leurs désaccords sur la validité des différentes théories, de même que sur l'importance à accorder aux nombreuses variables en jeu.

Par exemple, les économistes divergent d'opinion quant aux effets des impôts. Certains sont partisans d'un impôt sur le revenu des ménages, d'autres favorisent un impôt sur leur consommation (une taxe sur les dépenses). Les tenants d'une fiscalité davantage basée sur la consommation affirment qu'elle encouragerait les familles à faire des économies, puisque leur épargne serait à l'abri du fisc. Cette hausse de l'épargne ferait augmenter à son tour la productivité et le niveau de vie. Quant aux partisans de l'imposition actuelle sur le revenu, ils sont convaincus que l'épargne n'augmenterait guère à la suite d'une modification du régime fiscal. Ces deux groupes d'économistes possèdent donc des visions normatives de la fiscalité qui sont différentes, lesquelles visions reposent sur des conceptions positives différentes de l'effet des incitatifs fiscaux sur le comportement des gens.

DES VALEURS DIFFÉRENTES

Imaginons que Guillaume et Marc-André consomment la même quantité d'eau tirée du puits communal. Afin de payer l'entretien de ce dernier, la municipalité taxe tous les résidants. Guillaume, qui dispose d'un revenu de 50 000 $, paie un impôt de 5000 $, soit 10 % de son revenu. Marc-André, qui ne gagne que 10 000 $, paie un impôt de 2000 $, ce qui équivaut à 20 % de son revenu.

Un tel régime est-il équitable ? Quelqu'un paie-t-il trop d'impôt ? Quelqu'un n'en paie-t-il pas assez ? Le fait que les revenus de Guillaume proviennent d'un héritage ou encore des longues heures qu'il consacre à un emploi exigeant pèse-t-il dans la balance ? Le fait que les maigres revenus de Marc-André sont attribuables à sa santé fragile ou encore à sa décision de visiter le vaste monde importe-t-il ?

Il s'agit de questions difficiles sur lesquelles les gens se mettent rarement d'accord. Il n'y a donc rien d'étonnant à ce que deux experts engagés par la municipalité pour examiner le régime fiscal requis pour couvrir les frais d'entretien du puits en arrivent à des recommandations contradictoires.

Cet exemple fort simple illustre la raison pour laquelle les économistes ne s'entendent pas sur les politiques économiques à adopter. Comme nous l'avons vu précédemment dans l'analyse de la dichotomie *énoncé positif / énoncé normatif*, il est impossible d'évaluer les politiques économiques sous le seul angle de l'analyse scientifique. Les économistes formulent des recommandations contradictoires parce qu'ils ont des valeurs différentes. Et même l'étude la plus approfondie de l'économie ne nous dira pas qui, de Guillaume ou de Marc-André, paie trop pour son eau.

LA PERCEPTION ET LA RÉALITÉ

En raison des différences entre les raisonnements scientifiques mis de l'avant et des divergences des systèmes de valeurs, les désaccords entre les économistes sont inévitables. Cela dit, il ne faudrait pas exagérer leur importance. Dans bien des cas, les économistes partagent le même avis.

Le tableau 2.2 présente dix propositions concernant les politiques économiques. Lors d'une enquête réalisée dans le monde des affaires et dans les sphères gouvernementale et universitaire, la majorité des économistes ont appuyé ces dix propositions. Un tel consensus serait hautement improbable au sein du grand public.

La première proposition porte sur la réglementation des loyers. Pour des raisons que nous aborderons dans le chapitre 6 de *Principes de microéconomie*, presque tous les économistes reconnaissent les effets néfastes de cette réglementation sur la disponibilité et la qualité des logements, de même que le caractère coûteux de cette mesure pour aider les plus démunis de la société. Néanmoins, plusieurs gouvernements provinciaux ont choisi de faire fi de cette recommandation en fixant des prix plafonds pour les loyers.

La deuxième proposition de ce tableau a trait aux droits de douane et aux quotas d'importation. Nous verrons dans le chapitre 3, et de manière plus détaillée dans le chapitre 9 de *Principes de microéconomie*, les raisons qui poussent les économistes à s'opposer à toute restriction au libre-échange. Malheureusement, cela n'a pas empêché nos gouvernements de restreindre occasionnellement l'importation de certains produits.

Si l'ensemble des experts s'y opposent, pourquoi les politiques de réglementation des loyers et les quotas d'importation perdurent-ils? Probablement parce que les économistes n'ont pas encore réussi à convaincre le grand public de leurs conséquences néfastes. Ce livre vise notamment à vous permettre de comprendre l'opinion des économistes sur les différentes questions économiques et, éventuellement, à vous convaincre de leur bien-fondé.

TABLEAU 2.2	DIX PROPOSITIONS FAISANT PRESQUE L'UNANIMITÉ CHEZ LES ÉCONOMISTES

PROPOSITIONS (ET POURCENTAGES D'APPROBATION DES ÉCONOMISTES)
1. Un plafonnement des loyers réduit la quantité et la qualité des logements disponibles. (93 %)
2. Les droits de douane et les quotas d'importation réduisent le bien-être économique. (93 %)
3. Des taux de change flexibles et flottants assurent un ordre monétaire international efficace. (90 %)
4. Une politique budgétaire (réduction des impôts ou augmentation des dépenses publiques) a un effet stimulant significatif sur une économie en situation de sous-emploi. (90 %)
5. Il est préférable d'équilibrer le budget de l'État sur la durée du cycle économique plutôt que sur une base annuelle. (85 %)
6. Des versements en espèces augmentent davantage le bien-être des prestataires que des transferts en nature d'une valeur équivalente. (84 %)
7. Un déficit budgétaire important a des effets négatifs sur l'économie. (83 %)
8. Une augmentation du salaire minimum accroît le taux de chômage chez les jeunes et les travailleurs non qualifiés. (79 %)
9. Le gouvernement devrait réorganiser le système d'aide sociale selon le principe de « l'impôt négatif ». (79 %)
10. Taxer les émissions polluantes ou émettre des droits de pollution négociables représente une meilleure approche pour maîtriser la pollution qu'une réglementation quantitative des émissions. (78 %)

Source : Richard M. Alston, J.-R. Kearl et Michael B. Vaughn, « Is There Consensus among Economists in the 1990's ? », *American Economic Review*, mai 1992, p. 203-209.

■ Quelles raisons peuvent pousser les conseillers économiques du premier ministre à diverger d'opinion sur une question de politique économique ?

 ## METTONS-NOUS AU TRAVAIL

Dans les deux premiers chapitres de ce manuel, nous vous avons présenté les idées et les méthodes de la science économique. Nous sommes maintenant prêts à entrer dans le vif du sujet. Dans le prochain chapitre, nous examinerons de plus près certains principes du comportement des agents et de leurs interactions.

La progression dans cette lecture mettra à contribution vos cellules grises. Il vous sera probablement utile de garder à l'esprit certaines recommandations du célèbre économiste britannique John Maynard Keynes :

> L'étude de l'économie ne semble requérir aucun talent particulier, ni sortant de l'ordinaire. Ne s'agit-il pas […] d'un sujet très facile en comparaison des secteurs hautement spécialisés de la philosophie ou des sciences pures ? Une discipline relativement simple, dans laquelle bien peu se distinguent ! Ce paradoxe s'explique, en partie, parce que l'expert dans le domaine doit démontrer une rare combinaison de talents. Il lui faut être, dans une certaine mesure, à la fois mathématicien, historien, homme d'État et philosophe. Il se doit de comprendre les symboles mais de s'exprimer avec des mots simples. Il doit pouvoir s'intéresser aux détails sans oublier la vue d'ensemble, et dans un même raisonnement passer de l'abstraction aux éléments concrets. Il doit étudier le présent en fonction du passé tout en se souciant de l'avenir. Rien de ce qui concerne la nature humaine ou les institutions ne doit lui échapper. Il saura se montrer simultanément résolu et désintéressé ; aussi incorruptible et détaché qu'un artiste, mais parfois aussi pragmatique qu'un homme politique.

Tout un programme ! Mais, avec un peu de pratique et de persévérance, vous vous accoutumerez progressivement à penser comme un économiste.

 **RÉSUMÉ**

■ Les économistes tentent d'aborder leur objet d'étude avec l'objectivité des scientifiques. Comme eux, ils formulent des hypothèses appropriées et construisent des modèles simples pour comprendre le monde. Le diagramme des flux circulaires et la courbe des possibilités de production comptent au nombre de ces modèles.

■ L'économie se divise en deux domaines : la microéconomie et la macroéconomie. Les spécialistes en microéconomie étudient les décisions des ménages et des entreprises, ainsi que leurs interactions sur les marchés. Les macroéconomistes se concentrent sur les forces et les tendances qui affectent l'économie dans son ensemble.

■ Un énoncé positif constitue une description du monde tel qu'il est. Un énoncé normatif dépeint le monde tel qu'il devrait être. Lorsqu'un économiste formule des propositions normatives, il se comporte en conseiller politique plutôt qu'en scientifique.

▪ Les économistes formulent souvent des recommandations contradictoires aux diri-geants, soit parce que leurs raisonnements scientifiques sont divergents, soit parce qu'ils ne partagent pas les mêmes valeurs. Parfois, les économistes sont unanimes, mais les décideurs ont tout le loisir de ne pas en tenir compte.

CONCEPTS CLÉS

Courbe des possibilités de production (CPP), p. 26

Diagramme des flux circulaires, p. 24

Énoncé normatif, p. 31

Énoncé positif, p. 31

Macroéconomie, p. 29

Microéconomie, p. 29

QUESTIONS DE RÉVISION

1. En quoi l'économie est-elle une science ?

2. Pourquoi les économistes utilisent-ils des postulats ?

3. Un modèle économique doit-il décrire la réalité avec exactitude ?

4. Tracez une courbe des possibilités de production d'une économie qui produit du lait et des biscuits. Si une épidémie extermine la moitié du cheptel, comment cette courbe sera-t-elle modifiée ?

5. Servez-vous d'une courbe des possibilités de production pour expliquer le concept d'efficacité.

6. Quels sont les deux grands domaines de l'économie ? Décrivez leur contenu respectif.

7. Quelle est la différence entre un énoncé positif et un énoncé normatif ? Illustrez chacun par un exemple.

8. Quelle est la fonction de la Banque du Canada ?

9. Pourquoi les économistes formulent-ils quelques fois des recommandations contradictoires aux décideurs ?

ANNEXE

UN TOUR D'HORIZON DES GRAPHIQUES

La plupart des concepts étudiés par les économistes s'expriment sous une forme chiffrée — le prix des bananes, la quantité de bananes vendues, le coût de production des bananes, etc. Ces variables économiques sont très souvent liées les unes aux autres. Ainsi, la hausse du prix des bananes provoque une baisse de leur consommation. Pour illustrer les relations entre ces variables, on a recours à des graphiques.

Ces graphiques servent deux fins. Premièrement, lors de l'élaboration des théories, ils permettent aux économistes de présenter leurs idées plus clairement que ne le feraient des équations ou des mots. Deuxièmement, lors de l'analyse des données empiriques, les graphiques offrent un moyen de visualiser la corrélation qui pourrait exister entre les phénomènes observés. Que l'on travaille du point de vue théorique ou avec des données empiriques, les graphiques permettent d'organiser de manière très condensée une profusion d'éléments à première vue disparates.

L'information numérique s'exprime de diverses manières, tout comme la pensée se formule de bien des façons. Un écrivain de talent choisit ses mots pour simplifier l'argumentation, agrémenter une description ou dramatiser une scène. Un bon économiste sélectionnera le type de graphique qui convient le mieux à ce qu'il cherche à démontrer.

Dans cette annexe, nous examinerons comment les économistes utilisent les graphiques pour faire ressortir les relations mathématiques entre les diverses variables. Nous traiterons également des pièges que comporte le recours aux graphiques.

LES GRAPHIQUES À UNE VARIABLE

La figure 2A.1 (voir la page 40) présente trois types de graphiques classiques. Le diagramme circulaire, en a), représente la répartition des revenus canadiens selon les différentes sources, dont les traitements et les salaires, les bénéfices des sociétés, etc. Chaque pointe du diagramme représente la proportion de chacune des sources de revenus par rapport au total. L'histogramme, en b), compare le niveau de vie de trois pays. La taille de chaque bâtonnet représente le PIB par habitant de chaque pays. Le graphique de série chronologique, en c), illustre l'évolution du taux de chômage canadien dans le temps. Le tracé, fait de sommets et de creux, représente le taux de chômage mensuel. Ces trois types de graphiques sont fréquemment utilisés dans les journaux et les magazines.

LES GRAPHIQUES À DEUX VARIABLES : LE SYSTÈME DE COORDONNÉES CARTÉSIEN

Bien que les trois graphiques de la figure 2A.1 soient utiles pour illustrer comment une variable évolue dans le temps, ou entre différents pays, ces types de graphiques s'avèrent insuffisants puisqu'ils ne prennent en compte qu'une seule variable. Or, les économistes se préoccupent souvent des relations entre plusieurs variables. Dans cette optique, ils ont besoin d'illustrer au moins deux variables sur un seul graphique et recourent alors au système de coordonnées cartésien.

Imaginons que vous vouliez examiner la relation entre le nombre d'heures d'étude et les résultats scolaires obtenus. Vous enregistrez ainsi deux données pour chaque

FIGURE 2A.1

DES TYPES DE GRAPHIQUES
Le diagramme circulaire, en a), montre la répartition des revenus canadiens entre les différentes sources. L'histogramme, en b), établit une comparaison entre le PIB par habitant de trois pays. Le graphique de série chronologique, en c), représente l'évolution dans le temps du taux de chômage canadien.

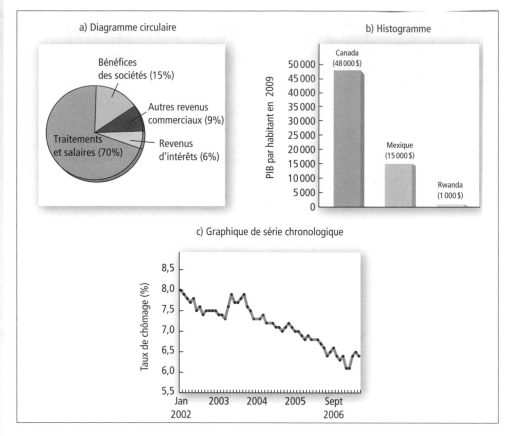

étudiant : le nombre d'heures hebdomadaires passées à étudier et la note moyenne obtenue. Ces deux nombres sont mis entre parenthèses sous la forme d'une paire ordonnée et apparaissent sur le graphique sous la forme d'un point. Maxime est représentée par la paire ordonnée (25 heures/semaine, Moyenne de 80 %), alors que son frère Thomas sera représenté par la paire (5 heures/semaine, Moyenne de 50 %).

Il est possible de représenter ces deux paires ordonnées sur un graphique à deux dimensions. Le premier nombre de la paire, appelé *coordonnée en x*, indique la position horizontale du point. Le deuxième nombre, appelé *coordonnée en y*, donne la position verticale de ce même point. Le point d'origine correspond à la position où les coordonnées en *x* et *y* sont égales à 0. Les deux coordonnées de la paire ordonnée nous indiquent où se trouve le point par rapport à l'origine : *x* unités à la droite de l'origine et *y* unités au-dessus d'elle.

Le graphique de la figure 2A.2 représente les notes obtenues en relation avec le nombre d'heures d'étude de Maxime, de Thomas et de leurs camarades de classe. Ce type de graphique porte le nom de *diagramme de dispersion* en raison du caractère éparpillé des données. Un examen rapide de ce graphique montre que les points situés le plus à droite (qui correspondent à un temps d'étude plus long) tendent également à se situer plus haut (indiquant une note plus élevée). Comme les données concernant le temps d'étude et la note moyenne tendent à évoluer dans la même direction, on dit que ces deux variables sont en corrélation positive. En revanche, si l'on représentait le temps passé à s'amuser et la moyenne des notes, il y aurait fort à parier que leur évolution serait inverse. Ces deux variables allant dans des sens opposés, elles seraient en corrélation négative. Dans tous les cas, le système de coordonnées fait clairement ressortir la corrélation, positive ou négative, entre les deux variables.

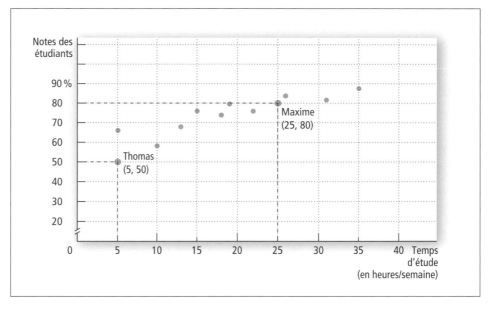

LE SYSTÈME DE COORDON-NÉES CARTÉSIEN La note moyenne se situe sur l'axe vertical (l'ordonnée), tandis que le temps d'étude se situe sur l'axe horizontal (l'abscisse). Maxime, Thomas et leurs camarades de classe sont représentés par des points. Le graphique montre clairement que les étudiants qui étudient le plus obtiennent les meilleures notes.

LES COURBES ET LE SYSTÈME DE COORDONNÉES

Les étudiants qui passent plus de temps à étudier ont tendance à obtenir de meilleures notes, mais d'autres facteurs entrent également en ligne de compte : une solide préparation, le talent, la qualité de l'enseignement et même un petit-déjeuner nutritif. Le diagramme de dispersion de la figure 2A.2 ne permet pas d'isoler l'effet du temps d'étude sur les notes de l'effet des autres variables sur les notes. Or, très souvent, les économistes préfèrent observer l'influence d'une variable sur une autre, les autres variables étant tenues constantes.

Pour mieux comprendre cette démarche, considérons l'un des graphiques les plus utiles en économie — la courbe de demande. Cette courbe représente l'effet du prix d'un bien sur la quantité demandée par les consommateurs. Avant d'examiner cette courbe, considérons le tableau 2A.1 (voir la page 42) indiquant le nombre de livres achetés par Geneviève en fonction de l'évolution de son revenu et du prix des romans. Lorsque ces derniers sont bon marché, elle en achète à profusion, mais dès que leur prix augmente, elle préfère les emprunter à la bibliothèque ou aller au cinéma plutôt que de lire. De la même manière, quand elle dispose d'un revenu plus élevé, elle achète plus de romans. Ce qui revient à dire que, lorsque son revenu augmente, elle consacre une part de ses revenus additionnels à l'achat de livres, et le reste à l'achat d'autres biens.

Nous sommes ici en présence de trois variables : le prix des romans, le revenu de Geneviève et le nombre de livres achetés. Il y a donc une variable de trop pour une représentation en deux dimensions. Pour illustrer graphiquement l'information du tableau 2A.1, il faut que l'une des trois variables demeure constante afin que nous puissions illustrer la relation entre les deux autres. Parce que la courbe de demande représente la relation entre le prix et la quantité demandée, nous considérerons d'emblée que le revenu de Geneviève est constant et nous montrerons que le nombre de romans qu'elle achète varie en fonction de leur prix.

Supposons que le revenu annuel de Geneviève soit de 30 000 $. Si l'on place le nombre de romans achetés sur l'axe des *x* et le prix des romans sur l'axe des *y*, il est possible de représenter graphiquement la troisième colonne du tableau 2A.1. En reliant les points

TABLEAU 2A.1

LES ROMANS ACHETÉS PAR GENEVIÈVE   Ce tableau indique le nombre de romans achetés par Geneviève en fonction de leur prix et de ses revenus. Pour un niveau de revenu donné, il est possible de représenter le prix et la quantité afin de tracer la courbe de demande de romans de Geneviève, comme sur la figure 2A.3.

	Revenu		
Prix	20 000$	30 000$	40 000$
20 $	2 romans	5 romans	8 romans
18	6	9	12
16	10	13	16
14	14	17	20
12	18	21	24
10	22	25	28
	Courbe de demande D_3	Courbe de demande D_1	Courbe de demande D_2

FIGURE 2A.3

LA COURBE DE DEMANDE
La droite D_1 indique que, son revenu étant considéré comme constant, la consommation de romans de Geneviève est fonction de leur prix. Puisqu'il existe une relation négative entre le prix et la quantité demandée, la courbe de demande a donc une pente négative.

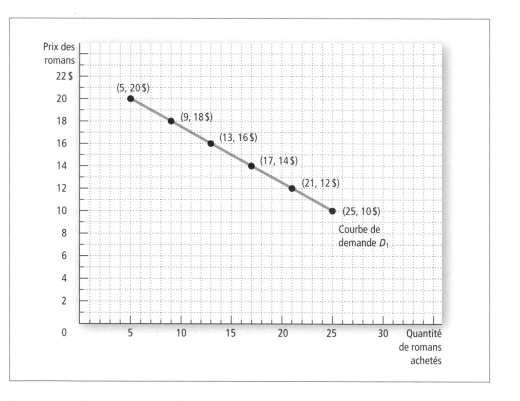

représentant les données de ce tableau — (5 romans, 20 $), (9 romans, 18 $), etc. — on obtient une droite. Cette droite, tracée dans la figure 2A.3, correspond à la courbe de demande de romans de Geneviève ; elle indique le nombre de romans achetés par Geneviève en fonction des différents prix. Cette courbe a une pente négative, indiquant ainsi que l'augmentation des prix réduit la quantité demandée. Comme la quantité de romans achetés et le prix vont dans des sens opposés, on dit que ces deux variables sont en corrélation négative. À l'inverse, lorsque les deux variables se déplacent dans le même sens, la courbe a une pente positive et les deux variables sont alors en corrélation positive.

Imaginons maintenant que les revenus de Geneviève augmentent pour atteindre 40 000 $ par année. Geneviève achètera plus de romans, à un prix donné, qu'elle ne le faisait avec un revenu inférieur. Comme nous l'avons fait pour la courbe de demande précédente correspondant à la troisième colonne du tableau 2A.1, nous pouvons maintenant tracer une nouvelle courbe de demande correspondant aux données de la quatrième colonne de ce même tableau. Cette nouvelle courbe (D_2) se situe à droite de la précédente (D_1) sur la figure 2A.4. En conséquence, nous dirons que la courbe de demande de Geneviève se déplace vers la droite lorsque ses revenus augmentent. De manière identique, si le revenu de Geneviève diminuait à 20 000 $ par année, elle achèterait moins de romans à un prix donné et la courbe de demande se déplacerait vers la gauche (D_3).

En économie, il faut bien faire la différence entre *déplacement le long d'une courbe* et *déplacement d'une courbe*. Comme le montre la figure 2A.3, si Geneviève gagne 30 000 $ par année et que les romans coûtent 16 $ l'unité, elle en achètera 13 par année. Si le prix des romans tombe à 14 $, elle en achètera 17 par année. Cependant, la courbe de demande ne change pas de place. Geneviève n'achète pas plus de livres pour chaque prix donné, mais chaque fois que le prix diminue, il y a un déplacement de gauche à droite le long de la courbe de demande. En revanche, si les romans restent au même prix (16 $) mais que les revenus de Geneviève augmentent à 40 000 $, sa consommation de romans passe alors de 13 à 16 livres par année. Parce qu'elle achète plus de livres pour chaque prix donné, c'est la courbe de demande qui cette fois se déplace vers la droite, comme le montre la figure 2A.4.

Il est facile de savoir si on se déplace sur la courbe ou si c'est la courbe qui se déplace. Chaque fois qu'une variable ne figurant sur aucun des deux axes est affectée, la courbe se déplace. Comme le revenu n'apparaît ni sur l'axe des *x* ni sur l'axe des *y*, la courbe de demande doit se déplacer chaque fois que ce revenu varie. Toute modification des variables affectant la consommation de Geneviève, à l'exception du prix

FIGURE 2A.4

LES DÉPLACEMENTS DE LA COURBE DE DEMANDE
La position de la courbe de demande de Geneviève dépend de ses revenus. Plus elle gagne d'argent, plus elle achète de romans à un prix donné et plus la courbe de demande se déplace vers la droite. La courbe D_1 représente la demande de Geneviève pour un revenu annuel de 30 000 $. Si son revenu passe à 40 000 $ par année, la courbe se déplace en D_2. S'il tombe à 20 000 $ par année, cette courbe se déplace en D_3.

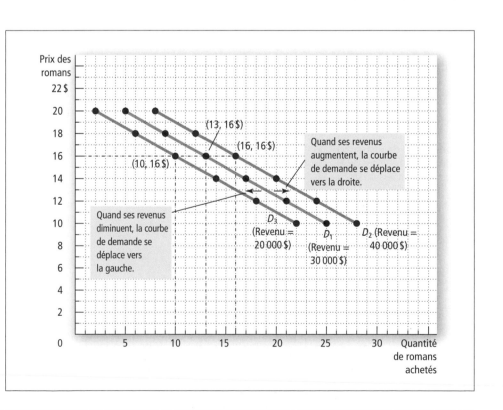

des romans, occasionnera un déplacement de la courbe de demande. Si la bibliothèque publique ferme ses portes, Geneviève devra acheter tous les titres qu'elle se propose de lire et augmentera du même coup sa consommation de livres pour chaque prix donné ; la courbe de demande se déplacera alors vers la droite. Si le prix du billet de cinéma diminue et que Geneviève passe plus de temps dans les salles obscures qu'à côté de sa lampe de chevet, la courbe de demande se déplacera vers la gauche. En revanche, lorsqu'une variable représentée sur l'un des axes du graphique est affectée, la courbe de demande ne bouge pas et on parlera alors d'un déplacement le long de cette courbe.

LA PENTE

Examinons un peu l'influence du prix des livres sur les habitudes de consommation de Geneviève. Si la courbe de demande de la figure 2A.5 est très abrupte (plutôt verticale), cela signifie que Geneviève achète pratiquement le même nombre de livres sans égard à leur prix. Si, à l'inverse, cette courbe s'aplatit (plutôt horizontale), c'est que Geneviève achète beaucoup moins de romans lorsque leur prix monte. Par conséquent, si nous voulons connaître l'influence du prix sur la quantité demandée, il faut aborder le concept de *pente*.

La pente d'une droite correspond au ratio entre la distance verticale parcourue et la distance horizontale parcourue lorsqu'on se déplace le long de cette droite. On exprime cette définition par l'équation suivante :

$$\text{pente} = \frac{\Delta y}{\Delta x}$$

où la lettre grecque Δ (delta) représente le changement de la variable. Autrement dit, la pente d'une droite est égale à la variation verticale (changement en *y*) divisée par la

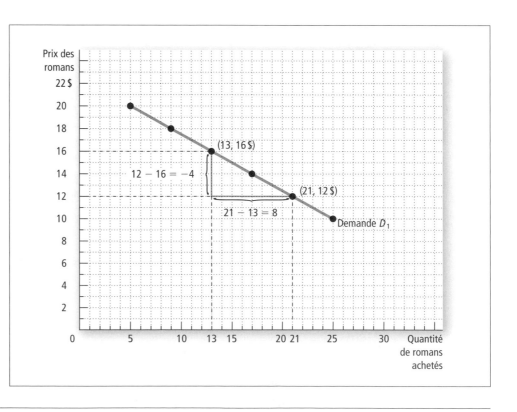

FIGURE 2A.5

LE CALCUL DE LA PENTE D'UNE DROITE Pour calculer la pente d'une courbe de demande, il faut considérer les variations de *x* et de *y* lorsqu'on passe du point (21 romans, 12 $) au point (13 romans, 16 $). La pente correspond au ratio entre la variation de *y* (−4) et la variation de *x* (+8), soit −1/2.

variation horizontale (changement en *x*). Une droite ascendante aura une pente positive forte ou faible, selon qu'elle sera fortement ou faiblement inclinée. Une droite descendante aura quant à elle une pente négative. Une droite horizontale présente une pente nulle, car la variable en *y* ne change jamais ; une droite verticale a pour sa part une pente infinie, *y* pouvant prendre n'importe quelle valeur sans que la valeur de *x* change.

Quelle est la valeur de la pente de la courbe de demande de Geneviève ? Tout d'abord, comme la droite est inclinée vers le bas, nous savons qu'elle a une valeur négative. Pour calculer cette valeur, choisissons deux points situés sur la courbe. Lorsque le revenu de Geneviève équivaut à 30 000 $, celle-ci désire acheter 21 romans à 12 $, ou 13 romans à 16 $. Nous cherchons donc à mesurer la distance séparant ces deux points. En appliquant la formule de la pente, nous prenons en compte la distance verticale ainsi que la distance horizontale. Nous procédons comme suit :

$$\text{pente} = \frac{\Delta y}{\Delta x} = \frac{\text{première coordonnée en } y - \text{seconde coordonnée en } y}{\text{première coordonnée en } x - \text{seconde coordonnée en } x} = \frac{12 - 16}{21 - 13} = \frac{-4}{8} = \frac{-1}{2}$$

La figure 2A.5 illustre bien ce calcul. Si vous essayez de refaire le calcul de la pente pour deux autres points, vous devriez obtenir exactement le même résultat, soit $-1/2$. L'une des propriétés fondamentales de la droite est de présenter une pente identique en tous points. Cela n'est pas vrai des autres types de courbes, dont l'inclinaison varie selon les points.

La pente de la courbe de demande de Geneviève nous informe sur la sensibilité de sa demande de livres aux variations de prix. Une faible pente (un chiffre près de zéro) signifie que la courbe de demande est relativement horizontale. Dans ce cas, Geneviève modifie grandement sa consommation en réponse aux changements de prix. Une courbe plus abrupte indique que la pente est relativement forte (un chiffre loin de zéro), ce qui signifie que la variation du prix des romans a peu d'impact sur sa consommation.

LES CAUSES ET LES EFFETS

Les économistes utilisent souvent des graphiques pour étayer un raisonnement sur le fonctionnement de l'économie. Ces graphiques leur permettent de démontrer comment un ensemble de phénomènes peut être la cause d'un autre ensemble de phénomènes. Dans le cas d'une courbe de demande, la cause et l'effet ne font aucun doute. En faisant varier le prix des romans, tout en maintenant les autres variables constantes, on constate un changement dans la quantité de livres demandée par Geneviève. C'est donc la variation du prix qui cause la variation de la quantité demandée. N'oublions pas cependant que cette courbe de demande concerne un exemple fictif. Lorsqu'il s'agit de données réelles, il est souvent beaucoup plus difficile de savoir comment une variable influe sur une autre.

La première difficulté dans la recherche de cette causalité réside dans la nécessité de maintenir tous les autres facteurs constants. À défaut d'y parvenir, nous risquons de conclure que la variable A est la cause de la variable B sans nous rendre compte que la véritable cause, la variable C, est une variable omise. Dans le cas où nous avons correctement identifié les variables, un autre problème risque de se poser, celui de la causalité inverse. Cela signifie que nous pouvons décider que A cause B, alors qu'en réalité c'est B qui cause A. Les pièges de la variable omise ou de la causalité inverse exigent un grand discernement avant d'utiliser des graphiques pour tirer des conclusions sur les causes et les effets.

LES VARIABLES OMISES

Prenons un exemple afin d'illustrer comment une variable omise peut conduire à un graphique trompeur. Poussé par la préoccupation publique concernant le nombre élevé des décès attribuables au cancer, le gouvernement confie une étude exhaustive à la société Services Statistiques Big Brother inc. Cette dernière analyse les nombreux éléments de preuve trouvés au domicile des individus pour identifier la présence de facteurs cancérigènes. Elle arrive à établir une relation entre les briquets trouvés au domicile et la propension d'un des membres de la famille à développer une tumeur cancéreuse. La figure 2A.6 montre cette relation.

Que faire d'un tel résultat? Big Brother recommande une intervention publique rapide : le gouvernement doit taxer la vente des briquets pour décourager leur consommation. La firme recommande également de faire figurer l'étiquette suivante sur tous les briquets : « Big Brother considère que ce briquet présente un danger pour la santé. »

Pour juger de la validité de l'analyse de Big Brother, il est nécessaire de poser une question primordiale : outre les variables sélectionnées, Big Brother a-t-elle maintenu les autres variables constantes? Si la réponse est négative, les résultats peuvent alors être mis en doute. Un raisonnement simple consisterait à dire que les propriétaires de briquets sont également les plus susceptibles de fumer et que ce sont les cigarettes, et non les briquets, qui provoquent le cancer. Si la figure 2A.6 ne tient pas constante la variable « fumer des cigarettes », alors elle ne nous renseigne pas vraiment sur l'effet réel de la possession d'un briquet.

Cette histoire met en évidence un principe : en examinant un graphique qui appuie un raisonnement sur les causes et les effets, il faut se demander si les résultats observés ne dépendent pas plutôt d'une variable omise.

LA CAUSALITÉ INVERSE

Les économistes peuvent également se tromper en intervertissant les causes et les effets. À titre d'exemple, supposons que l'Association canadienne des anarchistes commande une enquête sur les actes criminels au Canada et que cette enquête établisse une relation entre le nombre de crimes violents et le nombre de policiers pour 1000 habitants. La figure 2A.7 illustre ses résultats. Faisant remarquer que cette courbe a une pente positive, les anarchistes réclament la suppression des forces de l'ordre, en prétextant que la présence policière ne fait qu'aggraver la criminalité urbaine.

FIGURE 2A.6

UN GRAPHIQUE COMPORTANT UNE VARIABLE OMISE La courbe ayant une pente positive indique que les membres des ménages possédant de nombreux briquets sont les plus susceptibles de développer un cancer. On ne doit cependant pas en conclure que la possession d'un briquet cause le cancer, puisque ce graphique ne tient pas compte de la consommation de cigarettes.

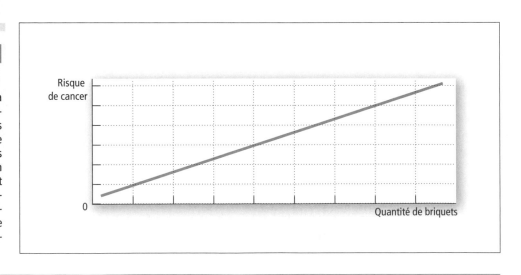

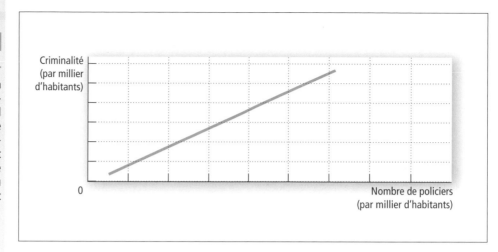

FIGURE 2A.7

UN GRAPHIQUE SUGGÉRANT UNE CAUSALITÉ INVERSE La courbe ayant une pente positive montre que les villes où il y a une forte présence policière sont plus dangereuses. Toutefois, ce graphique ne nous dit pas si la police est la cause de la criminalité ou si les villes où sévit la délinquance renforcent leurs corps policiers.

Pour éviter le piège de la causalité inverse, il faudrait mener des expériences. Pour ce faire, le nombre de policiers dans différentes villes serait choisi au hasard, de façon à pouvoir examiner la relation entre le nombre d'actes criminels et l'effectif policier. Or la figure 2A.7 ne se fonde pas sur une telle expérience. Nous pouvons simplement y observer que les villes les plus dangereuses disposent des corps de police les plus importants. L'explication peut tenir au fait que ces agglomérations engagent un plus grand nombre de policiers. Autrement dit, la présence des forces de police, plutôt que de causer la criminalité, pourrait, à l'inverse, en découler. Rien sur le graphique ne permet de préciser le sens de la causalité.

On pourrait croire qu'une façon simple de déterminer le sens de la causalité consisterait à repérer quelle variable change en premier. Si nous constatons qu'une augmentation de la criminalité est antérieure à une augmentation de l'effectif policier, nous arrivons à une conclusion. Si, au contraire, l'accroissement des forces de maintien de l'ordre précède une vague de violence, nous aboutissons à une autre conclusion. Toutefois, cette approche est trompeuse : bien souvent, les individus modifient leur comportement non pas en réponse à une modification des conditions actuelles, mais plutôt par anticipation d'un changement futur. Pour se préparer à une vague de violence éventuelle, une municipalité pourra ainsi décider de renforcer aujourd'hui son effectif policier. Ce problème se démontre encore plus facilement dans le cas des bébés et des minifourgonnettes. Les couples achètent ce type de véhicule en prévision de l'arrivée d'un enfant. Bien que la minifourgonnette précède le nouveau-né, on ne doit pas pour autant en conclure que la vente de ce véhicule stimule la croissance démographique !

Il n'existe aucune règle précise permettant de conclure à une relation de causalité à partir d'un graphique. On se souviendra seulement, afin d'éviter les raisonnements économiques erronés, que les briquets ne provoquent pas le cancer (variable omise) et que les minifourgonnettes ne favorisent pas la natalité (causalité inverse).

L'INTERDÉPENDANCE ET LES GAINS TIRÉS DE L'ÉCHANGE

OBJECTIFS

À la fin de ce chapitre, vous serez en mesure :

→ de comprendre pourquoi les échanges peuvent être avantageux pour tous ;

→ de distinguer les termes *avantage absolu* et *avantage comparatif* ;

→ de saisir comment l'avantage comparatif explique les gains liés aux échanges ;

→ d'appliquer la théorie des avantages comparatifs à la vie quotidienne et à la politique commerciale.

Prenez une journée semblable à toutes les autres. Vous vous levez le matin, vous vous versez un jus d'orange de la Floride et vous buvez un café du Brésil. Tout en déjeunant, vous regardez les nouvelles diffusées à partir de Montréal sur un téléviseur fabriqué au Japon. Vous enfilez des vêtements confectionnés en Thaïlande, faits d'un coton récolté en Géorgie. Vous vous rendez en classe dans une voiture dont les pièces viennent d'une douzaine de pays. Vous ouvrez votre manuel d'économie, écrit par des auteurs résidant au Massachusetts et au Québec et publié par une entreprise canadienne sur du papier fabriqué au Nouveau-Brunswick.

Tous les jours, vous comptez sur de nombreuses personnes dans le monde, dont vous ignorez la plupart du temps l'existence, pour vous fournir des biens et des services. Une telle interdépendance est possible grâce aux échanges commerciaux. Les personnes qui vous fournissent ces biens et ces services n'agissent ni pour votre bien, ni par simple générosité. Aucun organisme gouvernemental ne leur enjoint de fabriquer des produits ou de vous fournir ce dont vous avez besoin. En fait, les gens qui vous approvisionnent, vous et les autres consommateurs, produisent ces biens et ces services pour obtenir quelque chose en retour.

Dans les chapitres suivants, nous verrons comment notre économie coordonne les activités de millions de gens aux goûts et aux compétences variés. Pour entamer cette analyse, voyons d'abord les raisons de cette interdépendance économique. Selon l'un des **dix principes d'économie** étudiés au chapitre 1, les échanges améliorent le bien-être de tous. Ce principe explique pourquoi les résidants d'une même ville ou d'un même pays, tout comme ceux de l'ensemble des nations, pratiquent l'échange. Dans ce chapitre, nous allons nous pencher sur ce principe. Que gagne-t-on à échanger avec les autres? Qu'est-ce qui pousse les individus vers cette interdépendance?

UNE ALLÉGORIE POUR UNE ÉCONOMIE MODERNE

Afin de comprendre pourquoi les individus choisissent de dépendre les uns des autres pour leurs biens et leurs services et de voir comment ce choix facilite leur existence, imaginons une économie simplifiée. Dans ce monde imaginaire, il n'existe que deux produits, la viande et la pomme de terre, et deux personnes, un éleveur de bovins et un fermier, qui cultive des pommes de terre.

Puisque les avantages du commerce seront plus évidents si l'éleveur ne produit que de la viande et si le fermier ne cultive que des pommes de terre, partons donc de ce postulat. Selon l'un des scénarios, l'éleveur et le fermier peuvent choisir de faire abstraction l'un de l'autre. Après plusieurs mois passés à manger du bœuf rôti, bouilli, grillé ou frit, il y a fort à parier que l'opinion de l'éleveur relativement à l'autosuffisance changera. Le fermier, lassé de consommer des pommes de terre frites, en purée, au four ou au gratin, acquiescera sans doute. On voit facilement que le commerce permettra de varier les menus : chacun pouvant désormais savourer un steak accompagné d'une pomme de terre au four.

Ce scénario illustre de façon simpliste les avantages liés aux échanges. La démonstration serait tout aussi convaincante si chacun des protagonistes pouvait également produire l'autre bien, à un coût certes plus élevé. Imaginons donc que le fermier peut lui aussi élever du bétail et produire de la viande, mais sans grand succès. De la même manière, l'éleveur peut cultiver des pommes de terre, mais dans une terre ne convenant pas vraiment à cette culture. Nous voyons alors facilement que ces deux personnes ont tout avantage à se spécialiser dans le domaine où elles réussissent le mieux, puis à échanger leurs produits.

Les avantages de l'échange paraissent toutefois moins évidents dans le cas où un des deux individus est plus efficace dans la production de tous les biens. Pour poursuivre notre exemple, supposons que l'éleveur soit plus efficace que le fermier dans la production bovine de même que dans la culture de la pomme de terre. Si tel est le cas, auront-ils avantage à vivre en autarcie? Existe-t-il encore une raison de commercer? Pour répondre à ces questions, nous devons nous pencher sur les facteurs motivant une telle décision.

LES POSSIBILITÉS DE PRODUCTION

Supposons que l'éleveur et le fermier travaillent tous deux 8 heures par jour en décidant soit de consacrer tout leur temps à la culture des pommes de terre ou à l'élevage des bovins, soit de répartir leur temps entre ces deux activités. Le tableau 3.1 présente les quantités par heure que produit chacune des personnes. Le fermier peut produire 1 kilo de pommes de terre en 15 minutes ou 1 kilo de viande en 60 minutes.

TABLEAU 3.1	LES POSSIBILITÉS DE PRODUCTION DU FERMIER ET DE L'ÉLEVEUR			
	MINUTES REQUISES POUR PRODUIRE 1 KILO		QUANTITÉ PRODUITE EN 8 HEURES	
	VIANDE	POMMES DE TERRE	VIANDE	POMMES DE TERRE
Fermier	60 min	15 min	8 kg	32 kg
Éleveur	20 min	10 min	24 kg	48 kg

L'éleveur, qui a une productivité supérieure, arrive à produire 1 kilo de pommes de terre en 10 minutes ou 1 kilo de viande en 20 minutes. Les deux dernières colonnes du tableau 3.1 indiquent la quantité de pommes de terre ou de viande que le fermier et l'éleveur peuvent produire dans une journée de 8 heures, s'ils consacrent tout leur temps à l'une des deux productions.

Le graphique a) de la figure 3.1 montre les quantités de viande et de pommes de terre que peut produire le fermier. S'il consacre 8 heures par jour à la culture des pommes de terre, il en récolte 32 kilos (mesuré sur l'axe horizontal), mais il ne produit pas de viande. À l'inverse, s'il se consacre intégralement à l'élevage, il produit alors 8 kilos de viande (mesuré sur l'axe vertical) mais aucune pomme de terre. En répartissant son temps également entre les deux activités (4 heures pour chacune), il obtient 16 kilos de pommes de terre et 4 kilos de viande. Ces trois possibilités, et toutes celles qui sont intermédiaires, sont illustrées sur ce graphique.

La droite ainsi tracée représente la courbe des possibilités de production du fermier. Comme nous l'avons expliqué dans le chapitre 2, cette courbe montre toutes les possibilités de production d'une économie. Elle illustre l'un des **dix principes d'économie** : les gens sont soumis à des arbitrages. Dans ce cas, l'arbitrage concerne la

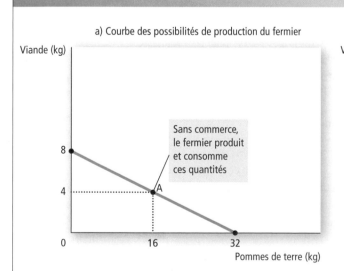

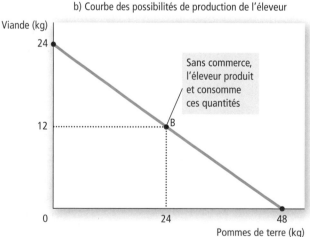

FIGURE 3.1	**LA COURBE DES POSSIBILITÉS DE PRODUCTION** Le graphique a) illustre les combinaisons possibles de viande et de pommes de terre produites par le fermier. Le graphique b) illustre les combinaisons possibles de viande et de pommes de terre produites par l'éleveur. Ces deux courbes correspondent aux données du tableau 3.1 et respectent l'hypothèse selon laquelle le fermier et l'éleveur travaillent chacun 8 heures par jour.

production de viande et la production de pommes de terre. Vous vous souvenez sans doute de la courbe des possibilités de production vue au chapitre 2 et de sa forme arquée. Cette forme illustre le fait que le coût de renonciation dépend de la quantité produite de chaque bien. Or, dans la situation présente, la technologie de production du fermier pour les deux biens en question lui permet de passer d'un bien à un autre à un taux constant. Lorsque le fermier prend une heure de moins à produire de la viande et une heure de plus à produire des pommes de terre, il réduit sa production de viande de 1 kilo et augmente sa production de pommes de terre de 4 kilos, et ce, indépendamment de la quantité initialement produite. Voilà pourquoi le tracé de la courbe des possibilités de production est une droite.

Le graphique b) de la figure 3.1 (voir la page 51) illustre la courbe des possibilités de production de l'éleveur. S'il consacre toute sa journée à cultiver des pommes de terre, il en récoltera 48 kilos sans produire de viande. À l'inverse, s'il passe tout son temps à l'élevage, il produira 24 kilos de viande sans récolter aucune pomme de terre. S'il répartit son temps également entre ces deux activités (4 heures pour chacune), il obtiendra 24 kilos de pommes de terre et 12 kilos de viande. La courbe des possibilités de production illustre, cette fois encore, tous les résultats possibles.

Si chacun des deux agriculteurs décide de vivre en autarcie au lieu de commercer avec l'autre, il consommera ce qu'il aura produit. Dans cette hypothèse, la courbe des possibilités de production représente également la courbe des possibilités de consommation. En l'absence d'échanges, la figure 3.1 montre les différentes combinaisons alimentaires possibles du fermier et de l'éleveur.

La courbe des possibilités de production a le mérite de décrire les arbitrages que doit faire chacun de nos agriculteurs. Toutefois, elle ne nous indique nullement ce qu'ils décideront effectivement de faire. Pour comprendre leur choix, nous devons connaître leurs goûts. Supposons qu'ils choisissent respectivement les combinaisons représentées par les points A et B de la figure 3.1 : le fermier produit et consomme 16 kilos de pommes de terre et 4 kilos de viande, tandis que l'éleveur produit et consomme 24 kilos de pommes de terre et 12 kilos de viande.

LA SPÉCIALISATION ET LES ÉCHANGES

Après plusieurs années passées à se nourrir selon la combinaison B, l'éleveur a une idée et décide d'en discuter avec le fermier.

ÉLEVEUR : Salut, voisin ! J'ai un marché à te proposer ! J'ai trouvé le moyen de nous faciliter la vie. Je crois que tu devrais cesser de faire de l'élevage pour te consacrer entièrement à la culture des pommes de terre. D'après mes calculs, si tu travailles 8 heures par jour, tu peux en produire 32 kilos. Tu me donnes 15 de ces 32 kilos et je te donne 5 kilos de viande en retour. Au bout du compte, tu mangeras 17 kilos de pommes de terre et 5 kilos de viande au lieu des 16 kilos de pommes de terre et des 4 kilos de viande que tu as maintenant. Si tout marche comme prévu, nous aurons tous les deux plus de nourriture (*et pour prouver son argumentation, il lui montre le graphique a) de la figure 3.2*).

FERMIER : (*quelque peu sceptique*) Intéressant. Mais je ne comprends pas vraiment pourquoi tu me fais cette offre. Si ce marché est si avantageux pour moi, il ne peut pas être intéressant pour toi aussi.

ÉLEVEUR : Mais bien sûr ! Imagine que je consacre 6 heures de mon temps à élever du bétail et 2 heures à cultiver des pommes de terre. Je produirai alors 18 kilos de viande et 12 kilos de pommes de terre. Mais comme tu me donneras 15 kilos de pommes de terre en échange de mes 5 kilos de viande, je disposerai de 27 kilos de pommes de terre et de 13 kilos de viande. Résultat : je pourrai consommer ces deux produits en quantité plus grande que maintenant (*il lui montre le graphique b) de la figure 3.2*).

FERMIER : Je ne sais pas… Cela me semble trop beau pour être vrai.

ÉLEVEUR : Ce n'est pas aussi compliqué que cela en a l'air. Tiens, j'ai résumé mon offre dans un tableau simple (*il lui tend le tableau 3.2 (voir la page 54)*).

FERMIER : (*après avoir pris le temps de l'étudier*) Ces calculs m'ont l'air corrects, mais il y a quelque chose qui m'intrigue. Pourquoi cet arrangement améliorerait-il ma situation et la tienne ?

ÉLEVEUR : Parce que le commerce nous permet de nous spécialiser dans ce en quoi nous excellons. Tu vas passer plus de temps à faire pousser des pommes de terre et moins de temps à élever du bétail. Je consacrerai plus de temps à l'élevage et moins à la culture des pommes de terre. En fin de compte, la spécialisation et le commerce nous permettront de manger plus de viande et de pommes de terre sans pour autant travailler davantage.

MINITEST

■ Dessinez la courbe des possibilités de production de Robinson Crusoé, un naufragé qui passe son temps à ramasser des noix de coco et à pêcher du poisson. À quelles limites de consommation de noix de coco et de poissons fait-il face s'il vit en autarcie dans son île ? Se heurterait-il aux mêmes limites s'il pouvait commercer avec les autochtones de l'île ?

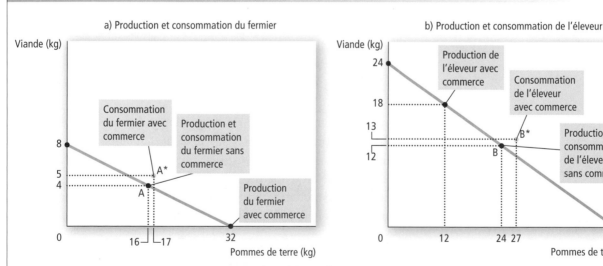
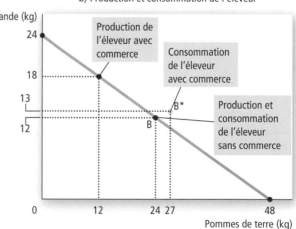

FIGURE 3.2

LA FAÇON DONT LE COMMERCE AUGMENTE LES POSSIBILITÉS DE CONSOMMATION
La proposition de l'éleveur offre à chacun une combinaison de viande et de pommes de terre qui est impossible à réaliser sans échange. Sur le graphique a), la consommation du fermier passe du point A au point A*. Sur le graphique b), la consommation de l'éleveur passe du point B au point B*. Cet échange permet à chacun de consommer plus de viande et plus de pommes de terre.

TABLEAU 3.2

LES AVANTAGES DU COMMERCE

	FERMIER		ÉLEVEUR	
	VIANDE	POMMES DE TERRE	VIANDE	POMMES DE TERRE
Sans échange : Production et consommation	4 kg	16 kg	12 kg	24 kg
Avec échange : Production	0 kg	32 kg	18 kg	12 kg
Échange	Reçoit 5 kg	Contre 15 kg	Donne 5 kg	Contre 15 kg
Consommation	5 kg	17 kg	13 kg	27 kg
Gains : Augmentation de la consommation	+1 kg	+1 kg	+1 kg	+3 kg

LE MOTEUR DE LA SPÉCIALISATION : L'AVANTAGE COMPARATIF

L'explication des gains tirés de l'échange qu'a avancée l'éleveur, bien que correcte, soulève une question : si ce dernier réussit mieux que le fermier dans l'élevage du bétail comme dans la culture de pommes de terre, comment le fermier pourra-t-il se spécialiser dans une activité dans laquelle il est le meilleur ? En effet, il ne semble exceller dans aucun domaine. Pour résoudre ce problème, il faut aborder le principe de l'avantage comparatif.

Pour ce faire, demandons-nous qui, dans l'exemple donné, est en mesure de produire les pommes de terre au coût le plus faible : le fermier ou l'éleveur ? Il existe deux réponses possibles à cette question, lesquelles nous permettront de résoudre l'énigme et de comprendre les avantages liés au commerce.

L'AVANTAGE ABSOLU

Avantage absolu
Avantage que détient un producteur sur un autre lorsque, avec la même quantité de facteurs de production, il peut produire plus de biens.

Une première réponse concernant le coût de production des pommes de terre consiste à comparer les intrants nécessaires aux deux agriculteurs. Les économistes emploient le terme avantage absolu lorsqu'ils comparent la productivité d'une personne, d'une entreprise ou d'une nation à celle d'une autre. On considère que le producteur qui utilise le moins de facteurs de production pour produire un bien dispose d'un avantage absolu dans la production de ce bien.

Dans notre exemple, l'éleveur dispose d'un tel avantage pour les pommes de terre comme pour la viande, parce qu'il va plus vite que le fermier pour ces deux types de production. L'éleveur ne prend que 20 minutes pour produire 1 kilo de viande, tandis que le fermier doit besogner pendant 60 minutes pour arriver au même résultat. De plus, l'éleveur n'a besoin que de 10 minutes pour produire 1 kilo de pommes de terre, alors que le fermier requiert 15 minutes. Si nous mesurons le coût en fonction de la quantité d'intrants requis, nous pouvons alors conclure que l'éleveur a le plus faible coût de production des pommes de terre.

LE COÛT DE RENONCIATION ET L'AVANTAGE COMPARATIF

Coût de renonciation
Ce à quoi il faut renoncer pour obtenir quelque chose. Meilleure possibilité à laquelle on a renoncé en faisant un choix.

Il existe une autre façon de calculer le coût de production des pommes de terre. Au lieu de comparer les intrants nécessaires, on peut comparer les coûts de renonciation. Dans le chapitre 1, nous avons vu que le **coût de renonciation** d'un bien équivaut à ce à quoi il faut renoncer pour l'obtenir. Dans l'exemple précité, nous avons supposé que le fermier et l'éleveur passaient, tous deux, 8 heures par jour à travailler. Le temps consacré à la culture des pommes de terre réduit donc d'autant le temps consacré à l'élevage du bétail. Lorsque l'éleveur ou le fermier modifient la répartition de leur temps de production, ils se déplacent le long de leur courbe des possibilités de production ; d'une certaine manière, ils renoncent à des unités d'un bien pour produire des unités de l'autre bien. Le coût de renonciation correspond donc à l'arbitrage que chacun d'eux doit faire.

Examinons d'abord le coût de renonciation de l'éleveur. D'après le tableau 3.1 (voir la page 51), il a besoin de 10 minutes de travail pour produire 1 kilo de pommes de terre. Lorsqu'il alloue 10 minutes de son temps à produire des pommes de terre, il n'utilise pas ces 10 minutes pour produire de la viande. Puisque l'éleveur a besoin de 20 minutes pour produire 1 kilo de viande, 10 minutes de travail lui permettraient de produire 0,5 kilo de viande. Par conséquent, pour l'éleveur, le coût de renonciation de 1 kilo de pommes de terre est de 0,5 kilo de viande.

Examinons maintenant le coût de renonciation du fermier. Il a besoin de 15 minutes pour produire 1 kilo de pommes de terre. Puisqu'il a besoin de 60 minutes pour produire 1 kilo de viande, 15 minutes de travail lui permettraient de produire 0,25 kilo de viande. Par conséquent, pour le fermier, le coût de renonciation d'un kilo de pommes de terre est de 0,25 kilo de viande.

Le tableau 3.3 indique les coûts de renonciation de la viande et des pommes de terre pour les deux producteurs. Notez que le coût de renonciation de la viande est l'inverse du coût de renonciation des pommes de terre. Parce qu'un kilo de pommes de terres coûte à l'éleveur 0,5 kilo de viande, 1 kilo de viande lui coûte 2 kilos de pommes de terre. De la même manière, parce qu'un kilo de pommes de terre coûte au fermier 0,25 kilo de viande, 1 kilo de viande lui coûte 4 kilos de pommes de terre.

Avantage comparatif
Avantage que détient un producteur dans la production d'un bien ou d'un service lorsqu'il peut produire ce bien à un coût de renonciation moindre.

Les économistes emploient le terme avantage comparatif pour comparer le coût de renonciation de ces deux producteurs. Celui qui a le coût de renonciation le plus faible dispose d'un avantage comparatif dans la production de ce bien. Dans notre exemple, le coût de renonciation du fermier est inférieur à celui de l'éleveur pour les pommes de terre (0,25 kilo de viande au lieu de 0,50 kilo de viande). En revanche, le coût de renonciation de l'éleveur est plus faible que celui du fermier pour la production de la viande (2 kilos de pommes de terre au lieu de 4 kilos de pommes de terre). Ainsi, le

TABLEAU 3.3   **LES COÛTS DE RENONCIATION DE LA VIANDE ET DES POMMES DE TERRE**

	COÛT DE RENONCIATION DE	
	1 KG DE VIANDE	1 KG DE POMMES DE TERRE
Fermier	4 kg de pommes de terre	0,25 kg de viande
Éleveur	2 kg de pommes de terre	0,50 kg de viande

fermier détient l'avantage comparatif dans la production de pommes de terre, alors que l'éleveur détient l'avantage comparatif dans la production de viande.

Bien qu'il soit possible de détenir l'avantage absolu dans les deux productions (c'est le cas de l'éleveur), il est impossible pour une seule et même personne de disposer d'un avantage comparatif pour les deux produits. Comme le coût de renonciation d'un bien équivaut à l'inverse du coût de renonciation de l'autre, un coût de renonciation relativement élevé pour un produit implique un coût de renonciation relativement faible pour l'autre. L'avantage comparatif reflète le coût de renonciation relatif. À moins que deux producteurs n'aient exactement le même coût de renonciation, l'un des deux aura toujours un avantage comparatif dans la production d'un bien, tandis que l'autre aura un avantage comparatif dans la production de l'autre bien.

L'AVANTAGE COMPARATIF ET LES ÉCHANGES

Les bénéfices tirés de l'échange découlent des avantages comparatifs et non des avantages absolus. Lorsque chacun se spécialise dans la production de biens pour lesquels il dispose d'un avantage comparatif, la production totale augmente. Et cette augmentation de la production totale peut permettre d'améliorer le bien-être de tous.

Dans notre exemple, le fermier consacre plus de temps à cultiver des pommes de terre et l'éleveur, plus de temps à l'élevage du bétail. Cela permet d'accroître la production totale de pommes de terre de 4 kilos (elle passe de 40 à 44 kilos) et la production totale de viande de 2 kilos (elle passe de 16 à 18 kilos). Le fermier et l'éleveur se partageront ces gains de production.

Nous pouvons voir les choses d'un autre angle si nous considérons le prix que chacun paie à l'autre. Puisque le fermier et l'éleveur ont des coûts de renonciation différents, chacun peut prétendre avoir fait une bonne affaire. En effet, chacun obtient de l'autre un bien à un prix inférieur à son propre coût de renonciation.

Revenons sur la proposition précédente en adoptant le point de vue du fermier. Celui-ci reçoit 5 kilos de viande en échange de 15 kilos de pommes de terre. En d'autres mots, il paie chaque kilo de viande au prix de 3 kilos de pommes de terre. Le prix qu'il paie pour la viande est donc inférieur à son propre coût de renonciation, lequel est de 4 kilos de pommes de terre par kilo de viande. Par conséquent, il a tout intérêt à procéder à cet échange qui lui procure de la viande à meilleur marché.

Mettons-nous maintenant à la place de l'éleveur. Il reçoit 15 kilos de pommes de terre en échange de 5 kilos de viande. Il achète chaque kilo de pommes de terre au prix de 1/3 de kilo de viande, soit un prix inférieur à son coût de renonciation, lequel est égal à 1/2 kilo de viande par kilo de pommes de terre. Par conséquent, ce dernier a également tout intérêt à acheter des pommes de terre à ce prix.

BON À SAVOIR

LE LEGS D'ADAM SMITH ET DE DAVID RICARDO

Les économistes ont compris depuis longtemps les avantages des échanges. Le texte suivant, du grand économiste Adam Smith, illustre à merveille cette idée :

Tout père de famille sage a pour maxime de ne jamais produire dans son foyer les choses qui lui coûtent plus cher à produire qu'à acheter. Le tailleur ne se met pas à faire des chaussures, il les achète du bottier. Et le bottier ne prend pas le soin de

David Ricardo

faire ses vêtements mais il emploie le tailleur. Le fermier n'essaie ni de faire des chaussures ni de faire des vêtements, mais il emploie le bottier et le tailleur. Tous recherchent leur propre intérêt, et utilisent leur propre industrie d'une manière à disposer d'un avantage sur leur voisin et à pouvoir acheter de celui-ci une part de ses productions, ou ce qui revient au même, avec le prix d'une part de celles-ci, tous les autres biens dont ils ont l'usage.

Cette citation de Smith est tirée de son livre *Recherches sur la nature et les causes de la richesse des nations* publié en 1776, lequel constitue un point tournant dans l'analyse du commerce et de l'interdépendance entre nations.

Cet ouvrage incita David Ricardo, un courtier millionnaire, à se convertir à l'économie. En effet, en 1817, dans son ouvrage intitulé *Des principes de l'économie politique et de l'impôt*, il a élaboré le principe de l'avantage comparatif tel que nous le connaissons aujourd'hui. Sa défense du libre-échange ne s'est pas limitée à un pur exercice théorique. Il a mis ses concepts en pratique en tant que membre du Parlement anglais, en s'opposant notamment aux lois qui restreignaient l'importation de céréales.

Les conclusions d'Adam Smith et de David Ricardo sur les avantages du commerce restent encore de mise. Même si les économistes s'affrontent souvent sur les questions de politique économique, ils restent unanimes dans leur approbation du libre-échange. Du reste, l'argument essentiel du libre-échange n'a guère été modifié au cours des deux derniers siècles. L'économie a sans doute élargi son champ d'étude et raffiné ses théories depuis Smith et Ricardo, mais l'opposition que manifestent les économistes à l'endroit des barrières commerciales se fonde toujours en grande partie sur le principe de l'avantage comparatif.

Le principe de l'avantage comparatif établit que chaque partenaire peut gagner en se spécialisant et en procédant à des échanges. Mais il ne répond pas aux questions suivantes : comment fixe-t-on le prix auquel on échangera de la viande contre des pommes de terre ? Comment les gains liés au commerce seront-ils partagés entre les partenaires ? Une réponse précise à ces questions n'entre pas dans le cadre de ce chapitre, mais nous pouvons tout de même avancer une règle générale : pour que les deux partenaires bénéficient de la spécialisation et de l'échange, il faut que le prix soit situé entre les deux coûts de renonciation. Dans notre exemple, le fermier et l'éleveur sont d'accord pour échanger 3 kilos de pommes de terre contre 1 kilo de viande. Ce prix se situe entre le coût de renonciation du fermier (2 kilos de pommes de terre par kilo de viande) et celui de l'éleveur (4 kilos de pommes de terre par kilo de viande). Aussi longtemps que le prix se situera à l'intérieur de cet intervalle, le fermier et l'éleveur pourront acheter un bien à un prix inférieur à leur coût de renonciation. Morale de l'histoire : les échanges améliorent le bien-être de tous, parce qu'ils permettent une spécialisation dans les activités où chacun dispose d'un avantage comparatif.

MINITEST

■ Robinson Crusoé ramasse 10 noix de coco ou attrape 1 poisson par heure. Son ami Vendredi ramasse 30 noix de coco ou attrape 2 poissons par heure. Quel est le coût de renonciation d'un poisson pour Robinson ? Et pour Vendredi ? Qui dispose d'un avantage absolu dans la pêche ? Qui dispose d'un avantage comparatif dans la pêche ?

LES APPLICATIONS DE L'AVANTAGE COMPARATIF

Le principe de l'avantage comparatif explique l'interdépendance et les bénéfices tirés des échanges. Puisque cette interdépendance est omniprésente dans le monde moderne, il n'est pas étonnant que le principe de l'avantage comparatif ait de multiples applications. En voici deux exemples, l'un plutôt fantaisiste et l'autre tout à fait pratique.

SIDNEY CROSBY DEVRAIT-IL TONDRE SON GAZON LUI-MÊME ?

Sidney Crosby est un athlète hors pair. Considéré par plusieurs comme le meilleur joueur de hockey de la LNH, il fabrique des jeux et lance mieux que quiconque. Il excelle probablement dans une foule d'autres activités. Il y a fort à parier qu'il est capable de tondre son gazon plus rapidement que plusieurs. Toutefois, même s'il est capable de le faire, cela veut-il dire qu'il devrait le faire ?

Pour répondre à cette question, reprenons les concepts de coût de renonciation et d'avantage comparatif. Supposons que Crosby prend 2 heures pour tondre son gazon. Durant ces mêmes 2 heures, il pourrait tourner une publicité de patins pour Reebok et gagner 10 000 $. En revanche, sa jeune voisine Amélie peut tondre son gazon en 4 heures. Durant cette période, si elle avait travaillé au restaurant du coin, elle aurait gagné 40 $.

Dans cet exemple, le coût de renonciation de la tonte du gazon pour Crosby s'élève à 10 000 $, alors que celui d'Amélie s'élève à 40 $. Certes, parce qu'il est le plus rapide des deux, Crosby dispose d'un avantage absolu pour entretenir la pelouse, mais Amélie détient un avantage comparatif dans la tonte du gazon, parce que son coût de renonciation est nettement inférieur à celui du hockeyeur.

Dans cet exemple, les bénéfices tirés de l'échange sont énormes. Crosby a tout intérêt à tourner cette annonce publicitaire et à engager Amélie pour tondre la pelouse. Aussi longtemps qu'il lui donne plus de 40 $ et moins de 10 000 $, les deux font une excellente affaire.

DANS L'ACTUALITÉ

L'ÉVOLUTION ET L'ÉCONOMIE

La théorie des avantages comparatifs pourrait expliquer le succès de l'humanité au cours de l'évolution.

HOMO ECONOMICUS ?

Depuis l'époque d'Adam Smith et de David Ricardo, les partisans du libre-échange et de la division du travail, y compris *The Economist*, ont toujours mis en relief les avantages de ces deux principes économiques. Toutefois, personne jusqu'à maintenant n'avait prétendu que ces derniers auraient rendu possible l'existence même de l'humanité. C'est désormais chose faite : Jason Shogren, de l'Université du Wyoming, et ses

«Je devrais penser
à me spécialiser.»

collègues avancent aujourd'hui la thèse selon laquelle c'est grâce à l'échange et à la spécialisation qu'*Homo sapiens* a pu s'imposer aux autres membres du genre *Homo*, comme *Homo neanderthalensis* (l'homme de Neandertal), et assurer sa suprématie en tant que seule espèce du genre humain.

L'homme de Neandertal a peu à peu acquis une mauvaise réputation culturelle depuis la découverte, en 1856, des premiers ossements de l'espèce dans la vallée de Neandertal, en Allemagne. L'image d'«homme des cavernes» primitif, grognant et velu qui lui a été accolée, véritable caricature de l'élégante humanité contemporaine, est demeurée gravée dans l'esprit de tous. Mais de récents travaux de recherche indiquent plutôt que l'homme de Neandertal était probablement aussi intelligent que l'homme moderne et qu'il s'était doté d'un langage articulé. En outre, s'il était effectivement velu, fort et résistant, c'est parce qu'il avait su bien s'adapter au climat froid qui prévalait à son époque. Alors, comment expliquer sa disparition?

L'homme de Neandertal a mené une existence fructueuse pendant 200 000 ans, soit jusqu'à l'arrivée d'*Homo sapiens* dans son foyer européen, il y a quelque 40 000 ans, après un parcours sinueux entamé en Afrique et poursuivi en Asie centrale. Mais comme son extinction s'est produite moins de 10 000 ans après cette arrivée, il est probable que celle-ci ait été à l'origine de celle-là. L'homme de Neandertal et *Homo sapiens* ont certainement occupé à peu près la même niche écologique (ils chassaient de nombreuses espèces animales et pratiquaient la cueillette d'une gamme tout aussi diversifiée de végétaux comestibles) et auraient donc rivalisé pour s'en approprier les fruits.

Certains affirment qu'*Homo sapiens* disposait d'outils plus perfectionnés qui l'avantageaient en période de chasse ou de guerre. D'autres estiment que c'est l'aptitude humaine moderne pour la pensée symbolique (que révèlent les peintures rupestres et les figurines animales sculptées ayant été mises au jour) qui lui a permis de s'imposer. La pensée symbolique peut avoir favorisé le développement du langage et de la coopération. Toutefois, dans un article à paraître prochainement dans la revue spécialisée *Journal of Economic Behavior and Organization*, M. Shogren formule une autre hypothèse: la domination d'*Homo sapiens* résulte non pas de ses peintures rupestres ou de ses pointes de flèche mieux fabriquées, mais bien de son système économique plus efficace.

L'échange est justement une des activités d'*Homo sapiens* que l'homme de Neandertal semble ne jamais avoir exercée. Les vestiges retrouvés laissent croire que des échanges avaient déjà lieu il y a 40 000 ans. Des outils faits de pierres d'origine non locale et des bijoux en coquillages trouvés loin des côtes témoignent des échanges extérieurs effectués à cette époque. Par ailleurs, tant la grande qualité de son travail artisanal que l'attribution de fonctions précises à chacune des pièces de ses habitations indiquent qu'*Homo sapiens* recourait également à la spécialisation et à la division du travail.

Voulant vérifier si l'échange pouvait à lui seul expliquer la domination d'*Homo sapiens*, M. Shogren et ses collègues ont mis au point un modèle informatique de croissance démographique en vue de déterminer les variables pertinentes pour chaque espèce concernée. Ces variables sont les suivantes: la fécondité, le taux

de mortalité, l'efficacité des techniques de chasse, le nombre de chasseurs spécialisés et de chasseurs non spécialisés dans chaque groupe, l'habileté à fabriquer des objets comme des armes et l'aptitude à la spécialisation et à l'échange.

Au départ, les chercheurs ont postulé que, en général, les capacités de l'homme de Neandertal et de l'homme moderne étaient les mêmes pour la plupart de ces variables. Ils ont donc attribué à celles-ci des valeurs identiques chez ces deux espèces humaines. C'est uniquement en matière de spécialisation et d'échange qu'ils ont conféré un avantage à *Homo sapiens*. En fait, ils ont présumé que les meilleurs chasseurs humains sont peu à peu devenus des spécialistes de la chasse, tandis que les moins bons chasseurs ont abandonné leurs flèches et se sont mis à fabriquer des vêtements et des outils. Les chasseurs et les artisans auraient ensuite commencé à échanger les produits de leur activité respective.

Selon le modèle utilisé, une telle division du travail aurait permis à chacun d'obtenir plus de viande et aurait ainsi favorisé la fécondité et l'augmentation de la population. Puisque la quantité de proies disponibles n'était pas illimitée, celles-ci sont devenues plus difficiles à dénicher pour l'homme de Neandertal, dont la population a alors commencé à décliner.

Bien entendu, cela ne constitue pas une preuve irréfutable que des facteurs économiques sont à l'origine de la domination de l'humanité moderne sur toute la Terre. Mais il est certainement possible de croire que ces facteurs ont eu des conséquences encore plus nombreuses et plus variées que celles décrites par Smith et Ricardo.

Source: « Homo Economicus ? », *The Economist*, 7 avril 2005.

LE CANADA DEVRAIT-IL COMMERCER AVEC D'AUTRES PAYS ?

Les avantages de la spécialisation et du commerce valent non seulement pour les individus, comme le fermier et l'éleveur, mais également pour les peuples des différents pays. Une foule de produits appréciés des Canadiens sont fabriqués à l'étranger, et de nombreux produits fabriqués au Canada sont vendus à l'extérieur. Les biens et les services produits à l'extérieur et consommés sur le marché intérieur sont des **importations**, tandis que ceux produits dans le pays et vendus à l'étranger sont des **exportations**.

Importations
Biens et services produits à l'étranger et achetés dans le pays.

Exportations
Biens et services produits dans le pays et vendus à l'étranger.

Afin de voir les bénéfices que les pays retirent du commerce, prenons l'exemple de deux pays, le Canada et le Japon, et de deux produits : la nourriture et les voitures. Imaginons que ces deux pays fabriquent des automobiles tout aussi efficacement l'un que l'autre : un travailleur canadien et un travailleur japonais fabriquent tous deux 1 voiture par mois. En revanche, comme le territoire du Canada est plus vaste et son sol plus riche, sa productivité agricole est meilleure : un agriculteur canadien produit 2 tonnes de nourriture par mois, alors que son homologue japonais n'en produit que 1 tonne par mois.

Selon le principe de l'avantage comparatif, chacun des produits devrait être fabriqué par le pays pour lequel le coût de renonciation est le plus faible. Comme le coût de

Une manifestation de l'avantage comparatif.

renonciation de 1 voiture équivaut à 2 tonnes de nourriture au Canada et à seulement 1 tonne au Japon, le Japon dispose donc d'un avantage comparatif dans la production d'automobiles. Ce pays devrait produire plus de voitures qu'il ne lui en faut pour son propre marché intérieur et en exporter au Canada. Réciproquement, comme le coût de renonciation de 1 tonne de nourriture équivaut à 1 voiture au Japon mais seulement à 1/2 voiture au Canada, le Canada possède un avantage comparatif dans la production de nourriture. Il devrait donc produire une quantité de nourriture supérieure à ses propres besoins de consommation afin d'exporter le surplus au Japon. La spécialisation et le commerce permettent à ces deux pays de disposer de plus de nourriture et de plus de véhicules.

En réalité, bien entendu, le commerce entre les nations est infiniment plus complexe. Nous y reviendrons au chapitre 9 de *Principes de microéconomie*. Notons simplement que la complexité provient de la multitude des intérêts de la population de chaque pays. Le commerce international peut détériorer la situation de certains résidants, même s'il améliore la situation globale du pays. Lorsque le Canada exporte de la nourriture en important des voitures, les conséquences pour le fermier canadien sont tout à fait différentes de celles touchant les travailleurs de l'industrie de l'automobile. Toutefois, contrairement aux opinions fréquemment avancées par la classe politique et les journalistes, le commerce international n'a rien d'une guerre où il y a des vainqueurs et des vaincus. Les échanges permettent à tous les pays d'atteindre une plus grande prospérité.

MINITEST

■ Imaginez que la dactylographe la plus rapide du monde ait également une formation de neurochirurgienne. Devrait-elle continuer à taper son courrier ou engager une secrétaire ? Expliquez.

CONCLUSION

Le principe de l'avantage comparatif démontre que les échanges permettent d'améliorer le bien-être de tout le monde. Vous êtes maintenant en mesure de mieux comprendre les avantages liés à l'interdépendance économique. Connaissant les raisons qui rendent cette interdépendance désirable, vous vous demandez certainement comment elle est possible. Comment des sociétés libres arrivent-elles à coordonner les activités de tous les citoyens ? Qui s'assure que les biens et les services passeront de ceux qui les produisent à ceux qui les consomment ?

Dans un monde composé uniquement de deux individus, comme l'éleveur et le fermier, la réponse est simple : ils s'entendent directement pour répartir les ressources d'un commun accord. Dans le monde réel, avec ses milliards d'individus, la réponse semble moins évidente. Nous reviendrons sur cette question dans le prochain chapitre, où nous verrons que la plupart des sociétés allouent leurs ressources par l'entremise des marchés.

RÉSUMÉ

■ Chaque individu consomme des biens et des services produits par une multitude d'autres personnes, dans son pays et partout dans le monde. L'interdépendance et le commerce sont souhaitables parce qu'ils permettent à chacun de disposer d'une plus grande quantité et d'une plus grande variété de biens et de services.

■ Il existe deux façons de comparer la capacité de deux personnes à produire un bien. On considère que la personne qui produit ce bien avec la plus faible quantité d'intrants dispose d'un *avantage absolu*, alors que celle qui peut le produire avec le plus faible coût de renonciation bénéficie d'un *avantage comparatif*. Les gains tirés de l'échange proviennent de l'avantage comparatif et non de l'avantage absolu.

■ Les échanges améliorent le bien-être de tous, car ils permettent à chacun de se spécialiser dans les activités où il détient un avantage comparatif.

■ Ce principe de l'avantage comparatif s'applique aux nations comme aux individus. C'est en fonction de ce principe que les économistes réclament la liberté de commercer entre les pays.

CONCEPTS CLÉS

Avantage absolu, p. 54   Coût de renonciation, p. 55   Importations, p. 60

Avantage comparatif, p. 55   Exportations, p. 60

QUESTIONS DE RÉVISION

1. Expliquez la différence entre un avantage absolu et un avantage comparatif.

2. Donnez un exemple dans lequel une personne dispose d'un avantage absolu tandis qu'une autre détient un avantage comparatif.

3. Qu'est-ce qui importe le plus pour les échanges : l'avantage comparatif ou l'avantage absolu ? Expliquez votre raisonnement en vous fondant sur l'exemple fourni à la question 2.

4. Une nation qui détient un avantage comparatif pour un bien doit-elle l'exporter ou l'importer ? Expliquez.

5. Pourquoi les économistes s'opposent-ils aux politiques restrictives en matière de commerce international ?

CHAPITRE 4

LES FORCES DU MARCHÉ : L'OFFRE ET LA DEMANDE

OBJECTIFS

À la fin de ce chapitre, vous serez en mesure :

→ de comprendre la nature d'un marché concurrentiel ;

→ d'analyser les déterminants de la demande sur un marché concurrentiel ;

→ d'analyser les déterminants de l'offre sur un marché concurrentiel ;

→ de voir le rôle de l'offre et de la demande dans la fixation du prix d'un bien et des quantités vendues ;

→ de saisir le rôle essentiel que jouent les prix lors de l'allocation des ressources rares dans une économie de marché.

Lorsqu'une vague de froid frappe la Floride, le prix du jus d'orange augmente dans tous les supermarchés canadiens. Quand la chaleur revient chaque été au Québec, le prix des chambres d'hôtel des Caraïbes diminue. Un conflit armé au Moyen-Orient provoque une hausse des prix de l'essence à la pompe, ce qui entraîne une baisse du prix des véhicules utilitaires sports d'occasion. Qu'ont en commun tous ces événements ? Ils illustrent tous le fonctionnement de l'offre et de la demande.

Les termes *offre* et *demande* reviennent invariablement sous la plume des économistes. Il n'y a rien d'étonnant à cela puisque ces deux facteurs conditionnent le fonctionnement de l'économie de marché. Ils déterminent la quantité des biens produits et leur prix de vente. Pour mesurer l'influence qu'un événement ou qu'une politique aura sur l'économie, il faut avant tout penser en termes d'offre et de demande.

Dans ce chapitre, nous présenterons la théorie de l'offre et de la demande. Nous étudierons les comportements des acheteurs et des vendeurs ainsi que leurs interactions. Nous verrons comment le jeu de l'offre et de la demande fixe les prix dans une économie de marché et comment ces prix assurent l'allocation des ressources rares de l'économie.

LES MARCHÉS ET LA CONCURRENCE

Marché
Interaction volontaire des acheteurs et des vendeurs d'un bien ou d'un service particuliers.

Lorsqu'il parle d'*offre* et de *demande*, l'économiste fait référence au comportement des agents et à leur interdépendance sur les marchés. Un marché se compose de vendeurs et d'acheteurs pour un certain type de biens ou de services. En tant que groupe, les acheteurs conditionnent la demande d'un produit, tandis que les vendeurs en conditionnent l'offre. Toutefois, avant d'aborder le comportement des acheteurs et des vendeurs, approfondissons notre connaissance de la notion de *marché* et celle des divers types de marchés observés dans notre économie.

QU'EST-CE QU'UN MARCHÉ ?

Il existe plusieurs catégories de marchés. Certains marchés, comme ceux des produits agricoles, sont très organisés. Sur ces marchés, les acheteurs et les vendeurs se rencontrent dans des enchères publiques et conviennent ensemble des prix et des ventes.

La plupart du temps, les marchés ne sont pas aussi organisés. Prenons à titre d'exemple celui de la crème glacée dans une ville donnée. Les acheteurs ne se rencontrent pas à un moment précis. Les vendeurs, éparpillés dans la ville, proposent des produits légèrement différents. Aucun commissaire-priseur n'annonce le prix de la crème glacée. Chaque vendeur décide des prix à afficher et chaque acheteur décide de la quantité à acheter dans chaque magasin. Pourtant, ces acheteurs et ces vendeurs sont liés les uns aux autres. Chaque acheteur sait que de nombreux vendeurs sont disposés à satisfaire sa fringale, et chaque vendeur sollicite les mêmes acheteurs afin de rentabiliser son magasin. Les acheteurs et les vendeurs de crème glacée forment bel et bien un marché, même s'il n'est pas très organisé.

QU'EST-CE QUE LA CONCURRENCE ?

À l'instar de la majorité des autres marchés, celui de la crème glacée est fortement concurrentiel. Chaque acheteur sait qu'il existe plusieurs vendeurs, et chaque vendeur est conscient qu'il offre, aux mêmes acheteurs, un produit comparable à celui des autres. La fixation du prix et de la quantité de crème glacée vendue ne dépend donc pas d'un seul acheteur ou d'un unique vendeur ; elle dépend plutôt de l'interaction de tous les acheteurs et de tous les vendeurs présents sur le marché.

Marché concurrentiel
Marché sur lequel les acheteurs et les vendeurs sont trop nombreux pour que l'un d'entre eux puisse influencer le prix du marché.

Un marché concurrentiel comporte tellement d'acheteurs et de vendeurs qu'aucun d'eux ne peut exercer à lui seul une influence décisive sur les prix du marché. Aucun vendeur de crème glacée n'est en mesure d'exercer une pression sur les prix, puisque les autres vendeurs offrent des produits comparables. Un vendeur n'a pas intérêt à vendre son produit à un prix inférieur à celui qui prévaut sur le marché, et il perdrait tous ses clients s'il tentait de le vendre à un prix plus élevé. Et il en va de même pour les acheteurs. En raison de la faible quantité de crème glacée que chacun d'eux consomme, aucun acheteur ne peut en influencer le prix.

Dans ce chapitre, nous partons de l'hypothèse selon laquelle les marchés sont parfaitement concurrentiels. Deux caractéristiques primordiales définissent un tel type de marché : d'abord, les biens mis en vente sont identiques ; ensuite, les acheteurs et les vendeurs sont trop nombreux pour que l'un d'entre eux puisse influer sur le prix du marché. En conséquence, dans ce marché parfaitement concurrentiel, les acheteurs et les vendeurs doivent accepter le prix du marché et sont alors qualifiés de *preneurs de prix*. Au prix du marché, les acheteurs achètent les quantités qu'ils désirent et les vendeurs vendent les quantités qui les satisfont.

L'hypothèse de la concurrence parfaite s'applique fort bien à certains marchés. C'est le cas du marché du blé, où des milliers de fermiers vendent leur récolte à des millions de consommateurs qui achètent ce blé ou les produits du blé. Comme aucun acheteur ni aucun vendeur n'est en mesure de modifier à lui seul le prix du blé, tous se conforment au prix fixé par le marché.

Cela dit, les biens et les services ne s'échangent pas tous sur des marchés parfaitement concurrentiels. Sur certains marchés, il n'y a qu'un offreur qui détermine à lui seul le prix de vente. On parle alors d'un *monopole*. Votre compagnie de câblodistribution est probablement un monopole. Dès lors qu'elle est la seule à offrir la câblodistribution dans votre ville, les résidants n'ont d'autre possibilité que de recourir à ses services. Du reste, nous verrons plus loin que certains marchés se situent entre la concurrence parfaite et le monopole.

En dépit de la diversité des marchés existants dans la réalité, nous partirons de l'hypothèse que les marchés sont parfaitement concurrentiels. Cette simplification rendra notre tâche plus facile, car elle suppose qu'acheteurs et vendeurs considèrent le prix du marché comme une donnée exprimant les conditions du marché. En outre, comme il existe une certaine concurrence dans la plupart des marchés, bon nombre des principes de l'offre et de la demande régissant la concurrence parfaite s'appliqueront également aux marchés plus complexes.

MINITEST

▪ Qu'est-ce qu'un marché ? Quelles sont les caractéristiques d'un marché concurrentiel ?

LA DEMANDE

Nous amorcerons notre étude des marchés par l'observation du comportement des acheteurs. Pour mieux centrer notre raisonnement, nous reprendrons l'exemple d'un produit spécifique : la crème glacée.

LA COURBE DE DEMANDE : LA RELATION ENTRE LE PRIX ET LA QUANTITÉ DEMANDÉE

Quantité demandée
Quantité d'un bien que les acheteurs désirent acheter à un prix donné.

Sur n'importe quel marché, la **quantité demandée** d'un produit correspond à la quantité que les consommateurs désirent acheter. Comme nous le verrons, plusieurs variables affectent la quantité demandée d'un produit, mais l'une d'entre elles joue un rôle déterminant : le prix du bien lui-même. Si le prix de la crème glacée atteint 20,00 $ le cornet, vous en consommerez moins. Vous achèterez plutôt du yogourt glacé. Si, en revanche, le prix passe à 0,20 $ le cornet, vous en consommerez davantage. Si la quantité demandée diminue lorsque le prix augmente et qu'elle s'accroît lorsque le prix baisse, on peut dire de ces deux variables qu'elles sont inversement reliées. Cette relation inverse entre le prix et la quantité demandée se vérifie pour la plupart des biens et s'avère de fait si répandue que les économistes la désignent par le terme de **loi de la demande** : toutes choses étant égales par ailleurs, lorsque le prix d'un bien augmente, la quantité demandée diminue.

Loi de la demande
Toutes choses étant égales par ailleurs, la quantité demandée d'un bien diminue quand le prix du bien augmente.

Barème de demande
Tableau indiquant la relation
entre le prix d'un bien et la
quantité demandée.

Courbe de demande
Courbe qui montre la relation
entre le prix d'un bien et la
quantité demandée.

Le tableau de la figure 4.1 indique la consommation mensuelle de crème glacée d'Hélène en fonction du prix. Lorsque la crème glacée est gratuite, elle mange 12 cornets. Lorsque le prix passe à 0,50 $ le cornet, elle en achète 10. À mesure que le prix augmente, elle réduit sa consommation. Lorsque le cornet de crème glacée coûte 3,00 $, elle cesse complètement d'en acheter. Ce tableau constitue un barème de demande ; il indique la relation entre le prix d'un bien et la quantité demandée, toutes les autres variables étant tenues constantes.

Le graphique de la figure 4.1 représente les données contenues dans le tableau. Par convention, le prix de la crème glacée se trouve sur l'axe des ordonnées et la quantité de crème glacée demandée, sur l'axe des abscisses. La droite de pente négative, appelée courbe de demande, exprime le rapport entre le prix et la quantité demandée.

LA DEMANDE DE MARCHÉ ET LA DEMANDE INDIVIDUELLE

La courbe de demande de la figure 4.1 illustre la demande individuelle pour un produit. Pour analyser le fonctionnement des marchés, il faut examiner la demande de marché, c'est-à-dire la somme des demandes individuelles pour un bien ou un service particuliers.

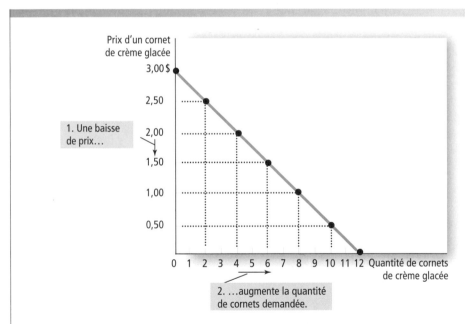

PRIX D'UN CORNET DE CRÈME GLACÉE	QUANTITÉ DE CORNETS DEMANDÉE
0,00 $	12
0,50 $	10
1,00 $	8
1,50 $	6
2,00 $	4
2,50 $	2
3,00 $	0

FIGURE 4.1

LE BARÈME ET LA COURBE DE DEMANDE D'HÉLÈNE Le barème de demande indique la quantité demandée selon le prix. La courbe de demande, qui représente le barème de demande, illustre comment la quantité demandée d'un bien varie en fonction du prix. Cette courbe présente une pente négative, parce qu'une baisse du prix entraîne une augmentation de la quantité demandée.

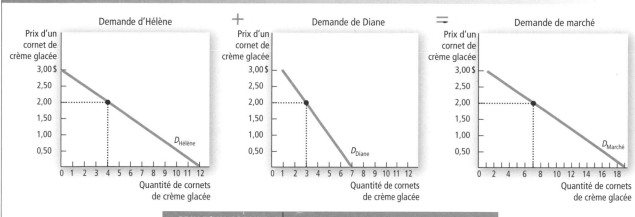

PRIX D'UN CORNET DE CRÈME GLACÉE	HÉLÈNE +	DIANE =	MARCHÉ
0,00 $	12	7	19
0,50 $	10	6	16
1,00 $	8	5	13
1,50 $	6	4	10
2,00 $	4	3	7
2,50 $	2	2	4
3,00 $	0	1	1

FIGURE 4.2 **LA DEMANDE DE MARCHÉ EN TANT QUE SOMME DES DEMANDES INDIVIDUELLES** La quantité demandée sur un marché correspond à la somme des quantités demandées par chacun des acheteurs pour tout niveau de prix. La courbe de demande de marché se calcule en additionnant horizontalement les courbes de demandes individuelles. Lorsque la crème glacée se vend 2,00 $, Hélène désire acheter 4 cornets et Diane désire en acheter 3. À un prix de 2,00 $, la quantité demandée sur le marché est donc égale à 7 cornets.

Le tableau de la figure 4.2 affiche les barèmes de demande de crème glacée de deux personnes : Hélène et Diane. Ces deux barèmes nous renseignent sur la quantité de crème glacée qu'Hélène et Diane seront disposées à acheter pour chaque prix donné. Pour tout niveau de prix, la quantité demandée sur le marché correspond à la somme des quantités demandées par ces deux personnes.

Les graphiques de la figure 4.2 illustrent les courbes de demande correspondant à ces barèmes de demande. Remarquez que nous additionnons horizontalement les demandes individuelles pour tracer la courbe de demande de marché. Pour obtenir la quantité totale demandée à tous les niveaux de prix, nous additionnons les quantités individuelles figurant sur l'axe des abscisses des courbes individuelles de demande. Puisque c'est avant tout le fonctionnement des marchés qui nous intéresse, nous reviendrons fréquemment sur la courbe de demande de marché. Elle montre bien que la quantité totale demandée d'un bien varie en fonction du prix de ce même bien, toutes les autres variables étant tenues constantes.

LES DÉPLACEMENTS DE LA COURBE DE DEMANDE

La courbe de demande de crème glacée indique la quantité que les consommateurs sont disposés à acheter pour tout niveau de prix, toutes les autres variables étant tenues constantes. Mais la courbe de demande peut se déplacer avec le temps. Un phénomène peut se produire, qui affectera la quantité de crème glacée que les consommateurs désirent acheter pour tout niveau de prix. Imaginons que l'Association médicale canadienne annonce soudainement une découverte : les consommateurs réguliers de crème glacée vivent plus longtemps et en meilleure santé. Comment cette annonce influera-t-elle sur le marché de la crème glacée ? Cette découverte modifiera les goûts des consommateurs en faisant augmenter la demande de crème glacée. Pour tout niveau de prix, les acheteurs voudront en manger davantage et la courbe de demande de crème glacée se déplacera vers la droite.

Chaque fois qu'un facteur déterminant la demande varie, à l'exception du prix du bien, la courbe de demande se déplace. Comme le montre la figure 4.3, un événement qui fait augmenter la quantité demandée pour tout niveau de prix déplace la courbe de demande vers la droite. On parle alors d'une *augmentation de la demande*. En revanche, un événement qui réduit la quantité demandée pour tout niveau de prix déplace la courbe de demande vers la gauche. On parle alors d'une *diminution de la demande*.

Plusieurs variables peuvent faire déplacer la courbe de demande. Examinons les plus importantes.

LE REVENU

Si vous perdez votre emploi d'été, votre consommation de crème glacée s'en ressentira-t-elle ? Elle baissera fort probablement. Une diminution des revenus signifie une réduction des dépenses totales. Vous dépenserez donc moins d'argent pour certains produits — voire pour tous. Quand la demande pour un produit chute avec la diminution des revenus ou qu'elle augmente avec une hausse des revenus, on dit qu'il s'agit d'un bien normal.

Les biens ne sont pas tous des biens normaux. Lorsque la demande d'un bien augmente avec la baisse des revenus ou qu'elle diminue avec l'augmentation des revenus, on considère ce bien comme un bien inférieur. Le transport en commun peut être considéré comme un bien inférieur. Si votre revenu diminue, il est peu probable que vous achetiez une voiture ou que vous preniez un taxi. Vous prendrez sans doute davantage l'autobus.

Bien normal
Bien pour lequel, toutes choses étant égales par ailleurs, la demande augmente quand le revenu des acheteurs augmente.

Bien inférieur
Bien pour lequel, toutes choses étant égales par ailleurs, la demande diminue quand le revenu des acheteurs augmente.

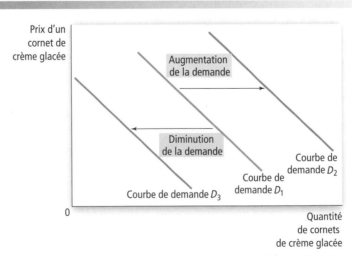

FIGURE 4.3   **LES DÉPLACEMENTS DE LA COURBE DE DEMANDE**   Tout événement qui fait augmenter la quantité que les acheteurs sont prêts à consommer pour chaque niveau de prix entraîne un déplacement de la courbe vers la droite. Tout événement qui réduit la quantité que les acheteurs sont prêts à consommer pour chaque niveau de prix entraîne un déplacement de la courbe vers la gauche.

LE PRIX DES PRODUITS CONNEXES

Imaginez que le prix du yogourt glacé baisse. La loi de la demande indique que vous achèterez plus de yogourt. Mais alors, vous consommerez sans doute moins de crème glacée. La crème glacée et le yogourt glacé, deux desserts lactés, glacés et sucrés, répondent aux mêmes besoins. Lorsqu'une diminution du prix d'un bien réduit la demande pour un autre, les deux sont appelés **biens substituts**. Ces produits de substitution représentent une alternative de consommation, par exemple entre les hot-dogs et les hamburgers, les chandails et les chemises, les entrées de cinéma et les locations de DVD.

Supposons maintenant que le prix du sirop de chocolat baisse. D'après la loi de la demande, vous en achèterez plus. Mais cette fois-ci vous achèterez également plus de crème glacée, puisqu'on en mange souvent avec le sirop de chocolat. Lorsque le prix d'un bien suscite une augmentation de la demande pour un autre, ces deux produits sont dits **biens complémentaires**. Ces biens se consomment souvent conjointement : l'essence et les automobiles, les ordinateurs et les logiciels, les skis et les billets de remonte-pente.

LES GOÛTS

Le facteur le plus déterminant de votre demande est sans doute vos goûts. Si vous aimez la crème glacée, vous en achèterez régulièrement. Les économistes cherchent très rarement à comprendre les goûts, car ceux-ci dépendent de circonstances historiques, sociologiques et psychologiques, bref de considérations indépendantes de l'économie. Cela dit, les économistes observent les conséquences économiques de l'évolution des goûts.

LES ANTICIPATIONS

Vos attentes en ce qui concerne l'avenir modifieront sans doute votre demande actuelle d'un bien ou d'un service. En l'occurrence, si vous prévoyez une augmentation de votre salaire le mois prochain, vous serez davantage enclin à dépenser aujourd'hui pour vous payer une crème glacée. En revanche, si vous pensez que le prix de la crème glacée va baisser demain, vous aurez moins tendance à vous précipiter pour l'acheter aujourd'hui.

LE NOMBRE D'ACHETEURS

Nous avons dit plus haut que la demande de marché était égale à la somme des demandes individuelles. Il ne fait donc pas de doute que plus les consommateurs seront nombreux, plus importante sera la demande de marché. Si Jean-Pierre, un consommateur de crème glacée, se joint à Hélène et Diane, alors la quantité demandée de crème glacée sera plus élevée pour tout niveau de prix. La courbe de demande se déplace alors vers la droite.

RÉSUMÉ

La courbe de demande montre ce qui arrive à la quantité demandée d'un bien lorsque le prix de ce bien varie, toutes les autres variables étant tenues constantes. Mais lorsqu'une de ces variables bouge, c'est toute la courbe de demande qui se déplace. Le tableau 4.1 (voir la page 70) établit la liste des variables affectant le comportement des consommateurs.

Si vous éprouvez de la difficulté à départager les situations où on se déplace le long de la courbe et celles où la courbe se déplace, rappelez-vous les leçons de l'annexe

Biens substituts
Biens pour lesquels une augmentation du prix de l'un conduit à une augmentation de la demande de l'autre.

Biens complémentaires
Biens pour lesquels une augmentation du prix de l'un conduit à une diminution de la demande de l'autre.

70

TABLEAU 4.1

LES DÉTERMINANTS DE LA DEMANDE Voici une liste des variables affectant la demande de marché. Remarquez le rôle particulier du prix : un changement de prix implique un mouvement le long de la courbe de demande, alors qu'un changement des autres variables se traduit par un déplacement de cette courbe.

VARIABLES INFLUANT SUR LA DEMANDE	UNE MODIFICATION DE CETTE VARIABLE SE TRADUIT PAR...
Prix	un mouvement le long de la courbe de demande
Revenu	un déplacement de la courbe de demande
Prix des biens connexes	un déplacement de la courbe de demande
Goûts	un déplacement de la courbe de demande
Anticipations	un déplacement de la courbe de demande
Nombre d'acheteurs	un déplacement de la courbe de demande

au chapitre 2. Une courbe se déplace lorsqu'un changement affecte une variable qui n'est représentée sur aucun des axes du graphique. Parce que le prix du bien est représenté sur l'axe vertical, une variation du prix provoquera un déplacement le long de la courbe de demande. À l'inverse, puisque le revenu, le prix des produits connexes, les goûts, les anticipations et le nombre d'acheteurs n'apparaissent sur aucun des deux axes du graphique, alors toute modification d'une de ces variables entraînera un déplacement de la courbe de demande.

ÉTUDE DE CAS

Quelle est la meilleure façon de réduire le tabagisme ?

DEUX MOYENS DE LUTTER CONTRE LE TABAGISME

Depuis de nombreuses années, nos gouvernements tentent, par toutes sortes de moyens, de réduire le nombre de fumeurs. Pour ce faire, deux types de politiques s'offrent à eux.

Une façon de réduire le tabagisme consiste à déplacer la courbe de demande des cigarettes et des autres produits du tabac. Les messages d'intérêt public (à la télé, dans les journaux), l'obligation d'imprimer des mises en garde et d'apposer des photos repoussantes sur les paquets de cigarettes, de même que l'interdiction faite aux manufacturiers de tabac de faire de la publicité sont autant de politiques visant à déplacer la courbe de demande des cigarettes vers la gauche, comme sur le graphique a) de la figure 4.4.

L'autre option consiste à augmenter le prix du paquet de cigarettes. À titre d'exemple, les taxes imposées par le gouvernement aux manufacturiers de tabac se répercutent sur les fumeurs par une augmentation du prix du paquet. Une telle augmentation incite les consommateurs à réduire le nombre de cigarettes qu'ils fument par jour. Dans ce cas, la réduction du tabagisme ne se reflète pas par un déplacement de la courbe de demande, mais plutôt par un mouvement le long de cette même courbe, pour atteindre un point où la quantité est inférieure et le prix est plus élevé, comme on le voit sur le graphique b) de la figure 4.4.

Comment une augmentation de prix affecte-t-elle la consommation de cigarettes ? Pour répondre à cette question, les économistes ont tenté de mesurer les conséquences d'une augmentation des taxes sur le tabac. Ils en ont conclu qu'une augmentation de 10 % du

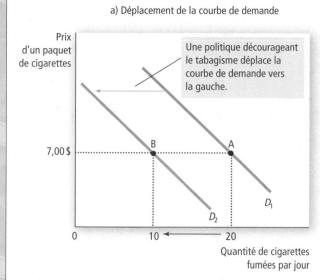

a) Déplacement de la courbe de demande

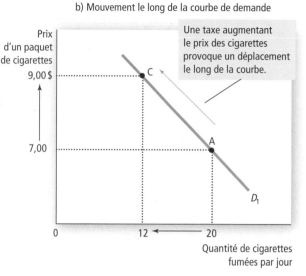

b) Mouvement le long de la courbe de demande

FIGURE 4.4

LES DÉPLACEMENTS DE LA COURBE DE DEMANDE ET LES DÉPLACEMENTS LE LONG DE LA COURBE DE DEMANDE   Si les messages relatifs à la santé qui sont inscrits sur les paquets de cigarettes arrivent à convaincre les fumeurs de restreindre leur consommation, la courbe de demande des cigarettes se déplacera vers la gauche. Sur le graphique a), la courbe de demande passe de D_1 à D_2. Lorsque le paquet coûte 7,00 $, la quantité demandée passe de 20 à 10 cigarettes par jour, comme l'illustre le déplacement du point A vers le point B. En revanche, si la taxation fait augmenter le prix des cigarettes, la courbe de demande ne bouge pas et nous observons à la place un déplacement le long de cette courbe. D'après le graphique b), l'augmentation du prix de 7,00 $ à 9,00 $ fait chuter la quantité demandée de 20 à 12 cigarettes par jour, comme le démontre le déplacement du point A vers le point C.

prix entraîne une réduction de 4 % de la quantité demandée. Les adolescents semblent être encore plus sensibles aux variations de prix : une augmentation de 10 % du prix provoque une diminution de 12 % de leur consommation.

Une question subsidiaire concerne la répercussion de l'augmentation du prix des cigarettes sur la demande de drogues, comme la marijuana. Les opposants à la taxation des cigarettes allèguent souvent que le tabac et la marijuana représentent des produits substituts, une hausse du prix du tabac encourageant dès lors la consommation de marijuana. En revanche, nombre d'experts en consommation abusive de drogues considèrent le tabac comme une « drogue d'introduction » qui pousse les jeunes à découvrir d'autres substances néfastes : ils ont découvert que le tabac bon marché coïncide avec une consommation accrue de marijuana. Autrement dit, le tabac et la marijuana seraient des biens complémentaires plutôt que des biens substituts.

MINITEST

■ Énumérez les différentes variables affectant la demande de pizza.

■ Élaborez un barème de demande pour la pizza et tracez la courbe de demande correspondante.

■ Fournissez un exemple d'événement qui provoquerait un déplacement de la courbe de demande.

■ La variation du prix de la pizza entraînerait-elle un déplacement de la courbe ?

L'OFFRE

Tournons-nous maintenant de l'autre côté du marché et observons le comportement des vendeurs. Reprenons l'exemple de la crème glacée et analysons les facteurs déterminant la quantité offerte.

LA COURBE D'OFFRE : LA RELATION ENTRE LE PRIX ET LA QUANTITÉ OFFERTE

Quantité offerte
Quantité d'un bien que les vendeurs désirent vendre à un prix donné.

La **quantité offerte** d'un bien ou d'un service correspond à la quantité que les vendeurs sont disposés à mettre en marché pour un niveau de prix donné. Plusieurs variables affectent la quantité offerte d'un produit, mais ici aussi l'une d'entre elles joue un rôle déterminant : le prix du bien en question. Un prix élevé signifie une hausse des bénéfices, ce qui se traduit par une augmentation de la quantité offerte. En revanche, lorsque le prix baisse, les profits se font rares et vous produisez moins. Si cette baisse de prix s'accentue, vous risquez même de décider de cesser la production. Comme la quantité offerte augmente lorsque le prix augmente et qu'elle diminue lorsque le prix diminue, on dit de ces deux variables qu'elles sont positivement reliées. La relation entre le prix et la quantité offerte correspond à la **loi de l'offre** : toutes choses étant égales par ailleurs, lorsque le prix d'un bien augmente, la quantité offerte augmente également.

Loi de l'offre
Toutes choses étant égales par ailleurs, la quantité offerte d'un bien augmente quand le prix du bien augmente.

Le tableau de la figure 4.5 indique les quantités offertes par Jean, un vendeur de crème glacée, en fonction du prix de vente. Lorsque le prix de la crème glacée est inférieur à 1,00 $, il se retire complètement du marché. Sa quantité offerte est fonction du prix : plus les prix montent, plus la quantité qu'il désire offrir augmente. Ce tableau correspond au **barème d'offre**, lequel indique la relation entre le prix d'un bien et la quantité offerte, toutes les autres variables étant tenues constantes.

Barème d'offre
Tableau indiquant la relation entre le prix d'un bien et la quantité offerte.

Courbe d'offre
Courbe qui montre la relation entre le prix d'un bien et la quantité offerte.

Le graphique de la figure 4.5 illustre la relation entre la quantité de crème glacée offerte et son prix, sous forme d'une courbe appelée **courbe d'offre**. La pente positive qui la caractérise signifie qu'une augmentation du prix, les autres variables étant tenues constantes, entraîne une augmentation de la quantité offerte.

L'OFFRE DE MARCHÉ ET L'OFFRE INDIVIDUELLE

Tout comme la demande de marché représente la somme des demandes de tous les acheteurs, l'offre de marché équivaut à la somme des offres de tous les vendeurs. Le tableau de la figure 4.6 (voir la page 74) représente les barèmes d'offre de deux producteurs de crème glacée — Jean et Benoît. Le barème respectif de Jean et de Benoît nous indique la quantité de crème glacée offerte en fonction des prix. L'offre de marché correspond simplement à l'addition de ces deux offres individuelles.

Les courbes d'offre de la figure 4.6 illustrent les barèmes d'offre. Comme pour les courbes de demande, nous additionnons horizontalement les courbes d'offre individuelles pour obtenir la courbe d'offre de marché. Pour calculer la quantité totale offerte à chaque prix, nous faisons la somme des quantités individuelles sur l'axe horizontal des courbes d'offre individuelles. La courbe d'offre de marché illustre la relation entre la quantité totale offerte et le niveau de prix.

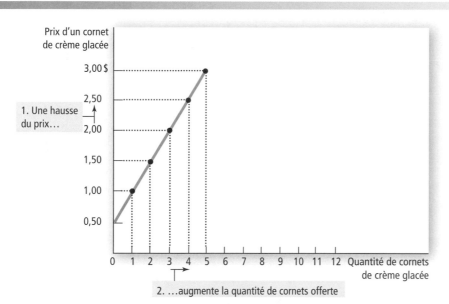

PRIX D'UN CORNET DE CRÈME GLACÉE	QUANTITÉ OFFERTE
0,00 $	0
0,50 $	0
1,00 $	1
1,50 $	2
2,00 $	3
2,50 $	4
3,00 $	5

FIGURE 4.5   **LE BARÈME ET LA COURBE D'OFFRE DE JEAN**   Le barème d'offre de Jean indique les quantités offertes en fonction du prix. La courbe d'offre, qui illustre ce barème d'offre, montre comment les quantités offertes sont affectées par les variations du prix. Puisque la hausse du prix se traduit par une augmentation des quantités offertes, cette courbe a une pente positive.

LES DÉPLACEMENTS DE LA COURBE D'OFFRE

La courbe d'offre de crème glacée indique la quantité que les offreurs sont disposés à vendre pour tout niveau de prix, les autres variables étant tenues constantes. Mais cette courbe d'offre peut se déplacer. Supposons par exemple que le prix du sucre s'effondre. En quoi cela concerne-t-il l'offre de crème glacée ? Comme le sucre entre dans la fabrication de la crème glacée, une baisse de son prix fera augmenter la rentabilité de la vente de crème glacée. Il en résultera un accroissement de l'offre : à n'importe quel prix donné, les vendeurs accepteront d'augmenter les quantités produites. La courbe d'offre se déplacera donc vers la droite.

Chaque fois que l'un des déterminants de l'offre change, à l'exception du prix du bien, la courbe d'offre se déplace. Comme le montre la figure 4.7 (voir la page 75), tout facteur provoquant une augmentation de la quantité offerte pour tout niveau de prix entraîne un déplacement de la courbe d'offre vers la droite. À l'inverse, tout facteur réduisant la quantité offerte pour tout niveau de prix entraîne un déplacement de la courbe vers la gauche.

Plusieurs variables peuvent entraîner un déplacement de la courbe d'offre. Examinons les plus importantes.

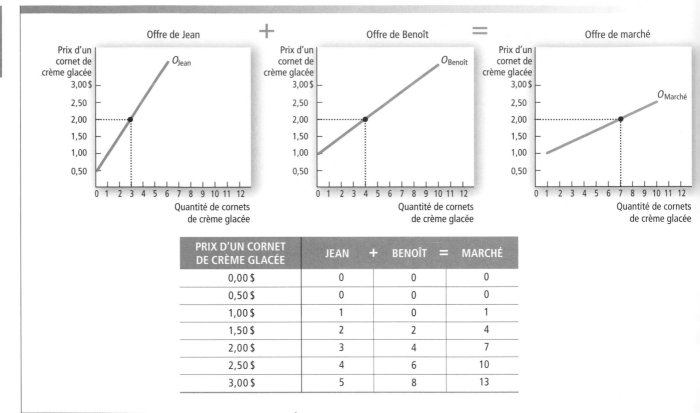

PRIX D'UN CORNET DE CRÈME GLACÉE	JEAN +	BENOÎT =	MARCHÉ
0,00 $	0	0	0
0,50 $	0	0	0
1,00 $	1	0	1
1,50 $	2	2	4
2,00 $	3	4	7
2,50 $	4	6	10
3,00 $	5	8	13

FIGURE 4.6 **L'OFFRE DE MARCHÉ EN TANT QUE SOMME DES OFFRES INDIVIDUELLES** La quantité offerte sur le marché correspond à la somme des quantités offertes par tous les vendeurs. La courbe d'offre de marché s'obtient en additionnant horizontalement les courbes d'offre individuelles. Lorsque la crème glacée coûte 2,00 $, Jean offre 3 cornets et Benoît en offre 4 ; la quantité offerte sur le marché équivaut donc à 7.

LE PRIX DES INTRANTS

La production de la crème glacée nécessite plusieurs intrants : la crème, le sucre, les aromatisants, la machinerie, l'immeuble pour abriter les installations, de même que le travail des employés qui mélangent les ingrédients et font fonctionner les machines. La hausse du prix de l'un de ces intrants réduit le bénéfice de la fabrication et, par conséquent, incite les producteurs à réduire leur offre. Si les coûts de production explosent, la firme risque de fermer boutique et de cesser toute production. Ainsi, l'offre d'un bien est inversement liée aux prix des intrants nécessaires à sa production.

LA TECHNOLOGIE

Il s'agit d'un autre facteur déterminant de l'offre. À titre d'exemple, l'invention des machines à crème glacée a réduit le temps de travail nécessaire pour sa production. En faisant diminuer les coûts de l'entreprise, le progrès technologique favorise une augmentation de l'offre de crème glacée.

LES ANTICIPATIONS

La quantité de crème glacée qu'une entreprise désire produire dépend également de ses prévisions. Si, par exemple, elle anticipe une hausse future du prix de la crème glacée, elle stockera éventuellement une partie de sa production, ce qui réduira son

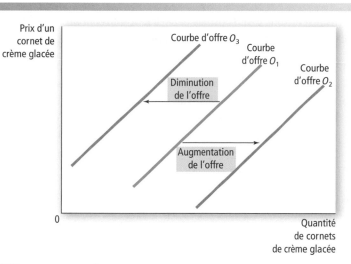

FIGURE 4.7 **LES DÉPLACEMENTS DE LA COURBE D'OFFRE** Tout changement incitant les vendeurs à augmenter la quantité offerte à un prix donné se traduit par un déplacement de la courbe d'offre vers la droite. Tout changement réduisant la quantité offerte par les vendeurs entraîne un déplacement de la courbe d'offre vers la gauche.

offre sur le marché actuel. Cela dit, les anticipations peuvent également porter sur le prix des intrants, ou sur toute autre variable affectant l'offre.

LE NOMBRE DE VENDEURS

Nous avons dit précédemment que l'offre de marché était égale à la somme des offres individuelles. Il ne fait aucun doute que plus les offreurs seront nombreux, plus importante sera l'offre de marché. Si Yves, un fabricant de crème glacée, se joint à Jean et Benoît, alors la quantité offerte de crème glacée sera plus élevée pour tout niveau de prix. La courbe d'offre se déplacera alors vers la droite.

BON À SAVOIR

L'EXPRESSION *CETERIS PARIBUS*

Lorsque vous examinez une courbe de demande ou une courbe d'offre, gardez à l'esprit qu'elle a été tracée en supposant que toutes les autres variables, à l'exception du prix du bien, ont été tenues constantes. La courbe de demande d'Hélène (voir la figure 4.1, page 66) reflète la quantité de crème glacée demandée par Hélène pour chaque niveau de prix de la crème glacée. Pour tracer cette courbe, on suppose que le revenu, les goûts et les anticipations d'Hélène de même que les prix des autres biens connexes restent constants. De la même manière, la courbe d'offre de Jean (voir la figure 4.5, page 73) reflète la quantité de crème glacée offerte par ce dernier pour chaque niveau de prix de la crème glacée. Comme pour la demande, on suppose ici que le prix des intrants, la technologie, les anticipations et le nombre de vendeurs restent constants.

Ceteris paribus
Locution latine signifiant *toutes choses étant égales par ailleurs*, i.e. toutes les autres variables étant tenues constantes.

Les économistes emploient l'expression *ceteris paribus* pour indiquer que toutes les autres variables pertinentes, à l'exception de celles que l'on étudie en ce moment, demeurent constantes. Cette locution latine signifie littéralement *toutes choses étant égales par ailleurs*. Une courbe de demande présente une pente négative parce que, *ceteris paribus*, une baisse du prix se traduit par une augmentation de la quantité demandée. Une courbe d'offre présente une pente positive parce que, *ceteris paribus*, une augmentation du prix se traduit par une augmentation de la quantité offerte.

Bien que l'expression *ceteris paribus* renvoie à une situation hypothétique dans laquelle certaines variables sont tenues constantes, il n'en va pas de même dans la réalité, où bien des éléments évoluent simultanément. C'est pourquoi, lorsque nous recourons à l'offre et à la demande pour analyser des phénomènes ou des politiques économiques, il est opportun de savoir quelles variables ont été tenues constantes et quelles variables ne l'ont pas été.

RÉSUMÉ

La courbe d'offre montre ce qui arrive à la quantité offerte d'un bien lorsque le prix de ce bien varie, toutes les autres variables étant tenues constantes. Mais lorsqu'une de ces variables bouge, c'est toute la courbe d'offre qui se déplace. Le tableau 4.2 établit la liste des variables affectant le comportement des vendeurs.

Une fois de plus, si vous éprouvez de la difficulté à départager les situations où l'on se déplace le long de la courbe et celles où la courbe se déplace, rappelez-vous les leçons de l'annexe au chapitre 2. Une courbe se déplace lorsqu'un changement affecte une variable qui n'est représentée sur aucun des axes du graphique. Parce que le prix du bien est représenté sur l'axe vertical, une variation du prix provoquera un déplacement le long de la courbe d'offre. À l'inverse, puisque le prix des intrants, la technologie, les anticipations et le nombre de vendeurs n'apparaissent sur aucun des deux axes du graphique, alors toute modification d'une de ces variables entraînera un déplacement de la courbe d'offre.

TABLEAU 4.2	**LES DÉTERMINANTS DE L'OFFRE** Voici une liste des variables affectant l'offre de marché. Remarquez le rôle particulier du prix : un changement de prix se traduit par un mouvement le long de la courbe d'offre, tandis qu'un changement des autres variables se traduit par un déplacement de cette courbe.

VARIABLES INFLUANT SUR L'OFFRE	UNE MODIFICATION DE CETTE VARIABLE SE TRADUIT PAR…
Prix	un mouvement le long de la courbe d'offre
Prix des intrants	un déplacement de la courbe d'offre
Technologie	un déplacement de la courbe d'offre
Anticipations	un déplacement de la courbe d'offre
Nombre de vendeurs	un déplacement de la courbe d'offre

MINITEST

■ Énumérez les différents facteurs influant sur la quantité de pizza offerte.

■ Élaborez un barème d'offre pour la pizza et tracez la courbe d'offre correspondante.

■ Fournissez un exemple qui provoquerait un déplacement de la courbe d'offre.

■ La variation du prix de la pizza entraînerait-elle un déplacement de la courbe ?

L'OFFRE ET LA DEMANDE

Après avoir analysé séparément l'offre et la demande, nous les combinerons maintenant pour voir comment elles permettent de déterminer simultanément le prix et la quantité échangée d'un bien sur le marché.

L'ÉQUILIBRE

Équilibre de marché
Situation dans laquelle la quantité offerte est égale à la quantité demandée.

Prix d'équilibre
Prix qui assure l'égalité de la quantité offerte et de la quantité demandée.

Quantité d'équilibre
Quantité offerte et quantité demandée au prix d'équilibre.

La figure 4.8 illustre la courbe d'offre et la courbe de demande sur un même graphique. On remarque que ces deux courbes se rencontrent en un point : il s'agit de l'**équilibre de marché**. Le prix correspondant au point d'intersection des deux courbes se nomme **prix d'équilibre** et la quantité correspondante s'appelle **quantité d'équilibre**. Dans cet exemple du marché de la crème glacée, le prix d'équilibre est de 2,00 $ le cornet et la quantité d'équilibre est de 7 cornets.

Le dictionnaire définit le mot *équilibre* comme une situation dans laquelle les diverses forces en présence s'égalisent et se contrebalancent. Cette définition s'applique fort bien à l'équilibre de marché. Au prix d'équilibre, la quantité de biens que les acheteurs se proposent d'acquérir est exactement égale à la quantité de biens que les vendeurs sont prêts à vendre. À ce prix, tous les agents sont satisfaits : les acheteurs ont pu se procurer tout ce qu'ils désiraient et les vendeurs se sont départis de ce qu'ils souhaitaient vendre.

Les actions des vendeurs et des acheteurs font naturellement évoluer les marchés vers l'équilibre de l'offre et de la demande. Pour mieux comprendre le phénomène,

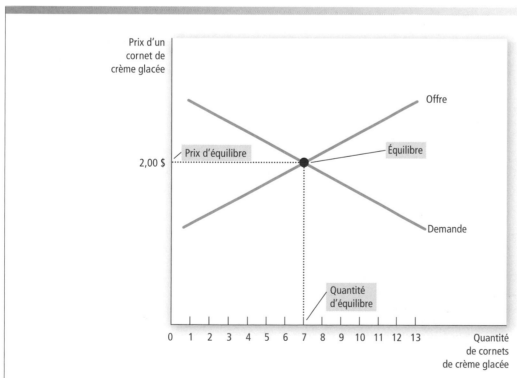

FIGURE 4.8

L'ÉQUILIBRE DE L'OFFRE ET DE LA DEMANDE L'équilibre correspond à l'intersection des courbes d'offre et de demande. Au prix d'équilibre, la quantité offerte est égale à la quantité demandée. Dans ce cas précis, le prix d'équilibre se fixe à 2,00 $; à ce prix, la quantité offerte est égale à la quantité demandée, soit 7 cornets de crème glacée.

observons ce qui se produit lorsque le prix de marché ne correspond pas au prix d'équilibre.

Imaginons d'abord que le prix de marché est supérieur au prix d'équilibre, comme sur le graphique a) de la figure 4.9. À un prix de 2,50 $ le cornet, la quantité offerte (10 cornets) excède la quantité demandée (4 cornets). Cette différence crée un **surplus** : les producteurs ne sont pas en mesure de vendre tout ce qu'ils veulent au prix courant. Un surplus correspond donc à une offre excédentaire. Leurs congélateurs sont remplis à craquer de crème glacée qu'ils ne peuvent écouler. Ils réagissent alors à ce surplus en réduisant les prix, ce qui provoque une augmentation de la quantité demandée et une diminution de la quantité offerte. Le prix continuera de diminuer jusqu'à ce que le marché atteigne l'équilibre.

Imaginons maintenant que le prix de marché est inférieur au prix d'équilibre, comme sur le graphique b) de la figure 4.9. Dans ce cas, le cornet de crème glacée se vend 1,50 $ et la quantité demandée excède la quantité offerte. On se trouve alors en présence d'une **pénurie** : les acheteurs ne sont pas en mesure de se procurer tout ce qu'ils désirent au prix courant. Une pénurie correspond donc à une demande excédentaire. En cas de pénurie sur le marché de la crème glacée, les acheteurs doivent faire la queue longtemps pour se procurer l'un des rares cornets en vente. Comme il y a trop d'acheteurs pour la quantité de biens offerts, les vendeurs auront tendance à réagir à cette pénurie en augmentant leur prix, ce qui provoque une diminution de la quantité demandée et une augmentation de la quantité offerte. Cette hausse des prix ramènera de nouveau le marché vers l'équilibre.

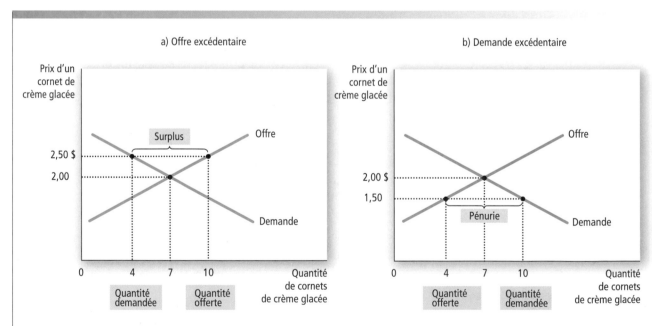

FIGURE 4.9 **DES MARCHÉS EN DÉSÉQUILIBRE** Le graphique a) illustre un surplus. Le prix de marché, 2,50 $ le cornet, se situe au-dessus du prix d'équilibre et la quantité offerte (10 cornets) excède donc la quantité demandée (4 cornets). Les offreurs essaient d'écouler les surplus en réduisant le prix afin d'atteindre le point d'équilibre. Le graphique b) illustre une pénurie. Le prix du marché, 1,50 $ le cornet, se situe au-dessous du prix d'équilibre et la quantité demandée (10 cornets) excède la quantité offerte (4 cornets). Comme la demande dépasse nettement l'offre, les offreurs sont en position de tirer parti de cette pénurie en augmentant le prix. Dans les deux cas, l'ajustement du prix ramène le marché vers un équilibre de l'offre et de la demande.

C'est ainsi que les actions conjointes des acheteurs et des vendeurs ramènent automatiquement le prix de marché vers le prix d'équilibre. Lorsque cet équilibre est atteint, l'ensemble des acheteurs et des vendeurs sont satisfaits et aucune pression, à la baisse ou à la hausse, sur les prix n'apparaît. Combien de temps faut-il pour atteindre cet équilibre ? Cela dépend de la rapidité d'ajustement des prix de chacun des marchés. Dans la plupart des marchés libres, les surplus ou les pénuries restent temporaires parce que les prix finissent par retrouver rapidement leur niveau d'équilibre. Ce mécanisme est d'ailleurs tellement répandu que les économistes l'appellent la **loi de l'offre et de la demande** : sur un marché, le prix d'un bien s'ajuste de façon à maintenir une égalité entre les quantités offertes et les quantités demandées.

> **Loi de l'offre et de la demande**
> Affirmation selon laquelle le prix d'un bien s'ajuste de façon à maintenir une égalité entre les quantités offertes et les quantités demandées.

LES TROIS ÉTAPES D'UNE ANALYSE DES VARIATIONS DE L'ÉQUILIBRE

Jusqu'à présent, nous avons vu comment l'offre et la demande déterminent conjointement l'équilibre de marché, c'est-à-dire le prix d'un bien ainsi que les quantités achetées par les consommateurs et produites par les vendeurs. Bien entendu, le prix et la quantité d'équilibre dépendent de la position des courbes d'offre et de demande. Lorsque certains événements provoquent un déplacement de l'une de ces courbes, l'équilibre de marché change. L'analyse de ces variations se nomme *statique comparée*, car elle consiste à comparer deux situations statiques : l'ancien et le nouvel équilibre.

Pour analyser les conséquences d'un événement sur le marché, nous procédons en trois étapes. Il faut tout d'abord déterminer si l'événement provoque un déplacement de la courbe d'offre, de la courbe de demande ou des deux courbes simultanément. Nous devons ensuite établir si le déplacement des courbes s'effectue vers la gauche ou vers la droite. Enfin, nous avons recours au graphique d'offre et de demande pour observer comment ce déplacement se répercute sur le prix et la quantité d'équilibre. Le tableau 4.3 résume ces trois étapes. Pour saisir le fonctionnement de ce processus, examinons les conséquences de divers événements sur le marché de la crème glacée.

EXEMPLE : UNE VARIATION DE LA DEMANDE

Imaginons que l'été soit marqué par une vague de chaleur prolongée. Comment cela affectera-t-il le marché de la crème glacée ? Pour répondre à cette question, reprenons nos trois étapes.

1. En modifiant les goûts des consommateurs, la vague de chaleur affecte la courbe de demande, c'est-à-dire qu'elle incite les gens à consommer davantage de crème glacée pour tout niveau de prix. La courbe d'offre, elle, demeure inchangée

TABLEAU 4.3	L'ANALYSE EN TROIS ÉTAPES DES MODIFICATIONS DE L'ÉQUILIBRE

1. Déterminez si l'événement provoque un déplacement de la courbe d'offre ou de la courbe de demande (ou des deux courbes à la fois).

2. Déterminez la direction du déplacement de la courbe.

3. Ayez recours au graphique d'offre et de demande afin de voir comment l'événement affecte le prix et la quantité d'équilibre.

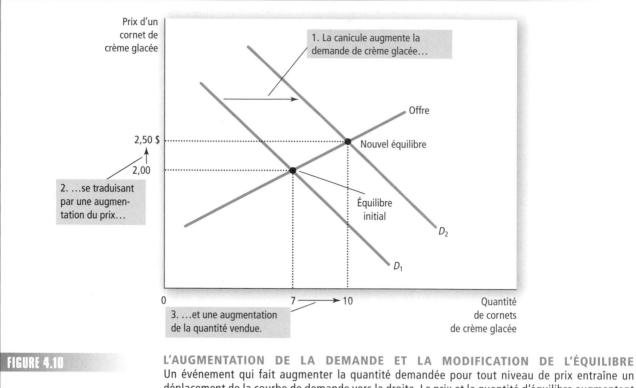

Prix d'un
cornet de
crème glacée

1. La canicule augmente la
demande de crème glacée…

Offre

2,50 $ ---- Nouvel équilibre

2,00

2. …se traduisant
par une augmen-
tation du prix…

Équilibre
initial

D_2

D_1

0   7 ——→ 10   Quantité
de cornets
de crème glacée

3. …et une augmentation
de la quantité vendue.

FIGURE 4.10   **L'AUGMENTATION DE LA DEMANDE ET LA MODIFICATION DE L'ÉQUILIBRE**
Un événement qui fait augmenter la quantité demandée pour tout niveau de prix entraîne un déplacement de la courbe de demande vers la droite. Le prix et la quantité d'équilibre augmentent tous deux. Dans le cas présent, une vague de chaleur incite les acheteurs à consommer davantage de crème glacée. La courbe de demande se déplace de D_1 à D_2, faisant passer le prix d'équilibre de 2,00 $ à 2,50 $, alors que la quantité d'équilibre passe de 7 à 10 cornets.

puisque la chaleur n'influe pas directement sur les entreprises produisant la crème glacée.

2. Comme les acheteurs veulent plus de crème glacée, la courbe de demande se déplace vers la droite. La figure 4.10 illustre cette augmentation de la demande, alors que la courbe passe de D_1 à D_2. Ce déplacement signifie que, pour tout niveau de prix, la quantité demandée de crème glacée est plus importante.

3. Comme le montre la figure 4.10, une augmentation de la demande fait passer le prix d'équilibre de 2,00 $ à 2,50 $, alors que la quantité d'équilibre passe de 7 à 10 cornets. Cela revient à dire que la vague de chaleur fait augmenter à la fois le prix de la crème glacée et la quantité vendue à l'équilibre.

LE DÉPLACEMENT DES COURBES ET LE DÉPLACEMENT LE LONG DES COURBES

On remarquera que la canicule a fait monter le prix de la crème glacée, de même que la quantité de crème glacée offerte par les détaillants. Toutefois, la courbe d'offre ne s'est pas déplacée. En pareil cas, les économistes disent qu'il s'agit d'une augmentation de la « quantité offerte » et non d'une augmentation de l'« offre ».

L'« offre » fait référence à la position de la courbe d'offre, alors que la « quantité offerte » désigne la quantité que les détaillants se proposent de vendre à un prix donné. Dans l'exemple précité, l'offre reste invariable parce que la chaleur n'amène pas les détaillants à vouloir vendre davantage à chaque prix donné. La clause *ceteris paribus* est donc respectée. Mais la canicule modifie le comportement des consommateurs. Ceux-ci désirent acheter plus de crème glacée pour tout niveau de prix, ce qui se traduit par un déplacement de la courbe de demande, lequel fait augmenter le prix d'équilibre. Lorsque ce prix augmente, la quantité offerte augmente également ; cette augmentation se traduit par un déplacement le long de la courbe d'offre.

En résumé, un déplacement de la courbe d'offre s'appelle *variation de l'offre* et un déplacement de la courbe de demande s'appelle *variation de la demande*. Un déplacement le long d'une courbe d'offre fixe se nomme *variation de la quantité offerte* et un déplacement le long d'une courbe de demande fixe se nomme *variation de la quantité demandée*.

EXEMPLE : UNE VARIATION DE L'OFFRE

Supposons qu'au cours de l'été un ouragan dans les Caraïbes détruise des plantations de canne à sucre, poussant ainsi à la hausse le prix du sucre. Quelles seront les conséquences de cet événement sur le marché de la crème glacée ? Pour répondre à cette question, reprenons nos trois étapes.

1. L'augmentation du prix du sucre, un intrant de la fabrication de la crème glacée, affecte la courbe d'offre de crème glacée. Faisant augmenter le coût de fabrication, la hausse du prix du sucre réduit la quantité de crème glacée que les vendeurs voudront offrir pour tout niveau de prix. Par contre, la courbe de demande reste invariable puisque l'augmentation du prix du sucre ne modifie pas directement la quantité de crème glacée que les gens entendent consommer.

2. La courbe d'offre se déplace vers la gauche parce que, pour tout niveau de prix, les quantités que les entreprises veulent vendre diminuent. La figure 4.11 illustre cette baisse de l'offre par un déplacement de la courbe d'offre, qui passe de O_1 à O_2.

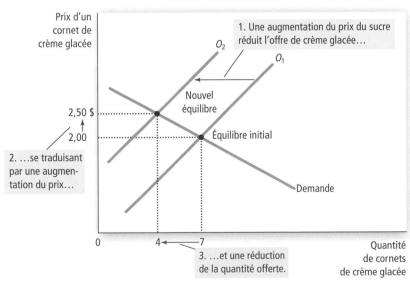

FIGURE 4.11 **LA DIMINUTION DE L'OFFRE ET LA MODIFICATION DE L'ÉQUILIBRE** Tout événement qui réduit la quantité offerte, pour tout niveau de prix, produit un déplacement de la courbe vers la gauche. Le prix d'équilibre augmente, alors que la quantité d'équilibre chute. Dans le cas présent, la hausse du prix du sucre réduit l'offre des vendeurs. La courbe d'offre passe donc de O_1 à O_2, ce qui fait augmenter le prix d'équilibre de 2,00 $ à 2,50 $ le cornet, alors que la quantité d'équilibre passe de 7 à 4 cornets.

3. Ce déplacement de la courbe d'offre fait passer le prix d'équilibre de 2,00 $ à 2,50 $ le cornet, alors que la quantité d'équilibre passe de 7 à 4 cornets. La hausse du prix du sucre entraîne donc une augmentation du prix de la crème glacée et une diminution des ventes.

EXEMPLE : UNE VARIATION DE L'OFFRE ET DE LA DEMANDE

Imaginons un scénario où la canicule et l'ouragan se produisent tous les deux durant le même été. Pour analyser la conjonction de ces événements, nous suivrons encore une fois nos trois étapes.

1. Nous concluons que les deux courbes doivent se déplacer. Les conséquences de la canicule s'observent sur la courbe de demande, car les acheteurs désirent davantage de crème glacée à tous les niveaux de prix. Simultanément, l'ouragan fait grimper le prix du sucre et influe sur la courbe d'offre en réduisant la quantité de crème glacée que les vendeurs désirent offrir pour tout niveau de prix.

2. Ces courbes se déplacent dans la même direction que dans les analyses précédentes : la courbe de demande se déplace vers la droite et la courbe d'offre, vers la gauche, comme le montre la figure 4.12.

3. Sur cette même figure, deux résultats sont possibles, selon l'importance relative du déplacement des courbes de demande et d'offre. Dans les deux cas, on assiste à une augmentation du prix d'équilibre. Le graphique a) montre une augmentation importante de la demande, alors que l'offre baisse légèrement, ce qui entraîne une hausse de la quantité d'équilibre. En revanche, le graphique b) illustre une chute prononcée de l'offre, accompagnée d'une légère augmentation de la demande, ce qui se traduit par une diminution de la quantité d'équilibre. Ainsi, ces deux événements provoquent nécessairement une augmentation du prix de la crème glacée, mais leurs conséquences sur la quantité échangée demeurent incertaines.

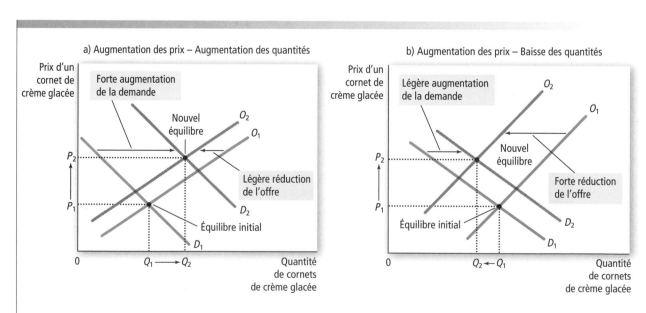

FIGURE 4.12

LES DÉPLACEMENTS SIMULTANÉS DES COURBES D'OFFRE ET DE DEMANDE Ce graphique illustre une augmentation de la demande accompagnée d'une diminution de l'offre. Deux résultats sont possibles. Sur le graphique a), le prix d'équilibre augmente de P_1 à P_2, pendant que la quantité d'équilibre augmente de Q_1 à Q_2. Sur le graphique b), le prix d'équilibre passe également de P_1 à P_2, alors que la quantité d'équilibre diminue cette fois-ci, passant de Q_1 à Q_2.

| TABLEAU 4.4 | LE DÉPLACEMENT DE L'OFFRE ET DE LA DEMANDE ET LES CONSÉQUENCES SUR LES PRIX ET LES QUANTITÉS D'ÉQUILIBRE | | |

	OFFRE INVARIABLE	AUGMENTATION DE L'OFFRE	DIMINUTION DE L'OFFRE
DEMANDE INVARIABLE	P inchangé Q inchangée	P en baisse Q en hausse	P en hausse Q en baisse
AUGMENTATION DE LA DEMANDE	P en hausse Q en hausse	P incertain Q en hausse	P en hausse Q incertaine
DIMINUTION DE LA DEMANDE	P en baisse Q en baisse	P en baisse Q incertaine	P incertain Q en baisse

RÉSUMÉ

Nous nous sommes limités à trois exemples afin d'illustrer l'utilisation des courbes d'offre et de demande dans l'analyse des modifications de l'équilibre. Vous pouvez utiliser ces outils toutes les fois qu'un événement provoque un déplacement de la courbe d'offre, de la courbe de demande ou des deux, pour prévoir les conséquences sur le prix et la quantité d'équilibre. Le tableau 4.4 montre les résultats prévus pour toutes les combinaisons possibles de déplacement des deux courbes. Pour être sûr de bien comprendre, sélectionnez certaines combinaisons dans ce tableau et vérifiez si vous pouvez expliquer les raisons de ces prédictions.

MINITEST

- Analysez les conséquences de l'augmentation du prix des tomates sur le marché de la pizza.
- Analysez les conséquences d'une chute du prix des hamburgers sur le marché de la pizza.

DANS L'ACTUALITÉ

LES PRIX ET L'ALLOCATION DES RESSOURCES

Reprenant les arguments de Hayek sur le rôle central que jouent les prix dans l'allocation des ressources, l'article suivant montre comment le prix du pétrole résulte de l'interaction des centaines d'offreurs et des millions de consommateurs.

L'ESSENCE COÛTE CHER? C'EST LA FAUTE DES CONSOMMATEURS

Si l'Arabie saoudite a décidé d'augmenter sa production de pétrole, c'est peut-être parce que ses dirigeants estiment que le prix du pétrole est trop élevé et qu'une hausse de l'offre le fera baisser. C'est peut-être aussi parce qu'ils croient que ce prix a atteint un sommet et qu'ils peuvent maintenant maximiser les profits pétroliers grâce à cette augmentation de la production. C'est peut-être également parce que le roi Abdullah, après mûre réflexion géopolitique, a décidé de faire une faveur personnelle au président des États-Unis, George W. Bush. C'est peut-être même parce que la

Commission trilatérale (ou encore, au choix: les francs-maçons, les Rockefeller, les Scouts d'Amérique) a comploté en ce sens.

Ce qu'il y a de merveilleux, c'est que la raison de cette augmentation n'importe pas vraiment, du moins en ce qui concerne l'utilisation d'une ressource naturelle apparemment onéreuse. Ce sont plutôt environ un milliard de personnes qui décideront elles-mêmes de cette utilisation, uniquement en fonction de questions liées à l'économie domestique.

Qui «fixe» le prix du pétrole? C'est la population dans son ensemble, c'est-à-dire nous-mêmes, qui le fixe d'une manière entièrement démocratique par suite de décisions personnelles, qu'il s'agisse d'acheter ou non de l'essence en quantité spécifique un jour donné, d'acheter une voiture économe en essence ou non, de parcourir de longues distances ou non, etc. À l'instar des milliers d'autres facteurs qui influent sur le prix, la décision saoudienne d'augmenter la production est essentiellement sans effet à cet égard. La population seule détermine la demande, et il s'agit là d'un fait aux conséquences proprement radicales.

Ce ne sont pas des personnes bien informées adoptant une perspective d'ensemble qui déterminent les prix, mais bien des personnes peu informées qui gèrent un budget domestique. Par extension, ces personnes bien informées ne dirigent pas non plus une économie rationnelle, aussi brillantes et aussi bien introduites dans les cercles du pouvoir soient-elles. Sans le vouloir consciemment, ce sont les personnes peu informées qui peuvent le faire et qui le font effectivement.

C'est Friedrich Hayek, économiste autrichien ayant reçu le prix Nobel de sciences économiques, qui a qualifié de «prodige» un tel processus spontané et décentralisé de fixation des prix. Voilà un mot inusité de la part d'un économiste car, après tout, une chose prodigieuse est extraordinairement improbable et relève même du surnaturel. Selon Hayek, seul un qualificatif transcendant peut décrire la façon dont des prix (relativement) librement déterminés dans une économie de marché (relativement) libre peuvent assurer une répartition efficace de ressources rares au sein d'un monde en pénurie presque permanente de tout. «Le prodige, c'est que, dans le cas de la rareté d'une matière première, des dizaines de milliers de personnes, dont l'identité ne pourrait être établie avec certitude malgré des mois d'enquête, font un usage moins fréquent de cette matière première ou de ses sous-produits, et ce, sans qu'un ordre soit émis, sans que plus d'une poignée de personnes en connaissent la cause. J'ai utilisé le mot «prodige» afin de secouer chez les lecteurs la complaisance avec laquelle nous tenons souvent pour acquis le fonctionnement d'un tel mécanisme. Je suis persuadé que, s'il résultait de la volonté réfléchie des êtres humains, ce mécanisme aurait été vu comme l'un des plus grands triomphes de l'esprit humain. Son malheur provient du fait qu'il n'est pas le produit de la volonté humaine et que les personnes qui réagissent à son action ne savent pas pourquoi elles agissent comme elles le font.»

Ces observations astucieuses sont tirées de l'ouvrage que Hayek a publié en 1945, intitulé *L'Utilisation de l'information dans la société*. Hayek y affirme que l'élément le plus important de tout système de prix (relativement libre) est l'absence de connaissances requises pour qu'il fonctionne, c'est-à-dire «le peu que chaque participant doit savoir afin de prendre les bonnes décisions». Il voit dans les prix «une espèce

de mécanisme » qui permet aux producteurs d'observer le déroulement des ventes à différents niveaux de prix (« comme un ingénieur observerait les aiguilles de quelques cadrans ») en vue d'adapter leur production.

Hayek a écrit son ouvrage le mieux connu, *La Route de la servitude*, en s'appuyant surtout sur ses observations relatives aux économies soviétique et nationale-socialiste durant la Seconde Guerre mondiale, observations qu'il a destinées au bénéfice de la Grande-Bretagne, dont il avait acquis la citoyenneté. La publication, par le Reader's Digest, d'une édition condensée de cet ouvrage lui a ouvert les portes des États-Unis, et il a alors quitté la London School of Economics pour entrer à l'Université de Chicago en 1950. S'il suscitait un vif enthousiasme chez les conservateurs partisans du libre marché, Hayek lui-même se considérait plutôt comme un libéral classique et il a même écrit un essai dans les années 1970, intitulé *Pourquoi je ne suis pas un conservateur*, dans le but d'expliciter sa pensée à cet égard (il estimait que les conservateurs étaient trop nationalistes et trop hostiles aux réformes économiques fondées sur le libre marché). Dans les années 1980, Hayek a radicalisé encore davantage ses positions, préconisant entre autres la dénationalisation des devises. Il est décédé en 1992, à l'âge de 93 ans.

La plupart des économistes ont fini par adopter l'interprétation des prix qu'a donnée Hayek, soit qu'ils « résultent de l'action humaine mais non de la volonté humaine », qu'ils sont le produit d'un processus extraordinairement complexe dans le cadre duquel un très grand nombre de personnes portent le même jugement que celui « auquel aurait abouti un seul esprit possédant toute l'information qui, en fait, se trouve disséminée parmi tous les individus ». Pourtant, nombreux sont ceux qui ne peuvent encore s'empêcher de blâmer quelqu'un parce que les prix sont élevés et d'exiger une intervention de l'État — prélever un impôt sur les profits fabuleux des sociétés pétrolières, neutraliser ceux qui spéculent sur les matières premières, augmenter encore les taxes sur l'essence —, ce qui brouillerait davantage la simple information sur les prix dont les individus ont besoin pour prendre leurs décisions. Et, malheureusement, les États continuent d'agir en ce sens.

Source : Neil Reynolds, « High Oil Price? Just Blame the Consumer », *Globe and Mail Update*, 18 juin 2008.

CONCLUSION : COMMENT LES PRIX PERMETTENT-ILS L'ALLOCATION DES RESSOURCES ?

« Dix dollars… … et soixante-quinze cents. »

Dans ce chapitre, nous avons analysé l'offre et la demande sur un marché unique. Même si notre démonstration s'est limitée au marché de la crème glacée, les conclusions tirées ici s'appliquent à la plupart des autres marchés. Chaque fois que vous achetez un article dans un magasin, vous contribuez à la demande pour cet article. Toutes les fois que vous recherchez un emploi, vous participez à l'offre de main-d'œuvre. L'offre et la demande constituent des phénomènes économiques prépondérants. Voilà pourquoi le modèle de l'offre et de la demande se révèle être un outil d'analyse d'une utilité appréciable. Nous recourrons fréquemment à ce modèle d'offre et de demande dans cet ouvrage.

D'après l'un des **dix principes d'économie** présentés dans le chapitre 1, les marchés représentent en général une bonne façon d'organiser l'activité économique. Bien qu'il soit un peu prématuré de statuer sur le caractère souhaitable ou non des équilibres de marché, nous nous sommes attardés, dans ce chapitre, à expliquer leur fonctionnement. Dans tout système économique, les ressources rares doivent être allouées à des usages multiples. L'économie de marché met à profit les forces de l'offre et de la demande pour y arriver. Ces forces conjuguées permettent de fixer les prix des biens et des services; ceux-ci, à leur tour, servent de signaux pour l'allocation des ressources.

Prenons, par exemple, l'allocation des terrains au bord de la mer. Puisque ces terrains existent en quantité limitée, le luxe de vivre près de la mer n'est pas donné à tout le monde. Qui jouira de cette ressource? Ceux qui peuvent en payer le prix et qui sont disposés à le faire. Le prix du terrain en bord de mer s'ajuste jusqu'à ce que la quantité de terrains demandés soit égale à la quantité de terrains offerts. Dans une économie de marché, l'allocation des ressources rares s'effectue au moyen du mécanisme des prix.

Dans le même ordre d'idées, les prix déterminent les quantités produites ainsi que le nombre de producteurs. Prenons l'exemple de l'agriculture. La nourriture figurant au rang des biens de première nécessité, le travail des agriculteurs est essentiel à toute société. Comment décider qui sera fermier et qui ne le sera pas? Dans une économie de libre marché, aucune agence de planification gouvernementale ne prend cette décision ni ne se charge de l'approvisionnement alimentaire. La répartition des travailleurs dans l'agriculture s'effectue à partir de la décision individuelle de millions de personnes. Une organisation aussi décentralisée fonctionne bien parce que les décisions dépendent des prix. Les prix des denrées et les salaires des travailleurs agricoles (le prix de leur travail) garantissent qu'une proportion suffisante d'individus se consacrent à l'agriculture.

Quelqu'un qui ignorerait le fonctionnement d'une économie de marché pourrait penser qu'une telle idée est complètement grotesque. Les économies se composent de millions de personnes dont les activités sont interdépendantes. Qu'est-ce qui empêche alors la décentralisation des décisions de sombrer dans le chaos? Qui coordonne les actions de millions de personnes ayant chacune des goûts et des talents divers? Qui s'assure de la réalisation des tâches? Il n'y a qu'une seule réponse: les prix. Si l'économie de marché est guidée par une main invisible, selon la célèbre métaphore d'Adam Smith, alors le prix représente la baguette dont se sert cette main invisible pour diriger l'orchestre économique.

RÉSUMÉ

- Pour analyser les marchés concurrentiels, les économistes se servent du modèle de l'offre et de la demande. Dans un marché concurrentiel, les vendeurs et les acheteurs sont très nombreux. Ainsi, chacun d'eux n'a qu'une influence négligeable sur le prix du marché.

■ La courbe de demande montre comment la quantité demandée d'un bien dépend du prix. Selon la loi de la demande, lorsque le prix d'un bien diminue, la quantité demandée augmente, *ceteris paribus*. En conséquence, la courbe de demande présente une pente négative.

■ Outre le prix du bien, les autres déterminants de la quantité demandée comprennent le revenu, le prix des biens substituts ou des biens complémentaires, les goûts, les anticipations et le nombre d'acheteurs. Lorsque l'un de ces facteurs change, la courbe de demande se déplace.

■ La courbe d'offre montre comment la quantité offerte d'un bien dépend du prix. Selon la loi de l'offre, lorsque le prix d'un bien augmente, la quantité offerte augmente également, *ceteris paribus*. En conséquence, la courbe d'offre présente une pente positive.

■ Mis à part le prix du bien, d'autres facteurs déterminent la quantité offerte : le prix des intrants, la technologie, les anticipations et le nombre de vendeurs. Si l'un de ces facteurs change, la courbe d'offre se déplace.

■ L'équilibre de marché se situe à l'intersection des courbes d'offre et de demande. Au prix d'équilibre, la quantité demandée est égale à la quantité offerte.

■ Le comportement des acheteurs et des vendeurs ramène naturellement le marché à son point d'équilibre. Lorsque le prix du marché est au-dessus du prix d'équilibre, un surplus se crée et provoque une diminution du prix. En revanche, lorsque le prix du marché se situe au-dessous du prix d'équilibre, une pénurie apparaît et entraîne une augmentation du prix.

■ Afin d'analyser les conséquences d'un événement sur le prix et la quantité d'équilibre, nous avons recours au graphique de l'offre et de la demande. Premièrement, nous devons déterminer si cet événement déplace la courbe d'offre, la courbe de demande ou les deux courbes simultanément. Deuxièmement, il faut savoir dans quelle direction se fera le déplacement des courbes concernées. Troisièmement, nous comparons le nouvel équilibre avec l'équilibre initial.

■ Dans une économie de marché, les prix sont des signaux qui servent à guider les décisions économiques et, par conséquent, à allouer les ressources rares. Les prix garantissent l'égalité de l'offre et de la demande pour chaque bien mis en marché. Le prix d'équilibre détermine ensuite la quantité de biens que les acheteurs désirent acquérir et celle que les vendeurs décident de mettre en marché.

CONCEPTS CLÉS

Barème de demande, p. 66	Courbe de demande, p. 66	Marché concurrentiel, p. 64
Barème d'offre, p. 72	Courbe d'offre, p. 72	Pénurie, p. 78
Bien inférieur, p. 68	Équilibre de marché, p. 77	Prix d'équilibre, p. 77
Bien normal, p. 68	Loi de la demande, p. 65	Quantité demandée, p. 65
Biens complémentaires, p. 69	Loi de l'offre, p. 72	Quantité d'équilibre, p. 77
Biens substituts, p. 69	Loi de l'offre et de la demande, p. 79	Quantité offerte, p. 72
Ceteris paribus, p. 75	Marché, p. 64	Surplus, p. 78

QUESTIONS DE RÉVISION

1. Qu'est-ce qu'un marché concurrentiel ? Décrivez brièvement d'autres types de marché qui ne sont pas parfaitement concurrentiels.

2. Qu'est-ce qui détermine la quantité demandée par les acheteurs ?

3. Définissez le barème de demande et la courbe de demande, puis décrivez leur relation. Pourquoi une courbe de demande a-t-elle une pente négative ?

4. Un changement dans les goûts des consommateurs provoque-t-il un déplacement le long d'une courbe de demande ou un déplacement de cette courbe ? Un changement de prix provoque-t-il un déplacement le long d'une courbe de demande ou un déplacement de cette même courbe ?

5. Les revenus de Jean-Félix diminuent et il utilise plus souvent le transport en commun. Dans ce cas, le transport en commun est-il un bien normal ou inférieur ? Qu'advient-il de la courbe de demande de transport en commun de Jean-Félix ?

6. Qu'est-ce qui détermine la quantité offerte par les vendeurs ?

7. Définissez le barème d'offre et la courbe d'offre, puis décrivez leur relation. Pourquoi la courbe d'offre a-t-elle une pente positive ?

8. Un changement dans la technologie de production conduit-il à un déplacement le long de la courbe d'offre ou à un mouvement de cette courbe ? Un changement de prix provoque-t-il un déplacement le long de la courbe d'offre ou un déplacement de cette même courbe ?

9. Définissez l'équilibre de marché. Décrivez les forces qui ramènent un marché à son point d'équilibre.

10. La bière et la pizza sont des biens complémentaires, car on a coutume de les consommer ensemble. Quand le prix de la bière augmente, qu'advient-il de l'offre, de la demande, de la quantité offerte, de la quantité demandée et du prix de la pizza sur le marché de la pizza ?

11. Décrivez le rôle des prix dans une économie de marché.

LES DONNÉES DE LA MACROÉCONOMIE

PARTIE 2

CHAPITRE 5

LE REVENU D'UN PAYS

OBJECTIFS

À la fin de ce chapitre, vous serez en mesure :

→ de comprendre pourquoi le revenu total d'une économie est égal
à ses dépenses totales ;

→ de définir et d'apprendre à calculer le produit intérieur brut (PIB) ;

→ de décomposer le PIB en ses quatre éléments ;

→ de faire la distinction entre le PIB réel et le PIB nominal ;

→ de juger si le PIB constitue un bon indicateur du bien-être économique.

À la fin de vos études, lorsque vous vous mettrez à la recherche d'un emploi, le succès de votre démarche dépendra en grande partie des conditions économiques. Certaines années, les entreprises augmentent leur production de biens et de services et embauchent davantage de personnel ; il est alors facile de trouver du travail. Toutefois, les années où les entreprises réduisent leur production, les offres d'emploi se font rares et il faut plus de temps pour trouver un emploi. Bien évidemment, les nouveaux diplômés préfèrent entrer sur le marché du travail lorsqu'il est en pleine expansion, plutôt qu'au moment d'un ralentissement économique.

La conjoncture économique nous concerne à tel point que les journaux nous en tiennent constamment informés. On ne peut ouvrir un quotidien sans tomber sur une nouvelle statistique économique, qu'il s'agisse du produit intérieur brut (PIB), du taux de variation de l'indice des prix (taux d'inflation), du pourcentage de la main-d'œuvre sans emploi (taux de chômage), des dépenses de consommation (ventes au détail) ou du déséquilibre entre les importations et les exportations (déficit ou surplus commercial). Toutes ces statistiques sont agrégées ; elles concernent la macroéconomie, c'est-à-dire l'ensemble de l'économie, plutôt qu'un ménage ou une entreprise spécifique.

Microéconomie
Étude de la prise de décisions des ménages et des entreprises et de leurs interactions sur les marchés.

Macroéconomie
Étude des phénomènes économiques considérés globalement, notamment l'inflation, le chômage et la croissance économique.

Le chapitre 2 a montré que la science économique est divisée en deux branches : la microéconomie et la macroéconomie. La **microéconomie** s'intéresse aux décisions des ménages et des entreprises et à leurs interactions sur les marchés. La **macroéconomie**, pour sa part, étudie l'économie dans son ensemble. Elle a pour objectif d'expliquer les changements économiques qui ont des conséquences sur l'ensemble des ménages, des entreprises et des marchés. Elle s'intéresse à plusieurs questions : pourquoi les revenus moyens sont-ils élevés dans certains pays et faibles dans d'autres ? Comment expliquer la hausse rapide des prix ou leur stabilité à différentes périodes ? Comment expliquer les périodes de croissance et de contraction de la production et de l'emploi ? Quelles interventions publiques peuvent favoriser une croissance rapide des revenus, une inflation faible et le plein-emploi ? Ces questions sont toutes de nature macroéconomique, puisqu'elles concernent le fonctionnement global de l'économie.

La microéconomie et la macroéconomie sont étroitement liées, pour la simple raison que l'économie se compose de l'ensemble des ménages, des entreprises et des gouvernements, en interaction sur les divers marchés. Les outils essentiels de l'offre et de la demande sont donc aussi indispensables à l'analyse macroéconomique qu'à l'analyse microéconomique. Cependant, l'étude de l'économie dans son ensemble pose des défis intellectuels différents et passionnants.

Dans ce chapitre et dans le suivant, nous étudierons les données nécessaires pour comprendre l'évolution de l'économie nationale. Le présent chapitre traite du *produit intérieur brut*, ou PIB, qui mesure le revenu total généré dans un pays. On considère cette statistique économique comme la mesure par excellence du bien-être économique de la société. Bien qu'elle soit loin d'être parfaite, il s'agit de la statistique qui attire le plus l'attention.

 # LES REVENUS ET LES DÉPENSES DANS L'ÉCONOMIE

Lorsqu'on pense au succès économique d'une personne, son revenu est généralement la première variable qui vient à l'esprit. Une personne qui dispose d'un revenu élevé est en mesure de subvenir à ses besoins essentiels et plus. On ne s'étonnera pas de constater que les bénéficiaires d'un haut revenu ont également un meilleur niveau de vie : les plus beaux logements, la meilleure nourriture, les voitures de luxe, les vacances de rêve, etc.

La même logique s'applique à l'économie globale. Quand on veut savoir comment va l'économie, on se tourne normalement vers le revenu total généré par l'ensemble de la population, c'est-à-dire le produit intérieur brut (PIB). Cette statistique mesure deux choses simultanément : le revenu total de tous les agents économiques et la dépense totale effectuée pour acheter tous les biens et les services produits. Si le PIB fournit ces deux données à la fois, c'est parce que la dépense totale dans une économie doit être égale à son revenu total.

Pourquoi ? Pour la simple raison que chaque transaction requiert deux parties : un acheteur et un vendeur. Chaque dollar dépensé par un acheteur devient un dollar de revenu pour le vendeur. Prenons un exemple fictif : Zoé paie Marc pour tondre son gazon. Dans ce cas, Marc offre un service que Zoé achète. Elle dépense 50 $ tandis que lui gagne 50 $. Cette transaction figure à la fois sur le plan de la dépense et du revenu macroéconomiques. Le PIB, qui mesure la dépense et le revenu totaux, augmente alors de 50 $.

Un diagramme des flux circulaires, comme celui de la figure 5.1, illustre cette égalité entre le revenu et la dépense. Ce diagramme, déjà présenté au chapitre 2, montre toutes les transactions entre les ménages et les entreprises dans une économie simple. Les ménages achètent les biens et les services auprès des entreprises, en dépensant leur argent sur le marché des biens et des services. Ce flux de revenu des entreprises retourne par la suite sur le marché des facteurs pour payer les facteurs de production (salaires, loyers et profits). L'argent circule des ménages aux entreprises, puis retourne aux ménages, et ainsi de suite.

Le PIB de cette économie peut se calculer de deux façons : en additionnant soit le total des dépenses des ménages, soit le total des revenus (salaires, loyers et profits) versés par les entreprises. À partir du principe que toutes les dépenses deviennent des revenus, le PIB sera le même, quelle que soit la façon de le calculer.

Naturellement, l'économie réelle est beaucoup plus complexe que celle qui est schématisée à la figure 5.1. D'une part, les ménages ne dépensent pas la totalité de leur revenu, une portion de celui-ci allant dans les caisses de l'État sous forme d'impôts et une autre partie étant épargnée en prévision d'une utilisation future. D'autre part, les ménages n'achètent pas tous les biens et les services produits. Le gouvernement en achète également une partie, de même que les entreprises

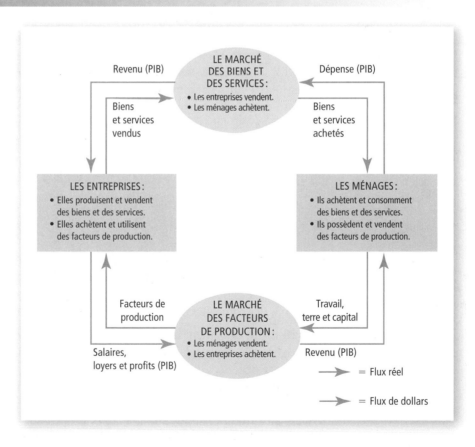

FIGURE 5.1

LE DIAGRAMME DES FLUX CIRCULAIRES Les ménages achètent les biens et les services des entreprises, tandis que les entreprises utilisent ces revenus pour payer les salaires des employés, les loyers des propriétaires et les profits des entrepreneurs. Le PIB est égal au montant total des dépenses des ménages sur le marché des biens et des services. Il équivaut également au total des salaires, loyers et profits versés par les entreprises sur le marché des facteurs de production.

(sous forme de biens d'équipement). Néanmoins, que l'acheteur soit un ménage, l'administration publique ou une entreprise, chaque transaction met toujours en présence un acheteur et un vendeur. À l'échelle de l'économie globale, la dépense et le revenu sont toujours égaux.

MINITEST

Le produit intérieur brut mesure deux choses. Lesquelles ? Comment peut-il mesurer ces deux éléments à la fois ?

 # LA MESURE DU PRODUIT INTÉRIEUR BRUT

Maintenant que le produit intérieur brut a été abordé de manière générale, il est nécessaire d'en préciser la signification. Commençons en premier lieu par sa définition.

Produit intérieur brut (PIB)
La valeur, aux prix du marché, de tous les biens et les services finaux produits dans une économie durant une période donnée.

- Le **produit intérieur brut (PIB)** est la valeur, aux prix du marché, de tous les biens et les services finaux produits dans une économie durant une période donnée.

Cette définition peut paraître simple, mais, en réalité, bien des problèmes se posent lorsque l'on doit calculer le PIB d'une économie. Décomposons donc cette définition.

« LE PIB EST LA VALEUR, AUX PRIX DU MARCHÉ,... »

Vous avez sûrement déjà entendu l'expression selon laquelle on ne peut pas comparer des pommes et des oranges. C'est pourtant ce que l'on fait en calculant le PIB. On additionne toutes sortes de produits pour mesurer la production en une seule statistique. Pour y parvenir, il faut trouver un dénominateur commun à tout ce que l'on produit, en l'occurrence la valeur marchande (soit le prix de vente, y compris toutes les taxes). Parce que les prix reflètent le montant que les individus sont prêts à payer pour acquérir des produits, ils correspondent à la valeur de ces derniers (voir le chapitre 7 de *Principes de microéconomie* pour une analyse de la relation entre prix et volonté de payer). Si une pomme coûte le double d'une orange, elle contribue deux fois plus au PIB qu'une orange.

« ... DE TOUS... »

Le PIB est une mesure générale : il englobe tous les biens et les services produits dans l'économie et vendus légalement sur les marchés. Il mesure non seulement la valeur marchande des pommes, mais aussi celle des livres et des films, celle des coupes de cheveux, des soins de santé, etc.

Le PIB inclut également la valeur marchande des services d'habitation. Dans le cas des logements locatifs, la valeur est facile à calculer : il s'agit du loyer, qui est égal à la fois aux dépenses des locataires et aux revenus des propriétaires. Toutefois, bien des gens sont propriétaires de leur résidence et ne paient pas de loyer. Dans ce cas, Statistique Canada inclut une évaluation de la valeur locative des maisons dans le calcul du PIB. On suppose donc que les propriétaires se versent à eux-mêmes un loyer, qui représente à la fois une dépense et un revenu.

On fait la même chose pour la partie de la production gouvernementale qui n'est pas commercialisée. Dans ce cas, on mesure la valeur des coûts de production. Par exemple, les salaires des fonctionnaires représentent le coût de production des services publics ; ces salaires sont donc comptabilisés comme des dépenses publiques effectuées pour acheter les biens et les services produits par les fonctionnaires.

Néanmoins, certains produits, parce qu'ils sont trop difficiles à évaluer, échappent au calcul du PIB. Parmi eux, les biens produits et vendus au noir, comme les drogues illicites, de même que les articles produits et consommés à la maison et qui ne sont pas commercialisés. Ainsi, les légumes que vous achetez à l'épicerie font partie du calcul du PIB, mais pas ceux que vous faites pousser dans votre jardin.

De telles exclusions sont parfois susceptibles de mener à des résultats paradoxaux. Dans l'exemple précédent, la transaction entre Zoé et Marc pour la tonte de la pelouse entre dans le calcul du PIB, mais si Zoé et Marc forment un couple, cela change la donne. Même si Marc continue à tondre le gazon, ce service n'apparaît plus dans le PIB, puisqu'il n'est plus négocié sur le marché ; cela réduit donc le PIB.

Ainsi, le PIB sous-estime systématiquement l'activité économique d'un pays. Nous apprendrons plus loin (voir l'étude de cas sur les problèmes liés à la mesure du PIB, p. 107) qu'une partie peut-être importante de l'activité économique n'est pas comptabilisée dans le PIB, car elle n'implique pas de transactions monétaires ou est dissimulée pour éviter de payer des taxes.

« ... LES BIENS ET LES SERVICES... »

Le PIB comptabilise à la fois des biens tangibles (nourriture, vêtements, automobiles) et des services intangibles (coupes de cheveux, nettoyage, traitements chez le dentiste). Lorsque vous achetez un disque compact de votre groupe préféré, vous acquérez un bien et sa valeur entre dans le calcul du PIB. De même, si vous assistez à un concert de ce groupe, le prix de votre billet, donc la valeur de ce service, entre aussi dans le calcul.

« ... FINAUX... »

Lorsque Carlton Cards imprime des cartes de vœux sur du papier fabriqué par Abitibi-Bowater, le papier est considéré comme un *bien intermédiaire* et la carte comme un *bien final*. Le PIB tient uniquement compte de la valeur des biens finaux, parce que, si on ajoutait la valeur marchande du papier à celle de la carte, on compterait le bien intermédiaire en double et on surestimerait la véritable valeur de la production.

Il y a cependant deux exceptions à ce principe. Premièrement, on comptabilise, en considérant la variation des stocks des entreprises, les biens intermédiaires produits et stockés pour être utilisés ou vendus ultérieurement. Généralement, cette dépense est incluse dans les investissements. Lorsque ces biens finissent par être utilisés ou vendus, ils apparaissent comme des investissements négatifs dans les stocks et leur valeur est soustraite du PIB. Deuxièmement, les biens intermédiaires exportés sont considérés comme finaux (pour le pays exportateur). On comptabilise donc tous les biens exportés, qu'ils soient intermédiaires ou finaux.

« ... PRODUITS... »

Le PIB tient compte des biens et des services qui sont produits actuellement, mais il ne tient pas compte des biens produits antérieurement. Ainsi, lorsqu'une personne vend une automobile d'occasion, la valeur de ce véhicule ne figure pas dans le calcul du PIB. La valeur des services reliés à la revente du véhicule est cependant comptabilisée.

Quand General Motors fabrique une nouvelle voiture, la valeur de cette dernière entre dans le calcul du PIB, qu'elle soit vendue ou non durant l'année de sa fabrication. En effet, la valeur d'un bien est toujours prise en compte durant la période de production, soit directement s'il est vendu, soit indirectement, compte tenu de la variation de la valeur des stocks des entreprises, s'il est vendu plus tard.

« ... DANS UNE ÉCONOMIE... »

Le PIB mesure la production d'un pays réalisée à l'intérieur de ses frontières. Si un citoyen américain travaille au Canada, sa production sera considérée dans le PIB canadien. De même, si une citoyenne canadienne possède une usine à Haïti, sa production ne sera pas comptabilisée dans le PIB canadien, mais dans le PIB haïtien. Les biens et les services inclus dans le PIB font nécessairement partie de la production intérieure, quelle que soit la nationalité du producteur.

« ... DURANT UNE PÉRIODE DONNÉE. »

Le PIB indique la valeur de la production, soit le total des dépenses ou des revenus, réalisée au cours d'une période spécifique, généralement une année ou un trimestre. Le PIB est donc une variable de flux (voir la section « Bon à savoir » ci-dessous).

Quand le gouvernement annonce le PIB trimestriel, il s'agit la plupart du temps du PIB rapporté au taux annuel. Cela signifie que le chiffre publié correspond au montant des dépenses et des revenus trimestriels multiplié par quatre. Cette convention permet de comparer facilement les chiffres trimestriels et annuels du PIB.

De plus, les chiffres officiels pour le trimestre peuvent être désaisonnalisés pour tenir compte des variations saisonnières. Ces données corrigées font mieux apparaître les fluctuations annuelles de la production des biens et des services. Comme on pourrait s'en douter, la production atteint un sommet juste avant la période de Noël. Les économistes et les décideurs, lorsqu'ils veulent connaître la situation réelle de l'économie, ont besoin de masquer l'influence de ces fluctuations saisonnières habituelles. C'est pourquoi Statistique Canada ajuste les données trimestrielles en corrigeant ces variations. Les données publiées par la presse sont normalement désaisonnalisées.

Revoyons maintenant la définition du PIB : le produit intérieur brut (PIB) est la valeur, aux prix du marché, de tous les biens et les services finaux produits dans une économie durant une période donnée.

Vous êtes maintenant conscients que le PIB est une mesure sophistiquée de l'activité économique. Dans les cours de macroéconomie plus avancés, vous apprendrez qu'il existe d'autres subtilités relatives à son calcul. Pour l'instant, il suffit de savoir que tous les mots de cette définition sont importants.

BON À SAVOIR

LES VARIABLES DE FLUX ET LES VARIABLES DE STOCK

Toutes les variables utilisées en macroéconomie peuvent être classées en variables de flux ou de stock. Une variable de flux possède une dimension temporelle. Pour la reconnaître, il suffit de savoir qu'elle est toujours suivie d'une durée. Par exemple, la vitesse d'une voiture sur la route (mesurée en kilomètres à l'heure), les achats de disques compacts (le nombre d'unités par semaine) et le revenu d'une personne (en dollars par année) sont des variables de flux. Une variable de stock, quant à elle, est une quantité instantanée : elle n'a donc pas de dimension dans le temps. On peut donner pour exemple la distance entre Montréal et Québec (250 kilomètres).

Le PIB et le revenu sont des variables de flux. Ainsi, le PIB annuel est approximativement quatre fois plus élevé que le PIB trimestriel.

[BON À SAVOIR]

D'AUTRES STATISTIQUES SUR LE REVENU ET LA PRODUCTION

Lorsque Statistique Canada calcule le PIB trimestriel canadien, elle intègre également d'autres mesures du revenu pour dresser un portrait plus complet de la situation économique. Ces autres mesures diffèrent du PIB par l'exclusion ou l'inclusion de certaines catégories de revenus. Voici une brève définition de ces mesures, selon leur importance décroissante.

Produit national brut
Valeur des revenus totaux des résidants d'un territoire.

■ Le **produit national brut**, ou PNB (maintenant appelé plus souvent revenu national brut ou RNB), correspond aux revenus totaux de tous les résidants d'un pays. Il diffère du PIB de la façon suivante : le PIB mesure la valeur du revenu produit sur un territoire, alors que le PNB mesure la valeur du revenu reçu par les résidants d'un territoire. La différence entre les deux définitions est subtile. Lorsque la société Bombardier produit des locomotives à La Pocatière, la valeur de cette production est comptabilisée dans le PIB canadien. Si des résidants allemands possèdent des obligations de Bombardier, une partie du revenu généré par la production leur est cependant versée. De même, si l'entreprise allemande BMW produit des voitures en Bavière, cette production est mesurée dans le PIB allemand. Si des résidants canadiens possèdent des titres de BMW, ils en reçoivent un revenu de placement. Pour calculer le PNB, on part du PIB et l'on soustrait les revenus versés par les entreprises et les gouvernements canadiens à des non-résidants, puis l'on ajoute la valeur des revenus provenant de l'étranger et reçus par les résidants canadiens. De cette façon, on mesure bien les revenus des résidants canadiens provenant de leur apport à la production, quel que soit le lieu de cette production. En 2007, le PIB canadien était de 1 535 646 millions de dollars. Cette même année, les résidants canadiens ont reçu l'équivalent de 80 962 millions de dollars canadiens en revenus de placements étrangers, alors que les étrangers ont reçu 96 212 millions de dollars de la part d'entreprises et de gouvernements canadiens. Le PNB était donc, en 2007, égal à 1 520 750 millions de dollars. Notons qu'au Canada le PNB est toujours inférieur au PIB, car le Canada est un pays débiteur net à l'échelle internationale (les étrangers détiennent plus d'actifs canadiens que les résidants canadiens ne détiennent d'actifs étrangers).

■ Le **produit intérieur net (PIN)** correspond au PIB diminué du montant de la dépréciation. La dépréciation (ou amortissement) correspond à l'usure des équipements et des infrastructures économiques, allant de la détérioration des camions à l'obsolescence des ordinateurs. Dans la comptabilité nationale, Statistique Canada lui donne le nom de *provision pour consommation de capital*.

■ Le **revenu intérieur net au coût des facteurs (RIN)** est le PIN auquel on enlève la valeur des taxes indirectes (nettes des subventions). Le RIN représente la valeur de la rémunération (ou des revenus) des facteurs de production.

■ Le **revenu personnel** est le revenu reçu par les ménages et les entreprises non incorporées. Contrairement au RIN, il exclut les bénéfices non répartis et les impôts des entreprises, ainsi que les taxes sur la masse salariale payées par les entreprises. Il inclut cependant deux autres sources de revenus des ménages : les intérêts sur les titres gouvernementaux et les revenus de transfert des gouvernements, tels que l'assurance emploi, l'aide sociale et les pensions de l'État.

■ Le **revenu disponible** correspond au revenu dont les ménages disposent après avoir payé leurs impôts et avoir reçu des transferts personnels de l'État. Il est égal au revenu personnel moins les taxes et les impôts personnels. Les ménages peuvent faire deux choses avec ce revenu : l'épargner et le consommer.

Même si ces mesures du revenu diffèrent, leurs fluctuations sont fortement corrélées. Lorsque le PIB croît rapidement, le revenu fait de même. Lorsque le PIB chute, le revenu tombe également. Pour suivre l'évolution de l'économie, le type de mesure du revenu employé importe peu.

MINITEST

- Qu'est-ce qui contribue le plus au PIB : la production d'un kilo de steak haché ou celle d'un kilo de caviar ? Pourquoi ?

LES COMPOSANTES DU PIB

Il existe bien des manières de dépenser au sein d'une économie. À un instant donné, la famille Tremblay dîne à la Belle Province, General Motors construit une nouvelle usine en Ontario, la marine canadienne répare un sous-marin et British Airways prend livraison d'un avion de Bombardier. Le PIB inclut tous ces types de dépenses liées à des biens et des services produits à l'intérieur du Canada.

Pour mieux comprendre comment l'économie utilise ses ressources rares, les économistes s'intéressent à la composition du PIB par type de dépenses. À cette fin, ils divisent le PIB (représenté par la lettre Y) en quatre composantes : la consommation (C), l'investissement (I), les dépenses publiques (G) et les exportations nettes (XN) :

$$Y = C + I + G + XN$$

Cette équation est une identité. Elle doit se vérifier en fonction des valeurs attribuées aux variables. Dans le cas présent, comme chaque dollar dépensé se répartit entre les quatre composantes du PIB, leur total est égal au PIB. Examinons chacun de ces types de dépenses.

LA CONSOMMATION

Consommation
Biens et services achetés par les consommateurs, à l'exception de l'acquisition de maisons neuves.

La **consommation** représente les dépenses des ménages faites pour des biens et des services courants. Les dépenses faites pour des biens comprennent celles effectuées pour les biens durables, tels que les voitures et les appareils électroménagers, et pour les biens non durables, tels que la nourriture et les vêtements. Les dépenses faites pour des services incluent celles effectuées chez le coiffeur et le dentiste. Les dépenses pour des études postsecondaires sont aussi incluses dans celles faites pour des services, même si l'on pourrait croire qu'elles ont plutôt leur place parmi les dépenses d'investissement.

L'INVESTISSEMENT

Investissement
Achats d'équipements, de stocks et d'infrastructures, y compris l'achat de maisons neuves par les ménages.

L'**investissement** correspond aux dépenses faites pour des biens qui seront utilisés dans le futur pour produire des biens et des services. Ces biens sont appelés *biens d'équipement* ou *biens de capital*. Les dépenses d'investissement comprennent les dépenses en équipements, en infrastructures et en stocks. L'investissement inclut également l'acquisition des maisons neuves (ce type de dépenses est la seule qui figure dans la catégorie des investissements plutôt que dans celle de la consommation).

Comme nous l'avons mentionné plus tôt dans le chapitre, la variation des stocks entre dans le calcul du PIB. Par exemple, lorsque IBM fabrique un ordinateur et ne le vend pas tout de suite, celui-ci vient augmenter la valeur des stocks de l'entreprise. Dans ce cas, on fait comme si IBM avait acheté elle-même cet ordinateur. Lorsque l'ordinateur sera effectivement vendu, la variation négative des stocks d'IBM viendra contrebalancer la dépense de l'acheteur, dans le calcul du PIB. On traite ainsi les stocks car le PIB mesure la valeur de la production, et les biens qui viennent augmenter les stocks font partie de la production de la période courante.

LES DÉPENSES PUBLIQUES

Dépenses publiques
Achats de biens et de services courants effectués par les différents paliers de gouvernement.

Les **dépenses publiques** (ou gouvernementales) correspondent aux achats de biens et de services par les gouvernements locaux, provinciaux et fédéral, tels que les salaires des fonctionnaires et les dépenses effectuées pour acheter des biens courants.

La notion de dépenses publiques mérite d'être clarifiée. Lorsque l'État verse sa solde à un général, ce salaire fait partie des dépenses publiques. Mais qu'en est-il des sommes que le Régime des rentes du Québec verse à une personne âgée? Ces dépenses sont appelées *paiements de transfert*, puisque ce versement ne se fait pas en échange de biens ou de services. D'un point de vue macroéconomique, les paiements de transfert sont considérés comme des taxes négatives. Tout comme les impôts, ce type de transfert modifie le revenu des particuliers, sans toutefois influer directement sur la production. Comme le PIB mesure le revenu et les dépenses provenant de la production des biens et des services, les paiements de transfert ne figurent pas dans les dépenses gouvernementales.

LES EXPORTATIONS NETTES

Exportations nettes
Différence entre les achats, faits par les étrangers, de biens et de services produits dans le pays (exportations) et les achats, faits par les résidants, de biens et de services produits à l'étranger (importations).

Les **exportations nettes** sont égales aux dépenses effectuées par les étrangers pour acheter des biens et des services produits au Canada (exportations), desquelles on soustrait les dépenses faites par les résidants canadiens pour acheter des biens et des services produits à l'étranger (importations). Ainsi, la vente d'un produit canadien à un acheteur étranger, comme dans le cas où British Airways achète un avion à Bombardier, accroît le montant des exportations nettes.

Le terme *nettes* de l'expression *exportations nettes* provient du fait qu'il faut soustraire les importations des exportations. En effet, les importations de biens et de services sont comprises dans d'autres composantes du PIB. Imaginons qu'un ménage achète une voiture du fabricant allemand Volkswagen et la paye 30 000 $. Cette transaction augmente la consommation de 30 000 $, puisqu'il s'agit d'une dépense de consommation, mais comme il s'agit d'une importation, elle diminue d'autant les exportations nettes. Lorsqu'un ménage, une entreprise ou un gouvernement achètent des produits et des services à l'extérieur du pays, ces achats augmentent la consommation, l'investissement ou les dépenses publiques, sans pour autant faire partie du PIB. Il faut donc qu'ils réduisent les exportations nettes dans la même mesure.

ÉTUDE DE CAS

LES COMPOSANTES DU PIB CANADIEN

Les tableaux 5.1 et 5.2 illustrent la composition du PIB canadien pour l'année 2007, alors que le PIB annuel a atteint 1536 milliards de dollars. Ce montant, divisé par la population canadienne — à peu près 33 millions — nous permet d'obtenir le PIB annuel par habitant, soit environ 46 550 $. La consommation a représenté 56 % de ce montant, soit environ 25 850 $ par personne, tandis que l'investissement a été de 10 800 $ par personne. Les dépenses gouvernementales se sont élevées à 8970 $ par habitant, les exportations ont atteint 16 120 $ par habitant, et les importations, 15 210 $ par habitant. Par conséquent, les exportations nettes — soit les exportations moins les importations — se sont chiffrées à 910 $ par habitant. Cette dernière statistique est généralement positive au Canada, mais certains pays importent davantage qu'ils n'exportent.

TABLEAU 5.1

LE PIB: DÉPENSE AGRÉGÉE ET SES COMPOSANTES   Ce tableau montre le PIB canadien pour 2007 (total annuel) et la ventilation de ce PIB entre ses quatre composantes. En consultant ce tableau, on doit garder en tête l'identité $Y = C + I + G + XN$.

	TOTAL (MILLIARDS DE $ CANADIENS)	POURCENTAGE PAR PERSONNE DU TOTAL
Produit intérieur brut, Y	1 536	100 %
Consommation, C	853	56 %
Investissement, I	357	23 %
Dépenses gouvernementales, G	296	19 %
Exportations nettes, XN	30	2 %
(exportations	(532	(35 %
moins importations)	−502)	−33 %)

Source: Statistique Canada

TABLEAU 5.2

LE PIB: REVENU AGRÉGÉ ET SES COMPOSANTES   Ce tableau montre le PIB canadien pour 2007 (total annuel) et la ventilation de ce PIB entre les catégories de revenu.

	TOTAL (MILLIARDS DE $ CANADIENS)	POURCENTAGE DU TOTAL
PIB	1536	100 %
Salaires et traitements	788	51 %
Profits des sociétés avant impôt	294	19 %
Profits des sociétés d'État	16	1 %
Intérêts et autres revenus de placement	72	5 %
Impôts indirects	167	11 %
Provision pour consommation de capital	195	13 %

Source: Statistique Canada

LE PIB NOMINAL ET LE PIB RÉEL

Comme nous venons de le voir, le PIB mesure les dépenses totales d'une économie pour les produits et les services de tous les marchés. Si le PIB augmente d'une année à l'autre, cela peut être pour une des deux raisons suivantes : 1) l'accroissement de la production des biens et des services ou 2) l'augmentation des prix de ces biens et de ces services. Pour savoir comment évolue la production, les économistes doivent donc faire la distinction entre ces deux phénomènes. Plus précisément, ils désirent mesurer la croissance réelle de la quantité totale de biens et de services produits sans que l'augmentation des prix fausse les données.

Ils se servent alors du PIB réel. Cette statistique constitue la réponse à une question hypothétique : quelle serait la valeur des biens et des services produits durant une année donnée, si on leur affectait les prix d'une année spécifique ? En évaluant la production de chaque année en utilisant les prix d'une année commune, le PIB réel montre le changement effectif de la production des biens et des services au fil du temps.

Pour mieux comprendre comment on mesure le PIB réel, prenons un exemple.

UN EXEMPLE CHIFFRÉ

Le tableau 5.3 (voir la page 102) illustre les données d'une économie qui ne produit que deux types de biens : des croissants et des fromages. Ce tableau montre les quantités de croissants et de fromages produits et leur prix pour les années 2008, 2009 et 2010.

Pour calculer les dépenses totales de cette économie, on multiplie les quantités de croissants et de fromages par le prix respectif de ces deux biens. En 2008, une centaine de croissants se sont vendus à 1 $ l'unité. La valeur totale des croissants a donc été de 100 $. Durant la même période, une cinquantaine de fromages se sont vendus à 2 $ l'unité ; les dépenses ont donc été de 100 $. Le total des dépenses pour les croissants et les fromages réunis a ainsi atteint 200 $. Ce dernier montant, équivalant à la production des biens et des services au prix courant, correspond au **PIB nominal** de cette économie.

PIB nominal
Production de biens et de services évaluée en prix courants.

Le tableau montre le calcul du PIB nominal pour les trois années. Les dépenses totales passent de 200 $ en 2008 à 600 $ en 2009, pour atteindre 1200 $ en 2010. Cette augmentation est en partie attribuable à l'augmentation des quantités de croissants et de fromages, mais également à la hausse des prix de ces biens.

Pour mesurer l'évolution des quantités produites, en éliminant les effets de la hausse des prix, il faut calculer le **PIB réel**, qui correspond à la production des biens et des services évalués à prix constant. Pour ce faire, nous devons commencer par choisir une année de base, puis nous appliquons les prix des croissants et des fromages de cette année de base à toutes les autres années. Cela nous permet de comparer les quantités de biens produits au cours des différentes années.

PIB réel
Production de biens et de services évaluée en prix constants.

Prenons 2008 comme année de base. Il faut donc utiliser les prix des croissants et des fromages en vigueur en 2008 pour calculer la valeur des biens et des services

TABLEAU 5.3

LE PIB NOMINAL, LE PIB RÉEL ET LE DÉFLATEUR DU PIB Ce tableau montre le calcul du PIB nominal, du PIB réel et du déflateur du PIB, dans une économie fictive qui ne produirait que des croissants et des fromages.

ANNÉE	PRIX	QUANTITÉ DES CROISSANTS	PRIX	QUANTITÉ DES FROMAGES
2008	1 $	100	2 $	50
2009	2 $	150	3 $	100
2010	3 $	200	4 $	150

ANNÉE	CALCUL DU PIB NOMINAL
2008	(1 $ le croissant × 100 croissants) + (2 $ le fromage × 50 fromages) = 200 $
2009	(2 $ le croissant × 150 croissants) + (3 $ le fromage × 100 fromages) = 600 $
2010	(3 $ le croissant × 200 croissants) + (4 $ le fromage × 150 fromages) = 1 200 $

ANNÉE	CALCUL DU PIB RÉEL (EN BASE 2008)
2008	(1 $ le croissant × 100 croissants) + (2 $ le fromage × 50 fromages) = 200 $
2009	(1 $ le croissant × 150 croissants) + (2 $ le fromage × 100 fromages) = 350 $
2010	(1 $ le croissant × 200 croissants) + (2 $ le fromage × 150 fromages) = 500 $

ANNÉE	CALCUL DU DÉFLATEUR DU PIB
2008	(200 $/200 $) × 100 = 100
2009	(600 $/350 $) × 100 = 171
2010	(1 200 $/500 $) × 100 = 240

produits en 2008, 2009 et 2010, comme l'illustre le tableau 5.3. Pour calculer le PIB réel en 2008, on se sert des prix des croissants et des fromages de 2008 (l'année de base) et des quantités de ces mêmes produits pour la même année (note importante : pour l'année de base, le PIB réel est toujours égal au PIB nominal). Pour calculer le PIB réel de 2009, on utilise les prix des croissants et des fromages en 2008 (l'année de base) et les quantités de croissants et de fromages produits en 2009. La même méthode s'applique au calcul du PIB réel de 2010. Puisque nous constatons que le PIB réel passe de 200 $ en 2008 à 350 $ en 2009, pour atteindre 500 $ en 2010, nous sommes assurés que cette augmentation est attribuable à l'augmentation de la production, car les prix ont été maintenus constants par rapport à l'année de base.

En résumé : le PIB nominal évalue la production des biens et des services à l'aide des prix courants. Le PIB réel évalue cette même production à l'aide des prix d'une année de base. Puisque le PIB réel élimine les changements de prix, cette statistique reflète uniquement l'évolution des quantités de biens et de services produits.

Le PIB réel permet de dresser un portrait fidèle du niveau d'activité économique, puisqu'il mesure la production des biens et des services. Il reflète donc la capacité de l'économie à répondre aux besoins et aux désirs de ses habitants. Le PIB réel donne une meilleure idée du bien-être économique que le PIB nominal. Lorsque les économistes parlent du PIB, ils renvoient le plus souvent au PIB réel. Et lorsqu'il est question de croissance économique, il s'agit de la croissance, exprimée en pourcentage, du PIB réel d'une période à l'autre.

LE DÉFLATEUR DU PIB

Le PIB nominal reflète à la fois les prix et les quantités des biens et des services produits dans une économie. En revanche, les prix étant maintenus constants, le PIB réel ne s'intéresse qu'aux quantités de biens et de services produits. À partir de ces deux statistiques, on peut en déduire une troisième, le déflateur du PIB, qui mesure le niveau moyen des prix des biens et des services.

On calcule le **déflateur du PIB** de la manière suivante :

$$\text{Déflateur du PIB} = \frac{\text{PIB nominal} \times 100}{\text{PIB réel}}$$

Puisque le PIB nominal est égal au PIB réel pour l'année de base, le déflateur du PIB pour cette même année est toujours égal à 100. Pour les années subséquentes, le déflateur mesure les variations du PIB nominal qui ne sont pas attribuables aux variations du PIB réel.

Le déflateur du PIB (aussi appelé *indice implicite des prix du PIB*) mesure les prix courants par rapport à une année de base. Pour le vérifier, prenons deux exemples fort simples. Imaginons tout d'abord que les quantités de biens et de services produits augmentent au fil du temps, les prix demeurant constants. Dans ce cas, le PIB nominal et le PIB réel augmentent tous les deux, le déflateur du PIB restant constant. Supposons maintenant que les quantités de biens et de services produits restent les mêmes mais que les prix augmentent. Dans ce deuxième cas, le PIB nominal augmente alors que le PIB réel demeure constant, ce qui entraîne donc une hausse du déflateur du PIB. Dans ces deux exemples, on remarquera que le déflateur du PIB reflète la modification des prix et non celle des quantités.

Reprenons maintenant notre exemple chiffré du tableau 5.3. Le déflateur du PIB se trouve au bas du tableau. Pour l'année 2008, le PIB nominal et le PIB réel atteignent tous les deux 200 $ et le déflateur du PIB est égal à 100. En 2009, le PIB nominal passe à 600 $ tandis que le PIB réel est de 350 $: le déflateur est donc de 171. Parce que le déflateur passe de 100 à 171, on peut conclure que les prix ont augmenté en moyenne de 71 %.

Les économistes utilisent fréquemment le déflateur du PIB pour mesurer l'augmentation du niveau moyen des prix. Une autre mesure — l'indice des prix à la consommation — fera l'objet du prochain chapitre ; on pourra alors faire ressortir les différences entre ces deux indicateurs.

Déflateur du PIB
Mesure du niveau général des prix, calculé comme le rapport du PIB nominal et du PIB réel, multiplié par 100.

ÉTUDE DE CAS

L'ÉVOLUTION RÉCENTE DU PIB RÉEL

Maintenant que nous avons défini et mesuré le PIB réel, observons ce que cette variable peut révéler sur l'histoire macroéconomique récente du Canada. La figure 5.2 (voir la page 104) montre l'évolution du PIB réel depuis 1970 (en données trimestrielles).

La caractéristique la plus frappante de ce graphique est la croissance économique : de 1970 à 2006, le PIB réel a plus que triplé. Autrement dit, la production des biens et des services au Canada a crû d'environ 3 % par année depuis 1970. Une telle croissance, répétée durant une longue période, permet au Canadien moyen de profiter d'un niveau de vie bien supérieur à celui de ses parents et de ses grands-parents.

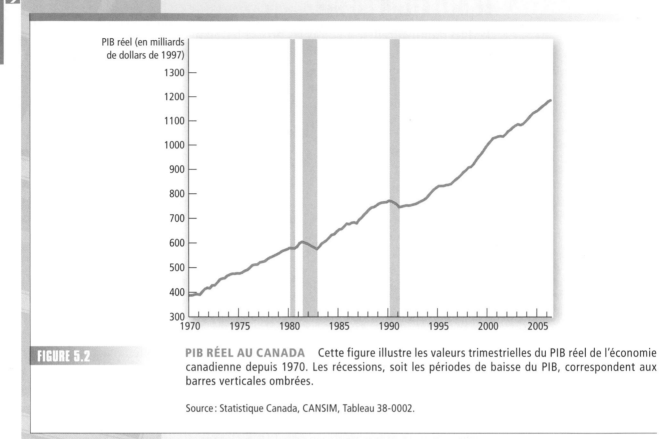

PIB réel (en milliards de dollars de 1997)

PIB RÉEL AU CANADA Cette figure illustre les valeurs trimestrielles du PIB réel de l'économie canadienne depuis 1970. Les récessions, soit les périodes de baisse du PIB, correspondent aux barres verticales ombrées.

Source : Statistique Canada, CANSIM, Tableau 38-0002.

On observe également que la croissance du PIB n'est pas linéaire. La courbe ascendante du PIB réel est parfois interrompue par des périodes où le PIB a diminué — des récessions. Sur la figure 5.2, les récessions sont illustrées par des barres ombrées (il n'existe aucune règle absolue pour déterminer l'existence d'une période de récession, mais on la définit souvent comme une période d'au moins deux trimestres consécutifs marqués par une baisse du PIB réel). Au cours d'une récession, non seulement les revenus baissent, mais le chômage augmente, les profits diminuent, les faillites se multiplient, etc.

La macroéconomie se consacre en grande partie à l'explication de la croissance à long terme et des fluctuations à court terme du PIB réel. Comme nous le verrons dans les chapitres suivants, différents modèles sont nécessaires pour expliquer ces deux phénomènes. Les fluctuations à court terme représentant des déviations par rapport à une tendance à long terme, nous commencerons par examiner le comportement de l'économie à long terme. Par la suite, nous nous pencherons sur les fluctuations à court terme.

MINITEST

■ Donnez une définition du PIB réel et du PIB nominal. Lequel représente la meilleure mesure du bien-être économique ? Pourquoi ?

ÉTUDE DE CAS

LE PIB, LE PNB ET LA PROPRIÉTÉ ÉTRANGÈRE

Plus tôt, nous avons examiné les différences entre le PNB et le PIB. Le PNB mesure la valeur de tous les revenus reçus par les résidants d'un pays, quel que soit l'endroit où le revenu est gagné. Le PIB, quant à lui, mesure la valeur de tous les revenus gagnés au pays, quels qu'en soient les bénéficiaires. Si nous calculons la différence entre la valeur des PIB et PNB canadiens, nous obtenons une mesure de l'écart entre la valeur de la production des étrangers au Canada et celle des résidants canadiens à l'étranger. Cette différence augmente lorsque les étrangers achètent une plus grande part de la capacité productive canadienne ou lorsque les Canadiens achètent une moins grande part de la capacité productive étrangère.

Durant les années 1970, beaucoup de Canadiens ont commencé à s'inquiéter de l'augmentation de l'écart entre le PIB et le PNB. Cette augmentation était interprétée comme une preuve que les étrangers achetaient une part de plus en plus grande de la capacité de production canadienne. Le gouvernement fédéral a alors réagi en imposant des contrôles sur la propriété étrangère et en créant en 1974 l'Agence d'examen de l'investissement étranger (AEIE).

La figure 5.3 montre les valeurs du PIB et du PNB canadiens (les deux courbes ascendantes), exprimées en dollars, ainsi que la différence entre les deux (les bâtonnets), exprimée en pourcentage du PIB. Les bâtonnets montrent donc la différence entre la production réalisée au Canada par des non-résidants et la production des résidants canadiens réalisée à l'étranger, exprimée en pourcentage du PIB. Étant donné que les bâtonnets se trouvent

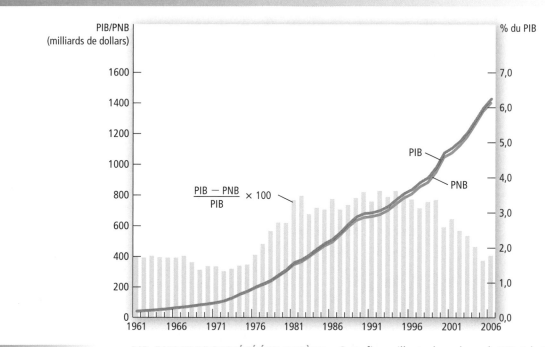

FIGURE 5.3

PIB, PNB ET PROPRIÉTÉ ÉTRANGÈRE Cette figure illustre les valeurs du PIB et du PNB annuels de l'économie canadienne depuis 1961, exprimées en dollars (les deux courbes ascendantes). Les bâtonnets montrent la différence entre ces valeurs, exprimée en pourcentage du PIB. La hauteur des bâtonnets indique la valeur de la production canadienne effectuée par des facteurs de production que possèdent des étrangers.

Source : Statistique Canada, CANSIM, Tableaux V498086 et V499688 et calculs des auteurs.

pour toute la période dans la partie positive du graphique, les étrangers ont toujours détenu, depuis 1961, une part de la capacité productive canadienne plus grande que la part de la capacité de production dans d'autres pays que les Canadiens ont possédée.

Durant les années 1960, la valeur de la production réalisée au Canada par des non-résidents dépassait d'en moyenne 1,5 % du PIB la valeur de la production réalisée à l'étranger par les résidents canadiens. Cette valeur a augmenté rapidement durant les années 1970, avant de se stabiliser durant les années 1980 et 1990, à environ 3,5 % du PIB. Depuis 1999, cette statistique a diminué de façon marquée, de sorte qu'elle était revenue, en 2006, à sa valeur des années 1960.

L'écart entre le PIB et le PNB reflète, en partie, l'attrait relatif du Canada en tant qu'endroit où produire des biens et des services. Durant les années 1980 et 1990, les étrangers et les Canadiens préféraient produire à l'étranger. Depuis le début des années 2000, cette tendance s'est renversée, en grande partie grâce à l'augmentation des prix des matières premières que le Canada produit en abondance, telles que le pétrole, le gaz naturel, le nickel et l'uranium. À mesure que les prix de ces biens augmentent, les Canadiens et les étrangers sont amenés à faire plus d'affaires au Canada.

LE PIB ET LE BIEN-ÊTRE ÉCONOMIQUE

Nous avons affirmé plus tôt que le PIB constitue une bonne mesure du bien-être économique d'une société. Maintenant que nous savons précisément ce qu'est le PIB, nous pouvons analyser cette affirmation.

Le PIB mesure à la fois le revenu total et la dépense totale de l'économie en biens et services. Le PIB par habitant représente donc le revenu moyen et la dépense moyenne par habitant. L'immense majorité préférant gagner plus et dépenser plus, le PIB par habitant apparaît comme une mesure naturelle du bien-être économique individuel.

Cependant, tout le monde n'accepte pas le PIB par habitant comme mesure du bien-être économique. Lors de sa campagne pour les élections présidentielles aux États-Unis en 1968, le sénateur Robert Kennedy a fait une critique émouvante de cette statistique économique :

> [Le PIB] ne reflète pas la santé de nos enfants, la qualité de leur éducation ni le plaisir de leurs jeux. Il ne donne aucune idée de la beauté de notre poésie ou de la solidité de nos mariages, de l'intelligence de nos débats publics ou de l'intégrité de nos fonctionnaires. Il ne mesure pas non plus notre courage, notre sagesse ou notre attachement à notre pays. Bref, il mesure tout sauf ce qui donne de la valeur à la vie, et nous dit tout sur l'Amérique à l'exception des raisons qui nous rendent fiers d'être Américains.

Robert Kennedy avait en grande partie raison. Pourquoi attachons-nous donc autant d'importance au PIB ? Simplement parce qu'un PIB par habitant élevé nous permet de bien vivre. Le PIB ne reflète certes pas la santé de nos enfants, mais les pays qui disposent d'un PIB par habitant élevé peuvent payer de bons soins de santé à leurs enfants. Le PIB ne dit rien non plus de la qualité de l'éducation. Cependant, dans les pays où il est élevé, la qualité du système éducatif est meilleure. Le PIB ne donne aucune idée non plus de la beauté de notre poésie. Pourtant, dans les pays les plus riches, les citoyens ont les moyens d'apprendre à lire et à apprécier la poésie. Le PIB ne reflète en aucune façon notre intelligence, notre intégrité, notre courage, notre sagesse, notre patriotisme, mais toutes ces qualités se manifestent plus facilement dans un milieu où les personnes s'inquiètent moins de leur subsistance quotidienne. En résumé, le PIB ne mesure pas directement ce qui rend la vie digne d'être vécue, mais il mesure notre capacité d'obtenir des conditions propices à une bonne qualité de vie.

Le PIB n'est donc pas une mesure parfaite du bien-être. Les loisirs, entre autres, contribuent à notre bien-être et ne sont pas considérés dans le PIB. Imaginons un instant que, au lieu de profiter des week-ends, tout le monde se mette à travailler sept jours sur sept. La production de biens et de services augmenterait, mais nous ne pourrions pas en conclure à une amélioration des conditions de vie. Du point de vue du bien-être, les gains de production et de consommation seraient contrebalancés par la perte du temps de loisir.

Le PIB mesure la valeur des biens et des services, aux prix du marché. Il exclut donc la production qui ne passe pas par des marchés, et en particulier la valeur des biens et des services produits à la maison. Si un chef réalise un repas délicieux dans son restaurant, la valeur de ce repas figure au PIB. Si, par contre, il prépare le même repas à la maison pour sa conjointe, seule la valeur des ingrédients y figure. De la même façon, la garde d'enfants réalisée dans une garderie est incluse dans le PIB, contrairement à la garde assumée par les parents à domicile. Le travail des bénévoles contribue également au bien-être de la société, sans toutefois que cet apport se reflète dans le PIB.

Un autre élément n'entre pas dans le PIB : la qualité de l'environnement. Imaginons que l'État élimine toutes les réglementations environnementales. Les entreprises produiraient alors des biens et des services sans tenir compte des effets de la pollution, et le PIB augmenterait. Il est fort probable, cependant, que le bien-être diminuerait. Les gains de production seraient loin de compenser la détérioration de la qualité de l'eau et de l'air.

Le PIB ne fait pas non plus état de la distribution du revenu. Une société de 100 personnes dans laquelle chacune aurait un revenu annuel de 50 000 $ aurait un PIB de 5 millions de dollars et un PIB par habitant de 50 000 $. Une société dans laquelle 10 personnes gagneraient 500 000 $ tandis que 90 autres n'auraient aucun revenu aurait le même PIB par habitant. Bien peu de gens conviendraient que ces deux situations sont équivalentes. Le PIB par habitant nous renseigne sur le revenu moyen de la population, mais cette statistique peut cacher des disparités importantes.

En fin de compte, on peut conclure que le PIB est un indicateur valable du bien-être économique, tant et aussi longtemps qu'on garde à l'esprit ses limites.

Le PIB reflète la production industrielle, mais il ne rend pas compte de ce qu'elle inflige à l'environnement.

ÉTUDE DE CAS

LE PIB : UNE MAUVAISE MESURE DE LA PRODUCTION D'UN PAYS ?

Le PIB est une mesure importante. Il permet, lorsqu'on calcule le PIB par habitant, d'estimer le niveau de vie et le bien-être d'une population. Dans le temps et dans l'espace, on peut l'utiliser pour effectuer des comparaisons. Pour de nombreuses personnes, les mesures officielles de la production nationale sont mauvaises et sous-estiment fortement la véritable production. Qu'en est-il vraiment ?

UN PREMIER PROBLÈME

En réalité, le PIB mesure la production marchande et légale d'un pays, sauf pour quelques exceptions non marchandes. Par exemple, la plus grande part de la production des gouvernements n'est pas commercialisée, mais on estime sa valeur en se basant sur le coût des facteurs. De plus, on impute aux propriétaires la valeur du loyer qu'ils occupent. La valeur des imputations non attribuables au secteur public représente environ 6 % du PIB au Canada. De façon générale, la production non marchande ou illégale est cependant exclue.

Deux omissions importantes peuvent donc être notées. Une première concerne l'économie souterraine, qui peut être définie comme la portion de l'économie totale qui n'est pas observée parce que ses acteurs tentent de dissimuler leurs activités. On classe ces activités en deux groupes :

▌ la production de biens et de services légaux, mais qui sont dissimulés afin d'éviter le paiement d'impôts ou l'observation de règlements (la construction, par exemple) ;

▌ la production de biens et de services illégaux (drogue, prostitution, etc.).

Il existe un deuxième problème, qui est cependant moins connu : on omet la valeur de la production ménagère, par exemple le travail domestique, les soins apportés aux membres du ménage, les courses, etc.

De nombreuses études ont tenté de mesurer l'ampleur de ces omissions. Selon la définition de l'économie souterraine retenue, Statistique Canada estime que le PIB est sous-estimé dans une proportion allant de 1 % à 4 % de sa valeur totale. Bien que l'économie souterraine n'ait pas l'importance qu'on lui accorde souvent, elle toucherait environ un adulte sur cinq, soit comme travailleur, soit comme consommateur. Quant à la valeur du travail ménager, les différentes méthodes de calcul lui confèrent une valeur de 30 % à 50 % du PIB.

UN SECOND PROBLÈME

La notion de revenu est étroitement liée à celle de durabilité ou de pérennité. En effet, autant en comptabilité qu'en économie, on définit le revenu comme le montant maximal qui peut être consommé pendant une période de temps donnée, et ce, sans réduire la consommation future. Cette définition tient compte des variations de la valeur des actifs : un gain de capital est un revenu, par exemple. En outre, on utilise l'amortissement pour tenir compte du fait que, à moins de remplacer le capital usé, les futures possibilités de consommation déclineront.

Or, si l'on mesure la dépréciation du stock de capital dans la comptabilité nationale, on n'en fait pas de même pour l'usure des ressources naturelles. Cela entraîne une surestimation du PIB. Par exemple, selon Repetto et d'autres, la croissance du PIB réel indonésien, qui fut de 7,1 % par année en moyenne pour la période allant de 1971 à 1984, ne serait plus que de 4 % une fois ajustée.

Un autre problème, lié à l'environnement, concerne les coûts de la pollution. Le PIB est une mesure du bien-être. Idéalement, les coûts de la dégradation de l'environnement devraient être soustraits de la valeur de la production, alors que la valeur des activités qui améliorent l'environnement devrait être ajoutée. On obtiendrait alors un PIB vert.

L'ONU fournit, grâce à son système des comptes nationaux, une méthode de base pour mesurer les revenus, les dépenses et la richesse sur le plan national. L'organisme international publie aussi, depuis 1993, un guide qui permet d'associer des mesures économiques et des mesures environnementales. À la grande surprise des écologistes, tenir compte de la pollution semble n'avoir qu'un impact assez faible sur la valeur de la production dans les pays développés. Le taux de croissance du PIB, qu'il soit vert ou non, demeure presque identique.

ÉTUDE DE CAS

LES DIFFÉRENCES INTERNATIONALES EN MATIÈRE DE PIB ET DE QUALITÉ DE VIE

L'observation des données internationales permet d'apprécier l'utilité du PIB en tant qu'indicateur du bien-être économique. Les pays riches et les pays pauvres ont des statistiques de PIB par habitant radicalement différentes. Si un PIB élevé signifie un meilleur niveau de vie, il devrait y avoir une forte corrélation entre le PIB et les mesures de la qualité de vie. C'est effectivement le cas.

Le tableau 5.4 classe 14 pays, parmi les plus peuplés du monde, selon leur PIB par habitant. Il indique également l'espérance de vie (la durée prévisible de la vie

TABLEAU 5.4

LE PIB, L'ESPÉRANCE DE VIE, L'ALPHABÉTISME ET LE DÉVELOPPEMENT HUMAIN Ce tableau compare le PIB par habitant avec trois autres critères de la qualité de vie dans 14 grands pays. Les données portent sur l'année 2005.

PAYS	PIB RÉEL PAR HABITANT (EN $ US)	ESPÉRANCE DE VIE (EN ANNÉES)	ALPHABÉTISME DES ADULTES (EN %)	INDICE DE DÉVELOPPEMENT HUMAIN
États-Unis	41 890	78	99	0,952
Canada	33 375	80	99	0,961
Japon	31 267	82	99	0,953
France	30 386	80	99	0,954
Allemagne	29 461	79	99	0,935
Russie	10 845	65	99	0,802
Mexique	10 751	76	92	0,829
Brésil	8 402	72	89	0,800
Chine	6 757	73	91	0,777
Indonésie	3 843	70	90	0,728
Inde	3 452	64	61	0,619
Pakistan	2 370	65	50	0,551
Bangladesh	2 053	63	48	0,547
Nigeria	1 128	47	69	0,470

Source : Programme des Nations Unies pour le développement, *Rapport mondial sur le développement humain 2003* (New York, Nations Unies), p. 238-241. Site Internet http://www.undp.org.

estimée à la naissance), le taux d'alphabétisme (le pourcentage de la population adulte sachant lire), ainsi que l'indice de développement humain du Programme des Nations Unies pour le développement. Ces données dressent un tableau très clair de la situation. Dans les pays riches comme le Canada, les États-Unis, le Japon et l'Allemagne, l'espérance de vie approche 80 ans et seule une infime minorité ne sait pas lire. En revanche, dans les pays pauvres comme le Nigeria, le Bangladesh et le Pakistan, l'espérance de vie ne dépasse pas 50 à 65 ans et la moitié de la population est analphabète.

Les données relatives aux autres aspects de la qualité de vie sont incomplètes, mais elles tendent à appuyer cette évaluation. Les pays qui ont un faible PIB par habitant enregistrent davantage de cas d'insuffisance de poids à la naissance, des taux de mortalité infantile et de mortalité maternelle supérieurs, davantage de cas de malnutrition infantile et une accessibilité réduite à l'eau potable. Dans ces mêmes pays, moins d'enfants d'âge scolaire vont à l'école, et le ratio entre professeurs et élèves est plus faible. Ces mêmes nations possèdent moins de téléviseurs, de téléphones, de routes asphaltées par habitant, et moins de familles ont accès à l'électricité. Les statistiques internationales ne laissent aucun doute sur la corrélation directe entre le PIB par habitant d'un pays et le niveau de vie de ses citoyens.

MINITEST

Pourquoi les pouvoirs publics se préoccupent-ils du PIB ?

CONCLUSION

Ce chapitre présente la méthode employée par les économistes pour calculer le revenu total d'un pays. Ce type de calcul ne constitue toutefois qu'un point de départ. La macroéconomie se préoccupe essentiellement de comprendre les facteurs expliquant la croissance à long terme et à court terme du produit intérieur brut d'un pays. Pourquoi, par exemple, le PIB par habitant est-il plus élevé au Canada et au Japon qu'en Inde et au Nigeria ? Quelles mesures les gouvernements des pays les plus pauvres peuvent-ils prendre pour assurer une croissance rapide du PIB ? Pourquoi le PIB canadien croît-il rapidement certaines années et diminue-t-il à d'autres moments ? Quelles mesures les dirigeants peuvent-ils adopter pour atténuer ces fluctuations ? Ce sont quelques-unes des questions que pose la macroéconomie et auxquelles nous nous efforcerons de répondre plus loin.

Il suffit pour le moment de reconnaître l'importance du PIB. Nous avons tous, dans notre vie quotidienne, une idée de la situation économique. Mais les économistes et les décideurs doivent dépasser cette vague intuition pour être en mesure de prendre de bonnes décisions. Ils ont besoin de fonder leurs jugements sur des données concrètes. La quantification, à l'aide de statistiques telles que le PIB, constitue une première étape vers la science macroéconomique.

[DANS L'ACTUALITÉ]

LE PIB EN TANT QUE MESURE DU BIEN-ÊTRE

Les mesures du PIB servent souvent à des fins de comparaison entre les niveaux de vie de différents pays. Mais le PIB donne parfois une image déformée de la réalité et doit être interprété avec prudence, ce que reconnaît une étude publiée par l'Organisation de coopération et de développement économiques (OCDE).

IL EST GRAND TEMPS QUE LES ÉCONOMISTES NE S'INTÉRESSENT PAS SEULEMENT AU PIB

On a fait toute une histoire au sujet des malversations financières de grandes entreprises aux États-Unis. Pourtant, ce qui constitue peut-être la plus grande négligence financière de tous les temps demeure caché dans les données nationales des États eux-mêmes. Si le PIB par habitant est encore la mesure la plus courante du succès d'un pays, il n'en demeure pas moins tout à fait insuffisant pour indiquer l'état du bien-être économique d'un pays. Une nouvelle étude figurant dans un rapport de l'OCDE publié en 2006, *Objectif croissance*, évoque certaines solutions de rechange en la matière.

Les économistes débattent souvent des moyens à prendre pour stimuler la croissance du PIB. L'OCDE elle-même vient d'attirer l'attention sur l'écart croissant entre les PIB par habitant aux États-Unis et en Europe. Mais le bien-être d'un pays est fonction d'un grand nombre de facteurs absents du PIB, comme le temps de loisir, l'inégalité des revenus et la qualité de l'environnement. Le PIB a été mis au point d'abord en tant qu'outil de planification pour orienter l'énorme effort de production durant la Seconde Guerre mondiale. Il n'avait jamais été destiné à servir d'étalon de mesure définitif du bien-être économique. Le recours à un autre indicateur modifierait-il le classement des pays ou la mesure de leur performance relative dans le temps ?

Le PIB ne représente même pas le meilleur instrument d'évaluation de l'aspect monétaire du niveau de vie. Il mesure simplement la valeur des biens et des services que produisent les citoyens d'un pays. Mais une partie des revenus gagnés au Canada, par exemple, est versée à des non-résidants, tandis que certains résidants canadiens touchent un revenu provenant de l'étranger. L'ajout au PIB du revenu net issu de l'étranger donne le revenu national brut (RNB), aussi dénommé produit national brut, qui reflète plus fidèlement la prospérité d'un pays.

Qu'il soit fondé sur le RNB par habitant ou sur le PIB par habitant, le classement de la plupart des pays ne varie pas beaucoup. L'Irlande fait exception : son PIB par habitant est un des plus élevés des pays de l'OCDE, mais son RNB par habitant correspond tout juste à la moyenne de l'OCDE, en raison de la forte sortie nette de revenus de placement. De plus, son taux de croissance moyen du RNB au cours des 10 dernières années a été inférieur de 1 % à celui du PIB.

Un autre problème propre au PIB est qu'il ne prend pas en compte la dépréciation du stock de capital. Lorsqu'on soustrait celle-ci du RNB, on obtient le revenu national

net (RNN), qui est sans doute la meilleure mesure, par comptabilité nationale, du bien-être. Étrangement, les données quantitatives sont plus difficiles à obtenir, ce qui rend plus hasardeuses les comparaisons entre les pays et entre les époques.

Mais même le RNN offre une mesure imparfaite du bien-être des citoyens, car il exclut la valeur de facteurs aussi importants que le temps de loisir, les inégalités et l'environnement. Théoriquement, la valeur du PIB devrait être réduite pour mieux refléter l'impact de la pollution et de la raréfaction des ressources non renouvelables, mais il n'existe pas encore de méthodes comptables disponibles à une telle fin.

Par ailleurs, l'OCDE a aussi tenté de modifier la mesure du PIB en fonction de la répartition des revenus. La plupart des observateurs estiment que, dans un pays où quelques familles disposent d'une richesse faramineuse mais où la quasi-totalité de la population vit dans la misère, le degré de bien-être est inférieur à celui qui règne dans un pays où le PIB est le même mais où la pauvreté est moins répandue. Un dollar de revenu vaut, en fait, davantage lorsqu'il est entre les mains des démunis, même s'il est vrai que sa valeur supplémentaire exacte varie selon l'attitude adoptée à l'égard des inégalités. Les calculs de l'OCDE laissent penser que si on rejette fermement les inégalités, alors l'écart entre les États-Unis et la plupart des autres pays riches, qui pratiquent une répartition des revenus plus égalitaire, devrait être considéré comme nettement moindre. De ce point de vue, le revenu ajusté par habitant est plus élevé en France qu'aux États-Unis.

Les inégalités se sont accrues dans la plupart des pays, au cours des dernières années. Dans l'optique du même rejet ferme des inégalités, le revenu moyen ajusté par habitant n'a augmenté, de 1985 à 2002, que de 0,6 % par année dans les pays de l'OCDE, alors que la hausse correspondante du PIB par habitant a été de 1,4 %. Mais de telles évaluations reposent beaucoup sur d'importants jugements de valeur. Si on ne se soucie pas des inégalités, l'ajustement effectué sera alors beaucoup moins ample.

De plus longues vacances et une semaine de travail plus courte ont pour effet d'accentuer le bien-être des individus. Pourtant, les méthodes comptables tradition-nelles ne tiennent aucun compte de ce type de bienfait. Les États-Unis sont un des pays les plus riches du monde, mais les travailleurs américains consacrent plus d'heures au travail que leurs homologues des autres pays. Il s'ensuit que l'ajuste-ment du PIB en fonction du temps de loisir réduit également l'écart entre les États-Unis et l'Europe. L'OCDE utilise trois méthodes distinctes pour quantifier la valeur du temps de loisir. Selon l'évaluation la plus élevée (fondée sur le PIB moyen par heure travaillée), le PIB par habitant, ajusté selon le temps de loisir, de l'Allemagne est inférieur de seulement 6 % à celui des États-Unis, alors que l'écart s'élève à 26 % si on ne retient que le traditionnel PIB par habitant. Dans la plupart des pays euro-péens, le PIB par habitant, ajusté selon le temps de loisir, a crû plus rapidement que le simple PIB par habitant au cours des dernières décennies, par suite de la diminution du nombre d'heures travaillées.

Il est clair que le PIB n'est pas le meilleur indicateur du bien-être de la population, mais l'OCDE a néanmoins conclu que, dans la majorité des cas, il demeure le plus

→

utile outil de mesure qui soit disponible en temps opportun. Le PIB doit toutefois être assorti d'autres mesures pour donner un portrait plus détaillé de la situation dans chaque pays. L'OCDE se trouve rassurée lorsqu'elle constate que le recours à la plupart des autres mesures modifie très peu le classement des pays s'appuyant sur le PIB par habitant. Il est vrai que, pris isolément, ni l'ajustement tenant compte des inégalités, ni l'ajustement en fonction du temps de loisir ne renversent la supériorité économique des États-Unis. Mais si les deux ajustements sont effectués, alors l'écart entre les États-Unis et plusieurs pays européens, selon certaines données, pourrait disparaître.

Tout cela ne signifie pas que l'Europe peut se permettre d'abandonner les réformes économiques amorcées. Le temps de loisir est précieux, mais il ne financera pas la retraite des prochaines générations. Il faut tout de même féliciter l'OCDE d'avoir été la première organisation internationale à remettre en question les valeurs traditionnelles du PIB. Il lui reste maintenant à encourager les gouvernements européens à compiler des statistiques plus pertinentes.

Source: « Grossly Distorted Picture: It's High Time That Economists Looked at More Than Just GDP », *The Economist*, 11 février 2006.

RÉSUMÉ

- Toute transaction requiert un vendeur et un acheteur, et, par conséquent, les dépenses totales de l'économie doivent être égales au revenu total de cette même économie.

- Le produit intérieur brut (PIB) mesure tant les dépenses totales effectuées pour acheter les biens et les services que les revenus totaux tirés de la production de ces mêmes biens et services. Plus précisément, le PIB correspond à la valeur marchande de tous les biens finaux produits dans un pays au cours d'une période donnée.

- Le PIB comprend quatre composantes: la consommation, l'investissement, les dépenses gouvernementales et les exportations nettes. La consommation inclut les dépenses en biens et services des ménages, à l'exception de l'acquisition de maisons neuves. L'investissement regroupe les dépenses effectuées pour de l'équipement et des infrastructures, y compris l'acquisition de maisons neuves. Les dépenses gouvernementales se composent de l'achat des biens et de services courants des gouvernements locaux, provinciaux et fédéral. Les exportations nettes sont égales à la valeur des biens et des services fabriqués sur le territoire national et vendus à l'extérieur (exportations), de laquelle on soustrait la valeur des biens et des services fabriqués à l'étranger et vendus à l'intérieur du pays (importations).

- Le PIB nominal évalue la production des biens et des services aux prix courants. Le PIB réel évalue cette même production en prix constants d'une année de base. Le déflateur du PIB — ratio, en base égale à 100, entre le PIB nominal et le PIB réel — mesure le niveau des prix dans l'économie.

- Le PIB par habitant constitue un bon indicateur du bien-être économique, car les gens préfèrent disposer de revenus élevés. Il s'agit toutefois d'une mesure imparfaite du bien-être, car elle exclut, entre autres, la valeur des loisirs et d'un environnement sain.

CONCEPTS CLÉS

Consommation, p. 98	Investissement, p. 98	PIB réel, p. 101
Déflateur du PIB, p. 103	Macroéconomie, p. 92	Produit national brut (PNB), p. 97
Dépenses publiques, p. 99	Microéconomie, p. 92	Produit intérieur brut (PIB), p. 94
Exportations nettes, p. 99	PIB nominal, p. 101	

QUESTIONS DE RÉVISION

1. Dites pourquoi, dans l'économie, les revenus doivent être égaux aux dépenses.

2. Qu'est-ce qui contribue le plus au PIB : la production d'une voiture économique ou celle d'une voiture de luxe ? Pourquoi ?

3. Un fermier vend son blé à un boulanger pour 2 $. Avec la farine, le boulanger fabrique un pain qu'il vend 3 $. Quelle est la contribution de chacun au PIB ?

4. Il y a déjà plusieurs années, Hélène a fait l'acquisition d'une collection de disques pour 500 $. Elle la revend 100 $ aujourd'hui dans une vente de garage. Quel est l'effet de cette vente sur le PIB actuel ?

5. Énumérez les quatre composantes du PIB et donnez un exemple pour chacune.

6. Pourquoi les économistes emploient-ils le PIB réel plutôt que le PIB nominal pour mesurer le bien-être économique ?

7. En 2009, l'économie produit 100 miches de pain vendues 2 $ l'unité. En 2010, l'économie produit 200 miches de pain vendues 3 $ l'unité. Calculez le PIB nominal, le PIB réel et le déflateur du PIB pour chaque année, en considérant 2009 comme l'année de base. Quelle est la variation en pourcentage de ces trois statistiques d'une année à l'autre ?

8. Pourquoi est-il souhaitable pour un pays d'avoir un PIB par habitant élevé ? Donnez un exemple de changement qui ferait augmenter le PIB sans être désirable pour autant.

LA MESURE DU COÛT DE LA VIE

OBJECTIFS

À la fin de ce chapitre, vous serez en mesure :

→ de comprendre le calcul de l'indice des prix à la consommation (IPC) ;

→ de saisir pourquoi l'IPC est une mesure imparfaite du coût de la vie ;

→ de comparer l'IPC et le déflateur du PIB dans leur rôle de mesures du niveau général des prix ;

→ d'utiliser l'indice des prix pour comparer des valeurs en dollars de différentes époques ;

→ de faire la distinction entre le taux d'intérêt nominal et le taux d'intérêt réel.

En 1957, l'essence valait 43 cents le gallon, soit 9,5 cents le litre. En 2008, son prix moyen était d'environ 1,00 dollar le litre. Pourquoi l'essence coûte-t-elle plus cher en 2008 que 51 ans plus tôt ? Est-ce l'Organisation des pays exportateurs de pétrole (OPEP) qui serait en cause, profitant de son pouvoir de marché pour faire flamber les prix du pétrole brut ? Les grandes sociétés pétrolières, qui achètent cette ressource naturelle et vendent de l'essence, auraient-elles augmenté leur marge bénéficiaire ? Ou encore, cette hausse découlerait-elle de l'augmentation de la demande d'essence, due à l'accroissement du parc automobile, et de la réduction de l'offre, causée par la disponibilité moindre de cette ressource non renouvelable ?

À première vue, l'augmentation du prix de l'essence laisse croire que la valeur du pétrole aurait augmenté au cours du dernier demi-siècle, à cause de sa plus grande rareté. Cependant, on sait que les prix de la plupart des biens et services, ainsi que les salaires, ont également augmenté pendant la même période. Il n'est donc pas facile de savoir si l'essence est plus ou moins abordable qu'il y a 51 ans. L'essence coûte-t-elle vraiment plus cher, ou est-ce la valeur de la monnaie qui a diminué ?

Dans le chapitre précédent, nous avons vu comment les économistes utilisent le produit intérieur brut (PIB) pour mesurer la quantité de biens et de services produits dans un pays. Le présent chapitre expliquera comment les économistes mesurent le coût de la vie. Pour comparer les prix et les revenus en vigueur il y a 51 ans avec ceux d'aujourd'hui, on doit traduire ces valeurs en unités de mesure du pouvoir d'achat ; c'est exactement le rôle de l'indice des prix à la consommation. Après avoir étudié sa construction, nous verrons comment l'utiliser pour comparer les prix en dollars de différentes époques.

L'indice des prix à la consommation permet de suivre l'évolution du coût de la vie. Lorsque cet indice augmente, une famille doit dépenser davantage pour acheter les mêmes biens et services. Les économistes emploient le terme *inflation* pour désigner cette augmentation générale des prix. Le *taux d'inflation* mesure la variation, en pourcentage, du niveau général des prix d'une période à l'autre. Comme nous le verrons dans les prochains chapitres, l'inflation est un aspect important de la performance macroéconomique et elle constitue une variable essentielle à l'élaboration des politiques économiques. Le présent chapitre se concentre sur la mesure de l'indice des prix à la consommation et de l'inflation.

L'INDICE DES PRIX À LA CONSOMMATION

Indice des prix à la consommation (IPC)
Mesure du prix moyen des biens et des services achetés par un ménage type.

L'indice des prix à la consommation (IPC) mesure le prix moyen des biens et des services achetés par un ménage type. Statistique Canada le calcule et le publie mensuellement. Nous verrons comment il est calculé. Nous comparerons également cet indice à une autre mesure du niveau des prix — le déflateur du PIB — déjà abordée au chapitre précédent.

LE CALCUL DE L'INDICE DES PRIX À LA CONSOMMATION

Lorsque Statistique Canada calcule l'IPC et le taux d'inflation, elle se base sur les prix de plus de 600 biens et services. Pour mieux comprendre comment cette donnée est construite, examinons une économie simple, où la consommation se limite à deux produits : les croissants et les fromages. Le tableau 6.1 montre les cinq étapes suivies pour le calcul de l'IPC.

1. *La composition du panier* : Pour calculer l'indice des prix à la consommation, on doit sélectionner, dans une première étape, les biens consommés par le ménage type. Si ce dernier mange beaucoup plus de croissants que de fromages, alors le prix des croissants est primordial et il doit avoir une importance majeure dans le calcul du coût de la vie. Statistique Canada étudie donc d'abord le comportement des consommateurs pour composer un panier de biens et de services consommés par un ménage moyen, en pondérant selon l'importance respective de ces biens et services. Dans l'exemple du tableau 6.1, le ménage type consomme quatre croissants et deux fromages.

2. *La recherche des prix* : La deuxième étape du calcul de l'IPC consiste à trouver le prix de chacun des biens et services du panier, et ce, pour chaque période. Le tableau fournit les prix des croissants et des fromages pour trois années consécutives.

3. *Le calcul du coût du panier* : La troisième étape consiste à calculer le prix du panier pour une année donnée, à partir du prix de chaque bien et de chaque service. Le tableau 6.1 montre ce calcul pour les trois années considérées. Il faut remarquer que seuls les prix varient : les quantités restant constantes (quatre croissants et deux fromages), c'est l'évolution des prix qui est mise en relief.

4. *Le choix d'une année de base et le calcul de l'indice* : La quatrième étape consiste à choisir une année de base (le choix de cette année est totalement arbitraire) et à calculer l'indice, pour chaque année, en se rapportant chaque fois à l'année de base. Pour ce faire, le prix du panier de chaque année est divisé par le prix du panier de l'année de base. On multiplie ensuite ce rapport par 100 et on obtient l'indice des prix à la consommation.

$$\text{IPC} = \frac{\text{Prix du panier de biens et services d'une année particulière}}{\text{Prix du panier de biens et services lors de l'année de base}} \times 100$$

Dans l'exemple du tableau 6.1, l'année 2008 a été choisie comme année de base. Cette année-là, le coût du panier de croissants et de fromages s'est élevé à 8 $. Pour calculer l'indice des prix à la consommation des trois années considérées, on divise le coût du panier de chaque année par 8 $ et on multiplie le résultat par 100. L'indice des prix à la consommation pour 2008 est de 100 (l'indice est toujours égal à 100 pour l'année de base). Il passe à 175 en 2009, ce qui revient à dire que le prix du panier en 2009 a augmenté de 75 % par rapport à l'année de référence, ou encore qu'un panier de biens coûtant 100 $ en 2008 a coûté 175 $ en 2009. De la même manière, on peut dire que l'indice des prix à la consommation de 2010 (d'une valeur égale à 250) a augmenté de 150 % par rapport à l'année de base.

TABLEAU 6.1

LE CALCUL DE L'INDICE DES PRIX À LA CONSOMMATION ET DU TAUX D'INFLATION : UN EXEMPLE Ce tableau montre comment calculer l'indice des prix à la consommation et le taux d'inflation pour une économie hypothétique, dans laquelle les consommateurs n'achètent que des croissants et des fromages.

ÉTAPE 1 : ÉTUDE DU COMPORTEMENT DES CONSOMMATEURS POUR ÉTABLIR LA COMPOSITION DU PANIER DE BIENS		
4 croissants, 2 fromages		

ÉTAPE 2 : RECHERCHE, POUR CHAQUE ANNÉE, DU PRIX DE CHACUN DES BIENS		
ANNÉE	**PRIX DES CROISSANTS**	**PRIX DES FROMAGES**
2008	1 $	2 $
2009	2 $	3 $
2010	3 $	4 $

ÉTAPE 3 : CALCUL DU COÛT DU PANIER DE BIENS POUR CHAQUE ANNÉE	
2008	(4 croissants × 1 $) + (2 fromages × 2 $) = 8 $
2009	(4 croissants × 2 $) + (2 fromages × 3 $) = 14 $
2010	(4 croissants × 3 $) + (2 fromages × 4 $) = 20 $

ÉTAPE 4 : CHOIX D'UNE ANNÉE DE BASE (2008) ET CALCUL DE L'INDICE DES PRIX POUR CHAQUE ANNÉE	
2008	(8 $/8 $) × 100 = 100
2009	(14 $/8 $) × 100 = 175
2010	(20 $/8 $) × 100 = 250

ÉTAPE 5 : À PARTIR DE L'INDICE DES PRIX À LA CONSOMMATION, CALCUL DU TAUX D'INFLATION	
2009	((175 − 100)/100) × 100 = 75 %
2010	((250 − 175)/175) × 100 = 43 %

Taux d'inflation
Taux de variation en pourcentage de l'indice des prix à la consommation par rapport à celui de la période précédente.

5. *Le calcul du taux d'inflation* : La cinquième et dernière étape consiste à calculer le **taux d'inflation** à partir de l'indice des prix à la consommation. Le taux d'inflation indique, en pourcentage, la variation de l'indice des prix à la consommation par rapport à celui de la période précédente. Le taux d'inflation pour deux années consécutives se calcule comme suit :

$$\text{Taux d'inflation de l'année 2} = \left(\frac{\text{IPC de l'année 2} - \text{IPC de l'année 1}}{\text{IPC de l'année 1}} \right) \times 100$$

Dans notre exemple, le taux d'inflation a été de 75 % en 2009 et de 43 % en 2010.

BON À SAVOIR

QUELS SONT LES BIENS ET SERVICES UTILISÉS POUR CONSTRUIRE L'INDICE DES PRIX À LA CONSOMMATION ?

En établissant l'indice des prix à la consommation, Statistique Canada tente d'inclure dans son calcul tous les biens et services achetés par le ménage type et leur accorde une pondération selon leur importance par rapport au total.

La figure 6.1 illustre la composition des dépenses de consommation selon les différentes catégories de biens et services. Les chiffres correspondent au pourcentage des dépenses pour chaque catégorie de biens et services du ménage type pour le panier de 2005 selon les prix d'avril 2007. Le logement occupe une place prédominante, soit 26,6 % du budget moyen. Ce chiffre correspond au montant du loyer ou des paiements hypothécaires (ce qui veut dire qu'une augmentation des taux d'intérêt influe directement sur l'IPC). Le second poste, par ordre d'importance, revient au transport (19,9 %), qui inclut à la fois les dépenses pour l'achat d'un véhicule, l'essence, les tarifs aériens, les titres de transport en commun, etc. L'alimentation arrive ensuite, représentant 17 % de la valeur du panier ; elle comprend la nourriture consommée à la maison et au restaurant. La catégorie suivante — loisirs, éducation et lecture — inclut les droits de scolarité et le prix des manuels scolaires. Ce poste représente 12,2 % du budget du consommateur moyen, mais il est sans doute plus élevé dans le cas d'un étudiant.

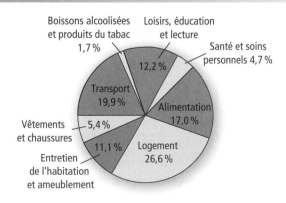

Source : Statistique Canada

FIGURE 6.1

LA COMPOSITION DES DÉPENSES DE CONSOMMATION   Cette figure montre la répartition des dépenses de consommation du ménage type, selon le panier de 2005 et les prix d'avril 2007. Ces pourcentages sont utilisés par Statistique Canada pour calculer l'IPC.

➔ À moins que vous ne consommiez exactement les mêmes biens que ceux contenus dans le panier officiel de Statistique Canada, l'IPC ne peut pas mesurer exactement les changements survenus dans votre propre coût de la vie.

Même si l'exemple choisi constitue une simplification de la réalité, il permet de comprendre comment Statistique Canada calcule l'indice des prix à la consommation et le taux d'inflation. En fait, pour évaluer l'augmentation du coût de la vie d'un consommateur type, Statistique Canada recueille chaque mois les prix de centaines de biens et de services et les traite selon les cinq étapes expliquées aux pages 116 à 118. L'indice des prix à la consommation est rendu public mensuellement par l'intermédiaire des médias.

Statistique Canada fournit, en outre, d'autres indices de prix, en particulier les indices de prix pour chaque province et pour 18 villes canadiennes, ainsi que ceux correspondant à certaines catégories spécifiques (dont l'alimentation, les vêtements et le logement). Cette agence gouvernementale publie également l'indice de référence, qui mesure le coût d'un panier de biens et services à l'exclusion des composantes de l'IPC les plus volatiles ainsi que de l'effet des taxes indirectes. L'évolution de l'indice de référence est un bon indicateur de la variation tendancielle de l'indice des prix à la consommation.

Indice de référence
Mesure du coût d'un panier de biens et services à l'exclusion des composantes de l'IPC les plus volatiles ainsi que de l'effet des taxes indirectes.

MINITEST

■ Expliquez brièvement comment se calcule l'indice des prix à la consommation et justifiez son utilité.

LES PROBLÈMES LIÉS AU CALCUL DU COÛT DE LA VIE

L'indice des prix à la consommation vise à mesurer l'évolution du coût de la vie. On pourrait aussi dire que l'IPC aide à estimer l'augmentation des revenus nécessaire pour maintenir un niveau de vie constant. Cet indice, cependant, est loin d'être parfait : il se heurte à quatre difficultés, largement reconnues, mais difficiles à résoudre.

Le premier de ces problèmes se nomme *biais de substitution*. La variation de tous les prix, d'une année à l'autre, n'est pas proportionnelle : certains prix augmentent plus que d'autres. Les consommateurs réagissent à cette variation relative des prix en substituant aux biens devenus plus chers des biens dont les prix relatifs diminuent. Cependant, comme le calcul de l'indice des prix à la consommation se base sur un panier fixe, il ne tient pas compte de ces possibilités de substitution, et l'IPC a donc tendance à surévaluer l'augmentation du coût de la vie.

Prenons un exemple simple. Imaginons que, lors de l'année de base, les pommes sont moins chères que les poires et que les consommateurs achètent plus de pommes que de poires. Lorsque Statistique Canada compose son panier de biens, elle y inclut davantage de pommes que de poires. L'année suivante, les poires coûtent moins cher que les pommes : les consommateurs se tourneront naturellement vers les poires et mangeront moins de pommes que l'année précédente. Mais comme Statistique Canada, dans le calcul de l'indice des prix à la consommation, se base sur un panier fixe et considère que les acheteurs consomment autant de chaque fruit qu'aupara-vant, cet indice signalera une augmentation du coût de la vie supérieure à la réalité.

L'*introduction de nouveaux produits* pose une deuxième difficulté dans le calcul de l'IPC. Lorsqu'un nouveau produit apparaît sur le marché, le pouvoir d'achat d'un dollar augmente, car il permet d'acheter un plus grand éventail de produits. Encore une fois, le panier invariable de biens et services considéré pour le calcul de l'IPC ne reflète pas le changement du pouvoir d'achat. Prenons un nouvel exemple. Sup-posons que vous ayez le choix entre un certificat-cadeau de 100 $ utilisable dans un seul magasin et un certificat de même valeur utilisable n'importe où. Lequel préféreriez-vous ? Certainement le second, car l'amélioration du choix augmente la valeur de chacun de vos dollars. La même chose se produit avec l'évolution dans le temps de l'économie : à mesure que de nouveaux produits arrivent sur le marché, les choix augmentent, ainsi que la valeur de chaque dollar. Cependant, parce que l'IPC est basé sur un panier fixe de biens et services, il ne tient pas compte de l'augmenta-tion de la valeur du dollar causée par l'augmentation des choix.

Prenons un autre exemple : lors de l'apparition des magnétoscopes à cassettes, les consommateurs se sont mis à regarder des films à la maison. C'était à la fois plus pratique et moins cher que d'aller au cinéma. Un indice des prix à la consomma-tion parfaitement ajusté aurait reflété cette apparition des magnétoscopes par une réduction du coût de la vie. Mais cela n'a pas été le cas. Statistique Canada a fini par réviser le panier des biens pour y inclure les magnétoscopes, et l'indice des prix a reflété par la suite la variation du prix des magnétoscopes. Toutefois, l'indice des prix n'a jamais pris en compte la réduction du coût de la vie liée à l'apparition de ce nouveau produit sur le marché.

L'indice des prix à la consommation pose une troisième difficulté : la *modification non mesurée de la qualité*. Si la qualité d'un produit se détériore d'année en année, cela réduit la valeur des dollars, même si le prix du bien ne change pas. À l'inverse, si la qualité augmente d'une année à l'autre, la valeur des dollars augmente, à prix égal. Statistique Canada fait de son mieux pour tenir compte des variations de qualité des biens et services. À titre d'exemple, lorsqu'un modèle de voiture est plus puissant ou qu'il consomme moins d'essence que l'année précédente, elle ajuste les prix pour tenir compte de cette amélioration, puisque l'idée fondamentale de l'indice des prix à la consommation consiste à calculer le prix d'un panier de biens et services fixe, donc d'une qualité constante. En dépit des efforts accomplis pour les évaluer, les variations de la qualité restent difficiles à mesurer.

Finalement, un *biais de substitution des lieux de vente* vient compliquer le problème : par exemple, lorsque les prix des biens et services augmentent, les consommateurs se tournent plus volontiers vers les magasins à grande surface et délaissent les dépan-neurs. Cette substitution n'est pas prise en compte lors du calcul de l'IPC, car les enquêteurs vérifient toujours les prix aux mêmes endroits.

Les économistes n'arrivent pas à se mettre d'accord sur l'ampleur de ces difficul-tés, ni sur les solutions envisageables. Cette question est d'autant plus importante que de nombreux programmes gouvernementaux se servent de l'indice des prix à la consommation pour mesurer le niveau général des prix. Et que l'augmentation des prestations du Régime de pensions du Canada et du Régime des rentes du Québec, par exemple, dépend directement de l'indice des prix à la consommation. Certains économistes ont proposé de modifier ces programmes pour tenir compte des diffi-cultés à mesurer correctement le coût de la vie. Beaucoup d'études démontrent que l'indice des prix à la consommation surévalue l'inflation d'environ ½ % à 1 % par année. Le Parlement pourrait donc ajuster le Régime de pensions en augmentant les prestations d'un pourcentage équivalant au taux d'inflation des prix à la consommation, moins cette surévaluation.

LE DÉFLATEUR DU PIB ET L'INDICE DES PRIX À LA CONSOMMATION

Dans le chapitre précédent, nous avons abordé une autre mesure du niveau général des prix: le déflateur du PIB. Cette statistique correspond au rapport du PIB nominal et du PIB réel. Le PIB nominal d'une année correspond à la valeur de la production courante aux prix courants, et le PIB réel correspond à la valeur de la production courante aux prix de l'année de base. Le déflateur du PIB compare donc les prix courants avec ceux de l'année de base.

Les économistes et les pouvoirs publics suivent attentivement les variations du déflateur du PIB, tout comme celles de l'indice des prix à la consommation, pour estimer l'inflation. Habituellement, ces deux statistiques évoluent de façon comparable. Néanmoins, elles divergent parfois, pour deux raisons importantes.

La première différence vient du fait que le déflateur du PIB reflète les prix de tous les biens et services produits sur le marché intérieur, tandis que l'indice des prix à la consommation correspond aux prix de tous les biens et services achetés par les consommateurs. Imaginons, par exemple, que le prix d'un avion construit par Bombardier, pour les forces armées canadiennes, augmente. Même si cet avion figure dans le PIB, il ne fait pas partie du panier de biens et services achetés par un ménage type. Par conséquent, l'augmentation de ce prix a un impact sur le déflateur du PIB, mais pas sur l'indice des prix à la consommation.

Un autre exemple: supposons que Volkswagen majore les prix de ses véhicules. Comme il s'agit d'un produit allemand, ces voitures ne figurent pas dans le PIB canadien. Cependant, les consommateurs canadiens les achètent et elles font partie du panier de biens et services de l'IPC. L'augmentation du prix d'un bien de consommation importé, comme un véhicule automobile, influe donc sur l'indice des prix à la consommation, sans modifier le déflateur du PIB.

La deuxième différence entre le déflateur du PIB et l'indice des prix à la consommation, plus subtile, provient de la pondération des prix. En effet, l'indice des prix à la consommation compare le prix d'un panier de biens et services durant l'année de base (un panier invariable ou fixe) avec le prix de ce même panier pour l'année courante. Or Statistique Canada modifie rarement ce panier. En revanche, le déflateur du PIB compare les prix des biens et des services produits de façon courante avec les prix des mêmes biens et services lors de l'année de référence. L'ensemble des biens et services utilisés pour effectuer le calcul du déflateur du PIB varie donc automatiquement chaque année. La différence n'a que peu d'importance quand tous les prix varient dans les mêmes proportions, mais lorsqu'il y a des changements de prix relatifs, la façon de mesurer l'indice des prix est susceptible de se répercuter sur le taux d'inflation.

La figure 6.2 (voir la page 122) illustre le taux d'inflation annuel, calculé à la fois à partir du déflateur du PIB et de l'indice des prix à la consommation, et ce, depuis 1965. Comme on le constate, ces deux statistiques ne coïncident pas toujours. Cette figure démontre toutefois que les divergences sont l'exception plutôt que la règle. Dans les années 1970, le déflateur du PIB et l'indice des prix à la consommation indiquaient tous deux que le taux d'inflation était élevé, alors qu'il a été nettement inférieur au cours des années 1980.

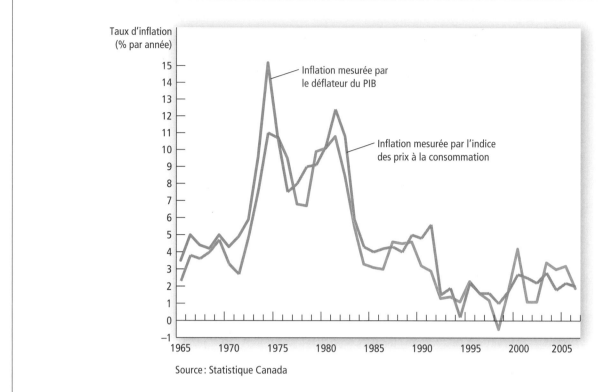

Source : Statistique Canada

FIGURE 6.2   **DEUX MESURES DE L'INFLATION**   Cette figure illustre le taux d'inflation — la variation en pourcentage du niveau des prix — mesuré à partir du déflateur du PIB et de l'indice des prix à la consommation (données annuelles depuis 1965). Remarquez que ces deux mesures de l'inflation ont tendance à évoluer de façon semblable.

LA CORRECTION DES VARIABLES ÉCONOMIQUES POUR TENIR COMPTE DE L'INFLATION

La mesure du niveau général des prix permet de comparer, d'une époque à une autre, des valeurs en dollars. Maintenant que vous savez comment calculer l'indice des prix, voyons comment l'utiliser pour comparer une valeur en dollars d'hier avec une valeur en dollars d'aujourd'hui.

LA VALEUR DE LA MONNAIE AU FIL DU TEMPS

Supposons que le prix d'une New Beetle soit de 28 000 $ au Canada et de 2 000 000 ¥ au Japon. Vous viendrait-il à l'idée de dire que le prix est très inférieur au Canada, puisque 28 000 est plus petit que 2 000 000 ? Bien sûr que non. Il est évident que ces deux prix ne sont pas directement comparables, puisqu'ils sont mesurés en unités différentes (dollars et yens). Pour comparer le prix canadien avec le prix japonais, il faut transformer en dollars le prix japonais ou en yens le prix canadien.

Le même problème se pose lorsqu'on veut comparer deux valeurs en dollars de différentes années. Tout comme le yen et le dollar n'ont pas le même pouvoir d'achat, un dollar ne permet pas d'acheter la même quantité de biens et services en 2008 qu'en 1957. En effet, la hausse graduelle des prix a érodé le pouvoir d'achat du dollar.

« Oui, deux mille dollars peut sembler cher, mais n'oubliez pas que le prix est en dollars courants. »

Revenons au prix de l'essence. Comment comparer le prix de 9,5 cents le litre en 1957 avec le prix actuel ?

Pour répondre à cette question, il faut connaître le niveau des prix de 1957 et celui d'aujourd'hui. L'augmentation du prix de l'essence est-elle simplement le reflet d'une augmentation générale des prix ? Autrement dit, cette hausse des prix de l'essence est-elle due à la perte de valeur de la monnaie ? Pour comparer le prix de l'essence de 1957 avec celui d'aujourd'hui, il faut convertir ces 9,5 cents en dollars actuels. L'indice des prix permet d'effectuer cette correction.

Statistique Canada indique un IPC de 14,8 pour 1957 et de 115,4 pour 2008 (l'année de base étant 2002). On en déduit que le niveau général des prix a été multiplié par 7,8 (soit 115,4/14,8). Ce chiffre nous permet de convertir le prix de l'essence de 1957 en dollars de l'année 2008.

Prix de l'essence de 1957 en dollars de 2008
= prix de l'essence en 1957 × (IPC de 2008/IPC de 1957)
= 9,5 cents × (115,4/14,8)
= 74,1 cents

Le prix du litre d'essence de 1957 équivaut à 74,1 cents de 2008, soit un prix largement inférieur à son prix moyen affiché en 2008. En tenant ainsi compte de l'inflation, on constate que le prix a augmenté d'environ un tiers en 51 ans. Cette hausse du prix réel est, en fait, à peu près entièrement attribuable à la hausse des taxes diverses sur l'essence : en effet, le baril de pétrole est passé au cours de la période d'un peu moins de 20 $ à environ 100 $, soit une hausse inférieure à celle de l'IPC. Si un baril de pétrole vaut moins qu'en 1957, c'est que la valeur de la monnaie n'a cessé de fléchir.

Vous pouvez consulter une page interactive que la Banque du Canada a mise en ligne et qui permet de comparer des valeurs en dollars de différentes années (de 1914 à aujourd'hui) : http://www.banqueducanada.ca/fr/taux/inflation_calc-f.html.

ÉTUDE DE CAS

« Vraiment, ma chère, les effets de l'inflation me laissent plutôt indifférent. »

LES INDICES HOLLYWOODIENS

Quel est le film le plus populaire de l'histoire ? La réponse pourrait vous surprendre. On juge habituellement le succès en fonction des recettes des salles de cinéma. En se fiant à cette statistique, on constate que *Titanic* arrive en tête, suivi de *La Guerre des étoiles*, puis de *Shrek 2*. Pourtant, ce classement néglige un fait essentiel : l'augmentation progressive des prix, y compris ceux des tickets d'entrée au cinéma. Si nous tenons compte des effets de l'inflation sur les recettes, ce classement change radicalement.

Le tableau 6.2 (voir la page 124) montre les dix plus grands succès cinématographiques de tous les temps d'après les recettes ajustées en tenant compte de l'inflation, d'une part, et en dollars courants, d'autre part. Lorsqu'on considère l'effet de l'inflation sur le pouvoir d'achat de la monnaie, *Autant en emporte le vent*, tourné en 1939, arrive en première position, loin devant *Titanic*. Dans les années 1930, avant l'avènement de la télévision, environ 90 millions d'Américains allaient au cinéma chaque semaine, contre environ 25 millions aujourd'hui. Mais les films de cette époque figurent rarement au classement, parce que le prix des billets ne dépassait pas 0,25 $. Scarlett et Rhett ont donc tout intérêt à tenir compte des effets de l'inflation…

| TABLEAU 6.2 | | LES DIX FILMS LES PLUS POPULAIRES DE L'HISTOIRE, SI ON TIENT COMPTE DE L'INFLATION | |

FILMS	ANNÉE DE LANCEMENT	RECETTES BRUTES É.-U. (EN MILLIONS DE DOLLARS DES É.-U.)	RECETTES BRUTES É.-U. (EN MILLIONS DE DOLLARS DES É.-U. DE 2008)
1. *Autant en emporte le vent*	1939	198,7	1362,5
2. *La Guerre des étoiles*	1977	460,9	1177,8
3. *La Mélodie du bonheur*	1965	163,2	945,3
4. *E.T.*	1982	434,9	934,8
5. *Les Dix Commandements*	1956	80,0	869,6
6. *Titanic*	1997	600,8	857,3
7. *Jaws*	1975	260,0	850,2
8. *Le Docteur Jivago*	1965	111,7	803,8
9. *Le Livre de la jungle*	1967	141,8	719,1
10. *Blanche-Neige et les sept nains*	1937	184,9	705,7

Source : The Movie Times, « Top Grossing Films of All Time in the US Adjusted for Inflation », [en ligne], 1996, [http://www.the-movie-times.com], (29 juillet 2008).

L'INDEXATION

Comme nous venons de le voir, pour comprendre la valeur d'un montant en dollars à divers moments dans le temps, il faut tenir compte des effets de l'inflation en utilisant les indices des prix. Ce type de correction est courant en économie. Lorsqu'une somme en dollars est automatiquement ajustée en fonction de l'inflation, d'après un contrat ou selon la loi, on dit qu'elle est indexée.

Indexation
Réajustement automatique des prix et des salaires en fonction du taux d'inflation.

De nombreuses conventions collectives signées entre les entreprises et les syndicats prévoient une indexation partielle ou totale des salaires, selon l'indice des prix à la consommation. Cette disposition est aussi appelée *indemnité de vie chère,* ou IVC. Cette IVC a pour résultat de faire augmenter automatiquement les salaires à chaque hausse de l'IPC.

L'indexation se retrouve aussi fréquemment dans la loi. Les prestations du Régime de pensions du Canada, du Régime des rentes du Québec et de la Sécurité de la vieillesse sont ainsi ajustées annuellement pour compenser, au moins partiellement, l'augmentation des prix. Les fourchettes de l'impôt sur le revenu personnel — les paliers de revenus au-delà desquels le taux d'imposition varie — sont également indexées en fonction de l'inflation. Il existe néanmoins bien des aspects de la fiscalité qui ne sont pas indexés, même s'ils devraient l'être. Nous reviendrons sur ce sujet lorsqu'il sera question des coûts de l'inflation, dans le chapitre 11.

LE TAUX D'INTÉRÊT RÉEL ET LE TAUX D'INTÉRÊT NOMINAL

La correction des variables économiques en fonction des effets de l'inflation est essentielle lorsqu'on examine les taux d'intérêt. Quand vous déposez des fonds dans votre compte d'épargne, vous recevez des intérêts sur cette somme. À l'inverse, lorsque vous empruntez pour payer vos droits de scolarité, vous devez payer des intérêts sur ce prêt étudiant. Ces intérêts représentent un paiement futur pour rembourser un transfert de fonds passé. Lorsqu'il est question d'intérêts, on compare donc des montants d'argent à différents moments. Il faut alors corriger les effets de l'inflation.

Prenons un exemple. Imaginons que Christophe Léconome dépose 1000 $ dans un compte en banque, qui lui rapporte un intérêt annuel de 5 %. Après un an, 50 $ d'intérêts se sont accumulés dans ce compte. Christophe retire alors ses 1050 $ de la banque. Est-il plus riche de 50 $ que lorsqu'il a fait son dépôt il y a un an ?

La réponse dépend de ce que l'on entend par « plus riche ». Christophe dispose de 50 $ de plus que l'année précédente, soit une augmentation de 5 %. Mais Christophe n'est pas vraiment intéressé par le montant d'argent qu'il possède maintenant : il est plutôt préoccupé par le pouvoir d'achat de cet argent. Si les prix ont augmenté pendant l'année de son dépôt, chaque dollar vaut moins cher qu'auparavant. Son pouvoir d'achat n'a donc pas augmenté de 5 %. Si le taux d'inflation a été de 2 %, le montant dont il dispose pour l'achat de biens et de services n'a augmenté que de 3 %. Si le taux d'inflation s'est élevé à 10 %, le prix des marchandises a augmenté proportionnellement plus que le nombre de dollars dans son compte en banque. Dans ce dernier cas, son pouvoir d'achat a baissé de 5 %.

Voyons un exemple concret. Supposons que Christophe est un amateur de musique et qu'il utilise tous ses fonds pour acheter des CD. Lors du dépôt initial des 1000 $, chaque CD se vendait au prix de 10 $. Le dépôt valait donc 100 CD. Un an plus tard, après avoir reçu 5 % d'intérêts, Christophe possède 1050 $. Combien de CD peut-il maintenant acheter ? Cela dépend de ce qui est arrivé au prix des CD. Examinons quelques cas hypothétiques.

- Pas d'inflation : si le prix d'un CD est resté à 10 $, le nombre de CD qu'il peut acheter est passé de 100 à 105, une augmentation du pouvoir d'achat de 5 %.

- Trois pour cent d'inflation : si le prix d'un CD est passé de 10 $ à 10,30 $, le nombre de CD qu'il peut acheter est passé de 100 à environ 102. Son pouvoir d'achat a alors augmenté d'environ 2 %.

- Cinq pour cent d'inflation : si le prix d'un CD est passé de 10 $ à 10,50 $, le nombre de CD qu'il peut acheter est resté égal à 100. Son pouvoir d'achat n'a pas bougé.

- Huit pour cent d'inflation : si le prix d'un CD est passé de 10 $ à 10,80 $, le nombre de CD qu'il peut acheter est passé de 100 à environ 97. Son pouvoir d'achat a alors diminué d'environ 3 %.

- Finalement, que se passerait-il s'il y avait eu de la déflation, c'est-à-dire une inflation négative (disons 2 %) ? Si le prix d'un CD est passé de 10 $ à 9,80 $, le nombre de CD qu'il peut acheter est passé de 100 à environ 107. Son pouvoir d'achat a alors augmenté d'environ 7 %.

Ces exemples montrent que plus il y a d'inflation, moins le pouvoir d'achat de Christophe augmente. Si le taux d'inflation dépasse le taux d'intérêt, son pouvoir d'achat diminue. Et s'il y a déflation, son pouvoir d'achat augmente plus que de la valeur du taux d'intérêt.

Taux d'intérêt nominal
Rendement de l'épargne et coût de l'emprunt non corrigés de l'inflation.

Taux d'intérêt réel
Taux d'intérêt nominal corrigé des effets de l'inflation.

Pour comprendre ce qui arrive au pouvoir d'achat d'un déposant, il faut donc tenir compte à la fois du taux d'intérêt et du taux d'inflation. Le taux d'intérêt qu'offre la banque s'appelle **taux d'intérêt nominal**, alors que le taux d'intérêt ajusté en fonction de l'inflation est le **taux d'intérêt réel**. Nous exprimons la relation entre le taux d'intérêt nominal, le taux d'intérêt réel et le taux d'inflation selon la formule suivante :

$$\text{Taux d'intérêt réel} = \text{Taux d'intérêt nominal} - \text{Taux d'inflation}$$

Le taux d'intérêt réel correspond à la différence entre le taux d'intérêt nominal et le taux d'inflation. Le taux d'intérêt nominal montre la vitesse à laquelle le nombre de dollars dans un compte en banque augmente pendant une période donnée. Pour sa part, le taux d'intérêt réel indique l'évolution du pouvoir d'achat pendant cette même période.

ÉTUDE DE CAS

LES TAUX D'INTÉRÊT DANS L'ÉCONOMIE CANADIENNE

La figure 6.3 montre l'évolution des taux d'intérêt réel et nominal depuis 1965. Le taux d'intérêt nominal correspond au taux de rendement sur les obligations corporatives de trois mois. Le taux d'intérêt réel se calcule en soustrayant l'inflation – la variation en pourcentage de l'indice des prix à la consommation – du taux d'intérêt nominal.

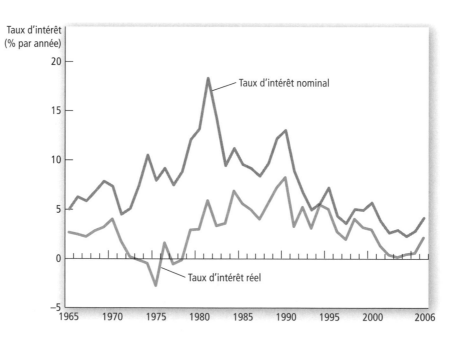

FIGURE 6.3

TAUX D'INTÉRÊT NOMINAL ET TAUX D'INTÉRÊT RÉEL Ce graphique illustre l'évolution des taux d'intérêt nominal et réel depuis 1965. Le taux d'intérêt nominal correspond au taux trimestriel des obligations de sociétés. Le taux d'intérêt réel correspond au taux d'intérêt nominal moins le taux d'inflation mesuré à partir de l'indice des prix à la consommation. On remarquera que les taux d'intérêt nominal et réel n'évoluent pas toujours de concert.

Source : Statistique Canada, « Statistiques du marché financier », CANSIM, Tableau 176-0043.

Il faut savoir que ces deux taux d'intérêt n'évoluent pas toujours de concert. Durant les années 1970, le taux d'intérêt nominal était très élevé mais, en raison d'une forte inflation, le taux d'intérêt réel était faible. Certaines années, ce taux d'intérêt réel était même négatif en raison de l'érosion du pouvoir d'achat causée par une inflation plus élevée que la valeur du taux d'intérêt nominal. De la fin des années 1990 au début des années 2000, le taux d'intérêt nominal a diminué, alors que l'inflation était faible et relativement constante, ce qui a donné un taux d'intérêt réel en diminution. Dans les prochains chapitres, lorsqu'il sera question des causes et des effets de l'évolution des taux d'intérêt, il faudra garder en mémoire la différence entre le taux d'intérêt réel et le taux d'intérêt nominal.

MINITEST

■ Henry Ford payait ses employés 5 $ par jour en 1914. Si l'indice des prix à la consommation était de 6,0 en janvier 1914 et de 113,0 en janvier 2009, combien ce chèque de paye vaudrait-il en dollars de 2009 ?

[BON À SAVOIR]   LE CALCUL EXACT DU TAUX D'INTÉRÊT RÉEL

La formule exacte permettant de calculer le taux d'intérêt réel est :

$$r = (i - \Pi) / (1 + \Pi)$$
où
r : taux d'intérêt réel
i : taux d'intérêt nominal
Π : taux d'inflation

Dans le cas où le taux d'intérêt nominal est de 5 % et le taux d'inflation est de 2 %, le taux d'intérêt réel est donc :

$$r = (0,05 - 0,02) / (1 + 0,02) = 0,0294 \text{ ou } 2,94 \%$$

Vérifions que la formule donnée à la page précédente est une bonne approximation :

$$r = i - \Pi = 0,05 - 0,02 = 0,03 \text{ ou } 3 \%$$

2,94 % est en effet très proche de 3 %. Cette approximation reste valable tant que le taux d'inflation est faible.

 ## CONCLUSION

Le joueur de base-ball Yogi Berra plaisantait un jour en déclarant : « On n'a même plus quatre trente sous pour une piastre de nos jours ! » Effectivement, au cours des dernières décennies, la valeur réelle des cents et des dollars a beaucoup diminué : le niveau général des prix a connu une hausse constante et l'inflation a progressivement réduit le pouvoir d'achat du dollar. Lorsqu'on compare la valeur d'un même montant en dollars à des dates différentes, il ne faut jamais oublier que le dollar n'a pas la même valeur aujourd'hui que celle qu'il avait 20 ans auparavant ni — très probablement — que celle qu'il aura dans 20 ans.

Dans ce chapitre, nous avons vu comment les économistes estiment l'augmentation du niveau général des prix et comment ils se servent des indices de prix pour ajuster les variables économiques touchées par l'inflation. Cependant, cette analyse ne constitue qu'un point de départ. Il faut encore examiner les causes et les effets de l'inflation, de même que ses conséquences sur d'autres variables économiques. Pour ce faire, notre prochaine tâche consistera à dépasser l'étape de la simple mesure de ces indicateurs économiques. Les chapitres 5 et 6 ont permis de comprendre comment les économistes mesurent les prix et les quantités macroéconomiques ; nous sommes maintenant prêts à nous pencher sur les modèles qui expliquent les fluctuations de ces variables à court et à long terme.

Voici les thèmes des prochains chapitres. Premièrement, nous examinerons les déterminants de long terme du PIB réel et des variables macroéconomiques qui lui sont liées, soit l'épargne, l'investissement, le taux d'intérêt réel et le chômage. Deuxièmement, nous ferons de même pour le niveau général des prix et des variables macroéconomiques qui lui sont liées, soit l'offre de monnaie, l'inflation et le taux d'intérêt nominal. Finalement, après avoir fait le tour de l'économie à long terme, nous nous pencherons sur les causes des fluctuations de court terme du PIB réel et du niveau des prix. Dans tous ces chapitres, l'analyse s'appuiera sur les connaissances acquises dans les chapitres 5 et 6, qui portaient sur la mesure des variables macroéconomiques.

RÉSUMÉ

- L'indice des prix à la consommation compare le coût d'un panier de biens et de services pour une année donnée avec le coût de ce même panier lors d'une année de base. Cet indice reflète le niveau général des prix. La variation en pourcentage dans le temps de cet indice des prix correspond au taux d'inflation.

- L'indice des prix à la consommation est une mesure imparfaite du coût de la vie, et ce, pour quatre raisons. Tout d'abord, il ne tient pas compte de la possibilité pour les consommateurs de substituer à certains biens devenus trop chers d'autres biens qui seraient meilleur marché. De plus, il ne reflète pas l'augmentation du pouvoir d'achat due à l'introduction de nouveaux produits sur le marché. En outre, il ne tient pas compte des variations de la qualité des biens et des services. Finalement, il néglige la possibilité que les ménages cherchent des lieux de vente à meilleur marché. En raison de ces difficultés, l'indice des prix à la consommation surévalue l'inflation d'environ ½ % à 1 % par année.

- On se sert également du déflateur du PIB pour mesurer le niveau général des prix. Le déflateur se différencie de l'indice des prix à la consommation en ce qu'il prend en compte les biens et services produits plutôt que les biens et services consommés. Pour cette raison, les produits importés influent sur l'indice des prix à la consommation, mais pas sur le déflateur du PIB. En outre, alors que l'indice des prix à la consommation se base sur un panier de biens fixe, on modifie automatiquement le déflateur du PIB pour tenir compte des modifications dans les biens et les services produits dans le PIB.

- On ne peut comparer directement deux valeurs en dollars de deux époques différentes. Il faut tenir compte de l'inflation, en gonflant les valeurs passées, et ce, grâce à un indice des prix.

■ Plusieurs lois et contrats privés comportent des dispositions d'indexation, c'est-à-dire qu'ils recourent à l'indice des prix à la consommation pour corriger les effets de l'inflation. Cependant, en ce qui concerne la fiscalité, cette indexation demeure partielle.

■ Lorsqu'on observe les taux d'intérêt, il faut tenir compte de l'inflation. Le taux d'intérêt nominal correspond au taux d'intérêt habituellement annoncé et à l'augmentation du nombre de dollars d'un compte d'épargne au cours d'une période donnée. Par contre, le taux d'intérêt réel tient compte des variations de la valeur de la monnaie. Ce dernier taux est égal au taux d'intérêt nominal moins le taux d'inflation.

CONCEPTS CLÉS

Indexation, p. 124

Indice des prix à la consommation (IPC), p. 116

Indice de référence, p. 119

Taux d'inflation, p. 118

Taux d'intérêt nominal, p. 126

Taux d'intérêt réel, p. 126

QUESTIONS DE RÉVISION

1. Laquelle de ces deux augmentations de prix influe le plus sur l'indice des prix à la consommation : une hausse de 10 % du prix du poulet ou une hausse équivalente du prix du caviar ? Pourquoi ?

2. Citez les quatre raisons pour lesquelles l'indice des prix à la consommation constitue une mesure imparfaite du coût de la vie.

3. Si le prix d'un avion de chasse augmente, laquelle de ces deux statistiques sera la plus touchée : l'indice des prix à la consommation ou le déflateur du PIB ? Pourquoi ?

4. Pendant une période donnée, le prix d'une friandise est passé de 0,10 $ à 0,60 $. Au cours de la même période, l'indice des prix à la consommation est passé de 150 à 300. En faisant les ajustements nécessaires pour tenir compte de l'inflation, calculez la variation réelle du prix de cette friandise.

5. Expliquez la signification du taux d'intérêt nominal et du taux d'intérêt réel. Comment sont-ils reliés ?

L'ÉCONOMIE RÉELLE À LONG TERME

LA PRODUCTION ET LA CROISSANCE

OBJECTIFS

À la fin de ce chapitre, vous serez en mesure :

→ de constater les différences de croissance économique dans le monde ;

→ de comprendre pourquoi la productivité est le facteur clé parmi ceux qui déterminent le niveau de vie d'un pays ;

→ d'analyser les facteurs qui déterminent la productivité d'un pays ;

→ de constater l'influence de la politique économique sur la productivité.

Il suffit de voyager pour prendre conscience des profondes disparités actuelles entre les niveaux de vie dans le monde : le Canadien, l'Américain ou l'Allemand moyen jouit d'un revenu dix fois supérieur à celui d'un Indien, d'un Indonésien ou d'un Nigérian moyen. Des contrastes aussi marqués sur le plan des revenus se traduisent naturellement par de grandes différences dans la qualité de vie. Les citoyens des pays riches disposent d'un plus grand nombre d'automobiles, de téléphones et de téléviseurs, d'une meilleure alimentation, de logements plus confortables, de soins de santé de qualité supérieure et d'une plus longue espérance de vie.

Ne serait-ce qu'à l'intérieur d'un même pays, d'ailleurs, le niveau de vie a beaucoup changé au fil du temps. Durant le dernier siècle, au Canada, le revenu moyen calculé à partir du PIB réel par habitant a connu une augmentation de 2 % par année. Ce pourcentage peut paraître faible, mais avec un tel taux de croissance, le revenu moyen double tous les 35 ans. Grâce à cette croissance, le revenu moyen actuel est presque huit fois supérieur à ce qu'il était un siècle auparavant. Par conséquent, le Canadien moyen jouit d'une prospérité économique plus élevée que celle de ses parents, de ses grands-parents et de ses arrière-grands-parents.

Les taux de croissance varient grandement d'un pays à l'autre. Certains pays du Sud-Est asiatique — Singapour, la Corée du Sud et Taïwan — ont atteint une croissance du revenu moyen de 7 % par année dans les dernières décennies. À un tel rythme, le revenu moyen double tous les dix ans. Ces pays, qui comptaient autrefois parmi les plus pauvres du monde, sont passés au rang des plus riches en l'espace d'une génération. La Chine et l'Inde, où habite le tiers de l'humanité, croissent également depuis quelques années à ce rythme élevé. Au contraire, certains pays africains, comme le Tchad, l'Éthiopie et le Nigeria, enregistrent depuis longtemps une stagnation du revenu moyen.

Qu'est-ce qui explique de telles disparités ? Comment les pays riches maintiennent-ils leur niveau de vie élevé ? Quelles mesures les pays pauvres doivent-ils adopter afin de promouvoir une croissance rapide et de rejoindre les régions les plus développées ? Voilà des questions fondamentales sur lesquelles se penche la macroéconomie. Comme l'a fait remarquer Robert E. Lucas, Prix Nobel d'économie en 1995 : « Les conséquences de telles questions sur le bien-être de l'humanité sont tout simplement extraordinaires ; une fois que l'on se met à y réfléchir, il est difficile de penser à autre chose. »

Dans les deux précédents chapitres, nous avons vu comment les économistes mesurent les quantités économiques et les prix. Nous commençons maintenant à étudier les déterminants de ces variables. Comme nous le savons déjà, le produit intérieur brut (PIB) d'une économie mesure à la fois le revenu total et les dépenses totales générés par la production des biens et des services. Le PIB réel fournit une bonne indication de la prospérité économique et sa croissance constitue une mesure fiable du progrès économique. Portons maintenant notre attention sur les facteurs qui déterminent, à long terme, le niveau et la croissance du PIB. Nous étudierons plus tard les fluctuations à court terme du PIB réel, autour de cette tendance à long terme.

Nous procéderons en trois étapes. Tout d'abord, nous examinerons les statistiques internationales du PIB par habitant. Ces données nous permettront de comprendre les différences de niveau de vie dans le monde. Nous passerons ensuite au rôle de la productivité — la quantité de biens et de services produits en une heure de travail ou par travailleur. Nous verrons plus particulièrement que le niveau de vie dans un pays dépend essentiellement de la productivité de ses travailleurs. Nous aborderons aussi les facteurs favorisant cette productivité. Enfin, nous établirons un lien entre la productivité et la politique économique d'un pays.

LA CROISSANCE ÉCONOMIQUE DANS LE MONDE

Pour commencer notre étude de la croissance à long terme, examinons l'évolution de 13 économies nationales. Le tableau 7.1 résume les statistiques du PIB réel par habitant dans ces pays sur plus de cent ans d'histoire. La première colonne du tableau indique le pays. La seconde montre les périodes, alors que la troisième et la quatrième colonnes fournissent une évaluation du PIB réel par habitant en début et en fin de période. Notons que les périodes ne sont pas les mêmes pour tous les pays, en raison de problèmes avec les données anciennes pour certaines régions.

Ces données montrent que le niveau de vie varie considérablement d'un pays à l'autre. Le revenu par personne au Canada était en 2003 six fois supérieur à celui de la Chine et dix fois plus élevé que celui de l'Inde. Les pays les plus pauvres ont actuellement des revenus moyens que le Canada n'a pas connus depuis plusieurs décennies. En 2003, le Chinois moyen disposait d'un revenu réel à peine plus élevé que celui du Britannique en 1870.

TABLEAU 7.1

LA DISPARITÉ DE LA CROISSANCE

PAYS	PÉRIODE	PIB RÉEL PAR HABITANT EN DÉBUT DE PÉRIODE*	PIB RÉEL PAR HABITANT EN FIN DE PÉRIODE	TAUX DE CROISSANCE (PAR ANNÉE)
Japon	1890–2003	1794$	40 110$	2,79%
Brésil	1900–2003	929$	10 483$	2,38%
Mexique	1900–2003	1383$	12 543$	2,16%
Chine	1900–2003	855$	6 993$	2,06%
Allemagne	1870–2003	2605$	38 484$	2,05%
Canada	1870–2003	2834$	41 679$	2,04%
États-Unis	1870–2003	4782$	52 555$	1,82%
Argentine	1900–2003	2736$	15 304$	1,69%
Inde	1900–2003	806$	4036$	1,58%
Royaume-Uni	1870–2003	5738$	38 750$	1,45%
Indonésie	1900–2003	1064$	4499$	1,41%
Pakistan	1900–2003	880$	2887$	1,16%
Bangladesh	1900–2003	744$	2621$	1,16%

*PIB réel en dollars canadiens de 2003

Sources : Robert J. Barro et Xavier Sala-i-Martin, *Economic Growth*, New York, McGraw-Hill, 1995, tableaux 10.2 et 10.3 ; Banque mondiale, *Rapport sur le développement dans le monde 2005*, tableau 1 ; calculs des auteurs.

La dernière colonne du tableau indique le taux de croissance annuel moyen du PIB par habitant, pour la période indiquée. Par exemple, le PIB réel canadien par habitant était de 2 834 $ en 1870 et atteignait 41 679 $ en 2003, ce qui correspond à un taux de croissance annuel moyen de 2,04 %. Autrement dit, en appliquant une augmentation de 2,04 % par an pendant 133 ans à un PIB réel par personne de 2 834 $, on obtiendrait 41 679 $. Bien entendu, le PIB réel par habitant n'a pas augmenté de façon constante de 2,04 % par année. Le taux de croissance a été supérieur certaines années et inférieur à d'autres moments. Le taux de croissance de 2,04 % ne tient donc pas compte des fluctuations à court terme autour de la tendance à long terme : il représente le taux de croissance moyen du PIB réel sur une longue période.

Le taux de croissance moyen des 13 pays retenus a servi de critère de classement dans le tableau. Le Japon se situe en tête, avec un taux de croissance moyen de 2,79 % par an. En 1890, le Japon ne figurait pas au rang des pays riches : son revenu moyen était un peu plus élevé que celui du Mexique et bien loin derrière celui de l'Argentine. En fait, le revenu japonais en 1890 était bien inférieur à celui de l'Inde en 2003. Cependant, grâce à une croissance spectaculaire, le Japon est devenu une grande puissance économique, disposant d'un revenu moyen légèrement supérieur à celui du Royaume-Uni et figurant juste derrière ceux du Canada et des États-Unis. Au bas de ce tableau, on retrouve le Pakistan et le Bangladesh, dont la croissance moyenne n'a été que de 1,16 % au cours de la période observée. Les habitants de ces pays continuent donc de vivre dans une pauvreté extrême.

En raison des différences entre les taux de croissance, le classement des pays selon le revenu a varié considérablement au fil du temps. Comme nous l'avons vu, le Japon a connu une progression spectaculaire par rapport aux autres pays. Par contre, le Royaume-Uni a reculé, de façon relative. En 1870, c'était le pays le plus riche du monde : son revenu moyen était le double de celui du Canada et dépassait de 20 % celui des États-Unis. Même si son PIB par habitant a augmenté au cours du XXᵉ siècle, comme celui de tous les pays répertoriés dans ce tableau, le Royaume-Uni a cependant été dépassé par ses deux anciennes colonies.

En somme, ces statistiques démontrent que les pays les plus riches du monde ne sont pas assurés de conserver leur position et que les pays les plus pauvres ne sont pas condamnés à la misère. Mais comment expliquer cette évolution ? Pourquoi certains pays croissent-ils à toute vitesse alors que d'autres n'avancent que péniblement ? Nous allons maintenant répondre à ces questions.

MINITEST

- Quel est le taux de croissance approximatif du PIB réel par habitant au Canada cette année ? Nommez un pays qui a enregistré une croissance plus rapide et un autre qui a connu une croissance plus lente.

[BON À SAVOIR]

UNE IMAGE VAUT MILLE DONNÉES STATISTIQUES

George Bernard Shaw disait : « Un homme véritablement instruit est celui qui est profondément ému par les statistiques. » Rares sont toutefois ceux qui sont profondément émus aujourd'hui par des données sur le PIB, à moins qu'on explique ce que ces données représentent.

Les trois photos apparaissant sur la page ci-contre montrent autant de familles moyennes habitant respectivement le Royaume-Uni, le Mexique et le Mali. Chaque famille a été photographiée à l'extérieur de sa maison, parmi l'ensemble de ses biens matériels.

Ces trois pays ont des niveaux de vie très différents les uns des autres, comme le révèlent ces photos, le PIB ou d'autres statistiques.

- L'économie du Royaume-Uni est très développée. En 2003, le PIB par habitant s'élevait à 38 750 $ CAN. Une très faible partie de la population vit dans une pauvreté extrême, soit avec moins de 2 $ par jour. Le taux de fréquentation de l'école secondaire chez les enfants britanniques atteint 95 %. Les citoyens britanniques peuvent compter sur une longue espérance de vie : la probabilité de vivre au moins jusqu'à 65 ans est de 83 % pour les hommes et de 89 % pour les femmes.

- Le Mexique fait partie des pays à revenu moyen. En 2003, le PIB par habitant était de 12 540 $, alors qu'environ le quart de la population doit vivre avec moins de 2 $ par jour. Quelque 60 % des enfants d'âge scolaire fréquentent l'école secondaire. Quant à la probabilité de vivre au moins jusqu'à 65 ans, elle est de 71 % pour les hommes et de 82 % pour les femmes.

- Le Mali est un pays pauvre. En 2003, le PIB par habitant ne dépassait pas 1345 $. La pauvreté extrême y est la norme : plus de la moitié de la population vit avec moins de 2 $ par jour. Par ailleurs, moins de 10 % des enfants d'âge scolaire vont effectivement à l'école. L'espérance de vie y est également plus brève : la probabilité de vivre au moins jusqu'à 65 ans est de seulement 37 % pour les hommes et de 41 % pour les femmes.

Les économistes qui étudient la croissance économique tentent de déterminer les causes de ces écarts aussi prononcés entre les différents niveaux de vie.

Une famille moyenne du Royaume-Uni.

Une famille moyenne du Mexique.

Une famille moyenne du Mali.

[BON À SAVOIR] ÊTES-VOUS PLUS RICHE QUE L'AMÉRICAIN LE PLUS RICHE ?

John D. Rockefeller

En octobre 1998, le magazine *American Heritage* a publié la liste des Américains les plus riches de tous les temps. Au tout premier rang, on retrouve John D. Rockefeller, le magnat du pétrole, presque centenaire à son décès (1839-1937). Selon l'estimation du magazine, sa fortune aurait atteint l'équivalent de 200 milliards de dollars actuels, soit beaucoup plus que celle de Bill Gates, le pionnier de l'informatique qui est aujourd'hui l'Américain le plus riche.

Malgré son immense fortune, Rockefeller n'a pas connu beaucoup des commodités que nous tenons maintenant pour acquises : télévision, jeux vidéo, Internet, courriel, etc. Au cœur de l'été, il ne pouvait pas se rafraîchir chez lui à l'aide d'un climatiseur. Pendant la plus grande partie de sa vie, il n'a pu se déplacer en voiture ou en avion et il n'a pu communiquer par téléphone avec sa famille ou ses amis. En cas de maladie, il ne pouvait bénéficier des nombreux médicaments, tels les antibiotiques, que les médecins prescrivent aujourd'hui couramment pour soigner leurs patients et améliorer leur qualité de vie.

Réfléchissez maintenant à la question suivante : combien d'argent faudrait-il vous offrir pour que vous renonciez pour toujours aux commodités modernes que Rockefeller n'a pas connues ? Le feriez-vous pour 200 milliards de dollars ? Peut-être que non. Dans la négative, serait-il juste de dire que vous seriez quand même dans une meilleure situation que John D. Rockefeller, présumé être l'Américain le plus riche de tous les temps ?

Le chapitre précédent a traité du fait que les indices des prix standard, grâce auxquels on peut comparer la valeur de sommes d'argent à différentes époques, ne reflètent pas pleinement l'apparition de nouveaux biens dans l'économie. Il s'ensuit que le taux d'inflation est surestimé, tandis que le taux de croissance économique réelle est plutôt sous-estimé. La question de la richesse de Rockefeller montre toute l'importance d'un tel problème. En raison des extraordinaires progrès technologiques accomplis, l'Américain moyen actuel pourrait être considéré comme plus riche que l'Américain le plus riche il y a une centaine d'années, un fait qu'on ne saurait inférer à partir des statistiques économiques standard.

LA PRODUCTIVITÉ : SON RÔLE ET SES DÉTERMINANTS

D'une certaine façon, il est facile d'expliquer la grande disparité des niveaux de vie dans le monde. Comme nous le verrons, cette explication peut se résumer en un seul mot : productivité. D'un autre côté, pourtant, ces différences internationales restent très étonnantes. Pour comprendre la cause des grands écarts observés entre les revenus nationaux, nous devons nous interroger sur les facteurs qui déterminent le niveau de la productivité.

L'IMPORTANCE DE LA PRODUCTIVITÉ

Commençons notre étude de la productivité et de la croissance économique par l'établissement d'un modèle très simple, qui s'inspire du fameux roman de Daniel Defoe, *Robinson Crusoé*. Comme vous le savez peut-être, le personnage principal de ce roman, Robinson Crusoé, a fait naufrage sur une île déserte. Vivant désormais seul, il doit pêcher son poisson, cultiver ses légumes et confectionner ses vêtements. Nous pouvons envisager les activités de Robinson — la production et la consommation des poissons, des légumes et des vêtements — comme une économie simplifiée. Certaines des leçons que nous tirerons de l'examen de cette économie pourront aussi s'appliquer aux économies plus complexes et plus proches de la réalité.

De quoi dépend le niveau de vie de Robinson Crusoé ? La réponse est évidente. S'il est un pêcheur habile, un excellent cultivateur et un bon couturier, il vivra bien. Par contre, s'il se révèle médiocre dans toutes ces tâches, il survivra péniblement. Comme il vit en autarcie, son niveau de vie dépend directement de sa productivité.

Productivité
Quantité de biens et de services qu'un travailleur peut produire par unité de temps.

La **productivité** mesure la quantité de biens et de services qu'un travailleur peut produire par unité de temps. Dans le cas de l'économie de Robinson, on constate que sa productivité détermine son niveau de vie et que la croissance de ce niveau de vie est directement liée à celle de sa productivité. Plus Robinson est efficace, plus il capture de poissons à l'heure et plus il en aura dans son assiette. S'il trouve un meilleur endroit pour pêcher, sa productivité augmentera, ce qui élèvera d'autant son niveau de vie. Il aura alors le choix entre consommer davantage de poissons ou passer moins de temps à pêcher, pour se consacrer à la production d'autres biens qui lui apportent aussi du bien-être.

Ce rôle-clé joué par la productivité dans la détermination du niveau de vie s'applique aussi bien aux pays qu'aux naufragés solitaires. Rappelons que le produit intérieur brut (PIB) mesure deux choses simultanément : le revenu total gagné par tous les agents économiques et les dépenses totales pour acheter les biens et les services produits dans cette même économie. La raison en est simple : dans une économie, le revenu et les dépenses doivent être égaux. Autrement dit, le revenu d'une économie est égal à la valeur de sa production.

Tout comme Robinson, un pays a la possibilité de jouir d'un niveau de vie élevé, dans la mesure où il produit beaucoup de biens et de services. Les Canadiens vivent mieux que les Nigérians parce que les travailleurs canadiens sont plus productifs que leurs homologues nigérians. Le niveau de vie des Japonais a crû plus rapidement que celui des Argentins en raison d'une progression plus rapide de leur productivité. Il est utile de rappeler ici l'un des **dix principes d'économie** du chapitre 1 : le niveau de vie d'un pays dépend de sa capacité à produire des biens et des services.

Examinons d'un peu plus près cette relation entre le PIB par habitant et la productivité. La productivité (ou productivité moyenne du travail) représente la production par unité du facteur travail. Elle peut être mesurée de deux façons : soit en divisant le PIB par le nombre de travailleurs, soit en divisant le PIB par le nombre total d'heures travaillées. Dans le premier cas, la productivité représente la production qu'un travailleur peut réaliser en une année (si le PIB est mesuré annuellement). Dans le deuxième cas, la productivité mesure la production réalisée en moyenne par un travailleur durant une heure d'effort. Ces façons différentes de mesurer la productivité reflètent toutes deux l'efficacité des travailleurs. Nous retiendrons cependant, pour le propos qui suit, le concept de PIB par heure travaillée.

Considérons la formule suivante :

$$\frac{\text{PIB}}{\text{population}} = \left(\frac{\text{PIB}}{\text{heures totales travaillées}}\right) \times \left(\frac{\text{heures totales travaillées}}{\text{emploi}}\right) \times \left(\frac{\text{emploi}}{\text{population}}\right)$$

Le PIB par habitant (membre gauche de l'égalité) est égal au produit des trois termes de droite de l'égalité. Cette équation est une identité, car les heures travaillées, l'emploi et la population s'annulent du côté droit, ne laissant de part et d'autre que le rapport PIB/population.

Qu'est-ce qui peut faire augmenter le PIB par habitant? Cette augmentation peut être causée par une hausse de l'un ou l'autre des termes du membre de droite de l'équation, qui sont les suivants:

- la productivité (PIB/heures travaillées);
- le nombre d'heures travaillées par personne employée;
- la proportion de la population qui travaille.

Sur une courte période, chacun des termes du côté droit peut augmenter ou diminuer et, donc, contribuer à changer le PIB par habitant. Par exemple, une baisse du taux de chômage fait augmenter la proportion de la population qui travaille et donc le PIB par habitant. Si, par contre, les jeunes prolongent la durée de leurs études, la proportion de la population totale qui travaille diminue et le PIB par habitant s'en trouve réduit.

Cependant, lorsqu'on s'intéresse à la croissance du niveau de vie sur une longue période, la situation est différente. Si le PIB par habitant est multiplié par 14,7 sur une période de 133 ans (ce qui a été le cas du Canada), quels facteurs peut-on invoquer pour expliquer cette situation? Prenons séparément chacun des termes du côté droit de la formule. Premièrement, considérons les heures travaillées par personne employée. L'employé moyen travaillait 2965 heures par année au Canada en 1870, contre 1655 heures seulement en 2003. En effet, la semaine de travail est bien plus courte aujourd'hui, ce qui cause, toutes choses étant égales par ailleurs, une réduction du PIB par habitant. Deuxièmement, voyons ce qui est arrivé à la proportion de la population totale qui travaille. Celle-ci a sans doute un peu varié au cours du siècle: elle a diminué en raison de l'augmentation de la durée des études, de la baisse de l'âge moyen de la retraite et de la prolongation de l'espérance de vie; en même temps, elle a augmenté en raison de la présence accrue des femmes sur le marché du travail. Par conséquent, la variation nette est relativement faible. La seule variable qui peut expliquer la hausse du PIB par habitant observée au Canada est donc la hausse de la productivité moyenne du travail, autrement dit, l'efficacité des travailleurs.

Pour comprendre les différences de niveau de vie entre les pays et à travers le temps, il est donc primordial de se pencher sur la productivité. Mais comprendre le lien entre le niveau de vie et la productivité n'est qu'une première étape. Celle-ci mène naturellement à la question suivante: pourquoi certaines économies sont-elles plus productives que d'autres?

LES DÉTERMINANTS DE LA PRODUCTIVITÉ

La productivité semble bel et bien déterminer le niveau de vie de Robinson Crusoé. Mais qu'est-ce qui explique cette productivité? Robinson sera certainement un meilleur pêcheur s'il possède plus de cannes à pêche, s'il connaît les meilleures techniques pour attraper du poisson, s'il y a beaucoup de poissons ou s'il invente un meilleur appât. Chacun de ces facteurs — baptisés *capital physique*, *capital humain*, *ressources naturelles* et *connaissances technologiques* — influe sur sa productivité et a son pendant dans les économies réelles complexes. Examinons maintenant chacun de ces facteurs.

LE CAPITAL PHYSIQUE PAR TRAVAILLEUR

Capital physique
Le stock d'outils, d'immeubles et d'équipements servant à la production de biens et de services.

Les travailleurs sont plus productifs s'ils disposent d'outils de travail. L'ensemble des outils, des équipements et des immeubles utilisés pour la production de biens et de services se nomme capital physique, ou tout simplement capital. Lorsqu'ils fabriquent un meuble, les ébénistes se servent de scies, de tours et de perceuses. Ces outils perfectionnés permettent d'accélérer la production et d'améliorer la qualité du produit fini. Un menuisier mal équipé ne produira pas autant que celui qui dispose de toutes les machines sophistiquées disponibles.

Nous avons vu au chapitre 2 que les intrants utilisés pour produire des biens et des services — travail, capital, etc. — se nomment facteurs de production. L'une des caractéristiques essentielles du capital physique réside dans le fait qu'il s'agit d'un facteur de production produit. Autrement dit, le capital est l'intrant d'un processus de production, mais il est également l'extrant d'un processus de production antérieur. Le tour qu'utilise l'ébéniste pour produire un pied de table est en premier lieu produit par une usine de tours. Le fabricant de tours se sert lui-même d'autres équipements pour réaliser son produit. Par conséquent, le capital est un facteur de production qui entre dans la production de toutes sortes de biens et de services, y compris du capital.

LE CAPITAL HUMAIN PAR TRAVAILLEUR

Capital humain
Les connaissances et les aptitudes que les travailleurs acquièrent par l'éducation, la formation et l'expérience.

Le deuxième facteur déterminant la productivité est le capital humain. Il peut être défini comme l'ensemble des connaissances et des aptitudes que les travailleurs ont acquises. Ces connaissances et aptitudes peuvent provenir tant d'un apprentissage scolaire — allant de la maternelle à l'université, en passant par l'école primaire, l'école secondaire et le collège — que de la formation professionnelle et de l'expérience de travail.

La formation, l'apprentissage et l'expérience paraissent certes moins tangibles que les scies circulaires, les bulldozers et les bâtiments. Pourtant, le capital humain présente bien des caractéristiques du capital physique. Tout comme ce dernier, le capital humain accroît la capacité de production de biens et de services d'un pays. Il s'agit également d'un facteur de production produit. En effet, pour augmenter le capital humain, il faut des intrants, comme les professeurs, les bibliothèques et le temps passé à étudier. On peut en effet considérer les étudiants comme des travailleurs ayant la responsabilité de produire le capital humain qui sera utilisé dans la production future.

LES RESSOURCES NATURELLES PAR TRAVAILLEUR

Ressources naturelles
Intrants fournis par la nature, tels que la terre, les rivières et les gisements de minerais.

Un troisième facteur détermine la productivité, les ressources naturelles, qui sont les intrants fournis par la nature, tels que la terre, les rivières et les gisements de minerais. Les ressources naturelles prennent deux formes : les ressources renouvelables et les ressources non renouvelables. Les forêts sont un exemple de ressource renouvelable. Lorsqu'on abat un arbre, on peut en planter un autre à sa place. Le pétrole est un exemple de ressource non renouvelable. Comme le pétrole a été produit par la nature au cours de très longues périodes, à partir de déchets organiques, le stock disponible est limité. Une fois ce stock épuisé, il n'est pas possible d'en créer un nouveau.

Des différences dans la dotation en ressources naturelles sont responsables d'une partie des écarts entre les niveaux de vie que l'on peut observer à travers le monde. Le succès économique du Canada est dû en partie à la grande quantité de terres idéales pour l'agriculture et à l'abondance de minerais, de forêts et de gisements d'hydrocarbures. À notre époque, certains pays du Moyen-Orient sont riches tout simplement parce qu'on y trouve des quantités extraordinaires de pétrole facile à extraire.

Même si les ressources naturelles sont importantes, il n'est pas nécessaire qu'un pays en soit doté pour pouvoir produire des biens et des services ou pour être productif. Le Japon, par exemple, compte parmi les plus productifs (et les plus riches) au monde, malgré sa dotation à peu près nulle en ressources naturelles. Le commerce international rend possible le succès de ce pays. En effet, le Japon importe la plupart des ressources naturelles dont il a besoin et exporte des biens manufacturés, entre autres à des pays riches en ressources.

LES CONNAISSANCES TECHNOLOGIQUES

Connaissances technologiques
Les connaissances de la société quant aux meilleures manières de produire les biens et les services.

Quatrième facteur déterminant la productivité, les **connaissances technologiques** sont tout simplement notre savoir concernant les meilleures méthodes de production de biens et de services. Il y a un siècle, la majorité des Canadiens travaillaient dans le secteur de l'agriculture, parce que la technologie de l'époque les obligeait à utiliser une main-d'œuvre nombreuse pour nourrir la population. Aujourd'hui, grâce aux progrès des techniques agricoles, un petit nombre de personnes suffisent à produire assez de nourriture pour tout le pays. Ce changement technologique a libéré un grand nombre de travailleurs pour produire d'autres types de biens et de services.

Les connaissances technologiques prennent plusieurs formes. Certaines technologies font rapidement partie du patrimoine commun, si l'invention d'une personne est rapidement connue et utilisée par tous. Ce fut le cas du travail à la chaîne, introduit par Henry Ford mais imité très rapidement par les autres fabricants d'automobiles. En revanche, d'autres technologies demeurent la propriété de leurs inventeurs. La société Coca-Cola est la seule à connaître la recette secrète de sa célèbre boisson gazeuse. D'autres connaissances technologiques appartiennent à des entreprises durant un temps limité. Quand une société pharmaceutique met au point un nouveau médicament, par exemple, le système de brevet lui octroie temporairement l'exclusivité de la fabrication de ce produit. À l'expiration du brevet, toutes les autres entreprises acquièrent le droit de le copier. Toutes ces formes de connaissances technologiques sont essentielles à la production des biens et des services de l'économie.

Il importe de faire la distinction entre les connaissances technologiques et le capital humain. Même s'ils sont intimement liés, ils présentent tout de même des différences notables. Lorsqu'on pense aux connaissances technologiques, on évoque les connaissances existantes sur le fonctionnement du monde. Le capital humain mesure plutôt l'intégration de ces connaissances par les travailleurs. Pour faire une analogie simple, disons que le savoir technologique illustre le contenu des livres, alors que le capital humain représente la compréhension qu'en ont les travailleurs grâce au temps de lecture qu'ils y ont consacré. Leur productivité dépend à la fois de la qualité des manuels existants et du temps qu'ils ont accordé à leurs études.

BON À SAVOIR

LA FONCTION DE PRODUCTION

Pour décrire la relation entre les intrants et la production, les économistes utilisent une fonction de production. Soit Y, la quantité de production, L, la quantité de travail, K, la quantité de capital physique, H, la quantité de capital humain, et N, la quantité de ressources naturelles. Nous pouvons alors poser l'équation suivante :

$$Y = A \, F(L, K, H, N)$$

Dans cette équation, $F(\ )$ est une fonction indiquant la façon dont les intrants sont combinés dans le processus de production. La variable A représente la technologie de production. Le progrès technologique fait augmenter A, de sorte que l'économie produit davantage pour toute combinaison donnée d'intrants.

De nombreuses fonctions de production ont une propriété appelée *rendements d'échelle constants*. Lorsqu'une fonction de production est à rendements d'échelle constants, le doublement de la quantité de tous les facteurs se traduira par un doublement de la production. Pour représenter une telle production, on peut alors écrire l'équation suivante, pour toute valeur positive de x :

$$xY = A \, F(xL, xK, xH, xN)$$

Le doublement de tous les intrants se traduirait dans cette équation par $x = 2$. Le côté droit de l'équation montre le doublement des intrants, et le côté gauche, celui de la production.

Les fonctions de production de ce type ont une propriété intéressante. Posons $x = 1/L$. L'équation devient alors :

$$Y/L = A \, F(1, K/L, H/L, N/L)$$

Notons que Y/L représente la production par travailleur, qui est l'une des façons de mesurer la productivité. Cette équation montre donc que la productivité dépend du capital physique par travailleur (K/L), du capital humain par travailleur (H/L) et des ressources naturelles par travailleur (N/L). La productivité dépend également de l'état de la technologie, représenté par la variable A. Les quatre facteurs déterminant la productivité se retrouvent donc dans cette équation.

ÉTUDE DE CAS

LES RESSOURCES NATURELLES LIMITENT-ELLES LA CROISSANCE ?

La population dépasse aujourd'hui les six milliards de personnes, à peu près quatre fois plus qu'il y a un siècle. En même temps, beaucoup de gens disposent d'un niveau de vie beaucoup plus élevé que celui de leurs grands-parents. Le débat se poursuit cependant quant à la possibilité de maintenir tant la croissance démographique que la hausse des niveaux de vie.

Selon certains commentateurs, l'épuisement des ressources naturelles finira par limiter la croissance économique mondiale. À première vue, cela semble un argument de poids. Si les ressources non renouvelables sont limitées, comment la population, la production et le niveau de vie pourraient-ils croître indéfiniment ? Les ressources pétrolières et minérales ne finiront-elles pas par s'épuiser ? Lorsque de telles pénuries surviendront, ne mettront-elles pas un terme à la croissance économique ? Ne risquent-elles pas même de faire chuter le niveau de vie ?

Bien que cet argument paraisse solide, la plupart des économistes ne sont pas tellement préoccupés par les limites possibles de la croissance. En effet, les progrès technologiques permettent souvent de surmonter les obstacles posés par la pénurie de ressources. Une comparaison de l'économie d'aujourd'hui avec celle du passé démontre d'ailleurs que l'utilisation des ressources est devenue plus efficace. Les voitures les plus récentes consomment moins d'essence. Les maisons neuves, mieux isolées, consomment moins d'énergie pour le chauffage et la climatisation. On produit maintenant du pétrole à partir de sables bitumineux et le recyclage permet de réutiliser des ressources. La mise au point de carburants alternatifs, comme l'éthanol, permet de substituer des ressources renouvelables à des ressources non renouvelables.

Les protecteurs de l'environnement s'inquiétaient il y a 50 ans de l'emploi excessif du cuivre et de l'étain, deux ressources cruciales à l'époque. On se servait de l'étain pour la fabrication des boîtes de conserve, et les fils téléphoniques étaient en cuivre. Certaines personnes exigeaient le recyclage et le rationnement de ces deux métaux afin d'en laisser pour les générations suivantes. Mais le plastique a remplacé l'étain dans la fabrication de beaucoup de contenants alimentaires et la fibre optique — faite à partir de sable — est de plus en plus utilisée pour transmettre les conversations téléphoniques. Dans les deux cas, les progrès technologiques ont permis de résoudre le problème de la pénurie qui menaçait les ressources naturelles. En fait, qui parle aujourd'hui du problème de l'épuisement du cuivre ? De la même façon, William Stanley Jevons, l'un des économistes les plus célèbres de son époque, s'inquiétait de la disparition éventuelle du charbon en Angleterre. Dans son livre publié en 1865 et intitulé *The Coal Question*, Jevons prévoyait pour 1900 l'épuisement du charbon et l'arrêt presque complet de la production industrielle au Royaume-Uni. Près de 140 ans plus tard, la Grande-Bretagne produit encore assez de charbon pour vouloir protéger, à l'aide de tarifs douaniers, les emplois de plusieurs dizaines de milliers de mineurs. Comme plusieurs, Jevons avait sous-estimé les effets des progrès technologiques.

Mais tous ces efforts permettront-ils vraiment la poursuite de la croissance économique ? L'une des façons de répondre à cette question consiste à examiner les prix des ressources naturelles. Nous savons que, dans une économie de marché, la rareté fait monter les prix. Si les ressources naturelles deviennent plus rares, leur prix ne manquera pas d'augmenter progressivement. Or c'est l'inverse qui se vérifie. Les prix de la plupart des ressources naturelles (ajustés pour tenir compte de l'inflation) demeurent stables ou ont tendance à baisser. Il semble donc que notre capacité à conserver ces ressources croît plus rapidement que l'épuisement des réserves. L'évolution des prix ne donne aucune raison de croire que les ressources naturelles limiteront un jour la croissance économique.

MINITEST

■ Nommez et décrivez quatre facteurs déterminant la productivité d'un pays.

LES POLITIQUES FAVORISANT LA CROISSANCE ÉCONOMIQUE

Jusqu'à maintenant, nous avons vu que le niveau de vie d'une société dépend de sa capacité à produire des biens et des services et que cette productivité dépend à son tour du capital physique, du capital humain, des connaissances technologiques et des ressources naturelles. Posons maintenant la question que tous les dirigeants politiques devraient se poser : quelles politiques publiques favorisent l'augmentation de la productivité et des niveaux de vie ?

L'IMPORTANCE DE L'ÉPARGNE ET DE L'INVESTISSEMENT

Comme le capital est un facteur de production produit, une société a la possibilité de modifier son stock de capital. Si elle fabrique beaucoup de nouveaux biens d'équipement, cette accumulation lui permettra de produire davantage de biens et de services dans le futur. Une bonne façon d'augmenter la productivité future consiste donc à investir aujourd'hui dans la production de capital.

Selon l'un des **dix principes d'économie** présentés au chapitre 1, les gens sont soumis à des arbitrages. L'importance de ce principe se confirme lorsqu'on considère l'accumulation du capital. En raison de la rareté des ressources, on doit, pour produire du capital, réduire la production de biens et de services de consommation courante. La croissance rendue possible par l'accumulation du capital exige donc des sacrifices : la société doit renoncer à une partie de sa consommation actuelle pour s'assurer une plus grande consommation future.

Dans le chapitre suivant, nous verrons plus en détail comment les marchés financiers coordonnent l'épargne et l'investissement, mais aussi dans quelle mesure la politique gouvernementale les influence. Pour le moment, il suffit de savoir qu'en encourageant l'épargne et l'investissement, les pouvoirs publics favorisent la croissance et, à long terme, l'augmentation du niveau de vie.

LES RENDEMENTS DÉCROISSANTS ET L'EFFET DE RATTRAPAGE

Que se passerait-il si un gouvernement se donnait pour mission d'augmenter les taux d'épargne et d'investissement nationaux — c'est-à-dire le pourcentage du PIB consacré à l'épargne et à l'investissement plutôt qu'à la consommation ? Comme nous le verrons au prochain chapitre, une épargne plus importante signifie que moins de ressources sont consacrées à la production de biens de consommation et que plus le sont à la production de biens d'équipement. En conséquence, l'accroissement du stock de capital conduirait à une amélioration de la productivité et à une accélération de la croissance du PIB. Mais la croissance du PIB se maintiendrait-elle ? Si on suppose que le taux d'épargne demeure plus élevé qu'auparavant, le taux de croissance économique serait-il accru pour une certaine période de temps seulement ou resterait-il indéfiniment plus élevé ?

Rendements marginaux décroissants
Propriété selon laquelle la croissance de la production diminue quand la quantité d'un facteur de production augmente.

Le capital est soumis à des rendements marginaux décroissants : à mesure que la quantité de capital augmente, la croissance de la production est de plus en plus faible. Autrement dit, quand les travailleurs disposent déjà d'une bonne quantité de capital pour produire des biens et des services, toute augmentation supplémentaire de capital améliore peu leur productivité.

En raison des rendements marginaux décroissants du capital, la hausse de l'épargne n'augmente la croissance économique que durant un temps limité. À mesure que le taux d'épargne plus élevé permet d'accumuler plus de capital, les effets de l'accumulation du capital diminuent au fil du temps, ce qui fait ralentir à son tour la croissance. À long terme, l'augmentation du taux d'épargne conduit à des niveaux de productivité et de revenu plus élevés, mais elle ne se traduit pas par de plus grands taux de croissance de ces variables. Les études sur la croissance économique internationale indiquent que la hausse du taux d'épargne peut tout de même se traduire par une augmentation du taux de croissance durant plusieurs décennies.

La relation entre le stock de capital par travailleur et la productivité peut être illustrée sur un graphique, appelé *graphique de productivité*. Un tel graphique est présenté à la figure 7.1. On peut y observer que plus la quantité de capital physique disponible par travailleur est importante, plus la productivité moyenne du travail est élevée. Cette relation positive entre le stock de capital par travailleur et la production par travailleur se vérifie par la pente positive de la courbe. Cette courbe a aussi une autre propriété importante : elle est concave, c'est-à-dire que la productivité augmente de moins en moins à mesure que le capital par travailleur s'accroît, ce qui signifie que les rendements marginaux du capital sont décroissants.

Les rendements marginaux décroissants du capital ont une autre conséquence importante : toutes choses étant égales par ailleurs, il est plus facile pour un pays de croître rapidement s'il est pauvre. On désigne parfois sous le terme d'**effet de rattrapage** (ou convergence des niveaux de vie) l'effet des conditions initiales sur la croissance subséquente. Dans les pays pauvres, l'absence des outils les plus rudimentaires est parfois la cause d'une très faible productivité des travailleurs. Des investissements en capital, même faibles, engendrent alors une augmentation substantielle de la productivité. En revanche, dans les pays développés, la main-d'œuvre dispose déjà d'un important stock de capital. Une augmentation de capital ne fait donc progresser que très légèrement la productivité. Les recherches

Effet de rattrapage
Phénomène selon lequel, pour une même augmentation du capital par travailleur, la croissance dans les pays pauvres a tendance à être plus rapide que dans les pays riches, ce qui leur permet de rattraper le niveau de vie des pays riches.

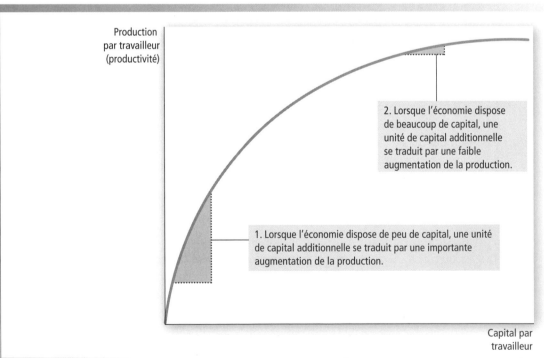

FIGURE 7.1

LA FONCTION DE PRODUCTIVITÉ Ce graphique montre comment le stock de capital par travailleur affecte la production par travailleur. Les autres déterminants de la production (capital humain, ressources naturelles, technologie) sont tenus constants. En raison des rendements marginaux décroissants du capital, la courbe s'aplatit à mesure que le stock de capital augmente.

économiques internationales confirment cet effet de rattrapage. En isolant les autres variables — comme le pourcentage du PIB consacré à l'investissement —, on constate que la productivité dans les pays moins développés tend à croître plus rapidement que dans les pays riches. Ainsi, les pays pauvres ont tendance à rattraper les pays riches en ce qui concerne le niveau de vie.

Cet effet de rattrapage permet d'expliquer certains faits étonnants. De 1960 à 1990, le Canada et la Corée du Sud ont consacré une proportion semblable de leur PIB à l'investissement. Le PIB réel canadien n'a pourtant crû que d'environ 2,5 % par année au cours de cette période, alors que la croissance coréenne, à 7 %, paraît tout à fait spectaculaire. Cet écart s'explique par l'effet de rattrapage. En 1960, le revenu moyen de la Corée ne représentait pas le dixième de celui du Canada, surtout à cause d'une faible productivité provenant de maigres investissements dans le passé. À partir d'un faible stock de capital par travailleur, l'accumulation du capital entre 1960 et 1990 a fait énormément progresser la productivité coréenne : c'est ce qui explique ce taux de croissance exceptionnel.

On retrouve également cet effet de rattrapage dans d'autres contextes. Par exemple, lorsque, à la fin de l'année, une école attribue un prix à l'étudiant qui a le plus progressé, il ne s'agit pas, la plupart du temps, de l'élève qui brillait le plus à la rentrée. Les étudiants qui commencent l'année sans étudier ont plus de facilité à améliorer leurs notes que ceux qui travaillent fort dès le début. Notons que le fait d'être l'étudiant qui a le plus progressé est une bonne chose, mais qu'être premier de classe est encore mieux. La même remarque s'applique à la croissance économique de la Corée du Sud, qui a été plus rapide que celle du Canada dans les dernières décennies, même si le PIB par habitant coréen est encore inférieur à celui du Canada.

Les conséquences des rendements marginaux décroissants du capital sont explorées plus en profondeur dans l'annexe du présent chapitre.

LA LIBERTÉ ÉCONOMIQUE ET LE DROIT DE PROPRIÉTÉ

La liberté économique et la stabilité politique sont des conditions préalables à la croissance. Nous avons déjà remarqué dans le chapitre 3, qui concerne l'interdépendance, que, dans une économie de marché, la production dépend de l'interaction de millions d'individus et d'entreprises. En achetant une voiture, vous achetez la production d'un concessionnaire, d'un fabricant d'automobiles, d'une aciérie, d'une entreprise minière, etc. Cette répartition de la production entre plusieurs entreprises assure l'efficacité du processus. Pour y parvenir, on doit coordonner les transactions entre toutes les entreprises et aussi entre celles-ci et les consommateurs. Les économies de marché assurent cette coordination grâce au système des prix. Autrement dit, la main invisible assure l'équilibre de l'offre et de la demande grâce aux prix du marché.

Liberté économique
La possibilité d'entreprendre des activités productives avec le moins d'interventions gouvernementales possible.

Ce qui permet à ce système de bien fonctionner est la liberté économique, c'est-à-dire la possibilité d'entreprendre des activités productives avec le moins d'interventions gouvernementales possible. La liberté économique est basée sur les choix individuels, l'échange volontaire, le droit de garder ce que l'on gagne et l'existence d'un droit de propriété bien défini et protégé par la loi.

Droit de propriété
La possibilité pour un propriétaire d'utiliser ses actifs comme il l'entend, c'est-à-dire de les exploiter et d'en disposer par la vente.

Le droit de propriété représente d'ailleurs l'un des éléments les plus importants pour permettre au système des prix de bien fonctionner. Par « droit de propriété », on entend la possibilité pour chacun d'employer ses ressources comme il l'entend. Une entreprise minière ne se lancera pas dans l'exploitation du minerai si elle risque de se voir confisquer son produit : elle n'investira que si on lui garantit qu'elle pourra vendre sa production afin d'en tirer un profit. De la même manière, un entrepreneur n'investira pas dans la construction de logements locatifs si le gouvernement l'empêche de les louer librement. Selon plusieurs analystes, l'arrêt presque complet de la construction locative au Québec, sauf celle qui est fortement subventionnée par l'État, est attribuable au contrôle du prix des loyers.

Les tribunaux jouent un rôle important dans une économie de marché : ils font respecter le droit de propriété. Le système de justice pénale sévit contre les voleurs. De plus, le système de justice civile garantit le respect des ententes entre acheteurs et vendeurs.

Dans les pays développés, on a tendance à considérer que le droit de propriété va de soi. Il faut vivre dans un pays moins développé pour comprendre les problèmes qui surgissent s'il y a défaillance dans ce domaine. Les déficiences de l'administration judiciaire, dans de nombreux pays, compromettent la mise en application des contrats et ne répriment pas la fraude. Dans certains cas, non seulement le gouvernement ne garantit pas le droit de propriété, mais de surcroît il ne le respecte pas lui-même. Pour faire des affaires dans ce contexte, les entreprises doivent soudoyer les fonctionnaires de l'État. Ce genre de corruption nuit au fonctionnement des marchés et réduit l'épargne locale et les investissements étrangers.

Dans son livre intitulé *The Mystery of Capital*, l'économiste péruvien Hernando de Soto a étudié le manque de liberté économique dans les pays pauvres. Il a démontré qu'un citoyen qui veut installer un étal à Lima pour vendre des vêtements doit payer l'équivalent de deux ans du salaire moyen péruvien pour se procurer des permis de toutes sortes. Par ailleurs, quiconque veut acheter un terrain en Haïti doit remplir 176 documents et patienter en moyenne 19 ans. En Égypte, un citoyen qui veut construire une maison doit faire affaire avec 31 agences gouvernementales, remplir 77 documents et attendre 17 ans. La plupart des gens renoncent à ces démarches et n'ont donc aucun document prouvant qu'ils sont propriétaires de leur maison ou de leur terrain. Les emprunts à contracter pour lancer une nouvelle entreprise sont rendus presque impossibles par l'absence de garantie. L'investissement et l'entrepreneuriat sont tout simplement étouffés par l'État.

L'instabilité politique représente également une menace pour le droit de propriété et donc pour l'investissement. Lorsque les révolutions et les coups d'État sont fréquents, le respect futur du droit de propriété est incertain. En effet, l'arrivée au pouvoir d'un gouvernement révolutionnaire mène souvent à la confiscation du capital des entreprises privées, comme ce fut le cas après les révolutions communistes. Si la situation politique est précaire, les citoyens ne sont guère incités à épargner, à investir ou à lancer de nouvelles entreprises. Il en va de même pour les étrangers, qui se montrent réticents à investir dans ce pays. La simple menace d'une révolution peut faire baisser l'investissement et le niveau de vie d'un pays.

Par conséquent, la prospérité économique dépend aussi de la stabilité politique. Un pays qui dispose d'un système judiciaire efficace et d'une solide Constitution jouira d'un niveau de vie supérieur à celui d'un autre pays qui est affligé de fonctionnaires corrompus et d'un système judiciaire arbitraire et qui est susceptible de faire l'objet de révolutions ou de coups d'État.

LA FISCALITÉ

L'épargne et l'investissement dépendent aussi de la politique fiscale. Comme nous le verrons au prochain chapitre, une réduction des impôts et des taxes encourage l'investissement, car les profits nets attendus de l'ajout de capital sont alors plus élevés.

L'OUVERTURE À L'INVESTISSEMENT ÉTRANGER

Certaines politiques peuvent donc encourager l'épargne et contribuer à l'augmentation des investissements et de la croissance économique à long terme. Mais l'épargne nationale ne constitue pas l'unique source des investissements : on peut aussi recourir à l'investissement étranger.

Ce type d'investissement prend différentes formes. Si, par exemple, Bombardier décide de construire une usine au Mexique, il s'agit pour les Mexicains d'un investissement direct étranger, car le capital mexicain est alors détenu et géré par une entreprise étrangère. Dans le cas où un Canadien achète des actions d'une entreprise mexicaine et que l'argent déboursé pour ces titres financiers est employé par la firme pour construire une nouvelle usine, il s'agit d'un investissement de portefeuille, car le capital vient de l'étranger mais il est géré par les résidants du pays. Dans les deux cas, les Canadiens contribuent à l'accumulation du capital mexicain et leur épargne finance l'investissement mexicain.

Lorsqu'on investit à l'étranger ou chez soi, on espère obtenir un rendement sur cet investissement. L'usine de Bombardier fait augmenter la productivité et le PIB mexicains, et une partie des revenus supplémentaires devient un profit. Ainsi, quand un investisseur canadien acquiert des actions mexicaines, il a droit à une part des bénéfices distribués par l'entreprise aux actionnaires.

Les investissements étrangers n'ont donc pas les mêmes conséquences sur tous les indicateurs du niveau de vie. Souvenez-vous que le produit intérieur brut (PIB) représente les revenus gagnés à l'intérieur du pays, que ces revenus soient gagnés par les résidants ou par les non-résidants, alors que le produit national brut (PNB) correspond aux revenus gagnés dans le pays et à l'étranger par les résidants. Quand Bombardier ouvre son usine au Mexique, une partie des revenus revient à des gens qui ne vivent pas sur le territoire mexicain. Par conséquent, cet investissement étranger fait davantage augmenter le produit intérieur brut (PIB) du Mexique que son produit national brut (PNB).

Quoi qu'il en soit, le capital étranger constitue un facteur positif important pour la croissance d'un pays. Même si une partie des bénéfices revient à des propriétaires étrangers, cet investissement contribue à faire augmenter à la fois le stock de capital, la productivité et les salaires. De plus, dans les pays en voie de développement, l'investissement étranger est une bonne façon d'acquérir des technologies de pointe créées et utilisées dans les pays riches. C'est pour cette raison que les économistes recommandent aux pays moins développés d'encourager l'investissement étranger en levant les restrictions sur la propriété du capital national par les étrangers.

La mission principale de la Banque mondiale est précisément d'encourager les investissements dans les pays pauvres. Ses fonds proviennent des pays les plus développés, dont le Canada et les États-Unis. Ils servent à accorder des prêts aux pays en voie de développement, pour investir dans les réseaux de routes et d'égouts, dans la construction d'écoles, ou d'autres formes de capital. Elle conseille aussi ces pays sur la meilleure façon d'employer ces fonds. La Banque mondiale et son pendant, le Fonds monétaire international (FMI), furent créés après la fin de la Seconde Guerre mondiale, au milieu des années 1940. Cette guerre a démontré que les souffrances économiques mènent souvent à une instabilité politique, à des tensions internationales et à des conflits. Il est donc dans l'intérêt de tous les pays d'encourager la prospérité mondiale. La Banque mondiale et le Fonds monétaire international s'efforcent de parvenir à cet objectif.

LE LIBRE-ÉCHANGE ET LA MONDIALISATION

Certains des pays les plus pauvres du monde ont tenté d'accélérer leur croissance économique par la substitution des importations, c'est-à-dire par une politique d'autarcie. Ce type de mesure vise à faire augmenter la productivité et le niveau de vie en isolant le pays du reste du monde. Les entreprises nationales réclament souvent une protection contre la concurrence étrangère pour pouvoir se développer et rester concurrentielles. Cet argument mis de l'avant par des industries naissantes a bien souvent conduit les gouvernements des pays en voie de développement à imposer des tarifs douaniers et des restrictions commerciales.

La plupart des économistes s'accordent aujourd'hui pour dire que les pays pauvres feraient mieux d'avoir des politiques d'ouverture pour s'intégrer à l'économie mondiale. Le chapitre 3 a démontré comment le commerce international peut enrichir les citoyens d'un pays. Le commerce tient lieu en quelque sorte de technologie. Quand un pays exporte du blé et importe de l'acier, cela équivaut à trouver un moyen de transformer du blé en acier. Un pays qui élimine les barrières au commerce profite en quelque sorte d'une croissance économique équivalant à celle qui résulte d'un progrès technologique majeur.

L'impact négatif de l'application de politiques d'autarcie est d'autant plus évident lorsqu'on considère la taille de plusieurs économies en voie de développement. Le PIB total de l'Argentine, par exemple, ne dépasse pas celui du Montréal métropolitain. Imaginons ce qui arriverait si le gouvernement de cette agglomération décidait d'interdire aux résidants tout échange au-delà des limites municipales. Ne pouvant profiter des avantages du commerce, les Montréalais devraient produire tous les biens qu'ils consomment. En outre, ils devraient produire tous les biens d'équipement nécessaires à la production, plutôt que d'importer du matériel sophistiqué d'autres villes. Le niveau de vie des Montréalais chuterait immédiatement et le problème ne ferait que s'aggraver au fil du temps. C'est précisément ce qui est arrivé à l'Argentine tout au long du XXe siècle, en raison de la politique d'autarcie appliquée par son gouvernement. Par opposition, des pays du Sud-Est asiatique, soit la Corée du Sud, Singapour et Taïwan, ont connu un taux de croissance élevé grâce à leur ouverture économique.

ÉTUDE DE CAS

LE LIBRE-ÉCHANGE ENTRAÎNE LA CROISSANCE

Dans son livre publié en 2001 et intitulé *Plaidoyer pour la mondialisation capitaliste*, Joan Norberg, jeune chercheur suédois, soutient que l'ouverture au commerce et aux flux financiers internationaux est une source de progrès, surtout pour les pays les plus pauvres de la planète. En voici un extrait.

Le libre-échange est bénéfique parce qu'il procure plus de liberté : la liberté d'acheter ce que l'on veut de qui l'on veut, mais aussi la liberté de vendre à qui veut bien acheter. D'un point de vue économique, cela mène à une utilisation plus efficace des ressources et du capital. Une compagnie, une région ou un pays se spécialisent dans le domaine dans lequel ils ont des avantages comparatifs et peuvent ainsi produire des biens d'une valeur plus élevée. Le capital et la main-d'œuvre de secteurs plus vieux et moins compétitifs sont transférés vers des secteurs plus dynamiques. Un pays qui adopte des politiques commerciales plus libérales entraîne son économie vers des niveaux de production et de prospérité supérieurs et peut s'attendre à une accélération importante de sa croissance dans les années suivantes. Cela mène également à des efforts constants pour améliorer la production, parce que la concurrence étrangère force les compagnies à produire de la façon la plus efficace et la moins coûteuse possible. En bout de ligne, les consommateurs sont libres de choisir les biens et les services des marchands qui leur font les meilleures offres. Plus de ressources sont ainsi épargnées et consacrées à la production, ce qui entraîne une hausse des investissements et l'introduction de technologies plus avancées, de nouvelles méthodes et de nouveaux produits. L'argument est essentiellement le même que celui pour la concurrence en général. Il s'agit simplement d'étendre la concurrence à un champ plus vaste, ce qui la rend encore plus intense.

Parmi les nombreuses études qui confirment ces affirmations, on retrouve celle de Jeffrey Sachs et Andrew Warner, qui ont examiné 117 pays pour la période allant de 1970 à 1989 (voir la figure 7.2), et celle de Dollar et Kray pour les années 1990 (voir la figure 7.3).

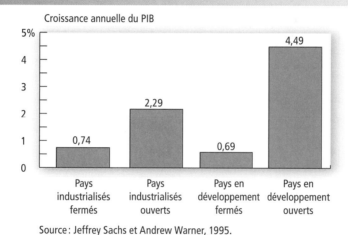

Source : Jeffrey Sachs et Andrew Warner, 1995.

FIGURE 7.2   **LE LIBRE-ÉCHANGE ET LA CROISSANCE, DE 1970 À 1989**

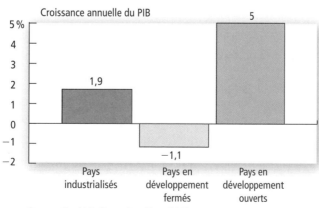

Source : David Dollar et Aart Kray, 2001.

FIGURE 7.3   **LE LIBRE-ÉCHANGE ET LA CROISSANCE, DANS LES ANNÉES 1990**

[DANS L'ACTUALITÉ] LE CANADA ATTIRE-T-IL LES INVESTISSEURS?

Toutes sortes de politiques ont un impact sur la décision d'investir. Les décideurs canadiens doivent donc constamment remettre en question leurs façons de faire, dans un contexte où les autres pays ne restent pas immobiles.

CLIMAT D'AFFAIRES: LE CANADA AU 8e RANG

Le Canada maintient son rang dans une course de plus en plus féroce en vue d'offrir le meilleur climat d'affaires pour les entrepreneurs.

Le pays, qualifié naguère de «meilleur pays au monde» par Jean Chrétien, se situe au 8e rang sur 181 pays pour la deuxième année de suite dans un classement établi par la Banque mondiale.

Le rapport *Doing Business 2009* mesure une série de facteurs, dont la facilité à démarrer et à fermer une entreprise, la possibilité d'obtenir du crédit, la flexibilité du marché du travail et le régime de taxation.

Singapour, en Asie du Sud-Est, arrive en tête du classement, suivie de la Nouvelle-Zélande, des États-Unis et de Hong Kong. La République démocratique du Congo ferme la marche, au 181e rang.

Le Venezuela d'Hugo Chavez n'est pas très loin derrière, au 174e rang, lui qui se démarque cette année par l'ajout de mesures défavorables à l'entrepreneuriat: «Ils sont sur la voie du socialisme. On assiste là-bas à un exode du secteur privé», a commenté Louis Hébert, professeur de management à HEC Montréal.

De façon générale, toutes les régions du monde ont progressé dans leur effort pour faciliter la vie aux entrepreneurs, alors qu'un nombre record de réformes a été enregistré. Pour la cinquième année de suite, ce sont cependant l'Europe de l'Est et l'Asie centrale qui ont maintenu le rythme de réforme le plus rapide.

Parmi les meilleurs réformateurs, on trouve cette année l'Azerbaïdjan, l'Albanie, le Kirghizistan et la Biélorussie: «Les pays de cette région veulent s'affranchir de la Russie, et s'ouvrir à l'international est pour eux la façon d'y parvenir», a expliqué Yvon Gasse, professeur titulaire au département de management de l'Université Laval.

«Pour garder leur rang, les pays doivent sans cesse s'améliorer, car presque tout le monde pousse derrière eux», a souligné Dahlia Khalifa, porte-parole de la Banque mondiale, en entrevue téléphonique avec *La Presse Affaires*.

Le Canada a pu conserver son rang grâce entre autres à une réduction des taxes aux entreprises et à une simplification dans la façon de démarrer une entreprise.

Sans qu'il existe un rapport de causalité entre la croissance d'un pays et son climat d'affaires, on retrouve une corrélation «sur le long terme» entre ces deux notions, selon M. Hébert.

L'ÉDUCATION

Pour assurer la croissance à long terme, l'éducation, ou l'investissement en capital humain, s'avère aussi importante que celui en capital physique. Au Canada, chaque année de formation supplémentaire signifie pour une personne une augmentation de revenus d'environ 10 %. Dans les pays peu développés, où la rareté du capital humain se fait particulièrement sentir, les écarts de salaire entre les travailleurs qualifiés et les autres sont encore plus marqués. Les mesures gouvernementales qui visent à augmenter le niveau de vie doivent donc miser sur l'amélioration du système d'éducation et de la fréquentation scolaire.

Investir en capital humain, tout comme investir en capital physique, comporte un coût de renonciation. Lorsque les jeunes étudient, ils doivent renoncer à un salaire. Dans les pays peu développés, les enfants ont tendance à abandonner l'école très tôt — et ce, même si la formation leur rapporterait beaucoup — car ils doivent travailler pour aider leur famille à survivre.

Externalité
Effet du comportement d'un agent sur le bien-être d'un tiers.

D'après beaucoup d'économistes, le capital humain est particulièrement favorable à la croissance économique, car il est porteur d'externalités positives. Une **externalité** est l'effet de l'action d'une personne sur le bien-être d'un tiers. Par exemple, une personne instruite pourra plus facilement apporter de nouvelles idées pour produire plus efficacement des biens et des services. Si ces idées finissent par faire partie du patrimoine de connaissances communes de la société et qu'elles profitent ainsi à tous, ce sont des externalités positives de l'éducation. Cet exemple démontre que les bénéfices de l'éducation pour une société dépassent de beaucoup l'avantage qu'une personne retire de sa formation et qu'ils suffisent à justifier des investissements dans le capital humain par l'intermédiaire de l'éducation publique.

La fuite des cerveaux — ou émigration des travailleurs les plus instruits vers les pays riches, où ils profitent d'un niveau de vie plus élevé — constitue un problème important pour les pays pauvres. Si le capital humain engendre des externalités positives, cette fuite des cerveaux appauvrit d'autant les pays en voie de développement. Les dirigeants de ces pays font alors face à un véritable dilemme: d'une part, le Canada et les autres pays développés offrent une meilleure formation universitaire et il est tout naturel que les étudiants des pays peu développés en profitent ; d'autre part, si certains de ces étudiants ne retournent pas dans leur pays d'origine après leurs études, la fuite des cerveaux contribue à la réduction du capital humain et à l'appauvrissement du pays. Le Canada est un pays riche, qui a développé un bon réseau universitaire ; il attire donc quelques-uns des meilleurs étudiants des pays pauvres. Cependant, le Canada souffre aussi d'un exode des cerveaux, alors que certains de ses travailleurs les plus productifs sont attirés par des emplois très payants aux États-Unis. Certains observateurs ont remarqué que des impôts plus modérés au Canada permettraient peut-être de retenir plusieurs de ces travailleurs.

[DANS L'ACTUALITÉ] LA MISE EN VALEUR DU CAPITAL HUMAIN

Le capital humain est un facteur-clé de la croissance économique. À cet égard, certains pays en développement offrent maintenant aux parents un encouragement financier immédiat pour qu'ils laissent leurs enfants achever leur scolarisation.

LE BRÉSIL ACCORDE UNE AIDE FINANCIÈRE AUX DÉMUNIS POUR QUE LEURS ENFANTS DEMEURENT À L'ÉCOLE PLUTÔT QUE D'ALLER TRAVAILLER

Ortaleza, Brésil — Maintenant âgé de 13 ans, Vandelson Andrade s'absentait souvent de l'école pour aller travailler 12 heures par jour à bord de l'un des jolis petits bateaux de pêche qui s'élancent en mer à partir de ce port pittoresque. Ses maigres revenus lui permettaient d'acheter du riz et des haricots pour sa famille, durement frappée par la pauvreté.

Cette année, toutefois, il est admissible au versement de la petite allocation que le gouvernement remet à sa mère à condition qu'il fréquente assidûment l'école.

« Je ne peux plus manquer l'école maintenant », explique Vandelson, dont les vieux pantalons sont si grands que leur fourche lui arrive aux genoux et que leurs jambes s'entassent à ses chevilles. « Si je manque encore un jour d'école, ma mère ne recevra pas son argent. »

Cette année, à sa troisième tentative, Vandelson terminera enfin sa quatrième année, ce qui représente une petite victoire à mettre au crédit d'un nouveau programme social qui se répand rapidement dans toute l'Amérique latine. C'est la version propre aux pays en développement de la réforme de l'aide sociale aux États-Unis : pour briser le cycle de la pauvreté, l'État verse aux démunis une petite somme d'argent à condition qu'ils maintiennent leurs enfants à l'école et les emmènent subir un examen médical à intervalle régulier.

« Je crois que ces programmes ne pourraient pas ressembler davantage à une recette magique pour le développement », explique Nancy Birdsall, présidente du Centre pour le développement mondial, un groupe de recherche à but non lucratif de Washington. « Ils offrent aux familles une incitation financière à investir dans

➡

l'avenir de leurs propres enfants. Tous les dix ans environ, quelqu'un propose une mesure pouvant être très efficace : ce programme en est justement une… »

Antônio Souza, 48 ans, Maria Torres, 37 ans, et leurs sept enfants vivent dans une hutte de boue séchée, située pas très loin de chez M. Andrade. Tous les membres de la famille sont minces et musclés. Les parents ne se souviennent pas de la dernière fois que la famille a pu manger de la viande ou des légumes. Grâce à leur allocation de 27 $ par mois, toutefois, ils peuvent maintenant acheter du riz, du sucre, des pâtes et de l'huile.

M. Souza et Mme Torres, illettrés mais convaincus des bienfaits de la scolarisation, ont toujours envoyé leurs enfants à l'école. « S'ils n'étudient pas, ils deviendront des vauriens comme moi », de dire leur père, dont le visage buriné et fortement plissé s'illumine d'un grand sourire lorsqu'il se tourne vers ses deux filles au regard brillant, Ana Paula et Daniele, âgées de 11 ans et 8 ans respectivement. « Tout ce que je peux faire, c'est travailler dans les champs. »

Son épouse ajoute fièrement : « Certains pères ne veulent pas que leurs filles aillent à l'école. Mais cet homme a fait tout ce qu'il a pu pour envoyer ses enfants à l'école. »

Source : Celia W. Dugger, *The New York Times*, New York, 3 janvier 2004.

LA SANTÉ ET L'ALIMENTATION

Lorsqu'on parle de capital humain, on fait en général référence aux effets de l'éducation sur la productivité. Cependant, un autre type de dépense permet aussi d'augmenter le capital humain d'une population : les dépenses qui améliorent la santé générale de la population. Toutes choses étant égales par ailleurs, les travailleurs en bonne santé sont plus productifs que ceux qui ne le sont pas.

Robert Fogel, spécialiste en histoire économique, a suggéré qu'une meilleure santé, provenant d'une meilleure alimentation, est un facteur important pour expliquer la croissance économique à long terme. Il a estimé qu'en Grande-Bretagne, en 1780, une personne sur cinq n'était pas assez bien nourrie pour faire du travail manuel. Et parmi les personnes qui pouvaient travailler, une insuffisance calorique réduisait substantiellement l'effort qu'elles pouvaient entreprendre. À mesure que la nutrition s'est améliorée, la productivité des travailleurs a augmenté.

Fogel analyse en partie ces tendances historiques en examinant la taille des personnes. Une petite taille peut être un indicateur de sous-alimentation, surtout durant la grossesse de la mère et la petite enfance. Fogel a découvert que, à mesure que les pays se développent économiquement, les gens mangent plus et la taille moyenne augmente. De 1775 à 1975, l'absorption calorique moyenne a crû de 26 % et la taille moyenne des hommes a augmenté de 9,14 centimètres. Pour la Corée du Sud, lors de la période de forte croissance économique allant de 1962 à 1995, les chiffres sont de 44 % et 5,08 centimètres. Bien sûr, la taille dépend de la génétique et d'autres facteurs. Toutefois, parce que la composition génétique d'une population ne change que très lentement, d'autres facteurs ont dû dominer. Parmi ceux-ci, l'alimentation.

En outre, de nombreuses études ont démontré que la taille est un indicateur de productivité. En effet, toutes choses étant égales par ailleurs, les personnes de grande taille ont tendance à gagner de plus hauts revenus. Comme les salaires sont déterminés en bonne partie par la productivité, les grands doivent être plus productifs que les autres. Cet effet de la taille sur les salaires est plus important dans les pays moins développés, où la sous-alimentation est plus courante.

Fogel a reçu le prix Nobel d'économie en 1993 pour ses travaux en histoire économique, dont ceux sur la nutrition, en plus d'études sur l'esclavage aux États-Unis et le rôle du chemin de fer dans le développement économique des États-Unis. Dans son allocution d'acceptation du prix Nobel, Fogel a fait un survol des recherches sur les liens entre la santé et la croissance économique. Il y concluait que «l'amélioration de la nutrition compte pour environ 30 % de la croissance du revenu moyen au Royaume-Uni entre 1790 et 1980».

Aujourd'hui, la sous-alimentation est heureusement rare dans les pays développés, tels le Canada et les États-Unis (l'obésité est un problème plus répandu). Mais, pour les populations des pays pauvres, la maladie et la sous-alimentation demeurent des obstacles à l'amélioration de la productivité et du niveau de vie. Récemment, l'ONU a estimé que près du tiers de la population subsaharienne était sous-alimentée.

Le lien de causalité entre la santé et le revenu va aussi dans le sens opposé: les pays pauvres le sont parce que leur population n'est pas en bonne santé, tout comme leur population n'est pas en bonne santé parce qu'ils sont pauvres et ne peuvent se payer de bons soins de santé et une bonne alimentation. Ce cercle vicieux ouvre cependant la porte à un cercle vertueux: des politiques qui favoriseraient une plus forte croissance économique amèneraient naturellement une amélioration de la santé, ce qui stimulerait à son tour la croissance économique.

LA RECHERCHE ET LE DÉVELOPPEMENT

L'augmentation du niveau de vie depuis 100 ans s'explique en grande partie par les progrès technologiques. Le téléphone, le transistor, l'ordinateur et le moteur à combustion interne figurent au nombre des inventions qui ont amélioré la capacité à produire des biens et des services.

Même si la majorité des innovations technologiques proviennent de la recherche privée des entreprises et des inventeurs, leur promotion est d'intérêt public. Dans une très large mesure, les connaissances constituent un bien public: toute nouvelle découverte vient s'ajouter au patrimoine de connaissances de la société et tous ont la possibilité de l'utiliser. Tout comme le gouvernement a un rôle à jouer dans la production d'un bien public, telle la défense nationale, il devrait aussi encourager la recherche et le développement de nouvelles technologies.

Le gouvernement canadien intervient depuis longtemps dans le domaine de la recherche et de la diffusion des connaissances technologiques. Par exemple, la recherche menée dans les fermes et les stations expérimentales fédérales a permis l'introduction du blé Marquis dans les provinces de l'Ouest en 1911. Cette céréale mûrit plus rapidement que les autres variétés de blé, ce qui permet ainsi d'en faire la culture dans plus de régions des Prairies. Ce type de recherche a contribué grandement à la prospérité économique du Canada. Plus récemment, le gouvernement canadien a financé des recherches qui ont mené au développement du réacteur nucléaire CANDU. Les pouvoirs publics continuent d'encourager le progrès des connaissances au moyen de subventions, entre autres par l'entremise du Conseil de recherches en sciences naturelles (CRSN), du Conseil de la recherche médicale (CRM) et du Conseil de recherches en sciences humaines (CRSH). Les gouvernements provinciaux et fédéral soutiennent également la recherche en octroyant des dégrèvements fiscaux aux entreprises pour la recherche et le développement.

Les gouvernements encouragent aussi la recherche grâce à la protection qu'offrent les brevets. Lorsqu'une personne ou une entreprise crée un nouveau produit, comme un nouveau médicament, l'inventeur peut déposer une demande de brevet. Une fois reconnu le caractère original de ce produit, les pouvoirs publics attribuent un brevet qui accorde au détenteur l'exclusivité des droits sur sa fabrication durant un certain nombre d'années. Ce brevet donne donc à l'inventeur un droit de propriété sur son invention, faisant d'un bien public (une nouvelle idée) un bien privé. En garantissant ainsi un profit aux inventeurs — même de manière temporaire —, les brevets incitent les entreprises et les individus à entreprendre ou à poursuivre des activités de recherche.

LA CROISSANCE DÉMOGRAPHIQUE

Il n'est guère étonnant que les pays fortement peuplés, comme les États-Unis et le Japon, produisent plus que de petits pays comme le Luxembourg et les Pays-Bas. Mais le PIB total ne constitue pas un indicateur fiable du bien-être national. Le PIB par habitant est beaucoup plus significatif, puisqu'il mesure la quantité de biens et de services disponibles dans l'économie pour le citoyen moyen. Comment la croissance démographique affecte-t-elle un pays, particulièrement son PIB par habitant?

LES RESSOURCES NATURELLES

Thomas Robert Malthus

Thomas Robert Malthus (1766-1834), pasteur anglais, fait partie des premiers penseurs dans le domaine de l'économie. Dans son ouvrage célèbre intitulé *Essai sur le principe de population*, Malthus a formulé l'une des prévisions les plus sinistres de l'histoire. D'après lui, l'augmentation continuelle de la population allait empêcher la société de produire suffisamment pour s'assurer une subsistance adéquate et, par conséquent, l'humanité serait un jour condamnée à vivre dans la misère.

Le raisonnement de Malthus est fort simple. Il observe tout d'abord que «la nourriture est indispensable à la vie humaine» et que «l'attirance sexuelle est nécessaire et perdurera telle quelle». Il en conclut donc que «la croissance démographique dépasse de beaucoup la croissance des moyens de subsistance pour l'homme». Selon Malthus, la seule limite à la croissance démographique provient de la «misère et du vice». Les tentatives des organismes de charité ou des gouvernements pour lutter contre la pauvreté sont donc contre-productives, car elles permettent aux pauvres d'avoir plus d'enfants, ce qui accentue encore plus la rareté des biens nécessaires à la survie.

Fort heureusement, les terribles projections de Malthus se sont révélées fausses. Même si la population mondiale a environ sextuplé au cours des deux derniers siècles, les niveaux de vie dans le monde ont, en moyenne, grandement augmenté. La croissance économique a permis de réduire sensiblement la faim chronique et la malnutrition par rapport aux conditions qui sévissaient à l'époque de Malthus. Certes, la famine continue de frapper, mais elle est davantage le résultat d'une inégalité de revenus et de l'instabilité politique que d'une production alimentaire insuffisante.

Pourquoi Malthus s'est-il trompé ? Il n'avait pas prévu que l'ingéniosité humaine aurait des effets plus importants que la croissance démographique. De nouvelles méthodes de production et l'invention de nouveaux produits ont aidé à atteindre un niveau de prospérité supérieur à celui que Malthus — ou quiconque de son époque — aurait jamais pu imaginer. Les pesticides, les engrais, l'équipement agricole, le développement de nouvelles variétés de plantes ont permis à chaque agriculteur de nourrir un plus grand nombre de personnes. Les progrès technologiques ont apporté une prospérité qui a plus que contrebalancé l'appauvrissement provoqué par la croissance démographique.

LE STOCK DE CAPITAL

Alors que Malthus s'inquiétait des effets de la croissance démographique sur l'utilisation des ressources naturelles, les économistes modernes se préoccupent plus de ses conséquences sur l'accumulation du capital par travailleur. Selon leurs théories, une forte croissance démographique fait diminuer le PIB par habitant car, à mesure que la population et l'emploi augmentent, le capital doit être réparti entre un plus grand nombre de travailleurs. La réduction du capital par travailleur fait diminuer la productivité et le PIB par habitant.

Une forte croissance démographique a aussi une incidence sur le capital humain. Les pays dont la population croît rapidement ont une importante population d'âge scolaire. Le système d'éducation est souvent surchargé et ses performances en sont affectées.

Les disparités entre les taux de croissance démographique des différents pays sont énormes. Dans de nombreux pays africains, la croissance démographique atteint 3 % par année. À ce taux, la population double tous les 23 ans. Dans de telles circonstances, il est très difficile de fournir assez d'outils et de qualifications aux travailleurs pour faire augmenter leur productivité. En revanche, durant les dernières décennies, la population vivant dans des régions développées comme le Canada, les États-Unis et les pays d'Europe occidentale n'a augmenté que d'environ 1 % par année. À de rares exceptions près, les taux de fécondité y sont, en fait, trop faibles pour maintenir la population à son niveau actuel. Plusieurs observateurs croient que ces pays vont au-devant de graves problèmes, entre autres celui de l'insuffisance des revenus fiscaux pour subvenir aux besoins d'une population vieillissante, où la proportion de retraités recevant des pensions gouvernementales ou des soins de santé publics sera à la hausse.

Même si la croissance démographique rapide que l'on observe généralement dans les pays pauvres n'est pas la cause première de leurs insuccès économiques, on considère généralement que la réduction de leur taux de natalité favoriserait l'augmentation de leur niveau de vie. Pour y parvenir, certains pays ont légiféré pour imposer un nombre maximum d'enfants par famille. C'est le cas de la Chine, qui n'autorise qu'un seul enfant par couple ; les contrevenants doivent payer de fortes amendes. Dans les pays plus libres, on essaie plutôt de réduire la croissance démographique en sensibilisant la population aux diverses méthodes de régulation des naissances.

Pour un pays, la meilleure façon de réduire la natalité consiste à appliquer l'un des **dix principes d'économie** : les gens réagissent aux incitatifs. La décision d'avoir un enfant, comme toute décision, comporte un coût de renonciation. Si celui-ci augmente, les couples préféreront limiter la taille des familles. On a constaté que les femmes qui ont la possibilité de recevoir une bonne formation et d'occuper un emploi intéressant ont tendance à avoir moins d'enfants. Les programmes qui prônent l'égalité des femmes et des hommes limitent donc efficacement la natalité dans les pays en voie de développement.

Notons finalement que, à mesure que le niveau de vie s'élève dans les pays moins développés, le taux de natalité chute rapidement. En fait, à mesure que les revenus augmentent, les parents ont tendance à privilégier la qualité de vie offerte à leur famille plutôt que le nombre d'enfants.

LES PROGRÈS TECHNOLOGIQUES

Même si une croissance démographique rapide peut amoindrir la prospérité en réduisant le capital par travailleur, elle peut aussi avoir des effets positifs. En effet, certains économistes ont proposé que l'augmentation de la population mondiale a pu être un moteur de progrès technologiques et de croissance de la prospérité. Le mécanisme est simple : s'il y a plus d'habitants sur terre, il y a aussi plus de scientifiques, d'ingénieurs et d'inventeurs pour contribuer aux connaissances technologiques, ce qui bénéficie à tous.

L'économiste Michael Kremer a corroboré cette hypothèse, dans un article paru en 1993. Kremer commence par noter que, au cours des millénaires, la croissance économique a augmenté lorsque la population a crû. Par exemple, la croissance économique était plus élevée lorsque la population mondiale était de un milliard de personnes (vers 1800) que lorsqu'elle n'était que de 100 millions (vers 500 av. J.-C.). Ce fait vient appuyer l'hypothèse selon laquelle s'il y a plus de monde, il y aura aussi plus de progrès technologiques.

Le second élément de preuve qu'apporte Kremer vient de la comparaison entre différentes régions du monde. La fonte d'une partie des calottes polaires, il y a environ 12 000 ans, a isolé certaines régions les unes des autres pendant des milliers d'années. Si les progrès technologiques sont plus rapides lorsqu'il y a plus de gens pour faire des découvertes, on s'attendrait à ce que les régions les plus populeuses aient connu une croissance économique plus importante.

Selon Kremer, c'est exactement ce qui s'est produit. En 1500 (lorsque Colomb a rétabli le contact), la région la plus avancée de la planète était formée de la grande masse Eurasie-Afrique. Suivaient, en matière de développement technologique, les civilisations aztèque et maya en Amérique centrale, les chasseurs-cueilleurs de l'Australie, puis les peuples primitifs de la Tasmanie, qui ne possédaient même pas le moyen de faire du feu ou des outils simples. Une importante population est donc, selon Kremer, un prérequis pour les progrès de la technologie.

MINITEST

■ Donnez trois exemples de mesures gouvernementales permettant d'élever le niveau de vie.

■ Est-ce que ces mesures comportent des inconvénients ?

ÉTUDE DE CAS

LE RALENTISSEMENT DE LA CROISSANCE DE LA PRODUCTIVITÉ

Le taux de croissance de la productivité est loin d'être stable. La production canadienne par travailleur a augmenté au rythme de 1,8 % par année de 1966 à 1973. De 1973 à 1982, cependant, cette progression est tombée à 0,5 % par année, avant d'accélérer à nouveau pour atteindre 1,6 % par année, de 1983 à 1988. Un autre ralentissement s'est produit de 1989 à 1995 (0,9 % par année), puis une accélération de 1996 à 2000 (2 % annuellement).

Les effets de ces variations de la croissance de la productivité sont faciles à observer. Les salaires et les revenus familiaux sont liés à la productivité. Lorsque la croissance de la productivité a ralenti, le travailleur moyen s'est mis à recevoir de plus faibles augmentations de salaire réel (donc, ajusté pour l'inflation), et bon nombre de citoyens ont ressenti une inquiétude généralisée à l'égard de la situation économique. Composée sur un grand nombre d'années, une variation, même minime, de la croissance de la productivité a des effets importants. Par exemple, au cours de la période 1966-2005, la productivité a crû à un taux annuel moyen de 1,2 %. Si elle avait plutôt augmenté selon le taux réalisé entre 1966 et 1973, soit 1,6 %, le revenu du Canadien moyen serait aujourd'hui supérieur de 70 % à son niveau actuel.

Les causes de ces changements de la croissance de la productivité sont difficiles à cerner. On s'entend cependant pour dire que le problème n'est pas attribuable aux facteurs facilement mesurables. Ainsi, on peut évaluer le stock de capital physique, tout comme on peut mesurer le capital humain, à partir du nombre d'années de scolarité. Mais les variations de la croissance du capital physique ou du capital humain ne semblent pas être à blâmer.

Après avoir éliminé les autres causes possibles, les économistes croient que la technologie est responsable de tels changements. Beaucoup attribuent les accélérations et les ralentissements observés à des variations du rythme des inventions de nouvelles méthodes de production de biens et de services. Or, comme il s'avère difficile de mesurer la quantité d'idées, il est difficile de confirmer ou d'infirmer cette hypothèse.

D'une certaine façon, il peut sembler étrange d'affirmer que le dernier quart de siècle fut marqué par un ralentissement des progrès technologiques. Durant cette période, l'utilisation de l'informatique s'est répandue à la totalité de l'économie — une révolution technologique touchant tous les secteurs et l'immense majorité des entreprises. Cependant, pour des raisons inconnues, cette révolution ne s'est pas traduite par une accélération de la croissance. Comme l'a fait remarquer Robert Solow, Prix Nobel d'économie en 1987, « l'ordinateur se retrouve partout, sauf dans les statistiques de productivité ».

Que nous réserve l'avenir en matière de progrès technologiques et de croissance économique ? Le passé ne nous permet pas d'être très optimistes quant à la qualité des prévisions. En effet, ni le ralentissement, ni l'accélération de la productivité n'avaient été prévus.

Le passé nous donne cependant une idée de ce que pourrait être un taux de croissance normal de la productivité au Canada. De 1921 à 2005, le taux de croissance annuel moyen de la production par travailleur s'est situé tout juste sous la barre des 2 %. Cette période comprend des années de fort ralentissement économique (la Grande Dépression des années 1930), des années de croissance très élevée (durant et immédiatement après la Seconde Guerre mondiale) ainsi que des années de fluctuations plus modestes, décrites ci-dessus.

Sur une très longue période, une croissance moyenne de la production par travailleur de 2 % par année, accompagnée de déviations par rapport à cette moyenne, semble donc être la norme.

CONCLUSION : L'IMPORTANCE DE LA CROISSANCE À LONG TERME

Dans ce chapitre, nous avons présenté les facteurs qui déterminent le niveau de vie dans un pays, d'une part, et les mesures que peuvent adopter les gouvernements pour stimuler la croissance économique et faire augmenter le niveau de vie de la population, d'autre part. L'un des **dix principes d'économie** résume ce chapitre : le niveau de vie d'un pays dépend de sa capacité à produire des biens et des services. Les gouvernements qui veulent favoriser la croissance du niveau de vie doivent donc faire augmenter la capacité de production, en encourageant l'accumulation des facteurs de production et en s'assurant que ceux-ci sont utilisés de la manière la plus efficace possible.

Les économistes ne sont pas tous d'accord sur la manière de promouvoir la croissance économique. La protection du droit de propriété et le maintien de la stabilité politique représentent une contribution gouvernementale minimale. L'intervention sous forme de subventions accordées aux secteurs industriels particulièrement importants sur le plan technologique continue cependant à faire l'objet de controverses. L'importance de ces questions est indubitable, car le monde dont hériteront les générations futures sera en grande partie tributaire des actions que nous entreprendrons pour encourager la croissance économique.

RÉSUMÉ

▪ À l'échelle mondiale, on enregistre de grandes disparités dans la prospérité économique mesurée au moyen du PIB par habitant. Le revenu moyen dans les pays les plus avancés est plus de dix fois supérieur à celui qui prévaut dans les pays les plus pauvres. Comme il y a des écarts importants entre les taux de croissance du PIB, le classement relatif des pays peut se modifier radicalement à long terme.

▪ Le niveau de vie d'un pays dépend directement de sa capacité à produire des biens et des services. La productivité est fonction, quant à elle, de la quantité de capital physique et humain dont disposent les travailleurs, ainsi que des connaissances technologiques.

▪ Des politiques gouvernementales peuvent influencer le taux de croissance économique de différentes manières : en encourageant l'épargne et l'investissement, en attirant les investissements étrangers, en favorisant l'éducation, en protégeant le droit de propriété, en maintenant la stabilité politique, en favorisant le libre-échange, en limitant la croissance démographique et en stimulant la recherche et le développement.

▪ L'accumulation du capital est sujette à des rendements marginaux décroissants : plus une économie dispose de capital, moins l'ajout de capital supplémentaire aura d'effet sur la production. Ces rendements décroissants ont pour effet que l'augmentation de l'épargne et de l'investissement conduit tout d'abord à une forte croissance, qui finit

par ralentir au fur et à mesure que l'économie atteint un niveau supérieur de productivité, de revenu et de capital accumulé. C'est pour cette même raison que le rendement marginal du capital est particulièrement élevé dans les pays en voie de développement. Toutes choses étant égales par ailleurs, ces pays peuvent atteindre une croissance rapide grâce à l'effet de rattrapage.

■ La croissance démographique a des effets variés sur la croissance économique. D'un côté, une croissance démographique plus importante peut réduire la croissance économique en rendant les ressources plus rares et en faisant diminuer le capital par travailleur. D'autre part, une population plus nombreuse peut favoriser la croissance des connaissances technologiques et la croissance économique, en faisant augmenter le nombre de scientifiques et d'inventeurs.

CONCEPTS CLÉS

Capital humain, p. 141

Capital physique, p. 141

Connaissances technologiques, p. 142

Droit de propriété, p. 147

Effet de rattrapage, p. 146

Externalité, p. 153

Liberté économique, p. 147

Productivité, p. 139

Rendements marginaux décroissants, p. 145

Ressources naturelles, p. 141

QUESTIONS DE RÉVISION

1. Que mesure le PIB réel d'un pays ? Que mesure la croissance du PIB réel ? Préférez-vous vivre dans un pays où le PIB est élevé avec un taux de croissance faible, ou bien dans un pays où le PIB est faible avec un taux de croissance élevé ? Justifiez votre réponse.

2. Nommez et décrivez trois facteurs déterminants de la productivité.

3. Dans quelle mesure peut-on dire qu'un diplôme universitaire constitue du capital ?

4. Expliquez pourquoi un taux d'épargne élevé se traduit par un niveau de vie élevé. Pourquoi un dirigeant politique renoncerait-il à encourager l'épargne ?

5. Un taux d'épargne élevé produit une croissance plus rapide ; ce phénomène économique est-il temporaire ou permanent ? Justifiez votre réponse.

6. Pourquoi l'élimination d'une restriction commerciale comme un tarif douanier stimule-t-elle la croissance économique ?

7. Quels sont les impacts de la croissance démographique sur le PIB par habitant ?

8. Décrivez deux mesures qui permettraient au gouvernement canadien d'encourager les progrès technologiques.

ANNEXE

L'ACCUMULATION DU CAPITAL ET L'ÉTAT STATIONNAIRE

Dans ce chapitre, nous avons vu que le capital est sujet à des rendements marginaux décroissants : à mesure que la quantité de capital augmente, la croissance de la productivité est de moins en moins rapide. Autrement dit, quand les travailleurs disposent déjà d'une quantité importante de capital pour produire des biens et services, une augmentation de capital n'améliore que faiblement leur productivité.

La relation entre le stock de capital par unité de travail et la productivité peut être illustrée sur un graphique de productivité. Un tel graphique est présenté à la figure 7A.1 (voir la page 164). On peut y observer que plus la quantité de capital physique disponible par unité de travail est importante, plus la productivité est élevée. La courbe de productivité est cependant concave, en raison des rendements marginaux décroissants du capital.

Observons d'un peu plus près la chaîne de causalité qui relie l'investissement au niveau de vie. À mesure que l'investissement permet d'accumuler du capital, le stock de capital par unité de travail s'élève, ce qui fait augmenter la productivité et le PIB par habitant.

Soit K, le stock de capital, et I, l'investissement. La chaîne de causalité suivante montre les effets d'un investissement sur le stock de capital, la productivité et la production :

$$I \longrightarrow \uparrow K \longrightarrow \uparrow (K/\text{unité de travail}) \longrightarrow \uparrow \text{productivité} \longrightarrow \uparrow \text{PIB} \longrightarrow \uparrow I$$

Cependant, en raison des rendements marginaux décroissants, à mesure que l'on accumule du capital, la productivité et le PIB par habitant augmentent de moins en moins : la croissance du niveau de vie ralentit. À un certain moment, l'ajout de capital n'a plus d'effet sur la productivité (lorsque la courbe de productivité devient horizontale) et la croissance économique s'arrête. Cette analyse est plutôt angoissante, car elle signifie que la croissance du niveau de vie devrait stopper un jour.

Va-t-on s'arrêter tout en haut de la courbe de productivité ? Même pas ! En fait, l'économie devrait cesser toute progression bien avant le moment où les rendements marginaux du capital tendraient vers zéro. Ce point d'équilibre, où la croissance de la productivité cesse, est appelé *état stationnaire*. Pour le comprendre et afin de saisir l'importance du taux d'épargne dans la détermination du niveau de vie, nous devrons nous pencher d'un peu plus près sur l'investissement.

À quoi sert l'investissement ? On serait porté à répondre rapidement que l'investissement sert exclusivement à augmenter le stock de capital. En fait, l'achat de capital remplit deux rôles : remplacer le capital qui s'est usé dans le processus de production et accroître le stock de capital existant. La valeur du capital qui s'use est appelée *amortissement* ou *dépréciation*. Si l'investissement canadien est cette année égal à 200 milliards de dollars et que l'amortissement vaut 150 milliards, on n'ajoute cette année, de façon nette, que 50 milliards au stock de capital de l'an passé.

$$\text{Investissement} = \text{dépréciation} + \text{variation de capital}$$
ou
$$\text{Variation de capital} = \text{investissement} - \text{dépréciation}$$

FIGURE 7A.1

L'INVESTISSEMENT ET LA CROISSANCE
Cette figure illustre les effets de l'investissement sur le stock de capital, la productivité et la production.

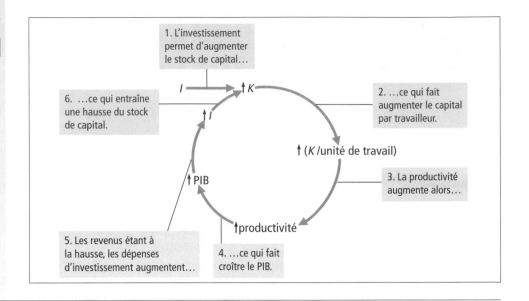

Examinons d'un peu plus près l'investissement et la dépréciation du capital. L'investissement est une fraction du PIB. La dépréciation est, quant à elle, liée proportionnellement à la valeur du stock de capital existant. Plus le stock de capital est élevé, plus la dépréciation est importante.

Or, en raison des rendements marginaux décroissants du capital, un doublement du stock de capital ne produira pas une croissance du PIB équivalente. En fait, le PIB croîtra moins que le stock de capital. Nous voici maintenant au cœur du problème : lorsque le capital augmente, le PIB augmente d'un plus petit pourcentage. La dépréciation étant liée au capital et l'investissement au PIB, la dépréciation s'élève donc plus vite que l'investissement. Inévitablement, on en arrivera à un point où I = dépréciation : tout l'investissement ne sert qu'à remplacer le stock de capital qui s'use. Il ne reste plus rien pour faire augmenter le capital. Étant donné que le stock de capital stagne, la productivité et le PIB sont constants. La croissance a donc cessé. Il s'agit là de notre état stationnaire.

Cet état stationnaire dépend du taux d'investissement (et donc du taux d'épargne) de notre économie. Les pays qui épargnent et investissent un petit pourcentage de leurs revenus cesseront toute croissance à un faible niveau de capital et du PIB. En effet, si l'investissement est faible, la dépréciation finit par égaler l'investissement à un faible niveau de capital. Les pays épargnant beaucoup, qui sont donc davantage prêts à sacrifier la consommation présente en faveur d'une plus grande consommation future, atteindront leur état stationnaire à un niveau plus élevé de capital et de PIB. Comme on l'a vu précédemment dans ce chapitre, à long terme, l'augmentation du taux d'épargne conduit à des niveaux de productivité et de revenu plus élevés, mais ne se traduit pas par de plus forts taux de croissance de ces variables.

On peut illustrer ce phénomène sur le graphique de productivité de la figure 7A.2. On y voit que le pays A, qui épargne et investit un faible pourcentage de son PIB, a atteint son état stationnaire à un point situé en bas et à gauche le long de la courbe de productivité. Le pays B, quant à lui, épargne et investit beaucoup par rapport à son PIB. Son état stationnaire se trouve donc plus à droite et en haut, le long de cette même courbe.

Si ce modèle était exact, toute croissance du niveau de vie aurait depuis longtemps cessé au Canada. En effet, la productivité augmente de façon soutenue depuis la

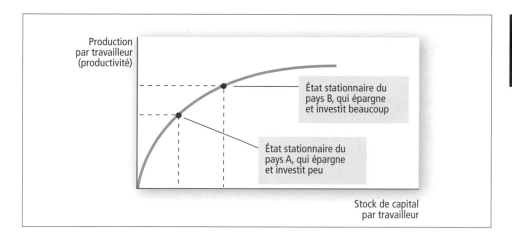

FIGURE 7A.2

L'ÉTAT STATIONNAIRE
Ce graphique montre comment le taux d'épargne et d'investissement affecte l'état stationnaire d'un pays. Plus le taux d'épargne et d'investissement d'un pays est élevé, plus son état stationnaire se trouve à droite et en haut sur la courbe de productivité.

Révolution industrielle, soit depuis 1820 environ au pays. Or 150 ans sont amplement suffisants pour atteindre l'état stationnaire et la stagnation du niveau de vie. Ce n'est cependant pas le cas. Comme on le constate dans ce chapitre, le PIB par habitant a même tendance à augmenter plus rapidement maintenant que durant les années 1870, 1900 ou 1920 (quoique plus lentement que pendant la période 1950-1970). Il manque visiblement quelque chose à notre modèle.

En fait, deux facteurs cruciaux sauvent les pays avancés (donc près de l'état stationnaire) : les progrès technologiques et l'augmentation du capital humain. Rappelons-nous que ces deux variables peuvent faire augmenter la productivité du travail. Donc, s'il se produit un progrès technologique, toutes choses étant égales par ailleurs (entre autres, pour un niveau de capital constant), la productivité s'accentue. Cela fait augmenter le PIB et l'investissement suit : l'investissement devient plus élevé que la dépréciation et le stock de capital se met à remonter. On se dirige alors vers un nouvel état stationnaire, à des niveaux de capital et de PIB plus élevés.

Ce phénomène est illustré sur le graphique de la figure 7A.3 (voir la page 166). On y voit que les changements technologiques déplacent la courbe de productivité et font passer l'économie du point A au point B. Par la suite, la productivité et le PIB étant plus élevés, l'investissement augmente et on accumule du capital, ce qui nous amène à un nouvel état stationnaire, au point C. Un nouveau progrès des connaissances ou du capital humain fera déplacer à nouveau la courbe, et le processus continuera.

Tant qu'il y a progrès de la technologie et du capital humain, on peut donc repousser l'état stationnaire et poursuivre la croissance du niveau de vie. Mais s'il y a rendements décroissants du capital, en est-il de même des connaissances et de la qualité de la main-d'œuvre ? Autrement dit, les progrès technologiques ralentiront-ils ? Plusieurs économistes se sont penchés sur cette question depuis une vingtaine d'années. Leurs réponses ne sont pas définitives, mais on croit de plus en plus que la technologie montre des rendements marginaux constants ou même croissants. Si c'est le cas, la croissance de nos niveaux de vie pourrait continuer encore très longtemps.

Le moteur de la croissance de la productivité et du niveau de vie des pays pauvres est l'accumulation du capital. Pour les pays industrialisés, cela n'est pas suffisant. En effet, en raison des rendements marginaux décroissants du capital, on finit par atteindre un état stationnaire, où l'investissement ne fait plus que remplacer le stock de capital qui s'use : toute croissance du capital, de la productivité et du niveau de vie

COMMENT LES PAYS DÉVELOPPÉS PEUVENT-ILS CONTINUER À CROÎTRE MALGRÉ L'ÉTAT STATION-NAIRE ?   L'économie est initialement à son état stationnaire, au point A. Un changement technologique fait augmenter la productivité et déplacer la courbe de productivité vers le haut, nous amenant au point B. La hausse des revenus fait augmenter l'investissement et le stock de capital. L'économie se dirige vers un nouvel état stationnaire, au point C.

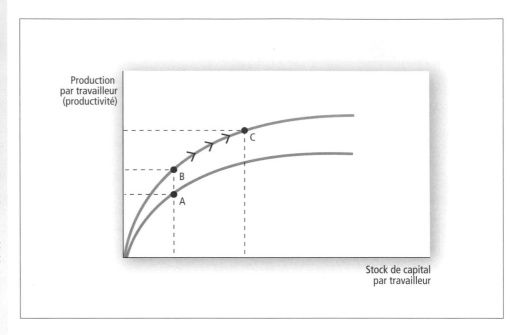

cesse alors. Il faut dès lors un progrès des connaissances et du capital humain pour repousser toujours plus loin l'état stationnaire et permettre que la croissance du PIB par habitant continue. Lorsque vous entendrez des politiciens (bien informés) vous dire que, à notre époque, la recherche, le développement et l'éducation sont cruciaux pour assurer une amélioration du niveau de vie, vous saurez qu'ils disent la vérité.

L'ÉPARGNE, L'INVESTISSEMENT ET LE SYSTÈME FINANCIER

À la fin de ce chapitre, vous serez en mesure :

→ de comprendre le fonctionnement des principales institutions financières canadiennes ;

→ d'expliquer comment les variables macroéconomiques-clés interviennent dans le système financier ;

→ d'établir un modèle d'offre et de demande pour les fonds prêtables sur les marchés financiers ;

→ d'analyser, grâce à ce modèle, certaines décisions économiques prises par le gouvernement ;

→ d'évaluer dans quelle mesure les déficits et les surplus budgétaires gouvernementaux affectent l'économie canadienne à long terme.

Imaginons que vous soyez frais émoulu de l'université (diplômé en économie, bien entendu) et que vous désiriez vous lancer en affaires pour constituer une société de prévisions économiques. Avant de tirer un revenu de la vente de vos prévisions, il vous faudra acheter des ordinateurs pour effectuer vos calculs et meubler vos nouveaux locaux avec des bureaux et des classeurs. Tout cet équipement sera le capital qui vous permettra de produire et de vendre vos services.

Comment vous procurerez-vous les fonds nécessaires pour faire ces dépenses d'investissement ? Peut-être disposez-vous d'économies suffisantes ? Il est plus probable que, comme la plupart des entrepreneurs, vous n'ayez pas assez de capital pour financer seul le dèmarrage de votre entreprise ; vous devrez donc trouver d'autres sources de financement. Il existe plusieurs façons de financer ces dépenses d'équipement. Vous pouvez emprunter à une banque, à un ami ou à votre famille. Dans ce cas, vous vous engagerez sans doute non seulement à rembourser ultérieurement le montant du prêt, mais aussi à payer des intérêts. Il vous est également possible d'obtenir des fonds pour lancer votre entreprise en échange d'une part de vos bénéfices futurs. D'une manière ou d'une autre, votre investissement sera financé par l'épargne d'un tiers.

Le système financier est l'ensemble des institutions qui permettent l'appariement entre l'épargne des uns et les investissements des autres. Comme nous l'avons déjà vu dans le précédent chapitre, l'épargne et l'investissement sont deux facteurs-clés de la croissance économique à long terme. Dès qu'une économie épargne une portion importante de son PIB, elle dispose des ressources nécessaires pour investir dans le capital ; un capital plus important accroît la productivité et le niveau de vie. Il nous faut maintenant expliquer comment l'épargne et l'investissement sont coordonnés. À tout moment, il y a des individus qui désirent épargner une portion de leurs revenus pour l'avenir, tandis que d'autres souhaitent investir dans des entreprises, qu'elles soient nouvelles ou déjà établies. Comment coordonner ces deux groupes de personnes ? Comment s'assurer que l'offre de fonds de ceux qui épargnent correspond à la demande de fonds de ceux qui investissent ?

Dans ce chapitre, nous étudierons le fonctionnement du système financier, en commençant par les institutions financières. Par la suite, nous aborderons les relations entre le système financier et certaines variables macroéconomiques, dont l'épargne et l'investissement. Pour finir, nous mettrons au point un modèle de l'offre et de la demande de fonds sur les marchés financiers. Notre analyse montrera comment le taux d'intérêt assure l'équilibre entre l'offre et la demande et comment certaines décisions économiques des gouvernements influencent ce taux d'intérêt et l'allocation des ressources financières.

LES INSTITUTIONS FINANCIÈRES CANADIENNES

Système financier
Ensemble des institutions qui contribuent à coordonner l'épargne des uns et les investissements des autres.

De façon globale, le système financier transfère les ressources des épargnants (qui dépensent moins d'argent qu'ils n'en gagnent) aux emprunteurs (qui dépensent plus d'argent qu'ils n'en gagnent). Les raisons d'épargner sont diverses : on peut vouloir financer les études universitaires de ses enfants ou s'assurer une retraite confortable. Les raisons d'investir sont tout aussi nombreuses : par exemple, l'investissement peut avoir pour but l'achat d'une maison ou la création d'une entreprise. Les épargnants placent leur argent en espérant le récupérer plus tard, avec des intérêts. Les emprunteurs utilisent ces fonds en étant conscients qu'ils devront non seulement les rembourser plus tard, mais aussi verser des intérêts.

La bourse de Tokyo.

Marchés financiers
Marchés qui permettent aux épargnants de transférer des fonds aux investisseurs.

Le système financier est composé d'un grand nombre d'institutions qui coordonnent les épargnants et les investisseurs. Avant d'analyser les mécanismes du système financier, commençons par examiner les institutions financières majeures, qui peuvent être regroupées en deux catégories : les marchés financiers et les intermédiaires financiers.

LES MARCHÉS FINANCIERS

Par marchés financiers, on entend les institutions qui contribuent à transmettre directement l'épargne des uns aux investisseurs. Les deux plus importants marchés financiers sont le marché obligataire et le marché des actions.

LE MARCHÉ DES OBLIGATIONS

Obligation
Reconnaissance de dette par laquelle une entreprise ou un gouvernement s'engage à verser des intérêts convenus, à des dates déterminées.

Commençons par examiner le marché des **obligations**. Si par exemple Intel, le fabricant de puces d'ordinateur, veut financer la construction d'une nouvelle usine pour la fabrication de semi-conducteurs, il a la possibilité de le faire directement auprès du public en émettant des obligations. Une obligation est une reconnaissance de dette qui précise les engagements de l'emprunteur envers le détenteur de cette obligation. Une obligation stipule à quel moment le prêt doit être remboursé, soit l'échéance, de même que le taux d'intérêt payable périodiquement jusqu'à cette échéance. L'acheteur d'une obligation d'Intel prêterait donc de l'argent à Intel en échange du versement périodique des intérêts et du remboursement ultérieur du montant emprunté (appelé *principal* ou *capital*). L'acquéreur a le choix de conserver l'obligation jusqu'à l'échéance ou de la vendre plus tôt à un tiers.

Des millions d'obligations circulent dans l'économie canadienne. Quand une grande entreprise, le gouvernement fédéral ou les gouvernements provinciaux ont besoin d'emprunter pour financer une nouvelle usine, un nouveau chasseur supersonique ou une nouvelle école, par exemple, ils émettent généralement des obligations. En consultant les pages financières de votre quotidien local, vous trouverez la liste des prix de ces obligations et les taux d'intérêt des émissions d'obligations les plus importantes. Même si ces obligations présentent des différences notables, elles ont toutes deux caractéristiques essentielles.

La première est le terme, c'est-à-dire le temps qui s'écoule entre l'émission et l'échéance. Certaines obligations ont un terme très court (quelques mois), alors que d'autres s'étalent sur trente années ou plus (le gouvernement britannique émet même des obligations n'ayant aucune échéance, appelées *rentes perpétuelles — consols,* en anglais ; ce type d'obligation rapporte des intérêts *ad vitam æternam,* sans remboursement de principal). Le taux d'intérêt d'une obligation varie en partie selon sa durée. En effet, les obligations à long terme présentent un risque supérieur à celui des obligations à court terme, puisque les détenteurs doivent attendre plus longtemps avant de récupérer le principal. Si un détenteur d'obligations à long terme a besoin de son argent avant la date d'échéance, il n'a pas d'autre possibilité que de vendre ses obligations à quelqu'un d'autre, parfois à rabais. Pour compenser ce risque, le taux d'intérêt des obligations à long terme est habituellement supérieur à celui des obligations à court terme.

La seconde caractéristique importante d'une obligation est son risque de crédit, qui mesure la probabilité que l'emprunteur ne soit pas en mesure de payer les intérêts ou de rembourser le principal. Il arrive parfois que les emprunteurs déclarent faillite et ne puissent pas acquitter leurs dettes. Si le risque de faillite est important, les prêteurs exigent un taux d'intérêt élevé en compensation.

Le risque de crédit est fonction, entre autres, du taux d'endettement de l'émetteur, des variations récentes de sa dette et de la stabilité de ses revenus. Le gouvernement canadien a la réputation d'être un emprunteur fiable car, même s'il est très endetté, son endettement est en baisse et ses revenus (fiscaux) sont très stables. Pour cette raison, les obligations émises par le gouvernement fédéral n'offrent que de faibles taux d'intérêt.

Les provinces émettent également des obligations. Étant donné que les économies provinciales sont moins diversifiées que l'économie canadienne, donc que leurs revenus sont plus variables, les obligations des provinces présentent un risque plus élevé et leur taux d'intérêt est supérieur à celui des obligations fédérales. Les taux d'intérêt des obligations des provinces ne sont pas identiques ; ils varient en fonction de la volatilité des revenus et de l'importance de la dette de chaque province.

Les obligations de société offrent en général des taux d'intérêt supérieurs à ceux des obligations des provinces, car les revenus des sociétés sont plus variables que ceux des provinces. Les entreprises dont la santé financière est chancelante émettent des obligations à haut risque (*junk bonds*, en anglais), rapportant des taux d'intérêt très élevés.

Afin d'illustrer le rôle du risque de crédit dans la détermination des taux d'intérêt pour les obligations, examinons le taux annuel payé le 15 septembre 2006 sur des obligations venant à échéance en 2016 : 4,1 % pour les obligations fédérales, 4,4 % pour les obligations ontariennes et 4,9 % pour les obligations émises par Bell Canada. Pour évaluer le risque du crédit, les acheteurs d'obligations consultent les agences de notation comme Standard & Poor's ou Moody's, qui portent un jugement sur les risques propres aux différentes obligations.

LE MARCHÉ DES ACTIONS

Voyons maintenant de plus près le marché des actions. Pour construire sa nouvelle usine de production de semi-conducteurs, Intel peut également obtenir des fonds en vendant des actions. Une action est un titre de propriété de la société qui donne droit à une part de ses profits. Par exemple, si Intel a émis un total de 1 000 000 d'actions, chacune des actions représente la propriété de un millionième de l'entreprise.

Action
Titre de propriété d'une société qui donne droit à une part de ses profits.

La vente d'actions pour obtenir du capital s'appelle *financement par capitaux propres,* alors que la vente d'obligations constitue un financement par emprunt. Même si les entreprises ont recours à la fois au financement par capitaux propres et au financement par emprunt pour réaliser de nouveaux investissements, les obligations et les actions sont des modes de financement très différents. Un détenteur d'actions d'Intel est en partie propriétaire de la société, alors qu'un détenteur d'obligations d'Intel en est un créancier. Si Intel fait de forts bénéfices, les actionnaires en profitent, alors que les détenteurs d'obligations se contenteront de recevoir l'intérêt sur ses dettes. Par contre, si Intel connaît des difficultés financières, les détenteurs d'obligations recevront leur dû avant que les actionnaires ne reçoivent quoi que ce soit. Les actions, par rapport aux obligations, comportent donc plus de risques et offrent un meilleur potentiel de rendement du capital investi.

Une fois qu'une entreprise a émis des actions, ces dernières s'échangent entre actionnaires sur les marchés d'actions organisés. Lors de ces transactions, l'entreprise émettrice ne reçoit rien. Aux États-Unis, les deux places boursières les plus importantes sont le New York Stock Exchange et le NASDAQ (National Association of Securities Dealers Automated Quotation system). Au Canada, la Bourse de Toronto (Toronto Stock Exchange ou TSX) domine le marché. Le TSX Venture Exchange de Calgary, une Bourse beaucoup plus spéculative, procède à des campagnes de souscription pour les petites sociétés minières. La Bourse de Montréal, quant à elle, est maintenant spécialisée dans les produits financiers dérivés. La majorité des pays possèdent leur propre Bourse, où s'échangent les actions des entreprises locales.

L'offre et la demande d'actions déterminent leur prix de vente. L'action est un droit de propriété sur l'entreprise. La demande d'actions d'une entreprise et son prix reflètent les anticipations du public en ce qui concerne la rentabilité future de cette entreprise. Quand les acheteurs sont optimistes à propos des profits futurs de cette entreprise, la demande concernant ses actions augmente et en fait monter le prix. À l'inverse, lorsque de maigres profits ou même des pertes sont à craindre, le prix de ses actions chute.

Le niveau général des prix des actions est mesuré par les indices boursiers. Ces derniers permettent de suivre l'évolution générale des prix des valeurs mobilières. Un indice boursier correspond à la moyenne du prix d'un panier d'actions. Le plus connu des indices, le Dow Jones, se calcule depuis 1896; il comprend maintenant le prix des actions de 30 importantes entreprises américaines, dont Intel, General Electric, Microsoft, Coca-Cola, AT&T et IBM. L'indice le plus connu et le plus suivi au Canada, le S&P/TSX Composite Index, comprend le prix de 200 importantes entreprises dont les actions se transigent à la Bourse de Toronto. Ces indices boursiers font l'objet d'une surveillance constante, parce qu'ils reflètent la rentabilité attendue des entreprises et servent d'indicateurs des conditions économiques à venir.

[BON À SAVOIR] COMMENT LIRE LES COTES DE LA BOURSE

La plupart des quotidiens publient des pages financières qui répertorient les échanges d'actions de milliers d'entreprises. Le tableau de la page 172 fournit des informations sur les échanges d'actions de quatre entreprises. Voici une description de ces informations.

- *Cours*: Le cours correspond au prix d'un titre; il constitue l'information la plus importante à propos d'une action. Le journal répertorie habituellement plusieurs prix différents pour un même titre. Le dernier cours, ou cours de clôture, représente le prix de la dernière transaction effectuée la veille, avant la fermeture du parquet de la Bourse. Certains journaux indiquent également les cours les plus hauts et les plus bas de la dernière séance, et parfois de l'année écoulée.

- *Volume*: En général, les journaux indiquent le nombre de titres d'une entreprise échangés durant la dernière séance, sous forme de volume quotidien.

- *Dividendes*: Les entreprises versent une partie de leurs profits aux actionnaires: ce sont les dividendes (les profits non distribués, ou bénéfices non répartis, servent à financer de nouveaux investissements). On retrouve également dans les journaux les dividendes par action versés par l'entreprise au cours de l'année précédente et parfois le taux de rendement des actions, soit le dividende exprimé en pourcentage du cours de l'action.

- *Ratio cours-bénéfice*: Les bénéfices d'une entreprise représentent la différence entre ses recettes, tirées de la vente de ses produits, et l'ensemble de ses dépenses. Le bénéfice par action correspond au profit total de l'entreprise divisé par le nombre d'actions en circulation. Le ratio cours-bénéfice équivaut au cours de l'action divisé par le montant du profit par action réalisé par l'entreprise durant l'année. Généralement, ce taux se situe aux alentours de 15. Un ratio plus élevé indique un prix élevé des actions au regard des derniers résultats financiers de l'entreprise. Il y a deux causes possibles d'une telle situation: ou bien on prévoit de meilleurs résultats à l'avenir, ou bien le titre est surévalué. Inversement, un ratio inférieur à 15 signifie une sous-évaluation de l'action ou la crainte d'une dégradation des résultats financiers.

Pour quelles raisons les journaux rapportent-ils quotidiennement ces données? Parce que bien des gens qui placent leur épargne à la Bourse les consultent chaque jour avant de décider quelles actions acheter ou vendre. D'autres investisseurs, en revanche, adoptent une stratégie d'achat à long terme : ils achètent des titres d'entreprises solides et les conservent longtemps, sans se soucier des fluctuations quotidiennes rapportées dans les journaux.

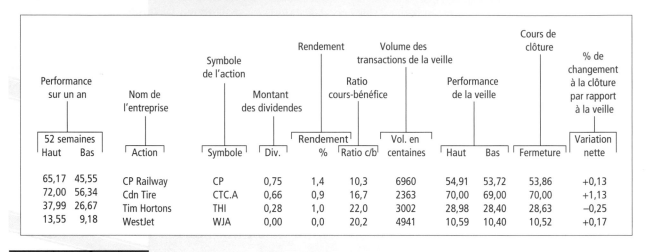

Performance sur un an		Nom de l'entreprise	Symbole de l'action	Montant des dividendes	Rendement	Ratio cours-bénéfice	Volume des transactions de la veille	Performance de la veille		Cours de clôture	% de changement à la clôture par rapport à la veille
52 semaines					Rendement	Ratio c/b	Vol. en centaines				Variation
Haut	Bas	Action	Symbole	Div.	%	Ratio c/b	centaines	Haut	Bas	Fermeture	nette
65,17	45,55	CP Railway	CP	0,75	1,4	10,3	6960	54,91	53,72	53,86	+0,13
72,00	56,34	Cdn Tire	CTC.A	0,66	0,9	16,7	2363	70,00	69,00	70,00	+1,13
37,99	26,67	Tim Hortons	THI	0,28	1,0	22,0	3002	28,98	28,40	28,63	−0,25
13,55	9,18	WestJet	WJA	0,00	0,0	20,2	4941	10,59	10,40	10,52	+0,17

LES INTERMÉDIAIRES FINANCIERS

Intermédiaires financiers
Institutions financières qui permettent aux épargnants de transmettre des fonds aux emprunteurs.

Les intermédiaires financiers sont les institutions financières qui permettent aux épargnants d'offrir des fonds aux emprunteurs. Le terme *intermédiaire* donne une idée juste du rôle joué par ces institutions auprès des emprunteurs et des épargnants. Nous examinerons ici deux des principaux intermédiaires financiers : les banques et les fonds communs de placement.

LES BANQUES

Voyons maintenant le rôle joué par les banques dans le système financier. Si un petit épicier désire financer l'agrandissement de son magasin, il suivra probablement une stratégie différente de celle d'Intel. En effet, à la différence d'entreprises importantes comme Intel, il ne pourra pas obtenir des fonds sur le marché des obligations ou sur celui des actions. La plupart des acheteurs d'actions et d'obligations préfèrent celles qui sont émises par de grandes entreprises déjà connues. L'épicier devra donc solliciter un prêt auprès de sa banque.

Les banques sont les intermédiaires financiers les plus connus du public. Elles acceptent les dépôts du public et prêtent ces fonds aux emprunteurs. Les banques versent un intérêt aux déposants et perçoivent un intérêt supérieur auprès des emprunteurs. La différence entre ces deux taux d'intérêt couvre les frais des banques et engendre un profit, qui sert à rémunérer leurs propriétaires.

Outre celui d'intermédiaires financiers, les banques jouent un autre rôle dans l'économie : elles facilitent les échanges de biens et de services en permettant à leurs clients d'émettre des chèques en échange de leurs dépôts. Autrement dit, elles créent un instrument d'échange dont leurs clients se servent pour effectuer leurs transactions. Cette caractéristique des banques les différencie des autres institutions financières. Les actions et les obligations, tout comme les dépôts bancaires, représentent un réservoir de valeur qui correspond à la richesse provenant de l'épargne accumulée. Toutefois, l'accès à cette richesse est moins rapide, moins facile et plus coûteux que l'émission d'un chèque. Cela étant dit, nous laisserons provisoirement de côté ce second rôle des banques; nous y reviendrons lorsqu'il sera question du système monétaire, dans le chapitre 10.

LES FONDS COMMUNS DE PLACEMENT

Fonds commun de placement
Institution qui vend des parts au public et consacre les fonds récoltés à l'achat d'un portefeuille d'actifs financiers.

Les fonds communs de placement sont un type d'intermédiaire financier qui prend de plus en plus d'importance dans l'économie canadienne. Un **fonds commun de placement** est une institution qui vend des parts aux investisseurs et qui utilise les fonds ainsi recueillis pour acheter un portefeuille, c'est-à-dire une sélection de titres financiers constituée soit d'actions, soit d'obligations, soit d'une combinaison des deux. Le détenteur de parts de fonds communs de placement accepte les risques liés au rendement de son placement: si la valeur de son portefeuille augmente, il gagne de l'argent, si elle baisse, il en perd.

Les fonds communs de placement présentent l'avantage de permettre aux petits épargnants de diversifier leurs avoirs. Les détenteurs d'actions et d'obligations peuvent ainsi ne pas mettre tous leurs œufs dans le même panier. La valeur d'une action ou d'une obligation étant directement liée aux succès d'une seule entreprise, mieux vaut en effet diversifier son portefeuille en répartissant les risques entre plusieurs entreprises. Pour un petit épargnant qui ne dispose que de quelques centaines de dollars, l'achat de titres de fonds communs de placement représente un moyen simple de devenir indirectement actionnaire ou créditeur de centaines de grandes entreprises. En échange de ce service, la société qui gère les fonds perçoit annuellement, à titre de rémunération, un pourcentage de la valeur des actifs.

Les fonds communs de placement se targuent en outre d'offrir au public des conseils de gestionnaires financiers professionnels. Ces derniers, qui accordent naturellement une grande attention à l'évolution et aux perspectives d'avenir des entreprises dont ils acquièrent des parts, se concentrent sur l'achat d'actions de sociétés qu'ils considèrent potentiellement très rentables et ils vendent les parts des entreprises qui leur semblent moins intéressantes. Les gestionnaires des fonds communs de placement prétendent que ce type de gestion fait augmenter le rendement pour les investisseurs.

Les économistes se montrent quelque peu sceptiques envers ce second argument puisque, en raison du nombre de gestionnaires financiers qui scrutent les perspectives économiques de chaque entreprise, le prix des actions reflète en général leur véritable valeur. En pratique, il est difficile de battre le marché en se défaisant des actions peu intéressantes pour acheter de bonnes actions. De fait, certains fonds communs de placement, dits *fonds indiciels,* qui achètent tous les titres d'un indice boursier, obtiennent en moyenne une meilleure performance que les fonds gérés beaucoup plus activement. Cela s'explique par la diminution des coûts salariaux des gestionnaires professionnels ainsi que des coûts d'acquisition et de vente des actions.

EN RÉSUMÉ

Une grande variété d'institutions financières sont présentes dans l'économie canadienne. Outre le marché des obligations, la Bourse, les banques et les fonds communs de placement, on trouve également les caisses de retraite, les coopératives d'épargne et de crédit, les compagnies d'assurance et même les usuriers locaux. Il s'agit d'institutions fort différentes, mais lorsqu'on analyse le système financier, il importe de se concentrer sur leurs similarités plutôt que sur leurs différences. Toutes servent la même finalité : diriger les fonds des épargnants vers les emprunteurs.

L'ÉPARGNE ET L'INVESTISSEMENT DANS LA COMPTABILITÉ NATIONALE

Pour comprendre l'évolution générale de l'économie, il importe de suivre l'actualité financière. Comme nous venons de le voir, les diverses composantes du système financier, soit le marché des obligations, le marché des actions, les banques et les fonds communs de placement, ont toutes pour mission de coordonner l'épargne et l'investissement. Et, dans le chapitre précédent, nous avons vu que cette épargne et cet investissement constituent deux éléments déterminants de la croissance du PIB et du niveau de vie. Les marchés financiers sont donc d'une importance cruciale pour les macroéconomistes.

Nous commencerons l'analyse des marchés financiers en abordant les principales variables macroéconomiques permettant d'en mesurer l'activité. Plus que le fonctionnement du marché financier, c'est sa comptabilité qui retiendra notre attention pour le moment. Par comptabilité, nous entendons la façon de définir et d'agréger les chiffres. Nous savons que le comptable d'une personne calcule ses dépenses et ses revenus. Il faut comprendre que le même genre de calcul peut être appliqué à l'ensemble de l'économie : c'est la comptabilité nationale, qui s'intéresse non seulement au PIB, mais aussi à diverses statistiques qui lui sont reliées.

Les règles de la comptabilité nationale présentent un certain nombre d'identités importantes. Une *identité* est une équation qui se vérifie toujours, quelles que soient les valeurs assignées aux variables, et ce, en raison de la définition même de ces variables. Les identités clarifient les relations entre les différentes variables. Nous donnons ci-dessous des exemples d'identités relatives aux marchés financiers.

QUELQUES IDENTITÉS IMPORTANTES

Nous avons vu que le produit intérieur brut (PIB) mesure à la fois le revenu total et les dépenses totales en biens et services d'une économie. Le PIB (représenté par la lettre Y) se divise en quatre types de dépenses : la consommation (C), l'investissement (I), les dépenses publiques courantes (G) et les exportations nettes (XN). Nous pouvons donc poser l'équation suivante :

$$Y = C + I + G + XN$$

Cette équation est une identité, puisque chaque dollar dépensé pour acheter le PIB total — le membre de gauche de l'équation — se retrouve également dans l'une des quatre composantes du membre de droite. Cette équation se vérifie toujours, en raison de la façon dont les variables sont définies et mesurées.

Pour les besoins du présent chapitre, nous simplifierons notre analyse en examinant une économie fermée. Une économie fermée n'est pas en relation avec les autres : elle ne participe pas au commerce international des biens et des services, elle n'effectue aucun emprunt et n'accorde aucun prêt à l'étranger. De toute évidence, les économies réelles sont des économies ouvertes, puisqu'elles interagissent entre elles sur le plan mondial. Nous reviendrons plus loin sur l'analyse macroéconomique de ces économies ouvertes ; pour l'instant, l'hypothèse d'une économie fermée nous simplifie la tâche, tout en nous permettant de tirer des leçons. En outre, une telle hypothèse s'applique parfaitement à l'économie mondiale (dans la mesure où les échanges entre la Terre et la planète Mars restent encore fort modestes…).

Dans une économie fermée, les importations et les exportations sont nulles. Comme les exportations nettes sont égales à zéro, il est possible d'écrire l'équation du PIB de la façon suivante :

$$Y = C + I + G$$

Cette équation démontre que le PIB est égal à la somme de la consommation, de l'investissement et des dépenses publiques. Tout ce qui est produit dans un tel contexte est donc soit consommé par les ménages ou par le gouvernement, soit investi.

Pour voir ce qui se produit au niveau des marchés financiers, il suffit de soustraire les dépenses publiques (G) et la consommation (C) des deux côtés de cette identité. On obtient alors :

$$Y - C - G = I$$

Le membre gauche de l'équation ($Y - C - G$) est tout simplement le revenu total restant après les paiements effectués pour la consommation et les dépenses publiques courantes. Ce montant représente l'**épargne nationale**, ou plus simplement l'épargne, désignée par la lettre S. En substituant S à ($Y - C - G$), nous obtenons une dernière équation :

$$S = I$$

Cette équation signifie que l'épargne est égale à l'investissement.

Pour comprendre la signification de l'épargne nationale, il convient de préciser sa définition. Convenons que T représente le montant des impôts perçus par le gouvernement, moins les transferts et subventions qu'il verse (assurance emploi et aide sociale, entre autres). L'équation de l'épargne nationale s'écrit donc indifféremment :

$$S = Y - C - G$$
$$\text{ou}$$
$$S = (Y - T - C) + (T - G)$$

Ces deux équations sont équivalentes, puisque les deux T du membre de droite de la seconde équation s'annulent. Cependant, elles correspondent chacune à une façon différente de mesurer l'épargne nationale. Dans la seconde équation, l'épargne se décompose en deux parties : l'épargne privée ($Y - T - C$) et l'épargne gouvernementale ou publique ($T - G$). On peut donc réécrire ainsi l'équation qui définit l'épargne :

$$S = S_P + S_G$$

Revenons sur les deux composantes de l'épargne. L'**épargne privée** correspond au revenu disponible, soit le revenu moins les impôts nets des transferts et subventions,

Épargne nationale (ou épargne)
Revenu (PIB) diminué de la consommation et des dépenses publiques courantes.

Épargne privée
Partie du revenu après impôts qui n'est pas consacrée aux dépenses courantes.

Épargne publique
Recettes publiques desquelles
sont soustraites les dépenses
publiques courantes.

Surplus budgétaire
Excédent des recettes par rapport
aux dépenses gouvernementales.

Déficit budgétaire
Excédent des dépenses
par rapport aux recettes
gouvernementales.

auquel on soustrait les dépenses de consommation. Plus précisément, le secteur privé engendre une épargne à partir de Y, après avoir payé des impôts équivalant à T et consacré un montant C à la consommation. L'épargne privée équivaut donc à $(Y - T - C)$. Pour sa part, l'**épargne publique** comprend l'excédent des revenus fiscaux du gouvernement, une fois qu'il a assumé les dépenses publiques courantes. Le gouvernement perçoit des recettes fiscales équivalant à T, qui sont ensuite diminuées du montant G de ses dépenses pour les biens et services courants. Lorsque T est supérieur à G, l'État enregistre un **surplus budgétaire**, puisqu'il reçoit plus d'argent qu'il n'en dépense. Ce surplus $(T - G)$ correspond à l'épargne publique. Si, inversement, le gouvernement dépense plus qu'il ne perçoit d'impôts, G est alors supérieur à T et le gouvernement accuse un **déficit budgétaire**; l'épargne publique $(T - G)$ a alors une valeur négative.

Voyons maintenant comment ces identités comptables interagissent dans les marchés financiers. L'équation $S = I$ fait apparaître un élément important : pour l'économie dans son ensemble, l'épargne doit être égale à l'investissement. Cela nous amène à poser quelques questions fondamentales : quels mécanismes garantissent une telle identité ? Qui assure la coordination entre l'épargne et l'investissement ? C'est dans le système financier que se trouve la réponse : le marché des obligations, le marché des actions, les banques, les fonds communs de placement et les autres intermédiaires et marchés financiers se situent entre les deux membres de l'équation qui met en relation l'épargne et l'investissement. Leur rôle est de diriger l'épargne nationale vers l'investissement national.

LA DISTINCTION ENTRE ÉPARGNE ET INVESTISSEMENT

Les termes *épargne* et *investissement* peuvent prêter à confusion. Ils sont couramment utilisés et parfois de façon interchangeable. Pourtant, en macroéconomie, et plus précisément en comptabilité nationale, il importe de les distinguer et de les employer correctement.

Prenons un exemple. Imaginons que Victor gagne beaucoup plus d'argent qu'il n'en dépense ; il dépose donc à la banque les montants épargnés ou bien il achète des obligations ou des actions. Comme son revenu est supérieur au montant qu'il consacre à la consommation, il se considère comme un investisseur. Toutefois, d'un point de vue macroéconomique, on le qualifie plutôt d'épargnant.

En macroéconomie, l'investissement correspond à l'achat de nouveau capital, comme les biens d'équipement ou les bâtiments. Quand Edgar contracte un emprunt à la banque pour se bâtir une nouvelle maison, il contribue à l'investissement national. De même, Bombardier contribue à l'investissement en employant le produit de la vente de ses actions pour faire construire une nouvelle usine.

L'équation $S = I$ indique que l'épargne est égale à l'investissement pour l'économie globale, même si cela ne se vérifie pas à l'échelle d'un ménage ou d'une entreprise. L'épargne de Victor dépasse son investissement et il peut déposer l'excédent dans un compte en banque. Edgar investit plus qu'il n'épargne et emprunte la différence à la banque. Cette dernière, ainsi que les autres institutions financières, permet l'existence de telles différences entre l'épargne et l'investissement individuels, puisqu'elle aide à financer les investissements des uns avec l'épargne des autres.

MINITEST

- Donnez une définition de l'épargne privée, de l'épargne publique, de l'épargne nationale ainsi que de l'investissement.
- Quelles sont les relations entre ces différents concepts ?

ÉTUDE DE CAS

L'ÉPARGNE ET L'INVESTISSEMENT AU CANADA

Depuis quelques années, de nombreux commentateurs ont remarqué une baisse importante du taux d'épargne personnelle au Canada. Cette diminution de la prévoyance des familles inquiète beaucoup certains observateurs du marché financier. Qu'en est-il exactement ?

LA MESURE DE L'ÉPARGNE ET DE L'INVESTISSEMENT

Rappelons que l'épargne est la part du revenu qui n'est pas utilisée pour les dépenses courantes. L'investissement, quant à lui, représente la valeur des dépenses autres que courantes qui peuvent faire augmenter les revenus futurs. Par exemple, si les revenus d'une personne sont de 1000 $ et qu'elle consacre 900 $ à l'épicerie, aux loisirs, au logement et au transport, sa consommation est de 900 $ et son épargne est de 100 $. Qu'elle utilise elle-même ces 100 $ pour faire un investissement ou qu'elle les prête à un autre investisseur, cela n'a aucune importance : l'épargne est toujours de 100 $.

Officiellement, dans les comptes nationaux, l'investissement est défini comme les dépenses des entreprises et des gouvernements en capital fixe et en infrastructures, ainsi que les dépenses en construction résidentielle par les ménages. Toute autre dépense des ménages, des entreprises et du gouvernement est donc une dépense courante. Cette définition de l'investissement pose un premier problème. En effet, bien d'autres dépenses pourraient faire augmenter les revenus futurs et devraient donc être considérées comme un investissement. Citons entre autres les achats de biens durables, les dépenses en éducation, en recherche et en développement et les achats d'ordinateurs par les ménages.

Si l'on considérait ces dépenses comme un investissement, les dépenses courantes seraient plus faibles et l'épargne plus élevée. Cela a pour résultat que l'épargne est sans doute sous-estimée, au Canada comme ailleurs.

LA MESURE DU REVENU DISPONIBLE

Le revenu disponible est la somme de tous les revenus (le PIB) moins les impôts nets (après transferts). La part de ce revenu disponible qui n'est pas consommée officiellement est l'épargne privée.

Or un gain en capital n'est pas considéré, dans la comptabilité nationale, comme un revenu. Voici donc un nouveau problème : lorsque les placements des ménages prennent de la valeur, en raison d'un marché boursier haussier, par exemple, une augmentation de la consommation devient possible. Cela peut se faire par la réalisation du gain en capital (c'est-à-dire par la vente de l'actif qui a pris de la valeur) ou par un emprunt s'appuyant sur la valeur nette accrue. La décision de ne pas augmenter la consommation aujourd'hui revient à reporter à plus tard cette consommation. Pour un économiste, cela est une décision d'épargne, et la valeur de cette épargne devrait être ajoutée au revenu disponible.

Il est donc fort possible que le revenu disponible soit sous-estimé en période de forts gains en capital.

LA CHUTE DU TAUX D'ÉPARGNE AU CANADA

L'épargne officielle des ménages a fortement diminué au Canada durant les années 1990. D'un niveau historique d'environ 10 % du revenu disponible durant les années 1970 et 1980, le taux a chuté à 5 % en 1996 et est devenu négatif par la suite. Il est possible d'expliquer en partie cette chute par deux phénomènes. Premièrement, la consommation est de plus en plus surestimée, en raison de la sous-estimation de l'investissement; les changements causés par la réduction en importance relative du secteur manufacturier et par la place croissante du secteur des services jouent ici un rôle important. En effet, les dépenses en éducation sont de plus en plus importantes. Deuxièmement, le revenu disponible est en réalité plus élevé que celui qui est mesuré officiellement, en raison des énormes gains en capital réalisés dans le marché boursier pendant les années 1990. Or une sous-évaluation du revenu disponible ou une surévaluation de la consommation ont toutes les deux la même conséquence : l'épargne est sous-estimée.

Une partie de la chute du taux d'épargne des ménages peut aussi être attribuée à la faiblesse de l'économie canadienne dans les années 1990, qui a fait stagner le revenu disponible. La hausse du taux de chômage a contribué à ralentir la croissance des revenus. En outre, leurs importants déficits ont incité les gouvernements à hausser les taxes et les impôts. Partant, la chute du taux d'épargne personnelle est sans doute bien moins prononcée que ne portent à le croire les mesures de Statistique Canada.

LE MARCHÉ DES FONDS PRÊTABLES

Nous avons étudié le rôle, du point de vue macroéconomique, des institutions financières essentielles de notre économie. Nous sommes maintenant en mesure de construire un modèle des marchés financiers pour expliquer comment ces derniers coordonnent l'épargne et l'investissement. Ce modèle servira également à l'analyse des différentes politiques gouvernementales ayant une influence sur l'épargne et l'investissement.

Pour simplifier les choses, supposons qu'il n'existe qu'un seul marché financier dans l'économie : le **marché des fonds prêtables**. Tous les épargnants y apportent leurs fonds et tous les emprunteurs y obtiennent leurs prêts. Par conséquent, les fonds prêtables représentent la partie des revenus que les gens ont décidé d'épargner et de prêter plutôt que de la consacrer à la consommation. Posons également l'hypothèse qu'il n'existe qu'un seul taux d'intérêt dans ce marché, représentant à la fois le rendement de l'épargne et le coût des emprunts.

Ce marché financier fictif ne correspond évidemment pas à la réalité, puisqu'il existe de nombreux types d'institutions financières. Mais cette simplification nous permet de construire un modèle économique simple, comme nous l'avons déjà fait au chapitre 2. Nous négligerons donc la diversité des institutions financières et postulerons qu'il n'y a qu'un seul marché financier dans l'économie.

Marché des fonds prêtables
Marché où se rencontrent les agents économiques qui épargnent (offre de fonds) et ceux qui investissent (demande de fonds).

L'OFFRE ET LA DEMANDE DE FONDS PRÊTABLES

Le marché des fonds prêtables, comme tous les autres marchés économiques, est équilibré par l'offre et la demande. Pour saisir son fonctionnement, nous devons commencer par comprendre les sources de l'offre et de la demande de fonds prêtables.

L'offre de fonds prêtables provient des agents économiques disposant d'un revenu qu'ils souhaitent épargner et prêter. Ce prêt peut s'effectuer directement, comme lorsqu'un ménage achète les obligations d'une entreprise, ou encore indirectement, par l'intermédiaire d'un dépôt bancaire qui servira à financer un prêt. Dans les deux cas, l'offre de fonds prêtables provient de l'épargne.

La demande de fonds prêtables vient à la fois des ménages, des sociétés et des gouvernements qui désirent contracter des emprunts pour financer leurs investissements. La demande peut venir, par exemple, des familles qui contractent une hypothèque pour s'acheter une maison, des entreprises qui s'endettent pour acheter de nouveaux biens d'équipement ou bâtir une usine, ou encore des gouvernements qui ont besoin de fonds pour construire des ponts. Dans ces trois cas, la demande de fonds prêtables est une demande pour fins d'investissement.

Le taux d'intérêt correspond au prix de l'emprunt, c'est-à-dire qu'il est égal au montant que les emprunteurs paieront pour obtenir ce prêt et que les prêteurs recevront en retour. Un taux d'intérêt élevé fait augmenter le coût des emprunts et, par conséquent, réduit la quantité demandée de fonds prêtables. En revanche, un taux d'intérêt élevé attire les épargnants et fait augmenter la quantité offerte de fonds prêtables. Autrement dit, les courbes de demande et d'offre de fonds prêtables sont respectivement à pente négative et positive.

La figure 8.1 montre le taux d'intérêt assurant l'équilibre entre l'offre et la demande de fonds prêtables. Au taux d'équilibre indiqué (5 %), la quantité de fonds prêtables demandée est égale à la quantité de fonds prêtables offerte, soit 120 milliards de dollars.

Le taux d'intérêt s'ajuste pour équilibrer ce marché. Si le taux d'intérêt est inférieur au taux d'équilibre, la quantité de fonds prêtables offerte est inférieure à

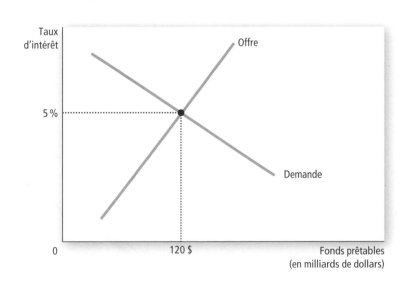

FIGURE 8.1 **LE MARCHÉ DES FONDS PRÊTABLES** Le taux d'intérêt assure un équilibre entre l'offre et la demande de fonds prêtables. L'offre provient de l'épargne nationale, constituée de l'épargne privée et de l'épargne publique. La demande émane des entreprises, des gouvernements et des ménages qui veulent emprunter pour investir. Dans ce cas-ci, le taux d'intérêt d'équilibre se situe à 5 %, et 120 milliards de dollars de fonds prêtables sont à la fois demandés et offerts.

la quantité demandée ; il en résulte une pénurie de fonds prêtables, ce qui incite les prêteurs à augmenter le taux d'intérêt. Par contre, si le taux d'intérêt est supérieur au niveau d'équilibre, la quantité des fonds prêtables offerte dépasse la quantité demandée : les prêteurs se retrouveront en concurrence pour fournir des fonds aux rares investisseurs et le taux d'intérêt aura tendance à baisser. De cette façon, le taux d'intérêt finit par atteindre le niveau auquel l'offre et la demande s'équilibrent.

On se souviendra que les économistes font la distinction entre le taux d'intérêt réel et le taux d'intérêt nominal. Le taux d'intérêt nominal, qui est celui que diffusent les médias, correspond au rendement de l'épargne et au coût de l'emprunt. Le taux d'intérêt réel est le taux d'intérêt nominal corrigé en fonction de l'inflation. Puisque l'inflation réduit peu à peu la valeur de la monnaie, le taux d'intérêt réel représente le rendement réel de l'épargne et le véritable coût de l'emprunt. L'offre et la demande de fonds prêtables sont donc fonction du taux d'intérêt réel plutôt que du taux d'intérêt nominal : le taux d'intérêt d'équilibre de la figure 8.1 (voir la page 179) doit donc être interprété comme le taux d'intérêt réel. Dans ce chapitre, le terme *taux d'intérêt* désigne le taux d'intérêt réel.

Le modèle de l'offre et de la demande des fonds prêtables démontre que les marchés financiers fonctionnent comme les autres marchés de l'économie. Sur le marché du chocolat, par exemple, le prix s'ajuste en fonction de l'offre et de la demande, comme si une « main invisible » coordonnait le comportement des producteurs de chocolat et celui des consommateurs de chocolat. Une fois qu'on a compris que l'épargne représente l'offre de fonds prêtables et que la demande correspond à l'investissement, on saisit mieux comment le taux d'intérêt équilibre l'offre et la demande dans le marché des fonds prêtables, en coordonnant le comportement des épargnants et celui des investisseurs.

Grâce à cette analyse du marché des fonds prêtables, nous sommes en mesure d'évaluer l'incidence de différentes politiques gouvernementales sur l'épargne et l'investissement. Comme le modèle utilisé illustre l'offre et la demande, nous étudierons ces politiques selon les trois étapes présentées au chapitre 4, c'est-à-dire en nous posant les questions suivantes : Ces politiques influent-elles sur la courbe d'offre ou la courbe de demande ? Dans quel sens se produit le déplacement ? Comment l'équilibre est-il modifié dans le graphique d'offre et de demande ?

UNE PREMIÈRE POLITIQUE ÉCONOMIQUE : DES INCITATIONS À ÉPARGNER

Les familles canadiennes épargnent sensiblement moins que les familles japonaises ou allemandes, mais plus que les familles américaines. Les raisons de ces disparités internationales restent obscures. Toutefois, de nombreux dirigeants politiques considèrent que le faible taux d'épargne des Canadiens pose un sérieux problème. Selon l'un des **dix principes d'économie** énoncés au chapitre 1, le niveau de vie d'un pays dépend de sa capacité à produire des biens et des services. Comme nous l'avons vu au chapitre 7, l'investissement est, à long terme, un déterminant important de la productivité d'un pays. Si le Canada parvenait à élever ses taux d'épargne et d'investissement au niveau de ceux d'autres pays, le taux de croissance du PIB augmenterait et le niveau de vie des citoyens canadiens s'améliorerait plus rapidement.

Un autre des **dix principes d'économie** indique que les gens réagissent aux incitatifs. Bien des économistes se basent sur ce principe pour dire que le faible taux d'épargne au Canada est partiellement attribuable à la fiscalité, qui décourage l'épargne. Les gouvernements fédéral et provinciaux tirent une bonne partie de leurs ressources de l'impôt sur le revenu ; or le revenu inclut les intérêts et les dividendes provenant de l'épargne. Pour comprendre l'effet des impôts sur l'épargne, prenons l'exemple d'une jeune femme de 25 ans qui économise 1000 $ et qui les place dans une obligation de 30 ans qui rapporte un intérêt annuel de 9 %. En l'absence d'impôt sur les intérêts, ce montant initial de 1000 $ vaudrait 13 268 $ 30 ans plus tard ; mais si cet intérêt est imposable, à un taux de 33 % par exemple, le taux d'intérêt après impôt se trouve réduit à 6 %. Dans ce cas, le montant composé ne dépasse pas 5743 $ au bout de 30 ans. En faisant diminuer à long terme les revenus générés par les placements, l'imposition des revenus d'intérêt réduit l'incitation à épargner.

Afin d'encourager l'épargne, de nombreux économistes proposent de modifier la fiscalité. Par exemple, l'introduction de la taxe fédérale sur les produits et services (TPS), en 1991, a reçu l'approbation de la plupart des spécialistes. Comme il s'agit d'une taxe sur la consommation, elle encourage l'épargne, puisque le revenu non dépensé n'est pas taxé. Les taxes de vente provinciales sont un autre exemple de taxe sur la consommation. L'Alberta est la seule province qui n'applique pas une telle taxe, mais les avantages d'un impôt sur la consommation plutôt que sur le revenu sont tels que les spécialistes de la fiscalité suggèrent que l'Alberta imite les autres provinces. Étant donné les avantages de prélever un impôt sur la consommation plutôt que sur le revenu, il est intéressant de noter que le gouvernement fédéral a diminué le taux de la TPS de 7 % à 6 % en 2006, puis à 5 % en 2008.

Un élargissement des contributions permises aux régimes enregistrés d'épargne-retraite constituerait également une incitation à l'épargne. En investissant dans des REER, les ménages profitent en effet d'une exonération fiscale qui encourage l'épargne. À la figure 8.2 (voir la page 182), on peut voir les effets d'un tel incitatif sur le marché des fonds prêtables.

Tout d'abord, il faut se demander sur quelle courbe du modèle d'offre et de demande de fonds prêtables cette modification de la fiscalité aurait un impact. Comme elle inciterait les ménages à épargner davantage, et ce, *quel que soit le taux d'intérêt,* la mesure fiscale modifierait la quantité offerte de fonds prêtables pour tous les taux d'intérêt. En conséquence, la courbe d'offre de fonds prêtables se déplacerait. Cependant, la courbe de demande resterait en place, ces modifications fiscales n'influençant pas les montants que les investisseurs désirent emprunter, quel que soit le taux d'intérêt.

Maintenant, essayons de comprendre dans quel sens s'effectuerait le déplacement de la courbe d'offre. L'épargne étant moins lourdement imposée sous le nouveau régime fiscal, les ménages, incités à épargner davantage, consommeraient moins. Ils déposeraient les fonds additionnels à la banque ou achèteraient des obligations. Par conséquent, l'offre de fonds prêtables augmenterait et la courbe d'offre se déplacerait vers la droite, soit de O_1 à O_2, comme le montre la figure 8.2.

En observant le graphique, il est possible de comparer l'ancien et le nouvel équilibre : l'augmentation de l'offre de fonds prêtables a pour résultat une réduction du taux d'intérêt de 5 % à 4 %. Cette baisse fait passer la quantité de fonds prêtables demandée de 120 milliards à 160 milliards de dollars. Le déplacement de la courbe d'offre modifie l'équilibre du marché le long de la courbe de demande.

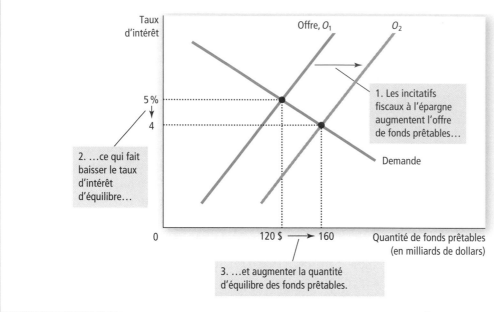

Taux d'intérêt

Offre, O_1 O_2

5 %
4

1. Les incitatifs fiscaux à l'épargne augmentent l'offre de fonds prêtables…

2. …ce qui fait baisser le taux d'intérêt d'équilibre…

Demande

0   120 $ → 160   Quantité de fonds prêtables (en milliards de dollars)

3. …et augmenter la quantité d'équilibre des fonds prêtables.

FIGURE 8.2

UNE AUGMENTATION DE L'OFFRE DE FONDS PRÊTABLES   Une modification de la fiscalité qui encouragerait les Canadiens à épargner davantage aurait pour conséquence un déplacement vers la droite, de O_1 à O_2, de la courbe d'offre de fonds prêtables. Cette modification de l'offre ferait baisser le taux d'intérêt d'équilibre et stimulerait l'investissement. Dans cet exemple, le taux d'intérêt d'équilibre passe de 5 % à 4 %, et la quantité d'équilibre des fonds épargnés et investis passe de 120 milliards à 160 milliards de dollars.

Les ménages et les entreprises empruntent davantage pour investir, en raison de la diminution du taux d'intérêt. En conséquence, si une réforme de la fiscalité encourage l'épargne, elle fait baisser le taux d'intérêt et stimule l'investissement.

Si les économistes sont d'accord pour reconnaître les effets d'une augmentation de l'épargne, ils restent néanmoins divisés sur le type de mesures fiscales à mettre en œuvre pour y parvenir. La majorité d'entre eux entérinent les réformes fiscales destinées à faire augmenter l'épargne et à stimuler l'investissement et la croissance économique. Pourtant, certains restent sceptiques quant à l'effet de telles mesures sur l'épargne nationale et mettent également en doute leur équité. Par exemple, ils font valoir qu'une augmentation des contributions permises aux REER favoriserait ceux qui jouissent d'un revenu élevé. Nous reviendrons plus en profondeur sur cette question dans le chapitre 18.

UNE DEUXIÈME POLITIQUE ÉCONOMIQUE : DES INCITATIONS À INVESTIR

Supposons maintenant que le Parlement adopte une réforme fiscale qui rende l'investissement plus attrayant. C'est essentiellement ce que fait le gouvernement lorsqu'il accorde un crédit d'impôt pour investissement. Un tel crédit offre une réduction d'impôt à toute firme qui acquiert un nouvel équipement ou construit une usine. Examinons les effets d'une telle législation sur le marché des fonds prêtables, comme l'illustre la figure 8.3.

Premièrement, une telle loi aurait-elle un impact sur l'offre ou sur la demande? Comme cette réforme fiscale incite les entreprises à investir et, par conséquent, à

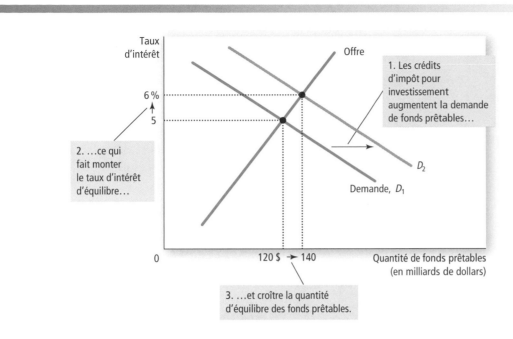

Taux d'intérêt

Offre

1. Les crédits d'impôt pour investissement augmentent la demande de fonds prêtables…

6 %

5

2. …ce qui fait monter le taux d'intérêt d'équilibre…

D_2

Demande, D_1

0   120 $ → 140   Quantité de fonds prêtables (en milliards de dollars)

3. …et croître la quantité d'équilibre des fonds prêtables.

FIGURE 8.3

UNE AUGMENTATION DE LA DEMANDE DE FONDS PRÊTABLES   Si l'adoption d'un crédit d'impôt pour investissement incite les entreprises canadiennes à investir davantage, la demande de fonds prêtables augmente. Le taux d'intérêt d'équilibre s'accroît également, et cette hausse stimule l'épargne. Dans ce cas, un déplacement de la courbe de demande de D_1 à D_2 fait passer le taux d'intérêt d'équilibre de 5 % à 6 %, tandis que la quantité d'équilibre des fonds prêtables épargnés et investis passe de 120 milliards à 140 milliards de dollars.

emprunter davantage, elle modifie l'investissement quel que soit le taux d'intérêt, ce qui a pour résultat un déplacement de la demande de fonds prêtables. En revanche, comme cette modification n'affecte pas directement l'épargne, elle n'influe pas sur la courbe d'offre de fonds prêtables.

Ensuite, voyons dans quel sens s'effectuera le déplacement de la courbe de demande. Les entreprises ont tout intérêt à investir davantage : la quantité de fonds prêtables demandée augmentera, et ce, pour tout niveau du taux d'intérêt. La courbe de demande se déplacera donc vers la droite, de D_1 à D_2, comme on peut le voir sur le graphique de la figure 8.3.

Enfin, observons le changement de l'équilibre : l'augmentation de la demande de fonds prêtables fait grimper le taux d'intérêt de 5 % à 6 %. Les ménages réagissent à la hausse du taux d'intérêt en épargnant plus ; la quantité de fonds prêtables offerte s'accroît donc et passe de 120 milliards à 140 milliards de dollars. Ce changement de comportement se traduit par un mouvement le long de la courbe d'offre. Par conséquent, si une modification de la fiscalité encourage les investissements, le résultat sera une augmentation du taux d'intérêt, de l'épargne et de l'investissement.

UNE TROISIÈME POLITIQUE ÉCONOMIQUE : LES DÉFICITS ET LES SURPLUS BUDGÉTAIRES PUBLICS

Depuis trente ans, certains des problèmes économiques les plus sérieux au Canada proviennent des effets directs ou indirects des déficits gouvernementaux et de l'accumulation de la dette publique qui en a résulté. Lorsque ses dépenses excèdent ses recettes fiscales, le gouvernement accuse un déficit budgétaire ; si ses dépenses sont inférieures à ses recettes fiscales, il dispose d'un surplus budgétaire ; lorsque ses dépenses sont égales à ses revenus, il y a équilibre budgétaire. La somme de tous les déficits budgétaires passés, diminuée de la somme des surplus budgétaires, correspond à la dette publique. De 1975 à 1997, le gouvernement fédéral a enregistré d'importants déficits budgétaires, qui l'ont conduit à s'endetter lourdement. Durant la même période, de nombreux gouvernements provinciaux se sont également endettés, ce qui a provoqué une forte hausse de la dette publique provinciale. Au cours des dernières années, un important débat a fait rage à propos des effets de ces déficits sur l'allocation des ressources et la croissance économique à long terme.

Commençons par supposer que le gouvernement a un budget équilibré puis, que ce soit en raison d'une baisse des impôts ou d'une hausse de ses dépenses, qu'il connaisse un déficit. On peut analyser les effets d'un tel déficit budgétaire en reprenant les trois étapes déjà utilisées pour observer le marché des fonds prêtables, comme le montre la figure 8.4.

Premièrement, quelle courbe se déplace lors d'une augmentation du déficit budgétaire ? Gardons à l'esprit que l'épargne nationale, à l'origine des fonds prêtables, englobe à la fois l'épargne privée et l'épargne publique. Une modification du solde budgétaire a des conséquences sur l'épargne publique et donc sur l'offre de fonds prêtables. Comme le déficit gouvernemental n'affecte pas la quantité de fonds que les ménages, les gouvernements et les entreprises veulent emprunter pour financer leurs investissements, quel que soit le taux d'intérêt, la courbe de demande ne se déplace pas.

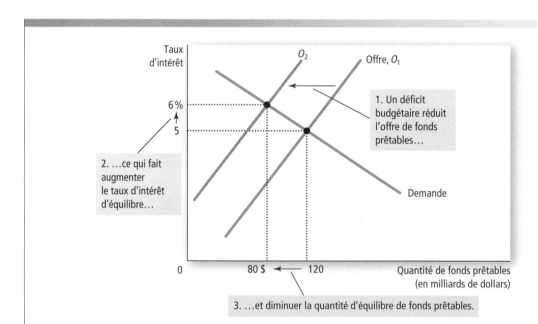

FIGURE 8.4   **LES CONSÉQUENCES DU DÉFICIT BUDGÉTAIRE GOUVERNEMENTAL**   Quand le gouvernement dépense plus qu'il ne perçoit en recettes fiscales, le déficit budgétaire réduit l'épargne nationale. L'offre de fonds prêtables diminue et le taux d'intérêt d'équilibre augmente. En empruntant pour financer son déficit budgétaire, le gouvernement produit un effet d'éviction sur les emprunts des ménages et des entreprises souhaitant financer leurs investissements. Dans notre exemple, la courbe d'offre se déplace de O_1 à O_2, le taux d'équilibre passe de 5 % à 6 % et la quantité d'équilibre de fonds prêtables diminue de 120 milliards à 80 milliards de dollars.

Dans une deuxième étape, il faut déterminer dans quel sens s'effectue le déplacement de la courbe d'offre de fonds prêtables. En cas de déficit budgétaire public, l'épargne publique devient négative. Autrement dit, lorsque le gouvernement emprunte pour financer son déficit budgétaire, il réduit la quantité de fonds prêtables disponible pour l'investissement des ménages, des entreprises… et des gouvernements. Un déficit budgétaire déplace donc la courbe d'offre de fonds prêtables vers la gauche, de O_1 à O_2, comme on le voit à la figure 8.4.

Pour terminer, comparons le nouvel équilibre avec l'ancien. Sur le graphique, lorsque le déficit budgétaire réduit l'offre de fonds prêtables, le taux d'intérêt grimpe de 5 % à 6 %. Cette hausse du taux se répercute sur le comportement des ménages et des entreprises dans le marché des emprunts, en les incitant à demander moins de fonds. Le nombre d'acheteurs d'une nouvelle maison diminue et les entreprises réduisent leurs investissements. Cette réduction de l'investissement, due aux emprunts publics, se nomme effet d'éviction. Ce phénomène économique est représenté sur le graphique par un déplacement le long de la courbe de demande, alors que l'équilibre passe d'une quantité demandée de 120 milliards à 80 milliards de dollars. Quand le gouvernement emprunte pour financer son déficit budgétaire, il évince donc les emprunteurs privés qui souhaitent financer leurs investissements.

Effet d'éviction
Réduction de l'investissement privé provoquée par les déficits publics.

Voici ce qu'il faut retenir sur les déficits budgétaires publics et leurs conséquences sur l'offre et la demande de fonds prêtables: lorsqu'un gouvernement réduit l'épargne nationale à cause de ses déficits, il fait monter les taux d'intérêt et réduire l'investissement. Comme l'investissement est essentiel à la croissance économique à long terme, les déficits gouvernementaux réduisent le taux de croissance économique.

Une suite ininterrompue de déficits budgétaires, comme celle qui a été enregistrée au Canada de 1975 à 1997, risque de plonger l'économie dans un cercle vicieux : les déficits réduisent la croissance économique, ce qui à son tour fait diminuer les recettes fiscales et augmenter les prestations d'assurance emploi et d'autres programmes de soutien au revenu des ménages. La baisse des recettes fiscales, conjuguée à la hausse des dépenses budgétaires, creuse encore les déficits et ralentit d'autant la croissance économique.

Cercle vicieux
Cycle qui apparaît lorsque les déficits gouvernementaux réduisent l'offre de fonds prêtables, ce qui fait augmenter les taux d'intérêt, décourage l'investissement et entraîne une croissance économique plus faible. Cette faible croissance économique a pour résultat des revenus fiscaux plus faibles et des dépenses plus élevées pour les différents programmes de soutien du revenu. Cette hausse des dépenses entraîne à son tour des déficits budgétaires encore plus grands.

Une bonne majorité d'analystes considèrent que le déficit budgétaire du gouvernement canadien, de 1975 à 1997, a placé le pays dans un tel cercle vicieux. Or la seule manière de briser ce cercle vicieux consiste à augmenter les taux d'imposition, tout en réduisant les dépenses publiques, pour éliminer le déficit persistant, mais cela conduit à une croissance ralentie et peut-être à un accroissement du déficit. La hausse rapide des taux d'imposition et les coupes dans les dépenses de santé, de défense, de services sociaux et d'éducation, à la fin des années 1980 et au début des années 1990, étaient inévitables, en raison de l'endettement chronique des gouvernements.

Les surplus budgétaires gouvernementaux ont un effet exactement contraire à celui des déficits. Lorsque les recettes du gouvernement sont supérieures à ses dépenses, il consacre ce surplus budgétaire au remboursement d'une partie de la dette publique et contribue ainsi à l'épargne nationale. Un surplus budgétaire fait augmenter l'épargne publique, ce qui a pour effet d'accroître l'épargne nationale et l'offre de fonds prêtables. Cela fait baisser les taux d'intérêt et stimule l'investissement. L'augmentation de l'investissement se traduit à son tour par une accumulation de capital plus importante et une augmentation de la croissance économique.

Alors que la succession de déficits budgétaires risque de pousser l'économie dans un cercle vicieux en aggravant le déficit et en ralentissant la croissance, une série de

Cercle vertueux
Cycle qui apparaît lorsque les surplus budgétaires font augmenter l'offre de fonds prêtables, ce qui réduit les taux d'intérêt, stimule l'investissement et accélère la croissance économique. Cette croissance entraîne une hausse des revenus fiscaux et une baisse des dépenses liées aux différents programmes de soutien du revenu; cette situation conduit à son tour à des surplus budgétaires plus importants.

surplus budgétaires place l'économie dans un cercle vertueux. Dans ce cas, les surplus font augmenter la quantité de fonds prêtables disponible et diminuer les taux d'intérêt, ce qui stimule l'investissement et accélère la croissance économique. Comme cela provoque une hausse des recettes fiscales et une diminution des dépenses liées aux programmes de soutien du revenu, les surplus budgétaires ont tendance à se perpétuer. Ce cercle vertueux, que l'on a aussi appelé le *dividende fiscal*, offre au gouvernement des options très intéressantes: il peut ensuite réduire les impôts, augmenter les dépenses sociales ou rembourser la dette accumulée.

À la fin des années 1990, la médecine de cheval appliquée aux finances publiques canadiennes avait permis de constituer des surplus importants et croissants. Plusieurs spécialistes croient que l'économie du Canada profitait alors d'un cercle vertueux. Depuis 2000, en fait, les élections fédérales ont donné lieu à des débats autour des choix résultant d'un cercle vertueux: baisses d'impôt, hausses de dépenses ou réduction de la dette publique.

ÉTUDE DE CAS — L'ALOURDISSEMENT DE LA DETTE PUBLIQUE CANADIENNE

Les déficits budgétaires ne sont devenus chroniques au Canada qu'à partir du milieu des années 1970. De 1950 à 1974, le gouvernement fédéral a enregistré autant de déficits que de surplus budgétaires, et la plupart des déséquilibres budgétaires étaient assez peu prononcés. Cependant, de 1975 à 1997, le gouvernement fédéral est entré dans un cycle de déficits majeurs, accumulant une dette de plus de 550 milliards de dollars. En 1998, pour la première fois en 28 ans, le gouvernement fédéral a affiché un surplus budgétaire, qui s'est élevé à 3,5 milliards de dollars, et a consacré cette somme au remboursement d'une partie de sa dette. De 1998 à 2008, le budget fédéral a été en surplus chaque année, ce qui a permis de réduire la dette d'environ 100 milliards de dollars.

La figure 8.5 présente la dette du gouvernement fédéral ainsi que les dettes combinées des gouvernements provinciaux et territoriaux, exprimées en pourcentage du PIB. Tout au long des années 1950 et jusqu'en 1975, le ratio dette-PIB fédéral a décliné. En effet, même si un déficit budgétaire survenait régulièrement pendant cette période, il était assez modeste pour que la dette publique croisse plus lentement que le PIB. Comme le PIB représente une mesure de la possibilité pour l'État de lever des impôts, une baisse du rapport dette-PIB indique, dans une bonne mesure, que le gouvernement vit selon ses moyens. Or cela n'est plus du tout le cas après 1975, alors que l'accumulation des déficits budgétaires fait croître la dette publique plus rapidement que le PIB. Le ratio dette-PIB a donc augmenté rapidement même si, en trois occasions (1982, 1989 et 1996), le gouvernement est parvenu à en limiter l'accroissement. Les deux premières fois, cet arrêt temporaire fut suivi d'un ralentissement économique qui a de nouveau gonflé les dépenses budgétaires et réduit les recettes fiscales, ce qui a relancé l'accumulation de la dette. À partir de 1996, l'effort déployé pour museler la dette publique a porté ses fruits et le gouvernement fédéral a réussi à réduire le rapport dette-PIB de 71 % en 1996 à 30 % en 2008.

Jusqu'en 1982, les gouvernements provinciaux ont conservé, dans leur ensemble, un niveau d'endettement relativement constant par rapport au PIB. Même si les provinces connaissaient des déficits budgétaires, la croissance de la dette combinée de toutes les provinces ne dépassait pas celle de l'économie. Par conséquent, le ratio dette-PIB provincial s'est maintenu à environ 6 % de 1970 à 1982. Une importante récession, en 1982, s'est soldée par de graves déficits et une augmentation du ratio dette-PIB provincial, qui a atteint 29 % en 1995, avant de se mettre à décliner lentement.

Comme nous l'avons déjà vu dans le chapitre précédent, l'épargne nationale est un détermi-nant essentiel de la croissance économique à long terme. En détournant une partie de l'épargne privée pour financer leurs déficits budgétaires, les gouvernements réduisent les ressources normalement destinées aux investissements et, par conséquent, diminuent le niveau de vie des générations futures. Au cours des dernières années, les citoyens canadiens ont pris conscience de ce problème. Les partis politiques de tous les horizons qui ont exercé le pouvoir au Canada, allant du gouvernement néo-démocrate en Saskatchewan aux progressistes-conservateurs en Alberta, en passant par le Parti québécois et le gouvernement libéral à Ottawa, ont adopté des mesures économiques visant la réduction des déficits. D'ailleurs, aucun parti politique impor-tant ne prêche plus le retour aux déficits publics élevés et persistants du passé.

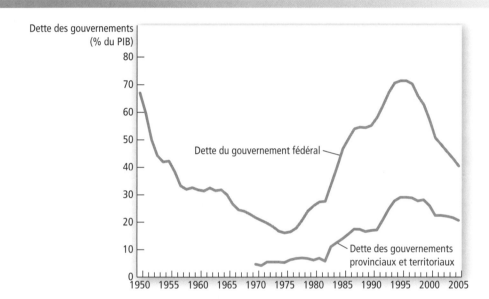

FIGURE 8.5

LES DETTES FÉDÉRALE, PROVINCIALES ET TERRITORIALES AU CANADA Voici la dette du gouvernement fédéral et les dettes combinées des dix gouvernements provinciaux et des gouvernements territoriaux, exprimées en pourcentage du PIB. On ne dispose de données sur la dette des gouvernements provinciaux que depuis 1970. La dette fédérale a enregistré une chute spectaculaire après la Seconde Guerre mondiale, mais elle a commencé à grimper rapidement en 1975, en raison d'une suite ininterrompue de déficits gouvernementaux majeurs. À partir de 1980, les gouvernements provin-ciaux ont également participé à cette augmentation de la dette publique. Depuis 1997, les deux paliers de gouvernement ont réussi à réduire leur taux d'endettement.

Sources : Calcul des auteurs, à partir des données de Statistique Canada. La dette publique nette correspond à la différence entre l'actif financier et le passif. La dette fédérale nette est extraite des séries V151534 de CANSIM. Les données sur l'actif et le passif des gouvernements provinciaux et territoriaux se retrouvent dans les matrices V151535. Les statistiques du PIB proviennent des séries V646937 de CANSIM.

[BON À SAVOIR]   DÉPENSES OU IMPÔTS ?

On entend souvent les économistes préconiser l'élimination d'un déficit budgétaire gouver-nemental par une baisse des dépenses publiques plutôt que par une hausse des impôts. Cela est-il dû à un parti pris idéologique, ou d'autres raisons peuvent-elles être invoquées pour expliquer ce choix ?

Pour bien comprendre ce choix, il faut revenir à la définition de l'épargne nationale :

$$S = S_P - S_G$$
$$\text{ou}$$
$$S = (Y - T - C) + (T - G)$$

L'épargne nationale (S) est égale à la somme de l'épargne privée (S_P) et de l'épargne gouvernementale (S_G).

Si le gouvernement diminue G (les dépenses publiques), il augmente l'épargne gouvernementale, sans toucher à l'épargne privée. L'épargne nationale augmente donc de façon certaine. Si le gouvernement choisit plutôt d'augmenter T (recettes fiscales moins transferts et subventions), qui se trouve dans les deux termes de droite, il augmente l'épargne publique tout en réduisant l'épargne privée (car le revenu disponible diminue). L'effet net sur l'épargne nationale devrait donc être moins important. Si l'on ajoute l'effet négatif d'une hausse des impôts sur le désir de travailler et d'investir (car les ménages conserveront une plus petite part de leurs revenus), on comprend mieux les suggestions des économistes.

ÉTUDE DE CAS

LE DÉBAT SUR L'UTILISATION DES SURPLUS BUDGÉTAIRES

À partir de 1993, le gouvernement fédéral a pris des mesures pour baisser son déficit. Il a si bien réussi qu'il enregistre régulièrement des surplus budgétaires qui lui permettent de rembourser une partie de sa dette. Plusieurs gouvernements provinciaux ont également réduit leurs déficits et affiché des surplus ces dernières années. Ce changement intervenu dans les finances publiques a créé un nouveau débat au Canada : au lieu de se préoccuper de l'ampleur des déficits budgétaires, on s'intéresse maintenant aux effets de la réduction du déficit et des surplus futurs sur l'allocation des ressources et la croissance économique à long terme.

De nombreux analystes préfèrent conserver les surplus, au lieu de les éliminer par des dépenses supplémentaires ou une baisse des impôts. Leur proposition se base sur les arguments vus précédemment : conserver les surplus budgétaires permet de diminuer la dette publique, de stimuler l'investissement privé et de favoriser la croissance à long terme.

D'autres personnes adoptent un point de vue différent. Selon elles, les surplus budgétaires doivent servir à faire augmenter les dépenses gouvernementales en infrastructures, en santé et en éducation. Elles expliquent ce choix en avançant que les investissements publics dans ces domaines ont un rendement plus élevé que celui des investissements dans la construction d'usines ou de logements. D'autres encore favorisent une réduction d'impôt, arguant qu'une baisse des taux d'imposition conduit à une meilleure allocation des ressources ; elles croient que, sans une baisse importante des recettes fiscales, les gouvernements seront tentés de dépenser dans des projets d'une valeur douteuse.

Le débat sur la répartition des surplus budgétaires actuels et futurs se poursuit. Tous les points de vue présentés ci-dessus sont valables ; le choix dépend de la valeur que l'on accorde à l'investissement privé par rapport à l'investissement public, de l'opinion que l'on a des distorsions causées par les impôts et les taxes, et des probabilités que le processus politique puisse éliminer le gaspillage des fonds publics.

DANS L'ACTUALITÉ

QUEL EST LE VÉRITABLE ÉTAT DES FINANCES PUBLIQUES CANADIENNES ?

Le ratio dette-PIB du gouvernement fédéral diminue depuis un peu plus de 10 ans. Mais cela n'est qu'une partie du portrait : les finances publiques provinciales comptent aussi.

LA FACE CACHÉE DE LA DETTE PUBLIQUE

Tous les ministres des Finances fédéraux, depuis Paul Martin, alignent les superlatifs pour vanter la performance du Canada en matière de finances publiques. Ils n'ont pas tort. Il y a à peine 10 ans, en 1997, la dette du gouvernement fédéral atteignait un record de 609 milliards ; chaque année, il fallait créer de nouveaux déficits, et donc s'endetter davantage, uniquement pour payer les intérêts. Avec l'élimination des déficits, la dette a arrêté de gonfler, et Ottawa utilise maintenant ses surplus pour effectuer des remboursements. Au 31 mars 2008, selon la plus récente mise à jour du ministère des Finances, la dette fédérale se situait à 511 milliards. La dette a donc diminué de 98 milliards depuis le retour à l'équilibre financier.

L'amélioration saute aux yeux, surtout quand on compare la dette à la taille de l'économie. Il y a 10 ans, la dette fédérale représentait 69 % du produit intérieur brut (PIB). Aujourd'hui, cette proportion est juste au-dessous de 30 %, et le Ministère s'attend à la ramener au niveau confortable de 25 % d'ici trois ans.

Mais derrière ces chiffres encourageants se profilent de sombres nuages.

Pendant que tout le monde avait les yeux rivés sur la dette fédérale, les provinces continuaient de s'endetter. Le fédéral, on vient de le voir, a diminué sa dette de 98 milliards en 10 ans. Pendant la même période, les provinces ont augmenté les leurs de 79 milliards !

Et cette somme ne dit pas tout, puisqu'elle inclut les énormes surplus engrangés par l'Alberta. Cela mérite une courte explication.

L'Alberta, qui avait une dette de 13 milliards en 1994, déclare des surplus budgétaires depuis 1995. Entre 1995 et 2001, le gouvernement s'est servi de ces surplus pour effacer complètement sa dette. Depuis ce temps, la province continue de dégager des surplus, mais elle ne peut faire comme Ottawa et les canaliser vers la dette, puisqu'elle n'a plus de dette. Elle place donc cet argent et comptabilise ces surplus dans la colonne de l'actif. Aujourd'hui, la cagnotte albertaine s'élève à 33 milliards. Le gouvernement albertain est le seul gouvernement créancier au Canada. Cet actif n'a rien à voir avec le Heritage Fund de 16 milliards, alimenté avec les

redevances pétrolières. Les 33 milliards en question proviennent essentiellement de l'accumulation des surplus budgétaires.

Globalement, les provinces ont donc augmenté leur endettement de 79 milliards en 10 ans, mais ce chiffre tient compte du bas de laine albertain. Autrement dit, les dettes des 9 autres provinces ont augmenté de 112 milliards en 10 ans.

Au total, cela signifie que les dettes combinées du fédéral et des provinces, qui se situaient à 840 milliards en 1997, atteignent aujourd'hui 821 milliards. Le progrès est mince.

Certes, exprimées en pourcentage du PIB, ces dettes se situent à 48% maintenant contre 93% il y a dix ans. Mais cette amélioration doit être interprétée avec prudence : elle est due pour l'essentiel à l'effort fédéral de réduction de la dette et à l'excellente performance financière de l'Alberta. Dans les autres provinces, l'endettement explose. Toujours entre 1997 et 2008, la dette de l'Ontario est passée de 109 à 143 milliards ; celle du Québec, de 65 à 123 milliards ; celle de la Colombie-Britannique, de 12 à 29 milliards, pour ne citer que ces exemples.

La tentation serait grande, devant de tels chiffres, d'accuser les provinces de mauvaise gestion.

Ce serait aller un peu vite en affaires.

La période que nous venons de voir a été marquée par d'importantes compressions dans les transferts fédéraux aux provinces. Pendant qu'Ottawa se tirait d'affaire par cet inélégant tour de passe-passe, les provinces victimes du «pelletage de déficit» (pour reprendre la célèbre expression de Gérard D. Lévesque) devaient se débrouiller avec les moyens du bord. Il est quand même remarquable que plusieurs d'entre elles (dont le Québec, avec Bernard Landry aux Finances) ont réussi à atteindre le déficit zéro dans ces conditions.

Aujourd'hui, les transferts fédéraux ont été rétablis à leur niveau d'avant les compressions. N'empêche : les résultats financiers des provinces reflètent encore cette période difficile.

Mais il y a encore plus grave. Les provinces doivent faire face à l'explosion des dépenses de santé. Les chiffres à ce sujet sont effarants. Toujours pour la même période de 10 ans, les dépenses de santé des administrations provinciales ont pratiquement doublé : de 13 à 24 milliards au Québec, de 19 à 38 milliards en Ontario, de 4 à 8 milliards dans les provinces de l'Atlantique, de 15 à 34 milliards dans l'Ouest. C'est partout pareil, et cela crée une tension considérable sur les finances publiques des provinces.

Source : Claude Picher, *La Presse Affaires*, 6 mai 2008, p. 5.

CONCLUSION

Dans *Hamlet*, la pièce de Shakespeare, Polonius recommande à son fils de ne prêter ni d'emprunter d'argent à personne. Si tout le monde suivait ce conseil, ce chapitre serait inutile.

Mais l'opinion de Polonius ne serait pas appuyée par beaucoup d'économistes. Dans notre économie, on emprunte et on prête souvent, généralement pour une bonne raison. On emprunte pour se lancer en affaires ou acquérir une maison, et on prête dans l'espoir que l'intérêt permettra de prendre une retraite confortable. Le système financier coordonne l'ensemble de ces activités d'épargne et d'emprunt.

Par bien des aspects, les marchés financiers ressemblent aux autres marchés de l'économie. Le prix des fonds prêtables (le taux d'intérêt) est déterminé, tout comme les autres prix, par l'offre et la demande. On peut analyser les déplacements de l'offre et de la demande dans les marchés financiers comme dans les autres marchés. Selon l'un des **dix principes d'économie** déjà étudiés au chapitre 1, les marchés représentent en général une bonne façon d'organiser l'activité économique. Ce principe s'applique également aux marchés financiers ; en assurant l'équilibre entre l'offre et la demande de fonds prêtables, les marchés financiers contribuent à allouer de la meilleure façon possible les ressources rares de l'économie.

À la différence des autres marchés, cependant, les marchés financiers font le lien entre le présent et l'avenir. Les épargnants offrent des fonds prêtables de manière à convertir une partie de leurs revenus actuels en pouvoir d'achat futur ; les emprunteurs demandent ces mêmes fonds pour investir aujourd'hui, ce qui leur permet d'augmenter leur capital et de produire ultérieurement des biens et des services. Le bon fonctionnement des marchés financiers est donc essentiel pour la génération actuelle, mais également pour les prochaines générations qui en hériteront les fruits.

BON À SAVOIR

LES RÈGLES BUDGÉTAIRES

Afin de réduire et même d'éliminer leur déficit, plusieurs gouvernements provinciaux ont adopté des règles budgétaires. Pour ce faire, ces règles fixent une limite au déficit gouvernemental, au taux d'imposition, au niveau des dépenses, à l'encours de la dette ou à l'ensemble de ces éléments. Les règles budgétaires ont pour objectif de rendre impossibles la création et l'accumulation de déficits écrasants, aujourd'hui ou plus tard.

La plupart des États des États-Unis limitent les taux d'imposition et les dépenses publiques et rendent obligatoire l'équilibre budgétaire. En Californie, par exemple, le taux d'imposition personnelle doit rester constant, tandis qu'en Arizona les impôts ne doivent pas dépasser 7 % du revenu personnel.

Ce n'est que récemment que les gouvernements provinciaux canadiens les ont imités. En 1993, le gouvernement du Nouveau-Brunswick a été le premier à déposer un projet de loi pour restreindre l'ampleur du déficit budgétaire. En 1995, l'Alberta a adopté le Debt Retirement Act interdisant les déficits budgétaires, tout en établissant un calendrier pour l'élimination de la dette provinciale nette. Le Manitoba l'a suivie en 1995, par l'annonce d'une disposition sur les pénalités à imposer aux membres du cabinet provincial en cas de déficit. C'est également en 1995 que la Saskatchewan a adopté le Balanced Budget Act, qui requiert entre autres la publication d'un plan financier quadriennal de chaque gouvernement nouvellement élu, plan qui interdit des dépenses plus élevées que les revenus. Pourtant, alors que les gouvernements provinciaux adoptaient ces règles budgétaires, le gouvernement fédéral s'est montré très réticent à prendre des mesures semblables.

Il faut d'ailleurs comprendre que l'adoption de règles budgétaires par un gouvernement pose un problème car, après une élection, un nouveau gouvernement peut parfaitement décider de les annuler. Ce fut le cas en Colombie-Britannique en 1992, lorsque la nouvelle équipe au pouvoir abrogea les dispositions législatives, adoptées par le gouvernement précédent, limitant l'accroissement des dépenses. C'est pour cette raison que les économistes favorisent des règles budgétaires difficiles à abolir, comme celles qui ont récemment été adoptées en Alberta à la suite d'un référendum. Selon l'Alberta Taxpayers Protection Act, aucun gouvernement albertain n'a le droit d'adopter une taxe de vente provinciale sans qu'elle soit majoritairement approuvée lors d'un référendum.

La majorité des études réalisées par les économistes sur l'efficacité des règles budgétaires montrent que ces dernières réduisent les déficits gouvernementaux et permettent d'éliminer plus rapidement les déficits imprévus. Les règles budgétaires semblent également faire augmenter la probabilité d'un faible rapport dette-PIB. Malheureusement, de tels résultats exigent des sacrifices : les règles budgétaires réduisent la latitude des dirigeants en cas d'événements économiques fortuits et imprévus. Imaginons par exemple qu'une nouvelle technologie énergétique rende totalement obsolètes les gisements de gaz et de pétrole de l'Alberta, ce qui entraînerait la perte de milliards de dollars de redevances. Comment le gouvernement albertain pourrait-il faire face à cette crise, alors que la législation l'empêche de présenter un budget déficitaire ?

Les travaux sur les conséquences des règles budgétaires se fondent sur l'expérience des États américains, mais les responsabilités budgétaires et les sources des recettes fiscales des provinces canadiennes diffèrent substantiellement de celles du pays voisin ; l'efficacité des règles budgétaires est donc encore incertaine pour le Canada. Il faudra attendre plusieurs années pour savoir si les règles budgétaires actuelles permettent l'atteinte des objectifs visés. Les économistes devront également évaluer les avantages de ces règles, afin de s'assurer que ceux-ci sont plus importants que leurs coûts.

RÉSUMÉ

- Le système financier canadien regroupe plusieurs composantes : le marché des obligations, le marché des actions, les banques et les fonds communs de placement. Il permet de redistribuer l'épargne des différents agents économiques vers les entreprises, les gouvernements et les ménages désirant investir.

- Les identités fondamentales de la comptabilité nationale mettent en évidence les relations entre les variables macroéconomiques. Dans le cas particulier d'une économie fermée, l'épargne nationale est par définition égale à l'investissement. Les institutions financières sont l'intermédiaire par lequel l'épargne des uns finance les investissements des autres.

- Le taux d'intérêt est déterminé par l'offre et la demande de fonds prêtables. L'offre de fonds provient des ménages, des gouvernements et des entreprises qui décident d'épargner une partie de leurs revenus et de les prêter ; la demande émane des ménages, des gouvernements et des entreprises qui empruntent pour investir. Pour analyser l'impact d'une politique économique ou d'un événement sur le taux d'intérêt, il faut considérer ses conséquences sur l'offre et la demande de fonds prêtables.

■ L'épargne nationale est égale à la somme de l'épargne privée et de l'épargne publique. Un déficit budgétaire gouvernemental correspond à une épargne publique négative, qui a pour conséquence de réduire l'épargne nationale et l'offre de fonds prêtables finançant les investissements. Lorsqu'un déficit gouvernemental a un effet d'éviction sur l'investissement, il limite la croissance à la fois de la productivité et du PIB.

CONCEPTS CLÉS

Action, p. 170

Cercle vertueux, p. 186

Cercle vicieux, p. 185

Déficit budgétaire, p. 176

Effet d'éviction, p. 185

Épargne nationale (ou épargne), p. 175

Épargne privée, p. 175

Épargne publique, p. 176

Fonds commun de placement, p. 173

Intermédiaires financiers, p. 172

Marché des fonds prêtables, p. 178

Marchés financiers, p. 168

Obligation, p. 169

Surplus budgétaire, p. 176

Système financier, p. 168

QUESTIONS DE RÉVISION

1. Quel rôle joue le système financier ? Nommez et décrivez deux marchés qui font partie du système financier, ainsi que deux intermédiaires financiers.

2. Pourquoi les détenteurs d'actions et d'obligations ont-ils tout intérêt à diversifier leurs avoirs ? Quel type d'institutions financières facilite le plus cette diversification ?

3. Qu'est-ce que l'épargne nationale ? L'épargne privée ? L'épargne publique ? Comment ces trois variables sont-elles reliées ?

4. Qu'est-ce que l'investissement ? Quelle est la relation entre l'investissement et l'épargne nationale ?

5. Donnez un exemple de réforme fiscale qui pourrait faire augmenter l'épargne privée. Quelles seraient les conséquences de l'application de cette mesure sur le marché des fonds prêtables ?

6. Qu'est-ce qu'un déficit budgétaire gouvernemental ? Comment influe-t-il sur les taux d'intérêt, sur l'investissement et sur la croissance économique ?

LE CHÔMAGE ET SON TAUX NATUREL

À la fin de ce chapitre, vous serez en mesure :

→ de comprendre comment on calcule le taux de chômage ;

→ d'expliquer pourquoi le chômage peut être la conséquence de la recherche d'emploi ;

→ d'expliquer pourquoi le chômage peut résulter des lois sur le salaire minimum ;

→ de constater que les négociations entre les entreprises et les syndicats peuvent créer du chômage ;

→ d'estimer l'impact sur le chômage qu'a la décision des entreprises de payer des salaires d'efficience.

La perte d'un emploi est certainement une expérience économique pénible à vivre. La plupart des gens comptent sur un salaire pour maintenir leur niveau de vie et plusieurs retirent de leur travail un sentiment d'accomplissement personnel. Une mise à pied signifie à la fois une réduction immédiate du niveau de vie, des inquiétudes concernant l'avenir et une atteinte à l'estime de soi. On ne s'étonne donc pas que les partis politiques fassent campagne en insistant sur la création d'emplois.

Dans les chapitres précédents, nous avons étudié les facteurs qui déterminent le niveau de vie d'un pays et sa croissance. Nous savons déjà qu'un pays qui épargne et investit une part importante de ses revenus jouit, en ce qui concerne son capital physique et son PIB, d'une croissance supérieure à celle d'un pays qui épargnerait et investirait moins. Dans ce chapitre, nous verrons que le taux d'emploi est aussi un facteur déterminant du niveau de vie. Un pays où le taux d'emploi est élevé aura un PIB supérieur à un pays dont une grande partie de la population est désœuvrée. En effet, les personnes qui cherchent un emploi ne contribuent pas à la production de biens et de services. Même si le chômage est inévitable dans une économie complexe comprenant des milliers d'entreprises et des millions de travailleurs, son taux varie grandement selon les pays et les époques.

Nous débutons notre étude du chômage dans ce chapitre. Le problème du chômage se divise en deux catégories : le problème de long terme et celui de court terme. Le *taux de chômage naturel* est le taux de chômage normal pour une économie. Le *chômage cyclique (ou conjoncturel)* correspond aux fluctuations du chômage autour du taux de chômage naturel, résultant des fluctuations de l'activité économique. Nous étudierons le chômage cyclique de façon plus détaillée lorsqu'il sera question des fluctuations économiques de court terme, dans les parties subséquentes de cet ouvrage. Nous nous bornerons pour le moment à aborder les facteurs déterminants du taux de chômage naturel. Tout d'abord, il faut bien comprendre que le qualificatif *naturel* ne signifie nullement qu'un tel taux de chômage est désirable ; il ne signifie pas non plus que ce taux est constant, ni imperméable aux décisions économiques gouvernementales. Il indique simplement que le chômage naturel ne disparaît pas de lui-même, même à long terme.

Nous commencerons par examiner le chômage en nous posant les trois questions suivantes : comment le gouvernement mesure-t-il le taux de chômage ? Quels problèmes pose l'interprétation de ces données ? Combien de temps les personnes sans emploi restent-elles généralement en chômage ?

Nous verrons ensuite pourquoi le chômage touche en permanence les économies et comment les dirigeants politiques peuvent aider les chômeurs. Nous examinerons quatre causes du taux de chômage naturel : la recherche d'emploi, le salaire minimum, les syndicats et le salaire d'efficience. Nous constaterons également que le chômage ne peut pas être attribuable à une cause unique. De fait, ce phénomène provient d'un grand nombre de problèmes interreliés. Il n'existe donc pas de solution simple permettant de réduire le taux de chômage naturel et, par la même occasion, d'alléger les souffrances des chômeurs.

LA DÉFINITION DU CHÔMAGE

Définissons précisément le *chômage* et la façon dont il est mesuré par le gouvernement, avant d'aborder les problèmes posés par l'interprétation des données du chômage et la durée normale d'une période de chômage.

LA MESURE DU CHÔMAGE

C'est Statistique Canada qui mesure le chômage. Cet organisme publie chaque mois des données statistiques sur le chômage, ainsi que sur les types d'emplois, les heures hebdomadaires travaillées en moyenne par travailleur et la durée des périodes de chômage. Ces données proviennent de l'*Enquête sur la population active* (EPA), étude réalisée régulièrement auprès d'environ 54 000 ménages canadiens.

D'après les réponses données à ce sondage, Statistique Canada répartit les adultes de ces ménages (âgés de 15 ans ou plus) en trois catégories :

- occupés (ou en emploi) ;
- en chômage ;
- inactifs.

On considère qu'une personne est employée (ou occupée) si elle a eu un emploi rémunéré pendant la semaine précédant l'enquête. Une personne est en chômage si elle n'a pas occupé un emploi rémunéré et qu'elle a été mise à pied temporairement, si elle recherche un emploi ou si elle attend de commencer un nouvel emploi. Lorsqu'une personne ne satisfait pas aux conditions précédentes, par exemple une étudiante à plein temps, une femme au foyer ou une personne retraitée, elle est considérée comme inactive. La figure 9.1 montre la répartition de la population âgée de 15 ans ou plus en juin 2008.

Une fois que Statistique Canada a réparti entre les trois catégories toutes les personnes adultes interrogées lors de l'enquête, des calculs lui permettent de dresser un portrait du marché du travail. La **population active** est la somme des personnes occupées et des chômeurs.

$$\text{Population active} = \text{personnes occupées} + \text{personnes en chômage}$$

Population active
Le nombre total de personnes qui ont un emploi ou qui en cherchent un.

Le **taux de chômage** correspond au pourcentage de la population active qui ne travaille pas :

$$\text{Taux de chômage} = \frac{\text{nombre de personnes en chômage}}{\text{population active}} \times 100$$

Taux de chômage
Pourcentage de la population active en chômage.

On calcule ce taux de chômage non seulement pour l'ensemble de la population adulte, mais également pour certains groupes plus spécifiques : les 15 à 24 ans, la population plus âgée, les hommes ou les femmes, etc.

Statistique Canada publie aussi des données sur le **taux d'activité**, c'est-à-dire le pourcentage de la population âgée de 15 ans ou plus faisant partie de la population active :

$$\text{Taux d'activité} = \frac{\text{population active}}{\text{population âgée de 15 ans et } +} \times 100$$

Taux d'activité
Pourcentage de la population âgée de 15 ans ou plus faisant partie de la population active.

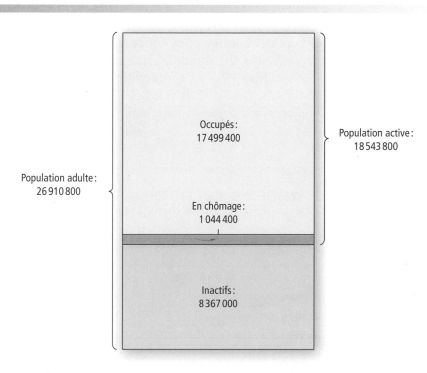

FIGURE 9.1   **LA RÉPARTITION DE LA POPULATION EN JUIN 2008**   Statistique Canada divise la population adulte en trois catégories : occupés, en chômage et inactifs.

Source : Statistique Canada, http://www40.statcan.ca/l02/cst01/lfss02a_f.htm

Ce dernier taux mesure la proportion de la population qui a décidé de participer au marché du travail. Tout comme le taux de chômage, le taux d'activité est calculé tant d'une façon globale que pour certains groupes particuliers.

Examinons les données pour juin 2008 : à ce moment-là, 17 499 400 personnes étaient occupées, alors que 1 044 400 se trouvaient en chômage.

À partir de ces données, nous pouvons calculer la population active :

$$\text{Population active} = 17\,499\,400 + 1\,044\,400 = 18\,543\,800$$

Nous pouvons aussi calculer le taux de chômage :

$$\text{Taux de chômage} = (1\,044\,400/18\,543\,800) \times 100 = 5,6\,\%$$

La population canadienne âgée de 15 ans ou plus totalisait 26 910 800 personnes. Sachant cela, il est possible de calculer le taux d'activité :

$$\text{Taux d'activité} = (18\,543\,800/26\,910\,800) \times 100 = 68,9\,\%$$

Le tableau 9.1 regroupe les statistiques sur les taux de chômage et d'activité de certains groupes particuliers. Si l'on examine attentivement ce tableau, deux observations sautent aux yeux. Tout d'abord, les femmes présentent un taux d'activité inférieur à celui des hommes du même âge. Cependant, le taux de chômage des femmes est semblable à celui des hommes du même âge. Deuxièmement, les jeunes de 15 à 24 ans sont plus durement frappés par le chômage que le reste de la population active. D'une façon générale, les données montrent que la participation au marché du travail et le chômage varient grandement selon les divers groupes de la population active.

Les données de l'*Enquête sur la population active* permettent aussi aux politiciens et aux économistes de suivre les changements affectant l'économie. La figure 9.2 montre les taux de chômage pour le Canada et trois régions canadiennes : l'Atlantique (Terre-Neuve-et-Labrador, l'Île-du-Prince-Édouard, la Nouvelle-Écosse et le Nouveau-Brunswick), le Canada central (le Québec et l'Ontario) et l'Ouest (le Manitoba, la Saskatchewan, l'Alberta et la Colombie-Britannique). Le graphique montre qu'il y a toujours du chômage et que le taux de chômage varie d'une année à l'autre.

TABLEAU 9.1

LES STATISTIQUES SUR L'EMPLOI SELON LES DIVERSES CATÉGORIES DE TRAVAILLEURS
Ce tableau montre le taux de chômage et le taux d'activité de diverses catégories de travailleurs en 2007.

CATÉGORIE DE TRAVAILLEURS	TAUX DE CHÔMAGE	TAUX D'ACTIVITÉ
Hommes et femmes, 15 ans ou plus	6,0 %	67,6 %
Hommes, 15-24 ans	11,2 %	67,0 %
Hommes, 25-44 ans	5,4 %	87,3 %
Hommes, 45 à 64 ans	4,7 %	74,6 %
Femmes, 15-24 ans	10,0 %	66,5 %
Femmes, 25-44 ans	5,0 %	82,6 %
Femmes, 45 à 64 ans	4,4 %	69,4 %

Source : Statistique Canada, http://www40.statcan.ca/l02/cst01/labor20a_f.htm.

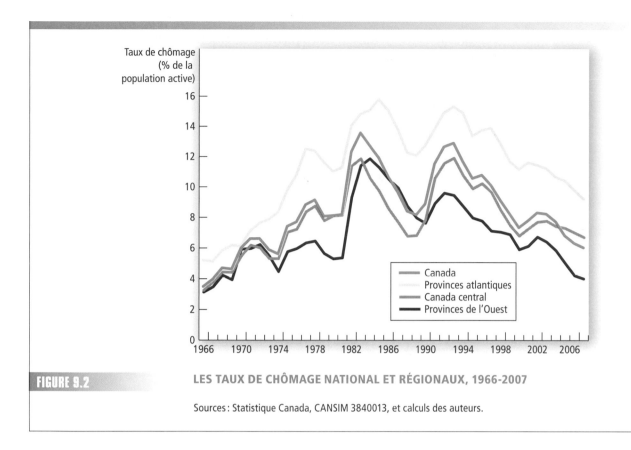

FIGURE 9.2   **LES TAUX DE CHÔMAGE NATIONAL ET RÉGIONAUX, 1966-2007**

Sources : Statistique Canada, CANSIM 3840013, et calculs des auteurs.

La figure 9.2 montre aussi que le taux de chômage et ses fluctuations diffèrent selon les régions. Ainsi, le taux de chômage est systématiquement plus élevé dans les provinces atlantiques que dans le reste du pays. En outre, cet écart a augmenté depuis les années 1970. Le taux de chômage dans l'Ouest a généralement été plus faible qu'ailleurs au pays. Du milieu jusqu'à la fin des années 1980, cependant, le taux de chômage dans l'Ouest a augmenté pour atteindre la moyenne canadienne. Cela a été causé, entre autres, par une baisse des prix du gaz naturel et du pétrole — un événement qui a bénéficié aux économies des provinces de l'Est, mais qui a nui à celles des provinces de l'Ouest. Finalement, le taux de chômage dans le Canada central suit de près la moyenne canadienne. On s'y attendrait d'ailleurs, car le Québec et l'Ontario comprennent plus de 60 % de la main-d'œuvre canadienne.

ÉTUDE DE CAS

LE TAUX D'ACTIVITÉ DES HOMMES ET DES FEMMES DANS L'ÉCONOMIE CANADIENNE

Au cours du siècle dernier, le rôle de la femme dans la société canadienne a considérablement évolué. Diverses raisons sont invoquées par les commentateurs sociaux pour expliquer ce phénomène. D'une part, les progrès techniques ont grandement contribué à réduire le temps nécessaire à l'exécution des tâches ménagères, grâce aux machines à laver et à sécher le linge, aux réfrigérateurs, aux congélateurs et aux lave-vaisselle. D'autre part, la régulation des naissances a permis de restreindre le nombre d'enfants par famille. Enfin, cette modification du rôle de la femme est aussi attribuable à l'évolution des mentalités. Cette coïncidence de différents facteurs a profondément modifié la société en général et l'économie en particulier.

C'est probablement sur le marché du travail que les conséquences d'une telle conjoncture se sont davantage fait sentir. La figure 9.3 présente les taux d'activité des hommes et des femmes au Canada depuis 1951. Tout juste après la Seconde Guerre mondiale, les hommes et les femmes contribuaient de manière fort différente à la société : la grande majorité des hommes faisaient partie de la population active, soit 84 %, contre seulement 24 % des femmes. Cette disproportion s'est atténuée durant les dernières décennies, les femmes s'intégrant graduellement au marché du travail. Les données de 2007 montrent que 62,7 % des femmes âgées de 15 ans ou plus font maintenant partie de la population active, contre 72,7 % des hommes. Sur le plan du taux d'activité, les hommes et les femmes progressent donc vers l'égalité.

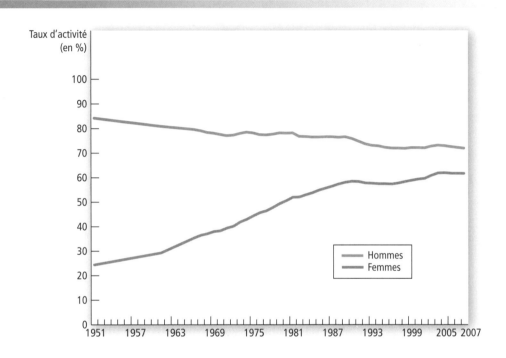

FIGURE 9.3

LE TAUX D'ACTIVITÉ DES HOMMES ET DES FEMMES AU CANADA DEPUIS 1951 Ce graphique indique les pourcentages d'hommes et de femmes faisant partie de la population active. Durant les dernières décennies, beaucoup de femmes sont entrées dans la population active, alors qu'une partie des hommes l'ont quittée.

Sources : Données de 1966-2007, Statistique Canada. Valeurs observées de 1951 et de 1961 : F. H. Leacy (sous la dir. de), *Statistiques historiques du Canada*, 2ᵉ éd., Ottawa, Statistique Canada, 1983. Les chiffres de 1952 à 1960 et de 1962 à 1965 proviennent d'une interpolation linéaire faite à partir des valeurs observées en 1951, 1961 et 1966.

Si la participation croissante des femmes au marché du travail s'explique facilement, la baisse du taux d'activité des hommes semble déconcertante à première vue. Cependant, plusieurs raisons expliquent ce phénomène. Tout d'abord, les adolescents vont à l'école plus longtemps que leurs pères et que leurs grands-pères. Ensuite, les hommes prennent leur retraite plus tôt et vivent plus longtemps. Enfin, la participation des femmes au marché du travail incite un plus grand nombre de pères à rester au foyer pour s'occuper des enfants. Or les étudiants, les retraités et les pères au foyer, s'ils ne cherchent pas d'emploi ou n'en occupent pas un, sont considérés comme inactifs.

LE TAUX DE CHÔMAGE, UNE STATISTIQUE FIABLE ?

Mesurer le taux de chômage est une opération plus complexe qu'on ne le croit. Alors qu'il est facile de faire la différence entre une personne qui travaille à temps plein et une personne sans emploi, la distinction entre une personne en chômage et une personne qui ne fait pas partie de la population active est beaucoup plus subtile.

De plus, les entrées et les sorties de la population active représentent un phénomène courant. Plus du tiers des chômeurs sont des personnes qui viennent de s'intégrer à la population active. Ces nouveaux venus sur le marché de l'emploi sont, entre autres, les jeunes à la recherche d'un premier emploi, par exemple les étudiants nouvellement diplômés, mais surtout les travailleurs qui reviennent sur le marché du travail après un épisode d'inactivité. De plus, près de la moitié des périodes de chômage se terminent par une sortie de la population active.

En raison de ces flux importants en direction et en provenance de la population active, les statistiques s'avèrent difficiles à interpréter. D'une part, certains chômeurs ne cherchent peut-être pas très activement un emploi, se souciant avant tout d'être admissibles aux prestations d'assurance emploi ou ayant été mis à pied temporairement et attendant un rappel. Il serait plus réaliste de considérer que toutes ces personnes ne font pas partie de la population active ou, dans certains cas, qu'elles occupent un emploi. Selon de nombreuses estimations, le taux de chômage augmenterait de 0,5 % si l'on tenait compte de cette catégorie de travailleurs.

Travailleurs découragés
Personnes qui quittent la population active, parce qu'elles désespèrent de trouver un emploi.

D'autre part, certaines personnes ne figurant pas dans la population active désirent en réalité travailler. Après avoir cherché longtemps sans succès, elles y ont renoncé. On les qualifie de travailleurs découragés, car ils ne font plus partie des statistiques du chômage, même s'ils sont véritablement des travailleurs sans emploi. De la même façon, certains travailleurs occupent un emploi à temps partiel, alors qu'ils voudraient travailler à temps plein. Alors que ces personnes sont sous-employées, elles figurent dans les statistiques de l'emploi et pas dans celles du chômage.

Le tableau 9.2 montre, pour 2007, le taux de chômage officiel ainsi que diverses estimations de la sous-utilisation de la main-d'œuvre au Canada. Il n'est guère facile

TABLEAU 9.2   **LES MESURES DIVERSES DE SOUS-UTILISATION DE LA MAIN-D'ŒUVRE**   Ce tableau montre diverses mesures de sous-utilisation de la main-d'œuvre dans l'économie canadienne. Les données sont une moyenne de l'année 2007.

MESURE ET DESCRIPTION	POURCENTAGE DE LA POPULATION ACTIVE
En chômage 1 à 4 semaines	2,4 %
En chômage 5 à 13 semaines	1,7 %
En chômage 14 à 25 semaines	0,8 %
En chômage 26 à 52 semaines	0,7 %
En chômage 53 semaines ou +	0,3 %
Taux de chômage officiel	**6,0 %**
Chercheurs découragés	0,1 %
En attente d'un rappel	0,6 %
Involontairement à temps partiel	1,2 %
Taux officiel + Chercheurs découragés + En attente d'un rappel + Involontairement à temps partiel	8,0 %

Sources : Statistique Canada, CANSIM II, tableaux 2820048 et 2820086, et calculs des auteurs.

de mesurer de façon précise les conditions réelles du marché du travail. Quoique imparfaite, la mesure officielle du chômage reste néanmoins une donnée utile pour estimer le nombre de sans-emploi.

QUELLE EST LA DURÉE MOYENNE D'UNE PÉRIODE DE CHÔMAGE ?

En 2007, la durée moyenne d'un épisode de chômage était de 14,5 semaines. Malheureusement, cette moyenne peut cacher des écarts prononcés. Par exemple, la durée moyenne du chômage variait fortement à l'intérieur du Canada, allant de seulement 10 semaines en Alberta à un maximum de 20 semaines au Québec. Toutes ces moyennes peuvent aussi couvrir une grande variation entre les expériences de chômage vécues par chaque personne. Prenons un exemple simple : imaginons qu'Olivier soit en chômage pendant 51 semaines, alors que Valentine, Edgar, Victor et Valérie connaissent chacun une période de chômage d'une durée d'une semaine. La durée moyenne du chômage dans notre exemple est de 11 semaines, mais cette donnée décrit très mal la situation vécue par chaque chômeur. La moyenne de 11 semaines ne révèle pas, entre autres, que le chômage est de court terme et un problème relativement mineur pour Valentine, Edgar, Victor et Valérie, alors qu'il est plus durable et plus grave pour Olivier.

Dans notre exemple simple, la majorité des épisodes de chômage étaient courts ; pour quatre des cinq personnes, le chômage ne durait qu'une semaine. Les données du tableau 9.2 (voir la page 201) montrent que cela est également vrai pour le Canada : le tiers des chômeurs le sont pendant un mois ou moins et les deux tiers pendant moins de trois mois. Même si être en chômage durant une période pouvant atteindre trois mois n'est pas un problème mineur, c'est néanmoins moins grave que d'être chômeur pendant plus de trois mois, ou même pendant plus d'un an.

Il faut donc être prudent en interprétant les données et en suggérant des formes d'aide aux sans-emploi, car la plupart des gens en chômage retrouvent rapidement du travail. Le vrai problème du chômage concerne ceux qui connaissent des périodes prolongées de recherche d'emploi infructueuse, et les politiques pour en mitiger les effets devraient donc être définies à leur intention.

POURQUOI Y A-T-IL TOUJOURS DU CHÔMAGE ?

Jusqu'à maintenant, nous avons parlé de la méthode de calcul du taux de chômage, de la difficulté d'interpréter les statistiques ainsi que des caractéristiques de la durée du chômage. Le concept de chômage est donc à présent clairement défini.

Pourtant, nous n'avons pas encore abordé les causes du chômage. Sur la plupart des marchés, les prix assurent un équilibre entre l'offre et la demande. Sur un marché du travail idéal, les salaires devraient assurer l'égalité entre la quantité de travail demandée et la quantité offerte, et ainsi garantir le plein emploi de tous les travailleurs.

Taux de chômage naturel
Taux de chômage vers lequel l'économie tend à long terme.

La réalité est bien loin de cet idéal. On trouve toujours des gens sans travail, même en période de prospérité économique. La figure 9.4 compare le taux de chômage canadien observé et une estimation du taux de chômage naturel. Le **taux de chômage naturel** correspond au taux vers lequel l'économie tend à long terme. On ne peut pas le déterminer avec précision, mais la plupart des économistes s'accordent à penser qu'il tourne autour de 6 % à 8 % au Canada. Ils parviennent à cette estimation du taux de chômage naturel en examinant les variables qui, selon eux, causent

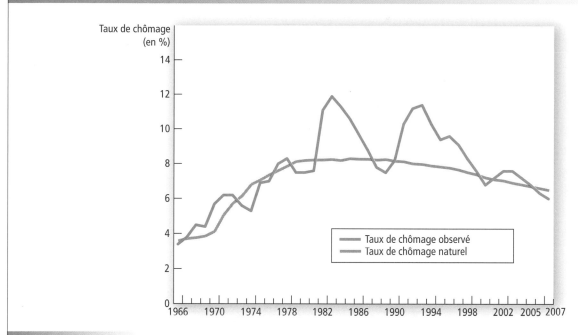

FIGURE 9.4 **LE TAUX DE CHÔMAGE OBSERVÉ ET LE TAUX DE CHÔMAGE NATUREL, 1966-2007** La plupart des économistes considèrent que le taux de chômage naturel a augmenté durant les années 1970 pour se stabiliser autour de 8 % durant les deux décennies suivantes. La différence entre le taux de chômage observé et le taux de chômage naturel équivaut au chômage cyclique.

Sources : Statistique Canada, CANSIM II série V691799, et estimation des auteurs.

ce chômage. Nous reviendrons sur ces éléments déterminants dans des sections ultérieures de ce chapitre.

Les valeurs du taux de chômage naturel indiquées à la figure 9.4 n'engagent que les auteurs du présent ouvrage. Comme ce taux est estimé, il reste contestable. Les valeurs illustrées sur cette figure proviennent cependant d'un assez large consensus, parmi les économistes, sur l'évolution du taux de chômage naturel canadien depuis 1966. Au cours des années 1970 et 1980, le taux de chômage naturel a doublé, passant de 4 % à plus de 8 %. Il s'est mis à diminuer à la fin des années 1990. Depuis 2000, selon l'opinion majoritaire, le taux de chômage naturel a été très près du taux de chômage observé.

La figure 9.4 indique également que le taux de chômage observé fluctue de part et d'autre du taux de chômage naturel, les différences entre ces deux taux étant dues au **chômage cyclique** ou **conjoncturel**. Le chômage cyclique est causé par les fluctuations économiques de court terme. Nous y reviendrons plus loin, lorsqu'il sera question des fluctuations de court terme du chômage autour de son taux naturel. Pour l'instant, nous ne tiendrons pas compte des fluctuations à court terme et nous nous concentrerons sur le problème du chômage chronique dans les économies de marché. Nous étudierons donc les facteurs déterminants du taux de chômage naturel.

Quatre causes peuvent nous aider à comprendre l'existence du chômage à long terme. La première d'entre elles est directement liée au temps nécessaire aux travailleurs pour trouver un emploi qui leur convient. On nomme **chômage frictionnel** le chômage découlant du processus d'appariement des emplois et des travailleurs ; ce type de chômage ne dure normalement que de courtes périodes.

Chômage cyclique (ou conjoncturel)
Écart entre le taux de chômage observé et le taux de chômage naturel.

Chômage frictionnel
Chômage de courte durée causé par le temps qu'il faut aux travailleurs pour rechercher et trouver les emplois correspondant le mieux à leurs capacités et à leurs goûts.

Chômage structurel
Chômage de longue durée causé par une insuffisance du nombre d'emplois disponibles par rapport au nombre de personnes désirant travailler.

Les trois autres causes du chômage découlent du fait qu'il n'y a pas suffisamment d'emplois dans le marché du travail pour permettre à tous ceux qui le veulent de travailler. Cette situation correspond à une offre de travail supérieure à la demande. Le type de chômage ainsi créé est qualifié de **chômage structurel** et dure généralement plus longtemps. Ce chômage se produit lorsque les salaires sont, pour une raison quelconque, supérieurs au niveau d'équilibre. Nous examinerons trois raisons possibles de ce déséquilibre des salaires : les lois sur le salaire minimum, les syndicats et les salaires d'efficience.

MINITEST

Comment mesure-t-on le taux de chômage ? Comment le taux de chômage peut-il surestimer le nombre de personnes sans emploi ? Comment peut-il le sous-estimer ?

[DANS L'ACTUALITÉ]

LES VARIATIONS PROVINCIALES DE LA PERFORMANCE DU MARCHÉ DU TRAVAIL

Les fluctuations du taux de chômage au Canada dissimulent parfois des écarts de performance du marché du travail entre les provinces. L'article suivant traite du fait que, si le chômage en Ontario a augmenté de septembre 2005 à septembre 2006, il a toutefois rapidement baissé dans le reste du pays, notamment en Saskatchewan, où le nombre des chômeurs a chuté de près de 28 %.

LA BAISSE DU TAUX DE CHÔMAGE MASQUE LES DIFFICULTÉS DE L'ONTARIO

Le taux de chômage national a légèrement baissé en septembre, alors que 16 200 nouveaux emplois ont été recensés, mais ce chiffre modérément positif cache toutefois une tendance préoccupante.

Le marché du travail en Ontario, véritable locomotive de l'économie canadienne, s'est détérioré depuis un an, selon de nouvelles données disponibles.

Statistique Canada a révélé hier que le taux de chômage national a été ramené à 6,4 % en septembre, grâce à la modeste création de 16 200 nouveaux emplois au cours du mois écoulé.

Les gains enregistrés mettent fin aux pertes d'emplois que le Canada a subies durant les trois derniers mois et qui ont fait passer le taux de chômage de 6,1 % en juin à 6,5 % en août.

Mais l'Ontario a perdu 34 000 emplois à temps plein le mois dernier (tout en bénéficiant de l'ajout de 20 200 postes à temps partiel), ce qui signifie que le déclin de l'emploi dans la province s'est poursuivi pendant un troisième mois consécutif.

Le taux de chômage y atteint aujourd'hui 6,6 %. Il s'agit seulement de la deuxième fois en 30 ans que le taux en Ontario dépasse la moyenne nationale au Canada.

«C'est presque sans précédent», affirme Doug Porter, économiste en chef adjoint à BMO Nesbitt Burns.

Alors que le reste du pays compte sur un marché du travail en pleine expansion depuis un an, grâce à la tenue vigoureuse des marchés des matières premières, l'Ontario est la seule province à avoir connu une hausse nette du chômage : bien que le nombre d'emplois ait crû, la population s'est accrue encore davantage.

Il en est résulté une hausse de 5,5 % du nombre des personnes sans emploi au cours des 12 derniers mois. Toutes les autres provinces ont bénéficié d'une baisse du chômage, la Saskatchewan se distinguant par une chute de 27,8 %.

Même les provinces maritimes ont vu leur situation s'améliorer : depuis un an, le nombre des chômeurs a ainsi diminué de 16,8 % au Nouveau-Brunswick et le chômage a baissé de 8,9 % à Terre-Neuve-et-Labrador.

Les provinces de l'Ouest poursuivent bien entendu sur leur lancée. Mais il faut tenir compte de l'importance relative des provinces en ce qui concerne le marché du travail : l'Ontario abrite 39,3 % des emplois du pays, alors que l'Alberta n'en représente que 11,4 %.

Quant à la production globale, l'Ontario est à l'origine de près de 40 % du produit intérieur brut du Canada, alors que la proportion n'atteint que 12,4 % pour l'Alberta.

La faiblesse récente de l'Ontario en matière d'emploi s'explique en partie par l'état de son secteur manufacturier, qui a été fortement éprouvé depuis trois ans par la hausse des coûts de l'énergie, la force du dollar canadien et la vive concurrence mondiale. S'il est vrai que l'emploi dans ce secteur a en fait été à la hausse en septembre, des économistes ont promptement souligné que 70 000 emplois dans ce secteur ont disparu depuis un an.

Mais la perte de ces emplois dans le secteur manufacturier a largement été compensée par une création d'emplois massive dans le secteur des services, jusqu'à tout récemment, du moins.

«Il semble bien que cette tendance va rapidement s'interrompre», précise Doug Porter.

En septembre, le Canada a perdu 1500 emplois, soit un nombre négligeable qui montre que la création d'emplois dans ce secteur a atteint un point mort au cours du mois écoulé.

En Ontario, la plupart des nouveaux emplois dans les services ont été créés dans le secteur scolaire, alors que le gouvernement provincial a procédé à l'embauche d'un grand nombre d'enseignants, mais cette embauche est terminée, selon M. Porter. L'emploi dans la construction a également baissé le mois dernier, par suite du ralentissement survenu dans le marché immobilier. Le rapport de septembre sur l'emploi révèle ce à quoi on doit s'attendre : apathie de la création d'emplois, problèmes en Ontario et faiblesse de la croissance des salaires au cours des prochains mois, d'après les économistes interrogés.

« Nous prévoyons la perte de 10 000 à 15 000 emplois par mois au Canada durant les prochains trimestres, ce qui poussera légèrement à la hausse le taux de chômage, atténuera davantage l'augmentation des salaires et préparera le terrain à une baisse des taux d'intérêt au début de 2007 de la part de la Banque du Canada », affirme Warren Lovely, économiste chez CIBC World Markets.

Effectivement, à la lumière d'un deuxième rapport économique publié hier, on peut certainement en conclure que la croissance de l'économie canadienne a atteint un plateau, selon M. Porter. « La période faste a sans doute pris fin. »

L'enquête de conjoncture trimestrielle de la Banque du Canada indique que, si les entreprises sont plutôt optimistes quant aux perspectives qui s'offrent à elles pour l'année à venir, la ferveur ayant marqué l'activité économique lors des derniers trimestres s'est néanmoins estompée.

Source: Heather Scoffield, « Dip in Jobless Rate Masks Ontario Woes », *The Globe and Mail*, 7 octobre 2006, p. B6.

LA RECHERCHE D'EMPLOI

Recherche d'emploi
Processus par lequel les chômeurs recherchent un emploi correspondant à leurs capacités et à leurs goûts.

La **recherche d'emploi** est l'une des quatre causes du chômage. La recherche d'emploi est le processus par lequel les travailleurs cherchent un emploi correspondant à leurs qualifications. Si tous les emplois proposés et tous les travailleurs étaient homogènes, n'importe quel travailleur pourrait occuper n'importe quel poste et la recherche d'emploi ne poserait aucun problème. En pratique, les travailleurs ont des aptitudes et des goûts différents, les emplois sont hétérogènes et l'information concernant les candidats et les emplois disponibles circule lentement entre les multiples entreprises et les ménages.

LE CHÔMAGE FRICTIONNEL EST INÉVITABLE

Ce type de chômage provient souvent des changements affectant la demande de travail de la part des différentes entreprises. Lorsque les consommateurs décident d'acheter les ordinateurs de marque Compaq plutôt que Dell, par exemple, Compaq embauche et Dell licencie. Les employés de Dell cherchent un nouvel emploi et Compaq doit sélectionner des travailleurs pour les postes nouvellement créés. Cette transition produit une période de chômage.

De même, chaque région produit une gamme différente de biens et de services. Si la production varie d'une région à l'autre, cela peut conduire à une hausse du chômage dans un coin du pays et à une baisse ailleurs. Supposons que le prix du pétrole diminue. Les producteurs albertains réagiront en réduisant leur production et en licenciant du personnel. Au même moment, la baisse du prix de l'essence stimule les ventes des fabricants d'automobiles ontariens, ce qui fait ainsi augmenter leur production et l'embauche. Ces fluctuations de la composition de la demande industrielle ou régionale s'appellent *variations sectorielles*. Elles ont pour conséquence un chômage temporaire, car il faut du temps aux chercheurs d'emploi pour trouver du travail dans un autre secteur ou une autre région.

Les transformations continuelles de l'économie rendent inévitable le chômage frictionnel. Il y a un siècle, la fabrication d'automobiles, l'exploitation du pétrole et l'industrie aéronautique n'occupaient qu'une part minime de l'économie canadienne. Aujourd'hui, ce sont des secteurs économiques très importants. Inversement, l'agriculture, qui était la principale source d'emplois au Canada en 1911, est aujourd'hui devenue une activité marginale. De tels changements mènent à la création d'emplois dans certaines entreprises et à la suppression d'emplois ailleurs. Le résultat final est une amélioration de la productivité et du niveau de vie. Mais, au cours de ce processus, des travailleurs œuvrant dans des secteurs en perte de vitesse se retrouvent en chômage et cherchent alors un emploi.

Les données statistiques canadiennes démontrent que les entreprises en expansion augmentent le nombre de leurs employés d'environ 10 % par année, alors que les entreprises en décroissance en suppriment un peu moins de 10 %. Il y a donc, chaque année, un important flux de travailleurs allant des entreprises actives dans des secteurs en contraction vers celles qui sont présentes dans des secteurs en expansion. Ce mouvement de la population active est normal dans une économie dynamique, mais le marché du travail a du mal à apparier rapidement les chômeurs et les emplois disponibles. Des estimations récentes indiquent qu'un chômeur sur huit, au Canada, serait ainsi à tout moment en chômage frictionnel.

LES POLITIQUES PUBLIQUES ET LA RECHERCHE D'EMPLOI

Même si un certain chômage frictionnel est inévitable, il est possible d'en limiter l'ampleur en accélérant la circulation de l'information relative aux postes offerts et à la disponibilité des travailleurs. L'utilisation croissante d'Internet, par exemple, devrait faciliter la recherche d'emploi et ainsi contribuer à réduire le chômage frictionnel. Certaines mesures gouvernementales pourraient également améliorer la situation en réduisant le temps de recherche.

C'est ce que tentent de faire, de diverses manières, certains programmes gouvernementaux. Par exemple, les bureaux de placement donnent des informations non seulement sur les postes disponibles, mais également sur les programmes de formation, facilitant ainsi la reconversion de travailleurs des industries en déclin vers les secteurs en expansion et aidant les plus démunis à échapper à la pauvreté. La plupart de ces programmes de formation sont gérés par l'assurance emploi et par Emploi-Québec. Les dernières modifications du programme fédéral d'assurance emploi réaffectent d'ailleurs une partie des fonds disponibles pour les chômeurs vers le financement des programmes de formation.

Les partisans des programmes publics de recherche d'emploi pensent que ces derniers facilitent le fonctionnement de l'économie et aident à maintenir le plein-emploi, tout en réduisant les inégalités inhérentes aux transformations économiques. Ils insistent particulièrement sur le fait que le secteur privé est parfois totalement incapable d'aider les personnes licenciées, surtout à la suite d'un désastre naturel comme l'effondrement de la pêche à la morue à Terre-Neuve. La disparition totale d'une industrie essentielle à la vie économique d'une région requiert, selon eux, une intervention gouvernementale. Dans de telles circonstances, il est impossible pour les chômeurs de retrouver un autre emploi dans une entreprise semblable et dans la même région. Il faut donc les former pour les aider à obtenir un nouvel emploi dans une nouvelle industrie et dans une autre région du pays. Les programmes gouvernementaux de formation et de relocalisation peuvent jouer un rôle utile dans ces cas, ce que le secteur privé est incapable de faire.

Au contraire, les détracteurs de ces programmes contestent la valeur de l'intervention gouvernementale dans le processus de recherche d'emploi. Ils font valoir que le marché est plus efficace. De fait, la plupart des chômeurs trouvent un emploi sans que l'État s'en mêle. L'information sur les postes disponibles et sur les candidats en recherche d'emploi circule très bien par les annonces dans les journaux, Internet, les divers bulletins, les bureaux de placement universitaires, les chasseurs de têtes ainsi que par le bouche-à-oreille. Pour l'essentiel, la formation des travailleurs se réalise aussi sans intervention gouvernementale, par l'intermédiaire des écoles ou de la formation en entreprise. Les opposants aux programmes gouvernementaux considèrent que le gouvernement ne fait pas mieux — ou même qu'il fait pire — que les employeurs et les travailleurs eux-mêmes pour fournir les bonnes informations aux bonnes personnes et pour choisir les meilleurs domaines de formation. Ils prétendent aussi que les travailleurs et les employeurs font des choix plus judicieux sans intervention publique.

DANS L'ACTUALITÉ

LE CHÔMAGE EN ALLEMAGNE

De nombreux pays européens ont toujours eu un régime d'assurance chômage beaucoup plus généreux que celui sur lequel peuvent compter les travailleurs américains. Mais certains de ces pays ont commencé à remettre en question une telle générosité.

AUX PRISES AVEC UNE CRISE GRAVE, L'ALLEMAGNE A ENTREPRIS UNE RÉFORME DE L'ÉTAT-PROVIDENCE

Essen, Allemagne — Il y a quatre ans, le régime de protection sociale allemand est venu à la rescousse de Renate Franke.

Peu après le décès de sa mère, des suites du cancer, les médecins ont diagnostiqué cette même maladie chez son fils. Profondément affectée, Mme Franke, alors âgée de 48 ans, a quitté son emploi au sein d'une entreprise œuvrant dans l'électronique. L'État est alors intervenu pour lui offrir un séjour de trois semaines dans une station thermale et lui verser des prestations d'assurance chômage équivalant à près de 60 % de son salaire antérieur.

Mais, l'année dernière, l'État a durci son attitude envers Mme Franke. Il a cessé de lui verser ses prestations après qu'elle eut refusé plusieurs offres d'emploi à temps plein. Il l'a ensuite informée que, pour recevoir toute autre aide sociale, elle devait vendre sa voiture. Réfléchissant à sa situation chez elle (elle habite un 3 ½ en banlieue d'Essen), elle a commencé à éprouver des craintes pour son avenir.

C'est aussi le cas de son pays. Devant faire face à son pire ralentissement économique depuis la Seconde Guerre mondiale, l'Allemagne a commencé à enfreindre quelques tabous profondément ancrés en elle, face à la dure réalité : le système économique du pays ne fonctionne plus. La troisième économie du monde, après les États-Unis et le Japon, s'est enlisée dans sa deuxième récession en trois ans et est ainsi devenue la plus faible des trois grandes économies du monde, avec un taux de chômage atteignant près de 11 %.

Les conditions difficiles où se trouve l'Allemagne ont suscité une remise en question sans précédent du rôle paternaliste de l'État dans la vie économique du

pays. Dans les décennies ayant suivi la fin de la guerre, l'Allemagne de l'Ouest puis l'Allemagne unifiée ont dû affronter l'héritage catastrophique de la défaite militaire et morale que le pays a subie en 1945. Une source de fierté est toutefois demeurée constante : la puissance économique du pays, associée à un solide régime de protection sociale.

Aujourd'hui, à cause de la tendance économique négative, le pays n'a plus les moyens de conserver son modèle actuel. Les dépenses sociales atteignent près de 30 % du produit intérieur brut, soit une proportion plus forte que dans tout autre pays du monde, à l'exception de la Suède, et plus de deux fois supérieure à celle qui prévaut aux États-Unis. Au cours des derniers mois, le gouvernement de centre-gauche à Berlin a proposé de réduire le montant des prestations d'assurance chômage, de privatiser une partie du système de soins de santé public, d'éliminer des centaines de millions de dollars de subventions publiques et d'assouplir certaines lois protégeant les travailleurs contre les licenciements. À la fin du mois dernier, il a devancé d'une année la mise en œuvre de la réduction d'impôt inscrite à son programme. Certains ministres souhaitaient même supprimer une partie du généreux régime de congés payés en vigueur au pays, qui prévoit en moyenne 30 jours de congé par année, comparativement à 12 aux États-Unis...

La baisse du taux de natalité, la hausse de l'espérance de vie, la réduction de l'âge de la retraite, la diminution de la semaine de travail et l'augmentation constante du taux de chômage engendrent toutes un même effet : ceux qui financent le régime de protection sociale ne peuvent plus faire vivre ceux qui en bénéficient. Depuis 1970, le nombre total de retraités et de chômeurs a augmenté de 80 % pour atteindre 16,3 millions de personnes dans la partie ouest de l'Allemagne. Pendant la même période, le nombre des travailleurs qui, avec les employeurs, financent ce régime au moyen des cotisations sociales ne s'est accru que de 4 %, pour atteindre 30,7 millions de personnes.

Au début du XXe siècle, la plupart des besoins sociaux, tels les soins donnés aux enfants et aux personnes âgées, étaient assurés par les familles en Europe. Après la Seconde Guerre mondiale, la responsabilité à cet égard a graduellement été transférée à l'État, de sorte que le régime de protection sociale a alors connu un élargissement exponentiel, qui s'appuyait sur des taux de croissance économique européenne dépassant parfois 5 %, grâce à l'effort de reconstruction consécutif à la guerre. Les emplois disponibles étaient si nombreux que les pays européens ont dû faire venir des travailleurs de la Turquie et d'autres pays. Les taux de natalité ont grimpé en flèche, si bien que les jeunes travailleurs étaient suffisamment nombreux pour financer la retraite du nombre relativement faible des personnes âgées.

L'Europe avait les moyens d'être généreuse. Dans les années 1960 et 1970, le rôle social de l'État ne se limitait plus à l'aide apportée aux démunis et englobait désormais les soins donnés aux enfants et aux personnes âgées ainsi que les soins de santé et la scolarisation pour tous les citoyens. « Les outils de la redistribution ont été détournés par la classe moyenne », affirme Dennis Snower, professeur d'économie internationale au collège Birkbeck, de l'Université de Londres. Il devenait ainsi de plus en plus difficile de renverser une telle tendance, puisqu'un nombre

toujours croissant de citoyens — et d'électeurs — bénéficiaient du régime de protection sociale.

Si, au début des années 1960, les dépenses sociales en Europe étaient à peine plus élevées qu'aux États-Unis, elles sont devenues deux fois plus fortes que dans ce dernier pays à la fin des années 1990. «Les Américains sont moins obnubilés par la sécurité sociale parce qu'ils croient que, s'ils travaillent fort, ils vont s'enrichir», explique Robert MacCulloch, professeur d'économie à l'Université de Princeton. Et ils estiment que, une fois riches, ils ne voudront pas acquitter de lourds impôts pour financer les mesures d'aide sociale. En Europe, beaucoup de citoyens pensent qu'il leur sera plus difficile d'améliorer leur sort qu'aux États-Unis, si bien qu'ils se tournent davantage vers l'État pour recevoir de l'aide, ajoute M. MacCulloch. Des études révèlent également que les Européens sont plus favorables que les Américains à la diminution de l'écart des revenus individuels.

À certains égards, cependant, la forte croissance de l'État-providence a donné des résultats opposés à ceux qui étaient visés, c'est-à-dire une société moins bien intégrée en raison de la présence accrue d'une sous-catégorie de chômeurs à long terme. Plus de la moitié des 4,5 millions de chômeurs allemands sont sans emploi depuis plus d'un an, ce qui les rend d'autant moins employables et encore plus dépendants de l'aide sociale. Aux États-Unis, la proportion de ces chômeurs n'est que de 6%.

Dans le but d'empêcher les nouveaux chômeurs de demeurer sans emploi sur une très longue période, le gouvernement allemand a resserré les critères présidant à leur indemnisation. À partir de cette année, les chômeurs célibataires devront accepter de déménager n'importe où au pays pour occuper un emploi, sous peine de ne plus recevoir de prestations d'assurance chômage. De même, les chômeurs qui refusent une offre d'emploi verront leurs prestations diminuer et ils devront désormais s'inscrire à une agence publique de recherche d'emplois temporaires.

Quant à Mme Franke, la plus grande sévérité des critères d'indemnisation des chômeurs a produit son effet. Elle avait occupé plusieurs emplois de secrétaire à temps partiel et au noir, pour étoffer un peu ses prestations d'aide sociale, selon une pratique courante en Allemagne. Mais la baisse desdites prestations l'a incitée, depuis quelques mois, à chercher plus activement un emploi à temps plein. En mai, elle a finalement déniché un emploi de commis comptable dans une autre entreprise d'électronique située près de chez elle.

Source: Christopher Rhoads, «In a Deep Crisis, Germany Begins to Revamp Its Vast Welfare State», *The Wall Street Journal*, 10 juillet 2003.

L'ASSURANCE EMPLOI

Assurance emploi
Programme gouvernemental qui permet aux travailleurs de bénéficier d'une indemnité pendant un certain temps après qu'ils ont perdu leur emploi.

Le gouvernement fédéral canadien assume la responsabilité du programme d'**assurance emploi**. Ce programme vise à augmenter le revenu des chômeurs et à faciliter leur recherche d'emploi en leur octroyant des prestations. Il s'agit d'un programme coûteux (en 2008, les dépenses se sont élevées à près de 15 milliards de dollars) et controversé. Nombre d'économistes sont convaincus que, si l'assurance emploi aide les gens sans emploi, elle cause aussi une augmentation du taux de chômage en sus-citant une hausse du chômage frictionnel.

Depuis 1971, deux critères président à la détermination du montant et de la durée des prestations d'assurance emploi : la durée du travail pendant l'année et le taux de chômage dans la région de résidence. La durée des prestations est, en effet, direc-tement proportionnelle au nombre d'heures travaillées ; un taux de chômage élevé dans la région permet au prestataire de se qualifier pour l'assurance emploi avec moins d'heures travaillées et de recevoir des versements prolongés. Depuis 1971, les détails du programme ont fait l'objet de modifications fréquentes.

En 2008, les travailleurs vivant dans une région où le taux de chômage excédait 16 % ne devaient travailler que 420 heures (12 semaines de 35 heures chacune) pour toucher 32 semaines de prestations. Ceux qui habitaient une région où le taux de chômage était inférieur à 6 % devaient avoir travaillé 700 heures (20 semaines de tra-vail à temps plein) pour être admissibles, et les prestataires bénéficiaient de l'assurance emploi durant un maximum de 14 semaines. Dans les régions où le taux de chô-mage est élevé, on peut donc se qualifier pour recevoir des prestations d'assurance emploi en travaillant un faible nombre d'heures et on peut recevoir ces prestations pendant une longue période. Dans les régions où le taux de chômage est faible, on doit, pour se qualifier, travailler un grand nombre d'heures et on ne peut recevoir ces prestations que pour une courte période.

Les caractéristiques du programme d'assurance emploi donnent à penser que, tout en allégeant le fardeau pour les chômeurs, ce programme fait aussi augmenter le chômage lui-même. Cette affirmation se fonde sur l'un des **dix principes d'éco-nomie** du chapitre 1 : les gens réagissent aux incitatifs. Les prestations d'assurance emploi prenant fin au moment de l'embauche pour un nouveau poste, certains chômeurs ne se consacreront pas entièrement à la recherche d'un emploi et seront enclins à refuser certaines offres peu alléchantes. De plus, le programme incite les gens à entrer dans le marché du travail, alors qu'ils ne l'auraient peut-être pas fait autrement. Cela s'explique facilement : l'assurance emploi fait augmenter le revenu total qu'ils reçoivent en travaillant. En effet, non seulement les travailleurs touchent un salaire, mais ils deviennent aussi admissibles aux prestations d'assurance emploi en quittant leur poste.

Plusieurs études en économie du travail ont permis d'observer cet effet incitatif. L'un des ministères du gouvernement fédéral, Développement des ressources hu-maines Canada (DRHC), publie régulièrement des études qui évaluent l'impact du programme d'assurance emploi sur le marché du travail, la distribution des revenus et le niveau de vie au Canada. Leurs conclusions confirment l'intuition des éco-nomistes en ce qui concerne l'impact de ce programme. L'une des études a prouvé que le temps de travail requis pour être admissible au versement de prestations d'assurance emploi avait un effet direct sur la durée d'emploi : les prestataires ont tendance à maintenir moins longtemps un lien d'emploi, afin de bénéficier des pres-tations. La même étude a démontré que les employeurs réagissent aussi aux incitatifs du programme : ils ne procèdent aux mises à pied que lorsque les travailleurs sont admissibles aux prestations. On peut formuler l'hypothèse qu'il s'agit d'un avantage concédé aux travailleurs par les employeurs en échange d'un salaire inférieur.

D'autres études ont établi une corrélation entre la probabilité de trouver un emploi et le nombre de semaines de prestations restantes : la probabilité de succès pour la recherche d'emploi augmente à l'approche de la fin des versements. Enfin, plusieurs recherches ont confirmé que le taux d'activité dépend directement de la générosité des prestations d'assurance emploi. Tous ces résultats confirment que ce programme modifie le comportement des travailleurs en faisant augmenter le taux de chômage.

En dépit de ces effets, il ne faudrait pas immédiatement conclure que l'assurance emploi est un programme désastreux. En effet, il atteint son objectif principal, soit réduire la précarité économique des chômeurs. De plus, comme le souligne l'une des études de DRHC, le programme permet aux sans-emploi de chercher plus longtemps et de décrocher ainsi un meilleur salaire. En vertu de ces conclusions, certains économistes arguent que l'assurance emploi améliore l'appariement entre les chercheurs d'emploi et les emplois disponibles.

La structure du programme a beaucoup évolué au cours des années. Les modifications introduites en 1971 ont facilité l'accessibilité à l'assurance emploi et prolongé la durée des prestations. De nombreux économistes croient que ces changements ont provoqué une augmentation substantielle du taux de chômage naturel au Canada. Depuis 1990, les changements adoptés ont eu l'effet contraire : les conditions d'admissibilité au programme sont beaucoup plus strictes et la durée de versement des prestations est moins longue. Les économistes considèrent que ces modifications ont contribué à réduire le taux de chômage naturel au Canada, qui avait atteint un sommet à la fin des années 1980.

L'étude de l'assurance emploi démontre que le taux de chômage est une mesure bien imparfaite du bien-être économique d'un pays. La majorité des économistes s'accordent à penser que l'élimination de ce programme réduirait le taux de chômage, mais ils n'arrivent pas à se mettre d'accord en ce qui a trait aux retombées d'un tel changement sur le bien-être économique.

MINITEST

■ Quelles conséquences une augmentation du prix du pétrole aurait-elle sur le chômage frictionnel ? Ce chômage est-il souhaitable ? Quelles mesures le gouvernement peut-il prendre pour amoindrir l'impact de cette augmentation de prix sur le chômage ?

LES LOIS SUR LE SALAIRE MINIMUM

Maintenant que nous avons compris pourquoi le processus d'appariement des emplois disponibles et des travailleurs est la cause du chômage frictionnel, nous allons voir comment le chômage structurel découle du manque de postes disponibles par rapport au nombre de candidats.

Pour expliquer le chômage structurel, il faut d'abord comprendre les effets des lois sur le salaire minimum. Même si le salaire minimum n'est pas la cause principale du chômage dans l'économie canadienne, il a un impact sur certains groupes de travailleurs particulièrement touchés par le chômage. Par ailleurs, l'analyse du salaire minimum nous permettra par la suite de mieux comprendre les autres causes du chômage structurel.

Le graphique de la figure 9.5 montre le marché du travail, qui, comme tous les autres marchés, est soumis au jeu de l'offre et de la demande. L'offre de travail provient de la main-d'œuvre, et la demande, des employeurs. Sans intervention gouvernementale, les salaires s'ajustent de manière à équilibrer l'offre et la demande.

Le chômage et son taux naturel

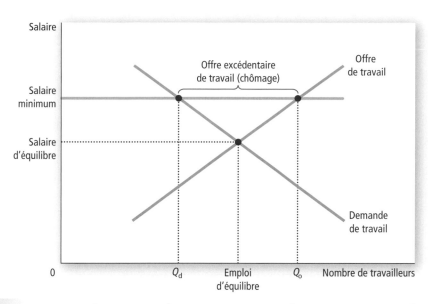

FIGURE 9.5   **LE CHÔMAGE CAUSÉ PAR UN SALAIRE SUPÉRIEUR AU NIVEAU D'ÉQUILIBRE**   Sur le marché du travail, le salaire qui garantit l'équilibre se situe à la jonction de l'offre et de la demande. À ce niveau, la quantité de travail offerte et la quantité de travail demandée sont égales. Mais lorsque le salaire est artificiellement maintenu au-dessus de son niveau d'équilibre, en raison de la loi sur le salaire minimum, par exemple, la quantité de travail offerte s'élève à Q_O, alors que la quantité de travail demandée tombe à Q_D. Le surplus qui en résulte, soit la différence entre Q_O et Q_D, correspond au chômage.

Le même graphique montre aussi le marché du travail dans le contexte d'une législation sur le salaire minimum. Si ce salaire se situe au-dessus du niveau d'équilibre, comme dans le cas illustré, la quantité de travail offerte excède la quantité demandée, de sorte que du chômage apparaît. Ainsi, le salaire minimum fait augmenter le revenu des personnes ayant un emploi, mais il fait diminuer le revenu des personnes qui n'en ont plus.

Pour comprendre l'impact du salaire minimum, il faut se souvenir que l'économie comprend non pas un seul, mais bien plusieurs marchés de l'emploi, selon les diverses catégories de travailleurs. Les effets du salaire minimum varient selon la compétence et l'expérience des employés. Les personnes très qualifiées et disposant d'une grande expérience ne sont nullement touchées, car leur salaire d'équilibre dépasse nettement le salaire minimum. Dans leur cas, ce dernier ne constitue pas une contrainte.

C'est sur le marché de l'emploi des jeunes que les conséquences du salaire minimum sont les plus importantes. Les adolescents sont les travailleurs les moins qualifiés dans le marché du travail et ils manquent d'expérience. En outre, ils sont les plus susceptibles d'accepter un salaire inférieur pour obtenir une formation sur le terrain. Certains vont jusqu'à travailler gratuitement comme stagiaires. Dans ce cas, la loi sur le salaire minimum ne s'applique pas, puisqu'ils ne perçoivent aucune rémunération. Le salaire minimum est donc plus contraignant pour les jeunes que pour le reste de la population active.

Plusieurs économistes ont étudié l'impact de la loi du salaire minimum sur le marché de l'emploi des jeunes. Leurs recherches ont établi un lien entre l'évolution du salaire minimum et celle de l'emploi chez les jeunes. Même si le débat au sujet de l'effet du salaire minimum sur l'emploi se poursuit, les études arrivent toutes plus ou moins au même résultat : une augmentation de 10 % du salaire minimum fait baisser l'emploi des jeunes de 1 % à 3 %. Il ne faut pas non plus en déduire que la hausse de 10 % du salaire minimum signifie automatiquement une augmentation équivalente du salaire moyen des jeunes. Une telle hausse ne concerne pas les jeunes qui touchent déjà beaucoup plus que le salaire minimum. De plus, l'application de cette loi est loin d'être parfaite. Par conséquent, la chute de l'emploi des jeunes de 1 % à 3 % est particulièrement significative.

Non seulement le salaire minimum influe sur la quantité de travail demandée, mais il a également un impact sur la quantité offerte. Comme il fait augmenter le salaire horaire qu'un jeune peut espérer gagner, le salaire minimum incite de nombreux jeunes à chercher du travail. Les recherches sur la question ont démontré qu'une augmentation du salaire minimum affecte le comportement des adolescents. Lorsque le salaire minimum augmente, certains jeunes décident d'abandonner l'école pour aller gagner leur vie. Ces nouveaux décrocheurs prennent la place de ceux qui ont quitté l'école avant eux et qui se retrouvent maintenant au chômage.

Le salaire minimum suscite constamment des polémiques. Les tenants du salaire minimum considèrent qu'une telle politique permet de hausser le revenu des travailleurs les plus défavorisés. Ils font valoir, avec raison, que deux adultes travaillant 35 heures par semaine à un salaire horaire de 8 $ ont un revenu annuel de 29 120 $, soit l'équivalent de la moitié du revenu familial moyen au Canada, qui ne leur garantit qu'un niveau de vie précaire. Nombre de ces défenseurs du salaire minimum reconnaissent ses effets pervers, y compris le chômage, mais, tout compte fait, ils les considèrent comme marginaux et sont convaincus que la hausse du salaire minimum améliore le sort des plus défavorisés.

Les détracteurs du salaire minimum soutiennent qu'il ne constitue pas la meilleure solution pour lutter contre la pauvreté. Ils insistent sur le fait qu'il crée du chômage, incite les adolescents à abandonner l'école et empêche certains travailleurs non qualifiés d'obtenir la formation sur le terrain dont ils ont besoin. Pour ces raisons, ils estiment que la loi du salaire minimum n'atteint nullement son objectif. Ceux qui travaillent au salaire minimum ne sont pas tous des chefs de famille luttant pour sortir de la pauvreté. De fait, moins d'un tiers des employés payés au salaire minimum sont membres d'une famille qui vit sous le seuil de la pauvreté. La grande majorité de ces salariés se composent d'étudiants appartenant à la classe moyenne et travaillant à temps partiel pour obtenir de l'argent de poche.

Il est important de remarquer que le salaire minimum n'est pas une cause majeure du chômage. Moins de 4 % de la main-d'œuvre travaille au salaire minimum. Les lois sur le salaire minimum concernent la plupart du temps les personnes les moins qualifiées et les moins expérimentées de la population active, comme les adolescents. Les lois sur le salaire minimum ne peuvent donc expliquer l'existence du chômage que dans ces catégories de la population.

La figure 9.5 (voir la page 213) montre les effets de la loi sur le salaire minimum, mais elle illustre également un autre principe général : si les salaires sont supérieurs au niveau d'équilibre, quelle qu'en soit la raison, cela crée du chômage. Le salaire minimum n'est qu'une des causes possibles de salaires « trop élevés ». Dans les deux dernières parties de ce chapitre, nous verrons que deux autres raisons peuvent aussi être invoquées pour expliquer le maintien des salaires au-dessus de leur niveau d'équilibre : les syndicats et les salaires d'efficience. Dans ces deux cas, les mécanismes de base restent les mêmes que ceux illustrés à la figure 9.5, mais ils touchent cette fois beaucoup plus de travailleurs.

Notons finalement que le chômage structurel, qui est causé par le salaire minimum, est d'une nature différente du chômage frictionnel, qui est créé par le processus de recherche d'emploi. Le besoin de chercher un emploi n'est pas causé par une inadéquation systématique entre l'offre et la demande de travail. Lorsque des travailleurs sont à la recherche d'un emploi, ils *cherchent* l'emploi qui leur convient le mieux. Lorsque les salaires sont au-dessus des salaires d'équilibre, la quantité de travail offerte excède la quantité demandée : les travailleurs sont en chômage car ils *attendent* qu'un emploi se libère pour eux.

MINITEST

Expliquez en quelques mots pourquoi le salaire minimum crée du chômage.

LES SYNDICATS ET LES NÉGOCIATIONS COLLECTIVES

Syndicat
Organisation qui négocie avec l'employeur les salaires et les conditions de travail des employés.

Un **syndicat** est une association de travailleurs chargée de négocier avec l'employeur les salaires et les conditions de travail des employés. Actuellement, environ 25 % des travailleurs canadiens sont syndiqués. Ce niveau de syndicalisation diminue constamment depuis 1989, alors qu'il se situait à 29 %. Le taux de syndicalisation était cependant beaucoup plus faible il y a deux générations : 10 % de la population active en 1941 et 20 % en 1951. La progression du syndicalisme au Canada a coïncidé avec un mouvement inverse aux États-Unis : un tiers de la population active y était syndiquée durant les années 1940 et 1950, alors que le taux d'appartenance à un syndicat ne dépasse pas 13 % aujourd'hui. À l'inverse de l'Amérique du Nord, le taux d'affiliation syndicale européen reste très élevé. En Suède et au Danemark, il dépasse 75 % de l'ensemble des travailleurs.

Au Canada, le taux d'affiliation syndicale varie d'une province à l'autre. Il atteint un sommet au Québec, où 40 % de la population active est syndiquée, contre 24 % en Alberta. Dans le secteur public — éducation, administration publique et santé — 70 % des travailleurs appartiennent à un syndicat, tandis que dans le secteur privé la proportion tombe à 19 %.

LE RÔLE ÉCONOMIQUE DES SYNDICATS

Un syndicat est un cartel et, à ce titre, il regroupe des vendeurs agissant de concert pour exercer un pouvoir de marché. La plupart des travailleurs au sein de l'économie canadienne négocient individuellement leurs salaires, leurs avantages sociaux et leurs conditions de travail avec leur employeur. Les travailleurs syndiqués négocient en groupe. Le résultat de ce processus est appelé **négociation collective**.

Négociation collective
Processus par lequel les syndicats et les employeurs s'entendent sur les salaires et les conditions de travail des employés.

Lorsqu'un syndicat négocie avec une entreprise, il réclame en général des augmentations de salaire, une amélioration des conditions de travail ou des avantages sociaux, et ce, à un niveau supérieur à ce que la firme proposerait aux employés en l'absence d'un syndicat. Quand le syndicat et l'entreprise ne parviennent pas à un accord, le syndicat peut organiser un arrêt de travail, c'est-à-dire une **grève**. Étant donné qu'une grève réduit la production, les ventes et les profits, l'employeur aura

Grève
Arrêt de travail imposé par un syndicat.

tendance à accepter de payer des salaires supérieurs à ceux qu'il aurait normalement offerts. Les études économiques sur la syndicalisation ont démontré que les travailleurs syndiqués gagnent un salaire supérieur d'environ 10 % à 20 % à celui de travailleurs comparables mais non syndiqués.

Lorsqu'un syndicat parvient à faire augmenter les salaires au-dessus de leur niveau d'équilibre, il fait augmenter la quantité de travail offerte et diminuer la quantité de travail demandée, provoquant ainsi du chômage. Ceux qui conservent leur emploi en profitent, mais cela se fait au détriment de ceux qui perdent leur poste en raison de la hausse des salaires. Les syndicats créent souvent des tensions entre les divers groupes de travailleurs, c'est-à-dire entre ceux de l'*intérieur*, qui profitent de salaires syndicaux plus élevés, et ceux qui se retrouvent à l'*extérieur*, ailleurs sur le marché du travail.

Ces travailleurs extérieurs peuvent réagir de deux manières à la hausse des salaires des travailleurs syndiqués : certains restent en chômage et attendent de trouver un poste syndiqué, tandis que d'autres sont embauchés par des entreprises dans des secteurs non syndiqués. Par conséquent, lorsque les syndicats parviennent à faire augmenter les salaires dans un secteur de l'économie, l'offre de travail augmente dans les autres secteurs. Cette augmentation de l'offre se traduit par une baisse des salaires dans les entreprises non syndiquées. Autrement dit, les avantages d'une négociation collective sont limités aux travailleurs syndiqués, alors que les autres en supportent une partie des coûts.

Le rôle économique des syndicats dépend en partie des lois concernant la syndicalisation et la négociation collective. Les ententes entre les membres d'un cartel sont normalement considérées comme illégales : une entreprise qui vend un produit à un prix supérieur, grâce à une telle entente, tombe sous le coup de la *Loi sur la concurrence*. Le gouvernement peut alors intenter contre ce cartel une poursuite civile et criminelle. Mais les syndicats échappent à cette loi, parce que les dirigeants politiques qui ont rédigé les lois antitrust étaient persuadés que les travailleurs avaient besoin d'une position de force pour négocier avec les employeurs. Certaines lois encouragent donc la formation de syndicats. En particulier, le décret national sur le travail en temps de guerre, promulgué en 1944, accordait aux employés du secteur privé le droit de se syndiquer et de participer à une négociation collective. La loi sur les relations de travail dans la fonction publique de 1967 a étendu ces droits aux travailleurs du secteur public fédéral et les lois provinciales ont imité cet exemple. Il n'est donc pas étonnant que 70 % des employés de la fonction publique soient syndiqués.

Dans le secteur privé, les syndicats doivent convaincre la majorité des employés d'une entreprise qu'ils ont intérêt à se syndiquer. Même si ces tentatives d'adhésion ne réussissent pas toujours, la menace même d'une syndicalisation pousse les entreprises à augmenter les salaires et à améliorer les conditions de travail, pour en réduire l'attrait.

LES SYNDICATS : UNE BONNE OU UNE MAUVAISE CHOSE POUR L'ÉCONOMIE ?

Voilà une question qui divise les économistes. Examinons les arguments des partisans comme des opposants.

Les opposants à la syndicalisation font valoir que les syndicats agissent comme des cartels : ils obtiennent des salaires dépassant le niveau d'un marché concurrentiel,

« Messieurs, nous sommes très proches d'un accord final, à l'exception du fait que la direction veut maximiser les profits et que le syndicat veut plus de fric. »

réduisent la quantité de travail demandée, provoquent le chômage de certains travailleurs et la réduction des salaires dans d'autres secteurs. L'allocation du travail devient à la fois inefficace et inéquitable. Inefficace parce que les salaires artificiellement gonflés des syndiqués réduisent l'emploi sous le niveau optimal, et inéquitable parce que la syndicalisation avantage certains travailleurs au détriment des autres.

Les partisans de la syndicalisation répliquent que les syndicats constituent un antidote nécessaire à l'emprise des firmes qui embauchent. L'exemple le plus extrême de cet abus de pouvoir est la « ville de compagnie », dans laquelle une seule entreprise emploie presque toute la population locale. Dans une telle ville, les travailleurs qui refusent les conditions de travail et les salaires offerts par l'entreprise n'ont d'autre possibilité que de déménager ou de ne pas travailler. En l'absence de syndicats, cette entreprise a tous les pouvoirs pour baisser les salaires ou rendre plus difficiles les conditions de travail, car elle ne fait face à aucune concurrence. Dans ce cas, le syndicat contrebalance le pouvoir de l'entreprise et empêche les travailleurs d'être à la merci de l'employeur.

Les défenseurs des syndicats affirment également que la syndicalisation oblige les firmes à répondre efficacement aux préoccupations des travailleurs. Lors de l'embauche d'un employé, ce dernier et l'entreprise doivent se mettre d'accord sur de nombreuses conditions de travail : les horaires, les heures supplémentaires, les vacances, les congés de maladie, l'assurance maladie, les possibilités de promotion, la sécurité au travail, etc. En représentant les employés, les syndicats aident les firmes à mieux comprendre les préférences des travailleurs. Même si les syndicats font passer les salaires au-dessus du niveau d'équilibre et, ce faisant, créent du chômage, ils ont le mérite de contribuer à la satisfaction et à la productivité du personnel.

En fin de compte, les économistes ne s'entendent pas au sujet de l'influence négative ou positive des syndicats sur l'économie. Comme beaucoup d'autres organismes, leur influence est probablement bénéfique dans certaines circonstances et néfaste dans d'autres.

MINITEST

■ Comment un syndicat dans l'industrie de l'automobile peut-il influer sur les salaires et l'emploi chez Ford ? Et dans d'autres secteurs économiques ?

DANS L'ACTUALITÉ

DEVRIEZ-VOUS ADHÉRER À UN SYNDICAT ?

Un jour, vous aurez peut-être à voter en faveur ou non de la présence d'un syndicat sur votre lieu de travail. L'article suivant traite de questions ayant trait à une telle situation.

LE JOUR DE LA PAIE, LES TRAVAILLEURS SYNDIQUÉS FONT TRÈS BONNE FIGURE

À la lumière du succès remporté par le syndicat des camionneurs des États-Unis, à l'issue de sa grève de deux semaines menée contre United Parcel Service, et compte tenu du fait que l'AFL-CIO forme des milliers de recruteurs syndicaux afin

de renverser le déclin de la syndicalisation qui dure depuis 25 ans, des millions de travailleurs devront se demander, au cours des prochaines années, s'ils veulent être représentés ou non par un syndicat.

Il s'agit d'une question complexe, et vous devez considérer tout un ensemble de facteurs avant de lui donner une réponse : privilégiez-vous l'action collective ou l'action individuelle ? Faites-vous confiance aux dirigeants du syndicat en question ? Voulez-vous que quelqu'un parle en votre nom au moment de négocier avec votre employeur ? Croyez-vous que vous allez être congédié si vous signez une carte d'adhésion syndicale ? Ou que votre entreprise va délocaliser votre emploi outre-mer si un syndicat est mis sur pied ?

Toutefois, en ce qui concerne un de ces facteurs, le choix est simple, même si ce n'est pourtant pas le choix que la plupart des travailleurs ont fait au cours des dernières décennies du mouvement ouvrier, dans la jungle économique.

Sur le plan des finances personnelles, les travailleurs bénéficient de façon certaine de leur adhésion à un syndicat. Les économistes de quelque orientation politique que ce soit l'affirment tous : passer d'un emploi non syndiqué à un emploi syndiqué aura très probablement une incidence plus forte sur la situation financière à vie d'un travailleur que tous les conseils qu'il recevra à propos d'un régime de retraite 401(k) (NDLR : équivalent américain du REER), de l'achat d'une maison ou de toute autre amélioration du rendement de ses revenus.

Richard B. Freeman, professeur à l'université Harvard, en explique les raisons : « Pour un travailleur ayant déjà un emploi, l'organisation d'une campagne d'adhésion syndicale ne comporte que des avantages. S'il devait y avoir des perdants, ce seraient les personnes qui auraient un emploi par la suite, les actionnaires dont les dividendes futurs seraient inférieurs, les dirigeants qui auraient moins de profits à se partager et, peut-être, les consommateurs qui paieraient un peu plus cher les produits fabriqués par l'entreprise syndiquée. Quant aux travailleurs eux-mêmes, il est très difficile d'imaginer pourquoi ils ne voudraient pas être syndiqués. »

Dans l'ensemble, les travailleurs syndiqués touchent un salaire supérieur de 20 % à celui des travailleurs non syndiqués et ils bénéficient d'avantages sociaux de deux à quatre fois plus importants, selon des économistes de diverses allégeances politiques. Les avantages financiers sont encore plus prononcés pour les travailleurs peu scolarisés ne comptant que sur une faible formation professionnelle, pour les travailleuses et pour les travailleurs noirs ou hispaniques.

En outre, 85 % des travailleurs syndiqués disposent d'un régime d'assurance maladie, comparativement à 57 % des travailleurs non syndiqués, selon Barry Bluestone, un professeur d'économie, favorable aux syndicats, qui enseigne à l'Université du Massachusetts.

Une telle conclusion ne suscite même pas l'opposition de Leo Troy, un professeur à l'université Rutgers dont l'hostilité envers les syndicats est bien connue dans les cercles universitaires et parmi les dirigeants syndicaux. « En ce qui concerne les salaires et les avantages sociaux, il est clairement avantageux de faire partie d'un syndicat », dit-il.

Son opposition aux syndicats découle du fait que ceux-ci font diminuer les profits des propriétaires des entreprises et modifient les décisions en matière d'investissements d'une manière qui ralentit la croissance générale de l'économie, et non du fait que les syndicats influencent les travailleurs lors de leurs négociations collectives avec leur employeur respectif. M. Troy souligne qu'il est lui-même membre d'un syndicat, soit l'Association américaine des professeurs d'université.

Donald D. Deere, économiste à l'École d'administration publique Bush de l'Université A & M du Texas, a étudié la question de la différence entre les salaires de travailleurs syndiqués et de travailleurs non syndiqués occupant des emplois comparables pendant la période allant de 1974 à 1996, période au cours de laquelle le taux de syndicalisation des travailleurs américains est passé de 22 % à 15 %.

Dans toutes les catégories d'âge et de scolarisation qu'il a étudiées, le professeur Deere a constaté que les travailleurs syndiqués ont vu leur salaire augmenter davantage que celui des travailleurs non syndiqués durant toutes ces années. Il a estimé que, l'an dernier, la rémunération des travailleurs syndiqués n'ayant pas terminé leurs études secondaires était supérieure de 22 % à celle de leurs homologues non syndiqués. L'écart diminue à mesure que la scolarisation des travailleurs augmente et n'est plus que de 10 % parmi les détenteurs d'un diplôme universitaire.

« Ça vaut la peine d'être membre d'un syndicat tant qu'on peut conserver son emploi à long terme », selon M. Deere.

Source : David Cay Johnston, « On Payday, Union Jobs Stack Up Very Well », *The New York Times*, 31 août 1997, p. 1.

LA THÉORIE DES SALAIRES D'EFFICIENCE

Salaires d'efficience
Salaires supérieurs aux salaires d'équilibre, volontairement payés par les entreprises, afin d'améliorer la productivité des travailleurs.

La théorie des salaires d'efficience représente, après la recherche d'emploi, les lois sur le salaire minimum et les syndicats, la quatrième raison qui explique l'existence d'un chômage chronique dans l'économie. D'après cette théorie, les entreprises fonctionnent de façon plus efficace lorsque les salaires dépassent leur niveau d'équilibre. Il serait donc rentable de verser des salaires élevés, même en présence d'une offre de travail excédentaire.

Le chômage créé par les salaires d'efficience est de même nature que celui qui résulte des lois sur le salaire minimum et des syndicats : en effet, dans les trois cas, ce sont les salaires supérieurs aux salaires d'équilibre qui empêchent l'offre et la demande de s'ajuster. Cependant, le premier se distingue des deux autres par une différence majeure. Dans le cas du salaire minimum et de la syndicalisation, les entreprises n'ont pas la possibilité de baisser les salaires, même en cas d'une offre de main-d'œuvre excédentaire. Or la théorie des salaires d'efficience affirme pour sa part qu'une telle contrainte est très souvent inutile, car les entreprises ont tout intérêt à maintenir des salaires plus élevés que les salaires d'équilibre.

Qu'est-ce qui motive une entreprise à verser des salaires élevés ? Cette décision semble à première vue étrange, car les salaires représentent une grande part des coûts de l'entreprise ; pour maximiser ses profits, elle devrait avoir tendance à réduire les coûts le plus possible. La théorie des salaires d'efficience repose sur l'idée fondamentale que des salaires élevés améliorent la productivité des travailleurs.

Il existe plusieurs variantes de cette théorie, chacune apportant une explication différente pour justifier le choix des entreprises de payer des salaires élevés. Nous examinerons quatre de ces explications.

LA SANTÉ DES TRAVAILLEURS

La première et la plus simple de ces variantes met l'accent sur le lien entre les salaires et la santé des travailleurs. Des travailleurs bien payés se nourrissent mieux, sont donc en meilleure santé et produisent plus. Une entreprise pourrait donc considérer qu'une telle politique salariale s'avère rentable.

Cette variante ne s'applique pas vraiment dans les pays riches comme le Canada. En effet, les salaires d'équilibre de la plupart des travailleurs sont suffisants pour leur garantir une alimentation saine. Les entreprises canadiennes ne craignent donc pas que le salaire d'équilibre mette en péril la santé de leurs travailleurs.

Par contre, cette variante s'applique davantage aux entreprises présentes dans les pays moins développés, où la sous-alimentation constitue un problème courant. En Afrique, par exemple, où le chômage sévit dans les villes, nombre d'entreprises redoutent les conséquences du versement de faibles salaires sur la santé et la productivité de leurs employés. Autrement dit, les préoccupations concernant la nutrition expliquent parfois que les entreprises ne réduisent pas les salaires, en dépit d'un surplus de main-d'œuvre.

LE ROULEMENT DU PERSONNEL

Une seconde variante de la théorie des salaires d'efficience insiste sur la relation entre les salaires et le roulement du personnel. Les travailleurs quittent un emploi pour de multiples raisons : emploi dans une autre entreprise, déménagement dans une autre ville, sortie de la population active, etc. La fréquence des départs est inversement proportionnelle aux incitatifs qui motivent les travailleurs à conserver leur emploi. Plus les salaires sont élevés, moins les travailleurs auront tendance à quitter volontairement leur emploi. En rétribuant bien son personnel, une entreprise devrait donc le fidéliser.

Quel est l'intérêt pour l'entreprise de réduire le roulement du personnel ? Elle peut ainsi faire diminuer le coût d'embauche et de formation du nouveau personnel. De plus, même après une période de formation, les nouveaux venus ne sont pas aussi productifs que les travailleurs expérimentés. Un taux de roulement élevé a donc pour conséquence une augmentation des coûts de production. Les entreprises peuvent considérer qu'il est plus profitable de verser des salaires supérieurs au niveau d'équilibre pour réduire le roulement du personnel.

L'EFFORT DES TRAVAILLEURS

Une troisième variante de la théorie des salaires d'efficience souligne le lien entre les salaires et l'ardeur au travail des employés. Ces derniers ont souvent la possibilité de travailler plus ou moins fort ; les entreprises ont donc intérêt à les surveiller et à congédier les resquilleurs. Mais détecter les travailleurs fautifs est une activité coûteuse et imparfaite. Une firme peut, dans ce cas, réduire ses coûts de surveillance en versant de bons salaires, qui incitent les travailleurs à fournir davantage d'efforts pour conserver leur emploi.

Cette variante reprend la vieille idée marxiste de « l'armée de réserve des chômeurs ». Marx pensait que les employeurs avaient tout intérêt à conserver un certain taux de chômage pour assurer la discipline des travailleurs. Le raisonnement ici est le même : si les salaires se trouvaient à leur niveau d'équilibre, les employés auraient moins de raisons de faire des efforts, puisque, en cas de licenciement, ils n'auraient aucun mal à se retrouver du travail au même salaire. En proposant des salaires supérieurs au niveau d'équilibre, les entreprises créent du chômage et incitent également leur personnel à travailler le mieux possible.

LA QUALITÉ DES TRAVAILLEURS

La quatrième et dernière variante de la théorie des salaires d'efficience met en relation directe les salaires et la qualité des travailleurs. Toutes les firmes cherchent à embaucher les meilleurs candidats disponibles, mais lorsqu'une entreprise fait des entrevues de sélection, il lui est difficile de juger parfaitement la qualité des recrues. En offrant un salaire élevé, elle attire davantage de candidats de valeur et fait donc augmenter la qualité moyenne de ses travailleurs. En cas d'offre de travail excédentaire, on pourrait croire qu'il est rentable de faire baisser les salaires. Ce faisant, l'entreprise ferait pourtant face à un problème d'antisélection : la qualité générale des candidats diminuerait. Si l'influence du salaire sur la qualité des travailleurs est forte, il peut donc être rentable d'offrir un salaire supérieur à celui du marché.

HENRY FORD ET LE GÉNÉREUX SALAIRE DE 5 $ PAR JOUR

Henry Ford, fondateur de Ford Motor Company, était un visionnaire. Il inaugura dans son entreprise les techniques de production modernes. Au lieu de faire construire ses automobiles par de petites équipes d'ouvriers qualifiés, il créa la chaîne de montage, où des ouvriers sans compétences particulières répétaient les mêmes tâches simples à longueur de journée. Le résultat fut le célèbre Modèle T de Ford.

En 1914, Ford bouleversa encore le marché en instaurant la journée de travail à 5 $. À l'époque, cela correspondait à plus du double du salaire habituel, soit un salaire bien supérieur au salaire d'équilibre. L'annonce de ce salaire attira des foules de chercheurs d'emploi devant ses usines. Les candidatures excédaient de beaucoup les besoins en personnel.

Des travailleurs sortant d'une ancienne usine Ford.

La politique salariale de Ford confirme les multiples prédictions de la théorie du salaire d'efficience. Les taux d'absentéisme et de roulement du personnel sont tombés et la productivité a augmenté. La motivation des travailleurs était telle que les coûts de production étaient inférieurs à ce qu'ils étaient ailleurs, même avec des salaires aussi élevés, ce qui s'avérait hautement rentable pour l'entreprise. Henry Ford confia par la suite que ce généreux salaire de 5 $ par jour fut une des meilleures mesures de réduction des coûts jamais prises par la compagnie.

Les comptes rendus historiques de cet épisode confirment également la théorie des salaires d'efficience. Un chroniqueur des débuts de Ford Motor Company a écrit ceci : « Ford et ses associés ont déclaré à plusieurs reprises que cette hausse salariale fut une excellente affaire pour l'entreprise : elle a permis d'améliorer la discipline des travailleurs, les a rapprochés de l'entreprise et a augmenté leur efficacité. »

Pourquoi Henry Ford a-t-il adopté cette stratégie ? Et pourquoi les autres entreprises n'ont-elles pas eu cette idée avant lui ? Selon certains analystes, la décision de Ford était liée à la chaîne de montage. En effet, les travailleurs d'une même chaîne sont étroitement dépendants les uns des autres. En cas d'absence ou de ralentissement de l'un des employés, les autres ont plus de difficultés à accomplir leur tâche. En accélérant la production, les chaînes de montage accentuent l'importance de l'ardeur au travail, de la qualité des travailleurs et d'un faible roulement du personnel. Par conséquent, payer des salaires d'efficience était, à l'époque, une stratégie plus avantageuse pour la société Ford que pour les autres entreprises.

MINITEST

■ Donnez quatre raisons qui pourraient motiver une entreprise à verser des salaires supérieurs au niveau d'équilibre du marché.

BON À SAVOIR

L'ASYMÉTRIE DE L'INFORMATION ET SES CONSÉQUENCES ÉCONOMIQUES

Dans bien des contextes, l'information est asymétrique : lors d'une transaction, il arrive bien souvent que l'une des parties en sache plus que l'autre. Une telle possibilité soulève plusieurs problèmes économiques intéressants. La théorie des salaires d'efficience en a mis quelques-uns en évidence, mais ce type de question déborde largement le cadre du chômage.

La variante de la théorie des salaires d'efficience qui s'intéresse à la qualité du personnel illustre un principe général appelé *antisélection*. Cette situation se présente lorsque l'une des parties (le vendeur) est mieux informée que l'autre (l'acheteur) sur la qualité de l'objet de la transaction (un bien ou un service) ; la personne la moins bien informée risque alors d'acheter un produit de qualité inférieure. Si l'on applique ce principe à la question de la qualité du personnel, on doit bien constater que les employés en savent beaucoup plus sur leurs propres aptitudes que l'entreprise qui les engage. Lorsque les salaires diminuent, la sélection du personnel change en défaveur de la firme : c'est ce que l'on appelle l'*antisélection*.

L'antisélection se produit en diverses circonstances. En voici deux exemples.

■ Les vendeurs de véhicules d'occasion connaissent les défauts des voitures qu'ils vendent, alors que les acheteurs, bien souvent, n'en sont pas informés. Comme il est plus courant de se débarrasser d'un véhicule défectueux que d'une excellente voiture, les acheteurs potentiels craignent légitimement d'acheter un « citron ». Ils évitent donc souvent d'acheter une voiture d'occasion.

■ Les gens qui souscrivent à une assurance maladie sont mieux renseignés sur leur propre santé que les compagnies d'assurances. Comme les personnes les moins bien portantes sont davantage susceptibles de souscrire à un tel type d'assurance, les primes reflètent les coûts de traitement d'une personne plus malade que la moyenne. Les gens qui jouissent d'une bonne santé refusent souvent de payer des primes aussi élevées.

Chacun de ces exemples — véhicules d'occasion ou contrats d'assurance maladie — démontre que le marché, pour ces produits, ne fonctionne pas aussi bien qu'il le devrait, en raison d'un problème d'antisélection.

→

La variante de la théorie des salaires d'efficience qui s'intéresse à l'effort au travail illustre pour sa part un autre phénomène général : l'aléa moral. Celui-ci apparaît lorsqu'une personne, l'agent, travaille pour le compte d'une autre, le principal. Ce dernier n'est pas en mesure de surveiller en permanence l'agent, qui alors ne déploie pas tous les efforts exigés par le principal. Le terme *aléa moral* désigne tous les risques de manque d'effort ou de malhonnêteté de l'agent. Lorsqu'il fait face à une telle situation, le principal essaie d'inciter l'agent à se comporter de manière responsable.

Dans un contrat de travail, l'employeur joue le rôle de principal, et le travailleur, celui d'agent. Dans ce cas, l'aléa moral est la tentation du travailleur d'esquiver ses responsabilités. Selon la théorie de l'effort des travailleurs, le principal qui offre un salaire supérieur à celui qui équilibre le marché encourage l'agent à agir de manière responsable, sous peine de perdre son emploi s'il se faisait prendre. Un salaire élevé réduit donc l'aléa moral.

Ce risque survient aussi dans d'autres circonstances. En voici quelques exemples.

- Le détenteur d'une police d'assurance incendie n'achète pas suffisamment d'extincteurs. La raison en est simple : c'est lui qui les paye, alors que c'est la compagnie d'assurances qui en retire le plus d'avantages.

- Une gardienne laisse les enfants regarder la télévision beaucoup plus longtemps que les parents ne le souhaitent, car les activités éducatives nécessitent plus d'efforts de sa part, alors qu'elles sont préférables pour les enfants.

- Une famille demeure au bord d'une rivière malgré tous les risques d'inondation que cela implique. Elle profite de la vue et c'est l'État qui devra assumer une partie des coûts en cas de débordement.

MINITEST

- Trouvez, dans chacun des cas énoncés ci-dessus, le principal et l'agent. Considérez-vous que le principal doit chaque fois résoudre le problème de l'aléa moral ?

ÉTUDE DE CAS

LE CHÔMAGE À LONG TERME AU CANADA ET AUX ÉTATS-UNIS

Au premier trimestre 2008, les taux de chômage globaux aux États-Unis et au Canada étaient respectivement de 4,9 % et 5,9 %. Depuis 20 ans, le taux de chômage canadien est systématiquement plus élevé que le taux aux États-Unis, et l'écart est habituellement d'environ 2 points de pourcentage. Il est difficile de croire que seuls des facteurs conjoncturels expliquent le maintien d'un tel écart aussi longtemps. Par exemple, la politique monétaire a certainement un impact sur le marché de l'emploi, mais à court terme seulement. Quelle est donc la source du problème de chômage à long terme ?

Commençons par rappeler ce qu'est un chômeur : c'est quelqu'un qui n'a pas d'emploi et qui en cherche un activement. Il y a à cette définition deux exceptions : les mises à pied temporaires et les emplois sur le point de débuter. L'écart entre le Canada et les États-Unis pourrait-il être simplement dû à des méthodes de calcul différentes ? Une analyse attentive des enquêtes sur la population active effectuées dans les deux pays révèle qu'un sans-emploi qui ne cherche du travail qu'en épluchant les petites annonces des journaux est considéré comme un inactif aux États-Unis et comme un chômeur au Canada. En outre, un chercheur d'emploi âgé de 15 ans est un chômeur au Canada, mais il n'est pas considéré comme un actif aux États-Unis, où l'âge minimum pour faire partie de la population active est de 16 ans (le taux de chômage des jeunes est très élevé). Finalement, une personne qui a été mise à pied temporairement et qui ne cherche pas activement un emploi est considérée comme un chômeur pendant un maximum de 26 semaines au Canada, mais pendant seulement 30 jours aux États-Unis. Ces différences ne permettent cependant d'expliquer que le cinquième de l'écart entre les deux taux de chômage. Retour à la case départ…

Voyons le problème autrement. Pourquoi y a-t-il toujours des chômeurs ? Des entreprises ferment, d'autres ouvrent, des gens quittent le marché du travail, d'autres y entrent sans avoir automatiquement un emploi. Peut-être certains facteurs ont-ils pour effet que le temps moyen de recherche d'emploi est plus long au Canada qu'aux États-Unis ?

Si le taux de la perte d'emploi est le même dans les deux pays, mais que les Canadiens cherchent plus longtemps un nouveau travail, notre taux de chômage sera logiquement plus élevé. Or la durée moyenne du chômage a augmenté depuis 20 ans au Canada. En fait, Statistique Canada estime que, en général, les deux tiers d'une hausse du taux de chômage sont causés par une durée de recherche plus longue, alors que le tiers seulement provient d'une augmentation de la fréquence. Parmi les causes possibles de ce phénomène, plusieurs auteurs ont noté la générosité du programme d'assurance emploi canadien. Cependant, le resserrement du programme fédéral n'a eu, semble-t-il, que peu d'influence sur le taux de chômage naturel. Paradoxe ?

D'autres auteurs ont cherché des explications du côté de la rigidité du marché du travail. Parmi les causes possibles, on trouve le taux de syndicalisation, les lois sur le salaire minimum, la possibilité que les employeurs paient des salaires d'efficience ou que la rémunération des travailleurs soit déterminée par la théorie des *insiders-outsiders*, selon laquelle les travailleurs d'une entreprise, formés à son fonctionnement particulier, ne sont pas directement remplaçables par des travailleurs extérieurs, en raison des coûts de recrutement et de formation.

Finalement, le chômage ne touche pas également tous les groupes de la population et toutes les régions du pays. Si la composition démographique est différente au Canada et aux États-Unis et si certaines régions sont fortement touchées par des variations sectorielles, alors nous tenons peut-être une autre partie de l'explication.

CONCLUSION

Dans ce chapitre, nous avons étudié les méthodes qui permettent de mesurer le chômage, ainsi que les raisons pour lesquelles le chômage est toujours présent dans une économie. Nous avons également vu pourquoi la recherche d'emploi, le salaire minimum, les syndicats et les salaires d'efficience créent du chômage. Lequel de ces quatre facteurs contribue le plus au taux de chômage naturel dans l'économie canadienne et ailleurs ? Il est bien difficile de le dire. Les économistes n'arrivent pas à se mettre d'accord sur l'importance relative de chacun de ces quatre facteurs.

Nous pouvons toutefois tirer de notre analyse une importante leçon : même si le chômage sévit dans toutes les économies, son taux naturel n'est pas fixe. Certains événements et certaines politiques gouvernementales ont des effets sur ce taux de chômage. La révolution informatique transforme le processus de recherche d'emploi, les gouvernements ajustent le salaire minimum et modifient les conditions d'admissibilité à l'assurance emploi, le taux de syndicalisation varie, les entreprises utilisent plus ou moins les salaires d'efficience et, par conséquent, le taux de chômage naturel fluctue. Le chômage est un problème complexe pour lequel il n'existe pas de solution simple. Retenons surtout que la manière dont nous organisons notre société influe grandement sur l'ampleur de ce phénomène.

RÉSUMÉ

▪ Le taux de chômage est égal au pourcentage des individus qui souhaitent travailler mais qui n'ont pas d'emploi. Statistique Canada fournit chaque mois cette statistique à partir d'une enquête réalisée auprès de milliers de ménages canadiens.

▪ Le taux de chômage est une mesure très imparfaite. Certains individus se déclarent chômeurs mais ne veulent pas réellement travailler, alors que d'autres aimeraient trouver un emploi mais ont quitté la population active par suite de recherches infructueuses.

▪ Dans l'économie canadienne, la plupart des chercheurs d'emploi se trouvent du travail très rapidement. Les chômeurs qui le sont pendant plus de six mois sont relativement peu nombreux. Les politiques de lutte contre le chômage devraient cibler les gens en situation de chômage durable.

▪ Le temps pris par les travailleurs pour trouver un poste convenant à leurs compétences et à leurs intérêts explique en partie le chômage. L'assurance emploi, programme gouvernemental qui garantit des revenus aux travailleurs, fait augmenter ce chômage frictionnel.

▪ Une deuxième raison expliquant l'existence du chômage dans notre économie est la loi sur le salaire minimum. En gonflant les salaires des travailleurs non qualifiés et sans expérience pour les maintenir au-dessus du niveau d'équilibre, cette loi fait augmenter la quantité de travail offerte et en réduit la quantité demandée. Elle crée ainsi une offre excédentaire, correspondant au chômage.

▪ Une troisième cause de chômage tient au pouvoir de marché des syndicats. Lorsque ces derniers poussent les salaires au-dessus du niveau d'équilibre dans les entreprises syndiquées, ils créent une offre de travail excédentaire.

▪ La théorie des salaires d'efficience constitue une quatrième explication du chômage. D'après cette théorie, les entreprises payent à leurs employés un salaire plus élevé que le salaire d'équilibre, parce que cela s'avère rentable. Ces salaires supérieurs améliorent la santé des travailleurs, réduisent le roulement du personnel, encouragent les efforts des employés et font augmenter la qualité des travailleurs.

CONCEPTS CLÉS

Assurance emploi, p. 210

Chômage cyclique (ou conjoncturel), p. 203

Chômage frictionnel, p. 203

Chômage structurel, p. 204

Grève, p. 215

Négociation collective, p. 215

Population active, p. 197

Recherche d'emploi, p. 206

Salaires d'efficience, p. 219

Syndicat, p. 215

Taux d'activité, p. 197

Taux de chômage, p. 197

Taux de chômage naturel, p. 202

Travailleurs découragés, p. 201

QUESTIONS DE RÉVISION

1. Quelles sont les trois catégories dans lesquelles Statistique Canada classe les personnes âgées de 15 ans ou plus ? Comment établit-on la population active, le taux de chômage et le taux d'activité ?

2. Au Canada, le chômage est-il en général de courte ou de longue durée ? Expliquez pourquoi.

3. Le chômage frictionnel est-il inévitable ? Comment le gouvernement peut-il tenter de le réduire ?

4. Les lois sur le salaire minimum représentent-elles une meilleure explication du chômage structurel chez les adolescents ou chez les diplômés de niveau postsecondaire ? Pour quelles raisons ?

5. Les syndicats ont-ils un effet sur le taux de chômage naturel ?

6. Sur quels arguments s'appuient les défenseurs des syndicats pour justifier le rôle de ces derniers dans l'économie ?

7. Donnez quatre raisons pour lesquelles une entreprise pourrait améliorer sa rentabilité en haussant les salaires de ses employés.

LA MONNAIE ET LES PRIX À LONG TERME

LE SYSTÈME MONÉTAIRE

OBJECTIFS

À la fin de ce chapitre, vous serez en mesure :

→ de comprendre la nature de la monnaie et ses rôles dans l'économie ;

→ d'expliquer les rôles de la Banque du Canada ;

→ d'expliquer comment le système bancaire détermine l'offre de monnaie ;

→ de comprendre comment la Banque du Canada influence l'offre de monnaie.

Lorsque vous allez au restaurant, vous obtenez quelque chose qui améliore votre bien-être : un repas. En échange, vous donnez au serveur quelques morceaux de papier, ornés de différents symboles : des oiseaux, des édifices gouvernementaux, le portrait de la reine ou d'un défunt premier ministre. Vous pouvez également lui donner un bout de papier ou de plastique portant le nom d'une banque et votre signature. Quelle que soit la façon de régler l'addition — argent comptant, chèque ou carte de crédit — le restaurateur s'est efforcé de satisfaire votre appétit, en contrepartie de quelques morceaux de papier qui, en eux-mêmes, ne valent rien.

Pour nous qui vivons dans une économie moderne, cette coutume n'a rien d'étrange. Même si la monnaie est dénuée de valeur intrinsèque, le propriétaire du restaurant est persuadé qu'une autre personne l'acceptera en échange d'un bien ou d'un service auquel lui-même accorde de la valeur. Cette troisième personne ne doute pas qu'une quatrième acceptera aussi cet argent en toute confiance, sachant qu'une cinquième fera de même… et ainsi de suite. Votre chèque ou votre argent comptant représente un droit de recevoir, en échange, des biens et des services.

L'usage social de la monnaie comme moyen d'échange se justifie pleinement dans une société complexe et diversifiée comme la nôtre. Imaginez un instant qu'aucun moyen de paiement ne soit accepté par tout le monde en échange de biens et de services. On devrait s'en remettre au **troc**, c'est-à-dire à l'échange d'un bien ou d'un service contre un autre. Au restaurant, par exemple, il vous faudrait offrir au propriétaire quelque chose dont il a besoin immédiatement, comme laver la vaisselle ou sa voiture, ou lui confier la recette secrète de la tourtière de votre grand-mère.

Troc
Échange d'un bien ou d'un service contre un autre.

Un système économique basé sur le troc ne peut pas allouer ses ressources rares de manière efficace. La réalisation d'échanges, dans ce type d'économie, requiert ce qu'on appelle une *double coïncidence de besoins* — un pur hasard faisant que deux personnes désirent chacune ce que l'autre leur propose.

La monnaie simplifie les échanges. Le restaurateur ne se soucie pas que vous lui proposiez ou non un bien ou un service dont il a besoin. Il se montre ravi d'accepter votre monnaie, sachant que d'autres l'accepteront à leur tour. Une telle convention permet au commerce de se dérouler de façon indirecte : le propriétaire du restaurant accepte votre carte de crédit pour payer son chef cuisinier, qui s'en sert pour envoyer sa fille à la garderie ; ce paiement permet de rétribuer l'éducatrice, qui vous engage pour tondre le gazon. La circulation de la monnaie dans le système économique facilite la production et l'échange, permettant ainsi à chacun de se spécialiser dans un domaine où il est le plus productif et d'augmenter le niveau de vie de l'ensemble de la population.

Dans le présent chapitre, nous commencerons par définir les rôles de la monnaie. Nous étudierons également les différentes formes qu'elle peut prendre. Nous nous demanderons ensuite comment elle est créée par le système monétaire et de quelle façon le gouvernement peut en déterminer la quantité en circulation. La monnaie joue un rôle d'une telle importance que nous consacrerons une bonne partie du reste de l'ouvrage à étudier les effets des variations de la masse monétaire sur différentes variables économiques, notamment l'inflation, les taux d'intérêt, la production et l'emploi. Poursuivant l'analyse à long terme entreprise dans les trois chapitres précédents, nous examinerons, dans le chapitre 11, les effets à long terme des variations de la masse monétaire ; leurs effets à court terme représentent un sujet plus complexe, que nous aborderons plus loin dans cet ouvrage. Le présent chapitre expose les notions de base nécessaires à l'étude de la monnaie.

QU'EST-CE QUE LA MONNAIE ?

Qu'est-ce que la monnaie ? Voilà une bien étrange question. Lorsqu'on dit que le milliardaire Bill Gates est très riche, tout le monde comprend que sa fortune lui permet de s'offrir presque tout ce qu'il désire. Dans ce sens, le terme *monnaie* est synonyme du terme *richesse*.

Monnaie
Ensemble des actifs utilisés couramment comme moyen de paiement lors d'achats de biens et de services.

Pour les économistes, cependant, le mot monnaie revêt un sens plus étroit : il représente l'ensemble des actifs utilisés pour acheter des biens et des services. Les dollars que vous sortez de votre portefeuille pour payer l'addition au restaurant ou pour acheter une chemise dans une boutique en constituent un bon exemple. En revanche, si vous déteniez, comme Bill Gates, une grande partie des actions de Microsoft Corporation, vous seriez riche, mais ce type d'actifs ne serait pas pour autant une forme de monnaie. Pour vous payer un repas ou une chemise, il vous faudrait d'abord vous procurer de la monnaie. Selon la définition des économistes, la monnaie n'inclut que certains types d'actifs couramment acceptés par les vendeurs en échange de biens ou de services.

LES RÔLES DE LA MONNAIE

Dans notre système économique, la monnaie remplit trois rôles : elle est un moyen d'échange, une unité de compte et une réserve de valeur. Par ces trois rôles, la monnaie se différencie d'autres types d'actifs, comme les actions, les obligations, l'immobilier ou les œuvres d'art. Examinons maintenant en détail chacun de ces trois rôles.

Moyen d'échange
Intermédiaire donné par les acheteurs et accepté par les vendeurs lors de l'achat d'un bien ou d'un service.

Un **moyen d'échange** est un intermédiaire offert par les acheteurs et accepté par les vendeurs lors de l'achat d'un bien ou d'un service. En échange d'une chemise, vous donnez de la monnaie au vendeur de la boutique. Vous réalisez ainsi une transaction. En entrant dans le magasin, vous savez que, en échange de ses articles, le vendeur acceptera votre monnaie, car c'est l'intermédiaire couramment utilisé.

Unité de compte
Étalon de mesure de la valeur.

Une **unité de compte** est l'étalon de mesure de la valeur, utilisée pour exprimer les prix et comptabiliser les dettes. Lorsque vous allez magasiner, vous constatez qu'une chemise vaut 40 $ et qu'un hamburger coûte 4 $. Même s'il est exact de dire que le prix d'une chemise équivaut à celui de dix hamburgers ou qu'un hamburger vaut un dixième de chemise, on ne calcule jamais les prix ainsi. Quand vous contractez un emprunt auprès d'une banque, le montant de vos remboursements est exprimé en dollars, et non en quantité de biens et de services. Pour mesurer ou comptabiliser une valeur économique, on se sert de la monnaie comme unité de compte.

Réserve de valeur
Actif que l'on peut utiliser pour reporter vers le futur un pouvoir d'achat.

Une **réserve de valeur** représente un moyen de reporter vers le futur le pouvoir d'achat. Quand un vendeur accepte de la monnaie en échange d'un bien ou d'un service, il peut la conserver pendant un certain temps pour la dépenser plus tard. De toute évidence, la monnaie ne représente pas la seule réserve de valeur dans notre économie, car on peut également reporter le pouvoir d'achat en utilisant d'autres types d'actifs. On utilise le terme *richesse* pour désigner l'ensemble des réserves de valeur, que ce soit la monnaie ou les actifs non monétaires.

Liquidité
Facilité avec laquelle un actif peut être transformé en un moyen d'échange.

Les économistes parlent de **liquidité** pour désigner la facilité de la transformation d'un actif en un moyen d'échange. La monnaie étant le moyen d'échange utilisé dans notre économie, elle représente le plus liquide de tous les types d'actifs. La liquidité des autres types d'actifs varie énormément. La plupart des actions et des obligations se vendent rapidement, moyennant un faible coût. En revanche, la vente d'une maison, d'un tableau de Rembrandt ou d'une carte de hockey de Mario Lemieux datant de 1990 requiert plus de temps et d'efforts : ces actifs sont donc moins liquides.

Quand on choisit la forme sous laquelle on désire conserver sa richesse, il faut comparer la liquidité de chaque type d'actif avec sa fiabilité en tant que réserve de valeur. La monnaie constitue le type d'actif le plus liquide, sans toutefois être une excellente réserve de valeur, puisque l'inflation fait perdre à la monnaie sa valeur. Autrement dit, une hausse du prix des biens et des services diminue la valeur de chaque dollar dans votre portefeuille. Plus loin, il sera essentiel de bien saisir cette relation entre le niveau des prix et la valeur de la monnaie, pour être en mesure de comprendre l'impact de la monnaie sur l'économie.

LES FORMES DE MONNAIE

Monnaie-marchandise
Monnaie qui prend la forme d'un bien ayant une valeur intrinsèque.

Lorsque la monnaie prend la forme d'un bien ayant une valeur intrinsèque, on parle de **monnaie-marchandise**. Le terme *valeur intrinsèque* signifie que, même sans servir de moyen d'échange, ce bien a une valeur en soi. L'or en constitue un excellent exemple : il a une valeur en lui-même en raison de son emploi industriel et de son usage en joaillerie. De nos jours, l'or a cessé d'être un moyen de paiement.

Cependant, la relative facilité qu'on avait à le transporter, à le peser et à en mesurer la pureté en a longtemps fait un moyen de paiement par le passé. Une économie qui utilise l'or comme monnaie (ou du papier-monnaie convertible en or à la demande) est dite *en régime d'étalon-or*.

Les cigarettes constituent un autre exemple de monnaie-marchandise. Durant la Seconde Guerre mondiale, les prisonniers de guerre échangeaient des biens et des services en se servant de cigarettes comme unité de compte, moyen d'échange et réserve de valeur. Lors de l'effondrement de l'Union soviétique, à la fin des années 1980, les cigarettes ont commencé à remplacer le rouble ; même les non-fumeurs acceptaient des cigarettes comme moyen d'échange, confiants de pouvoir s'en servir eux-mêmes pour acheter d'autres produits.

Monnaie fiduciaire
Monnaie sans valeur intrinsèque, dont le statut est décrété par le gouvernement.

Une monnaie sans valeur intrinsèque est une monnaie fiduciaire. Cette monnaie est acceptée comme mode de paiement en raison d'une décision ou d'un décret du gouvernement. Par exemple, comparez les dollars dans votre portefeuille (imprimés par la Banque du Canada) avec les dollars de votre jeu de Monopoly (imprimés par la société de jeux Parker Brothers). Vous pourrez payer votre addition au restaurant avec les premiers, mais sûrement pas avec les seconds. Pourquoi ? En raison d'un décret du gouvernement canadien qui fait du dollar la seule monnaie « ayant cours légal » au Canada, ainsi que chaque billet dans votre porte-monnaie vous le rappelle.

Si l'autorité de l'État s'impose pour établir et réglementer une monnaie fiduciaire (en poursuivant les faux-monnayeurs, entre autres), d'autres facteurs sont également essentiels pour assurer le succès d'un tel système. Dans une très large mesure, le fait d'accepter la monnaie fiduciaire relève autant de la confiance en sa valeur et d'une convention sociale que d'une volonté étatique. Durant les années 1980, le gouvernement soviétique n'a jamais abandonné le rouble comme monnaie officielle. Cependant, les Moscovites préféraient accepter les cigarettes (ou même les dollars américains) en échange de biens et de services, parce qu'ils faisaient davantage confiance à ce type de monnaie.

DANS L'ACTUALITÉ

L'HISTOIRE DE LA MONNAIE

La monnaie est une coutume sociale qui a évolué de concert avec les sociétés humaines.

DANS CE MUSÉE, LA MONNAIE SE FAIT ENTENDRE

Abordons la monnaie en tant que concept abstrait. Il existe un endroit qui illustre bien ce concept : le Musée de la monnaie de la Banque du Canada, à Ottawa. C'est d'ailleurs le seul endroit où se trouve aujourd'hui un gros roc de deux tonnes ayant servi de monnaie dans l'île de Yap. À lui seul, ce roc montre bien le caractère abstrait de la monnaie, car on se doute bien que personne ne le traînait pour aller acheter un produit quelconque.

On pensait autrefois que de nombreuses facultés étaient l'apanage des êtres humains : l'emploi d'outils, le rire, l'acquisition du langage. Mais il semble bien que diverses espèces animales aient appris à développer ces facultés. En fait, la monnaie est pratiquement le seul élément fondamental que l'espèce humaine est aujourd'hui la seule à posséder.

La monnaie est un des systèmes pratiques, comme les fuseaux horaires, qui structurent la vie dans les sociétés modernes. Elle est tellement bien intégrée à la vie quotidienne qu'on la tient simplement pour acquise (à condition d'en avoir, bien sûr !). Mais, si on y pense un peu, pourquoi un bijoutier donnerait-il une montre à un client en échange d'un petit bout de papier ?

Le musée retrace d'abord l'histoire de la monnaie. Les êtres humains ont initialement formé de petites unités familiales dont les membres partageaient entre eux ce qu'ils avaient. Ils se sont ensuite mis à pratiquer le troc, à mesure que les sociétés ont pris de l'ampleur, puis à utiliser des matières de base, comme des briques de thé en Mongolie, des blocs de sel dans l'île de Madura et des fèves de cacao en Amérique du Sud.

Le bétail a souvent servi d'«étalon-or». D'ailleurs, tant en latin qu'en vieil anglais, un même mot désignait le bétail et la monnaie. Mais il est alors devenu trop encombrant de trimballer des vaches pour acheter un canot ou un autre bien, de sorte qu'on a commencé à utiliser des objets symboliques.

À la longue, ces objets ont fini par être strictement abstraits : des bracelets en poils d'éléphant (Afrique centrale), des perles de verre (Afrique) ou des disques de pierre (Togo). Le plus souvent, toutefois, ils étaient faits en métal, ce qui leur conférait une valeur intrinsèque et les rendait plus durables, mieux transportables et peut-être aussi plus divisibles.

La distinction entre la valeur et la nature de biens spécifiques a donné lieu à de multiples changements sociaux, y compris l'apparition d'artisans spécialisés. Elle s'est avérée tellement utile qu'un gouvernement de l'époque (en Lydie, située en Asie Mineure, au VIIe siècle avant J.-C.) a décidé de commencer à frapper des pièces de monnaie.

La Lydie a alors procédé à l'extraction d'énormes quantités d'or, et c'est à partir de là qu'est apparue l'expression *Être riche comme Crésus*, puisque Crésus a été un des rois de la Lydie.

Au IIIe siècle avant J.-C., les Romains ont perfectionné un système monétaire fondé sur l'utilisation de petites pièces métalliques et s'en sont servis pour étendre leur empire. Leur emploi de pièces d'argent s'est imposé dans toute l'Europe au cours des 500 années suivantes.

Les pièces de monnaie de l'époque étaient également utilisées à des fins de propagande. En général, une image de l'empereur figurait sur un côté des pièces et un message célébrant l'empire était apposé sur l'autre côté. Pour financer sa conquête de la Gaule, Jules César a fait frapper des pièces de monnaie montrant son éléphant en train d'écraser le dragon de la Gaule…

Ce sont les Chinois qui ont effectué le bond financier suivant, c'est-à-dire l'usage du papier-monnaie. Il y a environ un millier d'années, il n'était pas du tout pratique de transporter de grandes quantités de pièces de monnaie afin de pouvoir gérer un empire complexe s'étendant sur un vaste territoire. Mais, par ailleurs, comment faire accepter à un cultivateur d'échanger ses sacs de grains contre un morceau d'écorce de mûrier non comestible ?

C'est pourquoi les autorités de l'époque ont décidé d'inscrire sur le morceau d'écorce que non seulement celui-ci était échangeable contre des pièces de monnaie, mais aussi que les faussaires seraient décapités. Les Chinois agissaient alors sans détour lorsqu'il était question de monnaie. Par exemple, les personnes chargées de frapper les pièces de monnaie qui se faisaient prendre à réduire la teneur en métal précieux devaient porter un tatouage sur le visage.

Il a fallu beaucoup de temps pour que l'emploi du papier-monnaie se répande en Europe. Au XVIe siècle, on y a frappé une très grosse pièce de monnaie faite d'argent provenant d'une mine située à Joachimsthal, en Bohème, et cette pièce a pris le nom de « thalers ». Les Hollandais l'ont ensuite adoptée en la dénommant « daalder », puis son emploi s'est généralisé en Angleterre et c'est là que cette pièce a reçu le nom de « dollar ».

Source: Cleo Paskal, « At This Museum, Money Talks », *St. Petersburg Times*, 14 mars 2004.

LA MONNAIE DANS L'ÉCONOMIE CANADIENNE

Comme nous le verrons plus loin, la quantité de monnaie en circulation dans un système économique s'appelle *masse monétaire* et exerce une importante influence sur de nombreuses variables économiques. Mais, avant d'aborder ce sujet, il faut se poser une question : qu'est-ce que la quantité de monnaie en circulation ? Si vous étiez chargé de mesurer la quantité de monnaie en circulation dans l'économie canadienne, que devriez-vous inclure dans cette mesure ?

Numéraire
Billets de banque et pièces de monnaie entre les mains du public.

Le type d'actif le plus évident qu'il faut comptabiliser dans cette mesure est le numéraire — les billets de banque et les pièces de monnaie entre les mains du public. Le numéraire représente le moyen d'échange le plus accepté dans notre économie et fait sans aucun doute partie de la masse monétaire.

Néanmoins, le numéraire n'est pas le seul type d'actif permettant d'acheter des biens et des services. Les cartes de débit et les chèques personnels sont acceptés à peu près partout. La richesse dont vous disposez dans votre compte bancaire est presque aussi pratique, pour régler vos achats, que la richesse contenue dans votre portefeuille. La mesure de la quantité de monnaie en circulation devra donc également inclure les dépôts à vue, soit les sommes déposées dans des comptes bancaires et utilisables sur demande, à partir desquelles les déposants peuvent tirer des chèques ou utiliser une carte de débit.

Dépôt à vue
Compte bancaire qui permet au déposant de retirer des fonds, sur demande, jusqu'à concurrence du montant déposé.

Or, à partir du moment où vous considérez comme de la monnaie les sommes déposées dans les comptes chèques, il vous faut aussi tenir compte des autres types de comptes ouverts dans les banques et les autres institutions financières. Les déposants font souvent des chèques à partir de leurs comptes d'épargne, mais ils peuvent également transférer facilement des fonds de leur compte d'épargne vers leur compte chèques. En outre, les déposants des fonds communs de placement du marché monétaire peuvent parfois émettre des chèques prélevés sur ces actifs. Tous ces comptes devraient sans doute aussi faire partie de la masse monétaire canadienne.

[BON À SAVOIR] CARTES DE CRÉDIT, CARTES DE DÉBIT ET MONNAIE

Il semble logique d'inclure les cartes de crédit dans le calcul de la masse monétaire. Après tout, les gens s'en servent pour de nombreux achats. Ne constituent-elles pas, dès lors, un moyen d'échange ?

Même si, à première vue, un tel argument semble juste, les cartes de crédit sont exclues de toutes les mesures de la masse monétaire, car ces cartes ne sont pas vraiment un moyen de paiement, mais plutôt un moyen de différer un paiement. Lorsque vous payez votre repas au restaurant avec une carte de crédit, la banque émettrice de la carte paie le restaurateur. Vous devrez par la suite rembourser la banque (peut-être en acquittant des intérêts). Au moment de ce versement, vous ferez peut-être un chèque à partir de votre compte courant, dont le solde fait déjà partie du calcul de la masse monétaire.

Remarquez que les cartes de crédit diffèrent des cartes de débit, qui débitent automatiquement les fonds d'un compte bancaire pour payer les biens achetés, plutôt que de permettre au détenteur de différer le paiement. Une carte de débit donne un accès immédiat au compte du détenteur. Elle se rapproche donc plus d'un chèque que d'une carte de crédit. Rappelons que les soldes des comptes bancaires, que l'on transfère grâce aux cartes de débit, sont inclus dans la masse monétaire.

Même si les cartes de crédit ne sont pas considérées comme une forme de monnaie, elles n'en jouent pas moins un rôle important dans le système monétaire. Les détenteurs de ces cartes paient la plupart de leurs factures à la fin du mois, plutôt que de manière sporadique, au gré de leurs achats. Ces individus gardent sans doute moins de numéraire sur eux que s'ils n'avaient pas de cartes de crédit. En conséquence, l'utilisation croissante de ces cartes limite la quantité de monnaie conservée par les gens.

Il n'est pas aisé, dans une économie complexe comme la nôtre, de discerner, parmi tous les types d'actifs, ce qui est de la « monnaie » de ce qui n'en est pas. Les pièces de monnaie dans votre poche font assurément partie de la masse monétaire, mais le Stade olympique de Montréal, certainement pas. Entre ces deux extrêmes se trouve une zone grise. Il existe, par conséquent, plusieurs mesures différentes de la masse monétaire canadienne. La figure 10.1 (voir la page 236) montre les deux plus importantes, soit les agrégats monétaires M1 et M2. Chacun utilise des critères légèrement différents pour distinguer les actifs monétaires des actifs non monétaires.

Aux fins de cet ouvrage, il n'est pas utile d'insister sur les différences entre les mesures de la masse monétaire au Canada. L'essentiel est de savoir que cette masse monétaire inclut non seulement le numéraire, mais aussi les dépôts bancaires ou les sommes qui sont déposées dans d'autres institutions financières et qui sont facilement accessibles et utilisables pour l'acquisition de biens et de services.

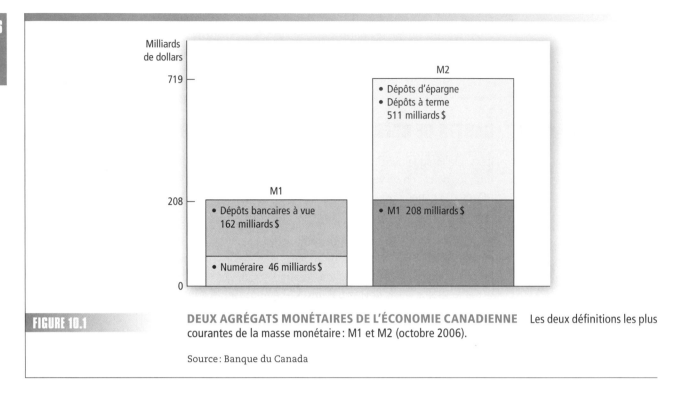

FIGURE 10.1 **DEUX AGRÉGATS MONÉTAIRES DE L'ÉCONOMIE CANADIENNE** Les deux définitions les plus courantes de la masse monétaire : M1 et M2 (octobre 2006).

Source : Banque du Canada

ÉTUDE DE CAS

OÙ EST PASSÉE TOUTE LA MONNAIE ?

Quand il s'agit de mesurer la masse monétaire du Canada, calculer le numéraire en circulation se révèle être un vrai casse-tête. En 2006, on retrouvait environ 46 milliards de dollars de numéraire en circulation. Pour donner une idée concrète de cette somme, on peut la diviser par 25,6 millions de Canadiens adultes (âgés de plus de 18 ans), ce qui donne une moyenne de 1800 $ par adulte. La plupart des gens sont surpris par un tel chiffre, car l'immense majorité des Canadiens ne se promènent pas avec autant d'argent liquide sur eux.

Où donc se trouve toute cette monnaie ? Personne ne le sait vraiment. Une certaine fraction est détenue par les entreprises, mais il est vraisemblable qu'une bonne part de cette monnaie se trouve entre les mains de fraudeurs du fisc, de narcotrafiquants et d'autres criminels. La plupart des gens considèrent qu'il est imprudent de conserver de grandes quantités de numéraire, en raison des risques de vol ou de perte. De plus, l'argent comptant ne rapporte pas d'intérêts, contrairement aux sommes placées à la banque. Les gens ne conservent donc que de faibles sommes en numéraire. En revanche, les criminels ne déposent pas leur argent dans un compte bancaire, car l'enregistrement des opérations laisse des traces de leurs activités illégales. Le numéraire constitue peut-être pour eux la meilleure réserve de valeur.

Un calcul similaire pour l'économie américaine aboutit à un montant de 3150 $ par adulte, une somme encore plus étonnante. Il est certes possible que l'activité criminelle soit plus florissante de l'autre côté de la frontière, mais il est plus probable qu'une grande partie de ces liquidités se trouve à l'extérieur du pays. En effet, dans les pays ayant un système monétaire instable, les gens préfèrent le dollar américain à la devise locale. Il n'est pas rare de voir, partout dans le monde, des dollars américains servant de moyen d'échange, d'unité de compte et de réserve de valeur, alors que le dollar canadien est rarement utilisé hors du Canada.

LA BANQUE DU CANADA

Lorsqu'une économie repose sur un système de monnaie fiduciaire, comme c'est le cas de l'économie canadienne, une organisation doit se charger de la régulation de la masse monétaire. C'est la responsabilité de la banque centrale. Si vous observez un billet de banque, vous remarquez qu'il porte les mots *Banque du Canada* et qu'il est signé par le gouverneur et le premier sous-gouverneur de la Banque. La Banque du Canada est une banque centrale, c'est-à-dire un organisme chargé d'intervenir pour assurer la régulation de la quantité de monnaie en circulation. Parmi les principales banques centrales du monde, on peut citer la Banque d'Angleterre, la Banque du Japon, la Banque centrale européenne et la Réserve fédérale des États-Unis.

Banque centrale
Organisme responsable de la régulation de la masse monétaire (politique monétaire).

Banque du Canada
La banque centrale du Canada.

LA LOI DE LA BANQUE DU CANADA

Jusqu'à la crise des années 1930, il n'y avait pas de banque centrale au Canada. Les billets étaient émis par le ministère des Finances et par les principales banques à charte, comme la Banque de Montréal, qui étaient conjointement responsables de la régulation du système monétaire. Le régime de l'étalon-or, alors en vigueur, garantissait la convertibilité des billets de banque en une certaine quantité d'or. Les problèmes économiques ayant résulté de la crise et le besoin de limiter la quantité de monnaie fiduciaire, lors de l'abandon de l'étalon-or, ont alors conduit à la formation d'une commission royale chargée d'étudier la question. Cette dernière a recommandé la création d'une banque centrale. En 1934, le Parlement a donc édicté la *Loi sur la Banque du Canada*, établissant les responsabilités de cet organisme. Fondé en 1935 et nationalisé en 1938, celui-ci est la propriété du gouvernement canadien.

La Banque du Canada est dirigée par un conseil d'administration formé par le gouverneur, le premier sous-gouverneur et douze administrateurs, dont le sous-ministre des Finances. L'actuel gouverneur de la Banque du Canada, Mark Carney, est en place depuis février 2008. Le ministre des Finances choisit tous les membres du conseil d'administration, dont le mandat est d'une durée de trois ans, à l'exception du gouverneur et du premier sous-gouverneur, qui sont nommés pour sept ans.

Cette structure administrative confère théoriquement au gouvernement tous les pouvoirs sur la Banque du Canada : en plus de désigner la totalité du conseil d'administration, le gouvernement peut, exceptionnellement, donner des ordres écrits au gouverneur, ordres que ce dernier doit exécuter. En réalité, cependant, la Banque du Canada jouit d'une grande indépendance par rapport au pouvoir politique. Tout comme les juges de la Cour suprême sont nommés à vie pour garantir leur autonomie, le septennat du gouverneur de la Banque le protège des pressions politiques lorsqu'il formule la politique monétaire. Et il est généralement convenu que le gouverneur démissionnerait immédiatement à la réception d'un ordre écrit du ministre des Finances. Les remous qui s'ensuivraient sur les marchés financiers dissuadent le ministre d'adopter une telle mesure — il n'y a encore jamais eu recours.

Les banques à charte, comme la Banque de Montréal, la Banque Royale, la Banque Toronto-Dominion, la CIBC, la Banque Scotia et la Banque Nationale, appartiennent à leurs actionnaires. Le rôle principal de ces banques est de maximiser leurs profits, au bénéfice des actionnaires. Les banques centrales, comme la Banque du Canada, sont aujourd'hui la propriété de l'État et versent leurs profits au gouvernement. Cependant, leur première mission n'est pas de maximiser les profits, mais plutôt de promouvoir l'intérêt général. Le préambule de la *Loi sur la Banque du Canada* se lit comme suit :

> Considérant qu'il est important d'instituer une banque centrale afin de réglementer le crédit et la monnaie dans l'intérêt de la vie économique de la nation ; de contrôler et protéger la valeur de la monnaie nationale sur les marchés internationaux ; d'atténuer autant que possible par son action les fluctuations du niveau général de la production, du commerce, des prix et de l'emploi ; et de façon générale de favoriser la prospérité économique et financière du Canada […]

La Banque du Canada doit s'acquitter de quatre tâches connexes. La première, figurant dans la loi, lui accorde le droit exclusif d'émettre les billets de banque. Son second rôle consiste à agir comme banque auprès des banques à charte. Tout comme vous possédez un dépôt à vue à la Banque de Montréal — ou dans toute autre grande banque commerciale — la Banque de Montréal dispose d'un dépôt à vue à la Banque du Canada. Ces dépôts servent aux banques commerciales à se payer entre elles. La Banque du Canada consent des prêts quotidiens aux banques lorsque celles-ci manquent de fonds pour payer d'autres banques. En cas de graves difficultés financières, les banques manquant de liquidités peuvent parfois se voir accorder un prêt de dernier ressort par la Banque du Canada — qui est le prêteur pour les institutions ne pouvant emprunter nulle part ailleurs — afin de garantir la stabilité du système bancaire. La troisième mission de la Banque du Canada est d'intervenir en tant qu'agent financier du gouvernement fédéral. Ce dernier possède un dépôt à vue à la Banque du Canada, de même que dans les grandes banques à charte. La Banque du Canada se charge de la gestion des comptes du gouvernement, de sa réserve de devises étrangères et de sa dette.

La quatrième tâche de la Banque du Canada, sans doute la plus importante, consiste à assurer la régulation de la masse monétaire, qu'on appelle aussi l'offre de monnaie. La régulation de l'offre de monnaie s'appelle la politique monétaire.

Offre de monnaie (ou masse monétaire)
Quantité de monnaie en circulation dans l'économie.

Politique monétaire
Politique de régulation de la masse monétaire, gérée par la banque centrale.

LA POLITIQUE MONÉTAIRE

La Banque du Canada peut faire augmenter ou diminuer le nombre de dollars en circulation dans l'économie. On peut se plaire à imaginer la Banque du Canada semant dans tout le pays, du haut d'un hélicoptère, les billets de 20 $ qu'elle imprime, ou encore les prélevant de tous les portefeuilles à l'aide d'un énorme aspirateur. Même si, en pratique, les méthodes de la Banque du Canada s'avèrent plus complexes et plus subtiles, la métaphore de l'hélicoptère-aspirateur représente une bonne première approximation de la politique monétaire. Nous reviendrons plus loin sur les méthodes de régulation de l'offre de monnaie utilisées par la Banque du Canada.

L'importance de cet organisme vient du fait que les variations de la masse monétaire influencent profondément l'économie. Deux des **dix principes de l'économie** du chapitre 1 nous rappellent que les prix montent lorsque l'État émet trop de monnaie, d'une part, et que la société, à court terme, est soumise à un arbitrage entre l'inflation et le chômage, d'autre part. Toute l'importance de la Banque du Canada repose sur ces deux principes.

Pour des raisons que nous expliquerons plus loin, les décisions de la Banque du Canada déterminent le taux d'inflation à long terme et exercent une influence majeure sur les taux de chômage et d'inflation, ainsi que sur le niveau de production à court terme. Le gouverneur de la Banque du Canada est considéré, à juste titre, comme le deuxième personnage en puissance du pays sur le plan économique. Pour en savoir plus sur le sujet, consultez le site : http://www.banqueducanada.ca.

MINITEST

Quelle est la différence entre une banque centrale comme la Banque du Canada et une banque commerciale comme la Banque de Montréal ?

LES BANQUES À CHARTE ET L'OFFRE DE MONNAIE

Jusqu'à maintenant, nous avons défini le concept de « monnaie » et nous avons décrit sommairement les rôles de la Banque du Canada. Bien que cette dernière soit responsable de la politique monétaire canadienne, elle n'a qu'une influence indirecte sur l'offre de monnaie, par l'intermédiaire du système bancaire. Voyons maintenant quels rôles les banques à charte (ainsi que les caisses populaires et les sociétés de fiducie) jouent dans le système monétaire.

UN CAS SIMPLE : LE SYSTÈME BANCAIRE À RÉSERVES TOTALES

Pour comprendre l'influence des banques sur l'offre de monnaie, commençons par imaginer un monde sans institutions bancaires. Dans ce monde simplifié, le numéraire constitue la seule forme de monnaie. Supposons que la quantité totale de numéraire en circulation soit de 100 $: l'offre de monnaie est donc égale à 100 $.

Quelqu'un décide alors d'établir une banque, qui reçoit le nom de Première Banque nationale. Cette banque n'est qu'un établissement de dépôts, c'est-à-dire qu'elle accepte uniquement de conserver le numéraire, sans consentir de prêts. Sa mission consiste à garantir aux titulaires des comptes un endroit sûr pour conserver leur monnaie, jusqu'à ce qu'ils veuillent la retirer ou émettre des chèques. Ces types de dépôts qui ne sont pas convertis en prêts sont appelés réserves. Dans ce monde imaginaire, tous les dépôts constituent des réserves ; ce système est un **système bancaire à réserves totales**.

« J'ai beaucoup entendu parler d'argent, et j'aimerais bien à mon tour en avoir un peu. »

Réserves
Dépôts que les banques ont conservés sans les transformer en prêts.

Système bancaire à réserves totales
Système dans lequel les banques conservent en réserve 100 % des dépôts.

La situation financière de la Première Banque nationale, résumée sous la forme d'un compte en T, indique les variations de l'actif et du passif. Voici le compte en T de la Première Banque nationale, lorsqu'elle détient toute la monnaie en circulation.

Première Banque nationale

Actif		Passif	
Réserves	100 $	Dépôts	100 $

On retrouve un actif de 100 $ à gauche (les réserves dans le coffre), ainsi qu'un passif de 100 $ à droite (le montant dû aux déposants). Remarquez que le passif de la banque est égal à son actif.

Revenons à l'offre de monnaie dans notre économie imaginaire. Avant l'ouverture de la Première Banque nationale, la masse monétaire de 100 $ était uniquement constituée du numéraire détenu par le public. Une fois la banque ouverte, la monnaie n'existe plus que sous la forme de dépôts à vue : il n'y a plus de numéraire en circulation, la totalité de la monnaie se trouvant dans les coffres de la banque. Chaque dépôt réduit d'un certain montant la quantité de numéraire en circulation et fait augmenter du même montant la somme des dépôts à vue, et ce, sans modifier la masse monétaire. On peut donc en conclure que, si les banques conservent en réserve tous les dépôts, elles n'ont aucune influence sur l'offre de monnaie.

LA CRÉATION DE MONNAIE DANS UN SYSTÈME À RÉSERVES FRACTIONNAIRES

Les banquiers de la Première Banque nationale finissent, un jour, par reconsidérer leur politique de réserves totales. Ils jugent improductif le fait de laisser tout cet argent dormir dans les coffres. Pourquoi ne pas faire de prêts ? Les familles qui veulent s'acheter une maison, les entreprises qui souhaitent construire de nouvelles usines et les étudiants qui doivent financer leurs études, tous seraient bien contents de payer des intérêts pour pouvoir emprunter de l'argent pendant un certain temps. Bien entendu, la Première Banque nationale se doit de conserver quelques réserves en cas de retraits de la part des déposants. Mais si les nouveaux dépôts se succèdent au même rythme que les retraits, la Première Banque nationale n'aura besoin de garder qu'une fraction de ses réserves. Elle adopte donc un système bancaire à réserves fractionnaires.

Système bancaire à réserves fractionnaires
Système dans lequel les banques ne conservent en réserves qu'une partie des dépôts.

Coefficient de réserve
Fraction des dépôts que les banques conservent en réserves.

On appelle coefficient de réserve la fraction des dépôts totaux qu'une banque conserve à titre de réserves. Ce coefficient est fonction à la fois de la réglementation gouvernementale et des politiques des banques. Dans certains pays, la banque centrale exige le maintien d'un montant minimum de réserves appelé *réserves obligatoires*. Il arrive parfois que les banques maintiennent des réserves dépassant le minimum légal, pour s'assurer de ne pas être à court de liquidités. Aux fins de la démonstration, nous prendrons un coefficient de réserve donné, afin de voir comment l'offre de monnaie est affectée s'il y a des réserves fractionnaires.

Supposons que la Première Banque nationale observe un coefficient de réserve de 10 % et qu'elle prête le reste des sommes en dépôt. Le compte en T de la banque se présente de la façon suivante :

Première Banque nationale

Actif		Passif	
Réserves	10 $	Dépôts	100 $
Prêts	90 $		

La banque a toujours un passif de 100 $, puisque les prêts qu'elle a consentis ne modifient en rien ses obligations envers ses déposants. Mais la banque a maintenant deux types d'actifs : 10 $ de réserves dans ses coffres et 90 $ de prêts (ces prêts sont des éléments du passif pour les emprunteurs, mais font partie de l'actif pour la banque, à laquelle ces sommes sont dues). L'actif et le passif sont toujours égaux.

Analysons de nouveau la quantité de monnaie dans l'économie. Avant que la Première Banque nationale ne consente des prêts, l'offre de monnaie s'élevait à 100 $ et elle se présentait seulement sous forme de dépôts à vue. Une fois que la banque a décidé d'effectuer des prêts, l'offre de monnaie augmente. En effet, si les déposants ont toujours 100 $ de dépôts à vue, les emprunteurs disposent maintenant de 90 $ de numéraire. L'offre de monnaie, soit la somme du numéraire hors banques et des dépôts à vue, atteint maintenant 190 $. On en conclut donc que, quand les banques ne conservent en réserves qu'une fraction des dépôts, elles créent de la monnaie.

À première vue, la monnaie créée par les banques à réserves fractionnaires semble tomber du ciel. Elle n'a pourtant rien de miraculeux : remarquez que les prêts de la Première Banque nationale, puisés dans ses réserves, créent de la monnaie, mais pas pour autant de la richesse (soit l'actif moins le passif). Ces prêts fournissent des liquidités aux emprunteurs, ce qui leur donne la possibilité d'acheter des biens et des services. Par contre, les emprunteurs s'endettent sans que leurs emprunts les enrichissent. Autrement dit, les banques créent des actifs monétaires qui se transforment en passifs pour les emprunteurs. Au bout du compte, l'économie est plus liquide et ses moyens d'échange se multiplient, sans toutefois que la richesse soit augmentée.

LE MULTIPLICATEUR MONÉTAIRE

La création de monnaie n'est pas réservée à la seule Première Banque nationale. Imaginons qu'un de ses emprunteurs consacre les 90 $ qu'il a empruntés à l'acquisition d'un bien et que le vendeur dépose cette somme à la Deuxième Banque nationale. Le compte en T de cette dernière se présente comme suit :

Deuxième Banque nationale

Actif		Passif	
Réserves	9 $	Dépôts	90 $
Prêts	81 $		

Après le dépôt, cette banque enregistre un passif de 90 $. Si la Deuxième Banque nationale observe également un coefficient de réserve de 10 %, elle conserve un actif de 9 $ en réserves et peut accorder des prêts totalisant 81 $. Cette banque crée donc 81 $ de monnaie supplémentaire. En admettant que ces 81 $ soient déposés à la Troisième Banque nationale, qui maintient également un coefficient de réserve de 10 %, cette troisième banque se retrouvera avec des réserves de 8,10 $ et des prêts de 72,90 $, comme on peut le voir dans son compte en T :

Troisième Banque nationale

Actif		Passif	
Réserves	8,10 $	Dépôts	81 $
Prêts	72,90 $		

Le processus se poursuit ainsi un bon moment. Chaque fois que de la monnaie est déposée et qu'un nouveau prêt est consenti, de la nouvelle monnaie est créée.

À combien peut-on évaluer la création de monnaie dans cette économie? Additionnons:

Dépôt initial	=	100,00 $
Prêt de la Première Banque nationale	=	90,00 $ $[= 0,9 \times 100\ \$]$
Prêt de la Deuxième Banque nationale	=	81,00 $ $[= 0,9 \times 90\ \$]$
Prêt de la Troisième Banque nationale	=	72,90 $ $[= 0,9 \times 81\ \$]$
•		•
•		•
•		•
Offre totale de monnaie	=	1000,00 $

Même si ce processus de création de monnaie peut continuer à l'infini, il n'aboutit pas à une quantité infinie de monnaie. Dans cet exemple, si on continue d'additionner laborieusement tous les chiffres, on se rend compte que, avec les 100 $ initiaux, on ne peut pas obtenir plus de 1000 $ au total. La quantité de monnaie que le système bancaire parvient à créer s'obtient à partir du **multiplicateur monétaire**. Dans cette économie fictive où, avec 100 $ de réserves, on parvient à générer 1000 $ de monnaie, le multiplicateur monétaire est égal à 10.

Multiplicateur monétaire
La quantité de monnaie totale créée par le système bancaire à partir d'un nouveau dollar de réserve.

Comment calculer ce multiplicateur monétaire? Rien de plus simple: le multiplicateur monétaire est l'inverse du coefficient de réserve. Si R est le coefficient de réserve de toutes les banques dans une économie donnée, chaque dollar de réserve génère 1/R dollar de monnaie. Dans l'exemple donné ci-dessus, R = 1/10 et le multiplicateur monétaire est donc égal à 10.

Expliquons maintenant pourquoi le multiplicateur monétaire est inversement proportionnel au coefficient de réserve. Si la banque dispose de 1000 $ en dépôts et que le coefficient de réserve est de 1/10 (10 %), cela signifie que cet établissement doit disposer de 100 $ de réserves. Le multiplicateur monétaire inverse simplement cette proportion: si le système bancaire dispose d'un total de 100 $ de réserves, il ne peut avoir que 1000 $ de dépôts. Autrement dit, si R est le coefficient mesurant le rapport entre les réserves et les dépôts, le coefficient des dépôts par rapport aux réserves dans le système bancaire — le multiplicateur monétaire — doit être de 1/R.

Cette formule démontre que la quantité de monnaie que les banques peuvent créer est fonction du coefficient de réserve. Si ce dernier est égal à 1/20 (5 %), le système bancaire aura 20 fois plus de dépôts que de réserves et le multiplicateur monétaire sera égal à 20. Chaque dollar de réserve générera 20 $ de monnaie. Si le coefficient de réserve passe à 1/5 (20 %), les dépôts seront 5 fois supérieurs aux réserves, le multiplicateur monétaire sera de 5 et chaque dollar de réserve générera 5 $ de monnaie. On peut donc en conclure que plus le coefficient de réserve est élevé, moins les banques seront en mesure de faire des prêts et plus le multiplicateur monétaire sera faible. Par conséquent, lorsque le coefficient de réserve est égal à 100 %, soit 1, le multiplicateur monétaire est également de 1, c'est-à-dire que les banques ne consentent aucun prêt et ne créent pas de monnaie.

[BON À SAVOIR] L'ABSENCE DE RÉSERVES OBLIGATOIRES

Au fil des années, les banques canadiennes ont décidé de conserver des coefficients de réserve de plus en plus bas en proportion des dépôts, essentiellement parce qu'elles ne sont plus tenues par la loi de conserver des réserves et parce qu'elles peuvent emprunter directement du numéraire de la Banque du Canada en cas de besoin. Elles ne gardent donc que les liquidités nécessaires pour assurer les retraits quotidiens de leurs clients. Le coefficient de réserve avoisine actuellement les 2 %, ce qui porte le multiplicateur monétaire à 50 ! Qu'adviendrait-il de l'offre de monnaie si le coefficient de réserve des banques tombait à zéro ?

Dans un tel cas, l'ensemble du numéraire se retrouverait dans les poches du public, plutôt que dans les réserves des banques. Pour un montant donné de numéraire, l'offre de monnaie dépend du *ratio de numéraire*, c'est-à-dire la fraction de la masse monétaire conservée par tout un chacun sous forme de numéraire. Si ce ratio est de 100 % et que les agents économiques conservent toute leur monnaie sous forme de numéraire, les dépôts à vue disparaissent complètement et l'offre de monnaie est égale à la quantité de numéraire. Si le ratio de numéraire est de 50 %, les gens gardent la moitié de leurs actifs sous forme de numéraire et déposent l'autre moitié dans un compte bancaire. L'offre totale de monnaie au niveau d'équilibre, soit la somme du numéraire et des dépôts bancaires, équivaut alors à deux fois la quantité de numéraire. Si le ratio de numéraire est égal à 10 %, les gens conservent 1 $ en espèces pour 9 $ dans leur compte bancaire ; l'offre de monnaie totale au niveau d'équilibre équivaudra donc à dix fois la quantité de numéraire.

Dans une économie où les banques ne détiennent aucune réserve pour garantir les dépôts, l'offre de monnaie correspondra à l'inverse du ratio de numéraire multiplié par la quantité de numéraire. Par exemple, si le ratio de numéraire est de 50 % (c'est-à-dire 1/2), l'offre de monnaie équivaudra à deux fois la quantité de numéraire en circulation.

Dans le système monétaire canadien actuel, où le coefficient de réserve des banques est très petit, le ratio de numéraire importe plus que le coefficient de réserve.

LES INSTRUMENTS DE RÉGULATION MONÉTAIRE DE LA BANQUE DU CANADA

Nous avons déjà mentionné que c'est la Banque du Canada qui a la responsabilité d'assurer la régulation de la quantité de monnaie en circulation dans l'économie canadienne. Maintenant que nous savons ce qu'est un système bancaire à réserves fractionnaires, nous pouvons mieux comprendre comment la banque centrale s'acquitte de cette tâche. La régulation ne peut se faire que par des méthodes indirectes, puisque ce sont les banques qui créent de la monnaie. Ainsi, lorsque la Banque du Canada décide de modifier l'offre de monnaie, elle doit envisager les conséquences de ses opérations sur la création de monnaie par les banques.

Au cours de son histoire, la Banque du Canada a eu recours à différents moyens de régulation monétaire. L'ensemble des banques centrales dans le monde utilisent différents outils de politique monétaire, dont les opérations d'*open market*, les variations des réserves obligatoires et les variations du taux d'intérêt pour les prêts au jour le jour. La Banque du Canada utilise actuellement comme outils les opérations d'*open market* et les variations du taux d'intérêt pour les prêts au jour le jour, aussi appelé *taux directeur*.

LES OPÉRATIONS D'*OPEN MARKET*

Pour augmenter la quantité de monnaie en circulation, les banques centrales peuvent acheter quelque chose, tandis que pour la diminuer, elles vendent quelque chose, peu importe ce qu'elles achètent ou vendent. Par exemple, si la Banque du Canada achète un nouvel ordinateur pour son équipe de recherche et le paye avec un billet neuf de 1000 $, l'entreprise qui vient de livrer cet ordinateur reçoit 1000 $ comptant ; l'offre de monnaie vient d'augmenter de 1000 $. Si la banque centrale vend un ordinateur d'occasion pour 200 $, la quantité de monnaie en circulation diminue immédiatement de 200 $.

En fait, la Banque du Canada ne passe pas son temps à vendre ou à acheter de grandes quantités d'ordinateurs. Par conséquent, ce genre d'opération n'influe pas substantiellement sur la quantité de monnaie en circulation. Par contre, elle achète et vend un grand volume d'obligations du gouvernement canadien. Lorsqu'elle achète ou vend ces obligations, elle réalise des **opérations d'*open market***. Pour augmenter l'offre de monnaie, elle achète des obligations fédérales ou des bons du Trésor (les bons du Trésor sont tout simplement des obligations à court terme émises par l'État). Les dollars que la Banque du Canada verse en contrepartie de ses achats font augmenter la quantité de monnaie en circulation, dont une partie sera détenue sous forme de numéraire, tandis que le reste sera déposé dans des comptes bancaires. Chaque dollar supplémentaire conservé en numéraire fera augmenter l'offre de monnaie d'exactement un dollar. Par contre, chaque dollar supplémentaire déposé dans un compte bancaire accroîtra l'offre de monnaie dans une plus grande proportion, parce qu'il accroît la possibilité de création de monnaie dans un système de réserves fractionnaires.

Pour réduire la quantité de monnaie en circulation, la Banque du Canada effectue l'opération inverse : elle vend des obligations d'État au public, qui les achète avec du numéraire ou à partir de ses dépôts bancaires, ce qui fait diminuer la quantité de monnaie en circulation. À mesure que les gens retirent de l'argent de leurs dépôts bancaires, les réserves des banques diminuent. En réaction, les banques réduisent les montants consacrés aux prêts, et le processus de création monétaire s'inverse.

La Banque du Canada intervient également en vendant ou en achetant « quelque chose » sur le marché des changes. Cette fois, il ne s'agit plus d'opérations d'*open market*. Ces transactions concernent les devises étrangères et s'appellent **opérations sur le marché des changes**. Si la Banque du Canada achète sur ce marché 100 millions de dollars américains au prix de 120 millions de dollars canadiens, l'offre de monnaie augmente immédiatement de 120 millions de dollars. Lorsqu'elle décide de se défaire d'une partie de ses réserves en devises, elle obtient des dollars canadiens en échange. Ces dollars retirés de la circulation réduisent d'autant l'offre de monnaie canadienne.

Il arrive que la Banque du Canada décide de vendre des devises étrangères sur le marché des changes pour soutenir le taux de change du dollar canadien, sans vouloir pour autant réduire l'offre de monnaie. Elle utilise alors les dollars canadiens acquis sur les marchés des changes pour acheter des obligations d'État et remet ainsi des dollars canadiens en circulation. Ce processus d'annulation d'une opération sur le marché des changes par une opération d'*open market* se nomme **stérilisation**. La Banque du Canada y recourt régulièrement.

Nous avons utilisé plus tôt la métaphore de l'hélicoptère-aspirateur pour illustrer les interventions de la Banque du Canada sur la quantité de monnaie en

Opérations d'*open market*
Opérations d'achat ou de vente d'obligations d'État par la banque centrale.

Opérations sur le marché des changes
Achat ou vente de devises étrangères par la Banque du Canada.

Stérilisation
Opération d'*open market* qui vise à annuler les effets, sur la quantité de monnaie en circulation, d'opérations effectuées sur le marché des changes.

circulation. Bien entendu, la Banque du Canada ne distribue pas gratuitement de la monnaie fraîchement imprimée et elle ne vide pas non plus les poches des citoyens. Mais si le gouvernement du Canada emprunte de la monnaie en vendant des obligations d'État et la redistribue en paiements de transfert, et que la Banque du Canada achète ces mêmes obligations dans une opération d'*open market* avec des billets émis à cette fin, le résultat net est une augmentation de la quantité de monnaie en circulation, sans modification de la valeur des obligations détenues par le public. Le résultat aurait été exactement le même si la Banque du Canada avait imprimé de la monnaie pour la donner au gouvernement, qui l'aurait lancée au public à partir d'un hélicoptère. En revanche, si le gouvernement du Canada augmente les impôts pour racheter des obligations d'État et réduire ainsi sa dette, pendant que la Banque du Canada vend pour la même valeur d'obligations dans une opération d'*open market*, le résultat est une diminution de la quantité de monnaie détenue par le public, sans modification de la quantité d'obligations d'État en circulation. C'est exactement comme si la Banque du Canada passait nos poches à l'aspirateur. La métaphore de l'hélicoptère-aspirateur n'était donc pas si farfelue !

LES RÉSERVES OBLIGATOIRES

Réserves obligatoires
Contrainte imposée par la banque centrale sur le montant minimal des réserves, exprimé en pourcentage des dépôts du public.

Certaines banques centrales modifient le montant des réserves obligatoires pour faire varier l'offre de monnaie, bien que ce ne soit pas le cas de la Banque du Canada. Un coefficient de réserve obligatoire force les banques à maintenir un minimum de réserves en proportion des dépôts. Les réserves obligatoires influent sur la quantité de monnaie que le système bancaire crée pour chaque dollar de réserve. Une hausse du coefficient de réserve obligatoire force les banques à conserver des réserves plus importantes et, par conséquent, à réduire la fraction de chaque dollar déposé qui sera consacrée aux prêts ; cela se traduit par une réduction du multiplicateur monétaire et donc de l'offre de monnaie. À l'inverse, une diminution du coefficient de réserve obligatoire fait augmenter le multiplicateur monétaire et accroît la masse monétaire.

La Banque du Canada a rarement modifié le coefficient de réserve obligatoire dans le but de modifier la masse monétaire, car on croit que de fréquents changements troubleraient les activités bancaires. En fait, de 1994 à 1998, la Banque a éliminé graduellement les réserves obligatoires, pour que les banques soient sur un pied d'égalité avec les autres institutions financières qui ne sont pas assujetties à cette obligation. La Banque du Canada se limite maintenant à exiger des banques le paiement d'une pénalité, lorsqu'elles manquent de liquidités en cas de retraits importants et qu'elles sont obligées de lui emprunter des fonds. N'étant pas tenues de maintenir des réserves obligatoires, les banques canadiennes ont opté pour un coefficient de réserve particulièrement faible — il tourne actuellement autour de 2 % — ce qui produit un multiplicateur monétaire très élevé.

LE TAUX DIRECTEUR

La Banque du Canada, comme toutes les banques centrales, est la banque des banques à charte. Ces dernières possèdent un dépôt à vue à la Banque du Canada, dans lequel elles peuvent déposer une partie de leurs réserves.

Donnons un exemple : Denyse achète la voiture de Zoé et la paye en lui faisant un chèque de 5000 $ tiré sur son compte de la Banque de Montréal. Zoé dépose ce chèque dans son compte de la Banque Scotia ; la Banque de Montréal devra alors déduire cette somme du compte de Denyse et la transférer à la Banque

Taux d'escompte
Taux d'intérêt auquel la Banque du Canada consent des prêts aux banques.

Taux créditeur
Taux d'intérêt auquel la Banque du Canada rémunère les dépôts des banques à charte.

Encaisses de règlement
Nom des dépôts des banques à charte faits à la Banque du Canada.

Taux directeur
Taux d'intérêt auquel la Banque du Canada souhaiterait que les banques se prêtent des fonds pour une durée d'un jour.

Scotia. Ce transfert interbancaire sera effectué entre les comptes que les deux banques à charte possèdent à la Banque du Canada. Ainsi, 5000 $ seront déduits du dépôt à vue de la Banque de Montréal et seront ajoutés au dépôt à vue de la Banque Scotia. Cependant, si la Banque de Montréal ne dispose pas d'un montant de 5000 $ dans son compte de la Banque du Canada, que se passe-t-il ? Elle doit emprunter cette somme à la Banque du Canada, car elle a un découvert. Le taux d'intérêt exigé par les banques centrales pour ce type de prêt s'appelle taux d'escompte.

Depuis 1998, la Banque du Canada offre des facilités de prêts aux banques à charte, au taux d'escompte, et elle leur verse sur les dépôts un taux d'intérêt inférieur de 0,5 % par rapport au taux d'escompte. Ce dernier taux est appelé taux créditeur. À titre d'exemple, si le taux d'escompte est de 4 %, la Banque de Montréal doit payer ce taux d'intérêt lorsque la Banque du Canada lui avance des fonds ; par contre, cette dernière ne lui verse que 3,5 % d'intérêt en cas de solde créditeur. Ce qu'on appelle la *fourchette opérationnelle* est donc d'un demi-point de pourcentage (de 3,5 % à 4 %). Cette fourchette opérationnelle influence tous les taux d'intérêt au Canada.

Les dépôts des banques à la Banque du Canada sont aussi appelés encaisses de règlement. Depuis 1998, la Banque du Canada maintient à près de zéro le total des encaisses de règlement de toutes les banques. Pour chaque banque ayant un excédent de réserves, il y en a donc une autre qui a un découvert. La banque centrale a encouragé la formation d'un marché actif dans lequel les banques prêtent, pour 24 heures, leurs encaisses excédentaires aux banques manquant de liquidités. Les transactions se font à un taux situé à l'intérieur de la fourchette (dans notre exemple, ce taux est entre 3,50 % et 4,00 %). Le taux du milieu de la fourchette, autour duquel les banques se prêtent entre elles leurs dépôts excédentaires, est appelé taux directeur. Il influence l'ensemble des taux de financement à court terme au Canada. Les banques à charte n'ont jamais à payer plus que le haut de la fourchette pour leurs emprunts à court terme, puisqu'elles peuvent toujours choisir d'emprunter auprès de la Banque du Canada plutôt qu'auprès d'une autre banque à charte. Elles ne prêteront pas non plus à un taux d'intérêt inférieur au taux créditeur, car elles peuvent prêter à une autre banque à un taux plus élevé.

Une modification du taux directeur fait varier le taux d'escompte et le taux créditeur dans les mêmes proportions, ce qui maintient une fourchette dans laquelle le taux d'escompte est toujours supérieur de 0,25 % au taux directeur et de 0,5 % au taux créditeur. La Banque du Canada utilise le taux directeur pour modifier l'offre de monnaie. En effet, la hausse de ce taux décourage les banques d'emprunter auprès de la Banque du Canada, ce qui entraîne une réduction des réserves du système bancaire tout en contribuant à diminuer l'offre de monnaie. Une réduction du taux directeur produit l'effet inverse : les banques, incitées à emprunter auprès de la Banque du Canada, haussent leurs réserves et créent ainsi de la monnaie.

Pour modifier l'offre de monnaie à long terme, la Banque du Canada utilise les opérations d'*open market*, tandis que, pour exercer une influence à court terme, elle se sert du taux directeur. Si elle décide d'augmenter la quantité de monnaie en circulation, elle réduit le taux directeur ; à l'inverse, si elle souhaite réduire l'offre de monnaie, elle peut augmenter le taux directeur. Le taux directeur de la Banque du Canada est un indice économique important, d'une part parce qu'il influence l'offre de monnaie, mais également parce qu'il a un impact sur tous les taux d'intérêt de court terme. Il reflète l'opinion de la banque centrale sur la politique monétaire optimale à adopter. Depuis novembre 2000, la Banque du Canada a établi un calendrier de publication du taux directeur — huit fois par an, soit environ toutes les six semaines. Elle se réserve aussi le droit de modifier le taux directeur à n'importe quel autre moment, en cas de nécessité.

LES DIFFICULTÉS LIÉES À LA RÉGULATION DE L'OFFRE DE MONNAIE

La Banque du Canada, par l'intermédiaire des opérations d'*open market* et du taux directeur, dispose d'outils puissants pour modifier la quantité de monnaie en circulation. Néanmoins, la banque centrale fait face à deux problèmes liés au fait que l'offre de monnaie est fonction du système de réserves fractionnaires.

Tout d'abord, la Banque du Canada n'a aucune influence sur les montants que les ménages choisissent de détenir sous forme de dépôts bancaires. Plus ces derniers conservent de monnaie à la banque, plus les réserves augmentent, ainsi que la possibilité de prêts. L'inverse est aussi vrai : une réduction des dépôts fait diminuer les réserves bancaires et, par le fait même, la création monétaire. Cela pose un problème. Imaginez qu'un beau jour les Canadiens perdent confiance dans leur système bancaire et décident de vider leurs comptes pour ne conserver que du numéraire. Dans de telles circonstances, le système bancaire perd ses réserves et ne crée plus de monnaie. La masse monétaire diminue, en dehors de toute intervention de la Banque du Canada.

Le deuxième problème provient du fait que la Banque du Canada n'a aucune prise sur le montant des prêts consentis par les banquiers. On sait que la création de monnaie dépend directement des prêts consentis par les institutions bancaires ; or ces dernières peuvent tout aussi bien décider de conserver davantage de réserves et de restreindre les montants consacrés aux prêts. Depuis 1994, la Banque du Canada a éliminé les réserves obligatoires et les banques disposent de toute la latitude voulue dans ce domaine. De plus, même lorsqu'il y a un coefficient de réserve obligatoire différent de zéro, elles ont la liberté de maintenir des réserves supérieures au minimum requis. Les réserves excédentaires risquent de compliquer la régulation de l'offre de monnaie. Supposons, par exemple, que les banquiers fassent montre de prudence en raison d'une économie incertaine et préfèrent augmenter les réserves en diminuant les prêts. Dès lors, le système bancaire crée moins de monnaie qu'il ne le devrait. En conséquence, l'offre de monnaie diminue sans que la Banque du Canada soit intervenue.

On constate que, dans un système à réserves fractionnaires, la quantité de monnaie en circulation dépend en partie des déposants et des banquiers. La Banque du Canada ne peut ni prédire ni guider le comportement de ces acteurs économiques et elle ne peut donc pas maîtriser parfaitement la masse monétaire. Toutefois, cela n'est pas forcément grave. La banque centrale recueille toutes les semaines des données sur les dépôts et elle suit attentivement les fluctuations de la masse monétaire causées par les changements de comportement des déposants ou des banquiers. Si elle croit que l'offre de monnaie augmente trop rapidement, elle hausse le taux directeur pour diminuer la pression. À l'inverse, si elle veut éviter que l'offre de monnaie ne fléchisse trop, elle abaisse le taux directeur. Tout comme un automobiliste se sert de l'accélérateur pour maintenir sa vitesse, elle surveille le compteur et modifie le taux directeur, l'équivalent de la pression du pied sur la pédale de l'accélérateur, pour maintenir sa « vitesse de croisière », c'est-à-dire la quantité idéale de monnaie.

ÉTUDE DE CAS

LES PANIQUES BANCAIRES ET L'OFFRE DE MONNAIE

Des déposants inquiets.

Vous n'avez probablement jamais été un témoin direct d'une panique bancaire, mais il se peut que vous en ayez vu une dans des films comme *Mary Poppins* ou *It's a Wonderful Life* (*La vie est belle*, de Frank Capra). Lorsque tous les déposants redoutent une faillite bancaire, ils se précipitent pour retirer leurs avoirs des banques, ce qui provoque une panique.

Ce type de panique survient, dans un système bancaire à réserves fractionnaires, lorsque les banques ne sont pas en mesure de faire face à un retrait massif de tous les déposants. Même si la banque est solvable, parce que son actif excède son passif, elle ne dispose pas de numéraire suffisant pour que l'ensemble des déposants puissent récupérer leurs dépôts immédiatement. Dans de telles circonstances, les banques se voient obligées de fermer leurs guichets jusqu'au remboursement des sommes prêtées ou de s'adresser à un prêteur de dernier ressort (comme la Banque du Canada) pour obtenir les liquidités nécessaires afin de remettre leurs avoirs à tous les déposants.

Les faillites bancaires compliquent grandement la régulation de l'offre de monnaie ; on a pu le constater aux États-Unis pendant la crise des années 1930. Après une vague de paniques bancaires et de fermetures, les ménages et les banquiers se sont montrés plus prudents. Les ménages retiraient leur épargne des banques, préférant conserver leur monnaie sous forme de numéraire. Cette attitude a renversé le processus de création de monnaie, puisque les banquiers ont réagi à la baisse des réserves en réduisant les prêts. Simultanément, ils augmentaient leur coefficient de réserve pour disposer de liquidités suffisantes en cas de retraits massifs des déposants. Une telle politique a fait chuter le multiplicateur monétaire et l'offre de monnaie. De 1929 à 1933, 28 % de la masse monétaire des États-Unis s'est ainsi évaporée, sans que la Réserve fédérale (la banque centrale américaine) soit intervenue. Bien des économistes attribuent le taux de chômage élevé et la déflation de cette époque à la réduction massive de l'offre de monnaie. Dans les prochains chapitres, nous étudierons les mécanismes par lesquels les fluctuations de la masse monétaire influencent le taux de chômage et les prix.

Dans les années 1930, les banques canadiennes étaient plus solides, plus diversifiées et plus sûres que les banques américaines, et c'est la raison pour laquelle le Canada a pu échapper à la vague de faillites qui a balayé les États-Unis. Les coefficients de réserve ont très peu augmenté au Canada, ce qui n'a provoqué qu'une faible diminution de l'offre de monnaie. Mais la crise a touché le Canada aussi durement que son voisin du sud, peut-être parce que l'économie canadienne dépendait du commerce international et des exportations de matières premières, dont la valeur s'est effondrée durant la crise.

Jusqu'à présent, les faillites bancaires ne représentaient généralement pas un problème ni pour le système bancaire, ni pour la Banque du Canada. Quelques banques de moindre importance ont fait faillite dans les années 1980 sans que l'on assiste à des retraits massifs. Le Bureau du surintendant des institutions financières surveille les banques de près pour essayer de prévenir ces faillites. De plus, le gouvernement fédéral, par l'intermédiaire de la Société d'assurance-dépôts du Canada (SADC), garantit les dépôts dans les banques canadiennes jusqu'à concurrence de 100 000 $ par déposant. Les petits épargnants ne se précipitent pas vers leur succursale bancaire pour en retirer leurs avoirs parce qu'ils savent que, même si leur institution bancaire connaît des difficultés, la SADC honorera leurs dépôts. Cependant, en septembre 2008, un effondrement du marché américain des hypothèques à risque (*subprime*, en anglais) a entraîné la faillite de la banque d'affaires Lehman Brothers et le rachat de la société Merrill Lynch par la Bank of America. Les répercussions internationales de ces événements ont conduit à de nombreuses faillites et fusions bancaires, ainsi qu'à l'intervention de plusieurs gouvernements pour préserver la liquidité et la stabilité des institutions financières nationales. Le Canada s'en tire relativement bien, mais les paniques bancaires ne sont pas entièrement choses, du passé.

MINITEST

■ Décrivez le processus par lequel les banques créent de la monnaie. Si la Banque du Canada souhaite réduire la quantité de monnaie en circulation, comment utilisera-t-elle les trois instruments dont elle dispose ?

 **CONCLUSION**

Le système monétaire joue un rôle-clé dans notre vie de tous les jours. Chaque fois que nous achetons ou que nous vendons quelque chose, nous nous en remettons à une convention sociale fort utile appelée *monnaie*. Maintenant que vous savez ce qu'est la monnaie et ce qui détermine la masse monétaire, nous pourrons étudier, dans le chapitre suivant, les conséquences des modifications de la masse monétaire sur l'économie.

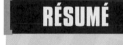 **RÉSUMÉ**

■ Le mot *monnaie* désigne l'ensemble des actifs que les gens utilisent régulièrement pour acheter des biens et des services.

■ La monnaie remplit trois rôles différents. En tant que moyen d'échange, elle permet d'effectuer des transactions ; comme unité de compte, elle sert à mesurer les prix et les valeurs économiques ; à titre de réserve de valeur, elle constitue une façon de reporter à plus tard un pouvoir d'achat.

■ La monnaie-marchandise, comme l'or, possède une valeur intrinsèque, c'est-à-dire une valeur propre, même si elle ne sert pas de moyen d'échange. La monnaie fiduciaire, comme les billets et les pièces, n'a pas de valeur intrinsèque et ne vaut rien si elle ne sert pas de moyen d'échange.

■ Dans l'économie canadienne, la monnaie prend la forme de monnaie fiduciaire et de dépôts bancaires, dont les comptes chèques.

■ En tant que banque centrale, la Banque du Canada a la responsabilité d'assurer la régulation de l'offre de monnaie au pays. Le gouverneur et le premier sous-gouverneur de la Banque du Canada ont un mandat de sept ans, alors que les autres administrateurs sont nommés pour une durée de trois ans. Le gouvernement du Canada, propriétaire de la Banque du Canada, procède à la nomination des membres de ce conseil.

■ La Banque du Canada modifie principalement l'offre de monnaie grâce au taux directeur. En abaissant ce taux, elle augmente la quantité de monnaie en circulation, alors qu'elle diminue la masse monétaire en haussant le taux directeur. La Banque du Canada modifie également l'offre de monnaie au moyen d'opérations

d'*open market*. L'achat d'obligations d'État par la Banque du Canada accroît l'offre de monnaie, alors que leur vente la fait diminuer.

■ En prêtant une partie de leurs dépôts, les banques font augmenter la quantité de monnaie en circulation. En raison du rôle des banques et de leur influence sur l'offre de monnaie, le pouvoir exercé par la Banque du Canada sur la masse monétaire reste limité.

CONCEPTS CLÉS

Banque centrale, p. 237

Banque du Canada, p. 237

Coefficient de réserve, p. 240

Dépôt à vue, p. 234

Encaisses de règlement, p. 246

Liquidité, p. 231

Monnaie, p. 230

Monnaie fiduciaire, p. 232

Monnaie-marchandise, p. 231

Moyen d'échange, p. 231

Multiplicateur monétaire, p. 242

Numéraire, p. 234

Offre de monnaie (ou masse monétaire), p. 238

Opérations d'*open market*, p. 244

Opérations sur le marché des changes, p. 244

Politique monétaire, p. 238

Réserve de valeur, p. 231

Réserves, p. 239

Réserves obligatoires, p. 245

Stérilisation, p. 244

Système bancaire à réserves fractionnaires, p. 240

Système bancaire à réserves totales, p. 239

Taux créditeur, p. 246

Taux d'escompte, p. 246

Taux directeur, p. 246

Troc, p. 229

Unité de compte, p. 231

QUESTIONS DE RÉVISION

1. Qu'est-ce qui distingue la monnaie des autres types d'actifs ?

2. Donnez une définition de la monnaie-marchandise et de la monnaie fiduciaire. Laquelle des deux utilisez-vous ?

3. Qu'est-ce qu'un dépôt à vue ? Pourquoi les dépôts à vue sont-ils inclus dans le calcul de la masse monétaire ?

4. Qui est responsable de la politique monétaire au Canada ?

5. Si la Banque du Canada désire augmenter l'offre de monnaie par des opérations d'*open market*, que doit-elle faire ?

6. Pourquoi les banques ne conservent-elles pas 100 % des dépôts du public sous forme de réserves ? Quelle relation existe-t-il entre les réserves détenues par les banques et la création de monnaie par le système bancaire ?

7. Qu'est-ce que le taux directeur ? Lorsque la Banque du Canada augmente ce taux, quelle est la conséquence sur l'offre de monnaie ?

8. Que sont les réserves obligatoires ? Qu'advient-il de l'offre de monnaie si la banque centrale augmente le coefficient de réserve obligatoire ?

9. Pour quelles raisons la Banque du Canada n'est-elle pas en mesure de maîtriser parfaitement l'offre de monnaie ?

LA CROISSANCE MONÉTAIRE ET L'INFLATION

OBJECTIFS

À la fin de ce chapitre, vous serez en mesure :

→ de comprendre pourquoi l'inflation résulte d'une croissance rapide de la masse monétaire ;

→ de comprendre la signification des termes «dichotomie classique» et «neutralité monétaire» ;

→ de faire le lien entre l'émission de monnaie et l'hyperinflation ;

→ d'expliquer comment le taux d'inflation influence le taux d'intérêt nominal ;

→ d'identifier les différents coûts sociaux de l'inflation.

D e nos jours, un cornet de crème glacée coûte 1 $ ou 2 $, mais il y a 70 ans les choses étaient bien différentes. Dans un magasin de friandises de Trenton, au New Jersey, on pouvait s'acheter un petit cornet de crème glacée pour 0,03 $ et un grand pour 0,05 $.

Cette hausse du prix de la crème glacée ne vous surprend probablement pas. Notre économie se caractérise par une augmentation générale des prix qui se nomme *infla-tion*. Dans cet ouvrage, nous avons déjà vu que les économistes mesurent le taux d'inflation par la variation dans le temps, en pourcentage, de l'indice des prix à la consommation, du déflateur du PIB ou de toute autre mesure du niveau général des prix. Les statistiques démontrent que, durant les 70 dernières années, les prix ont progressé en moyenne de 4 % annuellement. Cette augmentation cumulative de 4 % par année a entraîné une multiplication par 16 du niveau des prix (soit $1,04^{70}$).

Pour tous les Canadiens nés durant la seconde moitié du XXe siècle, l'inflation peut sembler naturelle et inévitable, mais en fait il n'en est rien. Durant de longues périodes au XIXe siècle, les prix ont même eu tendance à diminuer — un phénomène appelé *déflation*. En 1933, le niveau moyen des prix de l'économie canadienne était inférieur de 37 % à celui de 1920, et une telle déflation posait un problème majeur. Les agriculteurs, lourdement endettés, souffraient de la baisse du prix de vente des récoltes, qui réduisait leur revenu et les empêchait de rembourser leurs dettes. Ils réclamaient une intervention gouvernementale pour lutter contre la déflation. Le Japon aussi a récemment fait l'expérience de la déflation.

Bien que l'inflation semble la norme pour la période contemporaine, le taux d'augmentation des prix a beaucoup varié. Durant les années 1990, le niveau moyen des prix ne s'est élevé que de 2 % par année. Par contre, durant les années 1970, le taux d'inflation moyen était de 7 % par année, ce qui faisait doubler les prix après une décennie. La majorité des gens considèrent ces taux d'inflation élevés comme un problème.

En étudiant les statistiques internationales, on peut observer des taux d'inflation encore plus variables. Après la Première Guerre mondiale, l'Allemagne a connu une inflation spectaculaire. Le prix d'un quotidien est passé de 0,3 mark en janvier 1921 à 70 000 000 marks un peu moins de deux ans plus tard. Et tous les autres prix ont suivi le même taux d'inflation. Ce type de phénomène se nomme *inflation galopante* ou *hyperinflation.* Dans le cas de l'Allemagne, ses conséquences ont été si désastreuses pour l'économie qu'on l'a considérée comme l'une des raisons de la montée du nazisme et du déclenchement de la Seconde Guerre mondiale. Au cours de la seconde moitié du XXᵉ siècle, les dirigeants allemands, marqués par cet épisode historique, se sont montrés extrêmement prudents devant toute menace inflationniste, garantissant ainsi à l'Allemagne un taux d'inflation bien inférieur à celui du Canada.

Quels facteurs déterminent l'ampleur de l'inflation ? Le présent chapitre répondra à cette question grâce à la *théorie quantitative de la monnaie.* Le chapitre 1 a résumé cette théorie dans l'un des **dix principes d'économie** : les prix montent lorsque le gouvernement émet trop de monnaie. Cette idée n'est pas nouvelle en sciences économiques. En effet, la théorie quantitative de la monnaie a été introduite au XVIIIᵉ siècle par le célèbre philosophe David Hume et reprise plus récemment par le célèbre économiste Milton Friedman, décédé en 2006. Cette théorie explique à la fois l'inflation modérée, telle que nous la connaissons au Canada, et l'hyperinflation, telle qu'elle a eu lieu entre les deux guerres mondiales en Allemagne et, plus récemment, au Zimbabwe.

Après avoir considéré cette théorie de l'inflation, nous passerons à une question connexe : l'inflation est-elle un problème ? À première vue, la réponse semble évidente : l'inflation est problématique dans la mesure où les gens la maudissent. Dans les années 1970, lorsque le Canada connaissait un fort taux d'inflation, les sondages situaient l'inflation en tête de liste des grands problèmes nationaux.

Quels sont donc les coûts exacts de l'inflation pour la société ? La réponse risque de vous surprendre. Contrairement à ce qu'on pense généralement, les coûts de l'inflation ne sont pas si faciles à évaluer. En fait, même si les économistes croient que l'hyperinflation est un phénomène catastrophique, certains font valoir que les coûts d'une inflation modérée sont moins élevés que ne le pense le public en général.

LA THÉORIE CLASSIQUE DE L'INFLATION

Nous commencerons notre étude de l'inflation par la théorie quantitative de la monnaie. On qualifie fréquemment cette théorie de *classique,* car elle fut élaborée par les premiers penseurs en économie. Aujourd'hui, l'immense majorité des économistes y ont recours pour expliquer la détermination à long terme du niveau des prix et du taux d'inflation.

LE NIVEAU DES PRIX ET LA VALEUR DE LA MONNAIE

«Alors, qu'est-ce que ce sera ? Le même prix ou la même taille que l'année dernière ?»

Si nous observons que, durant une période donnée, le prix d'un cornet de crème glacée passe de 0,05 $ à 1,00 $, quelles conclusions pouvons-nous en tirer ? Pourquoi les consommateurs acceptent-ils de payer tant d'argent de plus pour un cornet ? On en déduira peut-être que les gens en sont venus à aimer davantage la crème glacée (peut-être en raison d'un nouveau parfum, inventé par quelque chimiste). Mais cela est peu probable. Il est bien plus probable que l'attrait de la crème glacée a peu changé durant toute cette période et que la valeur de la monnaie a baissé. La première observation est donc la suivante : l'inflation concerne plus la valeur de la monnaie que la valeur des biens.

Une telle constatation nous rapproche d'une théorie de l'inflation. Lorsque l'indice des prix à la consommation (ou quelque autre indice mesurant le niveau des prix) s'élève, les commentateurs sont souvent tentés d'observer chacun des prix individuels composant cet indice et de déclarer, par exemple : « L'indice des prix à la consommation a monté de 3 % le mois dernier, poussé par une hausse de 20 % du prix du café et de 30 % du prix du mazout. » Cette approche permet certes de donner plusieurs informations intéressantes, mais elle néglige l'essentiel : l'inflation est un phénomène global, lié d'abord et avant tout à la valeur du moyen d'échange qu'est la monnaie.

On peut concevoir de deux manières le niveau général des prix dans l'économie. Jusqu'à présent, nous l'avons simplement considéré comme la mesure du prix d'un panier de biens et de services donnés. Une hausse des prix signifie que les gens doivent payer plus pour acheter les mêmes biens et services. On peut aussi voir le niveau des prix comme une mesure de la valeur de la monnaie. Tout accroissement du niveau des prix signifie une diminution de la valeur de la monnaie, puisque chaque dollar permet au consommateur d'acheter moins de biens et de services.

Pour éclairer ce concept, utilisons les mathématiques. Soit P, le niveau général des prix tel qu'il est mesuré par l'indice des prix à la consommation ou le déflateur du PIB. P correspond donc au nombre de dollars nécessaires pour acheter un panier de biens et de services. Inversons maintenant cette idée : la quantité de biens et de services acquis pour un dollar équivaut à $1/P$. Autrement dit, si P correspond au prix des biens mesuré en dollars, $1/P$ correspond à la valeur de la monnaie, mesurée en quantité de biens et de services. Dès lors, une augmentation générale des prix réduit la valeur de la monnaie.

L'OFFRE DE MONNAIE, LA DEMANDE DE MONNAIE ET L'ÉQUILIBRE MONÉTAIRE

Comme c'est très souvent le cas en économie, ce sont l'offre et la demande qui déterminent la valeur de la monnaie. Tout comme l'offre et la demande de bananes déterminent le prix des bananes, l'offre et la demande de monnaie déterminent la valeur de la monnaie. La prochaine étape de l'élaboration de la théorie quantitative de la monnaie consiste donc à étudier les facteurs déterminants de l'offre et de la demande de monnaie.

Considérons tout d'abord l'offre de monnaie. Dans le chapitre précédent, nous avons vu comment la Banque du Canada, en collaboration avec le système bancaire, détermine l'offre de monnaie. En vendant des obligations par l'intermédiaire d'opérations d'*open market*, elle reçoit des dollars et réduit ainsi l'offre de monnaie. Inversement, lorsque la banque centrale achète des obligations, elle augmente la masse monétaire. En outre, dès que ces dollars sont déposés dans des banques et deviennent des réserves, le multiplicateur monétaire renforce encore les retombées de ces opérations d'*open market* sur la masse monétaire. Aux fins de ce chapitre, nous négligerons les complexités du système bancaire et supposerons que l'offre de monnaie dépend directement et entièrement de la Banque du Canada.

Passons maintenant à la demande de monnaie. La demande de monnaie mesure la quantité de richesse que le public désire conserver sous forme d'actifs très liquides. Pour cette raison, les économistes qui s'intéressent à la demande de monnaie font souvent référence à la *préférence pour la liquidité*. De nombreux facteurs influent sur la quantité de monnaie demandée par le public. La quantité de numéraire que les consommateurs décident de conserver, par exemple, est fonction de l'utilisation des cartes de crédit et des cartes de débit. Comme nous le verrons en détail au chapitre 15, la quantité de monnaie demandée varie de façon inversement proportionnelle au taux d'intérêt qu'une personne pourrait obtenir en détenant des obligations, plutôt qu'en gardant sa monnaie dans son portefeuille ou dans un compte chèques générant un intérêt très faible.

Si de nombreuses variables influent sur la demande de monnaie, l'une d'elles est prépondérante : le niveau moyen des prix. Les gens conservent de la monnaie parce qu'il s'agit du moyen d'échange de l'économie. En effet, à la différence des autres actifs, comme les obligations ou les actions, la monnaie permet d'acheter des biens et des services. Par conséquent, la quantité de monnaie que les consommateurs décident de garder dépend des prix de ces biens et services. Plus les prix sont élevés, plus une transaction requiert de monnaie et plus les gens en conservent sous forme de numéraire ou dans leurs comptes bancaires. Autrement dit, la quantité de monnaie demandée augmente d'une façon directement proportionnelle aux prix (ou inversement proportionnelle à la valeur de la monnaie).

Pourquoi la quantité de monnaie mise en circulation par la Banque du Canada est-elle égale à la quantité de monnaie demandée par les gens ? Tout dépend de l'horizon temporel considéré. Un peu plus loin dans cet ouvrage, nous étudierons le rôle joué par les taux d'intérêt sur l'équilibre à court terme. Dans le cadre du présent chapitre, il faut surtout comprendre que, pour une période plus longue, la réponse à cette question est à la fois différente et plus simple. À long terme, le niveau général des prix équilibre l'offre et la demande de monnaie. Si le niveau des prix dépasse le niveau d'équilibre, le public souhaite détenir plus de monnaie que la Banque du Canada n'en a émis ; le niveau des prix doit alors diminuer pour équilibrer l'offre et la demande. À l'inverse, lorsque le niveau des prix se situe sous le niveau d'équilibre, les gens désirent conserver moins de monnaie que la masse monétaire en circulation ; le niveau des prix doit alors augmenter pour équilibrer l'offre et la demande. Au niveau d'équilibre des prix, la quantité de monnaie que le public désire détenir équivaut exactement à la quantité de monnaie mise en circulation par la banque centrale.

La figure 11.1 illustre ces concepts. L'axe des abscisses du graphique représente la quantité de monnaie. L'axe des ordonnées situé à gauche du graphique correspond à la valeur de la monnaie, soit $1/P$, tandis que l'axe des ordonnées situé à droite représente le niveau des prix, soit P. Notez bien que l'échelle du niveau des prix, à droite, est inversée, le prix le plus faible se trouvant au sommet de cet axe et le prix le plus élevé, à sa base. Cette inversion montre que plus la valeur de la monnaie est élevée (au sommet de l'axe de gauche), plus le niveau des prix est faible (au sommet de l'axe de droite).

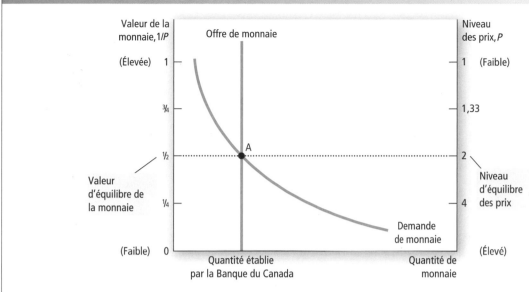

Valeur de la monnaie, 1/P

(Élevée)

Offre de monnaie

Niveau des prix, P

(Faible)

A

Valeur d'équilibre de la monnaie

Niveau d'équilibre des prix

Demande de monnaie

(Faible)

(Élevé)

Quantité établie par la Banque du Canada

Quantité de monnaie

FIGURE 11.1

L'OFFRE ET LA DEMANDE DE MONNAIE DÉTERMINENT LE NIVEAU D'ÉQUILIBRE DES PRIX
L'axe des abscisses (l'axe horizontal) montre la quantité de monnaie. La valeur de la monnaie se trouve sur l'axe des ordonnées situé à gauche du graphique, tandis que le niveau des prix est représenté par l'axe des ordonnées situé à droite. La courbe d'offre est verticale, puisque la masse monétaire est déterminée par la Banque du Canada. La courbe de demande de monnaie montre une pente néga-tive, car le public désire détenir d'autant plus de monnaie que la valeur d'un dollar est faible. Au point d'équilibre A, la valeur de la monnaie (axe de gauche) et le niveau des prix (axe de droite) s'ajustent pour que les quantités de monnaie offerte et demandée soient en équilibre.

Les deux courbes de ce graphique représentent l'offre et la demande de monnaie. La courbe d'offre est verticale, car la Banque du Canada détermine la quantité de mon-naie en circulation. La courbe de demande présente une pente négative, reflétant le fait qu'une faible valeur de la monnaie (et des prix élevés) correspond à une quantité demandée de monnaie qui est élevée, puisque les consommateurs achètent des biens et des services qui coûtent cher. Au niveau d'équilibre, soit au point A sur la figure, la quantité de monnaie demandée est égale à la quantité de monnaie offerte. Cet équilibre entre l'offre et la demande de monnaie détermine la valeur de la monnaie et le niveau des prix.

LES CONSÉQUENCES D'UNE INJECTION MONÉTAIRE

Examinons maintenant les effets d'une modification de la politique monétaire. Pour ce faire, nous poserons l'hypothèse que, à partir d'une économie en équilibre, la Banque du Canada décide brusquement de doubler l'offre de monnaie en impri-mant des billets pour les éparpiller en hélicoptère au-dessus du pays ou, d'une manière plus réaliste, en achetant des obligations d'État, soit une opération d'*open market*. Quels changements une telle décision provoque-t-elle ? Comment le nouvel équilibre se compare-t-il à l'ancien ?

La figure 11.2 (voir la page 256) illustre ce qui se produit. L'injection monétaire en-traîne un déplacement de la courbe d'offre vers la droite, de OM_1 à OM_2, et l'équi-libre passe de A à B. Ainsi, la valeur de la monnaie (sur l'axe de gauche) diminue de 1/2 à 1/4 , et le niveau d'équilibre des prix (sur l'axe de droite) augmente de 2 à 4. En d'autres termes, une hausse de la masse monétaire provoque une montée des prix, ce qui fait chuter la valeur de chaque dollar.

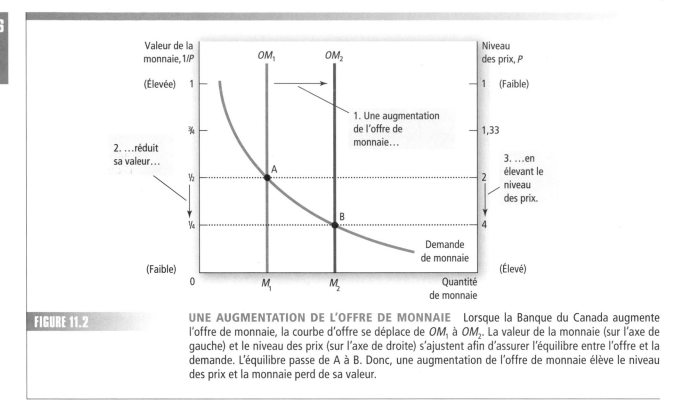

FIGURE 11.2 **UNE AUGMENTATION DE L'OFFRE DE MONNAIE** Lorsque la Banque du Canada augmente l'offre de monnaie, la courbe d'offre se déplace de *OM*₁ à *OM*₂. La valeur de la monnaie (sur l'axe de gauche) et le niveau des prix (sur l'axe de droite) s'ajustent afin d'assurer l'équilibre entre l'offre et la demande. L'équilibre passe de A à B. Donc, une augmentation de l'offre de monnaie élève le niveau des prix et la monnaie perd de sa valeur.

Théorie quantitative de la monnaie
Théorie qui postule que le niveau général des prix est fonction de la quantité de monnaie en circulation et que le taux de croissance de la masse monétaire détermine le taux d'inflation.

Cette explication de la détermination du niveau général des prix et de son évolution s'appelle la **théorie quantitative de la monnaie**. D'après cette théorie, la quantité de monnaie en circulation dans l'économie détermine sa valeur et l'augmentation de la quantité de monnaie est la cause première de l'inflation. Comme l'a remarqué l'économiste Milton Friedman : « L'inflation est toujours et partout un phénomène monétaire. »

UN EXAMEN RAPIDE DU PROCESSUS D'AJUSTEMENT

Pour le moment, nous avons comparé l'ancien équilibre et le nouvel équilibre avec plus de monnaie. Comment l'économie passe-t-elle de l'ancien au nouvel équilibre ? Pour répondre de façon précise à cette question, il est nécessaire de comprendre les fluctuations économiques à court terme. Nous aborderons ce thème au chapitre 15. Il est néanmoins intéressant d'examiner rapidement l'ajustement qui suit une variation de la masse monétaire.

Une injection monétaire crée immédiatement une offre excédentaire de monnaie. Avant cette opération, l'économie se trouvait en équilibre (le point A de la figure 11.2). Au niveau des prix d'origine, le public détenait exactement la quantité voulue de monnaie. Après la distribution de monnaie du haut des hélicoptères, les citoyens, qui se sont empressés de ramasser les billets, possèdent plus de dollars qu'ils n'en veulent. Au niveau actuel des prix, la quantité offerte (*OM*₂) dépasse la quantité demandée.

Les gens tentent de se débarrasser de cette monnaie excédentaire de plusieurs façons : en achetant des biens et des services, en plaçant leur monnaie dans des obligations ou des comptes d'épargne et en consentant des prêts. Les prêts ainsi consentis permettent à d'autres personnes d'acheter divers produits. Dans tous les cas, cette injection monétaire se traduit par un accroissement de la demande de biens et de services.

Cependant, la capacité de production de l'économie reste inchangée. Comme nous l'avons vu au chapitre 7, la production est fonction à long terme du travail, du capital physique et humain, des ressources naturelles ainsi que des connaissances technologiques. Or l'augmentation de l'offre de monnaie n'a modifié aucun de ces facteurs.

Par conséquent, l'augmentation de la demande se traduit par une montée des prix. Cette hausse du niveau des prix entraîne à son tour une augmentation de la quantité de monnaie demandée, chaque transaction exigeant davantage de dollars. En fin de compte, l'économie atteint un nouvel équilibre (le point B de la figure 11.2) lorsque la quantité de monnaie demandée et la quantité de monnaie offerte sont égales. De cette manière, le niveau général des prix s'ajuste pour équilibrer l'offre et la demande de monnaie.

LA DICHOTOMIE CLASSIQUE ET LA NEUTRALITÉ MONÉTAIRE

Nous avons examiné les effets d'une variation de l'offre de monnaie sur le niveau général des prix. Mais qu'en est-il d'autres variables macroéconomiques telles que la production, l'emploi, les salaires réels et les taux d'intérêt réels ? Cette question a longtemps fasciné les économistes et en particulier, dès le XVIIIᵉ siècle, le grand philosophe David Hume. La réponse présentée ici doit beaucoup à ses recherches.

Variables nominales
Variables mesurées en unités monétaires.

Variables réelles
Variables mesurées en unités physiques.

Dichotomie classique
Distinction théorique entre les variables réelles et les variables nominales.

Hume et ses contemporains considéraient que toutes les variables économiques se répartissent en deux catégories : les **variables nominales** (mesurées en unités monétaires) et les **variables réelles** (mesurées en unités physiques). Par exemple, le revenu d'un producteur de maïs, qui s'exprime en dollars, constitue une variable nominale, alors que la quantité de maïs produit est une variable réelle, mesurée en tonnes. De la même manière, le PIB nominal est une variable nominale, car il mesure, en dollars, la valeur de la production économique, alors que le PIB réel est une variable réelle, qui indique la quantité totale de biens et services produits. Cette répartition des variables en deux groupes se nomme aujourd'hui **dichotomie classique** — une *dichotomie* est une division en deux catégories, et l'adjectif *classique* renvoie aux économistes du XVIIIᵉ siècle qui ont formulé cette distinction.

L'application de la dichotomie classique se révèle parfois délicate, en particulier quand il est question des prix. Les prix sont habituellement exprimés en monnaie et constituent donc des variables nominales. Si on dit que le prix du maïs est de 200 $ la tonne ou que le prix du blé atteint 100 $ la tonne, ces deux prix sont effectivement des variables nominales. Mais qu'en est-il des prix *relatifs* — le prix d'une chose par rapport au prix d'une autre ? Reprenons le même exemple : on peut dire que le prix d'une tonne de maïs est égal à celui de deux tonnes de blé. Toutefois, ce prix relatif n'est plus exprimé en unités monétaires ; on compare maintenant deux biens sans recourir à la monnaie, mais en faisant appel à des unités physiques. Les prix en dollars sont donc des variables nominales, tandis que les prix relatifs constituent des variables réelles.

Plusieurs applications découlent d'une telle conclusion. Le salaire réel (le salaire en dollars, corrigé pour tenir compte de l'inflation) est une variable réelle, parce qu'il mesure le taux auquel sont échangés les biens et les services contre du travail. Le taux d'intérêt réel (le taux d'intérêt nominal, corrigé pour tenir compte de l'inflation) est également une variable réelle, car il mesure le taux auquel sont échangés les biens et les services produits aujourd'hui avec ceux qui seront produits plus tard.

Pourquoi répartir ainsi les variables en deux groupes ? Hume pensait que cette dichotomie était importante pour l'analyse de l'économie, parce que des forces différentes influencent les variables nominales et les variables réelles. Il faisait tout spécialement remarquer que le système monétaire influe grandement sur les variables nominales, alors qu'il n'a que très peu d'incidence à long terme sur les variables réelles.

Cette conclusion était déjà implicitement présente dans notre analyse de l'économie réelle à long terme. Dans les chapitres précédents, nous avons examiné les facteurs déterminant respectivement le PIB réel, l'épargne, l'investissement, le taux d'intérêt réel et le taux de chômage, et ce, sans jamais faire référence à la monnaie. Nous avons vu, au cours de cette analyse, que la production dépend de la technologie et de la quantité de facteurs de production, que le taux d'intérêt réel s'ajuste en fonction de l'équilibre de l'offre et de la demande de fonds prêtables, que le salaire réel est déterminé par l'offre et la demande de travail et que le chômage survient si le salaire réel dépasse son niveau d'équilibre. Ces conclusions fondamentales n'ont rien à voir avec la masse monétaire.

D'après Hume, les variations de l'offre de monnaie ont des effets sur les variables nominales, mais pas sur les variables réelles. Si une banque centrale double la masse monétaire, par exemple, le niveau des prix double, les salaires doublent et toutes les autres valeurs exprimées en dollars doublent également. Mais les variables réelles comme la production, l'emploi, les salaires réels et le taux d'intérêt réel ne changent pas. L'absence totale d'impact à long terme des variations monétaires sur les variables réelles se nomme **neutralité monétaire**.

Neutralité monétaire
Proposition selon laquelle les variations de l'offre de monnaie (de la masse monétaire) n'influent pas sur les variables réelles.

Une analogie permet de mieux comprendre ce que signifie cette neutralité monétaire. Souvenez-vous que la monnaie, en tant qu'unité de compte, sert d'étalon pour mesurer et comptabiliser les valeurs économiques. Si une banque centrale double l'offre de monnaie, tous les prix doublent et la valeur de l'unité de compte est divisée par deux. Un changement similaire surviendrait si le gouvernement décidait de réduire le mètre étalon en le faisant passer de 100 à 50 centimètres. Selon la nouvelle unité de mesure, toutes les distances *mesurées* (variables nominales) doubleraient, mais les distances *physiques* (variables réelles) resteraient identiques. Le dollar, comme le mètre, sert simplement d'unité de mesure ; une modification de sa valeur ne devrait pas avoir d'effet réel important.

Cette neutralité monétaire convient-elle pour décrire d'une façon réaliste le monde dans lequel nous vivons ? Pas vraiment. Une réduction de moitié de la longueur du mètre étalon n'aurait sans doute aucune conséquence importante à long terme, mais elle entraînerait à court terme une grande confusion et bien des erreurs. De nombreux économistes s'accordent aujourd'hui à dire qu'à court terme — soit pour une période de moins d'un an ou deux — un changement monétaire a des effets importants sur les variables réelles. Hume lui-même doutait sérieusement que la neutralité monétaire soit applicable à court terme (nous reviendrons sur cette non-neutralité à court terme dans les chapitres 14 à 16, ce qui nous permettra de mieux comprendre pourquoi la Banque du Canada fait régulièrement varier l'offre de monnaie).

Les économistes acceptent aujourd'hui en grande majorité la description de l'économie à long terme faite par Hume. Sur une dizaine d'années, par exemple, les variations monétaires ont d'indéniables effets sur les variables nominales, tel le niveau des prix, mais peu d'effets sur les variables réelles, tel le PIB réel. La neutralité monétaire s'avère fort utile pour expliquer le fonctionnement à long terme de l'économie et offre, de ce point de vue, une bonne description de la réalité.

LA VITESSE DE CIRCULATION DE LA MONNAIE ET L'ÉQUATION QUANTITATIVE

Vitesse de circulation de la monnaie
Nombre moyen de fois qu'est utilisé chaque dollar pour l'achat de biens et services.

On peut examiner la théorie quantitative de la monnaie sous un angle différent, si on considère la question suivante : combien de fois par année, en moyenne, une pièce de un dollar sert-elle à l'achat de biens et de services récemment produits ? La variable qui permet de répondre à cette question se nomme **vitesse de circulation de la monnaie**. En physique, le terme *vitesse* fait référence à la rapidité de déplacement d'un objet. En économie, la vitesse de circulation de la monnaie représente la rapidité avec laquelle un dollar passe d'un portefeuille à un autre.

Pour mesurer la vitesse de circulation de la monnaie, il suffit de diviser la valeur nominale de la production (PIB nominal) par la quantité de monnaie. Si P correspond au niveau des prix (le déflateur du PIB), Y à la production (le PIB réel) et M à la quantité de monnaie, la vitesse de circulation de la monnaie s'exprime donc ainsi :

$$V = (P \times Y) / M$$

Pour vérifier cette équation, imaginez une économie qui ne produirait que des pizzas. Supposons que cette économie produise 100 pizzas par année, que chaque pizza se vende 10 $ et que la quantité de monnaie circulant dans l'économie s'élève à 50 $. La vitesse de circulation de la monnaie serait alors la suivante :

$$V = (10 \, \$ \times 100) / 50 \, \$ = 20$$

Dans cette économie, les gens dépensent 1000 $ par année en pizzas (100 pizzas à 10 $ chacune). Pour que cette dépense de 1000 $ puisse être possible avec seulement 50 $ en circulation dans l'économie, il faut que chaque dollar soit utilisé en moyenne vingt fois par an.

Il est possible de réécrire ainsi cette équation :

$$M \times V = P \times Y$$

Équation quantitative
$M \times V = P \times Y$. Cette équation définit la relation entre la masse monétaire, la vitesse de circulation de la monnaie et la valeur nominale de la production de biens et de services.

Cette équation indique que le produit de la quantité de monnaie (M) par la vitesse de circulation (V) est égal au produit du niveau des prix (P) par la production (Y). C'est ce que nous appelons l'**équation quantitative**, car elle établit la relation entre la quantité de monnaie (M) et la valeur nominale de la production ($P \times Y$). Selon cette équation, une augmentation de la quantité de monnaie doit se traduire par l'une des trois variations suivantes : une hausse du niveau des prix, une hausse de la production ou une réduction de la vitesse de circulation de la monnaie.

On peut considérer que la vitesse de circulation de la monnaie est relativement stable. La figure 11.3 (voir la page 260) montre le PIB nominal, la quantité de monnaie (correspondant à l'agrégat $M2$) et la vitesse de circulation de la monnaie de l'économie canadienne depuis 1968. Même si la vitesse de circulation de la monnaie n'est pas parfaitement constante, elle ne varie guère. Par contre, l'offre de monnaie et le PIB nominal ont été multipliés par 25 durant cette période. À partir de ces données, il est possible de simplifier et de considérer que la vitesse de circulation de la monnaie est constante.

Nous disposons maintenant de tous les éléments nécessaires pour expliquer le niveau d'équilibre des prix et du taux d'inflation.

1. La vitesse de circulation de la monnaie est relativement constante dans le temps.

2. Pour cette raison, lorsque la Banque du Canada fait varier la quantité de monnaie (M), elle provoque une variation proportionnelle de la valeur nominale de la production ($P \times Y$).

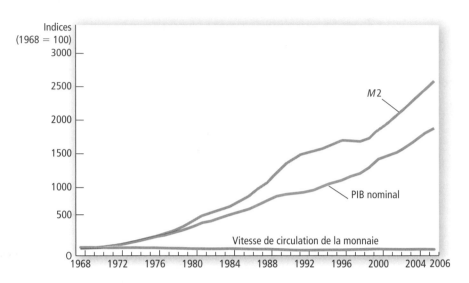

FIGURE 11.3

LE PIB NOMINAL, LA QUANTITÉ DE MONNAIE ET LA VITESSE DE CIRCULATION DE LA MONNAIE Ce graphique illustre, d'une part, la valeur nominale de la production mesurée par le PIB nominal et, d'autre part, la quantité de monnaie (*M2*), leur rapport correspondant à la vitesse de circulation de la monnaie. Pour qu'on puisse comparer aisément ces trois séries, celles-ci ont été ramenées à une valeur de 100 en 1968. Remarquez que le PIB nominal et la masse monétaire ont enregistré une augmentation spectaculaire depuis 1968, alors que la vitesse de circulation de la monnaie est restée relativement stable.

Sources : Statistique Canada, « Produit intérieur brut, en termes de dépenses », CANSIM, séries V498086 et V37128 ; la vitesse de circulation de la monnaie a été calculée par les auteurs.

3. La production de biens et services (*Y*) est essentiellement fonction des facteurs de production (main-d'œuvre, capital humain et physique) et de la technologie disponible. En raison de la neutralité monétaire, la monnaie n'influence pas la production.

4. Comme la production (*Y*) dépend uniquement des facteurs de production et de la technologie, lorsque la Banque du Canada fait varier l'offre de monnaie (*M*) et cause des changements proportionnels de la valeur nominale de la production (*P* × *Y*), ces changements se reflètent seulement dans la variation du niveau général des prix (*P*).

5. Par conséquent, lorsque la Banque du Canada augmente rapidement l'offre de monnaie, cette hausse se traduit par un taux d'inflation élevé.

Ces cinq étapes résument l'essentiel de la théorie quantitative de la monnaie.

ÉTUDE DE CAS

LA MONNAIE ET LES PRIX LORS DE QUATRE HYPERINFLATIONS

Les tremblements de terre sont destructeurs, mais ils présentent néanmoins le mérite de fournir aux sismologues des données précieuses pour vérifier leurs différentes théories, prévoir les futures catastrophes et s'y préparer en conséquence. D'une façon similaire, les périodes d'hyperinflation constituent pour les économistes des expériences naturelles au cours desquelles ils peuvent étudier les conséquences des variations de la masse monétaire sur l'économie.

L'intérêt de ces périodes d'inflation galopante tient aux extrêmes variations de la masse monétaire et du niveau des prix qu'on peut alors observer. L'hyperinflation se définit généralement par un taux excédant 50 % *par mois*. Un tel taux entraîne une multiplication par plus de 100 du niveau général des prix en seulement un an.

Les données concernant ces phénomènes montrent une corrélation très nette entre la quantité de monnaie et le niveau général des prix, comme on le voit sur les graphiques de la figure 11.4. Ces graphiques illustrent quatre cas d'hyperinflation survenus pendant les années 1920 en Autriche, en Hongrie, en Allemagne et en Pologne. Chacun de ces graphiques montre la relation entre la quantité de monnaie en circulation dans l'économie et le niveau général des prix. La courbe de la monnaie montre la croissance de la masse monétaire et la courbe des prix indique la croissance des prix. Plus ces courbes sont accentuées, plus le taux de croissance de la masse monétaire et le taux d'inflation sont élevés.

On remarque, pour chaque graphique, une évolution parallèle de la quantité de monnaie et du niveau des prix. On peut aussi observer que la croissance de la quantité de monnaie est relativement modérée au début, mais qu'elle finit par s'emballer, l'inflation suivant un parcours identique. Lorsque la masse monétaire se stabilise enfin, le niveau des prix se stabilise aussi. Ces épisodes illustrent bien l'un des **dix principes d'économie** : les prix montent lorsque le gouvernement émet trop de monnaie.

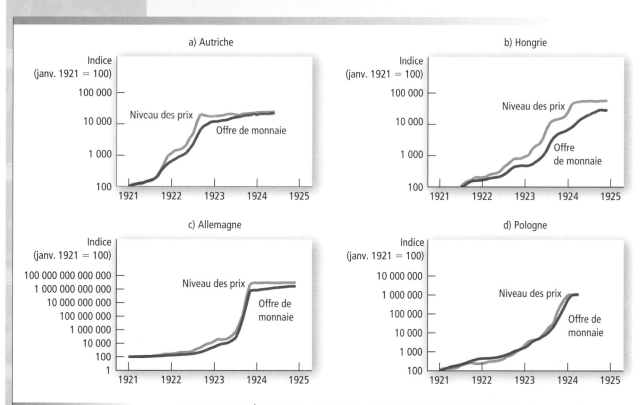

FIGURE 11.4 **LA MASSE MONÉTAIRE ET LES PRIX LORS DE QUATRE HYPERINFLATIONS** Cette figure illustre la quantité de monnaie et le niveau des prix lors de quatre périodes d'inflation galopante (remarquez que ces variables sont représentées selon une échelle *logarithmique*, ce qui signifie que des intervalles égaux sur l'axe des ordonnées correspondent à des variations égales en *pourcentage*). Pour chaque exemple, la quantité de monnaie et le niveau des prix changent proportionnellement. L'association très forte de ces deux variables corrobore la théorie quantitative de la monnaie, selon laquelle la croissance de l'offre de monnaie constitue la cause principale de l'inflation.

Source : Thomas J. Sargent, « The End of Four Big Inflations », dans Robert Hall (sous la dir. de), *Inflation*, Chicago, University of Chicago Press, 1983, p. 41 à 93.

[DANS L'ACTUALITÉ] L'HYPERINFLATION AU XXIᵉ SIÈCLE

Lorsque les dépenses des gouvernements excèdent leurs revenus, ceux-ci doivent financer leur déficit. Ils peuvent alors être tentés, comme l'a fait le gouvernement du Zimbabwe, d'utiliser la planche à billets. Évidemment, l'augmentation de la masse monétaire provoque une inflation élevée et une demande de billets de banque ayant une valeur de plus en plus forte.

UN BILLET DE 100 MILLIARDS DE DOLLARS AU ZIMBABWE

Le Zimbabwe va mettre en circulation à partir de lundi un nouveau billet de banque d'une valeur de cent milliards de dollars zimbabwéens pour tenter de remédier à la pénurie de devises, avec une inflation folle à 2,2 millions pour cent, a annoncé samedi la banque centrale.

Un communiqué de la banque, cité par le quotidien gouvernemental *The Herald* et la radio d'État, indique que le nouveau billet de 100 000 000 000 dollars — valant environ un dollar américain au marché noir ces jours-ci — entrera en circulation lundi.

L'émission est la dernière en date d'une série de vaines tentatives des autorités monétaires du Zimbabwe pour pallier le manque de liquidité, avec une demi-douzaine de billets nouveaux mis en circulation depuis le début de l'année. En janvier, un billet de 10 millions de dollars avait ainsi été lancé, puis en avril un billet de 50 millions, en mai dernier des billets de 100 et 250 millions puis d'un demi-milliard.

Ancien grenier agricole de l'Afrique australe, le Zimbabwe s'enfonce depuis plus de huit ans dans une terrible récession économique, doublée d'une impasse politique depuis la réélection violente et contestée en juin du président Robert Mugabe, au pouvoir depuis 28 ans.

L'hyperinflation record y a atteint le taux annuel de 2,2 millions pour cent, a indiqué la banque centrale cette semaine, taux astronomique mais pourtant sous-estimé, selon plusieurs économistes.

Pour les Zimbabwéens qui vivent dans la pénurie, dont 80 % d'entre eux sont sous le seuil de pauvreté, ces chiffres signifient que de multiples denrées ou services changent de prix chaque jour.

Ainsi, le nouveau billet de 100 milliards serait suffisant, ce week-end en tout cas, pour payer un aller-retour en bus entre la banlieue et le centre d'Harare. Mais un peu juste pour une boisson gazeuse ou un pain, qui se vendait pourtant autour de 60 milliards en début de semaine.

Source: Agence France-Presse, Harare, «Un billet de 100 milliards $ au Zimbabwe», *La Presse*, Montréal, 20 juillet 2008.

ÉTUDE DE CAS

PEUT-IL Y AVOIR PLUSIEURS TAUX D'INFLATION DANS LA ZONE EURO ?

Traditionnellement pays d'émigration, l'Irlande accueille maintenant beaucoup d'immigrants. Le taux de chômage, qui était de plus de 20 % dans les années 1980, est maintenant passé sous les 6 %. Le niveau de vie des Irlandais, encore très faible il y a 10 ans, a maintenant presque rejoint le nôtre. Tous ces changements sont survenus durant les années 1990, alors que le reste de l'Europe stagnait littéralement. Comment tout cela a-t-il pu se faire ? Grâce à une politique visant la croissance économique la plus importante possible, qui comprenait d'importantes réductions d'impôt, une réorientation des interventions de l'État et une réglementation plus légère du marché du travail. Notons également que des transferts massifs de subsides provenant des autres pays de l'Union européenne n'ont certainement pas nui à l'économie irlandaise.

La croissance phénoménale de l'Irlande (en moyenne de 9,5 % par année de 1995 à 1998, avec une multiplication par deux du PIB réel par habitant en 10 ans) semble cependant bien fragile pour certains. L'inflation y dépasse en effet les 5 % et il serait difficile de trouver des solutions pour y remédier, en raison d'une monnaie commune (l'euro) et donc de l'impossibilité d'appliquer une politique monétaire individuelle et adaptée à la situation du pays.

Tout comme le taux d'inflation tendanciel (sur un horizon à long terme) est le même au Québec et en Ontario, il ne peut y avoir de différence entre les taux d'inflation tendanciels des pays de la zone euro. Pour comprendre ce phénomène, il faut faire la distinction entre un changement de prix relatif et un changement continu du niveau moyen des prix. Le taux d'inflation officiel mesuré d'une année à l'autre résulte d'une combinaison de l'inflation tendancielle et des effets de certains changements apportés une fois pour toutes aux prix relatifs de certains biens ou services. Par exemple, les indices des prix à la consommation totaux canadien et américain en septembre 2008 ont augmenté respectivement à un taux annuel de 3,4 % et 3,5 %, surtout à cause de la hausse du prix de l'énergie. Pourtant, le taux d'inflation tendanciel n'a atteint que 2,7 % aux États-Unis et 1,7 % au Canada. Il n'y a rien d'alarmant dans ces chiffres lorsqu'on les ramène à leur juste proportion.

Les prix relatifs (le prix des maisons, celui des légumes, les salaires) sont déterminés par l'offre et la demande des divers biens, services et facteurs de production. Il est tout à fait possible que la demande de maisons en Irlande augmente plus rapidement que l'offre ; le prix relatif des maisons augmente donc en Irlande, par rapport aux autres pays européens. Cela peut être le cas pour la majorité des biens et des services en Irlande. Et tant mieux pour les Irlandais, puisque c'est tout simplement le résultat d'un pouvoir d'achat qui croît rapidement. Lorsqu'on mesurera l'inflation, la valeur calculée en Irlande sera donc supérieure à celle des autres pays européens. Lorsque, à l'avenir, l'offre et la demande de biens et de services augmenteront à un rythme semblable à celui des autres pays de la zone euro, le taux d'inflation mesuré en Irlande rejoindra celui de l'Europe, laissant cependant aux Irlandais un coût de la vie plus élevé qu'auparavant. À ce moment, l'inflation tendancielle sera la même dans tous les pays de la zone euro.

L'inflation est définie comme une augmentation *soutenue* du niveau général des prix. Une augmentation, une fois pour toutes, du niveau moyen des prix n'est pas vraiment de l'inflation. De même, une augmentation subite du prix du pétrole n'est pas de l'inflation. Que l'augmentation récente du prix mondial du pétrole se traduise ou non par de l'inflation soutenue dans un pays quelconque relève, essentiellement, de sa politique

monétaire. Puisque les pays de la zone euro (dont l'Irlande) ont une politique monétaire unique, le taux d'inflation tendanciel est le même pour l'Allemagne et pour l'Irlande. Quand deux pays ont une monnaie commune (ou un taux de change fixe), il ne peut pas en être autrement.

Y a-t-il danger d'une hyperinflation irlandaise ? Le risque est inexistant. L'hyperinflation est toujours le résultat d'une croissance monétaire hors de contrôle. Si l'Irlande venait à connaître une inflation galopante, ce serait aussi le cas partout ailleurs en Europe.

LA TAXE D'INFLATION

S'il est si facile d'expliquer l'inflation, pourquoi certains pays se trouvent-ils aux prises avec l'hyperinflation ? Pourquoi les banques centrales décident-elles de créer une quantité de monnaie telle qu'elle perd de sa valeur à toute vitesse ?

Tout simplement parce que les gouvernements de ces pays ont recours à la création de monnaie pour financer leurs dépenses. Pour payer les travaux de voirie, les salaires des policiers ou encore les allocations aux personnes âgées ou défavorisées, le gouvernement doit trouver les fonds nécessaires. En temps normal, il lève des impôts sur le revenu ou sur les biens et les services ou encore il contracte des emprunts par l'émission d'obligations destinées au public. Mais il peut aussi couvrir ses dépenses en créant de la monnaie. Plus concrètement, le gouvernement émet des obligations et les vend à la banque centrale. Celle-ci crédite alors le compte du gouvernement, qui peut dépenser cet argent neuf, ce qui fait augmenter la masse monétaire.

Taxe d'inflation
Recette du gouvernement liée à la création de monnaie.

Lorsque le gouvernement procède ainsi, on dit qu'il lève une taxe d'inflation. Cette taxe d'inflation diffère des autres taxes, dans la mesure où personne ne reçoit un avis d'imposition pour ce nouvel impôt. Selon un processus plus subtil, le gouvernement fait marcher la planche à billets, le niveau des prix grimpe et la valeur de la monnaie diminue. En fait, la taxe d'inflation frappe toutes les personnes détenant de la monnaie.

L'ampleur de cette taxe d'inflation varie selon les pays et les époques. Au cours des dernières années au Canada, cette taxe n'a représenté qu'une source de recettes négligeable, comptant pour moins de 3 % des revenus publics. Mais, durant les années 1770, le Congrès des États-Unis avait abondamment recours à la taxe d'inflation pour couvrir ses dépenses militaires. À cette époque, le gouvernement arrivait difficilement à lever des impôts réguliers ou à emprunter, et l'impression de billets constituait le moyen le plus simple de payer les militaires. Comme la théorie quantitative le prédit, une inflation impressionnante s'ensuivit : les prix furent multipliés par plus de 100 en quelques années.

Toutes les périodes hyperinflationnistes s'apparentent à celle de la Révolution américaine. L'État, faisant face à des dépenses élevées, à des recettes fiscales insuffisantes et à une capacité d'emprunter limitée, se résout à créer de la monnaie pour combler son déficit. Une injection massive de monnaie dans l'économie déclenche alors une inflation colossale. Cette hyperinflation dure jusqu'à ce que le gouvernement, par exemple, réduise les dépenses publiques et n'ait plus recours à cette taxe d'inflation.

[DANS L'ACTUALITÉ] L'HYPERINFLATION ALLEMANDE

L'expérience qu'a vécue l'Allemagne entre les deux guerres mondiales demeure l'un des exemples les plus marquants de l'histoire pour illustrer ce que sont l'hyperinflation et ses terribles conséquences.

DES TONNES D'ARGENT

« Pour ces 10 marks, j'ai vendu ma vertu » : voilà les mots inscrits sur son billet de banque qu'a pu lire un Berlinois en 1923, au moment de céder ce billet pour s'acheter un carton d'allumettes. C'est tout ce qu'on pouvait acheter avec un tel billet au début de cette année. Le 5 novembre 1923, un pain se vendait 140 milliards de marks... Les ouvriers étaient rémunérés deux fois par jour et obtenaient des pauses d'une demi-heure pour se rendre dans les magasins avec leur cartable, leur valise ou leur brouette afin d'acheter quelque chose, voire n'importe quoi, avant que leurs billets de banque ne perdent encore la moitié de leur valeur. À la mi-novembre, lors de l'émission d'une nouvelle monnaie, les prix comportaient douze zéros de plus qu'au début de la Première Guerre mondiale, en 1914.

Des monnaies se sont effondrées et l'hyperinflation est apparue ailleurs : à Shanghai, peu avant la conquête du pouvoir par Mao en 1949, et en Argentine, lorsque les prix ont grimpé de 197 % durant le seul mois de juillet 1989. Mais c'est en Allemagne qu'est survenue l'une des plus spectaculaires explosions d'inflation ayant jamais frappé une économie développée et ayant produit les résultats les plus dévastateurs. Ce ne fut pas la principale cause de la popularité croissante d'Hitler, mais c'est en tant que dirigeant d'un coup d'État raté ayant été tenté pendant cette crise inflationniste que la plupart des Allemands ont entendu parler de lui pour la première fois. Et c'est la colère de ceux ayant tout perdu qui a ensuite alimenté la montée en puissance du nazisme.

Les origines de l'hyperinflation remontent à la Première Guerre mondiale et se situent dans la volonté du parlement allemand de laisser le gouvernement suspendre le droit des citoyens de convertir leurs billets de banque en or. La banque centrale de l'époque a aussi été autorisée à ajouter des billets de trésorerie et des papiers commerciaux aux réserves qu'elle était tenue de conserver pour garantir les nouveaux billets de banque. Le gouvernement allemand a alors eu la voie libre pour financer l'effort de guerre au moyen de la planche à billets, ce qui a donné le résultat habituel en pareil cas : une hausse des prix. À la fin de 1918, le mark avait ainsi perdu plus de la moitié de sa valeur par rapport au dollar.

Le gouvernement allemand a ensuite maintenu un lourd déficit budgétaire annuel. De 1919 à 1923, les impôts n'ont jamais représenté plus de 35 % des dépenses publiques, si bien que la différence a dû être comblée par l'impression héroïque de billets de banque... Déjà en mauvais état, les finances publiques allemandes ont également dû répondre aux demandes des Alliés en matière de réparations de guerre, c'est-à-dire indemniser les dommages subis et payer les pensions versées aux anciens combattants des Alliés. Sans même compter la partie devant être versée

➡

sous forme d'obligations à la valeur douteuse, le coût des réparations de guerre s'élevait alors à 12,5 milliards de dollars, soit une somme gigantesque à l'époque, qui équivalait à la moitié du PIB annuel de la Grande-Bretagne. Où trouver autant d'argent? Les Alliés refusaient toute croissance des exportations allemandes et la plupart voulaient encourager un remboursement passant par une mobilisation de la main-d'œuvre en vue de la reconstruction de l'Europe. Il ne restait plus qu'à activer la planche à billets... La masse monétaire en circulation est ainsi passée de 29,2 milliards de marks, en novembre 1918, à 497 milliards de milliards de marks, cinq ans plus tard.

Pourtant, dès 1919, lors de la signature du traité de paix, Keynes avait souligné que les conditions d'armistice imposées à l'Allemagne allaient ruiner ce pays. Puis, au début de 1922, même le *Times*, toujours prêt à critiquer l'Allemagne sous prétexte que celle-ci n'aurait pas respecté sa promesse de désarmer, s'est mis à craindre que les exigences des Alliés n'entraînent «une production massive de billets de banque libellés en marks. Dans l'état actuel des finances allemandes, cela ouvrirait directement la voie vers Moscou.» Ce devait être finalement vers Auschwitz, mais l'analyse des conséquences suivant l'impression de billets était assez juste. En vain: les puissances victorieuses ont simplement fait la sourde oreille.

À la fin de 1922, le gouvernement allemand a cessé de verser les paiements prévus pour les réparations de guerre. La France et la Belgique ont riposté dès janvier 1923 en envoyant leurs troupes occuper la Ruhr, qui était alors le cœur industriel de l'Allemagne. Le coût économique direct a été colossal, puisque la Ruhr produisait quelque 85% du charbon de tout le pays. En outre, le gouvernement allemand a donné son appui à la campagne de résistance passive mise sur pied dans le pays, qui était en fait une grève générale. Pour pouvoir rémunérer les deux millions de travailleurs en grève, il a fait imprimer encore plus d'argent, ce qui a achevé de déstabiliser complètement l'économie.

Les prix se sont mis à grimper en flèche, tout comme le chômage, pourtant encore modeste au début de 1923. À la fin d'octobre, 19% des métallurgistes étaient officiellement en chômage et la moitié de ceux qui travaillaient encore le faisaient sur une base temporaire. Quelques tentatives de stabilisation des prix n'avaient donné que de piètres résultats. Certains États allemands avaient même émis leur propre monnaie prétendument stable: celle du Bade était garantie par les revenus des forêts publiques, tandis que celle du Hanovre était convertible en une quantité donnée de seigle. Les autorités centrales ont ensuite émis ce qui a pris le nom de billets de «prêt-or», payables en 1935. Puis, le 15 novembre, est apparu le *rentenmark*, valant 1000 milliards de marks en papier-monnaie, soit un peu moins de 0,24 $US, comme le mark-or de 1914.

Les prix se sont assez rapidement stabilisés, mais il était déjà trop tard. Des millions d'Allemands avaient vu s'évaporer la totalité de leurs économies et étaient désormais pleinement disposés à croire que l'Allemagne avait été poignardée dans le dos à l'issue d'un complot ourdi par les juifs, les milieux financiers internationaux et leurs complices allemands. Elias Canetti, écrivain allemand, a vu une analogie entre l'hyperinflation et le traitement que les nazis ont infligé aux juifs: la dépréciation a

été si prononcée que ceux-ci ont pu «être détruits par millions en toute impunité». Si l'analogie est un peu boiteuse, il n'en demeure pas moins que la perte de valeur de la monnaie allemande a eu pour effet qu'un pays tout entier a perdu toute vertu.

Source: «Loads of Money», *The Economist*, 23 décembre 1999.

L'EFFET FISHER

Selon le principe de la neutralité monétaire, une augmentation du taux de croissance de la masse monétaire fait monter le taux d'inflation, mais sans avoir de répercussions sur les variables réelles. Ce principe peut également être vérifié à propos des taux d'intérêt. Les taux d'intérêt sont particulièrement importants, car ils relient l'économie présente et l'économie future par l'intermédiaire de leurs impacts sur l'épargne et l'investissement.

Pour bien comprendre la corrélation entre la monnaie, l'inflation et le taux d'intérêt, il faut reprendre la distinction établie au chapitre 6 entre le taux d'intérêt nominal et le taux d'intérêt réel. Le *taux d'intérêt nominal* correspond à celui qui est affiché dans votre succursale bancaire. Il mesure, en dollars, les intérêts accumulés durant une période donnée. Le *taux d'intérêt réel*, pour sa part, représente l'accroissement du pouvoir d'achat de votre compte en banque. Il équivaut au taux d'intérêt nominal après correction de l'inflation. La relation entre les deux peut s'écrire comme suit:

Taux d'intérêt réel = taux d'intérêt nominal − taux d'inflation

Par exemple, si la banque affiche un taux d'intérêt nominal de 7 % par année et que le taux d'inflation est de 3 %, la valeur réelle des dépôts croît à un taux de 4 % par année.

Nous pouvons réécrire l'équation donnée ci-dessus pour montrer que le taux d'intérêt nominal est égal à la somme du taux d'intérêt réel et du taux d'inflation:

Taux d'intérêt nominal = taux d'intérêt réel + taux d'inflation

En formulant ainsi le taux d'intérêt nominal, il est possible de comprendre les différentes forces économiques agissant sur les deux variables du membre de droite de l'équation. D'une part, comme nous l'avons vu au chapitre 8, l'offre et la demande de fonds prêtables déterminent le taux d'intérêt réel. D'autre part, d'après la théorie quantitative de la monnaie, la croissance de l'offre de monnaie influe directement sur le taux d'inflation.

Examinons maintenant comment la croissance de la masse monétaire se répercute sur les taux d'intérêt. À long terme, en raison de la neutralité monétaire, une variation de la masse monétaire ne touche nullement le taux d'intérêt réel, car c'est une variable réelle. Or, pour que le taux d'intérêt réel ne soit pas touché, le taux d'intérêt nominal doit s'ajuster parfaitement à toutes les variations du taux d'inflation. Par conséquent, quand la Banque du Canada augmente le taux de croissance de la monnaie, il en résulte à la fois une augmentation du taux d'inflation et une hausse du taux d'intérêt nominal. Cet ajustement du taux d'intérêt nominal au taux d'inflation a été baptisé **effet Fisher**, du nom de l'économiste Irving Fisher (1867-1947), qui a été le premier à étudier ce processus.

Effet Fisher
Processus par lequel le taux d'intérêt nominal s'ajuste au taux d'inflation.

L'effet Fisher est crucial pour la compréhension des fluctuations du taux d'intérêt nominal. La figure 11.5 illustre le taux d'inflation et le taux d'intérêt nominal de l'économie canadienne depuis 1969 et démontre clairement la corrélation entre ces deux variables. On peut voir en effet que le taux d'intérêt nominal a augmenté du début des années 1960 jusqu'aux années 1970, l'inflation s'étant également accrue durant cette période, tandis que, au début des années 1980 et tout au long des années 1990 jusqu'au milieu des années 2000, on a assisté au phénomène inverse : une baisse du taux d'intérêt nominal due à la maîtrise de l'inflation par la Banque du Canada.

LES COÛTS DE L'INFLATION

Au cours des années 1970, l'inflation avait atteint 10 % par année au Canada et le taux d'inflation dominait l'ensemble des débats concernant la politique économique. Bien que l'inflation soit restée modérée depuis les années 1990, cette variable macro-économique fait l'objet d'une préoccupation constante. La vigilance est de mise dans la mesure où il s'agit d'un problème grave. Mais est-ce bien le cas ? Et, dans l'affirmative, pourquoi ?

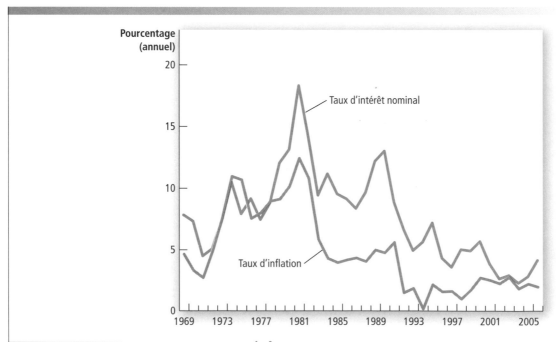

FIGURE 11.5

LE TAUX D'INTÉRÊT NOMINAL ET LE TAUX D'INFLATION Ce graphique présente le taux d'intérêt nominal des obligations commerciales à trois mois et le taux d'inflation, mesuré par l'indice des prix à la consommation, depuis 1969 (données annuelles). La corrélation étroite entre ces deux variables illustre parfaitement l'effet Fisher : lorsque le taux d'inflation grimpe, le taux d'intérêt nominal le suit.

Source : Statistique Canada, CANSIM, séries V735319 et V122491.

LE MYTHE DE LA PERTE DE POUVOIR D'ACHAT

Si vous interrogez les gens autour de vous au sujet des problèmes posés par l'inflation, ils vous répondront que, de toute évidence, l'inflation réduit leur pouvoir d'achat. Quand les prix montent, en effet, le même dollar ne permet plus d'acheter autant de biens et de services. Il semble donc que l'inflation réduise directement le niveau de vie.

Mais, en y regardant de près, on découvre que cette perception est erronée. Lorsque les prix grimpent, les acheteurs payent plus cher les produits, certes, mais en même temps les vendeurs de ces produits touchent des revenus supérieurs. Comme la grande majorité des gens gagnent leur vie en vendant leurs services, la hausse des revenus suit la montée des prix. Par conséquent, l'inflation en elle-même n'entame pas le pouvoir d'achat réel des ménages.

Pourtant, les gens continuent à croire en ce mythe parce qu'ils ignorent le principe de la neutralité monétaire. Les travailleurs gratifiés d'une augmentation de salaire de 10 % par an ont tendance à s'en attribuer totalement le mérite, évoquant leurs efforts et leur talent. Lorsque l'inflation grignote 6 % de cette augmentation pour ne leur en laisser que 4 %, ils se sentent injustement brimés. De fait, comme nous l'avons vu au chapitre 7, les revenus réels sont fonction de variables réelles, soit le capital physique et humain, les ressources naturelles et les connaissances technologiques. Les revenus nominaux sont liés à ces mêmes facteurs, de même qu'au niveau général des prix. Si la Banque du Canada était en mesure de faire passer le taux d'inflation de 6 % à 0 %, l'augmentation annuelle du salaire des travailleurs tomberait à 4 %. Ces derniers n'auraient pas l'impression que l'inflation les lèse, mais leur salaire réel ne s'accroîtrait pas plus vite.

Si les revenus nominaux tendent à suivre l'augmentation des prix, pourquoi l'inflation pose-t-elle problème ? La réponse à cette question est complexe. En réalité, les économistes ont découvert plusieurs coûts imputables à l'inflation. Chacun de ces coûts montre en fait qu'une croissance persistante de la masse monétaire peut avoir certaines conséquences sur les variables réelles.

LES COÛTS D'USURE

Nous savons que l'inflation a les mêmes conséquences qu'un impôt pour les détenteurs de monnaie. Cet impôt ne représente pas en lui-même un coût pour la société : il s'agit tout simplement d'un transfert de ressources des ménages vers le gouvernement. Néanmoins, la plupart des impôts incitent les gens à modifier leur comportement dans le but d'éviter d'en payer : cette distorsion des incitatifs aboutit alors à une perte sèche pour la société dans son ensemble. À l'instar de tous les autres impôts (autres que forfaitaires), la taxe d'inflation provoque aussi une perte sèche, car les gens gaspillent des ressources afin d'y échapper.

Comment peut-on éviter de payer la taxe d'inflation ? Tout d'abord en conservant moins de monnaie, puisque l'inflation provoque une érosion de sa valeur réelle. Pour cela, il suffit d'aller à la banque plus souvent et de retirer 50 $ par semaine au lieu de 200 $ par mois. De cette manière, vous détiendrez plus de monnaie dans un compte en banque portant intérêt et moins dans votre portefeuille où elle perd de la valeur en raison de l'inflation.

Ces coûts du maintien de moins d'encaisses s'appellent **coûts d'usure** de l'inflation, par analogie avec l'usure des chaussures consécutive aux nombreux déplacements à

Coûts d'usure
Coûts de l'inflation suscités par le fait que l'inflation incite les gens à détenir moins de monnaie.

la banque. Bien entendu, il ne faut pas prendre ce terme au sens littéral. Le coût réel de la réduction du numéraire ne tient pas à l'usure de la semelle des chaussures, mais plutôt à la perte de temps et aux inconvénients liés au maintien d'avoirs liquides aussi faibles que possible, en raison de l'inflation.

Ces coûts d'usure paraissent insignifiants et, de fait, ils le sont dans l'économie canadienne, où l'inflation s'est maintenue à un niveau modéré au cours des dernières années. Mais, en cas d'hyperinflation, ces coûts peuvent devenir énormes. L'anecdote suivante raconte l'expérience personnelle d'un citoyen bolivien lors d'un épisode d'hyperinflation (article du *Wall Street Journal*, 13 août 1985, p. 1).

> Lorsqu'Edgar Miranda touche son salaire mensuel de 25 millions de pesos, il n'a pas une minute à perdre : chaque minute, cette devise perd de sa valeur. Aussi, pendant que sa femme se précipite au marché pour acheter leur provision mensuelle de riz et de pâtes, il court changer le reste de sa paie en dollars sur le marché noir.
>
> M. Miranda met en pratique la première règle de survie dans le pays du monde le plus ravagé par l'inflation. La Bolivie constitue un excellent exemple de la façon dont l'inflation incontrôlée sape les fondements d'une société. Les prix augmentent de façon si alarmante que les chiffres dépassent l'entendement. Au cours des six derniers mois, ils ont augmenté au taux annuel de 38 000 %. Selon les statistiques officielles, cependant, l'inflation atteignait 2000 % l'année dernière et devrait passer à 8000 % cette année — mais d'autres estimations indiquent des chiffres nettement supérieurs. En tout état de cause, le taux d'inflation de la Bolivie dépasse de très loin les 370 % d'Israël et les 1100 % de l'Argentine — deux autres pays affligés d'une inflation sévère.
>
> Sachant cela, on comprend mieux pourquoi M. Miranda, qui a 38 ans, change immédiatement sa paie en dollars américains : le jour même, un dollar coûte 500 000 pesos et ses 25 millions équivalent à 50 $, alors que deux jours plus tard le taux de change du dollar atteindra 900 000 pesos et il n'obtiendra que 27 $ pour la même somme.

Cette histoire démontre que les coûts de l'inflation sont parfois significatifs. Avec un tel taux, M. Miranda ne peut courir le risque de conserver la devise locale comme réserve de valeur. En fait, il lui faut convertir le plus rapidement possible ses pesos en biens de consommation courants ou en dollars américains, qui constituent une réserve de valeur plus stable. Mais le temps et les efforts que M. Miranda consacre à la protection de ses avoirs constituent un gaspillage de ressources. Si les autorités monétaires maintenaient une politique non inflationniste, il serait ravi de conserver la devise bolivienne et de consacrer son temps et son énergie à des activités plus productives. De fait, peu de temps après la publication de cet article, le taux d'inflation en Bolivie a connu une réduction très importante grâce à une politique monétaire plus restrictive.

LES COÛTS D'AFFICHAGE

La grande majorité des entreprises ne modifient pas les prix de leurs produits tous les jours. En fait, elles affichent les mêmes prix durant des semaines ou des mois, voire des années. Au Canada, les entreprises ont l'habitude de changer leurs prix une fois par année, en moyenne.

Si elles ne les changent pas plus souvent, c'est parce qu'une telle opération est coûteuse. On parle de **coûts d'affichage** pour décrire les coûts liés aux changements de

Coûts d'affichage
Coûts associés à la modification des prix affichés.

prix. Les coûts d'affichage comprennent le coût de la décision concernant les prix, le coût de l'impression des catalogues et des listes de prix, les frais d'envoi aux concessionnaires et la publicité ; il faut même considérer le coût des désagréments résultant des démêlés avec des clients mécontents du changement de prix.

L'inflation entraîne donc une augmentation des coûts d'affichage pour les entreprises. Actuellement, le faible taux d'inflation de l'économie canadienne ne rend nécessaire qu'un seul changement de prix annuel pour la plupart des entreprises. Cependant, en cas d'inflation élevée, il leur faut ajuster leurs prix beaucoup plus souvent. Lors d'épisodes d'hyperinflation, les firmes doivent modifier leur affichage quotidiennement et parfois même plus souvent.

LA VARIABILITÉ DES PRIX RELATIFS ET LA MAUVAISE ALLOCATION DES RESSOURCES

Imaginez que le restaurant Au Plaisir Gourmand imprime son nouveau menu au mois de janvier et le conserve jusqu'à l'année suivante. En l'absence d'inflation, les prix relatifs d'Au Plaisir Gourmand, c'est-à-dire les prix de ses menus comparativement aux autres prix de l'économie, restent identiques pendant douze mois. En revanche, si le taux d'inflation atteint 12 % par année, les prix relatifs d'Au Plaisir Gourmand tombent d'environ 1 % par mois. Ces prix (en comparaison des prix des autres restaurants) sont élevés en début d'année, juste après l'impression du nouveau menu, et bas dans les derniers mois. Plus l'inflation s'aggrave, plus cette variabilité automatique s'accentue. Comme les prix affichés ne changent qu'une fois de temps en temps, l'inflation entraîne une variation des prix relatifs qui est supérieure à la normale.

Pourquoi cela nous importe-t-il ? Pour la bonne raison que l'allocation des ressources dans les économies de marché se fait en fonction des prix relatifs. Les consommateurs prennent la décision d'acheter en comparant les qualités et les prix des divers biens et services offerts. L'ensemble de ces décisions déterminent la répartition des facteurs de production entre les entreprises et les secteurs de l'économie. Une distorsion des prix relatifs, provoquée par l'inflation, modifie les choix des consommateurs et empêche les marchés d'allouer les ressources d'une manière optimale.

LES DISTORSIONS FISCALES

Les impôts créent des distorsions dans les incitatifs et entraînent une modification du comportement des gens, ce qui conduit à une allocation des ressources moins efficace. Ces effets deviennent encore plus problématiques en cas d'inflation, lorsque les législateurs ne tiennent pas compte de ce phénomène lors de l'élaboration du régime fiscal. Les économistes concluent que l'inflation alourdit le fardeau fiscal frappant les revenus tirés de l'épargne.

Le traitement des *gains en capital* — soit les profits réalisés lors de la vente d'un actif à un prix supérieur à son coût d'acquisition — constitue un bon exemple de la façon dont l'inflation décourage l'épargne. Imaginons qu'en 1980 vous ayez consacré une partie de votre épargne à l'achat d'actions de la Banque Scotia, à 10 $ chacune, et que vous les ayez revendues en 2009 pour 50 $ chacune. Selon la législation fiscale, vous avez fait un gain en capital de 40 $, gain que vous devrez inscrire dans votre déclaration de revenus. Mais si le niveau général des prix a doublé de 1980 à 2009, les 10 $ investis en 1980 valent 20 $ en dollars de 2009 (si on considère le pouvoir d'achat). Lors de la vente de vos actions pour 50 $, votre gain réel (l'augmentation de votre pouvoir d'achat) se chiffre à seulement 30 $. Mais le ministère du Revenu ne tient nullement compte de l'inflation et vous impose sur un gain de 40 $. Par conséquent, l'inflation exagère le gain en capital, ce qui fait hausser du même coup le taux d'imposition sur ce type de revenu.

Le traitement des revenus d'intérêt constitue un autre exemple du fait que l'inflation décourage l'épargne. Le fisc traite l'intérêt *nominal* sur l'épargne comme un revenu, même si une partie de cet intérêt nominal ne fait que compenser la perte de valeur causée par l'inflation. On observe les effets de cette politique dans l'exemple du tableau 11.1. Ce tableau compare deux économies imposant toutes deux les intérêts à 25 %. Dans l'économie 1, l'inflation est nulle et les taux d'intérêt nominal et réel s'établissent à 4 % ; dans ce cas, l'impôt de 25 % sur l'intérêt réduit le taux d'intérêt réel de 4 % à 3 %. Dans l'économie 2, le taux d'intérêt réel est toujours de 4 %, mais le taux d'inflation atteint 8 %. Étant donné l'effet Fisher, le taux d'intérêt nominal s'établit à 12 %. Comme l'impôt sur le revenu s'applique à la totalité de ces 12 % d'intérêt, le fisc en prélève 25 %, ce qui laisse un taux d'intérêt nominal après impôt de 9 % et un taux d'intérêt réel après impôt de 1 %. Dans ce cas, le prélèvement fiscal de 25 % sur les intérêts fait passer le taux d'intérêt réel de 4 % à 1 %. Parce que le taux d'intérêt réel est un déterminant important de l'épargne, celle-ci est beaucoup moins attrayante dans une économie souffrant de l'inflation (économie 2) que dans une économie où les prix sont stables (économie 1).

L'imposition des gains en capital et des revenus d'intérêt montre comment la fiscalité et l'inflation interagissent. On pourrait trouver beaucoup d'autres exemples semblables. En raison de l'incidence de l'inflation sur les impôts, une forte inflation aura tendance à décourager l'épargne. Or l'épargne constitue la source de l'investissement, qui est lui-même essentiel pour la croissance économique à long terme. On comprend maintenant pourquoi un alourdissement de la fiscalité imputable à l'inflation réduit la croissance à long terme. Notons néanmoins que les économistes n'arrivent pas à se mettre d'accord sur l'ampleur de ces effets.

Outre l'élimination de l'inflation elle-même, une solution consisterait à indexer les impôts afin de tenir compte des effets de l'inflation. En ce qui concerne les gains en capital, par exemple, le régime fiscal pourrait permettre d'indexer le prix d'acquisition

TABLEAU 11.1 **L'ALOURDISSEMENT DE LA FISCALITÉ DÛ À L'INFLATION** En l'absence d'inflation, un taux d'impôt sur les revenus d'intérêt égal à 25 % ramène le taux d'intérêt réel de 4 % à 3 %. En présence d'une inflation de 8 %, ce même taux d'impôt fait passer le taux d'intérêt réel de 4 % à 1 %.

	ÉCONOMIE 1 (STABILITÉ DES PRIX)	ÉCONOMIE 2 (INFLATION)
Taux d'intérêt réel	4 %	4 %
Taux d'inflation	0 %	8 %
Taux d'intérêt nominal (taux d'intérêt réel + taux d'inflation)	4 %	12 %
Montant des intérêts payés en impôts (0,25 × taux d'intérêt nominal)	1 %	3 %
Taux d'intérêt nominal après impôt (0,75 × taux d'intérêt nominal)	3 %	9 %
Taux d'intérêt réel après impôt (taux d'intérêt nominal après impôt − taux d'inflation)	3 %	1 %

afin d'évaluer le gain réel à imposer. Quant aux revenus d'intérêt, le gouvernement pourrait se contenter d'imposer le revenu d'intérêt réel, une fois éliminée la portion servant uniquement à compenser l'inflation. Les lois fiscales évoluent, d'une certaine manière, vers une forme d'indexation. Les tranches de revenus auxquelles s'appliquent les taux d'imposition sont revues chaque année en fonction de l'évolution de l'indice des prix à la consommation. Mais bien d'autres aspects de la fiscalité — comme le traitement fiscal des gains en capital et des revenus d'intérêt — ne font encore l'objet d'aucune indexation.

Idéalement, la fiscalité devrait tenir compte de l'inflation et de son impact sur la valeur des impôts à payer. Cependant, dans le monde réel, les lois fiscales sont loin d'être parfaites. Une meilleure indexation serait probablement souhaitable, mais elle aurait le désavantage de compliquer le régime fiscal, dont la complexité rebute déjà bien des gens.

LE DÉSAGRÉMENT ET LA CONFUSION

Que diriez-vous si le mètre, qui est l'unité de mesure de base pour la longueur, raccourcissait de 5 % chaque année ? Notre existence en serait inutilement compliquée. Par exemple, une vitesse maximale de 100 km/h sur l'autoroute représenterait une vitesse réelle différente chaque année. Il faudrait alors modifier la vitesse permise afin de maintenir une vitesse réelle constante.

Qu'est-ce que cela a à voir avec l'inflation ? Rappelons que la monnaie, qui sert d'unité de compte dans l'économie, permet de mesurer les prix et la valeur des actifs et des passifs. Autrement dit, la monnaie sert d'étalon de mesure de la valeur. Le rôle de la Banque du Canada se compare un peu à celui de Mesures Canada (un département d'Industrie Canada), organisme chargé d'assurer la fiabilité des unités de mesure les plus usitées. En augmentant la masse monétaire, la Banque du Canada crée de l'inflation et entraîne une réduction de la valeur de l'unité de compte. Cette réduction de la valeur de la monnaie est tout à fait semblable à ce qui se produirait si le mètre raccourcissait.

Le désagrément et l'incompréhension qu'entraîne l'inflation sont difficiles à évaluer. Nous venons de voir que, en cas d'inflation, la fiscalité ne tient plus compte des revenus réels. La même chose se produit lorsque les comptables ne parviennent pas à évaluer correctement les revenus d'une entreprise en raison d'une augmentation des prix. La valeur du dollar varie à cause de l'inflation, ce qui complique le calcul des bénéfices — la différence entre les revenus et les coûts — dans une économie inflationniste. Par conséquent, les investisseurs ont du mal à distinguer les entreprises bénéficiaires des autres, ce qui empêche dès lors les marchés financiers de jouer leur rôle d'allocation de l'épargne d'une façon optimale.

LE COÛT D'UNE INFLATION NON ANTICIPÉE : LA REDISTRIBUTION ARBITRAIRE DE LA RICHESSE ET DES REVENUS

Jusqu'à présent, nous n'avons abordé que les coûts d'une inflation stable et prévisible. Cependant, l'inflation crée un coût additionnel lorsqu'elle n'est pas anticipée correctement. Une inflation surprise redistribue la richesse et les revenus selon des critères qui n'ont rien à voir avec le mérite ou les besoins. Cette redistribution survient parce que la plupart des prêts sont libellés en unités de compte — donc en valeur nominale.

Prenons un exemple. Imaginons que Samuel, étudiant, contracte un emprunt de 20 000 $ à 7 % d'intérêt auprès de la Grande Banque pour payer ses études universitaires, emprunt qu'il devra rembourser dans 10 ans. Compte tenu des intérêts composés, la dette totale à rembourser au bout de dix ans se monte à 40 000 $. Mais la valeur réelle de cette dette est fonction du taux d'inflation qui prévaudra au cours de la prochaine décennie. S'il se produit une période d'hyperinflation, les prix et les salaires grimperont tellement que Samuel pourra presque rembourser cette somme avec son argent de poche. Par contre, si l'économie traverse une période de déflation, la chute des prix et des salaires alourdira considérablement sa dette.

Cet exemple illustre le fait que des changements inattendus du niveau des prix redistribuent la richesse entre les débiteurs et les créanciers. Une inflation plus élevée que prévu enrichit l'emprunteur au détriment de la Grande Banque, puisque la valeur réelle de sa dette s'en trouve réduite : Samuel la remboursera en dollars ayant une valeur plus faible que prévu. Une inflation plus faible que prévu (ou une déflation), par contre, enrichit la Grande Banque aux dépens de Samuel, car elle fait augmenter la valeur réelle de sa dette. Samuel doit alors la rembourser avec des dollars ayant une valeur supérieure à celle qu'il envisageait. S'il était possible de prévoir l'inflation, Samuel et la Grande Banque pourraient en tenir compte en s'entendant sur un taux d'intérêt nominal (rappelons-nous l'effet Fisher). Mais comme l'inflation est difficilement prévisible, les emprunteurs comme les débiteurs prennent des risques.

Ces coûts de l'inflation doivent également être mis en relation avec un autre facteur : la volatilité. L'inflation est particulièrement volatile et incertaine lorsque son taux est élevé. L'expérience qu'ont vécue divers pays en témoigne. Les pays à faible inflation, comme l'Allemagne lors de la seconde moitié du XXe siècle, enregistrent une grande stabilité du taux d'inflation. Les pays connaissant une forte inflation, comme plusieurs pays d'Amérique latine, font au contraire l'expérience d'une grande instabilité de leur taux. Il n'existe aucun exemple de pays ayant connu une inflation à la fois forte et peu variable. Cette relation entre l'ampleur et la volatilité de l'inflation produit naturellement un coût supplémentaire. Lorsqu'un pays pratique une politique monétaire inflationniste, il doit non seulement subir les coûts de cette inflation, mais également pâtir d'une redistribution arbitraire de la richesse, conséquence inévitable de la volatilité et de l'imprévisibilité de l'inflation.

MINITEST

■ Énoncez et décrivez les six coûts de l'inflation.

ÉTUDE DE CAS

LA CROISSANCE MONÉTAIRE, L'INFLATION ET LA BANQUE DU CANADA

Au début des années 1970, la masse monétaire canadienne croissait rapidement et le taux d'inflation a fini par grimper au-dessus de 10 %. À la même époque, une théorie économique nommée *monétarisme* ralliait de plus en plus d'adeptes. Les monétaristes proposaient, entre autres, que la banque centrale fasse croître la masse monétaire à un taux faible et constant.

En réponse au problème grandissant de l'inflation et sous l'influence des monétaristes, la Banque du Canada a adopté en 1975 une politique dite de *gradualisme monétaire*. La banque centrale annonça qu'elle allait réduire le taux de croissance de la masse monétaire (*M*1) en suivant un sentier de croissance cible. La Banque du Canada espérait que le taux d'inflation diminuerait graduellement, en même temps que le taux de croissance monétaire. Le résultat fut différent des attentes. Tout d'abord, l'inflation ne diminua pas, malgré la réduction du taux de croissance de *M*1. Puis, au début des années 1980, le taux d'inflation chuta beaucoup plus rapidement que la croissance monétaire. Le lien entre la croissance monétaire et l'inflation étant moins précis que prévu, la banque centrale décida d'abandonner sa politique de monétarisme graduel. Selon le gouverneur de la Banque du Canada de l'époque : « Nous n'avons pas abandonné *M*1. *M*1 nous a abandonnés. »

La croissance de l'offre de monnaie est très variable d'un pays à l'autre sur de longues périodes. Les variations de la vitesse de circulation sont faibles en comparaison : le lien entre la croissance monétaire et l'inflation paraît donc évident, particulièrement dans les cas d'hyperinflation. Cependant, pour chaque pays, si la croissance du stock de monnaie est souvent assez constante, on ne peut pas en dire autant de la vitesse de circulation de la monnaie. Or, si cette dernière fluctue à court terme, le taux d'inflation pourrait varier même si la croissance monétaire est stable.

Depuis 1992, la Banque du Canada a cessé de viser explicitement l'offre de monnaie, pour se tourner vers une cible d'inflation. En vertu de ce changement, qui a depuis été suivi par de nombreuses banques centrales, la Banque du Canada ajuste sa politique monétaire en modifiant son taux directeur, afin d'atteindre un taux d'inflation cible de 2 % par année.

L'offre de monnaie n'est qu'une des nombreuses informations dont la Banque du Canada tient compte dans la détermination de son taux directeur. Si, après avoir examiné toute l'information pertinente, la banque centrale croit que l'inflation menace d'augmenter au-dessus de la cible de 2 %, elle augmente le taux directeur, ce qui réduit le taux de croissance de la masse monétaire et l'inflation future. Si la banque centrale croit que le taux d'inflation va tomber sous les 2 %, elle diminue le taux directeur, ce qui produit une augmentation de la croissance monétaire et de l'inflation future.

La Banque du Canada utilise avec succès depuis plus de 15 ans ses outils de politique monétaire, afin de maintenir l'inflation près de sa cible de 2 %. Alors que la banque centrale examine un grand nombre de variables avant de prendre une décision au sujet du taux directeur, il n'y a eu qu'une relation ténue entre la croissance monétaire et l'inflation canadienne depuis 1992. Cela veut-il dire que la croissance monétaire n'est pas un facteur causal important de l'inflation ? Et, si c'est le cas, comment la Banque du Canada a-t-elle pu, en utilisant sa politique monétaire, maintenir l'inflation si près de sa cible ?

Milton Friedman, l'un des fondateurs du monétarisme, a proposé une analogie pour comprendre la relation entre la croissance monétaire et l'inflation. Dans une maison chauffée à l'électricité, en hiver, si on met le thermostat à 20 ⁰C, on remarquera que les fluctuations de la température à l'extérieur sont compensées par une plus forte consommation d'électricité. En même temps, la température intérieure varie très peu et on n'observe pas de relation entre la consommation d'électricité et la température à l'intérieur de la maison. De la même façon, dans un pays où la banque centrale cible habilement l'inflation, on observera des fluctuations de la vitesse de circulation de la monnaie et des variations dans le sens opposé de l'offre de monnaie, alors que l'inflation est assez stable et qu'il y a une faible relation entre la croissance monétaire et l'inflation.

Toutes choses étant égales par ailleurs, une augmentation de la consommation d'électricité produira une hausse de la température à l'intérieur de la maison. De la même façon,

ceteris paribus, une plus forte croissance monétaire fera augmenter l'inflation. Mais, si le thermostat fonctionne bien, la consommation d'électricité n'augmentera que si toutes choses ne sont pas égales par ailleurs, c'est-à-dire si la température extérieure diminue. De façon similaire, une banque centrale qui cible efficacement l'inflation n'augmentera la croissance monétaire que si toutes choses *ne sont pas* égales par ailleurs, par exemple si la vitesse de circulation diminue. On ne pourrait observer la véritable relation entre la consommation d'électricité et la température intérieure qu'en modifiant de façon aléatoire le thermostat. On ne pourrait donc comprendre la vraie relation entre la croissance du stock de monnaie et l'inflation qu'en procédant à des expériences aléatoires avec la politique monétaire. Même si des économistes seraient sans doute heureux d'entreprendre de telles expériences, nul doute que la Banque du Canada est plus hésitante.

CONCLUSION

Dans ce chapitre, nous avons abordé les causes et les coûts de l'inflation. Nous avons vu que la croissance de la masse monétaire constitue la cause première de l'inflation. Lorsqu'une banque centrale crée une grande quantité de monnaie, la valeur de cette dernière tombe rapidement. Pour maintenir la stabilité des prix, la banque centrale doit conserver un contrôle strict sur l'offre de monnaie.

Les coûts entraînés par l'inflation sont subtils. Ils sont au nombre de six : les coûts d'usure, les coûts d'affichage, une mauvaise allocation des ressources causée par l'instabilité accrue des prix relatifs, les distorsions fiscales, le désagrément et la confusion, de même qu'une distribution arbitraire de la richesse et des revenus. Quelle est l'importance de ces coûts ? Tous les économistes s'accordent à dire que ces coûts s'avèrent énormes lors d'une période d'hyperinflation, mais ils ne s'entendent pas sur leur ampleur en cas d'inflation modérée — c'est-à-dire lorsque les prix montent de moins de 10 % par an.

Bien que nous ayons examiné différents aspects de l'inflation, cette présentation demeure incomplète. Comme nous l'avons vu, lorsque la Banque du Canada réduit le taux de croissance de la monnaie, l'inflation ralentit, tel que le prédit la théorie quantitative de la monnaie. Cependant, durant la transition vers un taux d'inflation inférieur, une modification de la politique monétaire a des effets importants sur la production et l'emploi. Cela signifie que, en dépit de la neutralité monétaire à long terme, la politique monétaire a des effets sur les variables réelles à court terme. Nous reviendrons plus loin sur les raisons de cette non-neutralité à court terme, afin d'approfondir notre compréhension des causes et des coûts de l'inflation.

RÉSUMÉ

■ Le niveau général des prix dans l'économie assure l'équilibre entre l'offre et la demande de monnaie. Lorsque la banque centrale augmente la masse monétaire, il s'ensuit une hausse des prix. Une croissance continue de la quantité de monnaie offerte entraîne de l'inflation.

■ D'après le principe de neutralité monétaire, les modifications de la masse monétaire ont des effets sur les variables nominales, sans avoir d'impact sur les variables réelles. La plupart des économistes sont convaincus que cette neutralité monétaire décrit bien le fonctionnement de l'économie à long terme.

→

■ Un gouvernement peut payer ses dépenses (du moins, une partie) en imprimant de la monnaie. Lorsqu'un pays recourt largement à cette taxe d'inflation, il en résulte une hyperinflation.

■ L'effet Fisher représente l'une des applications du principe de neutralité monétaire. Selon l'effet Fisher, une hausse du taux d'inflation fait augmenter le taux d'intérêt nominal, sans modifier le taux d'intérêt réel.

■ La plupart des gens sont convaincus que l'inflation les appauvrit, parce qu'elle fait augmenter le coût des produits qu'ils achètent. Cette perception est erronée, car l'inflation accroît également les revenus nominaux.

■ Les économistes ont déterminé qu'il y a six coûts liés à l'inflation : les coûts d'usure causés par la réduction des encaisses, les coûts d'affichage dus à l'ajustement fréquent des prix, la mauvaise allocation des ressources entraînée par la variabilité accrue des prix relatifs, les distorsions fiscales, le désagrément et la confusion provenant d'une modification de la valeur de l'unité de compte, ainsi qu'une redistribution arbitraire de la richesse et des revenus. La plupart de ces coûts s'avèrent importants en cas d'hyperinflation, mais leur ampleur reste incertaine lors d'une inflation modérée.

CONCEPTS CLÉS

Coûts d'affichage, p. 270

Coûts d'usure, p. 269

Dichotomie classique, p. 257

Effet Fisher, p. 267

Équation quantitative, p. 259

Neutralité monétaire, p. 258

Taxe d'inflation, p. 264

Théorie quantitative de la monnaie, p. 256

Variables nominales, p. 257

Variables réelles, p. 257

Vitesse de circulation de la monnaie, p. 259

QUESTIONS DE RÉVISION

1. Expliquez les effets d'une augmentation du niveau des prix sur la valeur réelle de la monnaie.

2. D'après la théorie quantitative de la monnaie, quels seraient les effets d'une augmentation de la masse monétaire ?

3. Établissez la distinction entre les variables nominales et les variables réelles, en donnant deux exemples pour les unes et les autres. Selon le principe de la neutralité monétaire, quelles variables subissent les effets d'une variation de la masse monétaire ?

4. Dans quelle mesure l'inflation se compare-t-elle à une taxe ? Une telle comparaison permet-elle d'expliquer l'hyperinflation ?

5. D'après l'effet Fisher, quels sont les effets d'une hausse du taux d'inflation sur le taux d'intérêt réel ? Et sur le taux d'intérêt nominal ?

6. Nommez les six coûts de l'inflation. D'après vous, lesquels de ces coûts ont une incidence majeure sur l'économie canadienne ?

7. Si l'inflation s'avère inférieure aux prévisions, qui en profite ? Les créanciers ou les débiteurs ? Justifiez votre réponse.

LES PRINCIPES MACROÉCONOMIQUES DES ÉCONOMIES OUVERTES

LES PRINCIPES MACROÉCONOMIQUES DE BASE D'UNE ÉCONOMIE OUVERTE

OBJECTIFS

À la fin de ce chapitre, vous serez en mesure :

→ de comprendre comment les exportations nettes mesurent les flux internationaux de biens et de services ;

→ de comprendre comment les sorties nettes de capitaux mesurent les flux internationaux de capitaux ;

→ de saisir pourquoi les exportations nettes sont toujours égales aux sorties nettes de capitaux ;

→ d'appréhender la relation entre l'épargne, l'investissement et les sorties nettes de capitaux ;

→ de définir le taux de change nominal et le taux de change réel ;

→ de comprendre la parité des pouvoirs d'achat en tant que théorie des taux de change ;

→ de saisir ce qu'implique une mobilité parfaite des capitaux pour une petite économie ouverte comme celle du Canada.

Au moment d'acheter une voiture, vous comparez les derniers modèles de Ford et de Toyota. Quand vient le temps de planifier vos vacances, vous avez à choisir entre une station de ski au Québec et une plage cubaine. Lorsque vous économisez en vue de la retraite, vous placez vos avoirs dans des fonds communs de placement, qui investissent soit dans des entreprises canadiennes, soit dans des entreprises étrangères. Dans tous ces cas, vous ne participez pas seulement au fonctionnement de l'économie canadienne, mais également à celui des économies du monde entier.

L'ouverture d'une économie nationale au commerce international présente des avantages évidents : les échanges permettent à chaque pays de se spécialiser dans ce qu'il fait le mieux et de consommer une grande variété de biens et de services produits dans le monde entier. C'est justement l'un des **dix principes d'économie** énoncés au chapitre 1 : les échanges améliorent le bien-être de tous. Le chapitre 3 de ce volume a détaillé les avantages des échanges. Nous y avons vu qu'ils permettent d'améliorer le niveau de vie dans tous les pays, alors que chacun se spécialise dans la production des biens et des services pour lesquels il détient un avantage comparatif.

Jusqu'à présent, notre analyse de la macroéconomie a négligé de considérer les interactions des diverses économies. En fait, les échanges internationaux sont assez peu importants pour la compréhension de la plupart des concepts macroéconomiques. Par exemple, l'analyse du taux de chômage naturel au chapitre 9 et des causes de l'inflation au chapitre 11 n'a fait intervenir aucun aspect international. En fait, pour simplifier l'analyse, les économistes posent souvent l'hypothèse que l'économie est fermée — c'est-à-dire qu'elle n'entretient aucune relation avec les autres économies.

Néanmoins, certains problèmes nouveaux apparaissent dans le contexte d'une économie ouverte — c'est-à-dire une économie qui interagit librement avec celle des autres pays. Ce chapitre et le chapitre suivant introduisent la macroéconomie en économie ouverte. Nous commencerons par aborder les variables fondamentales qui influent sur le fonctionnement d'une économie ouverte. La presse écrite ou télévisée mentionne souvent ces variables : exportations, importations, balance commerciale et taux de change. Dans le chapitre 13, nous élaborerons un modèle pour expliquer comment ces variables sont déterminées et comment elles sont affectées par les différentes politiques gouvernementales.

Économie fermée
Économie qui n'entretient aucune relation commerciale ou financière avec le reste du monde.

Économie ouverte
Économie qui interagit librement avec celle des autres pays.

LES FLUX INTERNATIONAUX DE BIENS ET DE CAPITAUX

Une économie ouverte entretient deux sortes de relations avec les autres économies : d'une part, elle échange des biens et des services sur les marchés mondiaux et, d'autre part, elle échange des actifs financiers sur les marchés financiers internationaux. Ces deux types d'activités sont étroitement liés.

LES FLUX DE BIENS ET DE SERVICES : EXPORTATIONS, IMPORTATIONS ET EXPORTATIONS NETTES

Exportations
Biens et services produits dans le pays et vendus à l'étranger.

Importations
Biens et services produits à l'étranger et achetés dans le pays.

Exportations nettes (ou balance commerciale)
Différence entre la valeur des exportations et celle des importations.

Comme nous l'avons déjà vu aux chapitres 3 et 5, les exportations correspondent aux biens et aux services produits sur le marché intérieur et vendus à l'étranger, tandis que les importations représentent les biens et les services produits à l'étranger et achetés sur le marché intérieur. Lorsque l'avionneur canadien Bombardier construit un appareil et le vend à Air France, cette transaction est une exportation pour le Canada et une importation pour la France. Lorsque le fabricant d'automobiles suédois Volvo produit une voiture et la vend à un résidant canadien, il s'agit d'une importation canadienne et d'une exportation suédoise.

Les exportations nettes d'un pays représentent la différence entre la valeur de ses exportations et celle de ses importations. Les ventes de Bombardier accroissent

Excédent commercial
Situation dans laquelle les exportations sont supérieures aux importations.

Déficit commercial
Situation dans laquelle les importations sont supérieures aux exportations.

Balance commerciale équilibrée
Situation dans laquelle les exportations et les importations sont égales.

«Il ne s'agit pas simplement d'acheter une voiture, mais de lutter contre le déficit commercial de notre pays par rapport au Japon.»

les exportations nettes canadiennes, tandis que les ventes de Volvo les réduisent. Les exportations nettes indiquent si, globalement, le pays est acheteur ou vendeur net sur les marchés mondiaux de biens et de services. C'est pourquoi on parle également de balance commerciale pour désigner les exportations nettes. Si la balance commerciale est positive, les exportations dépassent les importations, ce qui signifie que le pays vend plus de biens et de services qu'il n'en achète des autres pays. Il enregistre dans ce cas un **excédent commercial**. Si, par contre, les exportations nettes sont négatives, les exportations sont inférieures aux importations, ce qui signifie que le pays vend moins qu'il n'achète de l'étranger. Il enregistre dans ce cas un **déficit commercial**. Si les exportations nettes sont nulles, le pays présente une **balance commerciale équilibrée**.

Au chapitre suivant, nous élaborerons une théorie de la balance commerciale, mais nous pouvons dès maintenant énumérer les divers facteurs qui influent sur les exportations et les importations. Ces facteurs sont les suivants :

- la préférence des consommateurs pour les biens nationaux ou étrangers ;
- les prix des biens à l'intérieur du pays et à l'étranger ;
- les taux de change pour la monnaie nationale et les devises étrangères ;
- les revenus des consommateurs nationaux et étrangers ;
- les coûts internationaux du transport des marchandises ;
- la politique commerciale du gouvernement.

Le volume des échanges internationaux change au fil du temps, en réponse aux modifications de ces variables.

ÉTUDE DE CAS

L'OUVERTURE PROGRESSIVE DE L'ÉCONOMIE CANADIENNE

L'importance grandissante du commerce international et des échanges financiers constitue probablement le changement le plus important ayant affecté l'économie canadienne depuis 1960. La figure 12.1 (voir la page 284) illustre cette évolution, en montrant la valeur totale des biens et des services exportés et importés, exprimée en pourcentage du produit intérieur brut. Dans les années 1960, les exportations représentaient en moyenne 20 % du PIB. Aujourd'hui, elles ont plus que doublé par rapport au PIB. Les importations ont connu une évolution similaire.

La figure 12.1 montre également la valeur des échanges commerciaux du Canada avec les États-Unis — exportations et importations —, valeur exprimée en pourcentage du produit intérieur brut. On remarque que les échanges du Canada avec son voisin du Sud constituent la plus grande part du commerce extérieur canadien. En outre, les fluctuations des importations et des exportations canadiennes au fil du temps sont essentiellement dues aux variations des échanges commerciaux avec ce partenaire majeur.

L'augmentation du commerce international observée sur la figure 12.1 s'explique en partie par l'amélioration des moyens de transport. Alors qu'en 1950 les navires marchands abritaient en moyenne moins de 10 000 tonnes de fret, beaucoup de navires en transportent de nos jours jusqu'à 100 000 tonnes. Les avions à réaction long-courriers ont fait leur apparition en 1958 et les gros porteurs en 1967, réduisant beaucoup le coût du transport aérien. De tels progrès ont permis la distribution, à l'échelle du globe, de marchandises jusque-là produites localement. Les fleurs coupées, par exemple, sont cultivées en Israël

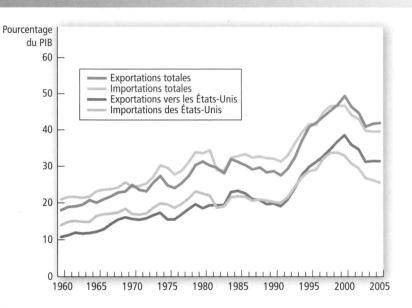

FIGURE 12.1
L'INTERNATIONALISATION DE L'ÉCONOMIE CANADIENNE Cette figure montre la valeur des exportations et des importations canadiennes, exprimée en pourcentage du PIB, depuis 1960. On y retrouve à la fois la valeur des exportations et des importations totales et celle des échanges avec les États-Unis. On remarque une augmentation spectaculaire du commerce international, en particulier avec les États-Unis, après la signature de l'Accord de libre-échange, en 1989.

Source : Statistique Canada. La valeur des exportations et des importations comprend les transferts, les recettes et les paiements des revenus d'investissements.

et transportées par avion au Canada pour y être vendues. Les fruits et les légumes, qui ne poussent qu'en été chez nous, se trouvent en plein hiver sur nos marchés, en provenance de l'hémisphère Sud.

Les progrès dans le domaine des télécommunications ont également favorisé le commerce international, car ils ont permis aux entreprises de joindre facilement leur clientèle à l'étranger. En 1956, on posait le premier câble téléphonique transatlantique. En 1966, on ne pouvait tenir que 138 conversations téléphoniques en même temps entre l'Amérique du Nord et l'Europe. Aujourd'hui, la communication par satellite autorise plus d'un million d'appels téléphoniques simultanés.

Les progrès technologiques ont aussi favorisé les échanges internationaux en modifiant le type de biens produits. À l'époque où les matières premières volumineuses (comme l'acier) ou les denrées périssables (comme les aliments) constituaient l'essentiel de la production mondiale, le transport de ces marchandises était particulièrement coûteux et parfois impossible. En revanche, les biens produits grâce à la technologie moderne sont souvent légers et faciles à transporter. Par exemple, les appareils électroniques grand public ont un faible poids par rapport à leur valeur, ce qui facilite grandement leur transport et leur vente à l'extérieur des pays producteurs. L'industrie cinématographique constitue un exemple extrême de ce phénomène : quand Hollywood produit un film, des copies peuvent être distribuées partout dans le monde à un coût pratiquement nul, ce qui fait des films l'une des exportations majeures des États-Unis.

Les politiques commerciales des gouvernements ont également encouragé les échanges internationaux. Par exemple, l'Accord canado-américain sur les produits de l'industrie

→

automobile, appelé *Pacte de l'automobile* et signé en 1965, a permis aux constructeurs d'automobiles d'échanger des pièces et des véhicules de part et d'autre de la frontière sans payer de droits de douane à l'importation. Le développement de l'industrie automobile canadienne est dû en grande partie à cet accord. En 1989, le Canada a signé l'Accord de libre-échange (ALE) avec les États-Unis, pour éliminer progressivement les tarifs douaniers sur une plus grande échelle. Cette entente a été suivie en 1994 par l'Accord de libre-échange nord-américain (ALENA) conclu entre le Canada, les États-Unis et le Mexique. Les conséquences de ces ententes sur les exportations et les importations canadiennes se voient clairement à la figure 12.1 : depuis 1989, les exportations et les importations ont augmenté d'une façon spectaculaire, essentiellement en raison de l'accroissement des échanges avec les États-Unis.

Comme nous l'avons vu au chapitre 3, les économistes sont convaincus depuis longtemps que les échanges internationaux sont avantageux. Avec le temps, les dirigeants politiques se sont ralliés à cette opinion. Les ententes comme l'ALENA et celles qui sont négociées dans le cadre de l'Organisation mondiale du commerce (OMC) visent la réduction progressive des barrières commerciales, tels les tarifs douaniers et les quotas d'importation. La tendance à l'augmentation des échanges internationaux, illustrée à la figure 12.1, est un phénomène que la plupart des économistes et des politiciens approuvent et encouragent.

LES FLUX DE CAPITAUX : LES SORTIES NETTES DE CAPITAUX

Jusqu'à présent, nous avons vu comment les résidants des pays à économie ouverte participent au marché mondial des biens et services ; il faut savoir qu'ils participent également aux marchés financiers mondiaux. Un Canadien qui dispose de 20 000 $ peut certes acheter une voiture de la société Toyota, mais il pourrait tout aussi bien acheter des actions de cette même entreprise. La première de ces transactions représente un flux de biens et la seconde, un flux de capitaux.

Sorties nettes de capitaux
Différence entre les achats d'actifs étrangers par des résidants nationaux et les achats d'actifs nationaux par les étrangers.

L'expression sorties nettes de capitaux désigne la différence entre l'achat d'actifs étrangers par les résidants nationaux et l'achat d'actifs nationaux par les étrangers (on lui donne aussi le nom d'*investissement net à l'étranger*). Lorsqu'un résidant canadien achète des titres de Telmex, la société de téléphonie mexicaine, cet achat fait augmenter les sorties nettes de capitaux canadiens ; inversement, lorsqu'un résidant japonais achète des obligations émises par le gouvernement canadien, cette transaction réduit les sorties nettes de capitaux canadiens.

Les flux de capitaux peuvent prendre deux formes. Si Cora Déjeuners ouvre un établissement de restauration en Russie, il s'agit d'un *investissement direct à l'étranger*. En revanche, quand un Canadien achète des actions d'une entreprise russe, il s'agit d'un *investissement de portefeuille*. Dans le premier cas, le propriétaire canadien gère activement son investissement, tandis que, dans le second, il joue un rôle beaucoup plus passif. Dans les deux cas, puisque les résidants canadiens achètent des actifs étrangers, ils font augmenter les sorties nettes de capitaux canadiens.

Nous élaborerons, au chapitre 13, une théorie expliquant les sorties nettes de capitaux. Pour l'instant, examinons simplement les principales variables qui déterminent les sorties nettes de capitaux :

■ les taux d'intérêt réels sur les actifs étrangers ;

■ les taux d'intérêt réels sur les actifs nationaux ;

■ la perception des risques économiques et politiques liés à la détention d'actifs nationaux et étrangers ;

■ les politiques gouvernementales régissant la détention d'actifs étrangers.

Considérons le choix qui s'offre à des investisseurs canadiens qui peuvent acheter soit des obligations du gouvernement mexicain, soit des obligations du gouvernement canadien (souvenons-nous qu'une obligation est une reconnaissance de dette de la part de l'émetteur). Afin de prendre leur décision, les investisseurs canadiens comparent les taux d'intérêt réels de ces deux types d'obligations. Plus ce taux est élevé, plus le titre financier est rentable. Au moment de faire la comparaison, les investisseurs doivent cependant tenir compte des éventuelles contraintes que le gouvernement mexicain pourrait imposer aux investisseurs étrangers et également du fait que l'un ou l'autre des émetteurs pourrait *manquer à ses engagements* (c'est-à-dire ne pas payer les intérêts, ni rembourser le principal au moment de l'échéance).

L'ÉGALITÉ DES EXPORTATIONS NETTES ET DES SORTIES NETTES DE CAPITAUX

Une économie ouverte est en relation avec le reste du monde sur deux marchés : celui des biens et des services et celui des actifs financiers. Les exportations nettes et les sorties nettes de capitaux mesurent un certain type de déséquilibre sur les marchés. D'une part, les exportations nettes fournissent des données sur le déséquilibre entre les exportations et les importations d'un pays, d'autre part, les sorties nettes de capitaux montrent le déséquilibre entre la valeur des actifs étrangers achetés par les résidants et celle des actifs nationaux achetés par les étrangers.

Un principe comptable important stipule que, pour l'ensemble de l'économie, ces deux déséquilibres doivent se compenser mutuellement. Autrement dit, les sorties nettes de capitaux (*SNC*) doivent égaler les exportations nettes (*XN*) :

$$SNC = XN$$

Cette égalité se vérifie, car toute transaction modifiant l'un des côtés doit également modifier l'autre côté d'une même valeur. Il s'agit donc d'une *identité* — une équation qui se vérifie par la nature des variables qui la composent et la façon de les mesurer.

Pour vérifier l'exactitude de cette identité, prenons un exemple. Imaginons que l'avionneur canadien Bombardier vende des appareils à une société aérienne japonaise. Dans cette transaction, une entreprise canadienne livre des avions à une entreprise japonaise et cette dernière paye l'autre en yens. Remarquez que ces deux opérations se produisent simultanément. Le Canada livre une partie de sa production (des avions) à un pays étranger, et cette vente accroît les exportations nettes canadiennes. En retour, le Canada reçoit en paiement des actifs étrangers (les yens), ce qui fait augmenter les sorties nettes de capitaux canadiens.

Même s'il est fort probable que Bombardier ne conservera pas les yens reçus de l'entreprise japonaise, toute transaction subséquente maintiendra l'égalité entre les exportations nettes et les sorties nettes de capitaux. Bombardier pourrait, par exemple, échanger ses yens contre des dollars avec un fonds commun de placement désireux d'acheter des titres de Sony, le fabricant japonais d'appareils d'électroniques destinés au grand public. Dans un tel cas, les exportations nettes des avions de Bombardier sont égales aux sorties nettes de capitaux faites par le fonds et consacrées aux actifs de Sony. Par conséquent, *XN* et *SNC* augmentent d'un même montant.

Bombardier pourrait plutôt échanger ses yens contre des dollars avec une autre entreprise canadienne, qui pour sa part voudrait acheter des ordinateurs de Toshiba, le fabricant japonais. Dans ce cas, les importations canadiennes (d'ordinateurs) compenseraient exactement les exportations canadiennes (d'avions). Les ventes de Bombardier et de Toshiba prises ensemble n'auraient aucune incidence sur les exportations nettes canadiennes ni sur les sorties nettes de capitaux canadiens. De fait, les valeurs de *SNC* et *XN* demeureraient identiques à ce qu'elles étaient avant toutes ces transactions.

L'égalité entre les exportations nettes et les sorties nettes de capitaux tient au fait que toute transaction internationale est un échange. Quand un pays vend un bien ou un service à un autre pays, ce dernier lui transfère en échange certains de ses actifs en guise de paiement. La valeur de ces actifs est égale à la valeur du bien ou du service vendu. Une fois le tout additionné, la valeur nette des biens et des services vendus par un pays (*XN*) doit être égale à la valeur nette des actifs acquis (*SNC*).

- Lorsqu'un pays est en situation d'excédent commercial (*XN* > 0), il vend plus de biens et de services aux non-résidents qu'il n'en achète d'eux. Que fait-il avec les devises étrangères qu'il reçoit pour ses ventes nettes de biens et de services à l'étranger? Il doit les utiliser pour acheter des actifs étrangers. Il y a donc sorties nettes de capitaux (*SNC* > 0).

- Lorsqu'un pays est en déficit commercial (*XN* < 0), il achète plus de biens et de services des non-résidents qu'il ne leur en vend. Comment finance-t-il l'achat net de ces biens sur les marchés internationaux? Il doit vendre des actifs à l'étranger. Il y a donc entrées nettes de capitaux (*SNC* < 0).

Le flux international des biens et des services et le flux international des capitaux constituent les deux côtés d'une même médaille.

BON À SAVOIR

LA BALANCE DU COMPTE COURANT

Les sorties nettes de capitaux (*SNC*) représentent la différence entre la valeur en dollars des actifs étrangers achetés par les résidents nationaux et la valeur en dollars des actifs nationaux achetés par les étrangers. Ainsi, lorsqu'un Mexicain dépense 100 $ pour acheter 10 actions de la société Tim Hortons (à 10 $ l'action), il fait entrer au Canada une somme de 100 $ en capitaux financiers. Lorsqu'un Canadien dépense 160 $ pour acheter 40 actions de la société de téléphonie mexicaine Telmex (à 4 $ l'action), il fait sortir du Canada une somme de 160 $ en capitaux financiers. L'effet net de ces deux transactions est une sortie nette de capitaux de 60 $.

Une autre paire de flux financiers sera ultérieurement associée à ces deux achats d'actions. Plus tard, Tim Hortons paiera sans doute un dividende au Mexicain qui a acheté 10 de ses actions. Supposons que le dividende représente 3 % du cours de l'action: le paiement du dividende entraînera une sortie de capitaux financiers de 0,30 $ l'action, soit 3 $ au total. De la même façon, il est possible que Telmex verse un dividende au Canadien qui a acheté 40 de ses actions. Supposons un dividende de 5 %: le Canadien recevra alors 0,20 $ l'action, soit un total de 8 $. Ces deux paiements (par Tim Hortons et Telmex) résulteront en une entrée nette de capitaux de 5 $ en dividendes. D'autres transactions pourraient prendre la forme d'achats et de ventes d'obligations et résulter par la suite en un versement d'intérêts.

Nous tenons compte des achats d'actions (qui, dans notre exemple, ont résulté en une sortie nette de capitaux de 60 $) dans la mesure des sorties nettes de capitaux (*SNC*). Mais comment tenir compte des flux de capitaux financiers qui résulteront des versements de dividendes ? Même question pour les achats d'obligations : nous en tenons compte dans les sorties nettes de capitaux, mais que faire avec les flux de capitaux financiers qui résulteront des futurs versements d'intérêts ?

La réponse est simple : ils sont mesurés dans la balance du compte courant. On définit la balance du compte courant ainsi :

$$\text{Balance du compte courant} = \text{exportations nettes} + \text{entrée nette de dividendes et d'intérêts}$$

La balance du compte courant représente donc la différence entre le total des paiements reçus de l'étranger pour les biens et les services ayant été achetés au pays — y compris les versements d'intérêts et de dividendes — et le total des paiements analogues faits à l'étranger. Nous avons déjà traité de la plus importante partie du compte courant lorsque nous avons étudié les exportations, les importations et les exportations nettes. Nous n'avions cependant pas abordé explicitement la question des flux nets de dividendes et d'intérêts, et ce, pour deux raisons. D'abord, ils sont peu élevés par rapport aux sorties nettes de capitaux qui les engendrent : dans notre exemple, une sortie nette de capitaux de 60 $ donnera lieu à une entrée nette de dividendes de seulement 5 $. Ensuite, le fait que le flux de versements de dividendes et d'intérêts survient uniquement dans le futur et que ces versements se reproduiront à maintes occasions (tant que le Mexicain conserve ses actions de Tim Hortons et que le Canadien demeure propriétaire de ses actions de Telmex) complexifie l'analyse de l'incidence de tout événement susceptible de produire une sortie nette de capitaux. C'est pour ces deux raisons que la deuxième partie de la balance du compte courant est souvent laissée de côté dans l'analyse fondamentale des économies ouvertes. Notons cependant que, sur le graphique de la figure 12.1 (voir la page 284), les intérêts et les dividendes perçus ont été inclus dans les exportations, tout comme les intérêts et les dividendes payés ont été inclus dans les importations.

Les étudiants attentifs auront peut-être d'ailleurs remarqué que la différence entre le PIB et le PNB tient justement dans les paiements internationaux d'intérêts et de dividendes. Pour calculer le PNB, on part du PIB et on soustrait les revenus versés à des non-résidents, puis on ajoute la valeur des revenus provenant de l'étranger et reçus par les résidents nationaux. En fait, lorsqu'on utilise le concept de PNB, le compte courant est par définition égal aux exportations nettes.

L'ÉPARGNE, L'INVESTISSEMENT ET LEUR RELATION AVEC LES FLUX INTERNATIONAUX

L'épargne et l'investissement d'un pays sont, comme nous l'avons vu aux chapitres 7 et 8, des déterminants cruciaux de sa croissance économique à long terme. Examinons maintenant la relation que ces deux variables entretiennent avec les flux internationaux de marchandises et de capitaux, mesurés par les exportations nettes et les sorties nettes de capitaux. Il suffit d'un peu d'arithmétique élémentaire.

L'expression *exportations nettes* a déjà été introduite au chapitre 5, lorsque nous avons abordé le produit intérieur brut (PIB). On peut mesurer le PIB (désigné par la variable Y) en faisant la somme des dépenses pour acheter la production, soit les dépenses de consommation (C), les dépenses d'investissement (I), les dépenses gouvernementales (G) et les exportations nettes (XN) :

$$Y = C + I + G + XN$$

Chaque dollar dépensé se classe nécessairement dans l'une de ces quatre catégories. Cette équation est donc une identité : elle se vérifie à cause de la nature des variables et de la façon de mesurer les dépenses.

Rappelez-vous que l'épargne correspond à la différence entre le revenu d'un pays et les dépenses courantes, qui regroupent les dépenses de consommation (C) et les dépenses publiques (G). L'épargne (S) est donc égale à $Y - C - G$. Si nous reprenons l'équation précédente (celle du PIB, soit $Y = C + I + G + XN$) et soustrayons C et G des deux côtés de l'égalité, nous obtenons :

$$Y - C - G = I + XN$$

$$S = I + XN$$

Comme les exportations nettes (XN) sont égales aux sorties nettes de capitaux (SNC), nous pouvons alors écrire :

$$S \quad = \quad I \quad + \quad SNC$$

Épargne $\quad = \quad$ investissement $\quad + \quad$ sorties nettes de capitaux

L'épargne d'un pays est donc égale à la somme de l'investissement et des sorties nettes de capitaux. Autrement dit, lorsqu'un Canadien épargne un dollar de son revenu, ce dollar finance l'accumulation de capital national ou l'achat de capital à l'étranger.

Une telle équation vous rappelle sans doute quelque chose. Nous avons déjà abordé cette identité lors de l'analyse du système financier, dans le cas particulier d'une économie fermée. Dans une telle économie, les sorties nettes de capitaux sont nulles ($SNC = 0$) ; par conséquent, l'épargne est égale à l'investissement ($S = I$). En revanche, une économie ouverte offre deux façons d'utiliser l'épargne nationale : l'investissement intérieur et les sorties nettes de capitaux (l'investissement à l'étranger).

Nous avons déjà vu que le système financier se trouve entre les deux membres de cette identité. Par exemple, imaginons que la famille Nguyen décide d'économiser pour la retraite ; une telle décision contribue à l'épargne nationale, soit le côté gauche de notre équation. Si les Nguyen déposent leur épargne dans un fonds commun de placement, ce dernier achètera peut-être des actions émises par Bombardier, qui utilisera le produit de cette vente pour construire une usine au Québec. En outre, le même fonds commun de placement peut également utiliser une partie de l'argent déposé par les Nguyen pour acheter des actions de Toyota, qui s'en servira pour construire une usine à Osaka. Ces transactions seront mesurées dans le côté droit de l'équation. Du point de vue de la comptabilité nationale canadienne, la dépense de Bombardier pour la construction de sa nouvelle usine constitue un investissement intérieur, tandis que l'achat des titres de Toyota par un résident canadien représente une sortie nette de capitaux. Toute l'épargne canadienne devient donc un investissement dans l'économie canadienne ou une sortie nette de capitaux.

EN RÉSUMÉ

Le tableau 12.1 résume plusieurs des idées présentées jusqu'à présent dans le chapitre. Il décrit les trois situations possibles pour une économie ouverte : un déficit commercial, une balance commerciale équilibrée et un excédent commercial.

Par définition, un pays en excédent commercial exporte plus qu'il n'importe. Ses exportations nettes (XN) sont alors positives. Il faut donc que le revenu ($Y = C + I + G + XN$) soit plus élevé que les dépenses ($C + I + G$). Et si Y est plus élevé que $C + I + G$, $Y - C - G$ doit être plus grand que I. Ainsi, l'épargne ($S = Y - C - G$) doit dépasser l'investissement. Parce que ce pays épargne plus qu'il n'investit, il doit envoyer une partie de son épargne à l'étranger. Les sorties nettes de capitaux doivent donc être positives.

La même logique s'applique au cas d'un pays en déficit commercial. Par définition, un pays en déficit commercial exporte moins qu'il n'importe. Ses exportations nettes (XN) sont donc négatives. Il faut alors que le revenu ($Y = C + I + G + XN$) soit inférieur aux dépenses ($C + I + G$). Et si Y est plus faible que $C + I + G$, $Y - C - G$ doit être moindre que I. Ainsi, l'épargne ($S = Y - C - G$) doit être inférieure à l'investissement. Parce que ce pays épargne moins qu'il n'investit, les sorties nettes de capitaux doivent être négatives.

Finalement, un pays ayant une balance commerciale équilibrée se situe entre ces deux extrêmes. Ses exportations sont égales à ses importations, donc ses exportations nettes sont égales à zéro. Le revenu est égal aux dépenses intérieures : l'épargne est alors égale à l'investissement et les sorties nettes de capitaux sont nulles.

TABLEAU 12.1 **LES FLUX INTERNATIONAUX DE BIENS ET DE CAPITAUX**   Ce tableau illustre les trois situations possibles pour une économie ouverte.

DÉFICIT COMMERCIAL	ÉQUILIBRE DES ÉCHANGES	SURPLUS COMMERCIAL
Exportations $<$ importations	Exportations $=$ importations	Exportations $>$ importations
Exportations nettes $<$ 0	Exportations nettes $=$ 0	Exportations nettes $>$ 0
$Y < C + I + G$	$Y = C + I + G$	$Y > C + I + G$
Épargne $<$ investissement	Épargne $=$ investissement	Épargne $>$ investissement
Sorties nettes de capitaux $<$ 0	Sorties nettes de capitaux $=$ 0	Sorties nettes de capitaux $>$ 0

ÉTUDE DE CAS

L'ÉPARGNE, L'INVESTISSEMENT ET LES SORTIES NETTES DE CAPITAUX

Le Canada est un débiteur net sur les marchés financiers mondiaux. Cela signifie que les étrangers détiennent plus d'actifs canadiens que les Canadiens ne détiennent d'actifs étrangers. Dans les années 1960 et 1970, il y avait certaines inquiétudes quant à l'ampleur des investissements étrangers au pays. À cette époque, certains allaient même jusqu'à demander qu'on limite les intérêts étrangers au Canada. Était-il souhaitable d'accéder à cette demande ? Autrement dit, le fait que le Canada est un débiteur net est-il inquiétant ?

Pour répondre à ces questions, il faut comprendre ce que les identités comptables macroéconomiques révèlent sur l'économie canadienne. Le graphique a) de la figure 12.2 présente l'épargne et l'investissement, en pourcentage du produit intérieur brut canadien,

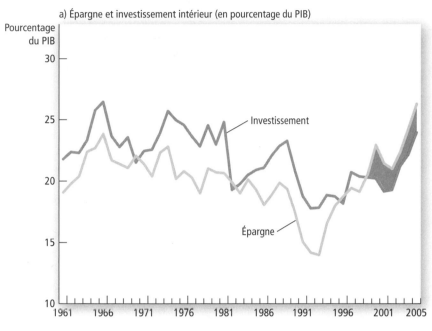

a) Épargne et investissement intérieur (en pourcentage du PIB)

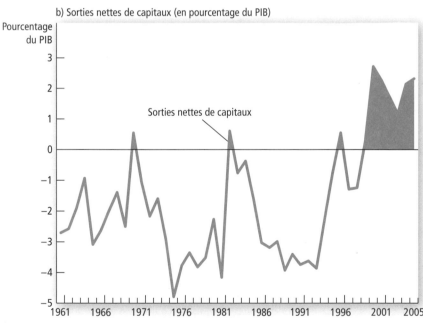

b) Sorties nettes de capitaux (en pourcentage du PIB)

FIGURE 12.2

L'ÉPARGNE, L'INVESTISSEMENT ET LES SORTIES NETTES DE CAPITAUX Le graphique a) montre l'épargne et l'investissement intérieurs exprimés en pourcentage du PIB canadien. Le graphique b) illustre les sorties nettes de capitaux exprimées en pourcentage du PIB. De 1961 à 1998, à l'exception de trois années, les sorties nettes de capitaux ont toujours été négatives et importantes par rapport au PIB. Depuis 1999, il y a plutôt d'importantes sorties nettes de capitaux positives, l'épargne nationale est donc plus que suffisante pour financer l'investissement canadien. L'épargne excédentaire sert à l'achat d'actifs étrangers.

Sources : Statistique Canada et calculs des auteurs.

depuis 1961. Le graphique b) montre les sorties nettes de capitaux, en pourcentage du PIB. Remarquez que, selon les identités comptables, les sorties nettes de capitaux doivent toujours être égales à la différence entre l'épargne et l'investissement.

Comme l'illustre le graphique b), de 1961 à 1998, le Canada a généralement été en situation de sorties nettes de capitaux négatives (*SNC*). En général, les étrangers achetaient chaque année plus d'actifs canadiens que les Canadiens n'achetaient d'actifs étrangers. Ces achats nets d'actifs canadiens de la part des étrangers ont permis à l'investissement au Canada de dépasser l'épargne de 2,3 % du PIB par année, en moyenne. Parce qu'elles doivent égaler les sorties nettes de capitaux, les exportations nettes ont généralement été négatives durant cette période, comme on le voit à la figure 12.1 (voir la page 284).

Depuis 1999, cependant, les entrées nettes de capitaux sont devenues des sorties nettes de capitaux. Même si cette situation s'était déjà produite, en 1970, 1982 et 1996, les sorties nettes de capitaux sont devenues plus importantes et plus durables depuis 1999. Qu'est-ce qui a bien pu modifier de façon si importante la situation canadienne ?

L'épargne nationale est passée de 14 % du PIB en 1993 à 26 % en 2005. Cela est dû en grande partie aux efforts des gouvernements fédéral et provinciaux pour éliminer leur déficit budgétaire respectif. Conséquemment, depuis 1999, l'augmentation de l'épargne nationale a été tellement importante que, malgré la forte hausse de l'investissement, l'épargne canadienne a été plus que suffisante pour satisfaire la demande intérieure de fonds pour l'investissement. Le résultat : une partie de l'épargne canadienne est devenue disponible pour des prêts aux étrangers.

Les déficits commerciaux et leur contrepartie, les sorties nettes de capitaux négatives (donc des entrées nettes de capitaux), ont-ils été problématiques pour l'économie canadienne de 1961 à 1999 ? La majorité des économistes font valoir qu'il ne s'agissait pas d'un problème en soi, mais qu'on peut y voir le symptôme d'un problème, c'est-à-dire une épargne nationale faible. En effet, un faible taux d'épargne peut finir par représenter un problème, car le pays économise peu pour assurer son avenir. Cependant, il y a peu de raisons de s'inquiéter du déficit commercial qui résulte de cette épargne faible. Comme l'indiquent les identités fondamentales, une baisse de l'épargne nationale produit soit une augmentation du déficit commercial, soit une chute de l'investissement. Si la réduction de l'épargne nationale ne provoque pas un déficit commercial, l'investissement au Canada doit forcément diminuer. Cette réduction de l'investissement provoquera à son tour une diminution de la croissance du stock de capital, de la productivité et des salaires réels. Si l'épargne diminue et qu'un déficit commercial en résulte, cela veut dire que l'épargne des étrangers sert à financer l'investissement canadien. Autrement dit, si les Canadiens n'économisent pas beaucoup, il est préférable que les étrangers financent l'investissement canadien, plutôt que personne ne le fasse. Sans la volonté des étrangers de placer leurs économies au Canada, la chute de l'épargne canadienne, provoquée par les imposants déficits publics des années 1980, aurait fait fondre encore davantage l'investissement. Les déficits commerciaux et leur contrepartie, les flux nets négatifs de capitaux, étaient donc tout simplement le signe que les étrangers mettaient leur épargne à la disposition des firmes canadiennes qui désiraient financer de nouveaux investissements, mais qui ne trouvaient pas assez de fonds rendus disponibles par les épargnants canadiens.

Les excédents commerciaux et leur contrepartie, les sorties nettes de capitaux, ont-ils été problématiques pour l'économie canadienne depuis 1999 ? Pour répondre à cette question, il faut à nouveau garder en tête l'épargne et l'investissement. Si les sorties nettes de capitaux avaient eu leur origine dans une baisse de l'investissement canadien, cela aurait pu être le symptôme d'une incapacité des entreprises canadiennes à développer des occasions

d'investissements profitables. En fait, cependant, les sorties nettes de capitaux du Canada ont été causées par une hausse de l'épargne nationale. Les Canadiens sont donc en train de mettre beaucoup de fonds de côté pour l'avenir ; loin d'être un phénomène inquiétant, les sorties nettes de capitaux indiquent plutôt qu'il y a abondance d'épargne pour financer les nouveaux investissements et la croissance.

MINITEST

■ Définissez les exportations nettes et les sorties nettes de capitaux. Expliquez comment elles sont reliées.

LES PRIX DES TRANSACTIONS INTERNATIONALES : LES TAUX DE CHANGE NOMINAL ET RÉEL

Jusqu'à maintenant, nous nous sommes limités à mesurer les flux internationaux de biens, de services et de capitaux. En plus de ces variables, les spécialistes en macro-économie étudient également les prix caractérisant ces transactions internationales. Tout comme le prix joue un rôle de coordination crucial entre les vendeurs et les acheteurs dans un marché local ou national, les prix internationaux permettent de coordonner les décisions des vendeurs et des acheteurs sur les marchés mondiaux. Nous aborderons ici les deux prix internationaux les plus importants : le taux de change nominal et le taux de change réel.

LE TAUX DE CHANGE NOMINAL

Taux de change nominal
Taux auquel on échange la monnaie d'un pays contre celle d'un autre.

Le **taux de change nominal** est le taux auquel on échange la monnaie d'un pays contre celle d'un autre. Si vous allez à la banque, vous pourrez voir, par exemple, que le taux de change d'un dollar est de 80 yens. Cela signifie que, contre un dollar canadien, la banque vous donnera 80 yens japonais, et inversement. (En réalité, la banque affiche des taux légèrement différents pour l'achat et la vente des devises. Cette différence correspond au profit que l'institution financière tire de ce service. Pour les fins de notre exemple, nous ne tiendrons pas compte de cette différence.)

Il existe donc deux façons d'exprimer le taux de change. Si le taux de change est de 80 yens pour un dollar, il est aussi égal à 1/80 (= 0,0125) de dollar par yen. Dans cet ouvrage, nous exprimons toujours le taux de change nominal en unités de devises étrangères pour un dollar canadien, soit 80 yens pour un dollar dans notre exemple.

Appréciation
Hausse de la valeur d'une monnaie par rapport à celle d'une autre devise, mesurée par la quantité de devises étrangères qu'elle permet d'acheter.

Dépréciation
Baisse de la valeur d'une monnaie par rapport à celle d'une autre devise, mesurée par la quantité de devises étrangères qu'elle permet d'acheter.

Si le taux de change varie de telle sorte qu'un dollar achète une plus grande quantité de devises étrangères, on parle alors d'une **appréciation** du dollar. Si, au contraire, le dollar achète moins de devises, on parle de **dépréciation** du dollar. Quand le taux de change augmente de 80 à 90 yens pour un dollar, on dit que le dollar s'apprécie. Au même moment, puisque le yen japonais achète moins de dollars canadiens, on dit qu'il se déprécie. Lorsque le taux de change passe de 80 à 70 yens pour un dollar, on dira en revanche que le dollar se déprécie et que le yen s'apprécie.

Vous avez peut-être déjà entendu dans les médias des remarques à propos du dollar *faible* ou *fort*. On fait généralement allusion dans ces cas aux variations récentes du taux de change nominal. Lorsqu'une monnaie s'apprécie, on dit souvent qu'elle *se renforce*, car elle peut maintenant acheter plus de devises étrangères. De la même façon, lorsqu'une monnaie se déprécie, on dit qu'elle *s'affaiblit*.

Il existe plusieurs taux de change nominaux pour chaque monnaie. En effet, avec des dollars canadiens, il est possible d'acheter des yens japonais, des livres anglaises, des euros, des dollars américains, des pesos mexicains, etc. Lorsque les économistes étudient les variations des taux de change, ils utilisent souvent un indice de taux de change correspondant à la moyenne pondérée de plusieurs taux. Tout comme l'indice des prix à la consommation mesure les prix moyens ayant cours dans l'économie, l'indice des taux de change mesure la valeur moyenne d'une devise. Par conséquent, lorsque les économistes parlent de l'appréciation du dollar ou de sa dépréciation, ils font souvent référence à un indice des taux de change, qui tient compte de plusieurs taux de change individuels.

BON À SAVOIR

LA VALEUR DU DOLLAR CANADIEN

Quand ils pensent à la valeur de leur dollar, les Canadiens le comparent généralement au dollar américain. Cela n'a rien d'étonnant puisque, lorsqu'ils prennent des vacances ou font des affaires à l'étranger, la majorité des Canadiens se rendent aux États-Unis. C'est pour cette raison que la valeur du dollar canadien par rapport à celle de la devise américaine les préoccupe.

Il importe de rappeler, néanmoins, que le taux de change nominal du dollar canadien se calcule également par rapport à toutes les autres devises étrangères. En outre, le Canada commerce avec bien d'autres pays que son voisin du Sud. Il existe donc de nombreuses définitions de la valeur du dollar canadien : on peut le comparer avec le dollar américain ou la livre britannique, mais aussi avec toutes les autres monnaies de la planète.

Les quatre graphiques de la figure 12.3 montrent l'évolution récente du taux de change (d'août 1996 à août 2006) pour le dollar canadien et quatre autres devises étrangères : le dollar américain, la livre britannique, le yen japonais et le dollar australien. Le graphique a) montre que, d'août 1996 à août 2006, le dollar canadien a commencé par perdre de la valeur face au dollar américain, s'est stabilisé, puis a repris de la valeur. Sur le graphique c), on voit que le dollar canadien a connu une évolution semblable face au yen japonais. Par rapport au dollar australien, comme l'indique le graphique d), la valeur du dollar canadien a augmenté de 1996 à 2001, a diminué de 2001 à 2003, puis a augmenté à nouveau. Finalement, le dollar canadien a fluctué en zigzags face à la livre britannique.

LE TAUX DE CHANGE RÉEL

Taux de change réel
Taux auquel on échange les biens et services d'un pays contre les biens et services d'un autre pays.

Le **taux de change réel** est le taux auquel on peut échanger les biens et les services d'un pays contre les biens et les services d'un autre pays. Imaginons que vous allez magasiner et constatez qu'une caisse de bière coûte en Allemagne deux

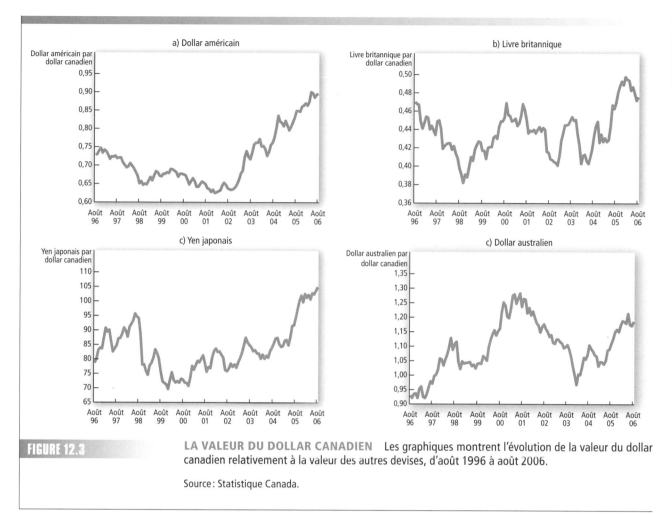

FIGURE 12.3 **LA VALEUR DU DOLLAR CANADIEN**   Les graphiques montrent l'évolution de la valeur du dollar canadien relativement à la valeur des autres devises, d'août 1996 à août 2006.

Source : Statistique Canada.

fois plus cher qu'une caisse de bière au Canada. Nous dirons alors que le taux de change réel est d'une demi-caisse de bière allemande pour une caisse de bière canadienne. Comme pour le taux de change nominal, nous allons exprimer le taux de change réel du point de vue canadien, c'est-à-dire en unités de biens étrangers par unités de biens nationaux. Mais, dans ce cas, le taux de change est exprimé en marchandises plutôt qu'en monnaie.

Les taux de change réel et nominal sont intimement liés. Il suffit d'un exemple pour le constater : imaginez qu'un boisseau de blé canadien se vende 200 $CAN, alors qu'un boisseau de blé russe se vende 1600 roubles. Quel est le taux de change réel entre le blé canadien et le blé russe ? Pour répondre à cette question, nous devons avoir recours au taux de change nominal pour convertir les deux prix en une devise commune. Si le taux de change nominal est de 4 roubles pour un dollar canadien, le prix d'un boisseau canadien à 200 $CAN est alors égal à 800 roubles. Le blé canadien ne coûte donc que la moitié du prix du blé russe. Le taux de change réel est donc de ½ boisseau de blé russe pour un boisseau de blé canadien.

On peut résumer ainsi ce calcul du taux de change réel :

$$\text{Taux de change réel} = \frac{\text{taux de change nominal} \times \text{prix canadien}}{\text{prix étranger}}$$

Dans notre exemple, il faut donc faire le calcul suivant :

$$\text{Taux de change réel} = \frac{\left(\begin{array}{c}\text{4 roubles}\\\text{pour 1 \$CAN}\end{array}\right) \times \left(\begin{array}{c}\text{200 \$ pour un boisseau}\\\text{de blé canadien)}\end{array}\right)}{\text{1600 roubles pour un boisseau de blé russe}}$$

$$= \text{½ boisseau de blé russe pour un boisseau de blé canadien}$$

Le taux de change réel dépend donc du taux de change nominal et des prix des biens dans les deux pays concernés, calculés en monnaie nationale.

Pourquoi le taux de change réel est-il important ? Comme vous l'avez sans doute deviné, le taux de change réel détermine le volume des exportations et des importations. Quand l'entreprise Five Roses choisit d'acheter du blé pour produire de la farine, elle cherche à savoir lequel du blé canadien ou du blé russe est le moins cher. C'est le taux de change réel qui peut la renseigner à ce sujet. Examinons un autre exemple de l'utilisation que l'on peut faire du taux de change réel : imaginez que vous hésitiez entre un séjour à Mont-Tremblant, au Québec, et à Cancun, au Mexique. Vous avez demandé à votre agent de voyages le prix d'une chambre à Mont-Tremblant (en dollars) et celui d'une chambre à Cancun (en pesos), ainsi que le taux de change pour le dollar et le peso mexicain. Si vous choisissez votre destination en comparant les prix, votre décision se fonde sur le taux de change réel.

Lorsqu'ils étudient l'économie à l'échelle globale, les macroéconomistes s'intéressent au niveau général des prix plutôt qu'à certains prix individuels (comme le prix du blé). Pour calculer le taux de change réel, ils se servent d'indices, comme l'indice des prix à la consommation qui mesure le prix d'un panier de biens et services. En utilisant un indice de prix pour un panier de biens canadiens (P), un indice de prix pour un panier de biens étrangers (P^*) et le taux de change nominal pour le dollar canadien et la devise étrangère concernée (e), on peut calculer le taux de change réel (E) pour le dollar canadien et cette devise étrangère :

$$E = (e \times P)/P^*$$

Ce taux de change mesure le prix d'un panier de biens et de services sur le marché national par rapport au même panier à l'étranger.

BON À SAVOIR — L'EURO

Vous avez peut-être déjà entendu parler ou même vu des monnaies telles que le franc français, le mark allemand ou la lire italienne. Ces monnaies n'existent plus aujourd'hui. Dans les années 1990, de nombreux pays européens ont décidé d'abandonner leur monnaie nationale respective et d'adopter une monnaie commune, l'*euro*. L'euro est entré en circulation le 1er janvier 2002. La politique monétaire en vigueur dans la zone euro est maintenant du ressort de la Banque centrale européenne (BCE), qui regroupe des représentants de tous les pays participant à l'euro. La BCE émet les euros et en contrôle la quantité en circulation, tout comme la Banque du Canada contrôle la quantité de dollars en circulation dans l'économie canadienne.

Pourquoi ces pays européens ont-ils adopté une monnaie commune ? Entre autres avantages, une monnaie commune facilite les transactions commerciales. Imaginez la situation si chacune des dix provinces et chacun des trois territoires du Canada possédaient sa propre monnaie. Chaque fois que vous traverseriez une frontière provinciale ou territoriale, vous devriez changer la monnaie en votre possession et effectuer tous les calculs liés aux taux de change en vigueur à ce moment-là. Ce ne serait pas pratique et ça pourrait même vous dissuader d'acheter des biens et des services à l'extérieur de votre province ou territoire. C'est pour des raisons analogues que ces pays européens ont conclu que, puisque l'intégration de leurs économies allait de l'avant, il valait mieux éviter de tels inconvénients.

Dans une certaine mesure, l'adoption d'une monnaie unique en Europe est le fruit d'une décision politique fondée sur des facteurs ne se limitant pas aux seuls principes économiques généraux. Certains partisans de l'euro souhaitaient atténuer l'ampleur des sentiments nationalistes et sensibiliser davantage les Européens à l'importance de leur histoire et de leur destin communs. Ils estimaient que l'utilisation d'une monnaie unique dans la plupart des pays du continent favoriserait l'atteinte d'un tel objectif.

L'adoption d'une monnaie commune comporte toutefois aussi des coûts. Dès lors que les pays européens n'ont qu'une seule monnaie, ils ne peuvent avoir qu'une seule politique monétaire. S'ils ne s'entendent pas sur la teneur de la meilleure politique monétaire possible, ils devront néanmoins établir un consensus à cet égard, plutôt que de laisser chaque pays faire comme bon lui semble. Ainsi, puisque l'adoption d'une monnaie unique comporte des avantages et des inconvénients, le débat se poursuit entre les économistes pour déterminer si la mise en circulation de l'euro a été une bonne décision ou non.

Nous verrons plus précisément dans le prochain chapitre que le taux de change réel d'un pays est un facteur déterminant de ses exportations nettes de biens et de services. Une dépréciation réelle (baisse du taux de change réel canadien) signifie une baisse du prix des biens canadiens par rapport à celui des biens étrangers. Un tel changement incite les consommateurs canadiens et étrangers à acheter plus de biens et de services au Canada, aux dépens des autres pays. Les exportations canadiennes augmentent donc, tandis que les importations diminuent : on enregistre alors une hausse des exportations nettes. À l'inverse, une appréciation réelle (augmentation du taux de change réel canadien) signifie un renchérissement des marchandises canadiennes par rapport aux produits étrangers et, par conséquent, une baisse des exportations canadiennes.

MINITEST

■ Définissez le *taux de change nominal* et le *taux de change réel,* en expliquant les relations entre ces deux variables. Si le taux de change nominal passe de 100 à 120 yens pour un dollar, le dollar s'est-il apprécié ou déprécié ?

UNE PREMIÈRE THÉORIE DES TAUX DE CHANGE : LA PARITÉ DES POUVOIRS D'ACHAT

Les taux de change varient considérablement dans le temps. En 1970, un dollar canadien s'échangeait contre 3,49 marks allemands ou 600 lires italiennes. En 2000, le

Parité des pouvoirs d'achat (PPA)
Théorie selon laquelle une unité de monnaie d'un pays donné devrait pouvoir acheter la même quantité de biens dans tous les pays.

même dollar canadien valait 1,43 mark et 1413 lires. Autrement dit, de 1970 à 2000, le dollar s'est déprécié par rapport au mark et s'est apprécié par rapport à la lire.

Comment expliquer ces variations importantes et opposées ? Les économistes ont mis au point différents modèles pour expliquer la détermination des taux de change, chacun d'eux mettant l'accent sur certaines des forces en jeu. Nous présentons ici la théorie la plus simple, celle de la parité des pouvoirs d'achat (PPA). Selon cette théorie, une unité d'une devise donnée devrait pouvoir acheter la même quantité de biens dans tous les pays. La plupart des économistes pensent que la parité des pouvoirs d'achat explique les fluctuations des taux de change à long terme. Pour mieux comprendre cette théorie, nous étudierons le raisonnement sur lequel elle s'appuie, de même que ses implications et ses limites.

LES FONDEMENTS DE LA THÉORIE DE LA PARITÉ DES POUVOIRS D'ACHAT

Cette théorie repose sur la loi du *prix unique,* selon laquelle un bien doit se vendre le même prix en tout lieu. Supposons que le café se vende moins cher à Vancouver qu'à Halifax. Quelqu'un pourrait acheter du café à Vancouver à 4 $ le kilo et le revendre à Halifax pour 5 $ le kilo, réalisant un profit de 1 $ le kilo grâce à cette différence de prix. Ce processus, qui consiste à tirer avantage des différences de prix entre les marchés, s'appelle *arbitrage*. Dans notre exemple, en mettant à profit cette possibilité d'arbitrage, on augmente la demande de café à Vancouver et l'offre de café à Halifax. Le prix du café monte donc à Vancouver (en raison de la plus forte demande) et tombe à Halifax (en raison de l'augmentation de l'offre). Cette modification des prix se poursuivra jusqu'à ce que les prix finissent par s'égaliser sur les deux marchés.

Voyons maintenant comment cette loi du prix unique s'applique au contexte international. Si un dollar (ou toute autre monnaie) permet d'acheter plus de café au Canada qu'au Japon, les négociants internationaux en profiteront pour acheter du café au Canada et le revendre au Japon. Cette exportation canadienne fera monter le prix du café au Canada et le fera baisser au Japon. Si, au contraire, un dollar permet d'acheter plus de café au Japon qu'au Canada, les négociants achèteront le café au Japon pour le revendre au Canada. Cette importation canadienne réduira le prix du café au Canada en l'augmentant au Japon. En fin de compte, la loi du prix unique stipule qu'un dollar doit acheter la même quantité de café dans tous les pays.

C'est cette logique qui sous-tend la théorie de la parité des pouvoirs d'achat. D'après cette théorie, une devise doit avoir le même pouvoir d'achat dans tous les pays. Un dollar doit pouvoir acheter la même quantité de marchandises au Canada qu'au Japon, et inversement. Cette théorie porte bien son nom : *parité* signifie « égalité », et *pouvoir d'achat* fait référence à la valeur de la monnaie. La *parité des pouvoirs d'achat* affirme qu'une unité monétaire doit avoir la même valeur réelle dans tous les pays.

LES IMPLICATIONS DE LA PARITÉ DES POUVOIRS D'ACHAT

Que pouvons-nous apprendre, au sujet du taux de change, de cette théorie de la parité des pouvoirs d'achat ? Que le taux de change nominal pour les monnaies de deux pays est lié au niveau des prix dans ces deux pays. Or, si un dollar achète la même quantité de biens et de services au Canada (où les prix s'expriment en dollars) et au Japon (où les prix sont donnés en yens), le nombre de yens par dollar doit refléter les prix des biens au Canada comme au Japon. Si le kilo de café coûte 500 ¥ au Japon, par exemple, et 5 $ au Canada, le taux de change nominal sera alors de 100 yens pour un dollar (500 ¥ / 5 $). Si ce n'était pas le cas, le pouvoir d'achat du dollar ne serait pas le même dans les deux pays.

Pour mieux comprendre cette théorie, il faut utiliser un peu d'arithmétique. Supposons que P représente le prix d'un panier de biens au Canada (exprimé en dollars), et P^*, le prix d'un panier de biens au Japon (en yens), tandis que e correspond au taux de change nominal (le nombre de yens pour un dollar). Prenons maintenant la quantité de biens achetés pour un dollar au Canada et à l'étranger. Au Canada, le niveau des prix est égal à P : le pouvoir d'achat d'un dollar sur le marché intérieur (sa valeur) est donc égal à $1/P$. À l'étranger, on peut échanger un dollar pour e unités de devises étrangères, lesquelles ont un pouvoir d'achat de $e \times (1/P^*)$, soit e/P^*. Pour que le pouvoir d'achat d'un dollar soit le même dans les deux pays, il faut que :

$$1/P = e/P^*$$

Si l'on multiplie les deux membres de cette égalité par P, on obtient une seconde égalité :

$$1 = eP/P^*$$

Remarquez que le membre de gauche de l'équation est une constante et que le membre de droite correspond au taux de change réel. Par conséquent, *si le pouvoir d'achat du dollar est exactement le même à l'intérieur du pays et à l'étranger, le taux de change réel — le prix relatif des marchandises étrangères — doit être constant et égal à 1.*

Afin de voir l'implication de cette analyse pour le taux de change nominal, nous pouvons réécrire la dernière équation pour isoler le taux de change nominal :

$$e = P^*/P$$

Le taux de change nominal est donc égal au rapport entre le niveau des prix étrangers (en devises étrangères) et le niveau des prix nationaux (en monnaie nationale). Selon la théorie de la parité des pouvoirs d'achat, le taux de change nominal pour les monnaies de deux pays doit refléter les différences entre les niveaux de prix de ces deux pays.

D'après cette théorie, les taux de change nominaux varient lorsque les niveaux de prix varient. Comme nous l'avons déjà vu dans le chapitre précédent, le niveau des prix d'un pays s'établit de telle sorte que l'offre de monnaie est égale à la demande de monnaie. Si le taux de change nominal dépend du niveau des prix, il est donc fonction de l'offre et de la demande de monnaie. Quand la banque centrale d'un pays augmente l'offre de monnaie, elle déclenche une montée des prix et provoque une dépréciation de la devise nationale par rapport aux autres monnaies. Donc, lorsque la banque centrale émet une grande quantité de monnaie, cette monnaie perd de sa valeur à la fois par rapport aux biens et services et aussi par rapport aux devises étrangères.

Nous sommes maintenant en mesure de répondre à la question qui nous occupe : pourquoi, depuis 1970, le dollar canadien s'est-il déprécié par rapport au mark allemand et apprécié par rapport à la lire italienne ? Parce que l'Allemagne a maintenu une politique monétaire moins inflationniste que le Canada, alors que l'Italie a suivi une politique monétaire plus inflationniste. De 1970 à 1998, le taux d'inflation annuel canadien a été de 5,4 %. Pendant la même période, l'inflation en Allemagne s'est élevée à 3,5 %, tandis que celle de l'Italie a atteint 9,6 %. Puisqu'il y a eu une augmentation des prix canadiens par rapport aux prix allemands, le dollar s'est déprécié par rapport au mark. À l'inverse, puisque les prix canadiens ont moins augmenté par rapport aux prix italiens, le dollar s'est apprécié par rapport à la lire italienne.

L'Allemagne et l'Italie ont maintenant la même monnaie (l'euro). Elles partagent donc la même politique monétaire et le même taux d'inflation (voir l'étude de cas du chapitre précédent, sur le taux d'inflation dans la zone euro). Mais les leçons que nous venons de voir s'appliqueront aussi à l'euro : le dollar canadien vaudra plus ou moins par rapport à l'euro dans 20 ans, dans la mesure où la Banque du Canada générera moins ou plus d'inflation que la Banque centrale européenne.

ÉTUDE DE CAS

LE TAUX DE CHANGE NOMINAL DURANT UNE PÉRIODE D'HYPERINFLATION

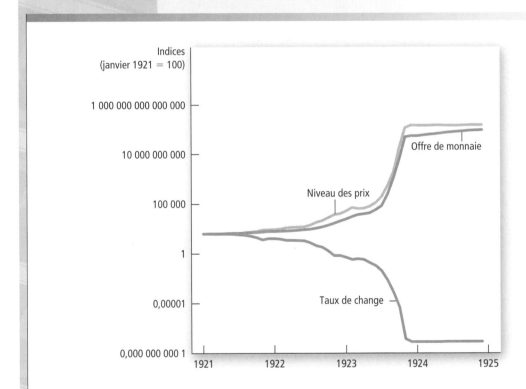

FIGURE 12.4

LA MONNAIE, LES PRIX ET LE TAUX DE CHANGE NOMINAL DURANT L'HYPERINFLATION EN ALLEMAGNE Ce graphique illustre l'offre de monnaie, le niveau des prix et le taux de change (en cents américains pour un mark) durant l'hyperinflation survenue en Allemagne de janvier 1921 à décembre 1924. Remarquez le parallélisme de l'évolution de ces trois variables. Lorsque la quantité de monnaie commence à croître rapidement, le niveau des prix augmente au même rythme et le mark se déprécie par rapport au dollar. Au moment où la banque centrale allemande stabilise l'offre de monnaie, le niveau des prix et le taux de change se stabilisent aussi.

Source : Thomas J. Sargent, « The End of Four Big Inflations », dans Robert Hall (sous la dir. de), *Inflation*, Chicago, University of Chicago Press, 1983, p. 41 à 93.

Les macroéconomistes ont rarement l'occasion de faire des expériences. Ils doivent la plupart du temps glaner leurs données dans les événements qui ont marqué l'histoire. L'hyperinflation — qui survient lorsqu'un gouvernement utilise la planche à billets pour couvrir les dépenses publiques — constitue l'une de ces expériences naturelles qu'offre l'histoire. L'hyperinflation est un phénomène si extrême qu'elle permet d'illustrer clairement certains principes économiques fondamentaux.

Prenons pour exemple l'hyperinflation survenue en Allemagne au début des années 1920. La figure 12.4 montre l'offre de monnaie, le niveau des prix et le taux de change nominal en Allemagne durant cette période (en cents américains pour un mark allemand). Remarquez l'évolution parallèle de ces séries de données. Lorsque l'offre de monnaie commence à s'emballer, le niveau des prix croît également et la monnaie se déprécie. Lorsque l'offre de monnaie se stabilise, le niveau des prix et le taux de change font de même.

La tendance illustrée sur ce graphique se répète lors de chaque hyperinflation. Il n'y a aucun doute sur la réalité du lien fondamental entre la monnaie, les prix et le taux de change nominal. La théorie quantitative de la monnaie, abordée au chapitre précédent, explique l'influence de l'offre de monnaie sur le niveau des prix. La théorie de la parité des pouvoirs d'achat, abordée dans le présent chapitre, montre à son tour comment le niveau des prix se répercute sur le taux de change nominal.

ÉTUDE DE CAS

L'INDICE BIG MAC

Lorsque les économistes se servent de la théorie de la parité des pouvoirs d'achat pour expliquer les variations des taux de change, ils utilisent le prix d'un même panier de biens dans différents pays. Le magazine international *The Economist* réalise une telle étude en recueillant de temps en temps les prix d'un panier de biens contenant « deux boulettes de steak haché, une sauce spéciale, de la laitue, du fromage, des cornichons, des oignons et un pain aux graines de sésame », le tout vendu par McDonald's dans le monde entier sous le nom de « Big Mac ».

Si on connaît les prix en devises locales des Big Mac dans deux pays, il est possible de calculer le taux de change prédit selon la théorie de la parité des pouvoirs d'achat. Ce taux de change égalise le coût des Big Mac pour les deux pays. Si le prix d'un Big Mac est de 2 $ aux États-Unis et de 200 ¥ au Japon, la théorie de la parité des pouvoirs d'achat prédit que le taux de change devrait être de 100 yens pour un dollar.

Les prix des Big Mac permettent-ils de vérifier la théorie de la parité des pouvoirs d'achat ? Les exemples suivants sont tirés d'un article du magazine *The Economist* publié le 24 juillet 2008, alors que le prix d'un Big Mac était de 3,57 $US aux États-Unis :

En 2008, le prix d'un Big Mac était de 4,09 $ au Canada et de 280 ¥ au Japon.

PAYS	PRIX D'UN BIG MAC	TAUX DE CHANGE PRÉDIT PAR LA THÉORIE	TAUX DE CHANGE OBSERVÉ
Canada	4,09 $ CAN	1,15 $CAN / $US	1,00 $CAN / $US
Zone euro	3,37 €	0,94 € / $US	0,63 € / $US
Grande-Bretagne	2,29 £	0,64 £ / $US	0,50 £ / $US
Japon	280,00 ¥	78,4 ¥ / $US	106,8 ¥ / $US
Russie	59,0 R	16,5 R / $US	23,2 R / $US
Suède	38,0 SKr	10,6 SKr / $US	5,96 SKr / $US

Source : « Sandwiched », *The Economist*, 24 juillet 2008.

On constate que les taux de change prédits par la théorie et les taux de change observés ne sont pas les mêmes. Cela s'explique par le fait que l'arbitrage international des Big Mac n'a rien d'aisé. Néanmoins, les deux taux de change sont habituellement assez proches. La parité des pouvoirs d'achat n'est donc pas une théorie précise pour le calcul des taux de change, mais elle constitue néanmoins une première approximation valable.

LES LIMITES DE LA THÉORIE DE LA PARITÉ DES POUVOIRS D'ACHAT

La parité des pouvoirs d'achat est un modèle simple de la détermination des taux de change. Elle permet d'expliquer de manière satisfaisante plusieurs phénomènes économiques, en particulier les tendances à long terme telles que la dépréciation du dollar canadien par rapport au mark allemand et son appréciation par rapport à la lire italienne. Cette théorie explique également les variations majeures des taux de change en cas d'hyperinflation.

Cependant, la parité des pouvoirs d'achat ne reflète qu'une partie de la réalité. En fait, les taux de change n'évoluent pas systématiquement pour maintenir inchangée la valeur réelle d'une monnaie dans tous les pays du monde. Cette théorie ne se vérifie donc pas toujours, et ce, pour deux raisons.

La première est que nombre de produits ne sont pas facilement échangeables. Imaginez que les coupes de cheveux soient plus chères à Paris qu'à Montréal. Les voyageurs internationaux éviteront sans doute de se faire couper les cheveux à Paris et certains coiffeurs montréalais choisiront peut-être de s'installer dans la capitale française. Cependant, ce type d'arbitrage restera probablement trop limité pour éliminer les différences de prix. Par conséquent, l'écart entre les pouvoirs d'achat va sans doute perdurer, et un dollar (ou un euro) continuera d'avoir moins de valeur auprès des coiffeurs parisiens que chez les coiffeurs montréalais.

La seconde raison expliquant l'échec de la théorie de la parité des pouvoirs d'achat tient au fait que même les biens échangeables ne sont pas toujours de parfaits substituts, lorsqu'ils sont produits dans différents pays. Certains consommateurs préfèrent la bière allemande, d'autres, la bière canadienne. De plus, les goûts pour la bière évoluent dans le temps. Si la bière allemande devient soudainement plus populaire, la hausse de la demande fera augmenter son prix. Mais, en dépit de ces différences de prix sur les deux marchés, il se pourrait bien qu'il n'existe aucune possibilité d'arbitrage, les consommateurs ne considérant pas que les deux bières sont équivalentes.

Ainsi, puisque certains biens ne sont pas échangeables et que certains biens échangeables ne sont pas de parfaits substituts de produits étrangers, la parité des pouvoirs d'achat ne constitue pas une théorie parfaite de la détermination des taux de change. C'est pour ces deux raisons que les taux de change réels fluctuent au fil du temps. La théorie de la parité des pouvoirs d'achat marque néanmoins un bon point de départ pour la compréhension des taux de change. L'argumentation est convaincante : lorsque le taux de change réel diffère du niveau prévu par la parité des pouvoirs d'achat, les gens sont incités à vendre et à acheter des biens au-delà des frontières. Même si la parité des pouvoirs d'achat ne détermine pas entièrement le taux de change réel, elle assure que les variations du taux de change réel seront temporaires ou minimes. Les

L'INDICE STARBUCKS

Une nouvelle application de la parité des pouvoirs d'achat a commencé à filtrer dans les marchés des changes.

HAMBURGERS OU GRAINS DE CAFÉ?

Starbucks avait prévu d'ouvrir sa première succursale en France le 16 janvier 2004. La décision relevait d'un pari assez audacieux, compte tenu du fait que c'est à Paris qu'a été inventée la culture du café... Une partie de la presse française bouillonnait à l'idée que les Américains s'imaginent qu'ils savent faire du café, comme si Jean-Paul Sartre, raillait-elle, avait pu trouver la même inspiration en portant à ses lèvres un verre de styromousse qu'en sirotant son café noir aux Deux Magots. Tout cela n'a cependant pas empêché *The Economist* de soulever une question plus existentielle: qu'est-ce que le prix d'un café chez Starbucks, maintenant servi dans 32 pays, peut bien révéler au sujet des taux de change?

Les lecteurs connaissent peut-être déjà l'«indice Big Mac» qu'utilise *The Economist*: grâce à la comparaison entre les différents prix d'un hamburger qui sont en vigueur dans certains pays, cet indice permet de déterminer, sourire en coin, si les devises étrangères se situent à un niveau «correct» par rapport au dollar américain. Étant donné la récente chute du dollar par rapport à l'euro et les récriminations croissantes formulées contre la Chine parce qu'elle bloquerait artificiellement toute réévaluation de sa monnaie, nous ne pouvons résister à la tentation de vérifier si l'emploi d'un «indice café *latte* grand format» de Starbucks donne les mêmes résultats que le recours à notre indice Big Mac. Les deux indices relèvent de la théorie de la parité des pouvoirs d'achat, selon laquelle les taux de change devraient tendre, à long terme, vers un niveau où un panier de biens et de services coûte le même prix dans tous les pays. En d'autres termes, avec un dollar, on devrait pouvoir acheter la même chose partout.

Par coïncidence, le prix moyen d'un café *latte* grand format de Starbucks aux États-Unis est identique au prix moyen d'un Big Mac, soit 2,80$. Si on divise le prix du bien en devise locale exigé dans chaque pays par le prix en dollars, on peut déterminer les parités des pouvoirs d'achat du dollar. La comparaison entre ces parités et les taux de change du marché offre un moyen de savoir si une devise est sous-évaluée ou surévaluée.

Notre indice café *latte* grand format donne à peu près les mêmes résultats que l'indice Big Mac en ce qui concerne la plupart des principales devises dans le monde (voir le tableau de la page suivante). Des difficultés économiques couvent sûrement en Europe: l'euro (à la lumière du prix moyen de 2,93€, ou 3,70$, exigé pour un café *latte* grand format dans les Starbucks des pays membres de l'Union européenne) est surévalué d'environ 30% par rapport au dollar américain, tandis que le taux de change de la livre sterling l'est de 17%. Selon nos deux indices, le franc suisse est la devise la plus surévaluée dans le monde. Pour leur part, les dollars canadien, australien et

néo-zélandais demeurent sous-évalués par rapport au dollar américain, malgré leur récente hausse respective.

NOS INDICES   Sous-évaluation (–) ou surévaluation (+) des devises nationales par rapport au dollar américain (en pourcentage).

	INDICE CAFÉ *LATTE* GRAND FORMAT DE STARBUCKS	INDICE BIG MAC DE MCDONALD'S
Australie	−4	−17
Canada	−16	−16
Chine	−1	−56
Corée du Sud	+6	0
Grande-Bretagne	+17	+23
Hong Kong	+15	−45
Japon	+13	−12
Malaisie	−25	−53
Mexique	−15	−21
Nouvelle-Zélande	−12	−4
Singapour	+2	−31
Suisse	+62	+82
Taïwan	−5	−21
Thaïlande	−31	−46
Turquie	+6	+5
Zone euro	+33	+24

En Asie, par contre, les deux indices donnent des résultats différents. Selon l'indice Big Mac, le yen est sous-évalué de 12 % par rapport au dollar américain, alors que, selon l'indice Starbucks, il est plutôt surévalué de 13 %. Il y a encore plus étonnant : le yuan chinois est sous-évalué de 56 %, selon l'indice Big Mac, mais il correspond exactement à sa parité de pouvoir d'achat en dollars, selon notre indice Starbucks. Dans ce cas, les fabricants américains n'ont aucun motif de se plaindre à propos du yuan. Les différences de prix reflètent probablement des situations concurrentielles différentes sur les marchés des deux produits.

De nombreux lecteurs auront de la difficulté à avaler les mesures de la parité des pouvoirs d'achat fondées sur la valeur d'un Big Mac ou d'un café *latte*. Il s'agit bien sûr de deux mesures de la parité des pouvoirs d'achat qui sont imparfaites, car elles sont faussées par des différences entre les coûts de biens et de services non marchands, comme les loyers. Mais elles offrent certainement un moyen de comprendre les taux de change qui est plus agréable qu'un manuel scolaire [sauf ce manuel-ci, bien entendu !]. Maints lecteurs nous ont demandé pourquoi nous ne nous servons pas des différents prix auxquels *The Economist* est vendu dans le monde. Contrairement au Big Mac et au café *latte*, *The Economist* est produit localement dans peu de pays du monde, de sorte que ses coûts de distribution représentent une grande part de ses coûts de production totaux. Les hamburgers et les cafés sont donc plus susceptibles de révéler de l'information au sujet des devises.

Source : « Burgers or Beans ? », *The Economist*, 15 janvier 2004.

MINITEST

■ Durant les 10 dernières années, le Mexique a connu une forte inflation, alors qu'elle est restée faible au Japon. Quelle prédiction feriez-vous au sujet du nombre de pesos nécessaires pour acheter un yen japonais, il y a 10 ans et aujourd'hui ?

LA DÉTERMINATION DU TAUX D'INTÉRÊT DANS UNE PETITE ÉCONOMIE OUVERTE AVEC MOBILITÉ PARFAITE DES CAPITAUX

Pour prédire si les taux d'intérêt canadiens vont monter ou descendre, les économistes examinent attentivement les changements attendus des taux d'intérêt américains, puisque les taux d'intérêt canadiens tendent à suivre les mouvements de leurs pendants américains.

Pourquoi les taux d'intérêt canadiens et américains évoluent-ils souvent de façon parallèle ? Au chapitre 8, nous avons étudié le marché des fonds prêtables pour comprendre la détermination du taux d'intérêt réel dans une économie fermée — c'est-à-dire une économie qui n'échange ni biens ni services avec les autres économies. Naturellement, une telle hypothèse ne s'applique pas à l'économie canadienne. Comme nous venons de le voir, le Canada est une économie ouverte, où les échanges avec divers pays représentent une portion importante du PIB. Pour cette raison, les économistes préfèrent se servir d'un modèle de l'économie canadienne prenant en compte ces flux commerciaux. Le modèle normalement utilisé par les économistes pour le Canada est celui d'une petite économie ouverte avec mobilité parfaite des capitaux.

Dans cette section-ci du chapitre, nous commencerons par modifier la description du marché des fonds prêtables, donnée au chapitre 8, pour tenir compte cette fois de l'hypothèse d'une petite économie ouverte avec mobilité parfaite des capitaux. Nous verrons qu'il est facile de calculer le taux d'intérêt réel dans une telle économie. Dans le prochain chapitre, nous modifierons notre analyse du marché des fonds prêtables afin de l'adapter à une petite économie ouverte.

UNE PETITE ÉCONOMIE OUVERTE

Petite économie ouverte
Économie ouverte qui, en raison de sa taille, n'a qu'un impact négligeable sur les prix internationaux, et en particulier sur le taux d'intérêt mondial.

Que voulons-nous dire lorsque nous qualifions le Canada de petite économie ouverte avec mobilité parfaite des capitaux ?

Le qualificatif *petit* fait référence à la faible taille d'une économie par rapport au reste de l'économie mondiale. Dans ce contexte, l'économie examinée n'aura qu'un effet négligeable sur les prix des biens et services et sur les taux d'intérêt mondiaux. Une augmentation de la demande de puces d'ordinateur de la part des Canadiens n'aura probablement que peu d'effet sur leur prix mondial, puisque la demande canadienne est trop faible par rapport à la demande mondiale pour avoir un quelconque effet à l'échelle internationale. Les marchés financiers canadiens sont également petits, car une augmentation de l'offre d'obligations canadiennes aura des conséquences négligeables sur l'offre obligataire mondiale. Les fluctuations des marchés financiers canadiens ne se font donc que peu sentir sur les taux d'intérêt mondiaux.

Mobilité parfaite des capitaux
Accès sans restriction aux marchés financiers internationaux.

LA MOBILITÉ PARFAITE DES CAPITAUX

Par **mobilité parfaite des capitaux**, on entend que les Canadiens ont accès sans restriction aux marchés financiers internationaux et que les étrangers ont accès sans restriction au marché financier canadien.

Une telle mobilité des capitaux implique, pour une petite économie comme celle du Canada, que le taux d'intérêt réel canadien doit être égal au taux d'intérêt ayant cours sur les marchés financiers internationaux. Une équation élémentaire résume cette réalité. Si r représente le taux d'intérêt réel canadien, et r^m, le taux d'intérêt réel mondial, alors on peut écrire l'équation suivante :

$$r = r^m$$

Pourquoi ces deux taux d'intérêt réels sont-ils égaux ? Quelques exemples suffisent à le comprendre. Si r^m est égal à 8 % et que r s'élève à 5 %, alors cette situation ne peut durer, pour la simple raison que les Canadiens, qui ont accès aux marchés financiers mondiaux, préféreront acheter des actifs étrangers donnant un taux d'intérêt de 8 %, plutôt que des actifs canadiens ne rapportant que 5 %. Il est donc à prévoir que les épargnants canadiens se délesteront de leurs actifs nationaux au profit d'actifs étrangers. La vente d'actifs canadiens forcera les emprunteurs canadiens à offrir un taux d'intérêt plus alléchant. On peut alors s'attendre à ce que le taux canadien grimpe jusqu'à 8 %, afin d'égaler le taux d'intérêt mondial.

De façon similaire, si r^m est égal à 5 % et que r s'élève à 8 %, un tel déséquilibre ne pourra pas durer non plus. Les emprunteurs canadiens, qui ont accès aux marchés internationaux, préféreront emprunter sur les marchés extérieurs à 5 % d'intérêt, plutôt que sur le marché national à 8 %. Afin de trouver des emprunteurs, les épargnants canadiens n'auront d'autre possibilité que de leur offrir leur épargne à 5 %, soit le taux d'intérêt mondial. Tant et aussi longtemps que les actifs canadiens et étrangers représenteront les uns pour les autres des substituts, la différence des taux d'intérêt donnera lieu à un arbitrage, à la fois de la part des emprunteurs et des épargnants.

La logique de l'ajustement des taux d'intérêt réels au Canada, par rapport au taux d'intérêt dans le reste du monde, vous rappelle sans doute notre analyse de la loi du prix unique et de la parité des pouvoirs d'achat. Effectivement, ces concepts sont étroitement liés : les gens tirent parti des possibilités d'arbitrage, ce qui garantit la disparition des écarts de prix. La seule différence ici est qu'il s'agit non pas du prix des biens, mais du coût de l'emprunt, c'est-à-dire du taux d'intérêt réel. La théorie selon laquelle le taux d'intérêt réel canadien doit être égal à celui du reste du monde est appelée **parité des taux d'intérêt**.

Parité des taux d'intérêt
Théorie selon laquelle les taux d'intérêt réels de différents pays, sur des actifs financiers comparables, devraient être les mêmes partout, lorsqu'il y a mobilité parfaite des capitaux.

LES LIMITES DE LA PARITÉ DES TAUX D'INTÉRÊT

Tout comme la parité des pouvoirs d'achat ne peut pas expliquer parfaitement la valeur des taux de change, la parité des taux d'intérêt a également des limites et échoue parfois à expliquer la détermination des taux d'intérêt réels. Le taux d'intérêt réel au Canada n'est pas toujours égal au taux d'intérêt réel dans le reste du monde, et cela, pour deux raisons essentielles.

La première, c'est que les actifs financiers présentent un *risque de non-paiement*, ce qui signifie que, même si le vendeur d'un actif financier promet de rembourser l'acheteur à une échéance fixe, il existe toujours la possibilité qu'il ne respecte pas ses engagements. Dans ce cas, on dit que le vendeur est *en défaut*. Les acheteurs tentent de jauger le niveau de risque afin de mieux évaluer les divers actifs financiers. Plus le risque de non-paiement est important, plus les acheteurs (les épargnants) imposeront aux vendeurs (les emprunteurs) un taux d'intérêt élevé. Dans la mesure où le vendeur d'un actif financier présente un risque de non-paiement supérieur à celui d'un autre, la différence des taux d'intérêt sur ces actifs ne constitue pas forcément une possibilité d'arbitrage. C'est pour cette raison que certaines différences entre les taux d'intérêt peuvent perdurer.

La deuxième raison pour laquelle la parité des taux d'intérêt ne s'applique pas toujours tient au fait que les actifs financiers offerts dans les différents pays ne sont pas forcément de parfaits substituts. Il suffit, pour s'en convaincre, de considérer les taux d'imposition des divers gouvernements sur les intérêts, les gains en capital et les dividendes : des actifs de même nature dans deux pays pourront présenter le même taux de rendement avant impôt, mais des régimes fiscaux différents risquent de créer un écart entre leurs rendements respectifs après impôt. Or, ceux qui recherchent des possibilités d'arbitrage s'intéressent uniquement aux rendements nets (après impôt). Par conséquent, les rendements après impôt sont nivelés internationalement par l'arbitrage, mais les différences entre les taux d'intérêt avant impôt demeurent.

En raison de ces différences dues au risque de non-paiement et aux régimes fiscaux, la parité des taux d'intérêt ne constitue pas une théorie parfaite pour expliquer la détermination du taux d'intérêt dans une petite économie ouverte. C'est la raison pour laquelle nous ne nous attendons pas à ce que les taux d'intérêt réels au Canada soient identiques à ceux qui sont en vigueur dans le reste du monde. Néanmoins, la parité des taux d'intérêt demeure un argument convaincant en faveur d'un écart relativement faible entre les taux d'intérêt réels canadiens et internationaux et d'une fluctuation des taux d'intérêt nationaux de concert avec ceux qui sont en vigueur dans le reste du monde.

Les données confirment la validité de cet argument. Au cours de la période allant de 1986 à 2004, les taux d'intérêt réels de la dette publique à long terme au Canada et aux États-Unis ont évolué en parallèle. Le taux d'intérêt réel moyen était de 4,7 % au Canada et de 3,7 % aux États-Unis. Cette différence d'un point de pourcentage s'explique par la compensation que les prêteurs canadiens doivent offrir, en raison d'un risque supérieur de non-paiement et des taux d'imposition canadiens plus élevés. Cette différence s'est accentuée durant les années 1980 et au début des années 1990, à mesure que les taux d'imposition canadiens ont augmenté par rapport aux taux américains, et en raison des crises constitutionnelles canadiennes fréquentes qui inquiétaient les prêteurs et accentuaient, à leurs yeux, les risques de non-paiement.

Depuis 1996, la différence de taux entre les deux pays s'est amoindrie. De 1996 à 2006, elle ne représentait plus en moyenne que 0,7 %. Cela reflète l'amélioration de l'état des finances publiques canadiennes ainsi que l'accalmie constitutionnelle actuelle. Si on considère le taux d'intérêt américain comme l'équivalent du taux mondial, r^m, ces données justifient l'utilisation de l'hypothèse de parité des taux d'intérêt dans notre modèle. Nous reprendrons cette hypothèse dans l'élaboration de la théorie macroéconomique de l'économie ouverte.

CONCLUSION

Ce chapitre avait pour objectif de présenter quelques concepts fondamentaux pour comprendre ce qu'est une économie ouverte. Nous savons maintenant pourquoi les exportations nettes d'un pays doivent être égales aux sorties nettes de capitaux et pourquoi l'épargne doit être égale à la somme de l'investissement et des sorties nettes de capitaux. Nous avons également vu la signification des taux de change nominal et réel, de même que les implications et les limites de la théorie de la parité des pouvoirs d'achat pour la détermination des taux de change. Pour finir, nous avons expliqué pourquoi les taux d'intérêt réels au Canada tendent à fluctuer avec les taux mondiaux.

Les variables macroéconomiques présentées ici constituent un point de départ pour l'analyse des interactions d'une économie ouverte avec les autres pays. Dans le prochain chapitre, nous élaborerons un modèle explicatif des déterminants de ces variables. Nous pourrons alors aborder les conséquences de certains événements ou de certaines politiques économiques sur la balance commerciale et sur les taux de change.

RÉSUMÉ

- Les exportations nettes représentent la différence entre la valeur des biens et services exportés et la valeur des biens et services importés. Les sorties nettes de capitaux représentent la différence entre la valeur des actifs étrangers acquis par les résidants nationaux et celle des actifs nationaux achetés par les étrangers. Toute transaction internationale implique l'échange d'un bien ou d'un service contre des actifs et, dès lors, les sorties nettes de capitaux d'une économie sont toujours égales à ses exportations nettes.

- L'épargne nationale peut servir au financement de l'investissement du pays ou à l'achat d'actifs étrangers. L'épargne nationale est donc toujours égale à la somme de l'investissement et des sorties nettes de capitaux.

- Le taux de change nominal mesure le prix relatif des monnaies de deux pays, tandis que le taux de change réel compare le prix relatif des biens et services dans deux pays. Quand le taux de change nominal varie de façon à faire augmenter le pouvoir d'achat d'une monnaie, on parle d'*appréciation* ou de *renforcement* de cette monnaie. En revanche, si la variation du taux de change nominal correspond à une réduction du pouvoir d'achat d'une monnaie, on parle alors de *dépréciation* ou d'*affaiblissement* de cette monnaie.

- Selon la théorie de la parité des pouvoirs d'achat, un dollar (ou toute autre unité d'une devise) doit acheter la même quantité de marchandises dans tous les pays. Cette théorie implique que les variations du taux de change nominal entre deux devises reflètent les variations du niveau des prix dans ces deux pays. En conséquence, les monnaies des pays qui connaissent une inflation relativement forte se déprécient. À l'inverse, les pays qui conservent une inflation relativement faible voient leur monnaie s'apprécier.

- La plupart des économistes se servent d'un modèle considérant le Canada comme une petite économie ouverte avec mobilité parfaite des capitaux. Dans cette situation, on suppose qu'il y a parité des taux d'intérêt, théorie selon laquelle les taux d'intérêt canadiens sont identiques aux taux en vigueur ailleurs dans le monde. En raison des différences entre les taux d'imposition et des inquiétudes concernant les risques de non-paiement, on ne s'attend pas à ce que les taux d'intérêt au Canada soient exactement égaux aux taux d'intérêt mondiaux. Cependant, on s'attendrait à ce que les taux d'intérêt canadiens fluctuent comme les taux mondiaux.

CONCEPTS CLÉS

Appréciation, p. 293

Balance commerciale équilibrée, p. 283

Déficit commercial, p. 283

Dépréciation, p. 293

Économie fermée, p. 282

Économie ouverte, p. 282

Excédent commercial, p. 283

Exportations, p. 282

Exportations nettes (ou balance commerciale), p. 282

Importations, p. 282

Mobilité parfaite des capitaux, p. 306

Parité des pouvoirs d'achat (PPA), p. 298

Parité des taux d'intérêt, p. 306

Petite économie ouverte, p. 305

Sorties nettes de capitaux, p. 285

Taux de change nominal, p. 293

Taux de change réel, p. 294

QUESTIONS DE RÉVISION

1. Définissez les exportations nettes et les sorties nettes de capitaux. Expliquez pourquoi et comment elles sont liées.

2. Décrivez la relation entre l'épargne, l'investissement et les sorties nettes de capitaux.

3. Si une voiture japonaise coûte 500 000 ¥, qu'une voiture canadienne comparable coûte 10 000 $ et qu'un dollar vaut 100 yens, quels sont les taux de change nominal et réel ?

4. Décrivez la logique économique qui sous-tend la théorie de la parité des pouvoirs d'achat.

5. Décrivez la logique économique qui sous-tend la théorie de la parité des taux d'intérêt.

6. Si la Banque du Canada se mettait à imprimer beaucoup de dollars canadiens, comment évoluerait le taux de change du dollar par rapport au yen japonais ?

UNE THÉORIE MACROÉCONOMIQUE DE L'ÉCONOMIE OUVERTE

OBJECTIFS

À la fin de ce chapitre, vous serez en mesure :

→ de comprendre un modèle de la détermination de la balance commerciale et du taux de change dans une économie ouverte ;

→ de recourir à ce modèle pour analyser les conséquences des déficits budgétaires ;

→ d'utiliser ce modèle pour analyser les conséquences macroéconomiques des politiques commerciales ;

→ d'analyser, grâce à ce modèle, l'instabilité politique et la fuite des capitaux.

Les questions relevant du commerce international préoccupent les Canadiens, d'abord parce qu'une proportion importante de la population travaille dans des secteurs qui dépendent du commerce international, ensuite parce que des millions de consommateurs achètent des biens et des services provenant de l'étranger. Les sempiternels conflits avec nos partenaires commerciaux expliquent aussi cette inquiétude des Canadiens au sujet des échanges internationaux. Le cas du bois d'œuvre en est une bonne illustration. Les producteurs américains se plaignaient que la politique commerciale canadienne donnait aux producteurs canadiens un avantage indu. Les frictions engendrées par ces revendications ont dégénéré en un conflit, qui a mené à près de 25 ans de débats et de négociations. Le problème a finalement été résolu par la signature d'une entente, en septembre 2006.

Les Canadiens ont également déjà exprimé leur inquiétude envers les achats massifs d'actifs canadiens par des étrangers. Comme nous l'avons déjà vu, les sorties nettes de capitaux ont souvent été négatives au Canada durant les 40 dernières années. Au cours de cette période, les étrangers ont acheté davantage d'actifs canadiens que les Canadiens n'ont acheté d'actifs étrangers. De nombreuses entreprises situées au Canada appartiennent donc, en raison de ces flux, à des étrangers. Devant une telle situation, le gouvernement a mis en place, dans les années 1970, une législation limitant la propriété étrangère dans l'économie canadienne. Plus récemment, les sorties nettes de capitaux sont devenues positives et très importantes, ce qui veut dire que les Canadiens achètent maintenant plus d'actifs étrangers que les étrangers n'achètent d'actifs canadiens. Selon certains, cette situation est, elle aussi, problématique : une partie de l'épargne canadienne sert à l'achat d'actifs à l'étranger.

Imaginez que vous êtes premier ministre et que vos concitoyens vous demandent d'agir pour régler le problème des exportations nettes et des sorties nettes de capitaux, qui sont positives au Canada, alors que d'autres sont prêts à monter aux barricades dès qu'elles deviennent négatives. Que feriez-vous ? Imposeriez-vous des limites au commerce international ? Essayeriez-vous d'empêcher les Américains d'acquérir les entreprises pétrolières et gazières au Canada ou, au contraire, de les encourager à en prendre possession ?

Pour comprendre comment la balance commerciale d'un pays est déterminée et comment les interventions gouvernementales peuvent la modifier, nous devons nous appuyer sur une théorie macroéconomique de l'économie ouverte. Le chapitre précédent a présenté les variables macroéconomiques essentielles des relations entre économies, dont les exportations nettes, les sorties nettes de capitaux et les taux de change réel et nominal. Dans le présent chapitre, nous élaborerons un modèle intégrant ces variables et expliquant comment elles sont interreliées.

Ce modèle macroéconomique se base sur trois éléments provenant des chapitres précédents. Tout d'abord, nous énoncerons que le PIB réel est fixe et qu'il dépend à la fois de la quantité de facteurs de production et de la technologie. Ensuite, partant du principe que les prix assurent l'équilibre entre l'offre et la demande de monnaie, nous considérerons que le niveau des prix est fixe. Enfin, en supposant qu'il y a parfaite mobilité des capitaux et absence de prime de risque, nous poserons l'hypothèse d'un taux d'intérêt réel égal au taux d'intérêt mondial. Ce chapitre intègre donc concrètement les leçons des chapitres précédents portant sur la production, le taux d'intérêt et le niveau des prix à long terme.

Ce modèle permettra d'expliquer la détermination de la balance commerciale et du taux de change. À première vue, il s'agit d'un modèle simple qui reproduit le jeu de l'offre et de la demande dans une économie ouverte. Il est pourtant plus complexe que les modèles précédents, car il explique la détermination simultanée de l'équilibre dans deux marchés parallèles : le marché des fonds prêtables et le marché des changes. Grâce à ce nouveau modèle, nous pourrons analyser les conséquences de divers événements et politiques gouvernementales sur la balance commerciale et le taux de change.

L'OFFRE ET LA DEMANDE SUR LES MARCHÉS DES FONDS PRÊTABLES ET DES CHANGES

Pour comprendre les forces en présence dans une économie ouverte, nous devons nous intéresser à l'offre et à la demande dans deux marchés. Le premier est celui des fonds prêtables, qui coordonne l'épargne, l'investissement et les mouvements de capitaux vers l'étranger (appelés sorties nettes de capitaux). Le second est le marché des changes, qui coordonne l'échange de monnaie nationale contre les devises étrangères. Nous analyserons d'abord l'offre et la demande sur chacun de ces marchés, pour combiner ensuite nos observations et expliquer l'équilibre global en économie ouverte.

LE MARCHÉ DES FONDS PRÊTABLES

En abordant pour la première fois le système financier au chapitre 8, nous sommes partis de l'hypothèse simple que ce système se compose d'un marché unique, le marché des fonds prêtables : tous les épargnants y déposent leurs économies et tous les emprunteurs y obtiennent des prêts. Il n'existe qu'un seul taux d'intérêt sur ce marché, représentant à la fois le rendement sur l'épargne et le coût de l'emprunt.

Pour bien comprendre le fonctionnement du marché des fonds prêtables dans une économie ouverte, commençons par reprendre l'identité présentée au chapitre précédent :

$$S \quad = \quad I \quad + \quad SNC$$

Épargne $\quad = \quad$ investissement $\quad + \quad$ sorties nettes de capitaux

Dans une économie ouverte, la valeur de l'épargne n'est pas toujours égale à celle de l'achat de biens de capital. Si l'épargne nationale dépasse l'investissement dans le pays, l'excédent sert à l'acquisition d'actifs à l'étranger. Dans un tel cas, les sorties nettes de capitaux (SNC) sont positives. À l'inverse, si l'épargne nationale ne permet pas de financer totalement l'acquisition de biens de capital au pays, l'épargne étrangère vient combler la différence. Dans ce dernier cas, les sorties nettes de capitaux sont négatives. Cette équation rassemble les trois composantes du marché des fonds prêtables, dans une économie ouverte, et montre comment elles sont reliées.

Au Canada, l'offre de fonds prêtables provenant de l'épargne nationale a déjà été insuffisante pour satisfaire la demande de fonds prêtables pour investissement ; lorsque cela se produisait, nous avions $S < I$. Dans ce contexte, ce qui manquait était fourni par l'épargne des étrangers, et le solde des sorties nettes de capitaux du Canada était négatif. Cette analyse décrit bien la situation canadienne pour la plus grande partie des 40 dernières années. À d'autres périodes, l'offre de fonds prêtables provenant de l'épargne nationale était plus que suffisante pour satisfaire la demande de fonds prêtables pour investissement au Canada ; nous avions alors $S > I$. Une partie de l'épargne canadienne servait alors à l'achat d'actifs étrangers, et les SNC étaient positives. Cet exemple correspond bien à la situation canadienne depuis 1999. Dans les deux cas (SNC positives et négatives), l'identité reliant S, I et SNC est respectée.

Lors de notre analyse du marché des fonds prêtables, nous avons vu que la quantité offerte et la quantité demandée de fonds prêtables varient avec le taux d'intérêt réel. Une hausse de ce taux encourage l'épargne, ce qui fait ainsi augmenter la quantité offerte de fonds prêtables, mais elle renchérit les emprunts qui servent à financer les projets d'investissement, ce qui fait ainsi diminuer la quantité demandée de fonds prêtables.

Pour bien comprendre le marché des fonds prêtables dans une petite économie ouverte, il faut revenir sur l'analyse donnée dans le chapitre précédent concernant les taux d'intérêt : dans une économie avec mobilité parfaite des capitaux, comme celle du Canada, si on ne tient pas compte des disparités de traitement fiscal et des risques de non-paiement, le taux d'intérêt national est égal au taux d'intérêt mondial.

La raison en est simple. Imaginons que le taux d'intérêt canadien soit de 5 % et que le taux d'intérêt mondial soit de 8 %. Un tel déséquilibre ne peut pas durer, car les épargnants canadiens, qui ont librement accès aux marchés financiers mondiaux, opteraient pour des actifs mieux rémunérés : ils vendraient leurs actifs canadiens et achèteraient des actifs étrangers plus profitables. Pour mettre fin à cette liquidation d'actifs, les emprunteurs canadiens devraient offrir le taux d'intérêt mondial le plus alléchant, soit 8 %. À l'inverse, si le taux d'intérêt mondial s'établissait à 5 % et que le taux d'intérêt canadien était de 8 %, ce sont les emprunteurs canadiens qui se tourneraient vers les marchés étrangers. Pour trouver des emprunteurs, les épargnants canadiens devraient donc consentir des prêts au taux d'intérêt mondial inférieur, soit 5 %.

Le marché des fonds prêtables est illustré à la figure 13.1 (voir la page 315) par le diagramme classique d'offre et de demande. Tout comme dans notre analyse du système financier se trouvant au chapitre 8, la courbe de demande a une pente négative, puisque l'augmentation du taux d'intérêt réduit la quantité de fonds demandée ; de même, la courbe d'offre a une pente positive, puisque l'augmentation du taux d'intérêt accroît la quantité de fonds offerte. Toutefois, à la différence de l'exemple donné au chapitre précédent, la courbe d'offre d'une petite économie ouverte avec mobilité parfaite des capitaux ne représente qu'une partie des fonds prêtables disponibles. En effet, cette courbe d'offre ne tient compte que de l'épargne nationale — l'épargne des Canadiens — disponible pour chaque niveau possible du taux d'intérêt réel. Cette courbe montre qu'une hausse du taux d'intérêt se traduit par une hausse de la quantité de fonds à prêter par les Canadiens. Dans une économie fermée, on ne se préoccupe que de l'offre de fonds prêtables découlant de l'épargne des Canadiens. Dans ce cas, le taux d'intérêt réel se situerait à l'intersection des courbes d'offre et de demande de fonds prêtables. Cependant, dans une petite économie ouverte avec mobilité parfaite des capitaux, le taux d'intérêt est égal au taux d'intérêt mondial : il faut alors prendre en considération l'épargne des étrangers.

Sur le graphique a) de la figure 13.1, le taux d'intérêt mondial dépasse le taux d'intérêt qu'il y aurait au Canada si ce pays avait une économie fermée. En raison de la mobilité parfaite des capitaux, le taux canadien est égal au taux mondial. À ce taux, la quantité demandée de fonds prêtables au Canada (I) s'élève à 100 milliards de dollars et la quantité offerte (S) s'élève à 150 milliards de dollars. Au taux d'intérêt mondial, l'offre d'épargne canadienne suffit amplement à combler la demande. L'offre excédentaire de fonds prêtables, soit 50 milliards de dollars, devient disponible pour l'achat d'actifs étrangers. Il y a alors des sorties nettes de capitaux (SNC) de 50 milliards de dollars. L'identité fondamentale $S = I + SNC$ est donc respectée.

Sur le graphique b) de la figure 13.1, le taux d'intérêt mondial est inférieur au taux d'intérêt qu'il y aurait au Canada si ce pays avait une économie fermée. Au taux d'intérêt mondial, la quantité demandée de fonds prêtables au Canada (I) s'élève à 130 milliards de dollars et la quantité offerte (S) s'élève à 90 milliards de dollars. À ce taux d'intérêt mondial, l'offre d'épargne canadienne est insuffisante pour combler la demande. La demande excédentaire de fonds prêtables, soit 40 milliards de dollars, doit provenir de l'épargne des étrangers. Il y a donc des sorties nettes de capitaux (SNC) de −40 milliards de dollars. (Ne vous méprenez pas sur le signe négatif devant la valeur des SNC. Nous avons défini les sorties nettes de capitaux comme la différence entre la valeur des achats d'actifs étrangers par les Canadiens et la valeur des actifs canadiens achetés par les étrangers. Une valeur négative signifie tout simplement un achat net d'actifs

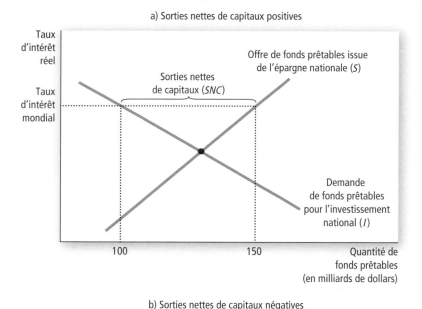

a) Sorties nettes de capitaux positives

Taux d'intérêt réel

Taux d'intérêt mondial

Offre de fonds prêtables issue de l'épargne nationale (*S*)

Sorties nettes de capitaux (*SNC*)

Demande de fonds prêtables pour l'investissement national (*I*)

100   150   Quantité de fonds prêtables (en milliards de dollars)

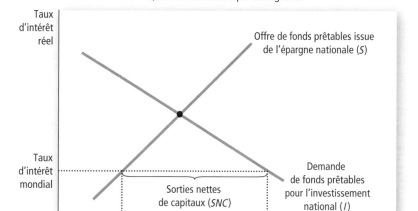

b) Sorties nettes de capitaux négatives

Taux d'intérêt réel

Offre de fonds prêtables issue de l'épargne nationale (*S*)

Taux d'intérêt mondial

Demande de fonds prêtables pour l'investissement national (*I*)

Sorties nettes de capitaux (*SNC*)

90   130   Quantité de fonds prêtables (en milliards de dollars)

FIGURE 13.1

LE MARCHÉ DES FONDS PRÊTABLES   Dans une petite économie ouverte avec mobilité parfaite des capitaux, comme celle du Canada, le taux d'intérêt est égal au taux d'intérêt mondial. L'investissement détermine la demande de fonds prêtables et l'épargne nationale en détermine l'offre. Sur le graphique a), au taux d'intérêt mondial, l'investissement est de 100 milliards de dollars et les Canadiens épargnent 150 milliards de dollars. Les sorties nettes de capitaux, soit la différence entre l'investissement et l'épargne, sont donc égales à 50 milliards de dollars : elles correspondent aux actifs étrangers acquis par les Canadiens. Sur le graphique b), au taux d'intérêt mondial, l'investissement est de 130 milliards de dollars alors que l'épargne des Canadiens ne dépasse pas 90 milliards de dollars. Le manque d'épargne canadienne, soit 40 milliards de dollars, est comblé par l'épargne étrangère. Dans ce cas, les sorties nettes de capitaux sont négatives, ce qui signifie que les étrangers achètent plus d'actifs canadiens que les Canadiens n'achètent d'actifs étrangers.

canadiens par les étrangers.) Notons enfin que, à nouveau, l'identité fondamentale $S = I + SNC$ est respectée.

Ces deux graphiques démontrent que le marché des fonds prêtables ne s'équilibre pas de la même façon selon qu'il s'agit d'une économie fermée ou d'une petite économie ouverte avec mobilité parfaite des capitaux. Dans une petite économie ouverte, l'offre et la demande de fonds prêtables ne déterminent plus le taux d'intérêt, qui est alors égal au taux d'intérêt mondial. La quantité de fonds prêtables offerte par les épargnants canadiens ne doit pas forcément être égale à la quantité de fonds prêtables demandée pour l'investissement. La différence entre ces deux quantités correspond aux sorties nettes de capitaux. Dans notre équation, les sorties nettes de capitaux sont égales à la différence entre l'offre de fonds prêtables provenant de l'épargne (*S*) et la demande pour ces mêmes fonds (*I*), au taux d'intérêt mondial. Nous pouvons donc rappeler une autre identité utilisée au chapitre précédent, soit :

$$SNC \qquad = \qquad XN$$

Sorties nettes de capitaux   =   exportations nettes

On peut aussi formuler autrement cette équation : les exportations nettes sont déterminées par la différence entre l'offre de fonds prêtables provenant de l'épargne (*S*) et la demande de fonds prêtables (*I*), au taux d'intérêt mondial. Ces deux équations sont équivalentes, puisque les exportations nettes doivent être égales aux sorties nettes de capitaux.

LE MARCHÉ DES CHANGES

Le marché des changes constitue le second marché de notre modèle d'économie ouverte. L'existence de ce marché répond au besoin des gens d'échanger des biens, des services ou des actifs financiers avec d'autres pays, tout en étant payés dans leur propre devise nationale. En d'autres mots, un Canadien qui se procure un bien, un service ou des actifs financiers provenant d'un autre pays doit également acheter des devises de ce pays. La même chose vaut pour un étranger achetant un bien, un service ou des actifs canadiens : il doit acheter des dollars canadiens. Or, pour échanger ces devises, il faut un marché, soit le marché des changes. Nous décrirons dans cette section le marché sur lequel les dollars canadiens s'échangent contre des devises étrangères.

Pour comprendre ce marché, reprenons d'abord l'identité fondamentale utilisée plus haut :

$$SNC \qquad = \qquad XN$$

Sorties nettes de capitaux   =   exportations nettes

En combinant cette équation avec celle que nous avons posée antérieurement, soit :

$$S \qquad = \qquad I \qquad + \qquad SNC$$

Épargne   =   investissement national   +   sorties nettes de capitaux

nous pouvons écrire cette nouvelle équation :

$$S \qquad - \qquad I \qquad = \qquad XN$$

Épargne   −   investissement   =   exportations nettes

Chacune de ces équations est une identité et doit par conséquent se vérifier. La troisième nous sera utile pour décrire le marché des changes ; elle montre que la différence entre l'offre de fonds prêtables, qui dépend de l'épargne nationale (*S*), et la demande de fonds prêtables pour l'investissement (*I*) doit être égale à la différence entre les exportations et les importations (*XN*). Cela se vérifie effectivement, car la différence entre l'offre et la demande de fonds prêtables doit être égale aux sorties nettes de capitaux (*SNC*), lesquelles sont égales à leur tour aux exportations nettes.

Les deux membres de cette identité correspondent aux deux côtés du marché des changes, soit l'offre et la demande. La différence entre l'épargne et l'investissement dans un pays correspond aux sorties nettes de capitaux. Cette différence représente donc l'*offre nette* de dollars sur le marché des changes, destinée à l'achat net d'actifs étrangers. Lorsqu'un fonds commun de placement canadien se porte acquéreur d'obligations du gouvernement japonais, il doit échanger des dollars contre des yens ; ce faisant, il offre des dollars sur le marché des changes. Les exportations nettes représentent la *demande nette* de dollars canadiens sur ce marché, dans le but d'acheter des biens et des services canadiens. Par exemple, si une entreprise japonaise décide d'acheter un avion fabriqué par Bombardier, elle doit changer ses yens en dollars : elle demande alors des dollars sur le marché des changes.

Quel est le prix qui assure l'égalité de l'offre et de la demande sur ce marché des changes ? C'est le taux de change réel. Comme nous l'avons déjà vu dans le chapitre précédent, le taux de change réel mesure le prix relatif des produits nationaux et étrangers et il constitue, par conséquent, un facteur déterminant des exportations nettes. Lorsque le taux de change réel du dollar augmente, les biens canadiens renchérissent par rapport aux biens étrangers, ce qui fait ainsi diminuer leur attrait auprès des consommateurs canadiens et étrangers. Les exportations diminuent alors, tandis que les importations augmentent. Pour cette raison, les exportations nettes chutent. L'augmentation du taux de change réel fait donc baisser la quantité demandée nette de dollars sur le marché des changes.

« Voulez-vous mes dollars ? »

LES DEMANDEURS ET LES OFFREURS DE DOLLARS CANADIENS

Dans les faits, deux groupes distincts font des transactions sur le marché des changes. Un premier groupe offre des dollars canadiens et demande, en échange, des devises étrangères. Deux raisons peuvent expliquer ce besoin d'autres devises : le désir d'acheter des biens et des services étrangers (donc d'importer) ou le désir d'acheter des actifs étrangers. Le second groupe réunit les offreurs de devises étrangères, qui demandent en échange des dollars canadiens. Ces vendeurs de devises étrangères souhaitent ou bien importer des biens et des services canadiens (c'est-à-dire nos exportations) ou bien acheter des actifs canadiens ; c'est pour l'une ou l'autre de ces raisons qu'ils ont besoin d'obtenir des dollars canadiens.

Afin de rendre plus facile à utiliser notre modèle d'équilibre général, nous avons regroupé les offreurs et les demandeurs de dollars canadiens à des fins de placements (achats d'actifs). Les offreurs vendent des dollars canadiens pour acheter des actifs étrangers, alors que les demandeurs achètent des dollars canadiens afin d'acheter des actifs canadiens. La différence entre cette offre et cette demande de dollars canadiens, qui correspond à l'offre nette de dollars canadiens, est donc égale aux sorties nettes de capitaux (*SNC*).

De la même façon, nous avons regroupé les demandeurs et les offreurs de dollars à des fins de commerce international. Les demandeurs achètent des dollars afin de se procurer des biens et des services au Canada. Cette demande provient donc des exportations canadiennes. Quant aux Canadiens qui veulent importer des produits étrangers, ils offrent des dollars sur le marché des changes. La différence entre la demande et l'offre de dollars à des fins de commerce international, qui correspond à la demande nette de dollars canadiens, est alors égale à la valeur des exportations nettes (*XN*) du Canada.

Notons que, tout comme les sorties nettes de capitaux (*SNC*) et les exportations nettes (*XN*), l'offre nette et la demande nette de dollars canadiens peuvent être positives ou négatives.

La figure 13.2 illustre l'offre et la demande sur le marché des changes. La courbe de demande a une pente négative, pour la raison que nous venons de donner : une hausse du taux de change réel renchérit les biens canadiens et fait baisser la quantité nette de dollars demandée pour l'achat de biens produits au Canada. La courbe d'offre est verticale, car l'offre nette de dollars pour financer les sorties nettes de capitaux n'est nullement fonction du taux de change réel. (Comme nous l'avons vu, les sorties nettes de capitaux varient avec le taux d'intérêt réel mondial. Lorsque nous analysons le marché des changes, nous considérons que le taux d'intérêt mondial et les sorties nettes de capitaux sont des variables déjà connues.)

Le taux de change réel assure l'égalité entre l'offre et la demande de dollars, comme le prix de n'importe quel bien s'ajuste pour égaliser l'offre et la demande de ce bien. Si le taux de change réel se situait au-dessous du niveau d'équilibre, la quantité de dollars offerte serait inférieure à la quantité demandée. Cette pénurie ferait grimper la valeur de la monnaie. À l'inverse, si le taux de change réel dépassait le niveau d'équilibre, la quantité offerte serait supérieure à la quantité demandée et un tel surplus ferait fléchir la valeur du dollar. Lorsque le taux de change réel est à son niveau d'équilibre, la quantité demandée nette de dollars pour l'achat des exportations nettes canadiennes est exactement égale à la quantité offerte nette de dollars pour l'achat d'actifs à l'étranger.

Revenons à nouveau sur la distinction entre l'offre et la demande dans ce modèle. Nous savons que les exportations nettes sont à l'origine de la demande nette de dollars, tandis que l'offre nette de dollars est issue des sorties nettes de capitaux. Par conséquent, lorsqu'un résidant canadien importe une voiture japonaise, il réalise une transaction qui, selon notre modèle, réduit la quantité nette de dollars demandée (en raison de la baisse des exportations nettes), plutôt que de faire augmenter l'offre de dollars. De même, lorsqu'un citoyen japonais achète une obligation du gouvernement canadien, notre modèle considère cette transaction comme une diminution de l'offre nette de dollars (en raison de la diminution des sorties nettes de capitaux), et non comme une hausse de la demande de dollars. Cette formulation peut paraître étrange *a priori*, mais elle sera utile dans l'analyse des diverses politiques économiques.

BON À SAVOIR

LA PARITÉ DES POUVOIRS D'ACHAT, UN CAS PARTICULIER

Un lecteur alerte se demandera pourquoi nous élaborons une théorie des taux de change dans ce chapitre : ne l'avons-nous pas déjà fait au chapitre précédent ?

→

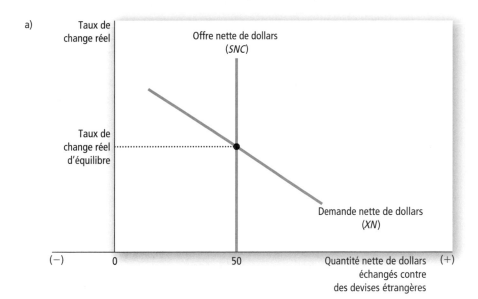

a)

Taux de change réel

Offre nette de dollars
(*SNC*)

Taux de change réel d'équilibre

Demande nette de dollars
(*XN*)

(−)   0   50   Quantité nette de dollars (+)
                        échangés contre
                        des devises étrangères

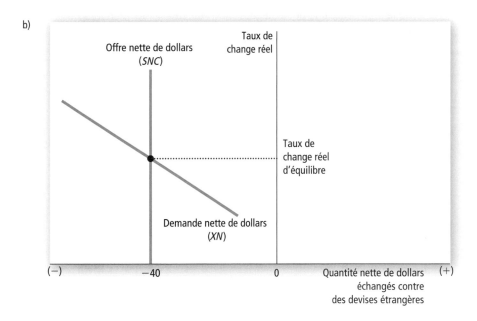

b)

Offre nette de dollars
(*SNC*)

Taux de change réel

Taux de change réel d'équilibre

Demande nette de dollars
(*XN*)

(−)   −40   0   Quantité nette de dollars (+)
                        échangés contre
                        des devises étrangères

FIGURE 13.2 **LE MARCHÉ DES CHANGES**   Le taux de change réel varie selon l'offre et la demande de dollars. L'offre nette de dollars à échanger contre des devises étrangères est issue des sorties nettes de capitaux. Ces dernières sont égales à la différence entre l'offre et la demande de fonds prêtables. Puisque ni l'épargne ni l'investissement ne dépendent du taux de change réel, la courbe d'offre est verticale. Sur le graphique a), les sorties nettes de capitaux sont positives et égales à 50 milliards de dollars. Sur le graphique b), les sorties nettes de capitaux sont négatives et égales à −40 milliards de dollars. La demande nette de dollars provient des exportations nettes. Puisqu'un taux de change réel faible stimule les exportations nettes (en faisant augmenter la quantité demandée nette de dollars pour le paiement de ces biens et services canadiens exportés), la courbe de demande a une pente négative. Au taux de change d'équilibre, l'offre nette de dollars pour l'achat d'actifs étrangers est égale à la demande nette de dollars pour le paiement des exportations nettes canadiennes.

La théorie du taux de change formulée au chapitre 12 s'appelle *parité des pouvoirs d'achat*. Elle énonce qu'un dollar (ou toute autre unité d'une monnaie donnée) doit permettre l'achat de la même quantité de biens et de services dans tous les pays. Le taux de change réel étant alors fixe (et égal à 1), toute variation du taux de change nominal entre deux devises reflète les modifications de l'écart entre le niveau des prix dans ces pays.

Le modèle que nous élaborons dans le présent chapitre se fonde lui aussi sur la théorie de la parité des pouvoirs d'achat. Selon cette théorie, le commerce international réagit rapidement aux changements de prix à l'échelle internationale. Si les prix des biens dans un pays sont inférieurs à ceux dans un autre, le premier exportera vers le second jusqu'à ce que cette différence se résorbe par arbitrage. Autrement dit, la théorie de la parité des pouvoirs d'achat considère que les exportations nettes réagissent fortement à de faibles variations du taux de change réel. Or, si les exportations nettes étaient aussi sensibles, les courbes de demande de la figure 13.2 (voir la page 319) seraient horizontales.

La théorie de la parité des pouvoirs d'achat constitue donc un cas particulier de notre modèle. Dans le cas où le taux de change réel permet la parité des pouvoirs d'achat au Canada et à l'étranger, la courbe de demande de dollars est horizontale plutôt que de présenter une pente négative. Cette particularité constitue un excellent point de départ pour l'étude des taux de change, sans pour autant tout expliquer.

Ce chapitre examine des exemples plus réalistes, pour lesquels la courbe de demande de dollars présente une pente négative. Le taux de change réel dans notre modèle peut donc varier, comme c'est le cas dans la réalité.

MINITEST

■ Expliquez d'où viennent l'offre et la demande sur le marché des fonds prêtables et sur le marché des changes.

L'ÉQUILIBRE DE L'ÉCONOMIE OUVERTE

Jusqu'à maintenant, nous avons observé séparément deux marchés : celui des fonds prêtables et celui des changes. Voyons maintenant comment ils interagissent.

LES SORTIES NETTES DE CAPITAUX : LE LIEN ENTRE LES DEUX MARCHÉS

Récapitulons d'abord ce que nous avons vu jusqu'à présent dans ce chapitre. Nous savons maintenant que quatre variables macroéconomiques majeures sont coordonnées dans une économie ouverte : l'épargne nationale (S), l'investissement (I), les sorties nettes de capitaux (SNC) et les exportations nettes (XN). Ayons en tête les identités suivantes :

$$S = I + SNC$$

$$et$$

$$SNC = XN$$

Sur le marché des fonds prêtables, l'offre provient de l'épargne nationale et la demande provient de l'investissement. Les sorties nettes de capitaux représentent la différence entre S et I, au taux d'intérêt mondial. Sur le marché des changes, l'offre nette de dollars provient des sorties nettes de capitaux et la demande nette de dollars provient des exportations nettes, le taux de change réel assurant l'équilibre entre l'offre et la demande.

La variable *sorties nettes* de capitaux est donc celle qui relie le marché des fonds prêtables et le marché des changes. Sur le marché des fonds prêtables, les sorties nettes de capitaux représentent la différence entre l'épargne et l'investissement, au taux d'intérêt mondial. Toute variation de l'investissement, de l'épargne ou du taux d'intérêt mondial modifie automatiquement les sorties nettes de capitaux. Toute variation des sorties nettes de capitaux signifie que les Canadiens achètent ou vendent des actifs étrangers. Or, afin d'acheter des actifs d'un autre pays, il faut offrir des dollars en échange de devises étrangères : tout changement des sorties nettes de capitaux se répercute donc sur le marché des changes.

Nous avons déjà mis en lumière l'importance fondamentale du taux d'intérêt mondial et des sorties nettes de capitaux. Lorsque le taux d'intérêt mondial excède le taux d'intérêt équilibrant la demande et l'offre de fonds prêtables au Canada — situation illustrée à la figure 13.1 a) (voir la page 315) —, les sorties nettes de capitaux sont positives et égales à la différence entre l'épargne nationale et la demande de fonds prêtables, comme le montre la figure 13.2 a) (voir la page 319). Lorsque le taux d'intérêt mondial est inférieur au taux d'intérêt équilibrant la demande et l'offre de fonds prêtables au Canada — voir la figure 13.1 b) —, les sorties nettes de capitaux deviennent négatives et correspondent encore une fois à la différence entre l'épargne et la demande de fonds prêtables, comme le montre la figure 13.2 b).

L'ÉQUILIBRE SIMULTANÉ SUR LES DEUX MARCHÉS

Regroupons toutes les parties de ce modèle sur la figure 13.3 (voir la page 322), pour voir comment les deux marchés déterminent simultanément les variables macroéconomiques d'une économie ouverte.

Le graphique a) de la figure 13.3 représente le marché des fonds prêtables, qui est identique à celui de la figure 13.1 a). Si l'épargne est mesurée par l'offre de fonds prêtables, l'investissement correspond, quant à lui, à la demande. Le taux d'intérêt mondial détermine la quantité de fonds prêtables demandée (100 milliards de dollars) et la quantité offerte par les épargnants (150 milliards de dollars). La différence de 50 milliards entre ces deux montants correspond à l'épargne disponible pour être investie dans des actifs étrangers. Dans ce cas, l'offre de fonds prêtables est excédentaire, le surplus sert à l'achat d'actifs étrangers et les *SNC* sont positives.

Le graphique b) de la figure 13.3 illustre le marché des changes, qui est repris de la figure 13.2 a). L'épargne dépassant les besoins d'investissement national, les Canadiens achètent des actifs étrangers. Ils doivent alors acquérir des devises étrangères en vendant des dollars canadiens sur le marché des changes. Pour cette raison, les sorties nettes de capitaux indiquées sur le graphique 13.3 a) correspondent à l'offre nette de dollars destinés à être échangés contre des devises étrangères. Le taux de change réel n'influe pas sur les sorties nettes de capitaux : la courbe d'offre nette de dollars est donc verticale. La demande nette de dollars provient, quant à elle, des exportations nettes. Toute diminution du taux de change réel fait augmenter les

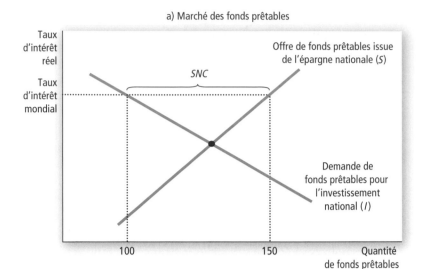

a) Marché des fonds prêtables

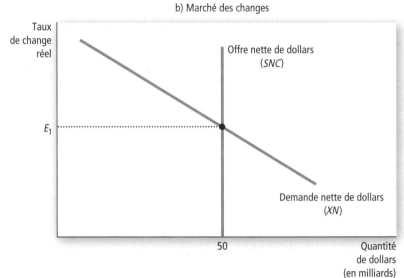

b) Marché des changes

FIGURE 13.3   **L'ÉQUILIBRE RÉEL DANS UNE PETITE ÉCONOMIE OUVERTE**   Sur le graphique a), le taux d'intérêt réel est égal au taux d'intérêt mondial. À ce taux, l'épargne (*S*) excède la demande de fonds prêtables (*I*). La différence (*S* − *I*) correspond aux sorties nettes de capitaux (*SNC*). Sur le graphique b), les sorties nettes de capitaux représentent l'offre nette de dollars canadiens sur le marché des changes. La demande nette de dollars canadiens est égale aux exportations nettes du Canada. Le taux de change réel (*E₁*) équilibre l'offre et la demande de dollars sur le marché des changes.

exportations nettes : la courbe de demande du marché des changes a donc une pente négative. Le taux de change réel (E_1) égalise la quantité offerte nette de dollars et la quantité demandée nette de dollars.

Les deux marchés illustrés à la figure 13.3 déterminent simultanément le taux de change réel, l'épargne, l'investissement et les sorties nettes de capitaux. Les trois dernières variables se retrouvent sur le graphique a). L'épargne et l'investissement dépendent directement du taux d'intérêt mondial, et les sorties nettes de capitaux représentent la différence entre les deux. Le taux de change réel apparaît sur le graphique b) et correspond au prix des biens et des services canadiens par rapport à celui des biens et des services produits à l'étranger. Nous reviendrons plus loin sur ce modèle, pour analyser comment ces variables sont modifiées lorsqu'un événement ou une politique économique fait bouger l'une des courbes.

MINITEST

■ Dans le modèle d'économie ouverte que nous venons d'élaborer, deux marchés sont responsables de la détermination d'un prix et de la valeur de trois variables. De quels marchés s'agit-il ? Quelles sont les trois variables en question et comment sont-elles déterminées par ces deux marchés ? Quel prix est déterminé ainsi ?

L'INFLUENCE DES ÉVÉNEMENTS ET DES POLITIQUES SUR L'ÉCONOMIE OUVERTE

Maintenant que nous avons élaboré un modèle macroéconomique pour une économie ouverte, nous pouvons analyser les impacts de certaines politiques ou de certains événements sur l'équilibre macroéconomique. À mesure que nous avancerons, nous devrons nous rappeler que le modèle considère l'offre et la demande de deux marchés seulement : celui des fonds prêtables et celui des changes. Pour analyser chaque événement, nous reprendrons les trois étapes proposées au chapitre 4 : tout d'abord, nous déterminerons quelle courbe se déplace ; ensuite, dans quel sens s'effectue ce déplacement ; enfin, nous recourrons au graphique d'offre et de demande pour étudier les conséquences de ce déplacement sur l'équilibre économique.

BON À SAVOIR

DES VALEURS NÉGATIVES POUR LES SORTIES NETTES DE CAPITAUX

Dans cette section, le modèle d'économie ouverte sert à l'analyse des impacts des politiques gouvernementales et des événements susceptibles de rompre l'équilibre économique. Dans le cas de l'économie ouverte illustré à la figure 13.3, les sorties nettes de capitaux (*SNC*) présentent une valeur positive. Cependant, nous avons déjà constaté que les *SNC* du Canada ont souvent été négatives dans le passé. Cela aurait-il des conséquences pour notre analyse ?

Les conséquences de *SNC* négatives pour notre modèle sont en fait minimes. Lorsque cela se produit, c'est parce que l'épargne *n'est pas* suffisante pour couvrir l'investissement et que le pays a recours à l'épargne étrangère pour combler la différence. La valeur des *SNC* représente donc toujours les sorties nettes de capitaux, mais elle est affectée d'un signe négatif. Comme les *SNC* doivent être égales aux exportations nettes (*XN*), cela implique que les exportations nettes sont également négatives. Les étrangers achètent de façon nette des actifs canadiens et, par conséquent, des dollars canadiens sur le marché des changes. Au bout du compte, les Canadiens importent plus de biens qu'ils n'en exportent et, pour cette raison, ils doivent échanger leurs dollars contre des devises étrangères.

Fort heureusement, il importe peu que les valeurs des sorties nettes de capitaux et des exportations nettes soient positives ou négatives ; seul compte le *sens du changement* de ces valeurs. C'est dans le but de simplifier l'analyse que nous évoquons des exemples montrant une valeur positive pour les sorties nettes de capitaux et les exportations nettes. Néanmoins, l'analyse serait similaire si les sorties nettes de capitaux et les exportations nettes étaient négatives.

UNE AUGMENTATION DU TAUX D'INTÉRÊT MONDIAL

Nous avons déjà vu que, dans une petite économie ouverte avec mobilité parfaite des capitaux, le taux d'intérêt est égal au taux d'intérêt mondial. Dès lors, un événement extérieur ayant une répercussion sur le taux d'intérêt mondial risque d'avoir une incidence sur l'économie nationale. Pour cette raison, les variations des taux américains font la une des quotidiens canadiens car, compte tenu de l'importance de l'économie américaine à l'échelle mondiale, elles modifient les taux d'intérêt mondiaux. En fait, on peut même considérer que le taux d'intérêt américain coïncide avec le taux mondial. Ainsi, toute variation du taux américain se répercute automatiquement sur l'économie canadienne.

La figure 13.4 illustre les conséquences d'une hausse du taux d'intérêt mondial pour une petite économie ouverte avec mobilité parfaite des capitaux. Sur le graphique a), représentant le marché des fonds prêtables, aucune courbe ne se déplace. En fait, la hausse du taux d'intérêt mondial (r^m) provoque un déplacement vers le haut le long des courbes d'offre et de demande. La quantité offerte de fonds prêtables augmente et la quantité de fonds prêtables demandée pour les investissements décroît. Ces deux variations se traduisent par une augmentation de l'excédent de l'épargne sur l'investissement au Canada. Cet excédent correspond aux sorties nettes de capitaux et mesure la quantité d'épargne disponible pour l'achat net d'actifs à l'étranger.

Le graphique b) montre que l'accroissement des sorties nettes de capitaux se traduit par un déplacement vers la droite de la courbe d'offre nette de dollars sur le marché des changes, soit de SNC_1 à SNC_2. Cet afflux de dollars entraîne une dépréciation réelle de E_1 à E_2, ce qui réduit ainsi la valeur du dollar par rapport aux autres devises. Une telle dépréciation fait baisser le prix des produits canadiens par rapport aux produits étrangers. Les consommateurs sur les marchés national et international se tournent alors vers les produits fabriqués au Canada, ce qui fait augmenter les exportations et diminuer les importations. Les exportations nettes augmentent donc. Par conséquent, dans une petite économie ouverte avec mobilité parfaite des capitaux, une hausse du taux d'intérêt mondial stimule l'épargne, réduit l'investissement, déprécie le dollar et fait augmenter les exportations nettes.

Notre analyse explique l'attention que les Canadiens portent à l'évolution du taux d'intérêt mondial et le fait que ses variations préoccupent les exportateurs, les importateurs, les consommateurs et les entreprises. Une augmentation du taux d'intérêt mondial cause une dépréciation réelle du dollar et avantage les exportateurs, car le prix des marchandises canadiennes est plus faible sur les marchés extérieurs. Par contre, la dépréciation de la monnaie ne fait guère l'affaire des importateurs, puisque cela renchérit le prix des marchandises provenant de l'étranger. Les consommateurs canadiens, touchés par la hausse des prix des biens importés, sont également défavorisés. Enfin, les entreprises doivent payer des taux d'intérêt plus élevés sur les emprunts destinés au financement de leurs projets.

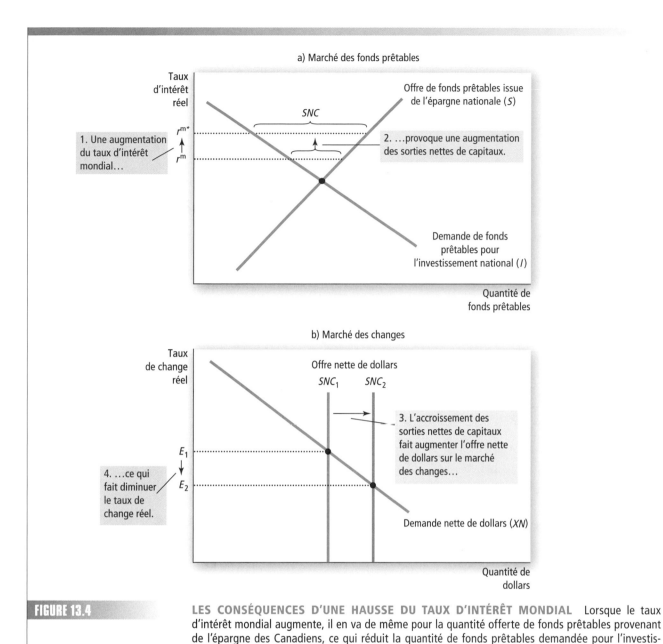

a) Marché des fonds prêtables

Taux d'intérêt réel

Offre de fonds prêtables issue de l'épargne nationale (S)

SNC

r^{m*}
r^m

1. Une augmentation du taux d'intérêt mondial...

2. ...provoque une augmentation des sorties nettes de capitaux.

Demande de fonds prêtables pour l'investissement national (I)

Quantité de fonds prêtables

b) Marché des changes

Taux de change réel

Offre nette de dollars

SNC_1 SNC_2

E_1
E_2

4. ...ce qui fait diminuer le taux de change réel.

3. L'accroissement des sorties nettes de capitaux fait augmenter l'offre nette de dollars sur le marché des changes...

Demande nette de dollars (XN)

Quantité de dollars

FIGURE 13.4   **LES CONSÉQUENCES D'UNE HAUSSE DU TAUX D'INTÉRÊT MONDIAL**   Lorsque le taux d'intérêt mondial augmente, il en va de même pour la quantité offerte de fonds prêtables provenant de l'épargne des Canadiens, ce qui réduit la quantité de fonds prêtables demandée pour l'investissement. Pour ces deux raisons, les sorties nettes de capitaux augmentent. Il s'ensuit une hausse de l'offre nette de dollars sur le marché des changes qui déprécie la devise canadienne, tout en suscitant un accroissement des exportations.

LES DÉFICITS ET LES SURPLUS BUDGÉTAIRES

Nous avons déjà examiné, au chapitre 8, les effets d'un déficit budgétaire sur l'offre et la demande de fonds prêtables dans une économie fermée. Un déficit budgétaire équivaut à une épargne publique *négative* et réduit l'épargne (S), qui est la somme de l'épargne publique (S_G) et de l'épargne privée (S_p). Par conséquent, l'offre de fonds prêtables diminue, ce qui fait augmenter le taux d'intérêt et diminuer l'investissement.

Examinons maintenant les conséquences d'un déficit budgétaire dans une économie ouverte. Tout d'abord, quelle courbe se déplace dans notre modèle? Tout comme dans une économie fermée, la conséquence immédiate se fait sentir sur l'épargne nationale et donc sur la courbe d'offre de fonds prêtables. Ensuite, dans quel sens cette courbe se déplace-t-elle? Comme c'était le cas dans une économie fermée, le déficit budgétaire représente une épargne publique *négative*, qui réduit l'épargne nationale et provoque un déplacement vers la gauche de la courbe d'offre de fonds prêtables. On voit ce déplacement sur le graphique a) de la figure 13.5.

La dernière étape de notre analyse est la comparaison entre l'ancien et le nouvel équilibre, sur le graphique a) de la figure 13.5. Celui-ci montre la conséquence de l'augmentation du déficit budgétaire sur le marché canadien des fonds prêtables. Au taux d'intérêt mondial, l'épargne nationale est moins élevée qu'elle ne l'était

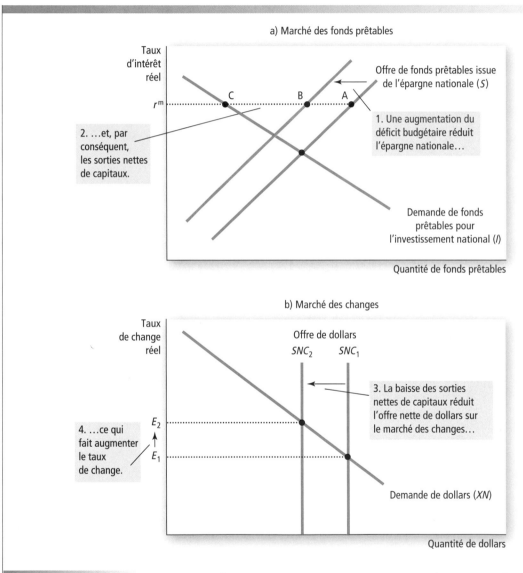

FIGURE 13.5 **LES CONSÉQUENCES D'UNE AUGMENTATION DU DÉFICIT BUDGÉTAIRE** L'accroissement du déficit budgétaire réduit l'offre de fonds prêtables provenant de l'épargne nationale. En conséquence, la courbe d'offre se déplace vers la gauche, comme le montre le graphique a). Les sorties nettes de capitaux baissent, passant de la distance entre A et C à la distance entre B et C. Sur le graphique b), la diminution des *SNC* réduit l'offre nette de dollars sur le marché des changes. Cette baisse de l'offre de dollars provoque un déplacement vers la gauche de la courbe d'offre, de SNC_1 à SNC_2, de même qu'une augmentation du taux de change, de E_1 à E_2. Cette appréciation suscite une diminution des exportations nettes.

auparavant. Ainsi, on passe de A à B, et l'excédent de l'épargne par rapport à l'investissement se réduit à la distance entre B et C, alors qu'elle était initialement représentée par la distance entre A et C. Le déficit public réduit donc l'excédent de l'épargne par rapport à l'investissement, ce qui provoque une baisse des sorties nettes de capitaux.

Le graphique b) illustre les conséquences du déficit budgétaire sur le marché des changes. La diminution des sorties nettes de capitaux réduit l'offre nette de dollars sur le marché des changes. Cette réduction se traduit par un déplacement de la courbe d'offre de SNC_1 à SNC_2. Une telle diminution cause une appréciation du taux de change réel, qui passe de E_1 à E_2. La valeur relative du dollar canadien augmente donc par rapport aux autres devises. Cela entraîne une hausse du prix des produits canadiens par rapport à celui des produits étrangers. Les consommateurs canadiens et internationaux se détournent alors des produits canadiens, ce qui fait ainsi diminuer les exportations et augmenter les importations canadiennes. Pour ces raisons, dans une petite économie ouverte avec mobilité parfaite des capitaux, une augmentation du déficit budgétaire se solde par une appréciation du dollar et une chute des exportations nettes.

Cette analyse démontre que les décisions passées des gouvernements, qui ont laissé les déficits budgétaires s'aggraver, ont provoqué une augmentation du taux de change réel et une baisse des exportations nettes. Depuis la fin des années 1990, plusieurs gouvernements provinciaux au Canada ont adopté une politique visant à éliminer les déficits et même à réaliser des excédents budgétaires. On peut comprendre les implications d'une telle politique simplement en inversant les déplacements illustrés à la figure 13.5. Une réduction des déficits budgétaires fait augmenter l'épargne. Au taux d'intérêt mondial, une hausse de l'excédent de l'épargne par rapport à l'investissement cause une augmentation des sorties nettes de capitaux. Cela accroît l'offre nette de dollars sur le marché des changes et entraîne une baisse du taux de change réel. Une telle dépréciation du dollar réduit le prix relatif des produits canadiens, ce qui attire ainsi les consommateurs canadiens et étrangers, stimule les exportations et réduit les importations. Pour ces raisons, dans une petite économie ouverte avec mobilité parfaite des capitaux, une élimination des déficits budgétaires produit une dépréciation du dollar et une hausse des exportations nettes.

Compte tenu de telles conclusions, l'intérêt marqué des Canadiens pour les soldes budgétaires des gouvernements ne surprend guère. La modification des politiques gouvernementales, faisant passer d'une série de déficits records entre 1975 et 1995 à des surplus considérables par la suite, a fait diminuer fortement la valeur du dollar canadien. De telles décisions ont profité aux exportateurs, tout en touchant durement les importateurs et les consommateurs de produits étrangers.

DANS L'ACTUALITÉ

LE DÉFICIT COMMERCIAL DES ÉTATS-UNIS

Kenneth Rogoff, économiste, analyse le déficit commercial des États-Unis, qui a atteint de nouveaux sommets en 2003 et 2004.

L'EMPIRE DU DÉBITEUR

N'est-il pas un peu étrange que les États-Unis, le pays le plus riche du monde, soient en voie d'emprunter à l'étranger plus de 500 milliards de dollars cette année ? N'est-il

pas encore plus étrange que de grosses tranches d'un tel emprunt proviennent de pays comme l'Inde et la Chine, dont un grand nombre des 2,3 milliards d'habitants disposent d'un revenu ne dépassant pas un ou deux dollars par jour?

Bien sûr, je sais que certaines raisons expliquent la nature actuelle des flux financiers. Par exemple, les États-Unis accordent aux investisseurs étrangers un traitement très accueillant depuis longtemps, en fait depuis les années 1780, lorsqu'Alexander Hamilton, le tout premier secrétaire aux Finances du pays, a décidé d'honorer les dettes antérieures à la Guerre d'indépendance. Aujourd'hui, la croissance atteint un niveau respectable aux États-Unis (environ 4% l'an prochain), quoique pas autant qu'en Inde (6%) et en Chine (8%).

Mais, quelles que soient ces raisons, et il est vrai qu'elles sont assez complexes, n'est-il quand même pas un peu absurde que le pays le plus riche du monde soit devenu (et de beaucoup) le plus gros emprunteur du monde, avec une dette nette (passif moins actif) de plus de 2000 milliards de dollars? Les Romains en seraient jaloux: ils s'étaient démenés corps et âme pour lever des impôts dans leur empire, alors que le monde actuel donne simplement de l'argent aux États-Unis.

Même si on fait abstraction de l'aspect moral de la question, de stricts motifs d'intérêt national devraient néanmoins inciter les États-Unis à être un créancier net du reste du monde plutôt qu'un emprunteur. Nous formons une population vieillissante qui devrait investir dans des actifs à l'étranger pour assurer sa retraite prochaine. Malheureusement, on ne le croirait jamais à en juger par la frénésie de consommation des dernières années. Nous, les Américains, sommes peut-être bien les auteurs de l'adage «Un sou est un sou», mais aujourd'hui il faudrait plutôt dire: «Je serai heureux de vous payer demain pour avoir aujourd'hui un hamburger [...]».

Les gouvernements des États baignent dans le rouge. La Californie traîne encore un déficit qui, à maints égards, est plus élevé que celui de nombreux pays du monde. Quant au gouvernement fédéral, eh bien, Washington est en voie d'afficher des déficits records qui pourraient bien n'être éliminés que dans une génération. Et les consommateurs américains? Ils épargnent moins, en proportion de leur revenu, que les consommateurs de tout autre pays riche. Les Chinois épargnent plus de 40% de leur revenu, alors que les États-Unis seraient chanceux de voir les Américains atteindre seulement la moitié de cette proportion. Aussi riche soit-on, lorsque les dépenses sont constamment supérieures au revenu, on finit toujours par se buter à divers problèmes...

Alors, que faut-il faire? Devons-nous simplement retenir notre souffle collectif et prier pour que la plus forte série d'emprunts de tous les temps se déroule en douceur et dans le calme? Ou devrions-nous craindre que, lorsque cette série arrivera à son terme, nous ayons à nous contenter de la nostalgie des jours heureux de la reprise «sans emploi»? Il faut dire que tout irait mieux si la croissance en Europe et au Japon était plus forte. Mais la croissance à l'étranger ne peut être la solution à tout. La Chine connaît une croissance déjà beaucoup plus forte que celle des États-Unis, mais elle affiche aussi un surplus. Quant au Japon, il demeure un épargnant net depuis plusieurs décennies, à travers les périodes d'emballement et d'effondrement

économiques. Mais surtout, les Américains doivent épargner davantage, à commencer par le secteur public, insouciant de sa dette.

Est-il si clair que la situation est devenue intenable ? Il n'y a aucune certitude en matière d'économie mondiale, mais lorsque les emprunts globaux faits à l'étranger (dans les secteurs tant public que privé) par un pays reflètent l'ampleur des emprunts contractés par son gouvernement, comme c'est de plus en plus le cas aux États-Unis, cela signifie qu'un seuil dangereux vient d'être franchi. Et lorsque s'apaisera la frénésie des emprunts des États-Unis, l'économie mondiale pourrait bien se retrouver dans un bourbier. Heureusement, il y a aussi une bonne nouvelle. Si les États-Unis redeviennent un pays prêteur, il est alors possible que, après être sorti de ce bourbier, le monde soit quelque peu en meilleur état.

Source : Kenneth Rogoff, « The Debtor's Empire », *The Washington Post*, 20 octobre 2003.

LA POLITIQUE COMMERCIALE

Politique commerciale
Ensemble des mesures gouvernementales influençant directement la quantité de biens et de services importés ou exportés par un pays.

Tarif douanier
Taxe qu'un gouvernement impose sur des biens importés, c'est-à-dire sur des produits fabriqués à l'étranger et vendus dans le pays.

Quota d'importation
Restriction frappant la quantité d'un bien produit à l'étranger qui peut être importé.

À l'aide de sa **politique commerciale**, le gouvernement tente d'influer directement sur les importations et les exportations de biens et de services. Il existe plusieurs types de politiques commerciales. L'une des plus courantes consiste à imposer des **tarifs douaniers**, c'est-à-dire une taxe sur les biens importés. Une autre consiste à adopter des **quotas d'importation**, pour limiter l'entrée des produits étrangers. Beaucoup de pays adoptent de telles mesures commerciales, bien souvent sans leur donner ce nom. Par exemple, les gouvernements canadien et américain ont déjà exercé des pressions sur les constructeurs d'automobiles japonais pour qu'ils vendent un moins grand nombre de leurs véhicules en Amérique du Nord. Ces restrictions soi-disant volontaires des exportations constituent en réalité une forme de quotas d'importation.

Analysons maintenant les conséquences macroéconomiques d'une politique commerciale. Imaginez que les dirigeants de l'industrie automobile nord-américaine, vivement préoccupés par la concurrence japonaise, arrivent à convaincre le gouvernement canadien d'imposer des quotas d'importation sur les véhicules en provenance du Japon. Pour faire valoir son point de vue, le lobby de l'automobile justifie une telle mesure restrictive en arguant qu'elle réduirait le déficit commercial canadien. Cette justification est-elle valable ? La réponse, à partir de notre modèle, se trouve à la figure 13.6 (voir la page 330).

Afin d'analyser cette politique commerciale, il faut d'abord établir quelle courbe se déplacera. Le premier impact d'une telle mesure se fait évidemment sentir sur les importations. Les exportations nettes, c'est-à-dire la différence entre les exportations et les importations, sont donc également touchées. Et comme les exportations nettes déterminent la demande nette de dollars sur le marché des changes, l'imposition de quotas d'importation influe aussi sur la courbe de demande de ce marché.

La seconde étape de l'analyse consiste à voir dans quel sens la courbe de demande se déplace à la suite de l'adoption de la politique commerciale. Naturellement, les importations de véhicules japonais au Canada connaissent une baisse, et ce, pour tout niveau du taux de change réel. Les exportations nettes, soit la différence entre

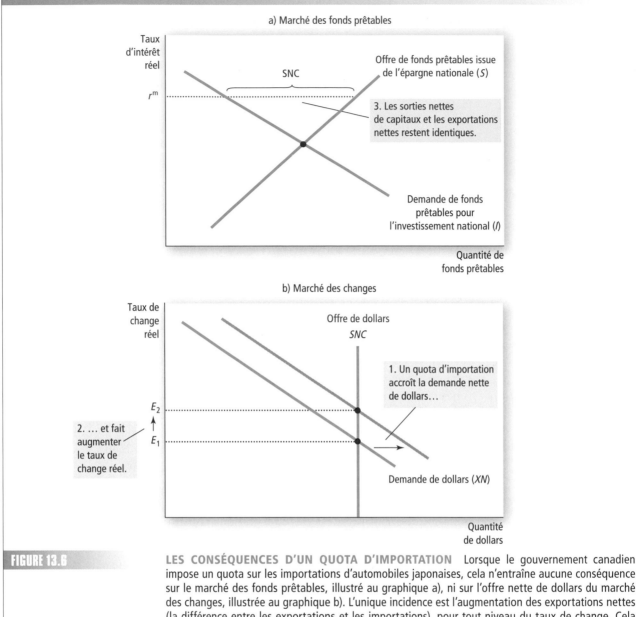

a) Marché des fonds prêtables

Taux d'intérêt réel

r^m

SNC

Offre de fonds prêtables issue de l'épargne nationale (S)

3. Les sorties nettes de capitaux et les exportations nettes restent identiques.

Demande de fonds prêtables pour l'investissement national (I)

Quantité de fonds prêtables

b) Marché des changes

Taux de change réel

Offre de dollars
SNC

E_2

E_1

1. Un quota d'importation accroît la demande nette de dollars…

2. … et fait augmenter le taux de change réel.

Demande de dollars (XN)

Quantité de dollars

FIGURE 13.6 **LES CONSÉQUENCES D'UN QUOTA D'IMPORTATION** Lorsque le gouvernement canadien impose un quota sur les importations d'automobiles japonaises, cela n'entraîne aucune conséquence sur le marché des fonds prêtables, illustré au graphique a), ni sur l'offre nette de dollars du marché des changes, illustrée au graphique b). L'unique incidence est l'augmentation des exportations nettes (la différence entre les exportations et les importations), pour tout niveau du taux de change. Cela provoque une hausse de la demande nette de dollars sur le marché des changes, comme le montre le déplacement de la courbe de demande sur le graphique b). Cette augmentation provoque une appréciation du dollar, qui passe de E_1 à E_2. Une telle appréciation réduit les exportations nettes, ce qui neutralise complètement l'effet initial du quota d'importation sur la balance commerciale.

les exportations et les importations, sont poussées à la hausse. Parce que les étrangers ont besoin de dollars canadiens pour acheter les exportations nettes canadiennes, cette hausse se traduit par un accroissement de la demande nette de dollars sur le marché des changes. Un tel mouvement est illustré sur le graphique b) de la figure 13.6 : la courbe de demande se déplace vers la droite.

La troisième et dernière étape de l'analyse consiste à comparer le nouvel équilibre avec l'ancien. Le graphique b) montre que l'augmentation de la demande nette de dollars provoque une appréciation de la devise canadienne, de E_1 à E_2. En l'absence de variations sur le marché des fonds prêtables du graphique a), on n'enregistre aucun changement des sorties nettes de capitaux. Comme ces dernières demeurent constantes, les exportations nettes ne peuvent pas changer, même si le quota réduit les importations.

Cette stabilité des exportations nettes en présence d'une baisse initiale des importations s'explique par la hausse du taux de change réel. L'appréciation du dollar sur le marché des changes renchérit les produits canadiens par rapport aux produits étrangers, ce qui réduit ainsi les exportations. Au bout du compte, un quota réduit à la fois les importations (effet initial) et les exportations (effet lié à l'appréciation du dollar), mais les exportations nettes restent identiques.

Nous devons tirer de cette analyse une conclusion surprenante : les politiques commerciales sont sans effet sur la balance commerciale. Autrement dit, une intervention qui porte directement sur les exportations ou sur les importations ne modifie en rien les exportations nettes. Une telle constatation surprend moins si on revient à l'identité vue précédemment :

$$XN = SNC = S - I$$

Les exportations nettes (XN) sont égales aux sorties nettes de capitaux (SNC), et donc à la différence entre l'épargne et l'investissement ($S - I$). L'absence d'effet des politiques commerciales sur la balance commerciale est due au fait que de telles interventions ne modifient ni l'épargne (S) ni l'investissement (I). Pour un niveau donné d'épargne et d'investissement, le taux de change réel varie pour maintenir inchangée la valeur de la balance commerciale, quelles que soient les politiques commerciales.

Même si les politiques commerciales n'ont aucune incidence sur la balance commerciale nationale, elles ont un impact réel sur certains secteurs industriels, entreprises ou pays. L'imposition d'un quota d'importation sur les véhicules de fabrication japonaise atténue la concurrence pour General Motors, qui vend alors plus facilement ses voitures. De même, la montée du dollar complique la tâche pour Bombardier, le constructeur aéronautique canadien, par rapport à son concurrent brésilien Embraer. Les exportations d'aéronefs chutent, alors que leurs importations augmentent. Dans ce cas précis, le quota imposé aux constructeurs d'automobiles japonais aboutit à une baisse des exportations nettes d'avions pour le Canada. Cependant, même si les exportations nettes du Canada vers le Japon augmentent et que les exportations nettes du Canada vers le Brésil diminuent, la balance commerciale canadienne ne change pas.

Les conséquences des politiques commerciales se font donc sentir à l'échelle microéconomique plutôt qu'à l'échelle macroéconomique. Bien que les partisans de ce type d'intervention affirment parfois (à tort) que les politiques commerciales ont une influence sur la balance commerciale, leurs motivations découlent sans doute davantage des effets de ces politiques sur une industrie ou un secteur particuliers. On ne se surprendra pas d'entendre un directeur de General Motors faire l'apologie des quotas d'importation pour les véhicules japonais. En revanche, les économistes s'opposent pratiquement toujours à de tels quotas. Les restrictions commerciales, en limitant les bénéfices tirés du commerce international, réduisent du même coup le bien-être économique du pays.

L'INSTABILITÉ POLITIQUE ET LA FUITE DE CAPITAUX

L'instabilité politique qui régnait au Mexique en 1994, due entre autres à l'assassinat d'un dirigeant politique connu, provoqua la nervosité des marchés financiers. Les investisseurs réévaluèrent le risque inhérent à leurs placements au Mexique et décidèrent de retirer une partie de leurs capitaux du pays, pour les investir aux

Fuite de capitaux
Réduction soudaine et importante de la demande d'actifs dans un pays donné.

États-Unis et dans d'autres lieux sûrs. Ce mouvement de retrait soudain et massif de fonds s'appelle **fuite de capitaux**. Pour en étudier les conséquences sur l'économie mexicaine, nous reprendrons notre analyse en trois étapes, en appliquant notre modèle d'économie ouverte du point de vue du Mexique plutôt que de celui du Canada.

Le graphique a) de la figure 13.7 illustre le marché mexicain des fonds prêtables avant la fuite des capitaux. Au taux d'intérêt mondial, r^m, l'offre de fonds prêtables provenant de l'épargne mexicaine excède la demande mexicaine de fonds prêtables.

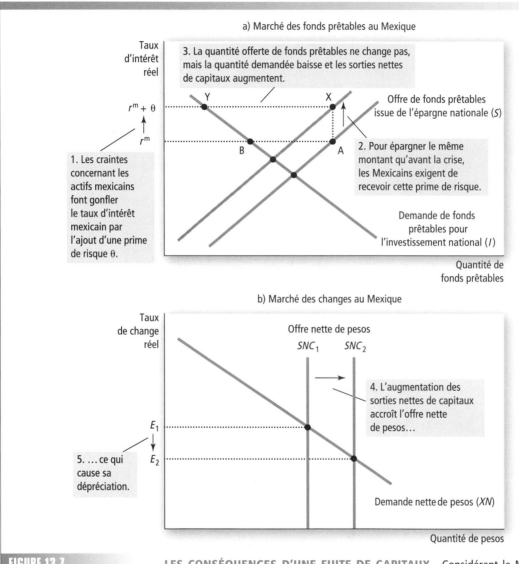

a) Marché des fonds prêtables au Mexique

3. La quantité offerte de fonds prêtables ne change pas, mais la quantité demandée baisse et les sorties nettes de capitaux augmentent.

Offre de fonds prêtables issue de l'épargne nationale (S)

2. Pour épargner le même montant qu'avant la crise, les Mexicains exigent de recevoir cette prime de risque.

1. Les craintes concernant les actifs mexicains font gonfler le taux d'intérêt mexicain par l'ajout d'une prime de risque θ.

Demande de fonds prêtables pour l'investissement national (I)

Quantité de fonds prêtables

b) Marché des changes au Mexique

Offre nette de pesos

4. L'augmentation des sorties nettes de capitaux accroît l'offre nette de pesos…

5. … ce qui cause sa dépréciation.

Demande nette de pesos (XN)

Quantité de pesos

FIGURE 13.7

LES CONSÉQUENCES D'UNE FUITE DE CAPITAUX Considérant le Mexique comme un pays moins sûr pour l'investissement, les épargnants mexicains et internationaux exigent une prime de risque pour continuer à y placer des fonds. La réaction des épargnants mexicains s'observe sur le graphique a) par un déplacement vers le haut de la courbe d'offre de fonds prêtables. Les emprunteurs doivent désormais verser un taux d'intérêt de $r^m + θ$, qui est supérieur à celui qui était en vigueur avant la crise de confiance, et la quantité de fonds prêtables demandée pour l'investissement diminue. La hausse du taux d'intérêt mexicain et le déplacement de la courbe d'offre créent une augmentation des sorties nettes de capitaux. La valeur des sorties nettes de capitaux passe de la distance entre A et B à la distance entre X et Y. Cela signifie une augmentation de l'offre nette de pesos mexicains sur le marché des changes. Ce phénomène, illustré sur le graphique b) par le déplacement de la courbe d'offre de SNC_1 à SNC_2, cause une baisse de la valeur du peso, dont la valeur passe de E_1 à E_2, soit une dépréciation par rapport aux autres devises.

Cette épargne excédentaire sert à l'achat d'actifs étrangers — en d'autres termes, les sorties nettes de capitaux mexicaines sont positives. On le voit sur le graphique a), où les *SNC* correspondent à la distance entre A et B. Ce niveau de sorties nettes de capitaux détermine l'offre nette de pesos mexicains sur le marché des changes, représentée sur le graphique b) par la courbe SNC_1. Le point d'équilibre entre l'offre et la demande nettes de pesos correspond au taux de change réel, E_1.

Déterminons maintenant quelle courbe se déplace — celle d'offre ou celle de demande — et dans quel sens se fait le déplacement, si les marchés financiers mondiaux perdent soudainement confiance dans l'économie mexicaine. Comme nous l'avons vu, si les prêteurs mettent en doute la capacité de remboursement des emprunteurs, ils exigent alors un taux d'intérêt supérieur. Si les marchés financiers s'interrogent sur la solvabilité du Mexique, les prêteurs exigeront un taux d'intérêt supérieur à celui qu'ils demandent aux autres pays. Dans une petite économie ouverte comme celle du Mexique, cela implique un taux d'intérêt supérieur au taux mondial.

Soit θ, le montant supplémentaire que les emprunteurs mexicains doivent payer aux prêteurs, autrement dit la *prime de risque*. Les emprunteurs doivent maintenant payer le taux d'intérêt mondial, r^m, plus la prime de risque, θ. Pour épargner le même montant de fonds prêtables qu'avant cette crise de confiance, les épargnants mexicains exigent aussi un taux d'intérêt égal à $r^m + θ$. On peut voir, sur le graphique a), le déplacement vers le haut de la courbe d'offre de fonds prêtables provenant de l'épargne mexicaine. Ce déplacement est égal au montant de la prime de risque, ce qui indique que les Mexicains ne maintiendront la quantité offerte sur le marché des fonds prêtables que s'ils reçoivent une compensation proportionnelle au risque encouru. Après tout, ils sont libres de placer leur épargne au Canada, au Japon ou sur tout autre marché des fonds prêtables. En payant cette prime de risque, les emprunteurs mexicains freinent la vente des actifs mexicains et, en recevant cette prime, les épargnants mexicains épargnent autant qu'avant la fuite des capitaux, ce qui permet dès lors d'endiguer la fuite de capitaux.

Cependant, comme nous le constatons sur le graphique a), l'ajout d'une prime de risque réduit l'investissement. Effet net de ces changements : il y a augmentation des sorties nettes de capitaux, même si la vente des actifs mexicains est stoppée. Sur le graphique a), les *SNC* mexicaines correspondent maintenant à la distance entre X et Y. Sur le graphique b), cette augmentation des *SNC* provoque une hausse de l'offre nette de pesos sur le marché des changes, puisqu'elles passent de SNC_1 à SNC_2. L'augmentation de la demande d'actifs étrangers provoque un échange massif de pesos contre des devises étrangères. Une telle augmentation de l'offre nette de pesos se traduit par une dépréciation du peso, dont la valeur passe de E_1 à E_2. Nous pouvons donc tirer la conclusion suivante : la fuite de capitaux aboutit à une hausse des taux d'intérêt mexicains et à une dépréciation du peso sur le marché des changes. C'est exactement ce qui a été observé en 1994. De novembre 1994 à mars 1995, le taux d'intérêt sur les obligations à court terme de l'État mexicain a bondi de 14 % à 70 % et la valeur du peso par rapport au dollar canadien est tombée de 40 à 21 cents.

Les changements de prix causés par une fuite de capitaux ont des effets sur plusieurs variables réelles importantes. La dépréciation de la devise réduit le prix des exportations et fait augmenter celui des importations, ce qui produit une hausse des exportations nettes. Plus important encore est l'effet sur le taux d'intérêt : en augmentant, le taux d'intérêt réduit l'investissement, donc l'accumulation du capital et la croissance à long terme.

Aucun pays n'est à l'abri d'un tel phénomène, qui survient de temps à autre. En 1997, les investisseurs internationaux se sont rendu compte que le système bancaire de plusieurs pays asiatiques, dont la Thaïlande, la Corée du Sud et l'Indonésie, frôlait la banqueroute. Cette nouvelle a déclenché une fuite de capitaux en règle. En 1998, le gouvernement russe était en situation de défaut de paiement sur ses dettes, ce qui a incité les investisseurs internationaux à récupérer ce qu'ils pouvaient de leurs capitaux avant de fuir et de les placer ailleurs. Une fuite de capitaux s'est aussi produite en Argentine, en 2002. Dans chacun de ces cas, le déroulement des événements correspond aux prédictions de notre modèle : hausse des taux d'intérêt et dépréciation de la monnaie.

Les événements survenus au Mexique, en Asie du Sud-Est et en Russie pourraient-ils se produire au Canada ? Considéré traditionnellement comme un pays sûr pour les placements, le Canada a néanmoins déjà connu certaines fuites de capitaux limitées. Les référendums politiques passés et éventuels concernant une séparation du Québec ont sans doute contribué à maintenir le taux d'intérêt plus haut que ce qu'on observerait autrement. Cette question inquiète les investisseurs internationaux, qui se demandent si le Canada pourrait cesser d'exister en tant que pays. Cela oblige les emprunteurs canadiens à payer une prime de risque aux prêteurs. Outre cette majoration des taux d'intérêt, l'incertitude concernant l'avenir politique du pays réduit l'investissement et la valeur du dollar, comme le prédit notre modèle.

Des événements purement économiques ont aussi causé des fuites de capitaux limitées hors du Canada. La forte augmentation de l'endettement des gouvernements, au début des années 1990, a suffisamment inquiété les investisseurs internationaux pour que les emprunteurs canadiens aient dû leur payer une prime de risque. Les effets expliqués plus haut se sont alors déroulés : augmentation des sorties nettes de capitaux, dépréciation du dollar canadien, hausse des taux d'intérêt et ralentissement de la croissance économique.

L'économie des États-Unis, malgré sa prééminence mondiale, n'est pas non plus à l'abri d'une fuite de capitaux. Le 22 septembre 1995, *The New York Times* rapportait la menace de Newt Gingrich, président de la Chambre des représentants, de mettre l'appareil gouvernemental en faillite pour la première fois de son histoire, si le gouvernement Clinton refusait le budget proposé par les républicains. Le peu de crédibilité de cette menace n'a cependant pas empêché, toutes proportions gardées, une réaction comparable à celle survenue au Mexique en 1994. En une seule journée, le taux d'intérêt des obligations d'État à 30 ans a grimpé de 6,46 % à 6,55 % et le taux de change est passé de 102,7 à 99 yens pour un dollar. Et la crise financière américaine de 2007-2008, y compris la réévaluation à la hausse du niveau de risque de nombreux titres financiers et plusieurs faillites bancaires, pourrait produire les mêmes effets. Une fuite de capitaux peut donc survenir même dans une économie stable comme celle des États-Unis.

MINITEST

■ Imaginez que les Canadiens décident d'économiser une plus grande partie de leurs revenus. Quelles seraient les conséquences de cette décision sur l'épargne, l'investissement, les sorties nettes de capitaux, le taux de change réel et la balance commerciale ?

CONCLUSION

L'économie internationale est un sujet d'étude de plus en plus important. Les Canadiens consomment de plus en plus de biens et de services étrangers et produisent de plus en plus pour l'exportation. Les fonds communs de placement et les institutions financières leur permettent d'emprunter ou de prêter sur les marchés financiers internationaux. Une analyse approfondie de l'économie canadienne exige donc une compréhension des échanges internationaux. Le modèle présenté dans ce chapitre nous permet de comprendre le fonctionnement d'une petite économie ouverte avec mobilité parfaite des capitaux.

Il convient cependant de noter que ce modèle reste une construction théorique. Il repose sur un certain nombre d'hypothèses et de simplifications, et les résultats obtenus doivent être nuancés lorsque ces hypothèses et ces simplifications ne sont pas avérées. Cela n'a rien d'étonnant en soi (souvenez-vous de la méthode scientifique et du rôle des modèles présentés au chapitre 2). En outre, notre modèle n'inclut pas certaines variables qui peuvent, parfois, se révéler importantes. Dans cette optique, les modèles plus complexes que vous étudierez plus tard en macroéconomie intégreront, par exemple, les attentes des gens concernant l'avenir et les conséquences à plus long terme des flux de capitaux. Des modèles plus complexes permettent aussi de laisser tomber l'hypothèse de la mobilité parfaite des capitaux. Cela étant dit, il n'en reste pas moins que le modèle de base présenté ici constitue une représentation utile d'une petite économie ouverte.

L'économie internationale est un bon objet d'étude, mais il ne faut pas en exagérer l'importance. Les politiciens et les commentateurs ont souvent le réflexe de blâmer les étrangers pour tous les maux de l'économie canadienne. Pour leur part, les économistes ont plutôt tendance à penser que la majorité des problèmes économiques sont d'origine interne. Ainsi, les politiciens considèrent souvent la concurrence internationale comme une menace pour le niveau de vie de leurs concitoyens. Les économistes déplorent plutôt la faiblesse de l'épargne, qui réduit l'accumulation du capital, la croissance de la productivité et celle du niveau de vie, et ce, que l'économie soit ouverte ou fermée. Cible facile pour les politiciens, les étrangers ont le mérite de leur éviter de prendre des décisions impopulaires aux yeux de groupes locaux bien organisés. Dans tout débat public sur le commerce et les marchés financiers internationaux, il faut bien distinguer le mythe de la réalité. Les outils mis à votre disposition dans ces deux derniers chapitres vous y aideront.

RÉSUMÉ

■ La majorité des économistes considèrent le Canada comme une petite économie ouverte avec mobilité parfaite des capitaux, ce qui veut dire que les emprunteurs paient et que les prêteurs reçoivent le taux d'intérêt mondial. Deux marchés se trouvent au centre de l'analyse macroéconomique d'une économie ouverte : le marché des fonds prêtables et le marché des changes. Sur le premier, le taux d'intérêt mondial détermine la quantité offerte de fonds prêtables (issue de l'épargne) et la quantité demandée de fonds prêtables (destinée à l'investissement). La différence entre la quantité offerte et la quantité demandée de fonds prêtables au taux d'intérêt mondial correspond aux sorties nettes de capitaux. Sur le marché des changes, le taux de change réel assure l'équilibre entre l'offre nette de dollars (issue des sorties nettes de capitaux) et la demande nette de dollars (correspondant aux exportations nettes). L'interaction entre ces deux marchés passe par l'intermédiaire d'une variable commune, soit les sorties nettes de capitaux, déterminée dans le marché des fonds prêtables, mais également source de l'offre nette de dollars sur le marché des changes.

■ Un accroissement du déficit budgétaire réduit l'offre de fonds prêtables provenant de l'épargne. Cela fait diminuer les sorties nettes de capitaux et l'offre nette de dollars sur le marché des changes. Cette baisse de l'offre de dollars provoque une augmentation du taux de change réel, ce qui fait chuter les exportations nettes. Une réduction du déficit budgétaire ou un excédent budgétaire font augmenter l'offre de fonds prêtables et les sorties nettes de capitaux. Cela provoque une hausse de l'offre nette de dollars sur le marché des changes, une dépréciation du dollar et une augmentation des exportations.

■ On justifie parfois l'adoption de politiques commerciales protectionnistes, comme les tarifs douaniers ou les quotas d'importation, en invoquant l'amélioration potentielle de la balance commerciale, mais ces politiques n'atteignent pas cet objectif. Les restrictions imposées aux importations accroissent les exportations nettes pour tout niveau du taux de change et, par conséquent, accroissent également la demande nette de dollars sur le marché des changes. Il en résulte une appréciation de la monnaie, qui renchérit les produits nationaux par rapport aux biens et services importés. Cette montée du dollar annule entièrement l'impact initial de la politique commerciale sur les exportations nettes.

■ Lorsque les investisseurs modifient leur compréhension du risque de détenir les actifs d'un pays donné, l'économie de ce pays en est le plus souvent bouleversée. L'instabilité politique tend particulièrement à provoquer une fuite de capitaux, ce qui fait grimper le taux d'intérêt et déprécier la devise locale.

CONCEPTS CLÉS

Fuite de capitaux, p. 332   Quota d'importation, p. 329

Politique commerciale, p. 329   Tarif douanier, p. 329

QUESTIONS DE RÉVISION

1. Qu'est-ce que l'offre et la demande sur le marché des fonds prêtables et sur le marché des changes ? Comment ces deux marchés sont-ils reliés ?

2. Quelles seraient les conséquences d'une baisse du taux d'intérêt américain sur l'investissement, l'épargne, les sorties nettes de capitaux et le taux de change réel au Canada ?

3. Imaginons qu'un syndicat de travailleurs du textile convainque les consommateurs de n'acheter que des vêtements fabriqués au Canada. Quel serait l'impact de ce nouveau comportement des consommateurs sur la balance commerciale et le taux de change réel ? Sur l'industrie textile ? Sur l'industrie de l'automobile ?

4. Qu'est-ce qu'une fuite de capitaux ? Quels sont ses impacts sur le taux d'intérêt et sur le taux de change ?

LES FLUCTUATIONS ÉCONOMIQUES À COURT TERME

L'OFFRE ET LA DEMANDE AGRÉGÉES

OBJECTIFS

À la fin de ce chapitre, vous serez en mesure :

→ de décrire trois des principales caractéristiques des fluctuations économiques à court terme ;

→ d'expliquer la différence entre économie à court terme et économie à long terme ;

→ d'utiliser le modèle de demande et d'offre agrégées afin d'expliquer les fluctuations économiques ;

→ de comprendre la relation entre les phases d'expansion et de récession et les variations de la demande et de l'offre agrégées.

L'activité économique fluctue d'une année à l'autre. La plupart du temps, la production des biens et des services augmente, stimulée par un accroissement de la population active, du stock de capital et du capital humain ainsi que par le progrès technologique. Cette croissance économique améliore le niveau de vie moyen. Au cours des 130 dernières années, la production canadienne, mesurée selon le PIB réel par habitant, a crû en moyenne de 2 % par année.

Une telle croissance connaît parfois des ratés. Incapables alors d'écouler leurs biens et leurs services, les entreprises réduisent la production et mettent à pied une partie de leur personnel. Le chômage augmente et les usines tournent au ralenti. Lorsqu'on produit moins de biens et de services, le PIB et les autres mesures du revenu chutent. Une telle baisse des revenus, associée à une montée du chômage, est appelée **récession**, si elle est relativement modérée, ou **dépression**, si elle est grave.

Comment peut-on expliquer ces fluctuations à court terme de la production ? Certaines politiques macroéconomiques permettent-elles de prévenir la chute des revenus et l'augmentation du chômage ? Les dirigeants peuvent-ils réduire la durée et la gravité d'une récession ou d'une dépression ? De quelle manière ? Telles sont les questions que nous aborderons maintenant.

Récession
Période d'au moins deux trimestres consécutifs pendant laquelle le PIB réel diminue.

Dépression
Récession particulièrement grave.

Pour ce faire, nous étudierons dans ce chapitre des variables déjà connues : le PIB, les taux de chômage, d'intérêt et de change ainsi que le niveau des prix. Nous reviendrons également sur les outils du gouvernement : dépenses publiques, taxes et offre de monnaie. Toutefois, maintenant et pour les prochains chapitres, l'horizon temporel de notre analyse ne sera plus le même. Dans les chapitres précédents, nous avons mis l'accent sur le comportement de l'économie à long terme. Nous nous intéresserons maintenant aux fluctuations à court terme autour de la tendance à long terme de l'économie.

Bien que l'analyse de ces fluctuations ne fasse pas l'objet d'un consensus, la plupart des économistes utilisent le modèle d'offre et de demande agrégées. Notre premier objectif consistera donc à apprendre à utiliser ce modèle pour analyser les effets à court terme de chocs ou de politiques macroéconomiques. Le présent chapitre introduit les deux composantes principales de ce modèle : la demande agrégée et l'offre agrégée. Après avoir étudié la structure globale du modèle, nous passerons, dans les deux prochains chapitres, à un examen plus détaillé. Mais commençons par examiner les faits.

LES TROIS PRINCIPALES CARACTÉRISTIQUES DES FLUCTUATIONS MACROÉCONOMIQUES

Les fluctuations économiques à court terme surviennent dans tous les pays et à toutes les époques. En guise d'introduction, examinons certaines de leurs caractéristiques fondamentales.

CARACTÉRISTIQUE N° 1 : LES FLUCTUATIONS SONT IRRÉGULIÈRES ET IMPRÉVISIBLES

On qualifie fréquemment les fluctuations macroéconomiques de *cycle économique* ou *cycle conjoncturel*. Celles-ci correspondent à des variations à court terme de l'activité économique. Lorsque le PIB réel augmente rapidement, les entreprises ne manquent pas de clients et les bénéfices sont croissants. À l'inverse, une baisse du PIB réel correspond à une période difficile pour les entreprises. Lors de ces périodes de contraction économique, la majorité d'entre elles enregistrent un déclin des ventes et des bénéfices.

Le terme *cycle économique* peut porter à confusion, car il laisse entendre que les fluctuations reviennent selon un rythme régulier et prévisible. Or il n'en est rien. En fait, l'irrégularité des fluctuations économiques rend difficiles les prévisions macroéconomiques, comme on le constate sur le graphique a) de la figure 14.1, illustrant l'évolution du PIB réel au Canada depuis 1966. Les bandes verticales correspondent aux périodes de récession, qui surviennent à intervalles irréguliers. Il leur arrive ainsi de se suivre de près, comme dans le cas des récessions de 1980 et 1982. À d'autres moments, on assiste aussi à de longues périodes sans récession. Ainsi, de 1991 à l'automne 2008, le Canada a profité d'une très longue période sans récession.

CARACTÉRISTIQUE N° 2 : LA PLUPART DES VARIABLES MACROÉCONOMIQUES FLUCTUENT DE CONCERT

Mesure globale de l'activité économique, le PIB est la variable la plus utilisée pour suivre les variations économiques à court terme. Le PIB réel représente la valeur de

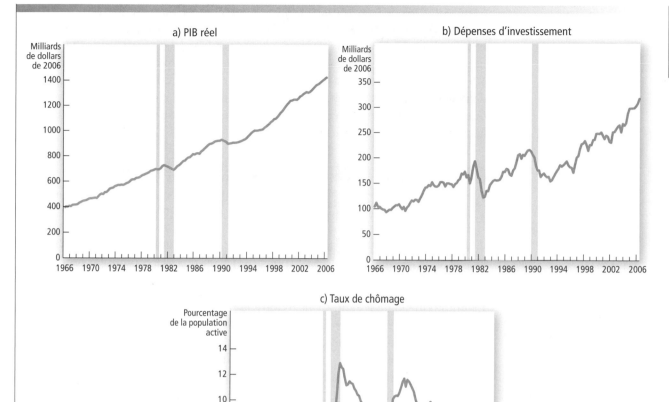

a) PIB réel

b) Dépenses d'investissement

c) Taux de chômage

FIGURE 14.1

LES FLUCTUATIONS ÉCONOMIQUES À COURT TERME Ces trois graphiques montrent en a) le PIB réel, en b) les dépenses d'investissement et en c) le taux de chômage de l'économie canadienne, en données trimestrielles, depuis 1966. Selon la définition habituelle, une récession survient lorsque se succèdent au moins deux trimestres de contraction du PIB réel (les périodes de récession sont indiquées ici par les bandes verticales). On remarquera que, au cours de ces périodes, le PIB réel et les dépenses d'investissement diminuent, tandis que le taux de chômage augmente.

Source : Statistique Canada, CANSIM II.

tous les biens et services produits durant une période donnée. Il mesure également le revenu total (ajusté pour tenir compte de l'inflation) de la population.

Cependant, pour l'étude des fluctuations à court terme, le type de mesure de l'activité économique importe peu. En effet, la plupart des variables macroéconomiques mesurant les revenus, les dépenses ou la production évoluent de concert. Lors d'une récession, une chute du PIB réel s'accompagne d'une baisse des revenus personnels, des bénéfices des entreprises, des dépenses de consommation et d'investissement, de la production industrielle, des ventes au détail, des ventes de maisons et d'automobiles, etc. Phénomène touchant toute l'économie, une récession est reconnaissable dans de nombreuses données macroéconomiques.

Même si les principales variables macroéconomiques fluctuent de concert, cela ne signifie pas que leurs variations sont de même amplitude. Comme le montre le graphique b) de la figure 14.1 (voir la page 341), les dépenses d'investissement fluctuent beaucoup durant le cycle économique. Bien que l'investissement ne représente que 1/5 du PIB, sa diminution a compté pour au moins 80 % du déclin du PIB durant les deux dernières récessions au Canada. Autrement dit, en cas de récession, celle-ci est due en grande partie à la réduction des dépenses d'investissement dans l'industrie, la construction résidentielle ou les stocks.

CARACTÉRISTIQUE N° 3 : LORSQUE LA PRODUCTION DIMINUE, LE CHÔMAGE AUGMENTE

Une forte corrélation existe entre les fluctuations de la production et celles du taux d'utilisation de la main-d'œuvre : quand le PIB réel diminue, le taux de chômage augmente. Cela n'a rien de très surprenant : les entreprises produisant moins, elles licencient du personnel et contribuent ainsi à gonfler le chômage.

Le graphique c) de la figure 14.1 montre le taux de chômage de l'économie canadienne depuis 1966. Il illustre clairement les effets des récessions sur le chômage. Durant toutes les récessions, le taux de chômage augmente de façon substantielle. À la fin d'une récession, le PIB réel recommence à croître tandis que le taux de chômage décline graduellement, sans pourtant jamais retomber à zéro, fluctuant plutôt autour de son taux naturel. Comme nous l'avons vu au chapitre 9, la valeur du taux de chômage naturel ne fait pas l'objet d'un consensus. La plupart des économistes s'entendent toutefois pour dire que le taux de chômage naturel au Canada s'est élevé au cours des années 1970, pour atteindre un sommet d'environ 8 % durant les années 1980 et redescendre graduellement depuis la fin des années 1990, à une valeur de 6 ou 7 % maintenant.

MINITEST

■ Énumérez et décrivez les trois principales caractéristiques des fluctuations économiques.

[DANS L'ACTUALITÉ] LES DÉCHETS EN TANT QU'INDICATEUR ÉCONOMIQUE

Lorsque l'économie entre en récession, de nombreuses variables économiques chutent en même temps. En voici un exemple inhabituel tiré de la récession survenue aux États-Unis en 2001.

L'ÉCONOMIE EST DANS LE CAMION À ORDURES, MAIS ÇA NE FAIT PAS BEAUCOUP DE DÉCHETS

Lorsque certains disent que l'économie est dans les poubelles, ils n'exagèrent pas.

Les revers de fortune que connaissent un grand nombre d'entreprises et de familles dans la région de Chicago se reflètent dans le plus faible volume de déchets qu'elles jettent, selon des éboueurs et des experts en la matière.

L'interprétation du volume des déchets rejetés en tant qu'indicateur économique n'est pas précisément une discipline scientifique bien établie. Mais les statistiques récentes dégagent l'odeur indubitable d'une tendance à la baisse de ce volume. À Chicago, de 1999 à 2000, la production totale de déchets a diminué de 6 %. Dans 23 banlieues situées au nord-ouest de la ville, les augmentations annuelles de 2 % à 10 % du volume des ordures ménagères qui ont caractérisé la période de hausse boursière ont fait place à une baisse de près de 1 % au cours de la dernière année...

« Ça peut ne pas sembler être une baisse importante, mais, dans ce domaine d'activité, c'est beaucoup », explique C. Brooke Beal, directeur général de l'Agence de gestion des déchets solides du comté de Northern Cook. « Les hausses et les baisses y sont directement liées à l'état de l'économie dans son ensemble... »

Le volume des ordures ménagères grossit sensiblement en période de croissance économique, surtout en raison des achats de meubles ou d'articles comme des téléviseurs et des ordinateurs, vendus dans des boîtes renfermant de nombreux éléments d'emballage.

Kathy Cisco, codirectrice du Projet déchets de l'Université de l'Arizona, un groupe de réflexion qui s'intéresse à ce que les déchets révèlent sur la culture, affirme que l'inverse se produit lors d'un ralentissement économique, auquel cas survient généralement une baisse du volume des gros résidus — boîtes de carton, morceaux de styromousse et amas de cellophane — qui entrent dans la filière des déchets.

Source : John Keilman, « Economy is in the Dumper — That's not a lot of Garbage », *Chicago Tribune*, Chicago, 10 novembre 2001.

LES CAUSES DES FLUCTUATIONS ÉCONOMIQUES À COURT TERME

Il est facile de décrire les fluctuations économiques, mais beaucoup plus laborieux de leur attribuer une cause. À l'inverse des thèmes abordés dans les chapitres précédents, la théorie concernant les fluctuations économiques fait l'objet de controverses. Dans ce chapitre et les deux suivants, nous bâtirons un modèle utilisé par la majorité des économistes, afin d'expliquer ces fluctuations à court terme.

LES HYPOTHÈSES DE L'ÉCONOMIE CLASSIQUE

Les chapitres précédents ont décrit les facteurs déterminant les principales variables macroéconomiques à long terme. Le chapitre 7 a abordé la croissance de la productivité et du PIB réel. Le chapitre 8 a montré comment le taux d'intérêt réel assure l'équilibre entre l'épargne et l'investissement dans une économie fermée. Le chapitre 9 a expliqué l'existence continuelle d'un certain taux de chômage dans l'économie. Les chapitres 10 et 11 ont présenté le système monétaire et les impacts des fluctuations de l'offre de monnaie sur le niveau des prix, le taux d'inflation et le taux d'intérêt nominal. Les chapitres 12 et 13 ont poursuivi cette analyse dans une économie ouverte, expliquant ainsi la balance commerciale et le taux de change. On y a vu que, dans un contexte de mobilité parfaite des capitaux, le taux d'intérêt réel au Canada augmente ou diminue avec le taux d'intérêt réel mondial.

L'ensemble de cette analyse repose sur deux idées connexes : la dichotomie classique et la neutralité monétaire. Rappelez-vous que la dichotomie classique correspond à un classement des variables en variables réelles (mesurées en quantités ou en prix relatifs) et variables nominales (mesurées en unités monétaires). D'après la théorie macroéconomique classique, une modification de l'offre de monnaie a un effet sur les variables nominales mais ne touche pas les variables réelles. En raison de cette neutralité monétaire, nous avons pu examiner, aux chapitres 7, 8 et 9, les facteurs déterminant les variables réelles (PIB réel, taux d'intérêt réel et chômage) sans aborder les variables nominales (l'offre de monnaie et le niveau général des prix).

La monnaie a tout de même des effets dans un monde économique classique. Si la quantité de monnaie dans l'économie doublait, tout coûterait deux fois plus cher et les revenus de tous et chacun doubleraient. Cependant, ces changements ne seraient que nominaux (et ils n'auraient pas beaucoup d'importance). Ce qui intéresse vraiment les gens (avoir un emploi, pouvoir acheter des biens et des services, etc.) ne changerait pas.

Cette vision classique est parfois rendue par l'expression *la monnaie est un voile*. C'est-à-dire que les variables nominales sont la première chose qu'on voit lorsqu'on observe une économie, parce que les valeurs économiques sont souvent exprimées en unités monétaires. Mais ce qui est vraiment important, ce sont les variables réelles et les forces qui les déterminent. Selon la théorie classique, il faut regarder sous le voile pour comprendre ces variables réelles.

LA RÉALITÉ DES FLUCTUATIONS À COURT TERME

Les hypothèses de la théorie macroéconomique classique se vérifient-elles dans la réalité ? Il importe de le savoir pour comprendre le fonctionnement de l'économie. La plupart des économistes pensent que la théorie classique décrit bien l'économie à long terme, mais pas à court terme.

Prenons pour exemple les effets de la monnaie sur l'économie. Sur un horizon de plusieurs années, les variations de l'offre de monnaie ont une répercussion sur les prix et les autres variables nominales, sans affecter le PIB réel, le chômage ou les autres variables réelles. Cependant, l'hypothèse de la neutralité monétaire ne convient plus lorsqu'il s'agit d'examiner les fluctuations économiques d'une année à l'autre. La majorité des économistes reconnaissent que les variables nominales et réelles sont à court terme indissolublement liées et, tout particulièrement, qu'une variation de l'offre de monnaie peut éloigner la production de sa tendance à plus long terme.

Même les économistes classiques, tel David Hume, se sont aperçus que la théorie classique ne tient pas à court terme. Dans l'Angleterre du XVIIIe siècle, Hume observa que l'expansion de la masse monétaire, causée par des découvertes d'or, ne menait qu'à long terme à une hausse des prix. À court terme, l'emploi et la production augmentaient.

Pour comprendre l'économie à court terme, il nous faut donc un autre modèle. Pour le construire, nous nous servirons des concepts abordés antérieurement, mais nous devrons abandonner la dichotomie classique et la neutralité monétaire. Nous ne pouvons plus séparer l'analyse des variables réelles, telles que la production et l'emploi, et celle des variables nominales, telles que la monnaie et les prix. Notre nouveau modèle s'intéresse à l'interaction des variables nominales et réelles.

LE MODÈLE DE LA DEMANDE AGRÉGÉE ET DE L'OFFRE AGRÉGÉE

Notre modèle permet d'expliquer le comportement de deux variables : la production des biens et des services dans l'économie, mesurée par le PIB réel, et le niveau général des prix, selon l'IPC ou le déflateur du PIB. Remarquez que la production est une variable réelle alors que le niveau des prix est une variable nominale. Dans l'analyse de la relation entre ces deux variables, notre modèle s'écarte donc de l'hypothèse classique, selon laquelle les variables réelles et nominales peuvent être étudiées séparément.

Nous analysons ici les fluctuations de l'économie globale grâce au **modèle de l'offre et de la demande agrégées** qu'illustre la figure 14.2. Le niveau général des prix dans l'économie se trouve sur l'axe des ordonnées, tandis que l'axe des abscisses montre la quantité globale de biens et de services. La **courbe de demande agrégée** correspond à la quantité de biens et de services que les ménages, les entreprises, le gouvernement et les non-résidants désirent acheter, pour chaque niveau des prix. La **courbe d'offre agrégée** montre la quantité de biens et de services que les entreprises veulent produire et vendre, pour chaque niveau des prix. D'après ce modèle, les prix et la production s'ajustent afin d'équilibrer l'offre et la demande agrégées.

Il est tentant de penser que ce modèle ne constitue qu'une version plus grande du modèle d'offre et de demande d'un marché étudié au chapitre 4, mais il s'agit en réalité d'un modèle très différent. Lorsque nous examinons la demande et l'offre sur un marché particulier — celui de la crème glacée, par exemple — le comportement des acheteurs et des vendeurs dépend de la possibilité de déplacer des ressources d'un

Modèle de l'offre et de la demande agrégées
Modèle utilisé par la majorité des économistes pour expliquer les fluctuations à court terme de l'économie autour de sa tendance à long terme.

Courbe de demande agrégée
Courbe indiquant la quantité de biens et de services que les ménages, les entreprises, le gouvernement et les non-résidants souhaitent acheter pour chaque niveau des prix.

Courbe d'offre agrégée
Courbe indiquant la quantité de biens et de services que les entreprises veulent produire et vendre pour chaque niveau des prix.

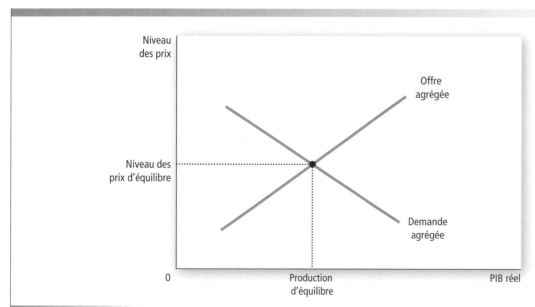

FIGURE 14.2   **LA DEMANDE AGRÉGÉE ET L'OFFRE AGRÉGÉE**   Les économistes se servent du modèle de la demande et de l'offre agrégées dans le but d'analyser les fluctuations économiques. L'axe des ordonnées représente le niveau des prix, et l'axe des abscisses, le PIB réel. La production et les prix atteignent l'équilibre à l'intersection des deux courbes.

346

marché à l'autre. Une hausse du prix de la crème glacée se traduit par une baisse de la quantité demandée, les consommateurs utilisant leur revenu pour acheter d'autres produits. En outre, une augmentation du prix de la crème glacée incite les firmes à accroître leur production, en engageant du personnel provenant d'autres secteurs économiques. Cette substitution microéconomique d'un marché à un autre est impossible dès lors que l'on prend l'économie dans son ensemble. En effet, notre modèle tente d'expliquer le PIB réel, c'est-à-dire la production totale de l'ensemble des marchés de l'économie. Pour comprendre la pente négative de la courbe de demande agrégée et la pente positive de la courbe d'offre, il faut donc recourir à une théorie macroéconomique. Nous passerons maintenant à l'élaboration de cette théorie.

LA COURBE DE DEMANDE AGRÉGÉE

La courbe de demande agrégée nous indique la quantité de biens et de services demandés dans une économie, pour chaque niveau des prix. Telle qu'illustrée sur la figure 14.3, cette courbe présente une pente négative. Toutes choses étant égales par ailleurs, cela signifie qu'une diminution du niveau général des prix (passant par exemple de P_1 à P_2) se traduit par une augmentation de la quantité des biens et des services demandés (de Y_1 à Y_2). Et, inversement, une augmentation du niveau des prix réduit la quantité de biens et de services demandés.

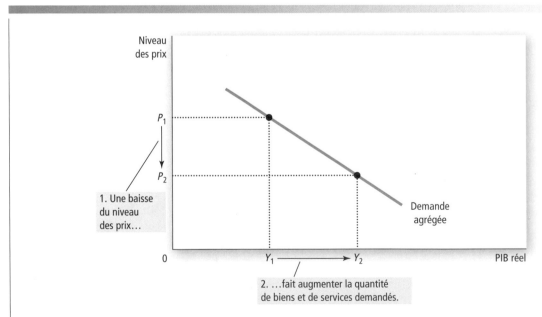

FIGURE 14.3

LA COURBE DE DEMANDE AGRÉGÉE Une baisse des prix de P_1 à P_2 se traduit par une augmentation de la quantité de biens et de services demandés, qui passe de Y_1 à Y_2. Il y a trois raisons à cette relation négative : la baisse des prix fait augmenter les encaisses réelles, tout en faisant diminuer le taux d'intérêt et le taux de change réel. De ces variations découle une hausse de la consommation, des investissements et des exportations nettes. Des dépenses accrues pour ces composantes du PIB font augmenter la quantité de biens et de services demandés.

POURQUOI LA COURBE DE DEMANDE AGRÉGÉE A-T-ELLE UNE PENTE NÉGATIVE ?

Pourquoi une baisse du niveau général des prix fait-elle augmenter la quantité de biens et de services demandés ? Pour le savoir, il importe de se rappeler que le PIB (Y) est égal à la somme de la consommation (C), de l'investissement (I), des dépenses publiques (G) et des exportations nettes (XN), soit :

$$Y = C + I + G + XN$$

Chacune de ces composantes contribue à la demande agrégée de biens et de services. Pour le moment, nous supposerons que les dépenses publiques sont constantes et déterminées par la politique budgétaire du gouvernement. Les trois autres composantes — consommation, investissement et exportations nettes — varient selon les conditions économiques et, en particulier, selon le niveau des prix. Pour comprendre la pente négative de la courbe de demande agrégée, nous devons donc étudier la relation entre le niveau des prix et la consommation, l'investissement et les exportations nettes.

LE NIVEAU DES PRIX ET LA CONSOMMATION : L'EFFET D'ENCAISSES RÉELLES

Pensez à l'argent qui se trouve dans votre portefeuille et votre compte bancaire. Sa valeur nominale est fixe, mais pas sa valeur réelle. En cas de baisse des prix, ces dollars ont une valeur supérieure, ce qui vous permet de consommer plus. Par conséquent, une baisse du niveau des prix fait augmenter la valeur réelle des encaisses (ou des liquidités) des ménages, ce qui les incite à dépenser davantage. Cette augmentation de la consommation se solde par une hausse de la quantité de biens et de services demandés. Inversement, une hausse du niveau des prix réduit la valeur réelle des encaisses, la consommation et la quantité de biens et services demandés.

LE NIVEAU DES PRIX ET L'INVESTISSEMENT : L'EFFET DU TAUX D'INTÉRÊT

Comme nous l'avons vu au chapitre 11, le niveau des prix est l'un des facteurs déterminants de la quantité de monnaie demandée. Plus les prix sont bas, moins les ménages ont besoin de détenir de monnaie pour acheter les biens et les services. Lorsque les prix baissent, les consommateurs ont tendance à réduire leurs liquidités et à en prêter une partie. Ils peuvent, à titre d'exemple, acheter des obligations portant intérêts ou déposer leur argent dans un compte d'épargne, ce qui permet aux banques d'octroyer davantage de prêts. Quoi qu'il en soit, plus les ménages cherchent à convertir leur monnaie en actifs rapportant un rendement, plus le taux d'intérêt baisse. Une telle réduction incite les entreprises à investir dans de nouvelles usines et de nouveaux équipements, et les ménages à investir en construction résidentielle. On constate alors qu'une baisse du niveau général des prix réduit les taux d'intérêt et fait augmenter les dépenses d'investissement, ce qui accroît la quantité de biens et de services demandés. Inversement, une hausse du niveau des prix fait augmenter les taux d'intérêt et diminuer les dépenses d'investissement et la quantité de biens et de services demandés.

LE NIVEAU DES PRIX ET LES EXPORTATIONS NETTES : L'EFFET DE SUBSTITUTION INTERNATIONALE

Le taux de change réel mesure le taux auquel on peut échanger des biens et des services produits au Canada contre des biens et des services produits à l'étranger. Toutes choses étant égales par ailleurs, une réduction du niveau des prix fait diminuer le taux de change réel. Une telle dépréciation réelle rend les produits canadiens meilleur marché par rapport à ceux de fabrication étrangère : les Canadiens et les étrangers substituent alors aux marchandises venant de l'étranger des biens fabriqués au Canada. Dès lors, une baisse du niveau général des prix au Canada se traduit par une baisse du taux de change réel, laquelle stimule les exportations nettes canadiennes et fait augmenter la quantité de biens et de services demandés. Inversement, une hausse du niveau général des prix au Canada se traduit par une hausse du taux de change réel, laquelle réduit les exportations nettes canadiennes ainsi que la quantité de biens et de services demandés.

RÉSUMÉ

Il existe donc trois raisons différentes, mais connexes, pour lesquelles une baisse du niveau général des prix se solde par une augmentation de la quantité de biens et de services demandés :

1. les ménages se sentent plus riches et augmentent leurs dépenses de consommation ;

2. les taux d'intérêt baissent, ce qui stimule la demande pour les biens d'investissement ;

3. la baisse du taux de change réel accroît les exportations nettes.

Ces trois raisons permettent d'expliquer la pente négative de la courbe de demande agrégée. Elles fonctionnent aussi en sens inverse : lorsque le niveau des prix augmente, la baisse de la richesse réduit la consommation, la hausse des taux d'intérêt fait diminuer les dépenses d'investissement et l'appréciation du taux de change réel réduit les exportations nettes.

Pour mettre en lumière ces effets, imaginons que vous vous réveilliez un matin et que, pour une raison mystérieuse, les prix de tous les biens et les services aient doublé. Les dollars que vous possédez ne valent donc plus que la moitié de ce qu'ils valaient la veille. Que feriez-vous ? Vous pourriez dépenser moins au restaurant, ce qui réduirait les dépenses de consommation. Vous pourriez réduire votre épargne (en diminuant vos dépôts à la banque), ce qui ferait monter les taux d'intérêt et diminuer les dépenses d'investissement. Ou vous pourriez réagir aux prix plus élevés au Canada en achetant plus de produits fabriqués à l'étranger, ce qui réduirait les exportations nettes canadiennes. Quelle que soit votre réaction, l'augmentation du niveau des prix cause une diminution de la quantité demandée de biens et de services produits au Canada. La courbe de demande agrégée a donc une pente négative.

Il ne faut pas perdre de vue notre prémisse, « toutes choses étant égales par ailleurs », lorsque cette courbe (comme toutes les courbes de demande) est tracée. Entre autres, la pente négative de cette courbe repose sur l'hypothèse d'une offre de monnaie fixe. Nous venons donc d'étudier l'influence du niveau des prix sur la quantité de biens et de services demandés, la quantité de monnaie dans l'économie étant maintenue constante. Comme nous le verrons, une modification de la masse monétaire cause un déplacement de la courbe de demande agrégée. Pour le moment, il suffit de se rappeler qu'on trace la courbe de demande agrégée en maintenant l'offre de monnaie constante.

LES FACTEURS DE DÉPLACEMENT DE LA COURBE DE DEMANDE AGRÉGÉE

La pente négative de la courbe de demande agrégée montre qu'une baisse du niveau général des prix cause une augmentation de la quantité de biens et de services demandés. Bien d'autres facteurs, cependant, influent sur la quantité demandée pour un niveau des prix donné. Toute variation de l'un de ces autres facteurs provoque un déplacement de la courbe de demande agrégée.

Examinons quelques exemples de chocs pouvant modifier la position de cette courbe, en les classant selon la dépense directement concernée.

LES DÉPLACEMENTS DUS À LA CONSOMMATION

Imaginons que les Canadiens, soucieux de leur retraite, se mettent à épargner plus, en réduisant leur consommation actuelle. Un tel comportement pourrait être causé par une chute des prix des actions, ce qui réduirait la richesse des ménages. La réduction de la quantité de biens et de services demandés, pour chaque niveau des prix, provoque un déplacement vers la gauche de la courbe de demande agrégée. Imaginons en revanche qu'une flambée boursière fasse augmenter la richesse des consommateurs, ce qui réduirait l'incitation à épargner. L'accroissement des dépenses de consommation se solde alors par une plus forte demande de biens et de services, pour tout niveau des prix, et la courbe de demande agrégée se déplace vers la droite.

On en conclut que tout événement (qu'on appelle aussi un *choc*) modifiant la consommation, pour un niveau des prix donné, provoque un déplacement de la courbe de demande agrégée. La politique fiscale peut aussi avoir le même effet. Lorsque le gouvernement diminue les impôts, il augmente le revenu disponible des ménages. Cela les encourage à consommer plus, de sorte que la courbe de demande agrégée se déplace vers la droite. Si le gouvernement augmente les impôts, les consommateurs réduisent leurs dépenses et la courbe de demande agrégée se déplace vers la gauche.

LES DÉPLACEMENTS DUS À L'INVESTISSEMENT

Tout choc modifiant les investissements des entreprises, pour tout niveau des prix, fait également bouger la courbe de demande agrégée. Imaginons que l'industrie informatique lance sur le marché des ordinateurs plus performants, ce qui inciterait les entreprises à s'équiper de nouveaux systèmes informatiques. Cette augmentation du volume de biens et de services demandés, pour tout niveau des prix, fait bouger vers la droite la courbe de demande agrégée. À l'inverse, le pessimisme croissant des entreprises, à propos du contexte économique futur, mène à des dépenses d'investissement moindres et à un déplacement vers la gauche de cette même courbe.

La politique fiscale influence également la demande agrégée par le biais des investissements. Nous avons déjà observé, au chapitre 8, qu'un crédit d'impôt à l'investissement (une réduction d'impôt liée directement aux dépenses d'investissement des entreprises) a une incidence positive sur l'investissement, pour tout niveau du taux d'intérêt. La courbe de demande agrégée se déplace alors vers la droite. L'abrogation d'une telle mesure fiscale a l'effet inverse et la courbe se déplace alors vers la gauche.

L'offre de monnaie est une autre variable de politique économique susceptible d'influer sur les investissements et la demande agrégée. Comme nous le verrons plus en détail dans le prochain chapitre, une augmentation de la masse monétaire cause, à court terme, une réduction du taux d'intérêt. En diminuant le coût des emprunts, on stimule les dépenses d'investissement, et la courbe de demande agrégée se déplace vers la droite. Par contre, une réduction de la masse monétaire faisant grimper le taux d'intérêt, les dépenses d'investissement diminuent et la courbe de demande agrégée se déplace vers la gauche. Beaucoup d'économistes attribuent à la politique monétaire canadienne plusieurs des déplacements importants de la courbe de demande agrégée au cours de l'histoire du pays.

LES DÉPLACEMENTS DUS AUX DÉPENSES PUBLIQUES

Les dépenses publiques représentent la façon la plus directe pour les dirigeants politiques d'agir sur la courbe de demande agrégée. Supposons, à titre d'exemple, que les parlementaires fédéraux décident d'augmenter les achats de nouvelles frégates pour les forces armées. Cette hausse de la quantité de biens et de services demandés, pour tout niveau des prix, provoque un déplacement vers la droite de la courbe de demande agrégée. À l'inverse, si les gouvernements provinciaux décident de dépenser moins en services de police, la quantité de biens et de services demandés, pour tout niveau des prix, diminue et la courbe de demande agrégée se déplace vers la gauche.

LES DÉPLACEMENTS DUS AUX EXPORTATIONS NETTES

Une variation des exportations nettes, pour tout niveau des prix, entraîne aussi un déplacement de la courbe de demande agrégée. Si les États-Unis entrent en récession, les Américains réduisent leurs achats de biens canadiens, ce qui fait ainsi diminuer les exportations nettes canadiennes et bouger vers la gauche la courbe de demande agrégée de l'économie canadienne. Au sortir de cette récession, les États-Unis augmentent leurs importations de biens canadiens et la courbe de demande agrégée canadienne se déplace vers la droite.

Les variations du taux de change influent aussi sur les exportations nettes. Si la spéculation fait monter la valeur du dollar canadien sur le marché des changes, cette appréciation de la monnaie renchérit les biens fabriqués au Canada par rapport aux biens étrangers. Les exportations nettes diminuent et la courbe de demande agrégée se déplace vers la gauche. Une dépréciation du dollar stimule au contraire les exportations nettes, et la courbe de demande agrégée se déplace alors vers la droite.

RÉSUMÉ

Nous reviendrons plus en détail sur la courbe de demande agrégée dans les prochains chapitres. Nous examinerons alors les effets des politiques fiscales et monétaires sur cette courbe, de même que la pertinence des interventions gouvernementales. Pour l'instant, vous devriez déjà comprendre les raisons pour lesquelles cette courbe a une pente négative et connaître les chocs qui provoquent ses déplacements. Le tableau 14.1 résume ces derniers points.

MINITEST

Donnez les trois raisons pour lesquelles la courbe de demande agrégée présente une pente négative. Citez un événement susceptible de provoquer un déplacement de la courbe de demande agrégée. Dans quel sens ce choc fait-il se déplacer la courbe ?

LA COURBE D'OFFRE AGRÉGÉE

Cette courbe montre la quantité totale de biens et de services que les entreprises produisent et vendent, pour chaque niveau des prix. À l'inverse de la courbe de demande agrégée et de sa pente toujours négative, la pente de la courbe d'offre

TABLEAU 14.1

LA COURBE DE DEMANDE AGRÉGÉE : RÉSUMÉ

POURQUOI LA COURBE DE DEMANDE AGRÉGÉE A-T-ELLE UNE PENTE NÉGATIVE ?

1. *L'effet d'encaisses réelles* : une réduction du niveau des prix fait augmenter la valeur réelle des encaisses et, par conséquent, relance les dépenses de consommation.

2. *L'effet du taux d'intérêt* : une diminution du niveau des prix réduit le taux d'intérêt et encourage les dépenses d'investissement.

3. *L'effet de substitution internationale* : une baisse du niveau des prix provoque une réduction du taux de change réel, ce qui encourage les exportations nettes.

POURQUOI LA COURBE DE DEMANDE AGRÉGÉE SE DÉPLACE-T-ELLE ?

1. *Déplacements dus à la consommation* : des chocs, telles une réduction d'impôt ou une euphorie boursière, qui font augmenter la consommation pour tout niveau des prix, entraînent un déplacement vers la droite de la courbe de demande agrégée. En revanche, un choc qui provoque une diminution des dépenses de consommation, telles une augmentation des impôts ou une chute des prix des actions, provoque un déplacement vers la gauche de la courbe de demande agrégée.

2. *Déplacements dus à l'investissement* : un choc, telles une anticipation de bénéfices futurs plus élevés ou une baisse des taux d'intérêt due à l'augmentation de la masse monétaire, occasionne un déplacement vers la droite de la courbe de demande agrégée. Inversement, une anticipation de bénéfices futurs plus faibles ou une hausse des taux d'intérêt en raison de la réduction de l'offre de monnaie causent une diminution des investissements des entreprises, pour tout niveau des prix, et un déplacement vers la gauche de la courbe de demande agrégée.

3. *Déplacements dus aux dépenses publiques* : si le gouvernement décide d'accroître ses achats de biens et de services, que ce soit pour l'acquisition de matériel militaire ou l'embauche de fonctionnaires, par exemple, la courbe de demande agrégée se déplace vers la droite. À l'inverse, si le gouvernement resserre les cordons de la bourse en réduisant les dépenses militaires ou en mettant à pied des fonctionnaires, la courbe de demande agrégée se déplace vers la gauche.

4. *Déplacements dus aux exportations nettes* : une augmentation des exportations nettes, attribuable à la croissance économique d'un partenaire commercial majeur ou encore à un taux de change plus faible, entraîne un déplacement vers la droite de la courbe de demande agrégée. Par contre, une réduction des exportations nettes, causée par une récession chez un partenaire commercial important ou une augmentation du taux de change, provoque un déplacement vers la gauche de la courbe de demande agrégée.

agrégée dépend de l'horizon temporel. À long terme, la courbe d'offre agrégée est verticale, tandis qu'à court terme elle a une pente positive. Pour comprendre les fluctuations économiques à court terme et les raisons pour lesquelles l'économie à court terme dévie par rapport à son comportement à long terme, il faudra examiner les deux courbes d'offre agrégée.

POURQUOI LA COURBE D'OFFRE AGRÉGÉE À LONG TERME EST-ELLE VERTICALE ?

Quels facteurs déterminent la quantité de biens et de services offerts à long terme ? Nous avons déjà répondu de manière implicite à cette question dans cet ouvrage, lors de l'analyse de la croissance économique à long terme. À long terme, la production de biens et de services d'une économie (soit le PIB réel) dépend de l'offre de travail, de ressources naturelles et de capital ainsi que de la technologie utilisée pour transformer ces ressources en biens et services.

Lorsque nous avons analysé les forces qui déterminent la croissance économique à long terme, nous n'avions pas à faire référence au niveau des prix. Nous avons vu que le niveau des prix dépend de la quantité de monnaie. Nous avons aussi appris que si deux économies étaient identiques, à part le fait que la monnaie en circulation dans l'économie A serait le double de celle de l'économie B, l'économie A aurait un niveau des prix qui serait le double de celui de l'économie B, mais la production de biens et de services serait identique dans les deux économies.

Le niveau des prix n'ayant aucune influence sur ces facteurs déterminant le PIB réel à long terme, la courbe d'offre agrégée à long terme est donc verticale, comme on le voit sur la figure 14.4. Autrement dit, à long terme, le travail, le capital, les ressources naturelles et la technologie déterminent la quantité totale de biens et de services offerts, cette quantité restant la même quel que soit le niveau des prix.

Cette courbe d'offre agrégée à long terme verticale représente donc une application de la dichotomie classique et de la neutralité monétaire. Nous avons vu que la théorie macroéconomique classique se fonde sur l'hypothèse que les variables réelles ne dépendent pas des variables nominales. Par conséquent, le volume de la production (une variable réelle) ne dépend pas du niveau des prix (une variable nominale). La majorité des économistes, comme nous l'avons déjà mentionné, sont convaincus qu'un tel principe se vérifie à long terme, mais pas à court terme. Cette courbe n'est donc verticale qu'à long terme.

POURQUOI LA COURBE D'OFFRE AGRÉGÉE À LONG TERME SE DÉPLACE-T-ELLE ?

La théorie macroéconomique classique prédit la quantité de biens et de services produits à long terme dans une économie : elle explique donc aussi la position de la courbe d'offre agrégée à long terme. Le niveau de production de long terme est parfois appelé *production potentielle* ou « production de plein-emploi ». Pour être plus exact, nous l'appelons *niveau de production naturel*, parce qu'il correspond à la production de l'économie au taux de chômage naturel ou normal. Ce niveau naturel représente le niveau de production vers lequel l'économie tend à long terme.

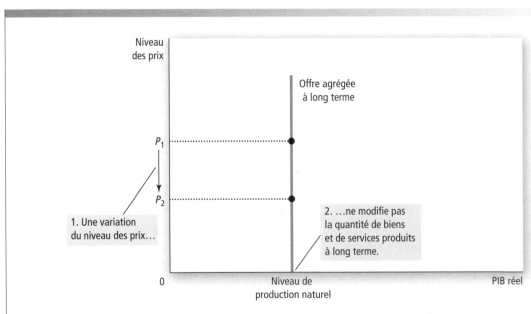

FIGURE 14.4   **LA COURBE D'OFFRE AGRÉGÉE À LONG TERME**   À long terme, la quantité offerte de biens et de services dépend de la capacité de production. Celle-ci est à son tour fonction des quantités de main-d'œuvre, de ressources naturelles et de capital ainsi que de la technologie. Toutefois, elle ne dépend pas du niveau des prix. Par conséquent, la courbe d'offre agrégée à long terme est verticale au niveau de production naturel.

Tout événement modifiant ce niveau de production naturel provoque un déplacement de la courbe d'offre agrégée. Comme la production repose, selon le modèle classique, sur la quantité de travail, de ressources naturelles et de capital et sur la technologie utilisée pour transformer ces ressources en biens et services, nous pouvons nous servir de ces facteurs pertinents pour classer les différents déplacements de la courbe d'offre agrégée.

LES DÉPLACEMENTS DUS À LA MAIN-D'ŒUVRE

Imaginons un afflux d'immigrants au Canada. En raison de l'augmentation du nombre de travailleurs, la quantité de biens et de services produits s'accroîtrait. Cela se traduirait par un déplacement vers la droite de la courbe d'offre agrégée. À l'inverse, en cas d'émigration massive, la courbe se déplacerait vers la gauche.

La position de la courbe d'offre agrégée à long terme dépend également du taux de chômage naturel. À titre d'exemple, si les gouvernements provinciaux décident d'augmenter substantiellement le salaire minimum, le taux de chômage naturel grimpera. Au taux naturel, il y aura donc moins de travailleurs employés et la production s'en trouvera réduite. Ainsi, la courbe d'offre agrégée se déplacera vers la gauche. En revanche, une réforme du système d'assurance emploi qui inciterait les chômeurs à chercher du travail de manière plus intensive ferait baisser le taux de chômage naturel. Cela se traduirait par un déplacement vers la droite de la courbe d'offre agrégée.

LES DÉPLACEMENTS DUS AU CAPITAL

Un accroissement du stock de capital fait augmenter la productivité et, du même coup, la quantité de biens et de services offerts. En conséquence, la courbe d'offre agrégée se déplace vers la droite. Par contre, une réduction du stock de capital diminue la productivité et la production de biens et de services, ce qui entraîne un déplacement vers la gauche de la courbe d'offre agrégée.

Le raisonnement est identique, que l'on parle de capital physique ou de capital humain. Une augmentation du nombre de machines, ou du nombre de diplômés universitaires, provoque une augmentation de la productivité et donc un déplacement vers la droite de la courbe d'offre agrégée à long terme.

LES DÉPLACEMENTS DUS AUX RESSOURCES NATURELLES

La production d'une économie dépend de ses ressources naturelles, dont la terre, les minéraux et le climat. La découverte de nouveaux gisements minéraux provoque un déplacement vers la droite de la courbe d'offre agrégée à long terme. Une modification du climat, qui rend la production agricole plus difficile, suscite un déplacement vers la gauche de la courbe d'offre agrégée à long terme.

Dans plusieurs pays, d'importantes ressources naturelles sont importées de l'étranger. Une modification de la disponibilité de ces ressources peut aussi provoquer un déplacement de la courbe d'offre agrégée à long terme. Nous verrons plus loin dans ce chapitre que des chocs provenant du marché pétrolier mondial ont souvent été à l'origine de déplacements de l'offre agrégée.

LES DÉPLACEMENTS DUS AUX CONNAISSANCES TECHNOLOGIQUES

L'augmentation de la production, d'une génération à l'autre, s'explique en grande partie par les progrès technologiques. Par exemple, l'invention de l'ordinateur a permis de produire davantage de biens et de services, toutes choses étant égales par ailleurs. Cette innovation a donc fait bouger vers la droite la courbe d'offre agrégée à long terme.

D'autres événements ont des conséquences semblables. Ainsi, l'ouverture au commerce international peut se comparer à l'introduction de nouveaux processus de production. En effet, l'ouverture aux échanges permet de se spécialiser dans des industries où la productivité est meilleure, ce qui provoque un déplacement vers la droite de la courbe d'offre agrégée à long terme. Par contre, l'adoption par le gouvernement de nouvelles réglementations interdisant aux entreprises certains processus de production, notamment en raison de leurs effets polluants, se solde par un déplacement vers la gauche de la courbe d'offre agrégée à long terme.

RÉSUMÉ

La courbe d'offre agrégée à long terme reflète le modèle classique de l'économie élaboré plus tôt dans cet ouvrage. Toute politique ou tout choc qui entraînent une augmentation du PIB réel se traduisent par un déplacement vers la droite de la courbe d'offre agrégée à long terme. Au contraire, tout choc ou toute politique qui exercent un effet négatif sur le PIB réel, comme nous l'avons vu dans les chapitres précédents, aboutissent à une diminution de l'offre de biens et de services et, dès lors, à un déplacement vers la gauche de la courbe d'offre agrégée à long terme.

L'UTILISATION DE LA DEMANDE AGRÉGÉE ET DE L'OFFRE AGRÉGÉE POUR EXPLIQUER LA CROISSANCE ET L'INFLATION À LONG TERME

Après avoir abordé les courbes de demande agrégée et d'offre agrégée à long terme, il nous est maintenant possible de décrire d'une nouvelle façon les tendances économiques à long terme. La figure 14.5 illustre l'évolution de l'économie sur trois décennies. Remarquez les déplacements des deux courbes. Bien que diverses forces expliquent ces déplacements, la technologie et la politique monétaire prédominent. Les progrès technologiques font augmenter la productivité et bouger continuellement vers la droite la courbe d'offre agrégée à long terme. En même temps, l'accroissement de l'offre de monnaie, décidé par la Banque du Canada, entraîne vers la droite la courbe de demande agrégée.

On observe à la figure 14.5 que la courbe de demande agrégée se déplace plus rapidement que la courbe d'offre agrégée à long terme. Le résultat est une croissance tendancielle de la production (correspondant à l'augmentation de *Y*) ainsi que de l'inflation (comme le montre l'accroissement de *P*). Si la Banque du Canada décidait de limiter l'accroissement de la masse monétaire, l'ampleur des déplacements de la courbe de demande agrégée serait plus faible. Cela résulterait en une inflation plus faible (les augmentations de *P* s'amenuisant), sans qu'on enregistre une variation de la croissance de la production. En fait, il s'agit simplement d'une autre façon de présenter l'analyse classique de la croissance et de l'inflation, déjà abordée dans les chapitres 7 et 11. Cette analyse résume très bien ce que nous avons appris plus tôt au sujet de l'inflation, en plus d'illustrer un de nos **dix principes d'économie** : les prix montent lorsque le gouvernement émet trop de monnaie. Plus précisément, comme l'illustre la figure 14.5, la cause principale de l'inflation est tout simplement une croissance de la masse monétaire plus rapide que la croissance de la production.

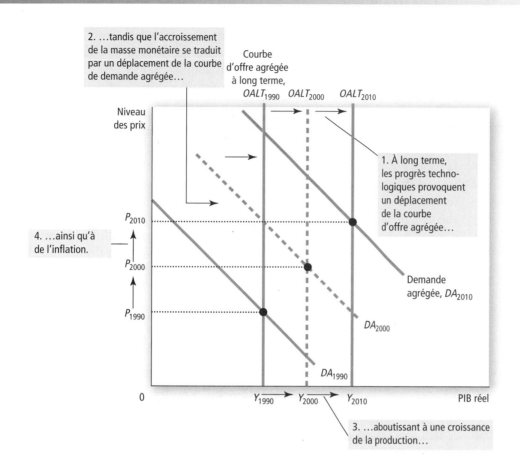

2. …tandis que l'accroissement de la masse monétaire se traduit par un déplacement de la courbe de demande agrégée…

Courbe d'offre agrégée à long terme, $OALT_{1990}$ $OALT_{2000}$ $OALT_{2010}$

Niveau des prix

1. À long terme, les progrès technologiques provoquent un déplacement de la courbe d'offre agrégée…

4. …ainsi qu'à de l'inflation.

P_{2010}

P_{2000}

P_{1990}

Demande agrégée, DA_{2010}

DA_{2000}

DA_{1990}

0   Y_{1990} Y_{2000} Y_{2010} PIB réel

3. …aboutissant à une croissance de la production…

FIGURE 14.5 **LA CROISSANCE ET L'INFLATION À LONG TERME SELON LE MODÈLE DE L'OFFRE ET DE LA DEMANDE AGRÉGÉES** L'augmentation de la production de biens et de services, due essentiellement aux progrès technologiques, se traduit par un déplacement vers la droite de la courbe d'offre agrégée à long terme. En même temps, l'accroissement de l'offre de monnaie, décidé par la Banque du Canada, provoque un déplacement vers la droite de la courbe de demande agrégée. Sur la figure, la production augmente de Y_{1990} à Y_{2000} puis à Y_{2010}, et le niveau des prix passe de P_{1990} à P_{2000} pour se fixer ensuite à P_{2010}. Le modèle de l'offre et de la demande agrégées nous offre donc une nouvelle façon de décrire l'analyse classique de la croissance et de l'inflation.

Nous avons proposé un modèle de demande et d'offre agrégées pour fournir non pas un nouvel habillage à nos conclusions à long terme, mais bien un cadre d'analyse à court terme, comme nous allons le voir sous peu. Nous simplifierons alors notre analyse, en évitant de montrer la croissance et l'inflation continues illustrées à la figure 14.5. Il ne faut cependant pas oublier que les fluctuations à court terme s'inscrivent au sein de tendances à long terme. Les fluctuations à court terme de la production, comme du niveau des prix, doivent s'interpréter comme des déviations par rapport à une tendance à long terme.

POURQUOI LA COURBE D'OFFRE AGRÉGÉE À COURT TERME A-T-ELLE UNE PENTE POSITIVE ?

Nous faisons face maintenant à la différence essentielle entre l'économie à court terme et l'économie à long terme : le comportement de l'offre agrégée. Nous avons déjà pu voir que la courbe d'offre agrégée à long terme est verticale, car à long terme le niveau des prix n'affecte pas la capacité de produire des biens et des services. En revanche, à court terme, le niveau des prix influence le niveau de production. Ainsi, sur une période d'un an ou deux, une augmentation du niveau général des prix dans l'économie a tendance à faire augmenter la quantité de biens et de services offerts, alors qu'une réduction des prix provoque l'effet inverse. La courbe d'offre agrégée à court terme présente donc une pente positive, comme on le voit sur la figure 14.6.

Comment expliquer cette relation positive entre le niveau des prix et la production ? Les spécialistes en macroéconomie ont proposé plusieurs théories pour expliquer la pente positive à court terme de cette courbe. D'après chacune d'entre elles, une imperfection spécifique du marché produit un comportement de l'offre qui est différent sur le court terme par rapport au long terme. Malgré leurs divergences, ces théories présentent toutes un point commun : à court terme, la production dévie de son niveau naturel de long terme, lorsque le niveau des prix diffère du niveau anticipé. Si le niveau des prix est supérieur au niveau anticipé, la production dépasse son niveau naturel. Si le niveau des prix est inférieur au niveau anticipé, la production tombe sous son niveau naturel.

LA THÉORIE DES SALAIRES RIGIDES

La théorie que nous avons choisi de retenir, pour expliquer la pente positive de la courbe d'offre agrégée à court terme, est la théorie des salaires rigides. Selon cette théorie, à court terme, la courbe d'offre agrégée a une pente positive en raison du lent ajustement ou de la « rigidité » des salaires nominaux. Cette rigidité est, dans une certaine mesure, attribuable aux contrats à long terme qui lient les travailleurs et les entreprises et qui fixent les salaires, dans certains cas, pour trois à cinq années. Ce lent ajustement serait aussi imputable aux normes sociales et à la notion d'équité, qui influent sur les salaires mais n'évoluent que lentement.

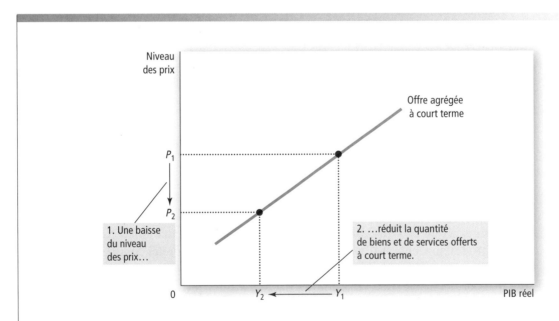

FIGURE 14.6

LA COURBE D'OFFRE AGRÉGÉE À COURT TERME À court terme, une baisse du niveau des prix de P_1 à P_2 réduit la quantité de biens et de services offerts de Y_1 à Y_2. Cette relation positive est due à la rigidité des salaires. Avec le temps, les salaires s'ajustent et la relation positive finit par disparaître.

Afin de comprendre les conséquences de la rigidité salariale sur l'offre agrégée, imaginez qu'une entreprise anticipe un niveau des prix égal à 100 dans un an et qu'elle signe un contrat de travail avec ses employés en vertu duquel elle accepte de les payer 20 $ l'heure. Dans les faits, le niveau des prix un an plus tard est seulement égal à 95. Parce que le niveau effectif des prix est inférieur au niveau attendu, l'entreprise obtient, pour chaque unité de bien produit, 5 % de moins que ce qu'elle avait prévu. Les salaires, cependant, restent fixés à 20 $ l'heure. La production étant moins profitable, la firme garde moins de travailleurs à son service et réduit sa production. Avec le temps, le contrat de travail finira par expirer et la firme négociera à nouveau le salaire de ses travailleurs, probablement pour le faire diminuer, car les prix sont plus bas. Toutefois, en attendant, l'emploi et la production sont sous leur niveau de long terme.

La même logique tient pour un niveau de prix supérieur au niveau anticipé. Supposons que le niveau des prix atteint est 105 et que le salaire horaire est de 20 $ l'heure. La firme voit que le prix de chacune des unités qu'elle produit est 5 % plus élevé que prévu, alors que le salaire horaire de ses travailleurs n'a pas bougé. La firme réagit en embauchant plus de travailleurs et en augmentant la quantité offerte. Par la suite, les travailleurs demanderont un salaire nominal plus élevé pour compenser le niveau des prix plus élevé. Cependant, pour un certain temps, la firme en profitera pour augmenter sa production et le nombre de travailleurs à son emploi. Les niveaux de l'emploi et de la production seront donc supérieurs à leur niveau de long terme.

En d'autres mots, la courbe d'offre agrégée à court terme présente une pente positive car les salaires nominaux dépendent des anticipations de prix, et ces salaires ne s'ajustent pas immédiatement lorsque le niveau des prix est différent du niveau anticipé. Cette rigidité des salaires crée une incitation à produire moins que le niveau naturel lorsque le niveau des prix est inférieur au niveau anticipé. Selon la même logique, un niveau des prix supérieur au niveau des prix anticipé incite les firmes à produire plus que le niveau de production naturel.

RÉSUMÉ

Plusieurs théories permettent d'expliquer la pente positive de la courbe d'offre agrégée à long terme. Nous avons choisi, dans cet ouvrage, la théorie des salaires rigides. Selon cette théorie, ainsi que les autres que nous avons décidé de ne pas présenter, la production dévie de son niveau naturel quand le niveau général des prix s'écarte du niveau anticipé, comme le montre la formule mathématique suivante :

$$\begin{matrix} \text{Production} \\ \text{offerte} \end{matrix} = \begin{matrix} \text{niveau de} \\ \text{production} \\ \text{naturel} \end{matrix} + a \begin{pmatrix} \text{niveau} \\ \text{des prix} \\ \text{réalisé} \end{pmatrix} - \begin{matrix} \text{niveau} \\ \text{des prix} \\ \text{anticipé} \end{matrix}$$

où la variable a mesure la sensibilité de la production aux changements imprévus du niveau des prix.

Cette théorie met l'accent sur un problème qui, de toute évidence, est temporaire. La pente positive de la courbe d'offre agrégée à court terme étant due à la rigidité des salaires, une telle situation ne durera pas. À mesure que les gens rectifient leurs erreurs d'anticipation, les salaires nominaux sont ajustés. Autrement dit, les niveaux des prix réalisés et anticipés sont égaux à long terme. Par conséquent, l'équation devient :

$$\text{Production offerte} = \text{niveau de production naturel}$$

Cela se reflète dans une courbe d'offre agrégée à long terme verticale plutôt qu'à pente positive, telle que représentée à la figure 14.4 (voir la page 352).

POURQUOI LA COURBE D'OFFRE AGRÉGÉE À COURT TERME SE DÉPLACE-T-ELLE ?

La courbe d'offre agrégée à court terme montre la quantité de biens et de services offerts à court terme, pour chaque niveau des prix. Nous pouvons considérer cette courbe comme similaire à la courbe d'offre agrégée à long terme, avec toutefois une pente positive due à une rigidité à court terme des salaires. Par conséquent, les déplacements de cette courbe seront causés par toutes les variables produisant les déplacements de la courbe à long terme, plus une nouvelle variable — le niveau des prix anticipé — influençant le niveau des salaires.

Partons de ce que nous connaissons de la courbe d'offre agrégée à long terme. Nous avons vu que ses déplacements sont causés par des changements du travail, du capital, des ressources naturelles et des connaissances technologiques. Ces mêmes variables influent également sur la courbe d'offre agrégée à court terme. Ainsi, lorsque le stock de capital augmente, ce qui améliore la productivité, les deux courbes d'offre agrégée, à long terme comme à court terme, se déplacent vers la droite. De façon similaire, lorsqu'une augmentation du salaire minimum accroît le taux de chômage naturel, les courbes d'offre agrégée à court et à long terme se déplacent toutes deux vers la gauche.

Une nouvelle variable importante qui détermine la position de la courbe d'offre agrégée à court terme s'ajoute maintenant : les anticipations de prix. Nous venons de voir que la quantité de biens et de services offerts dépend, à court terme, des salaires. Ceux-ci sont déterminés en fonction des anticipations de prix. Toute variation de ces anticipations se traduit donc par un déplacement de la courbe d'offre agrégée à court terme.

D'après la théorie des salaires rigides, lorsqu'on prévoit un niveau des prix élevé, les entreprises et les employés ont tendance à s'entendre sur des salaires élevés. Ces salaires se répercutent sur les coûts de production et font ainsi diminuer, pour chaque niveau des prix, la quantité de biens et de services offerts. Par conséquent, lorsque le niveau des prix anticipé augmente, les salaires montent, les coûts grimpent, les entreprises décident de réduire leur production pour chaque niveau des prix et la courbe d'offre agrégée à court terme se déplace vers la gauche. Lorsque le niveau des prix anticipé diminue, les salaires et les coûts diminuent, les entreprises augmentent leur production pour chaque niveau des prix et la courbe d'offre agrégée à court terme se déplace vers la droite.

Ainsi, une augmentation du niveau des prix anticipé réduit la quantité de biens et de services offerts et fait bouger vers la gauche la courbe d'offre agrégée à court terme ; une diminution du niveau des prix anticipé fait augmenter la quantité de biens et de services offerts et bouger vers la droite la courbe d'offre agrégée à court terme. Dans la prochaine section, nous verrons que cette influence des anticipations sur la position de la courbe d'offre agrégée à court terme permet de réconcilier le comportement de l'économie à court terme et à long terme. À court terme, les anticipations sont fixes, l'équilibre économique se trouvant à l'intersection de la courbe de demande agrégée et de la courbe d'offre agrégée à court terme. En revanche, à long terme, les anticipations s'ajustent et provoquent un déplacement de la courbe d'offre agrégée à court terme, ce qui garantit ainsi l'équilibre de l'économie à l'intersection de la courbe de demande agrégée et de la courbe d'offre agrégée à long terme.

Un dernier facteur peut, finalement, provoquer un déplacement de la courbe d'offre agrégée à court terme, sans influencer la courbe d'offre agrégée à long terme : des changements de prix des autres facteurs de production. Par exemple, une augmentation du prix du pétrole, un intrant utilisé par la grande majorité des entreprises, accroît les coûts de production unitaires. Les firmes réagissent en diminuant, pour chaque niveau des prix, la quantité de biens et de services offerts. Par conséquent, lorsque le prix des facteurs de production augmente, les coûts grimpent, les entreprises décident de réduire leur production pour chaque niveau des prix et la courbe d'offre agrégée à court terme se déplace vers la gauche. Lorsque le prix de ces facteurs diminue, les coûts baissent, les entreprises augmentent leur production pour chaque niveau des prix et la courbe d'offre agrégée à court terme se déplace vers la droite.

Vous devriez maintenant comprendre pourquoi la courbe d'offre agrégée à court terme a une pente positive et quels chocs et politiques la font se déplacer. Le tableau 14.2 résume cette analyse.

MINITEST

■ Expliquez pourquoi la courbe d'offre agrégée à long terme est verticale. Expliquez la pente positive de la courbe d'offre agrégée à court terme.

 # LES DEUX CAUSES DES FLUCTUATIONS ÉCONOMIQUES

Le modèle de l'offre et de la demande agrégées nous donne les outils de base pour analyser les fluctuations économiques. Nous peaufinerons ces concepts au cours des deux prochains chapitres, mais nous sommes dès maintenant en mesure d'étudier,

TABLEAU 14.2	LA COURBE D'OFFRE AGRÉGÉE À COURT TERME : RÉSUMÉ

POURQUOI LA COURBE D'OFFRE AGRÉGÉE À COURT TERME A-T-ELLE UNE PENTE POSITIVE ?

Théorie des salaires rigides : une baisse non anticipée du niveau des prix fait augmenter le salaire réel, ce qui conduit les entreprises à mettre à pied des employés et à réduire la production de biens et de services.

POURQUOI LA COURBE D'OFFRE AGRÉGÉE À COURT TERME SE DÉPLACE-T-ELLE ?

1. *Déplacements dus à la main-d'œuvre* : une hausse du personnel disponible (attribuable à une baisse du taux de chômage naturel, par exemple) fait bouger vers la droite la courbe d'offre agrégée. Une réduction de la main-d'œuvre disponible (attribuable, par exemple, à une augmentation du taux de chômage naturel) fait bouger vers la gauche cette même courbe.

2. *Déplacements dus au capital* : une augmentation du capital physique ou humain fait bouger la courbe vers la droite ; à l'inverse, une réduction du capital physique ou humain fait bouger la courbe vers la gauche.

3. *Déplacements dus aux ressources naturelles* : une amélioration de la disponibilité des ressources naturelles fait bouger vers la droite la courbe d'offre agrégée ; par contre, une réduction de la disponibilité des ressources naturelles fait bouger la courbe vers la gauche.

4. *Déplacements dus à la technologie* : tout progrès technologique se traduit par un déplacement vers la droite de la courbe d'offre agrégée. Toute entrave à l'utilisation de la technologie (causée par la réglementation gouvernementale, par exemple) provoque un déplacement vers la gauche de la courbe d'offre agrégée.

5. *Déplacements dus au niveau des prix anticipé* : une réduction du niveau des prix anticipé fait bouger vers la droite la courbe d'offre agrégée, alors qu'une augmentation de ce niveau la fait bouger vers la gauche.

6. *Déplacements dus au niveau des prix des facteurs de production* : une réduction du prix des facteurs de production provoque un déplacement vers la droite de la courbe d'offre agrégée, tandis qu'une augmentation de ce prix la fait bouger vers la gauche.

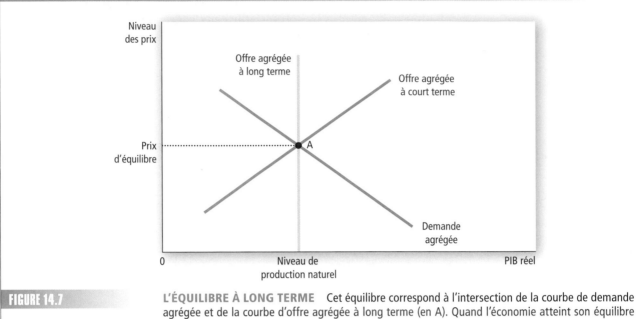

FIGURE 14.7 **L'ÉQUILIBRE À LONG TERME**   Cet équilibre correspond à l'intersection de la courbe de demande agrégée et de la courbe d'offre agrégée à long terme (en A). Quand l'économie atteint son équilibre à long terme, les salaires se sont ajustés afin que la courbe d'offre agrégée à court terme passe également par ce point.

avec ce que nous avons appris de l'offre et de la demande agrégées, les deux causes fondamentales des fluctuations macroéconomiques à court terme.

La figure 14.7 illustre une économie en équilibre de long terme. La production et le niveau des prix d'équilibre se trouvent à l'intersection de la courbe de demande agrégée et de la courbe d'offre agrégée à long terme. Au point A, la production se trouve à son niveau naturel. La courbe d'offre agrégée à court terme passe également par ce point, ce qui indique que les anticipations de prix et les salaires se sont parfaitement ajustés. Donc, si une économie atteint son équilibre de long terme, les anticipations et les salaires s'ajustent de façon que l'intersection de la demande agrégée et de l'offre agrégée à court terme corresponde à l'intersection de la demande agrégée et de l'offre agrégée à long terme.

LES CONSÉQUENCES D'UN DÉPLACEMENT DE LA DEMANDE AGRÉGÉE

Faisons l'hypothèse que, pour une raison quelconque (krach boursier ou guerre), une vague de pessimisme s'abatte sur l'économie. Cet événement sape la confiance et amène une grande partie de la population à modifier ses plans. Les ménages serrent les cordons de la bourse et remettent à plus tard les achats majeurs, pendant que les entreprises retardent l'acquisition de nouveaux équipements.

Quelles sont les conséquences macroéconomiques d'une telle vague de pessimisme ? Pour répondre à cette question, nous pouvons revenir aux trois étapes utilisées dans le chapitre 4 pour analyser l'offre et la demande sur le marché d'un bien. Il faut tout d'abord établir si l'événement entraîne un déplacement de la courbe d'offre agrégée ou de la courbe de demande agrégée. Nous devons ensuite déterminer si le déplacement de la courbe s'effectue vers la gauche ou vers la droite. Enfin, nous avons recours au graphique d'offre et de demande agrégées pour comparer l'équilibre initial et le nouvel équilibre. En macroéconomie, il faut cependant ajouter une étape supplémentaire : nous devons tenir compte de l'équilibre à court terme, de l'équilibre à long terme et du processus de transition entre les deux. Le tableau 14.3 résume ces quatre étapes.

Les deux premières étapes de l'analyse sont simples. Premièrement, parce que la vague de pessimisme affecte les projets de dépense, c'est la courbe de demande agrégée qui est touchée. Deuxièmement, parce que les ménages et les entreprises désirent maintenant acheter moins de biens et de services pour chaque niveau des prix, la demande agrégée diminue. Comme le montre la figure 14.8, la courbe de demande agrégée se déplace vers la gauche, de DA_1 à DA_2.

TABLEAU 14.3 **LES QUATRE ÉTAPES DE L'ANALYSE DES CHOCS MACROÉCONOMIQUES**

1. Établir si l'événement provoque un déplacement de la courbe d'offre agrégée ou de la courbe de demande agrégée (ou des deux courbes à la fois).

2. Déterminer la direction dans laquelle la courbe se déplace.

3. Avoir recours au graphique d'offre et de demande agrégées afin de voir comment l'événement affecte la production et le niveau des prix à court terme.

4. Utiliser le graphique de demande et d'offre agrégées pour analyser comment l'économie passe du nouvel équilibre à court terme à son équilibre à long terme.

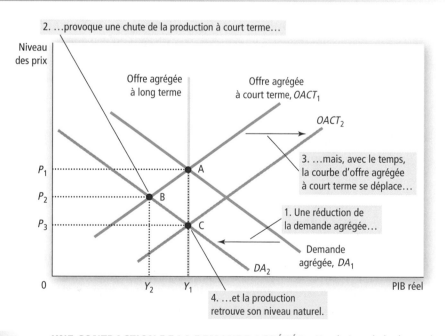

FIGURE 14.8 **UNE CONTRACTION DE LA DEMANDE AGRÉGÉE** Une baisse de la demande agrégée due, par exemple, à une vague de pessimisme se traduit par un déplacement vers la gauche de la courbe de demande agrégée, de DA_1 à DA_2. Le point d'équilibre de l'économie passe de A à B, la production chute de Y_1 à Y_2 et le niveau des prix va de P_1 à P_2. Avec le temps, les salaires s'ajustent, la courbe d'offre agrégée à court terme se déplace vers la droite de $OACT_1$ à $OACT_2$ et le point d'équilibre de l'économie se trouve en C, à l'intersection de la nouvelle courbe de demande agrégée et de la courbe d'offre agrégée à long terme. Le niveau des prix tombe à P_3 et la production revient à son niveau naturel, Y_1.

Grâce à ce graphique, nous pouvons maintenant passer à la troisième étape. En comparant l'équilibre initial au nouvel équilibre, il est possible de comprendre l'effet d'une réduction de la demande agrégée. À court terme, l'économie se déplace le long de la courbe d'offre agrégée à court terme $OACT_1$, en passant de A à B. Lors de ce déplacement, la production diminue de Y_1 à Y_2; le niveau des prix diminue aussi, passant de P_1 à P_2. Cette baisse de la production s'appelle une récession. Sans qu'on l'observe sur ce graphique, les entreprises réagissent à la diminution des ventes et de la production en licenciant du personnel. Ainsi, le pessimisme ayant provoqué le déplacement de la courbe de demande agrégée, les prédictions finissent par se réaliser : les revenus diminuent et le chômage augmente.

Reste maintenant la quatrième étape : la transition de l'équilibre à court terme à l'équilibre à long terme. En raison de la réduction de la demande agrégée, le niveau des prix diminue de P_1 à P_2. Le niveau des prix est donc inférieur à celui qu'avaient prévu les gens (P_1) avant la chute de la demande agrégée. Même si les travailleurs et les entreprises sont surpris à court terme, à plus long terme, ils s'ajusteront et le niveau des prix anticipé diminuera pour rejoindre le niveau réalisé. La baisse du niveau des prix anticipé provoque alors un ajustement à la baisse des salaires, ce qui influence la position de la courbe d'offre agrégée à court terme. La courbe se déplace vers la droite, de $OACT_1$ à $OACT_2$, sur le graphique de la figure 14.8 (voir la page 361). Ce déplacement fait alors passer l'économie du point B au point C, où la nouvelle courbe de demande agrégée DA_2 croise la courbe d'offre agrégée à long terme.

À ce nouvel équilibre à long terme, en C, la production retrouve son niveau naturel. L'économie s'est corrigée d'elle-même : le déclin de la production est annulé à long terme, même sans intervention de l'État. Malgré que la vague de pessimisme ait réduit la demande agrégée, le niveau des prix a diminué suffisamment (jusqu'en P_3) pour compenser le déplacement de la courbe de demande agrégée, et autant les travailleurs que les employeurs anticipent maintenant correctement ce nouveau niveau des prix. Par conséquent, à long terme, le déplacement de la demande agrégée se reflète exclusivement sur le niveau des prix et pas du tout sur la production. Autrement dit, l'effet à long terme du déplacement de la demande agrégée est une variation nominale (le niveau des prix diminue), mais non une variation réelle (la production reste identique).

Devant une telle chute de la demande agrégée, que peuvent faire les dirigeants politiques ? Dans notre analyse, nous avons supposé qu'ils ne réagissaient pas. Une autre option consiste, dès que l'économie entre en récession (en passant du point A au point B), à faire augmenter la demande agrégée.

Comme on l'a vu, une augmentation des dépenses publiques ou de la masse monétaire stimule la demande de biens et de services, pour tout niveau des prix, et, par conséquent, provoque un déplacement vers la droite de la courbe de demande agrégée. Si les autorités interviennent rapidement et avec une précision suffisante, elles seront en mesure d'annuler le déplacement de la courbe de demande agrégée en la faisant revenir en DA_1, ce qui ramènera du même coup l'économie au point A. Si la politique est menée avec succès, la pénible période de récession peut être écourtée ou sa gravité peut être amoindrie. Dans le prochain chapitre, nous examinerons en détail l'influence des politiques budgétaire et monétaire sur la demande agrégée, de même que les difficultés pratiques qu'elles soulèvent.

En bref, une analyse des déplacements de la demande agrégée nous amène à tirer trois leçons fondamentales.

- À court terme, les déplacements de la demande agrégée provoquent des fluctuations de la production de biens et de services.

- À long terme, les déplacements de la demande agrégée ont des conséquences sur le niveau des prix mais non sur la production.
- Les autorités peuvent réduire la gravité des fluctuations macroéconomiques en influant sur la demande agrégée.

À PROPOS DE LA NEUTRALITÉ MONÉTAIRE

Selon la théorie économique classique, la monnaie est neutre, c'est-à-dire que les variations de la quantité de monnaie en circulation ont des effets sur des variables nominales comme le niveau des prix, mais pas sur des variables réelles comme la production. Dans une section précédente du présent chapitre, nous avons indiqué que la plupart des économistes conviennent qu'une telle conclusion reflète le fonctionnement à long terme de l'économie, mais non son fonctionnement à court terme. À l'aide du modèle de l'offre et de la demande agrégées, nous pouvons illustrer et préciser davantage cette conclusion.

Supposons que la Banque du Canada fait diminuer la quantité de monnaie en circulation dans l'économie. Quel serait l'effet d'une telle diminution ? Comme nous l'avons vu, l'offre de monnaie est un facteur déterminant de la demande agrégée. La diminution de l'offre de monnaie entraîne un déplacement vers la gauche de la courbe de demande agrégée.

L'analyse prend la forme de la figure 14.8 (voir la page 361). Bien que la cause du déplacement de la demande agrégée ne soit pas la même, nous observons les mêmes effets sur la production et le niveau des prix. À court terme, tant la production que le niveau des prix baissent, et l'économie entre en récession. Toutefois, à la longue, le niveau des prix anticipé baisse lui aussi. Les entreprises et les travailleurs réagissent, à la lumière de leurs nouvelles anticipations, en acceptant, par exemple, une baisse des salaires nominaux, de sorte que la courbe d'offre agrégée à court terme se déplace vers la droite. Par la suite, l'économie se trouve de nouveau sur la courbe d'offre agrégée à long terme.

La figure 14.8 montre dans quelles circonstances la monnaie influe ou n'influe pas sur les variables réelles. À long terme, la monnaie est neutre, comme l'illustre le déplacement de l'économie du point A au point C. Toutefois, à court terme, une modification de l'offre de monnaie produit des effets réels, ce que révèle le déplacement de l'économie du point A au point B. Un vieil adage résume cette analyse : *La monnaie est un voile, mais lorsque le voile s'agite, la production réelle périclite.*

DES CHOCS IMPORTANTS SUR LA DEMANDE AGRÉGÉE : DEUX DÉPRESSIONS ET LA SECONDE GUERRE MONDIALE

Lors de l'analyse des trois principales caractéristiques des fluctuations économiques, au début de ce chapitre, nous avons observé les données à partir de 1966. Revenons maintenant plus loin dans l'histoire économique du Canada, par l'intermédiaire de la figure 14.9 (voir la page 364), qui présente les données du PIB réel par personne, de 1870 à 2005. On voit difficilement les fluctuations économiques à court terme sur ce graphique, car elles semblent dérisoires au regard de l'augmentation de 1400 % du PIB par habitant au cours de cette période. Cette figure illustre également la tendance du PIB par habitant : le PIB par personne a augmenté à un taux moyen de 2 % (le taux de croissance moyen du PIB réel par personne depuis 1870). Le taux effectivement réalisé chaque année, de toute évidence, a varié grandement par rapport à la moyenne. Trois périodes ressortent particulièrement : la dégringolade du PIB après la Première Guerre mondiale, suivie d'un autre plongeon au début des années 1930 et d'une rapide augmentation dans les années 1940. Ces phénomènes ont tous trois été causés par des déplacements de la demande agrégée.

De 1917 à 1921, lors de la plus terrible récession que le Canada avait connue, le PIB réel par habitant a chuté de 27 %. D'après les historiens économiques, deux événements majeurs expliquent cette dépression. Le premier fut la fin d'un essor sans précédent des investissements et des exportations. De 1900 à 1914, le développement des provinces de l'Ouest, particulièrement en matière d'infrastructure ferroviaire, a nécessité d'énormes investissements. Stimulés par une importante augmentation des prix du blé, ces investissements, ainsi que la forte croissance de la population, ont mené à une croissance

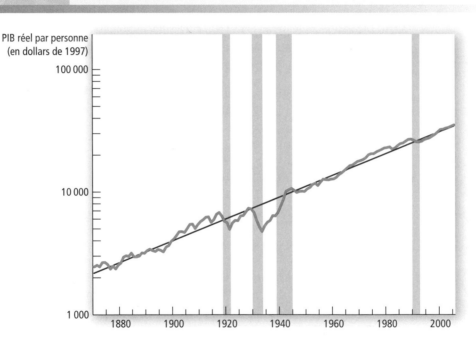

FIGURE 14.9

LE PIB RÉEL PAR PERSONNE AU CANADA DEPUIS 1870 Au cours de l'histoire économique canadienne, trois fluctuations se détachent en raison de leur importance : deux graves dépressions entre la Première et la Seconde Guerre mondiale, puis une période de croissance sans précédent lors de la Seconde Guerre mondiale. Des fluctuations majeures de la courbe de demande agrégée expliquent ces trois événements importants.

REMARQUE : Le PIB réel est illustré selon une échelle proportionnelle. Ce qui signifie que, à un intervalle égal sur l'échelle des ordonnées correspond une même variation en pourcentage. À titre d'exemple, l'intervalle entre 5000 et 10 000 (correspondant à une augmentation de 100 %) est de la même amplitude que celui entre 10 000 et 20 000 (augmentation de 100 %). Selon une telle échelle, une croissance constante est représentée par une droite à pente positive. La ligne tendancielle montre le taux de croissance moyen du PIB réel par personne depuis 1870, soit 2 % par an.

Sources : Données de 1870 à 1925, M. C. Urquhart, « New Estimates of Gross National Product, Canada, 1870-1926 : Some Implications for Canadian Development », dans S. Engerman et R. Gallman (sous la direction de), *Long-Term Factors in American Economic Growth,* Chicago, University of Chicago Press, 1986 ; données de 1926 à 1960, F. H. Leacy (sous la direction de), *Statistiques historiques du Canada,* 2e éd., Ottawa, Statistique Canada, 1983 ; données de 1961 à 2005 tirées de Statistique Canada, base de données CANSIM II.

remarquable des exportations canadiennes. En 1914, ce boom exceptionnel tirait à sa fin, mais un second phénomène a pris le relais : la Première Guerre mondiale. La Grande Guerre a donné lieu à un essor industriel spectaculaire et a permis de maintenir la croissance du PIB. La fin des hostilités a signifié la fin de la production de guerre et a coïncidé avec la fin du boom des investissements et des exportations. Une contraction spectaculaire de la demande agrégée en a résulté, ainsi qu'une forte chute du PIB réel.

Comme on peut le voir sur la figure 14.9, la calamité économique des années 1930, connue sous le nom de *Grande Dépression*, constitue le pire repli économique qu'a connu le Canada. De 1929 à 1933, le PIB réel par personne a chuté de 30 % et le chômage a grimpé de 4 % à 25 %. Durant la même période, le niveau général des prix a plongé de 19 %. Bien des pays ont connu un déclin équivalent de la production et des prix durant cette période.

Les historiens de l'économie n'arrivent pas à se mettre d'accord sur les causes de cette crise, mais la plupart des explications tournent autour d'un énorme choc sur la demande agrégée. Les raisons de ce choc continuent d'alimenter la controverse.

De nombreux économistes insistent sur la réduction de l'offre de monnaie (16 % de 1929 à 1933). À mesure que l'épargne des ménages diminuait, les banquiers, faisant montre de prudence, se sont mis à conserver des réserves plus importantes, inversant ainsi la création de monnaie, selon le système bancaire à réserves fractionnaires. Nombre d'économistes considèrent que l'absence d'une banque centrale au Canada a aggravé cette crise et que la Banque du Canada (sa création remonte à 1935) aurait été en mesure de contrer cette baisse de l'offre de monnaie grâce à des opérations d'*open market*. En fait, les problèmes économiques enregistrés durant la Grande Dépression ont incité le gouvernement à créer la Banque du Canada.

D'autres économistes accusent la dépendance de l'économie canadienne envers l'économie américaine, en raison de l'importance de nos échanges commerciaux. La réduction de la demande agrégée aurait donc découlé d'une diminution des exportations nettes.

Enfin, d'autres analystes considèrent que la débâcle boursière de 1929 explique à elle seule la crise. Les prix des actions se sont effondrés de 90 % durant cette période, ce qui a réduit la richesse des ménages et par conséquent les dépenses de consommation. Cette dégringolade des valeurs boursières a également nui au financement de nouveaux projets, ce qui a réduit les dépenses d'investissement. Bien sûr, c'est probablement la conjonction de tous ces événements qui a entraîné une contraction de la demande agrégée durant la Grande Dépression.

La figure 14.9 met en évidence un autre épisode marquant — l'essor économique des années 1940 —, qui s'avère plus facile à expliquer : c'est la Seconde Guerre mondiale qui a été la cause évidente de cette expansion. En 1939, l'entrée en guerre du Canada a obligé le gouvernement fédéral à augmenter fortement les dépenses militaires. L'expansion spectaculaire des dépenses publiques, de 1939 à 1944, a relancé la demande agrégée, a fait augmenter le PIB par personne de 60 % et a fait reculer le taux de chômage de 15 % à moins de 2 %, son niveau le plus bas de toute l'histoire canadienne.

La dernière récession canadienne, en 1991 (les données s'arrêtent en 2005), peut également être vue sur le graphique de la figure 14.9. Notez cependant à quel point la diminution de l'activité économique lors de cette récession a été faible par rapport à celle des récessions des années 1920 et 1930. Si on combine ce fait avec l'évolution plutôt lisse de la courbe mesurant le PIB réel par habitant depuis 1945, par rapport à la période précédente, on doit en conclure que l'amplitude des cycles économiques a diminué avec le temps au Canada.

[BON À SAVOIR] LE MYTHE DES RETOMBÉES ÉCONOMIQUES

Un des mythes les plus enracinés dans la population est celui du bienfait économique des guerres. Après tout, le plein-emploi du milieu des années 1940 a suivi la Grande Dépression des années 1930. Que faut-il en penser ?

Cet argument est celui des retombées économiques et il est généralement fallacieux. Toute dépense des gouvernements génère des retombées : en effet, si le gouvernement me donne 100 $, j'en dépense une partie. Quelqu'un d'autre recevra donc de l'argent et dépensera plus, etc. C'est d'ailleurs le principe de l'effet multiplicateur, que nous examinerons dans le prochain chapitre. Le gouvernement devrait-il alors dépenser le plus possible pour augmenter la richesse collective ? Non, car il y a un coût de renonciation associé à chacune des dépenses du gouvernement : ultérieurement, quelqu'un devra payer pour ces dépenses, sous forme de taxes et d'impôts. En effet, les recettes fiscales proviennent de nos poches. Elles réduisent le revenu disponible des ménages et les dépenses privées. Si les dépenses du gouvernement représentent un fort pourcentage du PIB, les dépenses privées n'en seront que plus faibles.

Les guerres sont-elles bénéfiques pour l'économie ? Si le PIB réel canadien a fortement augmenté de 1914 à 1918, puis de 1940 à 1945, c'est parce que le gouvernement a accru ses dépenses sans en faire autant avec les impôts. Il a donc diminué son épargne $(T - G)$ et son solde budgétaire. Autrement dit, il a augmenté ses dépenses et remis à plus tard la hausse des impôts. Une telle politique stimule l'économie à court terme, mais quelqu'un devra payer un jour pour cet accroissement des dépenses. À titre d'exemple, le ratio d'endettement (dette fédérale/PIB) était d'environ 125 % en 1946, après la Seconde Guerre mondiale : la génération d'après 1945 a subi un lourd fardeau fiscal en raison de l'endettement du gouvernement.

La conclusion est claire : chaque fois que le gouvernement envisage de nouvelles dépenses, on devrait se demander si la valeur des ressources engagées est inférieure ou supérieure à la valeur de ce qui est produit. Un programme par lequel le gouvernement embauche la moitié des chômeurs pour creuser un immense trou et l'autre moitié pour le remplir, sans augmenter tout de suite les impôts, fait grimper la demande agrégée et le PIB. Une guerre aurait le même effet. Cependant, ces dépenses ne produisent rien d'utile. D'un autre côté, des dépenses publiques en infrastructures, en éducation et en recherche et développement auraient le même impact sur le PIB, tout en faisant augmenter la productivité et le niveau de vie à long terme. Même chose pour une réduction des impôts. Et ces solutions améliorent le bien-être, ce qui n'est pas le cas des guerres.

LES CONSÉQUENCES D'UN DÉPLACEMENT DE L'OFFRE AGRÉGÉE

Partons de nouveau d'une économie en équilibre de long terme et imaginons maintenant que certaines entreprises voient croître de façon imprévue leurs coûts de production. Cette augmentation peut résulter d'une catastrophe climatique ayant détruit une partie des récoltes et fait ainsi augmenter les coûts de la production alimentaire, ou bien d'un conflit au Moyen-Orient qui interrompt l'approvisionnement en pétrole brut et fait ainsi flamber le prix des produits pétroliers.

Quelles sont les conséquences macroéconomiques d'un tel choc sur les coûts de production ? Pour les comprendre, nous pouvons revenir aux quatre étapes vues précédemment. Tout d'abord, quelle courbe se déplace ? Parce que les coûts de production affectent les firmes qui offrent des biens et des services, une modification de ces coûts affecte la position de la courbe d'offre agrégée. Ensuite, dans quel sens la courbe se déplace-t-elle ? Parce que des coûts de production plus élevés rendent la production moins profitable, les firmes offrent une plus faible quantité de biens et de services, pour tout niveau des prix.

Par conséquent, comme l'illustre la figure 14.10, la courbe d'offre agrégée à court terme se déplace vers la gauche, de $OACT_1$ à $OACT_2$. (La courbe d'offre agrégée à long terme pourrait également se déplacer. Toutefois, pour simplifier, nous supposerons qu'elle ne bouge pas.)

Le graphique nous aide à effectuer la troisième étape, soit comprendre les effets d'un déplacement vers la gauche de la courbe d'offre agrégée. À court terme, l'équilibre se déplace le long de la courbe de demande agrégée, de A à B. La production diminue de Y_1 à Y_2 et le niveau des prix augmente de P_1 à P_2. L'économie enregistre à la fois une *stagnation économique* (chute de la production) et une *inflation* (augmentation des prix), phénomène parfois appelé **stagflation**.

Considérons maintenant la quatrième étape, soit la transition de l'équilibre à court terme vers l'équilibre à long terme. La question-clé, ici encore, demeure l'effet de la stagflation sur les salaires nominaux. Dans un premier temps, il est possible que les firmes et les travailleurs réagissent au niveau des prix plus élevé que prévu en ajustant à la hausse leurs anticipations de prix et en signant de nouveaux contrats à des niveaux de salaires nominaux plus élevés. Dans ce cas, les coûts des entreprises augmenteront encore plus et la courbe d'offre agrégée à court terme se déplacera plus à gauche, ce qui aggravera le problème de la stagflation. Ce phénomène des prix

Stagflation
Combinaison d'une réduction de la production et d'une augmentation des prix.

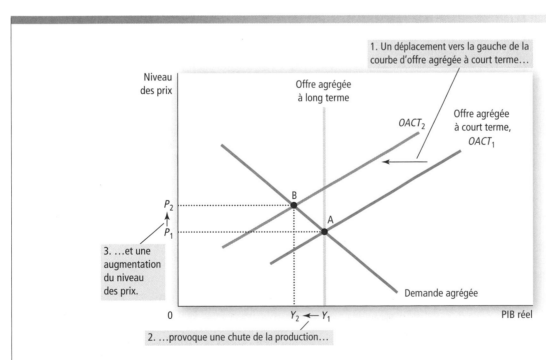

FIGURE 14.10   **UNE DIMINUTION DE L'OFFRE AGRÉGÉE À COURT TERME**   En cas de choc causant une augmentation des coûts de production unitaires, la courbe d'offre agrégée à court terme se déplace vers la gauche, de $OACT_1$ à $OACT_2$. Le point d'équilibre passe de A à B et il en résulte une stagflation, soit une chute de la production de Y_1 à Y_2 et une hausse des prix de P_1 à P_2.

plus hauts qui font monter les salaires, ce qui fait augmenter à nouveau les prix, est souvent appelé *spirale inflationniste*.

Cette spirale de prix et de salaires croissants va cependant finir par s'essouffler. En effet, le faible niveau de l'emploi exercera une pression à la baisse sur les salaires, car les travailleurs ont peu de pouvoir de négociation lorsque le taux de chômage est élevé. À mesure que les salaires nominaux diminuent, la production de biens et de services devient plus profitable et la courbe d'offre agrégée à court terme se déplace vers la droite. À mesure qu'elle se déplace vers $OACT_1$, le niveau des prix diminue et la production s'approche de son niveau naturel. À long terme, l'économie retourne au point A, où la courbe de demande agrégée croise la courbe d'offre agrégée à long terme.

Ce retour vers l'équilibre de long terme se produira si la demande agrégée est constante pendant tout le processus. La réalité pourrait être différente. Les autorités, qui contrôlent les politiques monétaire et budgétaire, pourraient aussi décider d'intervenir pour compenser certains des effets du déplacement de la courbe d'offre agrégée à court terme, en faisant bouger la demande agrégée. La figure 14.11 illustre cette possibilité. Dans ce cas, un changement de politique pousse vers la droite la courbe de demande agrégée, de DA_1 à DA_2, juste assez pour annuler les effets du déplacement de l'offre agrégée à court terme sur la production. Le point d'équilibre se déplace donc directement de A à C. La production demeure à son niveau naturel et le niveau des prix augmente de P_1 à P_3. On dira alors que les décideurs *accommodent* le déplacement de l'offre agrégée à court terme, en laissant la hausse des coûts se répercuter de façon permanente sur le niveau des prix. Dans ce cas, ils ont choisi de privilégier la production et l'emploi aux dépens de l'inflation.

En bref, il est possible de tirer deux conclusions de l'observation des déplacements de la courbe d'offre agrégée.

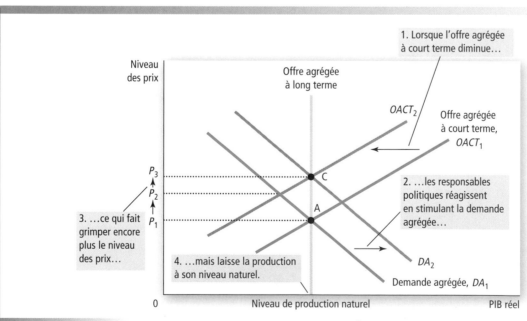

FIGURE 14.11   **L'ACCOMMODATION D'UN CHOC NÉGATIF SUR LA COURBE D'OFFRE AGRÉGÉE** Si la courbe d'offre agrégée subit un choc négatif et se déplace de $OACT_1$ à $OACT_2$, le gouvernement a la possibilité, au moyen de ses politiques monétaire et budgétaire, de faire bouger vers la droite la courbe de demande agrégée, de DA_1 à DA_2. Le point d'équilibre passera alors de A à C. Cette intervention éliminera les effets négatifs du déplacement de l'offre sur la production, mais le niveau des prix montera de façon permanente, de P_1 à P_3.

- Les déplacements de l'offre agrégée peuvent causer une stagflation, soit une récession (stagnation de la production) combinée à une inflation (augmentation des prix).

- Les interventions du gouvernement sur la demande agrégée peuvent contrebalancer les effets néfastes sur l'emploi, mais au prix d'une inflation plus importante.

ÉTUDE DE CAS

Les variations du niveau de production de pétrole au Moyen-Orient sont à l'origine d'importantes fluctuations économiques au Canada.

LE PÉTROLE ET L'ÉCONOMIE

Quelques-unes des plus importantes fluctuations économiques survenues au Canada depuis 1970 trouvent leur origine dans les champs pétrolifères du Moyen-Orient. Le pétrole est un intrant essentiel de la production de nombreux biens et services. Une partie considérable de la production pétrolière mondiale se concentre en Arabie Saoudite, en Iran et dans d'autres États du golfe Persique. Toute réduction de l'approvisionnement pétrolier en provenance de ces régions, souvent pour des raisons politiques, fait grimper le prix international du pétrole. Les coûts de production de l'essence, des pneus, du plastique et de nombreux autres produits augmentent alors au Canada, ce qui cause un déplacement vers la gauche de la courbe d'offre agrégée à court terme et une stagflation. Les provinces productrices de pétrole, comme l'Alberta et la Saskatchewan, voient alors leur demande agrégée augmenter, en raison d'une hausse des exportations nettes et des revenus provinciaux. Toutefois, dans son ensemble, l'effet dominant pour le Canada se produit sur l'offre agrégée.

Ce phénomène s'est produit une première fois dans le courant des années 1970. Les principaux producteurs de pétrole se sont rassemblés au sein de l'Organisation des pays exportateurs de pétrole (OPEP). L'OPEP constitue un cartel, soit un groupe de vendeurs qui tente d'éliminer la concurrence et qui réduit la production pour faire monter les prix. Naturellement, le prix du pétrole a alors connu une augmentation sans précédent. De 1973 à 1975, le prix du brut a pratiquement triplé. Cette hausse de prix a entraîné une récession, conjuguée à une inflation, dans tous les pays importateurs de pétrole. Au Canada, le taux d'inflation, mesuré d'après le déflateur du PIB, a dépassé 14 % en 1974. Le taux de chômage s'est accru de 5,5 % en 1973 à 7 % en 1975. On ne s'étonnera pas de constater que les effets de l'augmentation des prix du pétrole ont varié substantiellement entre les provinces exportatrices et les provinces importatrices de pétrole. Par exemple, de 1973 à 1975, le taux de chômage de l'Alberta a reculé de 5,3 % à 4,1 %, alors que celui de l'Ontario est passé de 4,3 % à 6,3 %.

Le même scénario s'est répété quelques années plus tard. À la fin des années 1970, la révolution iranienne a perturbé la production de pétrole de l'OPEP. De 1979 à 1981, le prix du brut a plus que doublé. Une fois encore, les coûts de production des entreprises utilisatrices de pétrole se sont accrus. Ce second choc pétrolier a conduit le gouvernement fédéral à lancer, en 1980, le Programme énergétique national (PEN). Le PEN devait réduire le taux de croissance des prix du pétrole au Canada pour qu'il soit inférieur à celui des cours mondiaux, afin de minimiser les effets stagflationnistes de l'escalade des prix pétroliers. Ce programme a contribué à soutenir les entreprises consommatrices de pétrole, aux dépens des producteurs de pétrole. Pour conclure, même si cette politique de lutte contre le choc pétrolier a réduit la stagflation au Canada, elle a favorisé certaines entreprises au détriment d'autres, et les provinces productrices de pétrole en ont gardé rancune au gouvernement fédéral.

Le marché pétrolier ne provoque pas que des mauvaises surprises. En 1986, une querelle entre les membres de l'OPEP s'est soldée par un déplacement favorable de l'offre agrégée à court terme. Certains membres ont décidé de ne pas respecter leur quota de production et le prix du pétrole brut a diminué de moitié sur le marché mondial. Une telle chute a fortement réduit les coûts de production des entreprises consommatrices de pétrole et la courbe d'offre agrégée à court terme s'est déplacée vers la droite. L'économie canadienne a alors connu l'inverse d'une stagflation : une croissance rapide et une chute du chômage, lequel est passé de 10,5 % en 1985 à 7,5 % en 1989. Une fois encore, les retombées de cette chute du prix du pétrole ont différé grandement selon les provinces. De 1985 à 1987, le taux de chômage de l'Alberta stagnait autour des 10 %, alors que celui de l'Ontario diminuait de 8 % à 6,1 %.

On voit bien que le marché du pétrole est volatile. Cette volatilité reflète en partie l'instabilité inhérente des cartels, dont les membres ont tout intérêt à vendre à un prix plus faible que celui convenu, pour augmenter leur part de marché et leurs bénéfices. Comme tous les membres font face aux mêmes incitations, il arrive qu'un cartel — et le prix convenu — s'effondre. L'instabilité du prix du pétrole est également liée aux turbulences politiques des dernières années au Moyen-Orient. Ces deux facteurs expliquent l'effondrement du prix du pétrole d'octobre 1997 à décembre 1998, alors que le prix du baril a chuté de 41 %. Après cette forte baisse, les membres de l'OPEP se sont réunis et ont décidé de réduire leur production : de décembre 1998 à novembre 2000, le prix du brut a alors doublé.

Après une période relativement stable, le prix mondial du pétrole a augmenté de nouveau fortement. De mai 2003 à août 2008, le prix du baril de West Texas Intermediate (un prix souvent utilisé comme mesure du prix mondial) est passé de 28 $US à 147 $US. Cette forte augmentation s'est produite malgré une réduction de la capacité de l'OPEP à influencer les prix. Beaucoup d'analystes croient que la hausse récente est due à un accroissement de la demande plutôt qu'à une baisse de l'offre, comme par le passé. Une croissance économique très rapide en Chine et en Inde, entre autres, a conduit à une forte hausse de la demande de pétrole et de son prix.

Qu'est-ce que cela signifie pour le Canada ? D'un côté, les sources de pétrole coûteuses à exploiter, comme les sables bitumineux albertains, sont maintenant rentables. L'emploi a donc fortement augmenté dans cette province. D'un autre côté, la hausse du prix du pétrole a fait augmenter les coûts des firmes qui utilisent l'or noir comme intrant, ce qui les incite à réduire leur production. Fort heureusement, l'économie canadienne est beaucoup moins dépendante du pétrole qu'auparavant. Pour chaque dollar de PIB réel, le Canada n'utilise plus maintenant que la moitié du pétrole dont il avait besoin lors du premier choc pétrolier en 1973. Les chocs pétroliers ont donc un plus faible impact sur la courbe d'offre agrégée à court terme, et une forte augmentation du prix du pétrole risque moins de déboucher sur une stagflation que dans les années 1970.

N'en concluons pas cependant que le Canada n'a plus à se soucier du prix du pétrole. Des problèmes politiques au Moyen-Orient ou une meilleure coopération entre les membres de l'OPEP pourraient le faire augmenter encore plus. Cela nuirait certainement aux entreprises consommatrices de pétrole. Un important ralentissement dans une grande économie, comme celle des États-Unis, ou une réduction prononcée de la croissance indienne ou chinoise pourraient affecter à la baisse la demande de pétrole. Le prix du pétrole diminuerait alors, ce qui mettrait en danger le développement des sables bitumineux. En tant que producteur et consommateur de pétrole, le Canada est dans une situation unique : il se réjouit et se désole des variations du prix du pétrole, que celui-ci monte ou descende.

MINITEST

Supposez que l'élection d'un premier ministre particulièrement populaire fasse augmenter la confiance en l'avenir de la population canadienne. À l'aide du modèle de demande et d'offre agrégées, analysez les conséquences de cet événement sur l'économie.

BON À SAVOIR

LES ORIGINES DE L'OFFRE ET DE LA DEMANDE AGRÉGÉES

Après notre analyse préliminaire du modèle de l'offre et de la demande agrégées, nous allons élargir notre perspective à son sujet et examiner son histoire. Comment est apparu ce modèle des fluctuations à court terme ? Eh bien, dans une grande mesure, il a vu le jour dans le sillage de la Grande Dépression des années 1930. À cette époque, les économistes et les dirigeants politiques étaient perplexes quant aux causes de cette calamité et ne savaient pas très bien comment y faire face.

En 1936, John Maynard Keynes, un économiste, a publié un livre intitulé *Théorie générale de l'emploi, de l'intérêt et de la monnaie*, dans lequel il a voulu expliquer les fluctuations économiques à court terme, en général, et la Grande Dépression, en particulier. La thèse principale de Keynes était que les récessions et les dépressions peuvent se produire à cause d'une demande agrégée de biens et de services qui est inadéquate.

Keynes avait été un critique de longue date de la théorie économique classique — soit la théorie que nous avons examinée dans les chapitres 7 à 13 du présent ouvrage — parce qu'elle ne pouvait expliquer que les effets à long terme des politiques appliquées. Quelques années auparavant, dans *A Tract on Monetary Reform* (1923), Keynes avait écrit ce qui suit, au sujet de la théorie économique classique :

> Le long terme est un mauvais guide pour les affaires courantes. À long terme nous serons tous morts. Les économistes se fixent une tâche trop facile et peu utile s'ils peuvent seulement nous dire que lorsque l'orage sera passé, l'océan sera plat à nouveau.

La thèse de Keynes s'adressait aux dirigeants politiques autant qu'aux économistes. Au moment où les économies du monde étaient aux prises avec un chômage élevé, Keynes préconisait des politiques qui relanceraient la demande agrégée, y compris des dépenses gouvernementales consacrées à des travaux publics.

Dans le prochain chapitre, nous allons examiner en détail la manière dont les dirigeants politiques peuvent utiliser les différents instruments des politiques monétaire et fiscale pour influer sur la demande agrégée. L'analyse figurant dans le prochain chapitre, ainsi que dans celui-ci, s'inspire beaucoup des travaux de John Maynard Keynes.

 CONCLUSION

Ce chapitre avait deux objectifs : d'abord, présenter quelques données essentielles concernant les fluctuations à court terme de l'économie ; ensuite, proposer un modèle pour expliquer ces fluctuations, soit le modèle de l'offre et de la demande agrégées. Dans les deux prochains chapitres, nous reviendrons en détail sur chacun des éléments de ce modèle, afin de mieux comprendre les raisons des fluctuations économiques et les interventions possibles des gouvernements.

RÉSUMÉ

■ Tous les pays connaissent des fluctuations économiques autour des tendances à long terme. Ces fluctuations sont à la fois irrégulières et imprévisibles. En cas de récession, le PIB réel et les autres indicateurs du revenu, des dépenses et de la production tombent, tandis que le chômage augmente.

■ Les économistes analysent les fluctuations de court terme grâce au modèle d'offre et de demande agrégées. D'après ce modèle, la production de biens et de services et le niveau général des prix s'ajustent de manière à équilibrer l'offre et la demande agrégées.

■ Trois raisons expliquent la pente négative de la courbe de demande agrégée. Premièrement, un niveau des prix plus bas fait augmenter la valeur réelle de la monnaie détenue par les ménages, ce qui stimule la consommation. Deuxièmement, un niveau des prix inférieur réduit la demande de monnaie de ces ménages. À mesure que ceux-ci tentent d'échanger une partie de leur monnaie contre des actifs portant intérêts, les taux d'intérêt baissent, ce qui stimule les dépenses d'investissement. Finalement, un niveau des prix inférieur fait diminuer le taux de change réel. Cette dépréciation fait baisser le prix des marchandises canadiennes par rapport aux produits importés, ce qui fait augmenter les exportations nettes.

■ Tout choc ou toute politique qui stimulent la consommation, l'investissement, les dépenses publiques ou les exportations nettes, pour tout niveau des prix, font *augmenter* la demande agrégée. Tout choc ou toute politique qui réduisent la consommation, l'investissement, les dépenses publiques ou les exportations nettes, pour tout niveau des prix, font *diminuer* la demande agrégée.

■ La courbe d'offre agrégée à long terme est verticale. À long terme, la quantité de biens et de services offerts dépend du travail et de la productivité, mais non du niveau des prix.

■ Plusieurs théories expliquent la pente positive de la courbe d'offre agrégée à court terme. Selon la théorie des salaires rigides, une baisse inattendue du niveau des prix fait temporairement augmenter les salaires réels, ce qui incite les entreprises à licencier et à réduire la production. La production s'écarte donc de son niveau naturel lorsque le niveau des prix ne correspond pas au niveau des prix anticipé.

■ Les chocs qui modifient la capacité de production de l'économie, tels que des variations de la main-d'œuvre, du capital, des ressources naturelles ou de la technologie, font bouger la courbe d'offre agrégée à court terme et la courbe d'offre agrégée à long terme. En outre, la position de la courbe d'offre agrégée à court terme dépend du niveau des prix anticipé et des prix des facteurs de production.

■ Un déplacement de la demande agrégée représente l'une des causes des fluctuations économiques. Lorsque cette courbe se déplace vers la gauche, la production et les prix diminuent à court terme. Un changement des anticipations de prix finit par provoquer un ajustement des salaires et, par conséquent, un déplacement vers la droite de la courbe d'offre agrégée. La production retrouve son niveau naturel, à un niveau des prix inférieur.

■ Un déplacement de la courbe d'offre agrégée à court terme débouche également sur des fluctuations économiques. Lorsque cette courbe se déplace vers la gauche, la production diminue et les prix augmentent — une combinaison appelée *stagflation*. Un ajustement des anticipations et des salaires finit par ramener les prix et la production à leur niveau d'origine.

CONCEPTS CLÉS

Courbe d'offre agrégée, p. 345

Courbe de demande agrégée, p. 345

Dépression, p. 339

Modèle de l'offre et de la demande agrégées, p. 345

Récession, p. 339

Stagflation, p. 367

QUESTIONS DE RÉVISION

1. Nommez deux variables macroéconomiques qui chutent en cas de récession. Nommez une variable macroéconomique qui augmente lors d'une récession.

2. Tracez un graphique illustrant la demande agrégée, l'offre agrégée à court terme ainsi que l'offre agrégée à long terme et identifiez correctement les axes.

3. Énumérez et expliquez les trois raisons pour lesquelles la courbe de demande agrégée présente une pente négative.

4. Expliquez pourquoi la courbe d'offre agrégée à long terme est verticale.

5. Expliquez pourquoi la courbe d'offre agrégée à court terme a une pente positive.

6. Pour quelles raisons la courbe de demande agrégée pourrait-elle se déplacer vers la gauche ? Grâce au modèle d'offre et de demande agrégées, montrez les effets d'un tel déplacement.

7. Pour quelles raisons la courbe d'offre agrégée pourrait-elle se déplacer vers la gauche ? À l'aide du modèle d'offre et de demande agrégées, montrez les effets d'un tel déplacement.

LES IMPACTS DES POLITIQUES MONÉTAIRE ET BUDGÉTAIRE SUR LA DEMANDE AGRÉGÉE

OBJECTIFS

À la fin de ce chapitre, vous serez en mesure :

→ de décrire la théorie de la préférence pour la liquidité en tant qu'explication du taux d'intérêt à court terme ;

→ d'analyser les effets de la politique monétaire sur les taux d'intérêt et sur la demande agrégée dans des économies ouvertes ou fermées ;

→ d'analyser les effets de la politique budgétaire sur les taux d'intérêt et sur la demande agrégée dans des économies ouvertes ou fermées ;

→ de suivre les débats sur le mérite de l'interventionnisme pour stabiliser l'économie.

Mettez-vous à la place du gouverneur de la Banque du Canada et imaginez que vous êtes responsable de la politique monétaire. Vous observez que l'économie ralentit et que le chômage augmente. Comment la Banque du Canada devrait-elle réagir ? Imaginez maintenant que vous êtes le ministre des Finances. Que devriez-vous faire ? Les dirigeants de la Banque du Canada et ceux du ministère des Finances devraient-ils coordonner leurs actions ?

Pour répondre à ces questions, vous devez évaluer les effets des politiques monétaire et budgétaire sur l'économie. Dans le chapitre précédent, nous avons expliqué les fluctuations économiques à court terme grâce au modèle de l'offre et de la demande agrégées : les déplacements des courbes d'offre ou de demande agrégées sont la cause des fluctuations de la production et du niveau général des prix. Nous avons également constaté que les politiques budgétaire et monétaire influent sur la demande agrégée et que toute modification de ces politiques exerce un effet à court terme sur la production et les prix. Les dirigeants doivent donc anticiper ces retombées et ajuster leurs politiques en conséquence.

Dans le présent chapitre, nous examinerons de plus près les effets des politiques monétaire et budgétaire sur la demande agrégée. Nous avons déjà eu l'occasion d'aborder les effets à long terme de ces politiques. Aux chapitres 7 et 8, nous avons pu examiner l'influence de la politique budgétaire sur l'épargne, l'investissement et la croissance économique à long terme. Dans les chapitres 10 et 11, nous avons vu comment la Banque du Canada peut modifier l'offre de monnaie, ainsi que les effets des variations de la masse monétaire sur le niveau des prix à long terme. Aux chapitres 12 et 13, nous avons étudié les relations entre les variables macroéconomiques en économie ouverte et examiné la détermination du taux de change réel, des exportations nettes et de l'investissement net à l'étranger.

À présent, nous nous pencherons sur les effets des politiques monétaire et budgétaire sur la courbe de demande agrégée et, par le fait même, sur les fluctuations économiques à court terme. Nous constaterons que les effets de ces politiques, sur la courbe de demande agrégée, dépendent du degré d'ouverture de l'économie en matière de commerce et de mouvements de capitaux. Pour simplifier l'analyse, nous commencerons par étudier les retombées des politiques monétaire et budgétaire en économie fermée. Nous examinerons par la suite les retombées des politiques monétaire et budgétaire sur une petite économie ouverte, comme celle du Canada.

Au-delà des politiques budgétaire et monétaire, de multiples facteurs affectent la demande agrégée : en particulier, le niveau des dépenses planifiées des ménages et des entreprises. Toutes les modifications des dépenses planifiées causent des déplacements de la courbe de demande agrégée. Si les autorités ne réagissent pas, de tels déplacements provoquent des fluctuations à court terme de la production et de l'emploi. Pour cette raison, les dirigeants utilisent souvent les politiques macroéconomiques pour annuler les déplacements de la demande agrégée et, par conséquent, stabiliser l'économie. Nous analyserons la théorie soutenant ces interventions publiques, puis les difficultés de sa mise en pratique.

LA POLITIQUE MONÉTAIRE ET LA DEMANDE AGRÉGÉE

La courbe de demande agrégée correspond à la quantité totale de biens et de services demandés dans l'économie, pour tous les niveaux de prix. Comme on l'a vu dans le chapitre précédent, cette courbe a une pente négative, et ce, pour trois raisons.

- *L'effet d'encaisses réelles* : Une réduction du niveau des prix fait augmenter la valeur réelle des actifs monétaires des ménages et, par conséquent, stimule les dépenses de consommation.

- *L'effet du taux d'intérêt* : Une diminution du niveau des prix fait baisser le taux d'intérêt, car les ménages cherchent à convertir leur monnaie en trop en actifs rapportant un rendement, ce qui encourage les dépenses d'investissement.

- *L'effet de substitution internationale* : Une baisse du niveau des prix provoque une réduction du taux de change réel. Une telle dépréciation de la monnaie réduit le prix des marchandises canadiennes par rapport aux produits étrangers, ce qui stimule les exportations nettes canadiennes.

Ces trois effets ne sont pas des théories alternatives expliquant la pente négative de la courbe de demande agrégée. Au contraire, ils se conjuguent pour accroître la quantité de biens et de services demandés en cas de baisse des prix et, à l'inverse, pour la faire diminuer en cas de hausse des prix.

Même si ces trois effets expliquent conjointement la pente négative de la courbe de demande agrégée, ils n'ont pas tous la même importance. La quantité de numéraire que conservent les ménages ne représentant qu'une faible part de leurs actifs, l'effet d'encaisses réelles est le moins important des trois. En économie fermée, l'effet de substitution internationale n'existe pas. Si la courbe de demande agrégée a une pente négative, en économie fermée, c'est dû principalement à l'effet du taux d'intérêt. Étant donné que notre analyse débute par l'examen des effets des politiques monétaire et budgétaire sur cette courbe en économie fermée, nous examinerons en détail l'effet du taux d'intérêt. Cependant, on doit se rappeler que les exportations et les importations représentent une grande partie de l'activité économique canadienne et que, dans les dernières décennies, leur importance n'a fait qu'augmenter. Cela nous amènera, un peu plus loin, à considérer l'effet de substitution internationale comme l'un des facteurs essentiels expliquant la pente négative de la courbe de demande agrégée au Canada.

Afin de comprendre les effets des politiques macroéconomiques sur la demande agrégée, nous devons observer attentivement l'effet du taux d'intérêt. Cela nous conduit, en premier lieu, à aborder la **théorie de la préférence pour la liquidité**. Celle-ci nous permet de mieux comprendre la pente négative de la demande agrégée et les effets des politiques monétaire et budgétaire sur les déplacements de cette courbe en économie fermée. En éclairant la demande agrégée, la théorie de la préférence pour la liquidité nous aide à mieux comprendre les fluctuations économiques, ainsi que les possibilités qui s'offrent aux dirigeants.

Théorie de la préférence pour la liquidité
Théorie développée par John Maynard Keynes, selon laquelle le taux d'intérêt assure l'équilibre entre l'offre et la demande de monnaie.

LA THÉORIE DE LA PRÉFÉRENCE POUR LA LIQUIDITÉ

Dans son célèbre ouvrage intitulé *Théorie générale de l'emploi, de l'intérêt et de la monnaie*, John Maynard Keynes propose la théorie de la préférence pour la liquidité afin d'expliquer la détermination du taux d'intérêt. Cette théorie n'est, fondamentalement, qu'une application de la loi de l'offre et de la demande. D'après Keynes, le taux d'intérêt s'ajuste pour permettre l'équilibre entre l'offre et la demande de monnaie.

Vous vous souvenez peut-être de la distinction, au chapitre 11, que les économistes établissent entre deux taux d'intérêt : le *taux d'intérêt nominal*, correspondant au taux d'intérêt affiché, et le *taux d'intérêt réel*, corrigé de l'inflation. Lequel des deux tentons-nous d'expliquer ? Les deux, en fait. Au cours de la présentation suivante, nous considérerons le taux d'inflation anticipé comme constant. Il s'agit d'une hypothèse raisonnable pour étudier l'économie à court terme, ce que nous faisons présentement. Dès lors, si le taux d'intérêt nominal augmente ou diminue, le taux d'intérêt réel anticipé fait de même. Dans la suite de ce chapitre, chaque fois que nous évoquerons le taux d'intérêt, souvenez-vous que les taux d'intérêt nominal et réel bougent dans le même sens.

Abordons maintenant la théorie de la préférence pour la liquidité, en examinant l'offre et la demande de monnaie et leur relation avec le taux d'intérêt.

L'OFFRE DE MONNAIE

Il s'agit de la première composante de la théorie de la préférence pour la liquidité. Comme nous l'avons vu au chapitre 10, *offre de monnaie* est un synonyme de « stock de monnaie » ou « quantité de monnaie dans l'économie ». La Banque du Canada peut modifier la masse monétaire de deux façons. Elle peut, tout d'abord, faire varier les réserves du système bancaire par des opérations d'*open market*, en achetant ou vendant des obligations d'État sur le marché obligataire. Lorsqu'elle achète des obligations fédérales, les dollars qu'elle verse en paiement sont déposés dans les banques, ce qui fait augmenter les réserves bancaires. Lorsque la Banque du Canada vend des obligations, les dollars reçus en échange sont retirés de la circulation et les réserves bancaires s'en trouvent diminuées. Ces variations des réserves modifient la capacité de prêt et de création de monnaie des institutions financières.

La Banque du Canada peut aussi acheter et vendre des devises étrangères sur le marché des changes. Comme nous l'avons vu au chapitre 10, si la Banque du Canada achète sur ce marché 100 millions de dollars américains en échange de 125 millions de dollars canadiens, la masse monétaire canadienne augmente instantanément de 125 millions. Si elle vend des devises étrangères et achète des dollars canadiens, la diminution des dollars en circulation réduit l'offre de monnaie.

La seconde méthode utilisée par la banque centrale pour modifier l'offre de monnaie consiste à modifier son taux d'escompte et son taux directeur. Le taux d'escompte correspond au taux d'intérêt sur les prêts consentis par la banque centrale aux banques commerciales. Depuis la fin des années 1990, la Banque du Canada prête rarement aux banques à charte, car elle a encouragé la formation d'un marché actif où les banques se prêtent, pour 24 heures, leurs encaisses excédentaires. Le taux auquel les banques se prêtent entre elles leurs réserves excédentaires est appelé *taux directeur*. Les banques à charte n'ont jamais à payer plus que le taux directeur pour leurs emprunts à court terme, puisqu'elles peuvent toujours choisir d'emprunter à ce taux auprès d'une autre banque. Une modification du taux directeur fait varier le taux d'escompte dans les mêmes proportions (le taux d'escompte est de 0,25 % plus élevé que le taux directeur). La Banque du Canada utilise le taux directeur pour modifier l'offre de monnaie. Les banques à charte procèdent à des emprunts lorsqu'elles croient que leurs réserves sont insuffisantes. En haussant le taux directeur, la Banque du Canada fait augmenter le coût, pour les banques à charte, d'acquisition des réserves, ce qui dissuade ainsi les banques d'emprunter. Toute hausse du taux directeur réduit donc les réserves bancaires, ce qui cause une réduction de l'offre de monnaie. À l'inverse, une réduction du taux directeur allège le coût des emprunts et accroît les réserves bancaires et l'offre de monnaie.

Les opérations d'*open market* et les variations du taux directeur constituent les deux méthodes utilisées par la Banque du Canada pour modifier l'offre de monnaie. Comme nous le verrons plus loin, les décisions de la banque centrale de vendre ou d'acheter des dollars sur le marché des changes influencent les effets des politiques monétaire et budgétaire sur la demande agrégée.

La figure 15.1 illustre la relation entre la demande et l'offre de monnaie. La quantité de monnaie se trouve en abscisse et le taux d'intérêt, en ordonnée. Nous ferons l'hypothèse, à partir de maintenant, que la Banque du Canada contrôle directement l'offre de monnaie, par des opérations d'*open market*, et que les variations du taux d'intérêt n'influencent nullement la quantité de monnaie offerte. Pour cette raison, la courbe d'offre de monnaie est verticale et correspond au stock de monnaie présent dans l'économie.

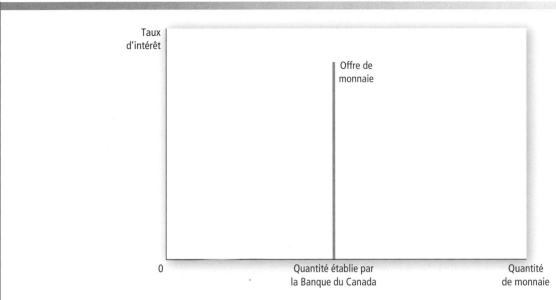

FIGURE 15.1 **L'OFFRE DE MONNAIE** La banque centrale détermine l'offre de monnaie dans l'économie. Au Canada, cette tâche incombe à la Banque du Canada. Sur ce graphique, la courbe d'offre de monnaie est verticale, puisque la quantité de monnaie dans l'économie est indépendante du taux d'intérêt.

LA DEMANDE DE MONNAIE

Il s'agit de la seconde partie de la théorie de la préférence pour la liquidité. Avant toute chose, il importe de se rappeler que la liquidité d'un actif désigne la facilité avec laquelle on peut le convertir en moyen d'échange. La monnaie est le moyen d'échange de l'économie. Elle est donc, par définition, le plus liquide des actifs. C'est pour cette raison que les agents économiques désirent en détenir : contrairement à d'autres actifs qui offrent un meilleur rendement, ils peuvent se servir de la monnaie pour acheter des biens et des services.

Selon la théorie de la préférence pour la liquidité, le taux d'intérêt est un facteur important, parmi d'autres, de la quantité de monnaie demandée. En effet, le taux d'intérêt correspond au coût de renonciation de la détention de monnaie. Si vous décidez de conserver tous vos avoirs en billets de banque plutôt que sous forme d'obligations portant intérêt, vous renoncez du même coup à cet intérêt. Plus le taux d'intérêt est élevé, plus le coût de renonciation de la détention de monnaie est important et plus la quantité de monnaie demandée est faible. Ainsi, comme on le voit sur la figure 15.2 (voir la page 380), la pente de la courbe de demande de monnaie est négative.

La quantité de monnaie demandée dépend d'un autre facteur clé : les achats de biens et de services. Si la quantité ou le prix de ces biens et de ces services augmentent, les agents économiques doivent détenir plus de monnaie pour compléter leurs transactions. La quantité de biens et de services achetés correspond tout simplement au PIB réel. Les prix des biens et des services d'une économie se mesurent par l'indice des prix à la consommation ou par le déflateur du PIB. Le produit du PIB réel et du niveau des prix mesure la valeur, en dollars, de toutes les transactions. La figure 15.3 (voir la page 380) illustre l'effet d'une augmentation du niveau des prix ou du PIB réel sur la demande de monnaie. Pour un taux d'intérêt donné, l'accroissement de la valeur des transactions en dollars provoque une hausse de la demande de monnaie. La courbe de demande de monnaie se déplace vers la droite.

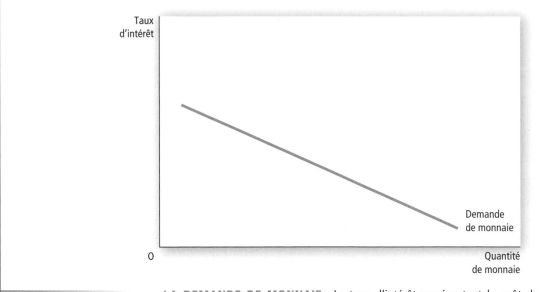

FIGURE 15.2   **LA DEMANDE DE MONNAIE**   Le taux d'intérêt représentant le coût de renonciation de la détention de monnaie (un actif ne portant pas intérêt), toute augmentation de ce taux réduit la quantité de monnaie demandée. Une telle relation peut être illustrée par la pente négative de la courbe de demande.

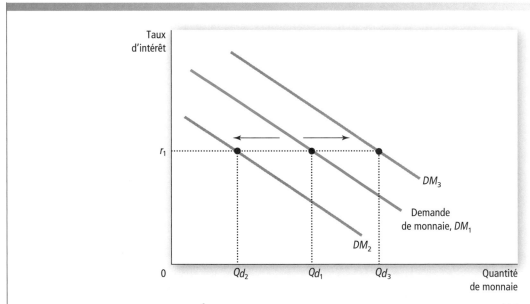

FIGURE 15.3   **LES DÉPLACEMENTS DE LA DEMANDE DE MONNAIE**   Les gens détiennent de la monnaie pour acheter des biens et des services. Si la valeur des transactions en dollars augmente, en raison d'une hausse du niveau des prix ou du PIB réel, les gens veulent détenir davantage de leurs actifs sous forme de monnaie. La demande de monnaie augmente alors pour tout niveau du taux d'intérêt r_1, passant alors de DM_1 à DM_3 : la courbe de demande de monnaie se déplace vers la droite. Si la valeur des transactions en dollars diminue, en raison d'une baisse des prix ou du PIB réel, les gens veulent détenir moins d'actifs monétaires pour tout niveau du taux d'intérêt r_1. La demande de monnaie diminue, passant de DM_1 à DM_2, et se déplace vers la gauche.

Pour un taux d'intérêt donné, une diminution de la valeur des transactions en dollars se traduit par une baisse de la demande de monnaie et, par conséquent, par un déplacement vers la gauche de la courbe de demande.

L'ÉQUILIBRE DU MARCHÉ MONÉTAIRE

D'après la théorie de la préférence pour la liquidité, le taux d'intérêt s'ajuste pour équilibrer l'offre et la demande de monnaie. Ce qu'on appelle le *taux d'intérêt d'équilibre* correspond au point où la demande et l'offre de monnaie se croisent. Si le taux d'intérêt est différent de ce niveau, les gens modifieront leur portefeuille d'actifs, ce qui équilibrera le taux d'intérêt.

Imaginons, comme l'illustre la figure 15.4, que le taux d'intérêt dépasse le niveau d'équilibre, pour atteindre r_1. Dans un tel cas, la quantité de monnaie que le public souhaite détenir, Qd_1, est inférieure à la quantité que la Banque du Canada a mise en circulation. Les détenteurs de cette monnaie excédentaire tenteront de s'en débarrasser, en achetant des obligations ou en la plaçant dans un compte d'épargne. Les émetteurs d'obligations et les banques préfèrent payer des taux d'intérêt plus faibles : la demande accrue de leurs titres leur permettra justement d'offrir des taux d'intérêt moins élevés. À mesure que les taux chutent, les gens sont poussés à détenir plus de monnaie. Lorsque le taux d'intérêt atteint le niveau d'équilibre, le public est satisfait de détenir le stock de monnaie existant.

À l'inverse, un taux d'intérêt inférieur au niveau d'équilibre, comme en r_2 (voir la figure 15.4), incite les gens à détenir une quantité de monnaie Qd_2 excédant l'offre de monnaie. Le public tentera alors d'accroître ses avoirs monétaires en vendant ses obligations ou tout autre type de placements portant intérêt. Cela amène les émetteurs d'obligations à augmenter le taux d'intérêt pour attirer des acheteurs. Le taux d'intérêt augmente alors et se rapproche ainsi du niveau d'équilibre.

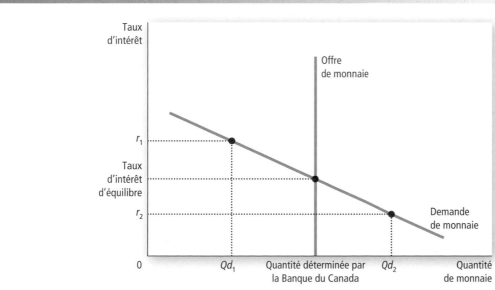

FIGURE 15.4

L'ÉQUILIBRE DU MARCHÉ MONÉTAIRE Selon la théorie de la préférence pour la liquidité, le taux d'intérêt assure l'équilibre entre l'offre et la demande de monnaie. Si le taux d'intérêt dépasse le niveau d'équilibre (comme en r_1), le public voudra détenir une quantité de monnaie Qd_1 moindre que celle déterminée par la Banque du Canada. Cet excédent de monnaie exercera une pression à la baisse sur le taux d'intérêt. L'ajustement inverse s'effectue lorsque le taux d'intérêt se situe en dessous de l'équilibre (comme en r_2). La quantité de monnaie demandée augmente (Qd_2) et dépasse la quantité créée par la Banque du Canada. Une telle pénurie exerce une pression à la hausse sur le taux d'intérêt. Le jeu de l'offre et de la demande sur le marché monétaire ajuste le taux d'intérêt, afin que le public soit satisfait de détenir la quantité de monnaie créée par la Banque centrale.

LA PENTE NÉGATIVE DE LA COURBE DE DEMANDE AGRÉGÉE

Après avoir vu comment la théorie de la préférence pour la liquidité explique le taux d'intérêt d'équilibre, nous allons maintenant examiner ce qu'elle implique pour la demande agrégée. Commençons par réexaminer, à la lumière de cette théorie, un sujet familier — l'effet du taux d'intérêt sur la courbe de demande agrégée. Faisons l'hypothèse que le niveau des prix augmente. Qu'arrive-t-il au taux d'intérêt, qui assure l'équilibre entre l'offre et la demande de monnaie, et comment la quantité de biens et de services demandés en est-elle affectée?

Le niveau des prix, comme nous venons de le voir, influe directement sur la quantité de monnaie demandée. Si les prix augmentent, plus de monnaie est utilisée pour chaque transaction d'un bien ou d'un service. En conséquence, les gens choisiront de détenir davantage de monnaie. Cela revient à dire qu'un niveau de prix plus élevé fait augmenter la quantité de monnaie demandée, pour tout niveau du taux d'intérêt. Sur le graphique a) de la figure 15.5, lorsque le niveau des prix augmente de P_1 à P_2, on observe un déplacement de la courbe de demande de monnaie vers la droite, de DM_1 à DM_2.

Observez les conséquences de ce déplacement sur l'équilibre du marché monétaire. Pour une offre donnée de monnaie, le taux d'intérêt doit augmenter, afin de maintenir l'équilibre entre l'offre et la demande. Un niveau de prix plus élevé incite le public à conserver davantage de monnaie, et la courbe de demande de monnaie se déplace alors vers la droite. La quantité de monnaie offerte restant cependant fixe, le taux d'intérêt doit alors augmenter, de r_1 à r_2, afin de maintenir l'égalité entre l'offre et la demande de monnaie.

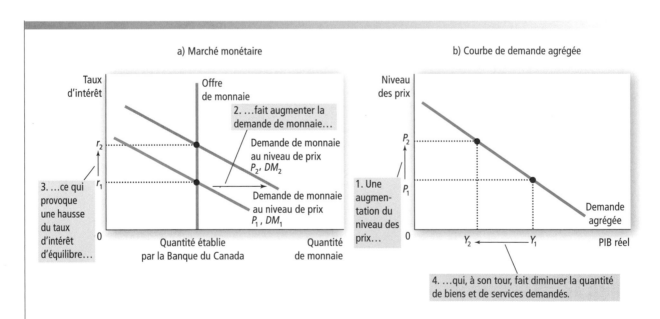

FIGURE 15.5 **LE MARCHÉ MONÉTAIRE ET LA PENTE DE LA COURBE DE DEMANDE AGRÉGÉE** Une hausse du niveau des prix, de P_1 à P_2, provoque un déplacement vers la droite de la courbe de demande de monnaie, sur le graphique a). Cet accroissement de la demande de monnaie fait augmenter le taux d'intérêt, qui passe de r_1 à r_2. Le coût des emprunts monte lui aussi, ce qui réduit la quantité de biens et de services demandés, laquelle passe de Y_1 à Y_2. Cette relation négative entre le niveau des prix et la quantité de biens et de services demandés correspond à la pente négative de la courbe de demande agrégée, telle qu'illustrée au graphique b).

La hausse des taux d'intérêt provoque des retombées à la fois sur le marché monétaire et sur le marché des biens et des services, comme on le constate sur le graphique b) de la figure 15.5. À un taux d'intérêt supérieur, le coût des emprunts et le rendement de l'épargne s'accroissent. Moins de ménages choisissent d'emprunter pour acheter une maison, et ceux qui empruntent optent pour des maisons plus modestes. Le taux plus élevé provoque donc une baisse de la demande d'investissement résidentiel. Il décourage également l'investissement des entreprises dans de nouveaux bâtiments et équipements. Par conséquent, lorsque le niveau des prix augmente de P_1 à P_2, la demande de monnaie s'accroît de DM_1 à DM_2, le taux d'intérêt s'élève de r_1 à r_2 et la quantité des biens et des services demandés diminue de Y_1 à Y_2.

L'effet du taux d'intérêt peut donc se résumer en trois étapes : 1) une augmentation du niveau des prix accroît la demande de monnaie, 2) cet accroissement de la demande de monnaie provoque une hausse du taux d'intérêt et 3) cette hausse du taux d'intérêt réduit la quantité de biens et de services demandés. Bien évidemment, la même logique s'applique en sens inverse : une baisse du niveau des prix réduit la demande de monnaie, ce qui fait tomber le taux d'intérêt et mène à une hausse de la quantité de biens et de services demandés. Cette analyse révèle une relation négative entre le niveau des prix et la quantité de biens et de services demandés, relation illustrée par la pente négative de la courbe de demande agrégée.

En économie ouverte, l'effet du taux de change réel constitue un autre facteur déterminant. Une hausse du niveau des prix fait augmenter le taux de change réel. Elle rend les produits canadiens plus chers par rapport aux produits étrangers. Les consommateurs canadiens et étrangers ont alors tendance à se détourner des produits fabriqués au Canada : les exportations nettes chutent donc. Pour cette raison, l'augmentation des prix provoque une réduction supplémentaire de la quantité de biens et de services demandés dans une petite économie ouverte. Que l'effet le plus fort provienne du taux d'intérêt ou du taux de change, le résultat est le même : une relation négative entre le niveau des prix et la quantité de biens et de services demandés, qu'illustre la pente négative de la courbe de demande.

LES VARIATIONS DE L'OFFRE DE MONNAIE

La théorie de la préférence pour la liquidité nous a permis jusqu'à présent de mieux expliquer la relation entre la quantité de biens et de services demandés et le niveau des prix, c'est-à-dire de comprendre les déplacements s'effectuant le long de la courbe de demande agrégée. Cette théorie nous aide également à comprendre les effets de certains autres événements sur la quantité de PIB demandé. Lorsque la quantité de biens et de services demandés varie pour un niveau de prix donné, la courbe de demande se déplace. Comme nous le verrons, la réaction de l'économie à une variation de la quantité de biens et de services demandés est différente selon qu'il s'agit d'une économie fermée ou d'une économie ouverte. Nous allons d'abord examiner ce qui se passe en économie fermée. Nous recommencerons ensuite avec une économie ouverte. Cette façon de procéder est justifiée, car une économie ouverte se comporte comme une économie fermée, plus quelques effets supplémentaires. Une analyse du fonctionnement d'une économie fermée est donc une bonne entrée en matière pour l'étude d'une économie ouverte comme celle du Canada.

La politique monétaire est une variable qui provoque un déplacement de la courbe de demande agrégée. Pour comprendre comment la politique monétaire affecte l'économie à court terme, supposons que la Banque du Canada fasse augmenter l'offre de monnaie en achetant des obligations par des opérations d'*open market* (la raison de cette intervention deviendra plus évidente à mesure que nous en comprendrons les effets). Voyons comment cette injection monétaire se répercute sur le taux d'intérêt d'équilibre, pour un niveau de prix donné ; cela nous permettra de comprendre comment elle entraîne un déplacement de la courbe de demande agrégée.

Comme on le voit sur le graphique a) de la figure 15.6, une augmentation de l'offre de monnaie amène un déplacement vers la droite de la courbe d'offre de monnaie, la faisant passer de OM_1 à OM_2. Comme la courbe de demande de monnaie n'a

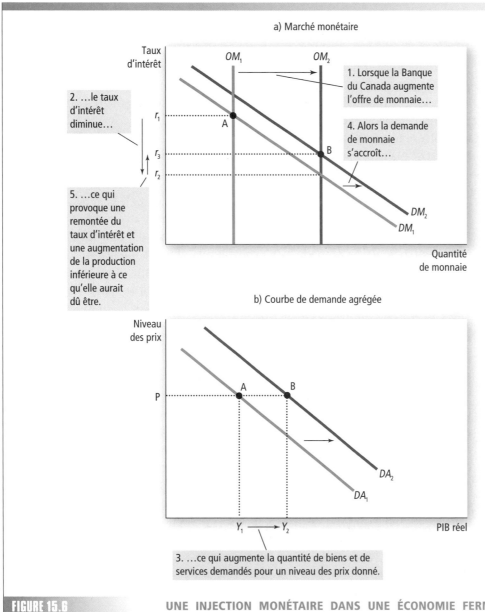

a) Marché monétaire

1. Lorsque la Banque du Canada augmente l'offre de monnaie…

2. …le taux d'intérêt diminue…

4. Alors la demande de monnaie s'accroît…

5. …ce qui provoque une remontée du taux d'intérêt et une augmentation de la production inférieure à ce qu'elle aurait dû être.

b) Courbe de demande agrégée

3. …ce qui augmente la quantité de biens et de services demandés pour un niveau des prix donné.

FIGURE 15.6 UNE INJECTION MONÉTAIRE DANS UNE ÉCONOMIE FERMÉE Sur le graphique a), un accroissement de l'offre de monnaie de OM_1 à OM_2 fait baisser le taux d'intérêt d'équilibre de r_1 à r_2. Le taux d'intérêt représentant le coût des emprunts, une baisse du taux d'intérêt stimule la demande de biens et de services. Simultanément, cette hausse de la production fait augmenter la demande de monnaie par le public. La demande de monnaie passe donc de DM_1 à DM_2, ce qui pousse le taux d'intérêt à la hausse, de r_2 à r_3. L'augmentation de la quantité de biens et de services demandés est donc inférieure à ce qu'elle aurait pu être. Au bout du compte, la courbe de demande agrégée se déplace de DA_1 à DA_2 et l'économie passe de A à B sur les graphiques a) et b).

pas bougé, le taux d'intérêt diminue de r_1 à r_2, pour maintenir l'équilibre entre l'offre et la demande de monnaie. Autrement dit, le taux d'intérêt doit baisser pour inciter les gens à détenir la masse monétaire supplémentaire injectée par la Banque du Canada.

Encore une fois, le taux d'intérêt influe sur la quantité de biens et de services demandés, comme on le constate sur le graphique b) de la figure 15.6. La baisse des taux d'intérêt réduit le coût des emprunts et le rendement de l'épargne. Les ménages réagissent en achetant des maisons, ce qui stimule ainsi la construction résidentielle. Les sociétés augmentent aussi leurs dépenses d'équipement et d'infrastructure. Toutes ces dépenses nouvelles sont des dépenses d'investissement. La quantité de biens et de services demandés augmente donc, pour un niveau de prix donné $\overline{P}$. Cette augmentation de la demande de biens et de services fait à son tour augmenter le PIB nominal, ce qui stimule la demande de monnaie. Celle-ci passe de DM_1 à DM_2, entraînant alors une légère hausse du taux d'intérêt, de r_2 à r_3. Ce renversement partiel de la chute du taux d'intérêt limite alors la croissance des investissements résidentiels et industriels : la courbe de demande agrégée se déplace donc un peu moins qu'elle ne le devrait. Le résultat net est une hausse de la quantité de biens et de services demandés de Y_1 à Y_2 pour un niveau de prix donné $\overline{P}$ et, par conséquent, un déplacement de la courbe de demande de DA_1 à DA_2. Bien sûr, le niveau de prix donné $\overline{P}$ n'a rien de spécial : l'injection monétaire fait augmenter la quantité de biens et de services demandés pour tous les niveaux de prix. L'ensemble de la courbe de demande agrégée se déplace donc vers la droite.

En résumé : lorsque la Banque du Canada augmente la masse monétaire, le taux d'intérêt diminue, ce qui stimule la demande de biens et de services pour chaque niveau des prix, de sorte que la courbe de demande agrégée se déplace vers la droite. À l'inverse, une contraction monétaire fait augmenter le taux d'intérêt, ce qui fait diminuer la quantité de biens et de services demandés pour tout niveau des prix et provoque un déplacement vers la gauche de la courbe de demande agrégée.

LA POLITIQUE MONÉTAIRE EN ÉCONOMIE OUVERTE

Nos observations concernant les effets de la politique monétaire sur la demande agrégée ne tenaient pas compte, jusqu'à présent, des caractéristiques propres à une économie ouverte. Nous avons déjà noté que le Canada est une petite économie ouverte avec mobilité parfaite des capitaux. Rappelons-nous qu'une des conséquences en est que les variations du taux d'intérêt canadien doivent suivre celles du taux d'intérêt mondial. Le taux d'intérêt canadien peut différer du taux d'intérêt mondial, mais seulement d'une valeur correspondant aux différences dans le traitement fiscal du capital financier et dans les risques de non-remboursement. Pour simplifier notre analyse, nous négligerons ces différences, en supposant que le taux d'intérêt canadien s'ajuste pour être égal au taux d'intérêt mondial. Nous allons maintenant nous intéresser à l'injection monétaire dans une petite économie ouverte et à ses effets sur la courbe de demande agrégée. Nous constaterons que les observations faites jusqu'à présent continuent de s'appliquer, mais qu'elles sont incomplètes dans le cas d'une petite économie ouverte comme celle du Canada.

Le graphique a) de la figure 15.7 (voir la page 387) présente les courbes d'offre et de demande de monnaie et leur intersection au taux d'intérêt mondial r^m. Nous commencerons notre analyse des conséquences de la politique monétaire sur la demande agrégée en partant de cette position d'équilibre de long terme, car le taux d'intérêt finit par s'ajuster au taux d'intérêt mondial. Pour bien comprendre l'impact de la politique monétaire, nous devrons tenir compte de toutes les modifications qui contribuent à l'ajustement du taux d'intérêt canadien au taux d'intérêt mondial.

Un accroissement de l'offre de monnaie amène un déplacement vers la droite de la courbe d'offre de monnaie, de OM_1 à OM_2. La courbe de demande de monnaie restant pour sa part immobile, le taux d'intérêt chute à r_2, sous le taux d'intérêt mondial, afin d'assurer l'équilibre entre l'offre et la demande de monnaie. Autrement dit, le taux d'intérêt canadien doit diminuer afin d'inciter le public à détenir la masse monétaire supplémentaire créée par la Banque du Canada.

Encore une fois, le taux d'intérêt influence la quantité de biens et de services demandés, comme on le voit sur le graphique b) de la figure 15.7. En diminuant le coût des emprunts et le rendement de l'épargne, la baisse du taux d'intérêt stimule l'investissement des ménages et des entreprises. Pour toutes ces raisons, la quantité de biens et de services demandés, pour un niveau de prix $\overline{P}$, s'accroît. L'augmentation du PIB nominal stimule la demande de monnaie, qui passe de DM_1 à DM_2, et fait remonter légèrement le taux d'intérêt de r_2 à r_3. Ce renversement partiel de la baisse du taux d'intérêt limite l'augmentation des investissements. Par conséquent, l'augmentation de la demande agrégée n'a pas toute l'ampleur qu'elle pourrait avoir. Le résultat est un déplacement de la courbe de demande agrégée de DA_1 à DA_2 et une augmentation de la quantité de biens et de services demandés de Y_1 à Y_2.

Jusqu'à maintenant, il n'y a pas de différence entre l'économie fermée et l'économie ouverte : une injection monétaire dans une économie fermée produit aussi un mouvement de A vers B sur les graphiques a) et b) de la figure 15.7. Mais dans une petite économie ouverte, comme celle du Canada, notre explication ne peut s'arrêter là. Le taux d'intérêt canadien est en effet en dessous du taux mondial. Et, en raison de la parfaite mobilité des capitaux, le taux d'intérêt canadien doit finir par s'ajuster au taux mondial. Il manque donc quelque chose à notre explication.

Quand le taux d'intérêt canadien devient inférieur au taux d'intérêt mondial, les épargnants canadiens et étrangers se détournent des actifs canadiens, offrant un taux d'intérêt r_3, au profit des actifs étrangers et de leur taux d'intérêt mondial plus élevé. Les Canadiens et les étrangers vendent donc leurs actifs canadiens et achètent des actifs étrangers. Au chapitre 13, nous avons vu que, lorsque les Canadiens échangent des biens et des services et des actifs financiers avec l'étranger, ils veulent être payés dans leur propre monnaie. La vente d'actifs canadiens et l'achat d'actifs étrangers nécessitent donc une vente de dollars canadiens et un achat équivalent de devises. L'offre de dollars canadiens augmente et leur demande diminue alors sur le marché des changes, ce qui provoque une diminution de la valeur du dollar et une baisse du taux de change réel (voir l'annexe de ce chapitre). Cette dépréciation de la monnaie rend les biens et les services étrangers relativement plus chers par rapport aux biens et services canadiens. Les exportations nettes canadiennes s'accroissent alors, ce qui fait augmenter encore davantage la quantité canadienne de biens et de services demandés, pour un niveau de prix $\overline{P}$. On peut observer cet effet sur le graphique b) de la figure 15.7, par le déplacement de la courbe de demande agrégée de DA_2 à DA_3. Cet accroissement supplémentaire de la production engendre une hausse de la demande de monnaie, laquelle fait augmenter d'autant le taux d'intérêt. Le déplacement de la courbe de demande de monnaie, de DM_2 à DM_3, sur le graphique a) de la figure 15.7, est tel que le taux d'intérêt canadien rejoint de nouveau le taux d'intérêt mondial. Tous ces ajustements se soldent par une

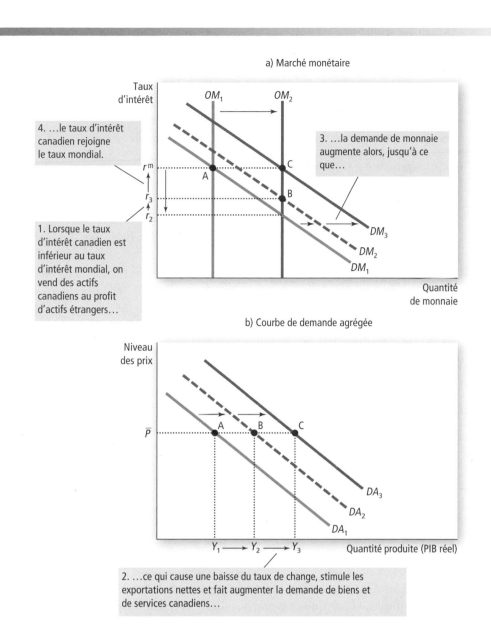

a) Marché monétaire

4. ...le taux d'intérêt canadien rejoigne le taux mondial.

3. ...la demande de monnaie augmente alors, jusqu'à ce que...

1. Lorsque le taux d'intérêt canadien est inférieur au taux d'intérêt mondial, on vend des actifs canadiens au profit d'actifs étrangers...

b) Courbe de demande agrégée

2. ...ce qui cause une baisse du taux de change, stimule les exportations nettes et fait augmenter la demande de biens et de services canadiens...

FIGURE 15.7 **UNE INJECTION MONÉTAIRE DANS UNE ÉCONOMIE OUVERTE** Dans une économie fermée, toute injection monétaire fait baisser le taux d'intérêt et stimule la production, comme on le voit dans le mouvement du point A au point B sur les graphiques a) et b). Dans une petite économie ouverte, un taux d'intérêt intérieur r_3, inférieur au taux mondial r^m, est une situation qui ne peut durer. Les épargnants canadiens et étrangers, repoussés par la faiblesse du taux d'intérêt canadien, vendent leurs actifs canadiens et achètent des actifs étrangers. Cela fait augmenter l'offre et diminuer la demande de dollars sur le marché des changes et fait baisser le taux de change. La dépréciation du dollar stimule à son tour les exportations nettes : la demande de biens et de services canadiens augmente encore plus, passant de DA_2 à DA_3 sur le graphique b). Puisque la production augmente, de Y_2 à Y_3, la demande de monnaie augmente aussi. La courbe de demande de monnaie se déplace donc de DM_2 à DM_3, tandis que le taux d'intérêt canadien passe de r_3 à r^m sur le graphique a). L'économie finit par se trouver en C sur les deux graphiques. Le taux d'intérêt rejoint donc le niveau mondial, tandis que la production croît plus que dans une économie fermée.

augmentation de la quantité de biens et de services demandés, un déplacement de la demande de monnaie en DM_3, un retour du taux d'intérêt canadien au taux mondial, une augmentation de la quantité de biens et de services demandés en Y_3 et un déplacement de la courbe de demande agrégée en DA_3.

**Régime de change flottant
(ou flexible)**
Situation dans laquelle la banque
centrale laisse le taux de change
fluctuer librement.

En résumé : dans une petite économie ouverte, une injection monétaire par la Banque du Canada provoque une dépréciation du dollar. Cette dépréciation stimule les exportations nettes et entraîne une augmentation de la demande de biens et de services canadiens d'une plus grande ampleur que celle qui aurait lieu en économie fermée. Au bout du compte, l'injection monétaire en économie ouverte se solde par un déplacement vers la droite de la courbe de demande agrégée qui est plus accentué que dans une économie fermée.

Cette explication des conséquences de l'injection monétaire sur la demande agrégée repose en grande partie sur une hypothèse : la Banque du Canada laisse **flotter le taux de change**. Autrement dit, nous faisons l'hypothèse que la Banque du Canada permet au **taux de change d'être flexible**. Comme nous l'avons vu au chapitre 10, la Banque du Canada, si elle le souhaite, a la possibilité d'effectuer des opérations de vente et d'achat de devises sur le marché des changes. Ces opérations de change sont très similaires aux opérations d'*open market*, puisqu'elles impliquent toutes deux des achats et des ventes d'actifs par la banque centrale. En achetant des obligations d'État ou des devises étrangères, la banque centrale augmente l'offre de monnaie. En vendant ces mêmes obligations ou devises étrangères, elle la réduit. Voyons maintenant ce qui se passerait si la Banque du Canada désirait augmenter l'offre de monnaie tout en maintenant la valeur du dollar canadien.

En réduisant le taux d'intérêt, une injection monétaire incite les Canadiens et les étrangers à vendre des actifs canadiens au profit d'actifs étrangers. Ce mouvement, des actifs canadiens vers les actifs étrangers, fait augmenter l'offre et diminuer la demande de dollars canadiens sur le marché des changes et baisser le taux de change. Si la banque centrale décidait d'empêcher cette dépréciation du dollar canadien sur le marché des changes, elle devrait vendre des devises étrangères et acheter des dollars. En effet, un achat de dollars fait augmenter la demande de dollars et compense la vente des actifs canadiens par les Canadiens et les étrangers. L'action de la banque centrale permettrait donc de maintenir inchangée la valeur de la monnaie canadienne. Mais, en achetant des dollars, la Banque du Canada réduit l'offre de monnaie. Pour éviter une chute de la valeur du dollar, la banque centrale doit donc créer une contraction monétaire. Or rappelons-nous que toutes ces opérations ont été causées, au départ, par une injection monétaire. En réduisant l'offre de monnaie, la banque centrale irait donc à l'encontre de l'injection monétaire, qui avait justement pour but de faire augmenter l'offre de monnaie.

Voilà pourquoi la Banque du Canada laisse le dollar fluctuer librement si elle veut modifier la masse monétaire. Il s'agit là d'une notion essentielle : la Banque du Canada ne peut simultanément choisir le niveau de l'offre de monnaie et la valeur du dollar. En choisissant de faire varier la masse monétaire, elle doit accepter que le taux de change fluctue.

MINITEST

■ Expliquez les effets d'une réduction de l'offre de monnaie sur le marché monétaire et la courbe de demande agrégée. Quels sont ses effets dans une économie fermée et dans une petite économie ouverte ?

TABLEAU 15.1	**RÉSUMÉ : LES EFFETS D'UNE INJECTION MONÉTAIRE**

COMMENT UNE INJECTION MONÉTAIRE PROVOQUE-T-ELLE UN DÉPLACEMENT DE LA COURBE DE DEMANDE AGRÉGÉE DANS UNE ÉCONOMIE FERMÉE ?

1. L'augmentation de la masse monétaire fait chuter le taux d'intérêt.

2. Cette chute stimule l'investissement et la consommation de biens durables. L'augmentation des dépenses fait croître la demande de monnaie et remonter partiellement le taux d'intérêt.

3. L'augmentation des dépenses entraîne un déplacement vers la droite de la courbe de demande agrégée.

COMMENT UNE INJECTION MONÉTAIRE PROVOQUE-T-ELLE UN DÉPLACEMENT DE LA COURBE DE DEMANDE AGRÉGÉE DANS UNE ÉCONOMIE OUVERTE ?

1. En raison de la mobilité parfaite des capitaux et abstraction faite des risques de non-paiement et de la fiscalité, le taux d'intérêt canadien doit être égal au taux d'intérêt mondial. Nous partons donc de $r = r^m$.

2. Une augmentation de la masse monétaire fait diminuer le taux d'intérêt, qui passe en dessous de r^m.

3. Cette réduction du taux d'intérêt stimule l'investissement et la consommation de biens durables. Cet accroissement des dépenses fait augmenter la demande de monnaie et remonter partiellement le taux d'intérêt. Le taux d'intérêt canadien continue à être inférieur à r^m.

4. Puisque $r < r^m$, les gens vendent des actifs canadiens et achètent des actifs étrangers. Il y a donc une vente de dollars canadiens sur le marché des changes. Le taux de change réel diminue.

5. Cette baisse du dollar canadien stimule les exportations nettes et pousse encore plus vers la droite la courbe de demande agrégée.

6. Cette augmentation supplémentaire des dépenses fait augmenter la demande de monnaie jusqu'à ce que $r = r^m$.

7. L'injection monétaire n'a de sens que si la Banque du Canada permet au taux de change de fluctuer.

ÉTUDE DE CAS

POURQUOI LES BANQUES CENTRALES SURVEILLENT-ELLES LA BOURSE (ET VICE VERSA) ?

« Exubérance irrationnelle », telle fut l'expression utilisée par le président de la Réserve fédérale (la banque centrale américaine), Alan Greenspan, pour décrire l'essor sans précédent du marché boursier à la fin des années 1990. Le mot *exubérance* était tout à fait de mise, le prix moyen des actions aux États-Unis ayant augmenté de 400 % durant cette période. L'augmentation des prix des actions au Canada s'est révélée un peu plus modeste, les valeurs n'ayant grimpé que de 250 % durant la même période. La chute importante des valeurs boursières en 2001 et en 2002 semble donner raison au qualificatif « irrationnelle » employé par M. Greenspan.

Mais quelle que soit la manière dont elles perçoivent les booms (et les krachs) boursiers, comment les banques centrales devraient-elles réagir aux fluctuations sur les marchés boursiers ? Les prix des actions en eux-mêmes leur importent peu. Les banques centrales ont toutefois la responsabilité de suivre l'évolution de l'économie et d'y faire face, le marché boursier constituant l'une des pièces du casse-tête. Lors de fortes hausses boursières, la richesse des ménages s'accroît et ces derniers réagissent en augmentant leurs dépenses de consommation. Une montée du prix des actions incite aussi les entreprises à émettre de nouvelles actions, ce qui leur permet d'augmenter leurs dépenses d'investissement. Pour ces raisons, un marché boursier en plein essor stimule la demande agrégée de biens et de services.

➡

Dans le prochain chapitre, nous reviendrons sur ce que les banques centrales tentent d'accomplir. Parmi leurs objectifs, elles essaient généralement de stabiliser la demande agrégée, ce qui permet de stabiliser la production et les prix. Le cas échéant, une banque centrale pourrait réagir à un boom sur le marché boursier en maintenant l'offre de monnaie plus faible et les taux d'intérêt plus élevés que dans d'autres circonstances. L'effet négatif des taux d'intérêt élevés, sur la demande agrégée, pourrait contrer l'effet positif des prix des actions plus élevés.

Le contraire se produit en cas de chute du marché boursier. Les dépenses de consommation et d'investissement diminuent, ce qui réduit la demande agrégée et entraîne un ralentissement ou peut-être même une récession. Pour stabiliser la demande agrégée, une banque centrale aura alors tendance à augmenter la masse monétaire et à diminuer les taux d'intérêt. C'est exactement ce que la Réserve fédérale et la Banque du Canada ont fait à l'automne 2008, lorsque les cours boursiers se sont effondrés.

Les banques centrales surveillent les marchés boursiers, mais la Bourse ne manque pas non plus d'observer les banques centrales en retour. En effet, en modifiant les taux d'intérêt et le niveau de l'activité économique, les banques centrales peuvent influer sur la valeur des actions. Par exemple, si une banque centrale augmente les taux d'intérêt en réduisant l'offre de monnaie, elle diminue l'attrait des actions pour deux raisons. Premièrement, la hausse des taux d'intérêt rend les obligations plus intéressantes par rapport aux actions. Deuxièmement, une contraction de la masse monétaire risque de créer une récession, ce qui limiterait les bénéfices des sociétés. Pour ces raisons, une hausse du taux d'intérêt se traduit souvent par une chute du prix des actions.

LES EFFETS DE LA POLITIQUE BUDGÉTAIRE SUR LA DEMANDE AGRÉGÉE

Politique budgétaire
Politique de dépenses et d'imposition du gouvernement.

Le gouvernement peut influencer l'économie non seulement grâce à sa politique monétaire, mais également par le biais de sa politique budgétaire — c'est-à-dire au moyen de ses décisions concernant le niveau général des dépenses publiques ou des impôts. Dans cet ouvrage, nous avons déjà étudié l'influence de la politique budgétaire sur l'épargne, l'investissement et la croissance à long terme. À court terme, cependant, les effets de la politique budgétaire se font avant tout sentir sur la demande agrégée de biens et de services.

LES VARIATIONS DES DÉPENSES PUBLIQUES

Quand les dirigeants modifient l'offre de monnaie ou le taux d'imposition, ils déplacent la demande agrégée en influant sur les dépenses des ménages et des entreprises. En revanche, lorsque le gouvernement modifie ses propres achats de biens et de services, il provoque un déplacement direct de la courbe de demande agrégée.

Supposons que le gouvernement fédéral décide de lancer un programme de création d'emplois de cinq milliards de dollars. Ce programme permettra de financer de nouvelles dépenses d'infrastructures : routes, égouts et ponts. Les travaux stimulent l'embauche dans le secteur de la construction. La hausse de la demande pour la construction se reflète sur la demande agrégée de biens et de services : la courbe de demande agrégée se déplace vers la droite.

Quel est l'effet de cette dépense publique de cinq milliards sur la courbe de demande agrégée ? On aurait tendance à croire que la courbe se déplace vers la droite selon une ampleur correspondant exactement à cinq milliards. En fait, ce n'est pas tout à fait exact. Deux effets macroéconomiques engendrent une variation de la demande agrégée qui est différente de la variation des dépenses publiques. Le premier — appelé effet multiplicateur — fait déplacer la demande agrégée *de plus de* cinq milliards de dollars. Le deuxième — appelé effet d'éviction — fait en sorte que la demande agrégée se déplace *de moins que* cinq milliards. Ces deux effets sont présentés ci-dessous.

L'EFFET MULTIPLICATEUR

Une injection de fonds publics de cinq milliards de dollars dans la construction a forcément des répercussions. Le premier impact de la croissance des dépenses publiques est de faire augmenter l'emploi et les bénéfices des entreprises dans le domaine de la construction. Les revenus des salariés et des propriétaires de ces entreprises montent, ce qui stimule la consommation. Par conséquent, la dépense gouvernementale de cinq milliards de dollars crée également une augmentation de la demande pour de nombreuses autres firmes dans l'économie. Comme chaque dollar dépensé par le gouvernement contribue à accroître la demande agrégée de plus d'un dollar, ces dépenses se trouvent à exercer un effet multiplicateur sur la demande.

Effet multiplicateur
Augmentation supplémentaire de la demande agrégée qui se produit lorsqu'une politique budgétaire expansionniste provoque une hausse des revenus et donc des dépenses.

Et cette dynamique ne s'arrête pas là. L'augmentation des dépenses de consommation accroît l'emploi et les profits des entreprises qui produisent plus. Les profits et les salaires augmentent donc de nouveau, ce qui stimule encore plus la consommation. Il existe par conséquent une rétroaction positive entre l'augmentation de la demande agrégée et la hausse du revenu. Une fois tous ces effets pris en compte, on aboutit à une augmentation de la production bien supérieure à la dépense publique initiale.

La figure 15.8 (voir la page 392) illustre cet effet multiplicateur. Nous commençons au point A, sur la courbe de demande agrégée DA_1, au niveau de prix $\overline{P}$. Si on suppose que le niveau des prix demeure constant, une augmentation des dépenses publiques de cinq milliards entraîne, dans un premier temps, un déplacement vers la droite de la courbe de demande agrégée d'exactement cinq milliards, de DA_1 à DA_2. Puis, à mesure que les consommateurs réagissent en augmentant leurs dépenses, la courbe de demande agrégée se déplace encore plus vers la droite, à DA_3.

Cet effet multiplicateur lié à la consommation se trouve même renforcé par un accroissement des investissements. À titre d'exemple, les entreprises de construction peuvent décider d'acheter davantage de matériel d'asphaltage ou de construire une autre cimenterie. Dans un tel cas, l'augmentation de la demande publique entraîne une augmentation de la demande de biens d'investissement. Cette rétroaction positive de la demande sur l'investissement est parfois appelée *accélérateur de l'investissement*.

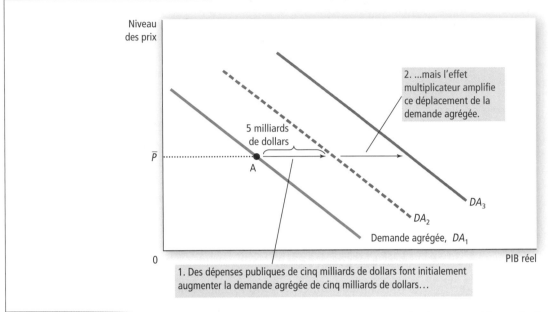

Niveau
des prix

$\overline{P}$

A

5 milliards
de dollars

2. ...mais l'effet
multiplicateur amplifie
ce déplacement de la
demande agrégée.

DA_3

DA_2

Demande agrégée, DA_1

0

PIB réel

1. Des dépenses publiques de cinq milliards de dollars font initialement
augmenter la demande agrégée de cinq milliards de dollars…

FIGURE 15.8

L'EFFET MULTIPLICATEUR   Une augmentation des dépenses publiques de cinq milliards de dollars peut causer un déplacement vers la droite de la courbe de demande agrégée d'un montant supérieur à cinq milliards de dollars. Cet effet multiplicateur est le résultat d'une hausse du revenu agrégé, qui stimule à son tour des dépenses additionnelles de la part des consommateurs.

LA FORMULE DU MULTIPLICATEUR DES DÉPENSES PUBLIQUES

Un peu d'algèbre élémentaire nous permet de calculer l'effet multiplicateur dû à l'augmentation des dépenses de consommation. Le paramètre essentiel de cette formule est la *propension marginale à consommer* (*PmC*), soit la fraction du revenu additionnel des ménages consacrée à la consommation plutôt qu'à l'épargne. Supposons que cette propension marginale soit égale à 3/4. Cela signifie que, pour chaque dollar additionnel de revenu, 75 cents sont dépensés et 25 cents sont épargnés. Dans ce cas, les travailleurs et les entrepreneurs de la construction, lorsqu'ils reçoivent cinq milliards de dollars de contrats gouvernementaux, vont augmenter leur consommation de 3/4 × 5 milliards, soit de 3,75 milliards de dollars.

Pour évaluer les effets des dépenses publiques sur la demande agrégée, suivons-les étape par étape. Tout d'abord, la dépense de cinq milliards correspond à une augmentation du revenu national (revenus et bénéfices) égale à ce montant. L'augmentation du revenu national cause une hausse de la consommation de 5 milliards × *PmC*, qui induit à son tour une hausse du revenu des travailleurs et des entrepreneurs qui produisent les biens et les services de consommation. Ce deuxième accroissement du revenu fait grimper une nouvelle fois les dépenses de consommation, cette fois-ci de (*PmC*) × (*PmC* × 5 milliards). Et la dynamique se poursuit…

Pour calculer les retombées totales sur la demande, il suffit d'additionner tous les effets.

Variations des dépenses publiques	= 5 milliards de dollars
Première augmentation de la consommation	= PmC × 5 milliards de dollars
Deuxième augmentation de la consommation	= PmC^2 × 5 milliards de dollars
Troisième augmentation de la consommation	= PmC^3 × 5 milliards de dollars
...	...
Effet total sur la demande = $(1 + PmC + PmC^2 + PmC^3 + ...)$ × 5 milliards de dollars.	

L'expression à l'intérieur des parenthèses représente une suite infinie. Il est donc possible de poser :

$$\text{Multiplicateur} = 1 + PmC + PmC^2 + PmC^3 + ...$$

Ce multiplicateur des dépenses publiques est égal à la demande de biens et de services que génère chaque dollar dépensé par le gouvernement.

Pour simplifier cette équation, souvenez-vous de vos cours de mathématiques sur les suites géométriques infinies. Si x se situe entre -1 et $+1$,

$$1 + x + x^2 + x^3 + ... = 1/(1 - x)$$

Dans notre cas, $x = PmC$. Donc,

$$\text{Multiplicateur} = 1/(1 - PmC)$$

Si la PmC est égale à 3/4, le multiplicateur sera égal à 1/(1 − 3/4), c'est-à-dire à 4. Dans cet exemple précis, les dépenses publiques de cinq milliards de dollars génèrent un total de 20 milliards de demande de biens et de services.

Dans une économie ouverte, la formule du multiplicateur est légèrement différente. En effet, une bonne partie des biens et des services consommés sont importés. Il est important d'en tenir compte en définissant le multiplicateur. Le multiplicateur de dépenses publiques mesure la demande de biens et de services fabriqués au Canada que génère chaque dollar supplémentaire de dépenses publiques. Supposons que les ménages dépensent environ un quart de leurs revenus pour les biens d'importation — ce que nous appellerons la *propension marginale à importer (PmI)*. Dans ce cas, chaque dollar supplémentaire reçu par un ménage se répartit ainsi : 25 cents d'épargne et 75 cents de dépenses, dont 50 cents pour les biens fabriqués au Canada et 25 cents pour les marchandises importées. Lorsque les travailleurs et les entreprises de la construction reçoivent cinq milliards de dollars de contrats gouvernementaux, ils augmentent leur consommation de 3/4 × 5 milliards de dollars, soit 3,75 milliards de dollars, mais leurs dépenses en produits canadiens se limitent à 1/2 × 5 milliards de dollars, soit 2,5 milliards. Ce deuxième montant, inférieur, s'ajoute au revenu de leurs concitoyens. Parce que les Canadiens dépensent une partie de leurs revenus additionnels pour des biens et des services importés, les effets de rétroaction sont plus faibles dans une économie ouverte que dans une économie fermée.

Dans une économie ouverte, la formule du multiplicateur des dépenses est la suivante :

$$\text{Multiplicateur} = 1/(1 - PmC + PmI)$$

Étant donné que la PmC = 3/4 et que la PmI = 1/4, le multiplicateur est égal à 1/(1 − 3/4 + 1/4), soit à 2. Dans ce cas, les 5 milliards de dollars de dépenses publiques génèrent 10 milliards de demande de biens et de services canadiens, au lieu des 20 milliards dans une économie fermée. Le multiplicateur des dépenses publiques est donc nettement inférieur dans une économie ouverte par rapport à une économie fermée.

Ces formules pour le multiplicateur démontrent un fait important : la taille du multiplicateur dépend de la propension marginale à consommer et, dans une économie ouverte, de la propension marginale à importer. Le multiplicateur est d'autant plus élevé que la *PmC* est forte. Pour vérifier cette affirmation, rappelez-vous que le multiplicateur existe parce qu'un accroissement du revenu stimule la consommation. Plus la *PmC* est élevée, plus les effets d'une hausse de revenu se font sentir sur la consommation, ce qui élève d'autant le multiplicateur. Dans une économie ouverte, il nous faut aussi tenir compte de la propension marginale à importer. Plus la *PmI* est élevée, *plus petit* est le multiplicateur. Pour le vérifier, il suffit de se souvenir que la *PmI* représente la part des revenus supplémentaires consacrée aux importations. Plus elle est élevée, moins les dépenses consacrées aux biens et aux services de fabrication canadienne augmentent, pour chaque dollar de revenu supplémentaire. Une augmentation de la *PmI* signifie donc que chaque hausse de revenu génère des dépenses moindres pour les produits canadiens.

La relation entre la propension marginale à importer et l'effet multiplicateur est d'autant plus intéressante à souligner que, selon toute vraisemblance, la *PmI* a augmenté depuis 20 ans au Canada. Nous avons observé que la signature des accords de libre-échange en 1989 et 1994 a débouché sur une augmentation impressionnante des échanges commerciaux canadiens, en particulier avec les États-Unis. En raison de cette croissance du commerce international canadien, toute augmentation du revenu se traduit maintenant par des dépenses pour les biens importés qui sont plus élevées qu'il y a une ou deux décennies. La *PmI* a donc sans doute augmenté, ce qui aurait réduit la valeur du multiplicateur canadien au cours des dernières années.

D'AUTRES APPLICATIONS DE L'EFFET MULTIPLICATEUR

En raison de l'effet multiplicateur, un dollar de dépenses publiques génère plus d'un dollar de demande agrégée. Cet effet ne se limite cependant pas aux dépenses gouvernementales, mais s'applique à tout événement modifiant les dépenses de chacune des composantes du PIB : consommation, investissements, dépenses publiques ou exportations nettes.

Supposons que, en cas de récession, les États-Unis réduisent leur demande d'exportations nettes canadiennes de dix milliards de dollars. Une telle réduction des dépenses pour les biens et les services produits au Canada fait diminuer le revenu national et les dépenses des consommateurs. Si la propension marginale à consommer est égale à 3/4, la propension marginale à importer, à 1/4, et le multiplicateur, à 2, cette chute de dix milliards des exportations nettes se soldera par une contraction de la demande agrégée canadienne de 20 milliards.

Imaginons maintenant qu'un boom dans le marché boursier fait augmenter la richesse des ménages et incite ceux-ci à augmenter leur consommation de 20 milliards. Ces dépenses additionnelles s'ajouteront au revenu national et entraîneront à leur tour d'autres augmentations de la consommation. Si la propension marginale à consommer est de 3/4, la propension marginale à importer, de 1/4, et le multiplicateur, de 2, cette augmentation initiale de 20 milliards en dépenses de consommation aboutira à un accroissement de la demande agrégée de 40 milliards.

Le multiplicateur est un concept important en macroéconomie, car il montre comment l'économie peut amplifier l'effet d'une variation des dépenses. Un léger accroissement de la consommation, des investissements, des dépenses publiques ou des exportations nettes peut ainsi avoir des conséquences importantes sur la demande agrégée et la production. En raison de l'ampleur de ces retombées, les dirigeants doivent porter une attention particulière à des événements tels que le risque de récession d'un de leurs partenaires commerciaux ou la possibilité d'un krach ou d'un boom dans le marché boursier.

L'EFFET D'ÉVICTION

L'effet multiplicateur semble indiquer qu'une dépense publique de cinq milliards de dollars provoque nécessairement une expansion de la demande agrégée qui est supérieure à cette somme. Cependant, un autre effet joue en sens contraire. Si la hausse des investissements publics stimule la demande agrégée, elle fait également augmenter les taux d'intérêt et réduit ainsi les dépenses d'investissement et la demande agrégée. Le recul de la demande agrégée consécutif à la remontée des taux d'intérêt, résultant d'une politique budgétaire expansionniste, correspond à l'**effet d'éviction sur les investissements**.

Effet d'éviction sur les investissements
Réduction de la demande agrégée consécutive à la montée des taux d'intérêt, résultant d'une politique budgétaire expansionniste.

Reprenons notre exemple d'investissement public de cinq milliards de dollars pour voir ce qui se produit sur le marché monétaire. Nous connaissons les effets de cet investissement : une augmentation de la demande et du revenu des travailleurs et des entreprises de la construction (et, en raison de l'effet multiplicateur, une augmentation supplémentaire du revenu ailleurs dans l'économie). Ces revenus supérieurs incitent les ménages à consommer davantage et, pour ce faire, à conserver plus de monnaie. En conséquence, la politique budgétaire provoque un accroissement de la demande de monnaie.

L'effet de cet accroissement est illustré sur le graphique a) de la figure 15.9 (voir la page 396). La Banque du Canada n'ayant pas modifié l'offre de monnaie, la courbe d'offre verticale ne bouge pas. Lorsque l'augmentation des revenus amène un déplacement vers la droite de la courbe de demande de monnaie, de DM_1 à DM_2, le taux d'intérêt doit monter de r_1 à r_2 pour maintenir l'équilibre entre l'offre et la demande.

Cette augmentation du taux d'intérêt réduit la quantité de biens et de services demandés. La hausse du coût des emprunts fait diminuer les investissements des entreprises et la construction résidentielle. En conséquence, les dépenses publiques font croître la demande agrégée, mais elles peuvent aussi avoir un impact négatif sur l'investissement privé. Cet effet d'éviction neutralise partiellement l'augmentation de la demande agrégée, comme l'illustre le graphique b). L'augmentation des dépenses publiques entraîne tout d'abord un déplacement de la courbe de demande agrégée de DA_1 à DA_2 (l'effet direct plus l'effet multiplicateur), mais l'effet d'éviction fait revenir cette courbe en DA_3.

Pour résumer : un accroissement des dépenses publiques de cinq milliards de dollars aura un effet sur la demande agrégée qui sera supérieur ou inférieur à cinq milliards de dollars, selon que l'effet multiplicateur est plus important ou plus faible que l'effet d'éviction.

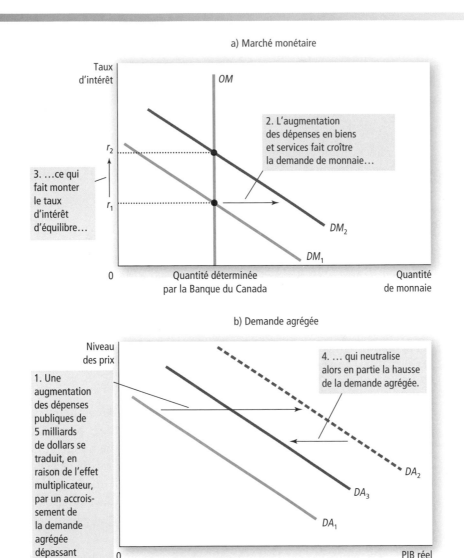

a) Marché monétaire

3. ...ce qui fait monter le taux d'intérêt d'équilibre...

2. L'augmentation des dépenses en biens et services fait croître la demande de monnaie...

b) Demande agrégée

1. Une augmentation des dépenses publiques de 5 milliards de dollars se traduit, en raison de l'effet multiplicateur, par un accroissement de la demande agrégée dépassant ce montant.

4. ... qui neutralise alors en partie la hausse de la demande agrégée.

FIGURE 15.9 **L'EFFET D'ÉVICTION SUR L'INVESTISSEMENT** Le graphique a) illustre le marché monétaire. Lorsque le gouvernement accroît ses dépenses en biens et en services, la hausse du revenu qui en découle se répercute sur la demande de monnaie, qui augmente de DM_1 à DM_2, faisant également monter le taux d'intérêt de r_1 à r_2. Le graphique b) décrit les conséquences de cette augmentation sur la demande agrégée. L'effet multiplicateur des dépenses gouvernementales déplace la courbe de demande agrégée de DA_1 à DA_2. Néanmoins, la hausse du taux d'intérêt réduit la quantité de biens et de services demandés, et tout particulièrement la demande de biens d'investissement ; cet effet d'éviction neutralise partiellement l'impact de l'expansion budgétaire sur la demande agrégée, ramenant la courbe de demande agrégée en DA_3.

LA POLITIQUE BUDGÉTAIRE EN ÉCONOMIE OUVERTE

Notre analyse des retombées de la politique budgétaire sur la demande agrégée n'a pas pris en compte, jusqu'à présent, le fait que l'économie canadienne est ouverte. Tout comme les effets ultimes de la politique monétaire différaient selon le contexte ouvert ou fermé de l'économie, nous allons maintenant voir que notre analyse de la politique budgétaire est correcte, mais incomplète, si l'économie est ouverte.

Le graphique a) de la figure 15.10 nous montre l'intersection des courbes de demande et d'offre de monnaie, au taux d'intérêt mondial r_m. Reprenons notre analyse des effets de la politique budgétaire sur la demande agrégée à partir de ce point. Nous savons que le taux d'intérêt canadien doit finir par rejoindre le taux mondial : pour

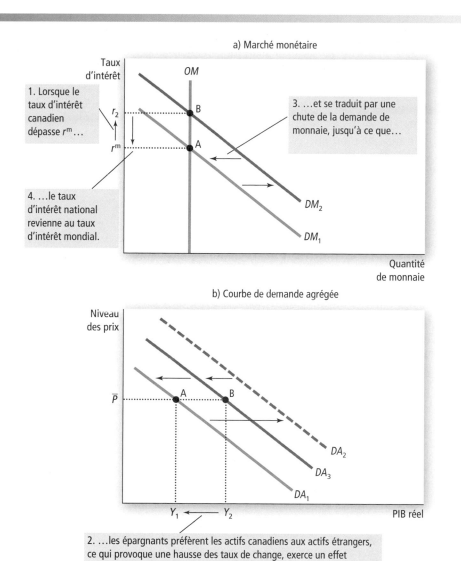

a) Marché monétaire

1. Lorsque le taux d'intérêt canadien dépasse r^m...

3. ...et se traduit par une chute de la demande de monnaie, jusqu'à ce que...

4. ...le taux d'intérêt national revienne au taux d'intérêt mondial.

b) Courbe de demande agrégée

2. ...les épargnants préfèrent les actifs canadiens aux actifs étrangers, ce qui provoque une hausse des taux de change, exerce un effet d'éviction sur les exportations nettes...

FIGURE 15.10

LA POLITIQUE BUDGÉTAIRE EXPANSIONNISTE EN ÉCONOMIE OUVERTE ET EN RÉGIME DE CHANGE FLOTTANT Dans une économie fermée, l'augmentation des dépenses publiques se traduit par une augmentation à la fois du taux d'intérêt et de la production, représentée par le mouvement de A à B sur les graphiques a) et b). Dans une petite économie ouverte, le fait que le taux d'intérêt national r_2 dépasse le taux mondial r^m implique des ajustements supplémentaires. Les épargnants canadiens et étrangers préfèrent le taux d'intérêt canadien au taux d'intérêt mondial. Ils achètent donc des actifs canadiens et se débarrassent de leurs actifs étrangers. Cela provoque une augmentation du taux de change. Cette appréciation du dollar réduit les exportations nettes, et la demande agrégée canadienne diminue de DA_2 à DA_1, comme l'illustre le graphique b). La réduction de la production de Y_2 à Y_1 incite les gens à détenir moins de monnaie pour réaliser leurs transactions. La demande de monnaie baisse alors de DM_2 à DM_1 et le taux d'intérêt canadien diminue de r_2 à r^m sur le graphique a). Au bout du compte, l'économie se retrouve au point A sur les deux graphiques : le taux d'intérêt canadien a rejoint le taux d'intérêt mondial et il n'y a aucun effet durable sur la demande agrégée.

bien comprendre l'impact de la politique budgétaire, il nous faut observer tous les ajustements économiques qui nous ramènent à ce taux d'intérêt mondial.

Le programme d'infrastructures de cinq milliards de dollars fait augmenter le revenu des firmes et des employés directement touchés, ainsi que celui des employés et des propriétaires des autres entreprises. L'effet direct et l'effet multiplicateur causent un déplacement vers la droite de la courbe de demande agrégée, de DA_1 à DA_2, comme on le voit sur le graphique b) de la figure 15.10 (voir la page 397). Cette hausse de la demande de biens et de services fait également monter la demande de monnaie, comme l'illustre le graphique a) par le déplacement de la courbe de demande de monnaie de DM_1 à DM_2. La Banque du Canada n'ayant pas modifié la courbe d'offre de monnaie, celle-ci ne bouge pas. Le taux d'intérêt monte donc au-dessus du taux mondial, en r_2, pour assurer l'équilibre de l'offre et de la demande de monnaie.

Cette fois-ci encore, le taux d'intérêt influe sur la quantité de biens et de services demandés que montre le graphique b). En faisant augmenter le coût des emprunts, un taux d'intérêt élevé réduit les investissements des entreprises et la construction résidentielle. La quantité de biens et de services demandés, pour un niveau de prix $\overline{P}$ donné, diminue en raison de l'effet d'éviction sur l'investissement. Cette diminution est illustrée sur le graphique b) par le déplacement de la courbe de demande agrégée de DA_2 à DA_3.

Jusqu'à présent, notre analyse ne diffère en rien de l'analyse précédente. Dans une économie fermée, les conséquences d'une politique budgétaire se limitent au mouvement de l'économie de A à B sur les graphiques a) et b) de la figure 15.10. Toutefois, dans une petite économie ouverte comme celle du Canada, l'histoire ne s'arrête pas là. Le taux d'intérêt canadien se situe maintenant au-dessus du taux d'intérêt mondial. Mais, en raison de la mobilité parfaite des capitaux, il devra redescendre pour être égal au taux d'intérêt mondial. Il manque donc quelque chose à notre analyse.

LE RÉGIME DE CHANGE FLOTTANT (OU FLEXIBLE)

Partons de l'hypothèse que la Banque du Canada décide de laisser fluctuer le taux de change. Comme nous l'avons vu au cours de notre analyse des effets de l'injection monétaire, l'hypothèse du taux de change flottant ou du taux de change fixe est ici encore importante.

Lorsque le taux d'intérêt canadien dépasse le taux d'intérêt mondial, les épargnants canadiens et étrangers vendent leurs actifs étrangers au profit des actifs canadiens et de leur taux d'intérêt r_2 supérieur au taux d'intérêt mondial r^m. Souvenons-nous encore une fois de notre analyse du chapitre 13 (et allons voir l'annexe à la fin du présent chapitre) : les gens qui échangent des biens, des services et des actifs financiers avec l'étranger désirent être payés avec leur propre devise. Un achat d'actifs canadiens implique donc l'achat de dollars canadiens et la vente de devises étrangères. L'offre de dollars canadiens diminue et leur demande augmente : le dollar s'apprécie. Cette appréciation nominale et réelle des taux de change fait augmenter les prix des biens et des services canadiens par rapport à ceux produits à l'étranger. En conséquence, les exportations nettes baissent.

La chute des exportations nettes, résultat d'une politique budgétaire expansionniste qui fait augmenter le taux de change réel dans une petite économie ouverte en régime de change flottant, est appelée **effet d'éviction sur les exportations nettes**.

Effet d'éviction sur les exportations nettes
Réduction de la demande agrégée causée par une politique budgétaire expansionniste qui hausse le taux d'intérêt et le taux de change réel et réduit les exportations nettes, dans une petite économie ouverte en régime de change flexible.

La diminution des exportations nettes provoque une réduction de la demande de biens et de services produits au Canada pour un niveau de prix donné $\overline{P}$. Cela est illustré sur le graphique b) de la figure 15.10 (voir la page 397) par le déplacement de la courbe de demande agrégée de DA_3 à DA_1. Cette diminution de la demande de biens et de services canadiens cause une réduction de la demande de monnaie, comme on le constate sur le graphique a), par le déplacement de la courbe de demande de monnaie de DM_2 à DM_1. Ce déplacement est suffisamment important pour causer une baisse du taux d'intérêt canadien, qui revient au taux d'intérêt mondial. L'effet net de ces ajustements est une réduction de la demande de monnaie en DM_1, le retour du taux canadien au taux mondial et la baisse de la quantité de biens et de services canadiens demandés, illustrée par le mouvement de la courbe de demande agrégée en DA_1.

Pour résumer : dans une petite économie ouverte, une politique budgétaire expansionniste cause une appréciation du dollar. Parce que l'augmentation du taux de change entraîne une baisse des exportations nettes, un effet d'éviction supplémentaire s'ajoute à celui des investissements, ce qui réduit encore plus la demande de biens et de services canadiens. En conclusion, une augmentation des dépenses publiques n'exerce aucun effet durable sur la demande agrégée.

LE RÉGIME DE CHANGE FIXE

Régime de change fixe
Situation dans laquelle la banque centrale empêche le taux de change de fluctuer en entreprenant des opérations sur le marché des changes.

Examinons maintenant les effets d'une politique budgétaire expansionniste sur la demande agrégée dans une économie ouverte, lorsque la Banque du Canada décide de ne pas laisser le taux de change fluctuer. Souvenez-vous que la banque centrale peut affecter la valeur du dollar en achetant ou en vendant des devises étrangères, dans des opérations effectuées sur le marché des changes. Lorsque les entreprises et les ménages se débarrassent de leurs dollars, la Banque du Canada peut soutenir la valeur du dollar canadien en agissant en sens inverse sur ce marché. Pour ce faire, elle vend des devises étrangères et achète des dollars canadiens. Inversement, si les entreprises et les ménages achètent des dollars canadiens sur le marché des changes, la Banque du Canada peut annuler l'appréciation de la monnaie en vendant des dollars et en achetant des devises étrangères (voir l'annexe à la page 421).

La figure 15.11 (voir la page 400) illustre les effets de la politique budgétaire expansionniste sur la demande agrégée. Comme toujours, nous partons d'un taux d'intérêt canadien égal au taux d'intérêt mondial r^m. Sur le graphique a), la demande de monnaie DM_1 est égale à l'offre de monnaie OM_1 au taux d'intérêt r^m. Une augmentation des dépenses publiques accroît la quantité de biens et de services demandés, pour un niveau de prix donné $\overline{P}$. En raison de l'effet multiplicateur, la demande agrégée augmente plus que du seul montant des dépenses publiques. Cette augmentation de DA est illustrée sur le graphique b) par le déplacement de la courbe de demande agrégée de DA_1 à DA_2. Sans surprise, on constate que l'augmentation de la demande de biens et de services incite le public à conserver davantage de monnaie. Cela est montré sur le graphique a) par le déplacement de la courbe de demande de monnaie de DM_1 à DM_2. Cette augmentation de la demande de monnaie fait passer le taux d'intérêt à r_2. De nouveau, la hausse du taux d'intérêt réduit l'investissement des firmes et des ménages et fait diminuer la demande de biens et de services. Cet effet d'éviction sur les investissements se traduit par le déplacement de la courbe de demande agrégée de DA_2 à DA_3 sur le graphique b).

Nous nous sommes limités jusqu'à présent à décrire l'ajustement de l'économie du point A au point B sur les graphiques a) et b) de la figure 15.11. Cet ajustement

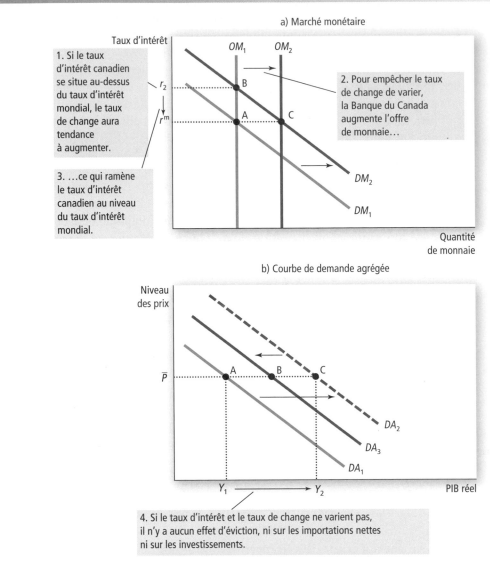

a) Marché monétaire

1. Si le taux d'intérêt canadien se situe au-dessus du taux d'intérêt mondial, le taux de change aura tendance à augmenter.

2. Pour empêcher le taux de change de varier, la Banque du Canada augmente l'offre de monnaie…

3. …ce qui ramène le taux d'intérêt canadien au niveau du taux d'intérêt mondial.

b) Courbe de demande agrégée

4. Si le taux d'intérêt et le taux de change ne varient pas, il n'y a aucun effet d'éviction, ni sur les importations nettes ni sur les investissements.

FIGURE 15.11

LA POLITIQUE BUDGÉTAIRE EXPANSIONNISTE EN ÉCONOMIE OUVERTE ET EN RÉGIME DE CHANGE FIXE Dans une économie fermée, l'accroissement des dépenses publiques se traduit par une augmentation à la fois du taux d'intérêt et de la production, représentée par le mouvement de A à B sur les graphiques a) et b). Dans une économie ouverte, le fait que le taux d'intérêt se situe au-dessus du taux d'intérêt mondial devrait normalement provoquer une appréciation du dollar et exercer un effet d'éviction sur les exportations nettes. Pour éviter cette appréciation du dollar, la Banque du Canada augmente l'offre de monnaie en vendant des dollars sur le marché des changes. Cette augmentation de la masse monétaire, illustrée par un déplacement de la courbe d'offre de monnaie de OM_1 à OM_2 sur le graphique a), empêche également le taux d'intérêt d'augmenter. Les deux types d'effet d'éviction sont ainsi annulés et l'expansion budgétaire affecte de façon importante et durable la demande agrégée, comme l'illustre le déplacement de la courbe de demande agrégée de DA_1 à DA_2 sur le graphique b) et le mouvement de l'économie de A à C sur les deux graphiques.

correspond à celui d'une économie fermée, après une augmentation des dépenses publiques. Dans une petite économie ouverte comme celle du Canada, lorsque le taux d'intérêt dépasse le taux mondial, le taux de change a tendance à augmenter. En effet, en raison d'un taux d'intérêt supérieur, les actifs canadiens sont particulièrement intéressants. La vente des actifs étrangers au profit des actifs canadiens entraîne un achat correspondant de dollars sur le marché des changes, ce qui cause une appréciation du dollar. Nous savons que, si la Banque du Canada laisse le taux de change augmenter, les exportations nettes seront réduites et l'économie reviendra au point A sur les graphiques a) et b), ce qui neutralise du même coup les effets des dépenses publiques sur la demande agrégée. Si la banque centrale décide de maintenir le taux de change fixe, il lui faut augmenter l'offre de dollars sur le marché des changes. Pour ce faire, elle achète des devises et vend des dollars.

Cette intervention de la Banque du Canada, en vue de maintenir fixe le taux de change, aura également un effet sur l'offre de monnaie. Comme nous l'avons vu au chapitre 10 et plus haut dans le présent chapitre, lorsque la Banque du Canada achète un actif financier (autre que des dollars), elle augmente l'offre de monnaie, tandis que lorsqu'elle vend un actif financier, elle la réduit. Ainsi, lorsque la Banque du Canada soutient la valeur du dollar par l'achat de devises étrangères, elle accroît l'offre de monnaie. Ce phénomène est illustré par le déplacement de la courbe d'offre de monnaie de OM_1 à OM_2, sur le graphique a) de la figure 15.11. La banque centrale continue ainsi jusqu'à ce que le taux d'intérêt canadien revienne au niveau du taux d'intérêt mondial et qu'il n'y ait donc plus de pression à la hausse sur le taux de change.

L'accroissement de la masse monétaire produit deux effets. Premièrement, il ramène le taux d'intérêt canadien au niveau mondial, ce qui élimine l'effet d'éviction des dépenses publiques sur l'investissement des entreprises et des ménages. Cet effet d'éviction était responsable du déplacement vers la gauche de la courbe de demande agrégée, de DA_2 à DA_3. Deuxièmement, l'expansion monétaire, en ramenant le taux d'intérêt canadien au niveau mondial, stoppe l'appréciation du dollar ainsi que l'effet d'éviction des dépenses publiques sur les exportations nettes. Cet effet était responsable du déplacement de la demande agrégée de DA_3 à DA_1. En empêchant le taux de change de varier, la Banque du Canada annule les deux effets d'éviction. Le résultat final est que la courbe de demande agrégée passe de DA_1 à DA_2 et que la quantité de biens et de services produits au Canada augmente de Y_1 à Y_2.

En résumé : si la Banque du Canada choisit d'empêcher toute variation du taux de change, une politique budgétaire expansionniste ne produira aucun effet d'éviction. Par conséquent, la politique budgétaire provoquera une forte hausse de la demande de biens et de services, déterminée par l'importance des dépenses publiques et du multiplicateur.

LA COORDINATION DES POLITIQUES BUDGÉTAIRE ET MONÉTAIRE

Les conséquences radicalement différentes d'une expansion budgétaire sur la demande agrégée en régime de change fixe et en régime de change flexible (ou flottant) nous amènent à tirer une conclusion fondamentale : pour que la politique budgétaire ait des effets durables sur la position de la courbe de demande agrégée, la Banque du Canada doit choisir le régime de change approprié. Or la politique budgétaire est du ressort du Parlement et des législatures provinciales, alors que la politique monétaire relève de la Banque du Canada. On peut donc en conclure que, pour que les politiques budgétaire et monétaire aient des effets durables sur la demande agrégée, les élus des deux organes législatifs, d'un côté, et la Banque du Canada, de l'autre, doivent coordonner leurs actions.

Une telle coordination n'est pas toujours observée. L'affaire Coyne en 1961 en constitue un bon exemple. Ayant pour objectif de stimuler l'économie lors d'un ralentissement, le gouvernement fédéral de l'époque réduisit les impôts et augmenta les dépenses publiques, afin que la courbe de demande agrégée se

TABLEAU 15.2	RÉSUMÉ: LES EFFETS DE LA POLITIQUE BUDGÉTAIRE

QUEL EST L'EFFET DE LA POLITIQUE BUDGÉTAIRE SUR LA COURBE DE DEMANDE AGRÉGÉE EN ÉCONOMIE FERMÉE ?

1. Une augmentation des dépenses publiques entraîne un déplacement vers la droite de la courbe de demande agrégée.

2. Cette augmentation des dépenses stimule la demande de monnaie, ce qui fait monter le taux d'intérêt.

3. La hausse du taux d'intérêt crée un effet d'éviction sur l'investissement, ce qui réduit l'ampleur du déplacement de la courbe de demande agrégée.

QUEL EST L'EFFET DE LA POLITIQUE BUDGÉTAIRE SUR LA COURBE DE DEMANDE AGRÉGÉE EN ÉCONOMIE OUVERTE, EN RÉGIME DE CHANGE FLOTTANT ?

1. S'il y a mobilité parfaite des capitaux, et abstraction faite du risque de non-paiement et de la fiscalité, le taux d'intérêt canadien doit être égal au taux d'intérêt mondial. Nous partons donc de $r = r^m$.

2. Un accroissement des dépenses publiques fait déplacer vers la droite la courbe de demande agrégée.

3. L'accroissement de la demande agrégée fait augmenter la demande de monnaie et, par conséquent, le taux d'intérêt.

4. La hausse du taux d'intérêt exerce un effet d'éviction sur l'investissement et renverse partiellement le déplacement de la courbe de demande agrégée. Maintenant, $r > r^m$.

5. Les actifs canadiens offrent un taux d'intérêt supérieur à celui des actifs étrangers. La demande accrue d'actifs canadiens fait augmenter les achats de dollars sur le marché des changes. Le dollar s'apprécie.

6. L'appréciation du dollar réduit les exportations nettes.

7. La baisse des exportations nettes se traduit par une chute des dépenses et par une réduction de la demande de monnaie et du taux d'intérêt, jusqu'à ce que $r = r^m$.

8. La politique budgétaire expansionniste du gouvernement n'a aucun effet durable sur la position de la courbe de demande agrégée.

QUEL EST L'EFFET D'UNE POLITIQUE BUDGÉTAIRE SUR LA COURBE DE DEMANDE AGRÉGÉE EN ÉCONOMIE OUVERTE, EN RÉGIME DE CHANGE FIXE ?

1. S'il y a mobilité parfaite des capitaux, et abstraction faite du risque de non-paiement et de la fiscalité, le taux d'intérêt canadien doit être égal au taux d'intérêt mondial. Nous partons donc de $r = r^m$.

2. Un accroissement des dépenses publiques fait déplacer vers la droite la courbe de demande agrégée.

3. L'accroissement de la demande agrégée fait augmenter la demande de monnaie et, par conséquent, le taux d'intérêt.

4. La hausse du taux d'intérêt exerce un effet d'éviction sur l'investissement et renverse partiellement le déplacement de la courbe de demande agrégée. Maintenant, $r > r^m$.

5. Les actifs canadiens offrent un taux d'intérêt supérieur à celui des actifs étrangers. La demande accrue d'actifs canadiens fait augmenter les achats de dollars sur le marché des changes. Pour maintenir le taux de change fixe, la Banque du Canada augmente l'offre de dollars sur ce marché en achetant des devises étrangères.

6. L'achat de devises étrangères de la part de la banque centrale fait augmenter l'offre de monnaie et baisser le taux d'intérêt jusqu'à ce que $r = r^m$.

7. L'augmentation de l'offre de monnaie provoque donc un plus grand déplacement vers la droite de la courbe de demande agrégée qu'en économie fermée.

déplace vers la droite. Malheureusement, le gouverneur de la Banque du Canada, James Coyne, était bien résolu à maintenir la flexibilité du taux de change. Le résultat – parfaitement prévisible selon notre analyse – fut un conflit sérieux entre le gouvernement fédéral et la banque centrale. En maintenant un régime de change flottant, Coyne a fait en sorte que la politique budgétaire expansionniste du gouvernement fédéral n'ait plus d'effet durable sur la demande agrégée. Coyne fut finalement obligé de démissionner et la Banque du Canada adopta un régime de change fixe, afin que la politique budgétaire expansionniste puisse amener un déplacement de la courbe de demande agrégée. Le ministre des Finances fédéral, Donald Fleming, conclut alors : « Ce budget et M. Coyne sont tout simplement incompatibles. »

Depuis plusieurs années, la banque centrale laisse fluctuer le dollar canadien. Bien entendu, la valeur du dollar canadien par rapport au dollar américain est un sujet d'intérêt, et les fluctuations du taux de change font souvent les manchettes. Il arrive, cependant, que la Banque du Canada intervienne dans le marché des changes en achetant ou en vendant des dollars. Ce faisant, elle tente de ralentir la vitesse à laquelle le taux de change varie, pour éviter les changements trop brusques. Lorsqu'il s'agit d'anticiper les effets de la politique budgétaire du gouvernement canadien, il faut donc prévoir les décisions de la Banque du Canada quant au taux de change. Si la banque centrale décide de laisser flotter librement le dollar, toute modification de la politique budgétaire n'aura aucun effet durable sur la position de la courbe de demande agrégée. Par contre, si la Banque du Canada tente de minimiser les fluctuations du dollar, la politique budgétaire pourra avoir des effets durables sur la position de la courbe de demande agrégée.

LES MODIFICATIONS DES TAXES ET DES IMPÔTS

Le niveau des taxes et des impôts constitue un autre instrument budgétaire dans les mains du gouvernement. Par exemple, une réduction de l'impôt sur le revenu permet une augmentation du revenu disponible des ménages. Ce revenu supplémentaire sera consacré en partie à l'épargne, mais aussi à la consommation. Par conséquent, toute réduction de l'impôt, en stimulant la consommation, suscite un déplacement vers la droite de la courbe de demande agrégée. En revanche, une augmentation des impôts fait diminuer la consommation et déplacer vers la gauche la courbe de demande agrégée.

L'ampleur du déplacement résultant de la modification des impôts dépend également de l'effet multiplicateur et de l'effet d'éviction. En réduisant les impôts, le gouvernement fait augmenter les revenus et les bénéfices, ce qui stimule la consommation et fait augmenter à nouveau les revenus et les profits : c'est l'*effet multiplicateur*. Simultanément, la hausse des revenus fait monter la demande de monnaie et le taux d'intérêt. Cette hausse du taux d'intérêt accroît le coût des emprunts et réduit les investissements : c'est l'*effet d'éviction sur les investissements*. Selon la valeur du multiplicateur et de l'effet d'éviction, le déplacement de la courbe de demande agrégée sera plus ou moins important que la variation des impôts qui en est à l'origine.

Dans une petite économie ouverte comme celle du Canada, les effets à long terme d'une variation des impôts, sur la courbe de demande agrégée, dépendent de la décision de la banque centrale de laisser fluctuer ou non le taux de change. Si la Banque du Canada opte pour un régime de change flottant, une variation des impôts n'aura aucun effet à long terme sur la position de la courbe de demande agrégée ; une réduction d'impôt fera passer le taux d'intérêt au-dessus du taux d'intérêt mondial et entraînera une appréciation du dollar. Par conséquent, cette réduction causera un effet d'éviction sur les exportations nettes, identique à celui résultant de l'augmentation des dépenses publiques. Par contre, si la Banque du Canada choisit un régime de change fixe, une diminution des impôts aura un effet durable sur la position de la courbe de demande agrégée. Dans ce cas, la Banque centrale achètera des devises étrangères sur le marché des changes, pour maintenir le change fixe. Elle accroîtra ainsi l'offre de monnaie. Une telle augmentation annule les effets d'éviction sur l'investissement et les exportations nettes, lesquels empêchent la politique budgétaire d'avoir un impact durable sur la demande agrégée.

LA RÉDUCTION DU DÉFICIT

Durant les dernières années, les gouvernements fédéral et provinciaux ont réduit ou éliminé leur déficit budgétaire respectif. Certains ont surtout diminué les dépenses, d'autres ont plutôt augmenté les taxes et les impôts, tandis que d'autres encore ont combiné les deux démarches. Des commentateurs se sont élevés contre les efforts de réduction des déficits budgétaires, faisant valoir que l'économie canadienne risquait d'en souffrir, puisque la demande agrégée allait alors diminuer. Notre analyse des effets des politiques de dépenses publiques et d'imposition en régimes de change fixe et flexible permet d'éclairer ce débat. Aussi longtemps que la banque centrale laisse flotter le dollar, il n'existe aucune raison de croire qu'un effort de réduction du déficit puisse avoir une influence durable sur la position de la courbe de demande agrégée. Encore une fois, nous voyons combien il est important que le gouvernement canadien et la Banque du Canada coordonnent leurs décisions. Si cette dernière adopte une politique de change flexible, toute réduction des déficits n'aura qu'un impact fort limité sur la demande agrégée.

BON À SAVOIR

LES EFFETS DE LA POLITIQUE BUDGÉTAIRE SUR L'OFFRE AGRÉGÉE

Jusqu'à présent, notre analyse de la politique budgétaire nous a permis d'examiner l'impact des variations des dépenses publiques et des taxes et impôts sur la quantité de biens et de services demandés. La plupart des économistes conviennent que les effets macroéconomiques à court terme de la politique budgétaire se font surtout sentir sur la demande agrégée. Néanmoins, la politique budgétaire peut également affecter la quantité de biens et de services offerts.

À titre d'exemple, examinons comment les variations des impôts ont des répercussions sur l'offre agrégée. Selon l'un des **dix principes d'économie** du chapitre 1, les gens réagissent aux incitatifs. Lorsque le gouvernement réduit les taux d'imposition, les travailleurs conservent une plus grande proportion de leur revenu et ont donc tout intérêt à travailler plus et à produire davantage. S'ils réagissent à cet incitatif, l'offre de biens et de services s'accroîtra pour tout niveau de prix, et les deux courbes d'offre agrégée se déplaceront vers la droite. Certains économistes, tenants de la théorie de l'offre, pensent que l'effet des réductions d'impôt sur l'offre agrégée est très important. D'autres croient même qu'une réduction des taux d'imposition pourrait faire augmenter les recettes publiques, en raison de l'effort accru des travailleurs. La plupart des économistes en doutent cependant.

Le fait que les baisses d'impôt amènent un déplacement vers la droite de l'offre agrégée est important, car cela laisse croire que les mesures fiscales influencent de façon permanente la production. Comme nous l'avons constaté au chapitre 14, tout déplacement de la courbe de demande agrégée ne produit que des effets temporaires sur la production. Au fil du temps, les anticipations, les salaires et les prix s'ajustent et la courbe d'offre agrégée à court terme finit par rejoindre le point d'intersection des courbes de demande et d'offre agrégées à long terme. À moins que la courbe d'offre à long terme ne bouge, un déplacement de la courbe de demande est sans conséquence durable pour la production. Mais si une réduction des impôts provoque un déplacement vers la droite de la courbe d'offre agrégée à long terme, alors le niveau naturel de la production augmente de façon permanente.

Bien que cette prescription politique semble attrayante — continuer de réduire les impôts, ce qui fera augmenter la production de façon permanente —, nous devons cependant rappeler que les impôts financent des programmes publics fort utiles. Il n'y aurait ni défense nationale ni production de biens publics sans recettes fiscales. Une politique plus raisonnable consisterait à maintenir les taux d'imposition aux niveaux les plus bas possible, mais suffisants pour que soient maintenus les programmes publics souhaités.

Finalement, notons qu'une augmentation des dépenses publiques peut aussi avoir des effets durables sur l'offre agrégée et la production. Par exemple, si le gouvernement décide d'investir dans les infrastructures routières, l'amélioration des conditions de transport peut accroître la productivité des entreprises. Ainsi, lorsque le gouvernement augmente ses dépenses en infrastructures utiles, il permet qu'une plus grande quantité de biens et de services soit offerte pour tout niveau de prix : la courbe d'offre agrégée se déplace donc vers la droite. Évidemment, les dépenses du gouvernement entraînent un déplacement immédiat de la courbe de demande agrégée, mais elles peuvent provoquer un déplacement à plus long terme des courbes d'offre.

MINITEST

■ Expliquez comment une diminution des dépenses publiques se répercute sur le marché monétaire et sur la demande agrégée. Quels en sont les effets dans une économie fermée ? Dans une petite économie ouverte, si la Banque du Canada laisse flotter le dollar ? Et dans une petite économie ouverte, si la Banque du Canada décide de maintenir le taux de change fixe ?

LES POLITIQUES DE STABILISATION

Après avoir examiné les effets des politiques monétaire et budgétaire sur la demande agrégée, nous pouvons maintenant aborder une question importante : les dirigeants politiques devraient-ils utiliser ces instruments pour contrôler la demande agrégée et stabiliser l'économie ? Et, dans l'affirmative, dans quelles circonstances ? Si non, pourquoi ?

LES ARGUMENTS EN FAVEUR DES POLITIQUES DE STABILISATION

L'économie canadienne est régulièrement frappée par toutes sortes de chocs. Les conflits au Moyen-Orient, les variations du prix du pétrole, les fluctuations du taux de change, les luttes contre le déficit par les gouvernements, les flambées ou les krachs boursiers peuvent tous avoir de sérieuses conséquences sur l'activité économique. De tels événements ont déjà, dans le passé, causé de fortes variations de la production, de l'emploi et du revenu. Nous venons d'examiner les impacts des politiques monétaire et budgétaire sur la position de la courbe de demande agrégée et, donc, sur la production, l'emploi et le revenu. On peut en déduire que ces instruments (ou du moins l'un d'eux, en économie ouverte) peuvent être utilisés pour annuler les conséquences négatives de chocs imprévus. En fait, les expansions et les contractions économiques imprévues s'avèrent coûteuses, à la fois pour les consommateurs et les entreprises, en matière de chômage, d'inflation et d'incertitude. S'il est possible de stabiliser l'économie grâce aux politiques budgétaire ou monétaire, il serait judicieux d'y avoir recours. Ce paragraphe résume, en quelques phrases, les arguments qu'on peut invoquer en faveur de l'interventionnisme macroéconomique.

Comme nous l'avons vu au chapitre précédent, la *Théorie générale de l'emploi, de l'intérêt et de la monnaie*, de John Maynard Keynes, est un des livres les plus influents jamais écrits en économie. Dans ce livre, Keynes met l'accent sur le rôle clé de la demande agrégée pour expliquer les fluctuations économiques à court terme. D'après lui, le gouvernement devrait stimuler la demande agrégée lorsqu'elle est insuffisante pour maintenir la production à son niveau de plein emploi. Au moment où il a rédigé son ouvrage, l'ensemble des économies mondiales traversaient la Grande Dépression des années 1930. Il n'est guère surprenant que la proposition d'une intervention politique pour réduire la gravité de la crise ait connu un franc succès. Keynes (et nombre de ses adeptes) était un grand défenseur des politiques macroéconomiques interventionnistes pour stabiliser l'économie.

LES ARGUMENTS CONTRE LES POLITIQUES DE STABILISATION

Certains économistes s'élèvent au contraire contre les politiques monétaire et budgétaire destinées à stabiliser l'économie. Ils font valoir que ces politiques devraient être utilisées pour atteindre des objectifs de long terme, tels qu'une forte croissance économique et un taux d'inflation faible, alors qu'on devrait laisser les fluctuations économiques à court terme se résorber d'elles-mêmes. Même s'ils reconnaissent que les politiques monétaire et budgétaire peuvent, en théorie, aider à stabiliser l'économie, ils doutent de leur efficacité dans la pratique.

L'argument fondamental contre la stabilisation active est fondé sur le décalage entre la mise en œuvre des politiques et ses effets. La politique monétaire influence les dépenses d'investissement par le biais du taux d'intérêt. Cependant, la plupart des entreprises établissent leur plan d'investissement longtemps à l'avance ; pour cette raison, la majorité des économistes considèrent que la politique monétaire prend au moins six mois avant de faire sentir ses effets sur la production et l'emploi. En outre, les effets ont tendance à durer plusieurs années. Les opposants aux politiques de stabilisation croient que ces effets décalés devraient dissuader la Banque du Canada de tenter de stabiliser l'économie. Ils prétendent que la banque centrale réagit souvent trop tard aux chocs macroéconomiques et qu'elle contribue plutôt, par ses interventions intempestives, à empirer les fluctuations conjoncturelles. Ces critiques prônent une politique monétaire passive, consistant à faire augmenter la masse monétaire d'une façon lente et régulière.

La politique budgétaire a aussi des effets décalés, mais en raison même de son processus. Au niveau fédéral canadien, la majorité des modifications apportées aux dépenses publiques et aux impôts doivent recevoir l'approbation des commissions parlementaires et être adoptées par la Chambre des communes et le Sénat. Un tel processus retarde de plusieurs mois, voire de plusieurs années, l'adoption et la mise en application des mesures budgétaires ; entre-temps, les conditions économiques peuvent évoluer.

Ces délais liés aux effets des politiques budgétaire ou monétaire, combinés à l'imprécision des prévisions économiques, rendent problématique la stabilisation macroéconomique. Si les prévisionnistes étaient en mesure de prédire l'évolution de l'économie un an à l'avance, les dirigeants pourraient prendre des décisions éclairées et stabiliser l'économie en dépit du décalage de leurs interventions. Malheureusement, dans la pratique, les récessions et les dépressions majeures se produisent sans crier gare et il ne reste aux meilleurs des dirigeants qu'à réagir au jour le jour.

LES STABILISATEURS AUTOMATIQUES

Stabilisateurs automatiques
Modifications automatiques de la politique budgétaire qui stimulent la demande agrégée lorsque l'économie est en récession, sans qu'aucune intervention délibérée ne soit nécessaire.

Tous les économistes — partisans et détracteurs des politiques de stabilisation — reconnaissent que les délais de mise en œuvre nuisent à l'efficacité de ces outils. L'économie serait donc plus stable si de tels retards étaient évitables. En fait, c'est possible. Les **stabilisateurs automatiques** sont des ajustements budgétaires qui stimulent la demande agrégée en cas de récession, sans qu'aucune intervention délibérée ne soit nécessaire.

Le stabilisateur automatique le plus important est le système fiscal. Lorsque l'économie entre en récession, les recettes publiques diminuent automatiquement, puisque les taxes et impôts varient selon l'activité économique. L'impôt sur le revenu personnel dépend du revenu des ménages, les taxes de vente varient avec les dépenses de consommation et les sociétés sont imposées sur leurs bénéfices. Durant une récession, les revenus, dépenses et bénéfices baissent tous et, du même coup, les recettes fiscales du gouvernement. Une telle réduction automatique stimule la demande agrégée et limite donc l'ampleur des fluctuations économiques.

Les transferts du gouvernement servent aussi de stabilisateur automatique. Lorsque l'économie entre en récession, les entreprises licencient des travailleurs. On voit alors augmenter le nombre de bénéficiaires de l'assurance emploi, de l'aide sociale ou d'autres programmes de soutien du revenu. Cet accroissement automatique des transferts du gouvernement stimule la demande agrégée, au moment même où celle-ci ne permet pas d'assurer le plein emploi. En fait, durant les années 1940, lors de la création du programme d'assurance chômage, ses promoteurs mettaient en lumière ses effets de stabilisateur automatique.

Les stabilisateurs automatiques de l'économie canadienne ne suffisent pas à enrayer complètement les récessions. Néanmoins, en leur absence, la production et l'emploi seraient probablement plus volatiles. Une preuve indirecte de cette hypothèse se trouve à la figure 14.9 (voir la page 364). Dans le texte entourant ce graphique, nous avons remarqué que la chute de la production et du revenu, lors de la récession canadienne de 1991, avait été beaucoup moins forte que celle, extrême, de la récession de 1920 et de la crise des années 1930. L'évolution beaucoup plus lisse du PIB réel par habitant après la Seconde Guerre mondiale, comparativement à la période d'avant la guerre, nous laisse croire que l'amplitude des cycles économiques canadiens a diminué avec le temps. Une bonne majorité d'économistes croient que la création de nombreux stabilisateurs automatiques depuis la Seconde Guerre mondiale (assurance emploi, aide sociale, impôt plus sensible au revenu) y est pour quelque chose.

Pour cette raison, de nombreux économistes s'opposent à une législation obligeant le gouvernement fédéral à adopter un budget équilibré chaque année, comme l'ont proposé certains politiciens. En cas de récession, la réduction automatique des recettes fiscales et la hausse automatique des dépenses publiques détériorent le solde budgétaire. L'obligation de maintenir un budget équilibré mènerait le gouvernement à augmenter les impôts ou à réduire les dépenses publiques, ce qui aggraverait la récession. Autrement dit, une telle contrainte éliminerait les stabilisateurs automatiques inhérents à notre système fiscal et budgétaire.

LE TAUX DE CHANGE FLEXIBLE EN TANT QUE STABILISATEUR ÉCONOMIQUE

Dans une économie ouverte, les dirigeants disposent d'une autre option pour stabiliser l'économie : le taux de change flexible. Imaginons que les États-Unis, premier partenaire commercial du Canada, entrent en récession. À mesure que le revenu des ménages et les bénéfices des entreprises diminuent aux États-Unis, les dépenses des Américains sont poussées à la baisse, y compris pour l'achat de produits fabriqués au Canada. Cela conduit à une baisse des exportations nettes, de la demande agrégée et de la production au Canada.

Si la Banque du Canada a choisi un régime de change flexible pour le dollar canadien, on s'attendrait aux événements suivants : une chute des exportations nettes entraînerait une baisse du revenu des Canadiens. Ceux-ci diminueraient leurs dépenses, ce qui réduirait la demande de monnaie. Le taux d'intérêt au Canada passerait alors sous le taux d'intérêt mondial. Il s'ensuivrait une vente d'actifs canadiens par les Canadiens et les étrangers (en raison du rendement plus faible) et un achat d'actifs étrangers (offrant un meilleur taux d'intérêt), ce qui provoquerait une vente de dollars sur le marché des changes. Cette offre accrue de dollars sur le marché des changes déprécierait le dollar canadien, ce qui relancerait les exportations. La courbe de demande agrégée reviendrait ainsi vers la droite, ce qui ferait monter le revenu des Canadiens et la demande de monnaie, et ce, jusqu'à ce que le taux d'intérêt canadien rejoigne le taux d'intérêt mondial. En conséquence, la récession aux États-Unis n'aurait pas d'effet durable sur la courbe de demande agrégée au Canada.

Nous venons de voir que, grâce à un taux de change flottant, il est possible d'isoler l'économie canadienne des effets d'une récession à l'étranger. En raison de la dépendance du Canada envers le commerce extérieur et de sa vulnérabilité aux récessions étrangères, ce choix de régime de change semble idéal. Effectivement, la plupart des économistes sont partisans d'un régime de change flottant pour le Canada. Hélas, comme aiment à le rappeler ces mêmes économistes, rien n'est gratuit. Les avantages d'un taux de change flexible ne sont pas sans entraîner des coûts.

D'abord et avant tout, un taux de change flexible accentue l'incertitude des prix des entreprises exportatrices et importatrices. Une variation imprévue du cours du dollar signifie une modification non anticipée du prix en dollars canadiens des marchandises importées et exportées. Une firme canadienne désirant produire des biens destinés à l'exportation pourra hésiter à le faire, si elle ne peut s'assurer du prix en dollars canadiens de ses marchandises vendues à l'étranger.

Ce type de coûts a amené certains économistes à proposer une union monétaire entre le Canada et les États-Unis. Ils recommandent l'adoption de la devise américaine par le Canada, afin d'éviter les incertitudes concernant les prix que les importateurs devront payer pour les produits fabriqués aux États-Unis et le montant perçu par les exportateurs canadiens pour leurs transactions au sud de la frontière. L'élimination de cette incertitude, l'un des problèmes majeurs du commerce international, maximiserait les bons côtés du libre-échange. Actuellement, la majorité des économistes considèrent que les avantages d'un taux de change flexible, en tant que stabilisateur économique, excèdent le coût de l'incertitude provoquée par la variation du taux de change. Le débat se poursuit néanmoins.

MINITEST

■ Comment une réduction des dépenses publiques affecte-t-elle la courbe de demande agrégée ?
■ En quoi votre réponse diffère-t-elle selon qu'il s'agit d'une économie fermée ou d'une économie ouverte ?

UNE BRÈVE RÉCAPITULATION

Ce chapitre est particulièrement dense. D'abord, nous avons vu comment les politiques monétaire et budgétaire influent sur la position de la courbe de demande agrégée, dans une économie fermée et dans une petite économie ouverte, en régime de change fixe ou flottant. Tout au long de ces pages, nous avons fait l'hypothèse que le niveau des prix est relativement peu sensible aux conditions économiques et, pour mettre l'accent sur cette rigidité, que les prix sont fixes à court terme. Cette hypothèse caractérise le court terme, l'objet de ce chapitre. La figure 15.12 synthétise ce

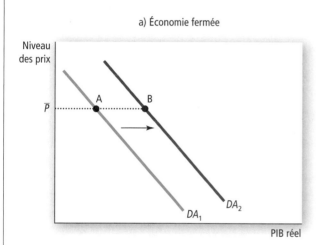

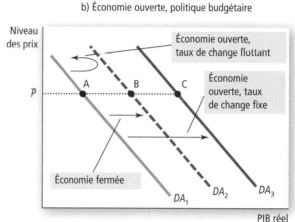

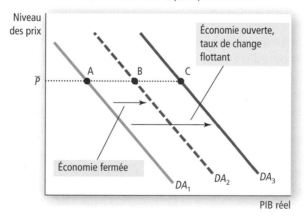

FIGURE 15.12 **LES EFFETS DES POLITIQUES MONÉTAIRE ET BUDGÉTAIRE EXPANSIONNISTES SUR LA COURBE DE DEMANDE AGRÉGÉE** Ces effets varient selon que l'économie est ouverte ou fermée. Dans une économie ouverte, ils sont fonction de la décision de la Banque du Canada de maintenir un régime de change fixe ou flottant.

que nous venons de voir sur l'utilisation de la politique monétaire et budgétaire en vue d'un déplacement de la courbe de demande agrégée à court terme.

Le graphique a) de la figure 15.12 (voir la page 409) illustre les effets, sur la courbe de demande agrégée, des politiques monétaire et budgétaire expansionnistes dans une économie fermée. Nous partons d'une économie située au point A sur la courbe de demande agrégée DA_1. Le niveau de prix est fixé à $\overline{P}$. Une politique budgétaire expansionniste (dépenses publiques plus élevées ou réduction des impôts) et une politique monétaire expansionniste (augmentation de la masse monétaire) provoquent un déplacement vers la droite de la courbe de demande agrégée, en DA_2. En économie fermée, les politiques monétaire et budgétaire modifient donc de la même manière la position de la courbe de demande agrégée. Leurs effets sur le taux d'intérêt diffèrent cependant, comme nous l'avons vu au long de ce chapitre. Une politique budgétaire expansionniste amène une hausse du taux d'intérêt, parce qu'elle accroît la demande de monnaie ; une politique monétaire expansionniste réduit le taux d'intérêt, car elle passe par une augmentation de l'offre de monnaie.

Le graphique b) de cette même figure illustre les effets, sur la courbe de demande agrégée, d'une politique budgétaire expansionniste, dans une petite économie ouverte. Une fois encore, nous partons d'une économie située au point A, sur la courbe de demande agrégée DA_1, le niveau de prix étant fixé à $\overline{P}$. Dans une économie fermée, une politique budgétaire expansionniste provoquerait un déplacement de la demande agrégée en DA_2 et l'économie passerait de A à B, pour un niveau de prix fixe $\overline{P}$. Dans une économie ouverte, les effets de la politique budgétaire dépendent du régime de change.

En change fixe, la même politique budgétaire expansionniste qui faisait augmenter la demande agrégée de DA_1 à DA_2 la fait maintenant se déplacer de DA_1 à DA_3, l'économie passant de A à C. Le taux d'intérêt canadien s'élevant au-dessus du taux d'intérêt mondial, à cause de la politique budgétaire, il y a achat net de dollars canadiens sur le marché des changes. Pour maintenir le taux de change fixe, la Banque du Canada doit alors vendre des dollars et acheter des devises étrangères. Ce faisant, elle accroît l'offre de monnaie et provoque un second déplacement de la courbe de demande agrégée.

En régime de change flottant, la même politique budgétaire expansionniste, responsable du déplacement de DA_1 à DA_2 en économie fermée, n'aura aucun impact durable sur la position de la courbe de demande agrégée. Celle-ci reviendra en DA_1, l'économie se retrouvant en A. Cet effet diffère en régime de change flexible car, même si la politique budgétaire pousse le taux d'intérêt canadien au-dessus du taux mondial, comme en régime de change fixe, la Banque du Canada n'intervient pas pour empêcher le dollar de s'apprécier. Le taux de change augmente alors, ce qui provoque une chute des exportations nettes. Une telle réduction vient annuler les effets de la politique budgétaire et ramène la courbe de demande agrégée à son point de départ.

Le graphique c) de la figure 15.12 illustre les effets d'une politique monétaire expansionniste sur la courbe de demande agrégée, dans une petite économie ouverte. Nous partons une nouvelle fois du point A, sur la courbe de demande agrégée DA_1, le niveau de prix restant fixé en $\overline{P}$. S'il s'agissait d'une économie fermée, une politique monétaire expansionniste entraînerait un déplacement de la courbe de demande agrégée en DA_2 et l'économie passerait du point A au point B pour un niveau de prix fixé à $\overline{P}$. Dans une économie ouverte, il n'y a une politique monétaire que si la Banque du Canada adopte un régime de change flottant.

En régime de change flottant, la même politique monétaire qui, en économie fermée, cause un déplacement de la demande agrégée de DA_1 à DA_2 susciterait un déplacement de la courbe de demande agrégée de DA_1 à DA_3, et l'économie passerait de A à C. Cela s'explique par le fait que la politique monétaire expansionniste pousse le taux d'intérêt canadien sous le taux d'intérêt mondial, ce qui fait augmenter les ventes de dollars sur le marché des changes. En causant une dépréciation du dollar, l'expansion monétaire stimule les exportations nettes et provoque un déplacement supplémentaire de la courbe de demande agrégée.

[BON À SAVOIR]

LES TAUX D'INTÉRÊT À COURT ET À LONG TERME

À cette étape, nous devrions nous arrêter un instant sur une difficulté: il semble que nous ayons plusieurs façons d'expliquer la détermination du taux d'intérêt. Cela tient à notre volonté de comprendre le taux d'intérêt dans une multiplicité de contextes: à court et à long terme, dans une économie fermée ou dans une petite économie ouverte. Chacune de ces explications est correcte et utile, mais il serait bon de résumer comment elles sont reliées.

Commençons par rappeler les différences entre le comportement à long terme de l'économie et son comportement à court terme. Trois variables macroéconomiques sont particulièrement importantes dans ce contexte: la production de biens et de services, le taux d'intérêt et le niveau des prix. D'après la théorie macroéconomique classique présentée aux chapitres 7, 8 et 11, ces variables sont déterminées comme suit.

1. La production dépend de l'offre de facteurs de production ainsi que de la technologie, qui permet de transformer ces facteurs de production en biens et en services (ce que nous appelons le niveau de production naturel). Une modification du niveau des prix n'a aucun effet sur la production.

2. Dans une économie fermée, pour un niveau de production donné, le taux d'intérêt s'ajuste pour égaliser l'offre et la demande de fonds prêtables. Dans une petite économie ouverte, le taux d'intérêt est égal au taux d'intérêt mondial. Les sorties nettes de capitaux (*SNC*) assurent l'équilibre entre l'offre et la demande de fonds prêtables.

3. Le niveau des prix s'ajuste pour égaliser l'offre et la demande de monnaie. Une variation de l'offre de monnaie se répercute proportionnellement sur le niveau des prix.

Telles sont les trois propositions fondamentales de la théorie économique classique. Elles font l'objet d'un consensus entre les économistes, qui croient qu'elles décrivent bien le fonctionnement de l'économie à long terme.

Cependant, ces propositions ne sont pas vérifiées à court terme. Comme nous l'avons vu au chapitre précédent, les prix s'ajustent lentement aux variations de l'offre de monnaie; cela produit une courbe d'offre agrégée à court terme ayant une pente positive plutôt que verticale. À court terme, il est préférable de concevoir l'économie comme suit.

1. Le niveau des prix est fixe à un certain niveau (qui dépend des anticipations formées dans le passé) et, à court terme, il est relativement insensible aux changements des conditions économiques.

2. Dans une économie fermée, pour un niveau des prix donné, le taux d'intérêt s'ajuste pour assurer l'équilibre entre l'offre et la demande de monnaie. Le niveau des prix ne peut bouger comme il le fait à long terme, en raison de la rigidité des prix. Dans une petite économie ouverte, le taux d'intérêt doit être égal au taux d'intérêt mondial. En régime de change flexible, cet ajustement passe par une variation du taux de change. En modifiant les exportations nettes, les variations du taux de change ont un effet sur la

production et, par conséquent, sur la demande de monnaie. Dans ce cas, la demande de monnaie bouge pour assurer l'équilibre entre l'offre et la demande de monnaie, au taux d'intérêt mondial. En régime de change fixe, il incombe à la banque centrale d'acheter et de vendre des devises étrangères, ce qui modifie l'offre de monnaie, pour maintenir l'égalité entre l'offre et la demande de monnaie, au taux d'intérêt mondial.

3. Le niveau de la production est déterminé par les variations nettes de la demande agrégée de biens et de services qui restent, après les effets d'éviction du taux d'intérêt et du taux de change.

Les différentes théories de la détermination du taux d'intérêt sont utiles en différentes circonstances. Lorsqu'on s'intéresse aux facteurs déterminant à long terme le taux d'intérêt, il convient d'utiliser la théorie des fonds prêtables. Par contre, pour comprendre la détermination à court terme de ce même taux d'intérêt, il est préférable de se tourner vers la théorie de la préférence pour la liquidité. En outre, dans le cas d'une petite économie ouverte comme celle du Canada, il faut savoir que le taux d'intérêt finit toujours par être égal au taux d'intérêt mondial.

Avant de conclure, il importe de répéter ce que nous avons déjà souligné: les résultats de l'analyse dans ce court résumé reposent sur un modèle économique caractérisé par certains postulats et simplifications que, au cours de vos études en macroéconomie, vous serez amenés à mettre de côté. Quelques-unes de ces conclusions devront donc être modifiées. Au chapitre 2, nous avons vu que, lorsqu'on construit des modèles, une des premières étapes est d'élaborer des postulats. La méthode scientifique nous amène à faire des prédictions, à partir des modèles, et à examiner comment celles-ci varient avec les changements apportés aux postulats. Cela étant dit, il n'en est pas moins vrai que les modèles de base étudiés dans ce chapitre sont utiles à la compréhension des effets des politiques monétaire et budgétaire dans des économies fermées ou ouvertes.

CONCLUSION

Avant d'entreprendre de nouvelles politiques économiques, les dirigeants doivent évaluer les conséquences de leurs décisions. Précédemment dans ce manuel, nous avons étudié les modèles classiques de l'économie qui décrivent les effets à long terme des politiques monétaire et budgétaire. Nous avons alors vu comment la politique budgétaire influence l'épargne, l'investissement, la balance commerciale et la croissance à long terme, et comment la politique monétaire détermine le taux d'inflation et le niveau des prix.

Dans le présent chapitre, nous avons observé les effets à court terme de ces politiques sur la demande agrégée de biens et de services, la production et l'emploi à court terme. Si le Parlement décide de réduire les dépenses publiques pour équilibrer le budget, il devrait considérer à la fois les effets à long terme sur l'épargne et la croissance et les effets à court terme sur la demande agrégée et l'emploi. Lorsque la Banque du Canada réduit le taux de croissance de l'offre de monnaie, il lui faut tenir compte des effets à long terme sur l'inflation, ainsi que des effets à court terme sur la production. Dans le prochain chapitre, nous reviendrons sur le passage du court terme au long terme. Nous essaierons aussi de comprendre les arbitrages auxquels font face les dirigeants, entre les objectifs de court terme et de long terme.

RÉSUMÉ

- En élaborant sa théorie des fluctuations économiques à court terme, Keynes a proposé la théorie de la préférence pour la liquidité, afin d'expliquer la détermination du taux d'intérêt. Selon cette théorie, le taux d'intérêt s'ajuste pour assurer l'équilibre entre l'offre et la demande de monnaie.

- Une hausse du niveau des prix fait augmenter la demande de monnaie et le taux d'intérêt qui équilibre le marché monétaire. Le taux d'intérêt représentant le coût des emprunts, une hausse de ce taux fait diminuer l'investissement et, du même coup, la quantité de biens et de services demandés. Dans une petite économie ouverte, une augmentation du niveau des prix accroît aussi le taux de change réel. Elle rend les produits fabriqués au Canada plus coûteux par rapport aux produits étrangers. Il en résulte une baisse des exportations nettes et de la demande de biens et de services. Cette relation inverse entre le niveau des prix et la quantité de biens et de services demandés se reflète dans la pente négative de la courbe de demande agrégée.

- Les dirigeants peuvent influer sur la demande agrégée par le biais de la politique monétaire. Une augmentation de la masse monétaire réduit le taux d'intérêt d'équilibre, pour tout niveau des prix. Cette réduction stimule les investissements, ce qui entraîne un déplacement vers la droite de la courbe de demande agrégée. Dans une petite économie ouverte, le taux d'intérêt plus faible conduit en plus à une baisse du taux de change. Celle-ci stimule la demande de biens et de services produits au Canada et, par conséquent, provoque un déplacement vers la droite de la courbe de demande agrégée. Ainsi, lorsqu'il y a une injection monétaire, la courbe de demande agrégée se déplace vers la droite davantage en économie ouverte qu'en économie fermée. De la même façon, une réduction de l'offre de monnaie fait augmenter le taux d'intérêt d'équilibre, pour tout niveau des prix. Cette augmentation réduit les investissements, ce qui amène un déplacement vers la gauche de la courbe de demande agrégée. Dans une petite économie ouverte, le taux d'intérêt plus élevé conduit de plus à une hausse du taux de change. Celle-ci réduit la demande de biens et de services produits au Canada et, par conséquent, cause un déplacement vers la gauche de la courbe de demande agrégée. Ainsi, une contraction monétaire a pour effet un déplacement de la courbe de demande agrégée vers la gauche davantage en économie ouverte qu'en économie fermée.

- Les responsables politiques peuvent également se servir de la politique budgétaire pour modifier la demande agrégée. Une augmentation des dépenses publiques ou une réduction des impôts se traduisent par un déplacement vers la droite de la courbe de demande agrégée. Une réduction des dépenses publiques ou une augmentation des impôts entraîne un déplacement de cette courbe vers la gauche.

- Lorsque le gouvernement modifie les dépenses publiques ou les impôts, l'effet sur la demande agrégée peut être inférieur ou supérieur à ces modifications. L'effet multiplicateur a tendance à amplifier l'impact de la politique budgétaire sur la demande. L'effet d'éviction sur l'investissement, au contraire, a tendance à réduire l'influence de cette politique. L'effet multiplicateur est sensiblement plus faible dans une économie ouverte que dans une économie fermée.

- Dans une petite économie ouverte avec mobilité parfaite des capitaux, la politique budgétaire peut avoir ou non des effets durables sur la courbe de demande agrégée, selon le régime de change que choisit la banque centrale. Si celle-ci laisse le taux de change flotter librement, une politique budgétaire n'aura aucun effet durable sur la position de la courbe de demande agrégée. De fait, le taux de change exerce, sur les exportations nettes, un effet contraire à celui de la politique budgétaire sur la demande agrégée.

Si la Banque du Canada décide de fixer le taux de change, cet effet des exportations nettes ne s'exerce plus. En maintenant fixe le taux de change, la banque centrale fait déplacer la courbe de demande agrégée davantage qu'elle ne le ferait dans une économie fermée. La politique budgétaire a donc, dans ce cas, un effet à long terme durable sur la position de la courbe de demande agrégée.

■ Parce que les politiques monétaire et budgétaire affectent toutes deux la demande agrégée, le gouvernement y a parfois recours pour stabiliser l'économie. Les économistes divergent d'opinion sur l'interventionnisme macroéconomique. Les partisans des politiques de stabilisation considèrent que la demande agrégée est exposée à des chocs imprévisibles, au Canada et ailleurs dans le monde : si le gouvernement n'y réagit pas, on assiste à des fluctuations indésirables et inutiles de la production et de l'emploi. Les opposants aux politiques de stabilisation soulignent que, en raison des longs délais entre la mise en application des politiques budgétaire et monétaire et leur effet sur la demande agrégée, un gouvernement qui tente de stabiliser l'économie finit souvent par produire l'effet contraire et par la déstabiliser.

CONCEPTS CLÉS

Effet d'éviction sur les exportations nettes, p. 398

Effet d'éviction sur les investissements, p. 395

Effet multiplicateur, p. 391

Politique budgétaire, p. 390

Régime de change fixe, p. 399

Régime de change flottant (ou flexible), p. 388

Stabilisateurs automatiques, p. 407

Théorie de la préférence pour la liquidité, p. 377

QUESTIONS DE RÉVISION

1. Qu'est-ce que la théorie de la préférence pour la liquidité ? Comment explique-t-elle la pente négative de la courbe de demande agrégée ?

2. À l'aide de la théorie de la préférence pour la liquidité, expliquez les effets sur la courbe de demande agrégée d'une contraction de la masse monétaire. Expliquez ces effets dans une économie fermée et dans une petite économie ouverte.

3. Le gouvernement dépense trois milliards de dollars pour l'achat de voitures de police. Dites pourquoi l'augmentation de la demande agrégée pourrait excéder ce montant. Dites pourquoi l'augmentation de la demande agrégée pourrait être inférieure à ce montant. À quelles conditions la demande agrégée ne bougerait-elle pas ?

4. Imaginez qu'un sondage sur la confiance des consommateurs montre qu'une vague de pessimisme touche le pays. Si les dirigeants ne font rien, qu'adviendra-t-il de la demande agrégée ? Comment devrait intervenir la Banque du Canada, en supposant qu'elle souhaite stabiliser la demande agrégée ? Si elle n'intervient pas, que pourrait faire le Parlement pour stabiliser la demande agrégée ?

5. Donnez un exemple de politique jouant le rôle de stabilisateur automatique. Expliquez les raisons de cet effet stabilisateur.

ANNEXE

LE TAUX DE CHANGE NOMINAL À COURT TERME

Nous avons déjà analysé en long et en large la détermination du taux de change, dans la partie sur l'économie ouverte à long terme. Il y était question du taux de change réel, dans un contexte de long terme. Le modèle que nous avons alors développé nous aidait à comprendre comment le taux de change réel évolue à long terme, pour équilibrer les exportations nettes et les sorties nettes de capitaux, et à très long terme, pour permettre la parité des pouvoirs d'achat des monnaies. Ce modèle est tout à fait approprié dans un contexte de long terme, mais il lui manque quelque chose pour expliquer les fluctuations du taux de change nominal à court terme. Nous allons y remédier dans cette annexe.

Comme pour tout bien, la valeur d'une devise est déterminée dans un marché, celui des changes. Deux groupes distincts d'agents font des transactions sur le marché des changes. Un premier groupe *offre des dollars canadiens* et demande, en échange, des devises étrangères. Deux raisons peuvent expliquer cette offre de dollars canadiens : le désir d'acheter des biens et des services étrangers (donc d'importer) et le désir d'acheter des actifs étrangers. Le second groupe de personnes *demande des dollars canadiens* et offre, en échange, des devises étrangères. Ces personnes souhaitent importer des biens et des services canadiens (c'est-à-dire nos exportations) ou acheter des actifs canadiens ; c'est pour l'une ou l'autre de ces raisons qu'ils veulent des dollars canadiens. Tout ce qui rend les produits canadiens plus intéressants (prix plus faibles, meilleure qualité, etc.) et tout ce qui rend les actifs canadiens plus intéressants à détenir (meilleur rendement, risque plus faible) provoquent donc une augmentation de la quantité de dollars canadiens demandés. Inversement, tout ce qui rend les produits étrangers plus intéressants (prix plus faibles, meilleure qualité, etc.) et tout ce qui rend les actifs étrangers plus intéressants à détenir (meilleur rendement, risque plus faible) provoquent donc une augmentation de la quantité de dollars canadiens offerts.

Avant d'aller plus loin, penchons-nous sur ce qui détermine le rendement d'un placement qu'une Canadienne fait dans des actifs étrangers. Si Bianca achète un bon du Trésor américain d'un an offrant un rendement de 4 %, elle obtient, un an plus tard, un rendement de 4 % en monnaie américaine, lorsqu'elle récupère son investissement. Mais son rendement en dollars canadiens est incertain. Si le dollar américain perd de la valeur durant la période du placement (et donc que le dollar canadien s'apprécie), Bianca devra donner, au bout d'un an, plus de dollars américains pour acheter des dollars canadiens. Le rendement total de Bianca sera donc inférieur à 4 %. Si le dollar américain gagne de la valeur durant l'année du placement (et donc que le dollar canadien se déprécie), Bianca donnera moins de dollars américains pour acheter des dollars canadiens. Le rendement en dollars canadiens sera donc supérieur à 4 %. On peut tirer une leçon de cet exemple : si on fait un placement dans une devise étrangère quelconque, le rendement est réduit si la devise étrangère se déprécie ; à l'inverse, le rendement est augmenté si la devise s'apprécie.

La pente des courbes de demande et d'offre de dollars canadiens

Revenons maintenant à l'offre et à la demande de dollars canadiens. La courbe de demande de dollars a une pente négative, c'est-à-dire qu'une augmentation du taux de change réduit la quantité de dollars demandés. Cette pente est négative pour deux raisons : premièrement, lorsque le taux de change augmente, les actifs, les biens et les services canadiens coûtent plus cher pour les étrangers. Ceux-ci achètent donc moins de nos produits et demandent moins de dollars canadiens. Deuxièmement, toutes choses étant égales par ailleurs, une augmentation du taux de change réduit le rendement des placements que les étrangers font au Canada. Les étrangers veulent donc faire moins de placements en actifs canadiens et demandent une quantité moindre de dollars canadiens sur le marché des changes. Voyons pourquoi, à l'aide d'un exemple : le taux de change est actuellement égal à 0,85 $US pour un dollar canadien et Quentin, résidant de Los Angeles, croit que ce taux de change sera le même dans un an. S'il achète un actif canadien donnant un rendement de 4 %, son rendement prévu en dollars américains est aussi de 4 %. Si on pose que le taux de change anticipé (le taux de change prévu dans l'avenir) est fixe à 0,85 $US, une augmentation du taux de change *actuel* réduit le rendement prévu, en dollars US, du placement en actifs canadiens de Quentin, car notre Américain craint maintenant une dépréciation du dollar canadien. Quentin demande donc moins de dollars canadiens dans le marché des changes.

La courbe d'offre de dollars a, quant à elle, une pente positive, et ce, pour deux raisons, qui sont le miroir de celles qu'on vient d'évoquer au sujet de la pente de la demande de dollars. Premièrement, lorsque le taux de change augmente, les actifs, les biens et les services étrangers coûtent moins cher pour les Canadiens. Ces derniers achètent donc plus de produits étrangers et offrent plus de dollars canadiens dans le marché des changes. Deuxièmement, toutes choses étant égales par ailleurs, une augmentation du taux de change élève le rendement des placements que les Canadiens font à l'étranger. Les Canadiens veulent donc faire plus de placements en actifs étrangers et offrent une plus grande quantité de dollars canadiens sur le marché des changes. Utilisons à nouveau un exemple : le taux de change est actuellement égal à 0,85 $US pour un dollar canadien et Élyse, résidante de Montréal, croit que ce taux de change sera le même dans un an. Si elle achète un actif américain offrant un rendement de 4 %, son rendement prévu en dollars canadiens est aussi de 4 %. Si on pose que le taux de change anticipé (le taux de change prévu dans l'avenir) est fixe à 0,85 $US, une augmentation du taux de change *actuel* accroît le rendement prévu, en dollars canadiens, du placement en actifs étrangers d'Élyse, car elle anticipe maintenant une appréciation de la devise étrangère. Élyse offre donc plus de dollars canadiens dans le marché des changes.

La figure 15A.1 illustre la courbe de demande et la courbe d'offre de dollars canadiens. Le taux de change d'équilibre se trouve au point d'intersection de ces deux courbes.

Tout ce qui entraîne un déplacement de la courbe d'offre de dollars, de la courbe de demande de dollars ou des deux causera une modification du taux de change. Toutes choses étant égales par ailleurs, si la demande diminue ou que l'offre augmente, le taux de change d'équilibre diminue ; si la demande augmente ou que l'offre diminue, le taux de change d'équilibre augmente.

Examinons maintenant les facteurs de déplacement de ces courbes. Les taux d'intérêt (ou les taux de rendement sur les actifs) et le risque des placements au Canada et à l'étranger sont un premier facteur déterminant de la position des deux courbes. Une

LE TAUX DE CHANGE D'ÉQUI-LIBRE L'équilibre du marché des changes correspond à l'intersection des courbes d'offre et de demande de dollars canadiens. Au taux de change d'équilibre, la quantité de dollars canadiens offerte est égale à la quantité demandée.

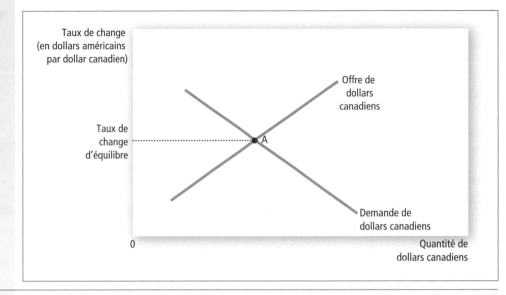

augmentation des taux d'intérêt canadiens, une baisse des taux d'intérêt étrangers, une baisse du risque des actifs canadiens ou une hausse du risque des actifs étrangers rendent, de façon relative, plus intéressants les placements au Canada et moins intéressants les placements dans les autres pays. La courbe de demande de dollars canadiens se déplace alors vers la droite, car les étrangers veulent plus d'actifs canadiens, et la courbe d'offre de dollars canadiens se déplace vers la gauche, car les Canadiens veulent moins d'actifs étrangers. Le taux de change d'équilibre augmente. Les effets de ces événements sont présentés à la figure 15A.2 (voir la page 418). Inversement, une diminution des taux d'intérêt canadiens, une augmentation des taux d'intérêt étrangers, une augmentation du risque des actifs canadiens ou une réduction du risque des actifs étrangers rendent, de façon relative, moins intéressants les placements au Canada et plus intéressants les placements dans les autres pays. La courbe de demande de dollars canadiens se déplace alors vers la gauche, car les étrangers veulent moins d'actifs canadiens, et la courbe d'offre de dollars canadiens se déplace vers la droite, car les Canadiens veulent plus d'actifs étrangers. Le taux de change d'équilibre diminue. Les effets de ces événements sont présentés à la figure 15A.3 (voir la page 418).

Un deuxième facteur de déplacement des deux courbes, soit les variations du taux de change anticipé, nous permet de comprendre pourquoi les taux de change sont si volatiles à court terme. Rappelons ce que nous avons vu au sujet du taux de change anticipé : si on fait un placement dans une devise étrangère quelconque, le rendement est réduit si la devise étrangère se déprécie ; à l'inverse, le rendement est augmenté si la devise s'apprécie. Pour un taux de change actuel donné, si on anticipe un dollar canadien plus élevé dans le futur, le rendement prévu pour un Canadien d'un placement à l'étranger diminue, alors que le rendement prévu pour un étranger d'un placement au Canada augmente. La demande de dollars canadiens augmente, car les étrangers veulent plus d'actifs canadiens, et l'offre de dollars canadiens diminue, car les Canadiens veulent moins d'actifs étrangers : le taux de change d'équilibre s'élève. Cet événement est présenté à la figure 15A.2. Inversement, si on anticipe un dollar canadien plus faible dans le futur, le rendement prévu pour un Canadien d'un placement à l'étranger augmente, alors que le rendement prévu pour un étranger d'un placement au Canada diminue (voir la figure 15A.3). La demande de dollars canadiens diminue, car les étrangers veulent moins d'actifs canadiens, et l'offre de

UNE AUGMENTATION DE LA DEMANDE DE DOLLARS CANADIENS COMBINÉE À UNE DIMINUTION DE L'OFFRE DE DOLLARS CANADIENS Une augmentation des taux d'intérêt canadiens, une baisse des taux d'intérêt étrangers, une diminution du risque des actifs canadiens, une hausse du risque des actifs étrangers ou une anticipation d'une appréciation du dollar canadien rendent les placements au Canada plus intéressants et ceux à l'étranger moins intéressants. La courbe de demande de dollars canadiens se déplace vers la droite, en même temps que la courbe d'offre de dollars canadiens se déplace vers la gauche. Le taux de change d'équilibre augmente alors.

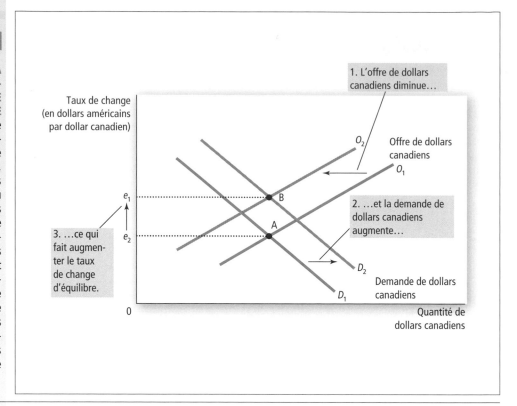

UNE DIMINUTION DE LA DEMANDE DE DOLLARS CANADIENS COMBINÉE À UNE AUGMENTATION DE L'OFFRE DE DOLLARS CANADIENS Une diminution des taux d'intérêt canadiens, une augmentation des taux d'intérêt étrangers, une augmentation du risque des actifs canadiens, une diminution du risque des actifs étrangers ou une anticipation d'une dépréciation du dollar canadien rendent les placements au Canada moins intéressants et ceux à l'étranger plus intéressants. La courbe de demande de dollars canadiens se déplace vers la gauche, en même temps que la courbe d'offre de dollars canadiens se déplace vers la droite. Le taux de change d'équilibre diminue alors.

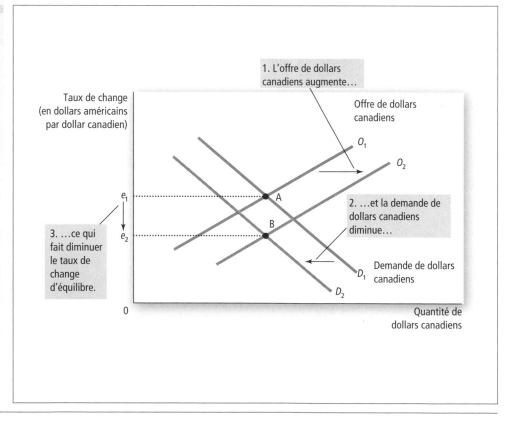

dollars canadiens augmente, car les Canadiens veulent plus d'actifs étrangers : le taux de change d'équilibre s'abaisse. Toute information nouvelle portant sur l'évolution des taux d'intérêt, ici ou à l'étranger, amène donc les gens à réévaluer leurs anticipations sur le taux de change : le taux de change nominal à court terme est, pour cette raison, impossible à prévoir.

Un troisième facteur, lié au commerce international, fait aussi se déplacer les deux courbes : les prix ici et à l'étranger. Toutes choses étant égales par ailleurs, une diminution du niveau des prix au Canada ou une augmentation du niveau des prix à l'étranger rendent les biens canadiens relativement moins coûteux et les biens étrangers relativement plus coûteux. Les Canadiens achètent donc moins de biens étrangers et offrent moins de dollars canadiens dans le marché des changes, alors que les étrangers achètent plus de biens canadiens et demandent plus de dollars canadiens ; le taux de change s'élève (voir la figure 15A.2). Inversement, une augmentation du niveau des prix au Canada ou une diminution du niveau des prix à l'étranger rendent les biens canadiens relativement plus coûteux et les biens étrangers relativement moins coûteux. Les Canadiens achètent donc plus de biens étrangers et offrent plus de dollars canadiens dans le marché des changes, alors que les étrangers achètent moins de biens canadiens et demandent moins de dollars canadiens, ce qui abaisse le taux de change (voir la figure 15A.3).

Il est aussi possible qu'une seule des deux courbes se déplace. Cela se produit si un choc modifie seulement les exportations ou seulement les importations. Parmi les événements qui peuvent avoir un tel effet, on peut citer les fluctuations conjoncturelles et les variations de la demande des biens exportés ou importés. Commençons par examiner les effets des fluctuations de l'activité économique. Une réduction du PIB réel canadien représente une diminution des revenus au Canada. Lorsque cela se produit, les résidants canadiens réduisent leurs dépenses, dont leurs achats de biens et services étrangers. Les importations et l'offre de dollars canadiens diminuent ; le dollar s'apprécie. Évidemment, une forte hausse du PIB réel canadien produit l'effet contraire et le dollar canadien se déprécie. Lorsque le PIB d'un partenaire économique important du Canada diminue, les étrangers dépensent et importent moins. Les exportations canadiennes et la demande de dollars canadiens diminuent alors et le dollar canadien se déprécie. Inversement, lorsque le PIB d'un partenaire économique important du Canada augmente, les étrangers dépensent et importent plus. Les exportations canadiennes et la demande de dollars canadiens augmentent alors et le dollar canadien s'apprécie. Ce dernier événement est illustré à la figure 15A.4 (voir la page 420).

Finalement, il est possible que des variations de la demande internationale d'un bien produit au Canada affectent le marché des changes canadien. Par exemple, une hausse importante du prix du pétrole, une matière première produite en grande quantité et exportée par le Canada, fait augmenter la valeur des exportations canadiennes (car la demande de ce produit est inélastique). Les étrangers qui importent ce produit doivent alors demander plus de dollars canadiens dans le marché des changes, de sorte que le dollar canadien s'apprécie. Inversement, une baisse du prix du pétrole cause une dépréciation du dollar canadien. Empiriquement, ce dernier facteur est très important pour expliquer les fluctuations du taux de change canadien.

Le tableau 15A.1 (voir la page 421) résume les facteurs causant les variations du taux de change à court terme.

UNE AUGMENTATION DE LA DEMANDE DE DOLLARS CANADIENS Une hausse du PIB réel américain a un impact sur le taux de change canadien. Lorsque le PIB réel américain augmente, le revenu des Américains augmente aussi; ceux-ci dépensent et importent plus, ce qui fait augmenter les exportations canadiennes. La demande de dollars canadiens augmente donc, ainsi que le taux de change.

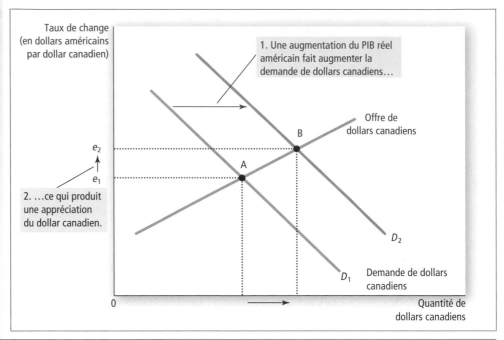

Un retour sur la relation entre les sorties nettes de capitaux et les exportations nettes

Nous avons déjà vu au chapitre 12 que, dans un pays où l'épargne nationale est inférieure à l'investissement, le manque d'épargne engendre des entrées nettes de capitaux (donc des sorties nettes de capitaux négatives). Comme les exportations nettes sont, par définition, égales aux sorties nettes de capitaux, les exportations nettes sont alors négatives. Voyons ce qui se produit dans le marché des changes pour donner ces résultats.

Lorsque les entreprises et les gouvernements au Canada empruntent, ils émettent des titres financiers tels que des obligations, des bons du Trésor ou du papier commercial. Si l'épargne canadienne est inférieure à l'investissement, l'offre de fonds est inférieure à la demande dans le marché canadien des fonds prêtables. Les fonds manquants proviennent nécessairement de l'étranger. Les étrangers doivent donc acheter une partie des titres émis par les gouvernements et les entreprises au Canada. La demande de dollars canadiens augmente alors dans le marché des changes, ce qui cause une appréciation du dollar. Cette appréciation rend les produits canadiens plus coûteux pour les étrangers et les produits étrangers moins coûteux pour les Canadiens. Les exportations canadiennes diminuent, alors que les importations augmentent. Les exportations nettes deviennent donc négatives, tout comme les sorties nettes de capitaux.

Inversement, si l'épargne canadienne est supérieure à l'investissement, l'offre de fonds est supérieure à la demande dans le marché canadien des fonds prêtables. Les fonds excédentaires sont alors nécessairement placés à l'étranger. Les Canadiens doivent donc acheter une partie des titres émis par les entreprises et les gouvernements étrangers. L'offre de dollars canadiens augmente alors dans le marché des changes, ce qui cause la dépréciation du dollar canadien. Cette dépréciation rend les produits canadiens moins coûteux pour les étrangers et les produits étrangers plus coûteux pour les Canadiens. Les exportations canadiennes augmentent et les importations diminuent. Les exportations nettes deviennent alors positives, tout comme les sorties nettes de capitaux.

| TABLEAU 15A.1 | RÉSUMÉ : LES FACTEURS CAUSANT LES VARIATIONS DU TAUX DE CHANGE À COURT TERME |

DÉPLACEMENTS DES COURBES SUR LE MARCHÉ DES CHANGES	ÉVÉNEMENTS PROVOQUANT CES DÉPLACEMENTS	EFFETS SUR LE TAUX DE CHANGE
Augmentation de la demande et diminution de l'offre de dollars canadiens	• Hausse du taux d'intérêt canadien • Baisse des taux d'intérêt étrangers • Anticipation d'une appréciation du dollar canadien • Anticipation d'une dépréciation d'une devise étrangère • Diminution des prix au Canada • Augmentation des prix à l'étranger	Appréciation du dollar canadien
Diminution de la demande et augmentation de l'offre de dollars canadiens	• Baisse du taux d'intérêt canadien • Hausse des taux d'intérêt étrangers • Anticipation d'une dépréciation du dollar canadien • Anticipation d'une appréciation d'une devise étrangère • Augmentation des prix au Canada • Diminution des prix à l'étranger	Dépréciation du dollar canadien
Augmentation de la demande de dollars canadiens	• Augmentation de la demande d'un bien exporté • Augmentation du PIB réel étranger	Appréciation du dollar canadien
Diminution de la demande de dollars canadiens	• Diminution de la demande d'un bien exporté • Diminution du PIB réel étranger	Dépréciation du dollar canadien
Augmentation de l'offre de dollars canadiens	• Augmentation de la demande d'un bien importé • Augmentation du PIB réel canadien	Dépréciation du dollar canadien
Diminution de l'offre de dollars canadiens	• Diminution de la demande d'un bien importé • Diminution du PIB réel canadien	Appréciation du dollar canadien

Le régime de change fixe

Il est possible pour la banque centrale de fixer le taux de change à un taux officiel donné, par rapport à une devise en particulier. Lorsque le taux de change officiel est supérieur au taux d'équilibre, la quantité offerte de dollars est supérieure à la quantité demandée sur le marché des changes. Si la Banque du Canada décide de fixer le taux de change à un taux supérieur au taux d'équilibre, elle doit acheter la quantité excédentaire de dollars canadiens offerts (voir la figure 15A.5, page 422). La Banque du Canada vend alors des devises étrangères (ses réserves en devises diminuent) et achète des dollars canadiens. Cette politique ne peut cependant être maintenue à long terme pour soutenir une devise surévaluée, car les réserves officielles de la Banque du Canada sont limitées. Inversement, lorsque le taux de change officiel est inférieur au taux d'équilibre, la quantité de dollars demandés est supérieure à la quantité offerte sur le marché des changes. Si la Banque du Canada décide de fixer le taux de change à un taux inférieur au taux d'équilibre, elle doit offrir la quantité manquante de dollars canadiens. La Banque du Canada vend alors des dollars canadiens et achète des devises étrangères (ses réserves en devises augmentent). Cette dernière politique est soutenable à long terme, car la Banque du Canada a un accès illimité à ses propres devises.

FIGURE 15A.5

LE RÉGIME DE CHANGE FIXE En régime de change fixe, lorsque le taux officiel est fixé à un niveau supérieur au taux d'équilibre (graphique a), la quantité offerte de dollars canadiens est supérieure à la quantité demandée. La banque centrale doit acheter le surplus en vendant des devises étrangères. Lorsque le taux officiel est fixé à un niveau inférieur au taux d'équilibre (graphique b), la quantité de dollars canadiens demandée est supérieure à la quantité offerte. La banque centrale accumule alors des surplus.

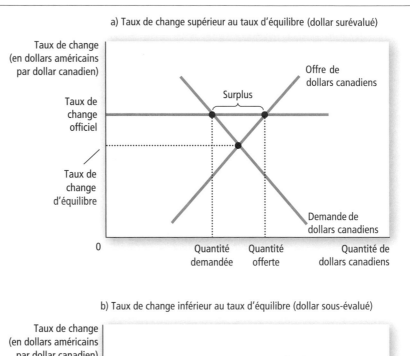

a) Taux de change supérieur au taux d'équilibre (dollar surévalué)

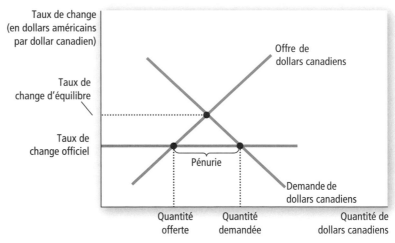

b) Taux de change inférieur au taux d'équilibre (dollar sous-évalué)

CHAPITRE 16

L'ARBITRAGE À COURT TERME ENTRE L'INFLATION ET LE CHÔMAGE

OBJECTIFS

À la fin de ce chapitre, vous serez en mesure :

→ de comprendre pourquoi les dirigeants font face à un arbitrage à court terme entre l'inflation et le chômage ;

→ d'expliquer pourquoi cet arbitrage entre l'inflation et le chômage disparaît à long terme ;

→ de saisir comment les chocs d'offre peuvent modifier cet arbitrage ;

→ d'évaluer le coût à court terme de la réduction du taux d'inflation ;

→ de comprendre la relation entre la crédibilité des dirigeants et le coût de réduction de l'inflation.

L'inflation et le chômage sont deux indicateurs économiques étroitement surveillés par les responsables politiques, qui attendent avec impatience la publication des données recueillies chaque mois par Statistique Canada. Certains commentateurs combinent le taux d'inflation et le taux de chômage pour calculer un indice de souffrance, qui sert de baromètre de la santé économique du pays. Quelle est la relation entre les deux indicateurs de performance économique que sont l'inflation et le chômage ? Dans le présent ouvrage, nous avons déjà analysé les facteurs qui déterminent le chômage et l'inflation à long terme. Nous savons donc que le taux de chômage naturel dépend des diverses caractéristiques du marché du travail, telles que les lois sur le salaire minimum et la générosité du programme d'assurance emploi. Pour sa part, le taux d'inflation est essentiellement le résultat de la croissance de l'offre de monnaie, déterminée par la banque centrale d'un pays. À long terme, l'inflation et le taux de chômage sont donc deux phénomènes indépendants l'un de l'autre.

Cependant, ce n'est pas le cas à court terme. Selon l'un des **dix principes d'économie** abordés au chapitre 1, à court terme, la société est soumise à un arbitrage entre l'inflation et le chômage. Si les responsables des politiques monétaire et fiscale stimulent la demande agrégée et entraînent un déplacement de l'économie vers le haut le long de la courbe d'offre agrégée à court terme, ils parviendront à réduire le chômage pendant un certain temps, mais seulement au prix d'une hausse de l'inflation. Inversement, si les dirigeants réduisent la demande agrégée et provoquent un déplacement de l'économie vers le bas le long de la courbe d'offre agrégée, ils diminueront l'inflation, mais causeront une hausse temporaire du chômage.

Dans ce chapitre, nous reviendrons plus en détail sur cet arbitrage. Quelques-uns des plus grands économistes du dernier demi-siècle se sont penchés sur cette question. La meilleure façon d'aborder la relation inverse entre le chômage et l'inflation consiste à étudier l'évolution de la pensée économique à ce sujet. Comme nous le constaterons, l'histoire de cette pensée, depuis les années 1950, est indissociable de l'histoire économique nord-américaine et européenne. Notre analyse montrera pourquoi cet arbitrage entre l'inflation et le chômage tient à court terme, mais pas à long terme, tout en éclairant les enjeux liés aux politiques économiques.

LA COURBE DE PHILLIPS

Courbe de Phillips
Courbe qui illustre une relation d'arbitrage à court terme entre l'inflation et le chômage.

« La courbe de Phillips est probablement la relation la plus importante en macroéconomie. » Ces paroles sont de l'économiste George Akerlof et proviennent de l'allocution qu'il a prononcée lorsqu'il a reçu le prix Nobel d'économie en 2001. La courbe de Phillips montre la relation d'arbitrage à court terme entre l'inflation et le chômage. Nous commencerons donc cette rétrospective de la pensée économique en expliquant les origines de cette courbe.

LES ORIGINES DE LA COURBE DE PHILLIPS

La courbe de Phillips est le résultat de recherches menées dans un contexte international. En 1958, l'économiste néo-zélandais A. W. Phillips a publié dans le journal britannique *Economica* un article qui allait le rendre célèbre. Cet article, intitulé « La relation entre le chômage et le taux de croissance des salaires au Royaume-Uni entre 1861 et 1957 », établissait une corrélation inverse entre le taux de chômage et le taux d'inflation. Phillips démontrait ainsi qu'un taux de chômage faible va de pair avec une forte inflation, tandis qu'un taux de chômage élevé correspond à une faible inflation. (Phillips avait fondé son observation sur les salaires nominaux plutôt que sur les prix, mais cette distinction importe peu pour les fins de la démonstration. Ces deux indicateurs de l'inflation varient normalement dans le même sens.) Phillips en a donc conclu à l'existence d'une relation entre ces deux variables économiques essentielles — l'inflation et le chômage —, relation que les économistes n'avaient jamais envisagée auparavant.

Deux ans plus tard, un économiste canadien, Richard Lipsey, a confirmé les observations de Phillips en les étoffant par une estimation plus précise de la relation quantitative entre les variations du taux d'inflation et celles du taux de chômage. Ce faisant, il a inauguré une méthode reprise ensuite par de nombreux économistes.

Bien que les travaux de Phillips et de Lipsey aient été fondés sur des données britanniques, les chercheurs d'autres pays arrivèrent rapidement aux mêmes conclusions.

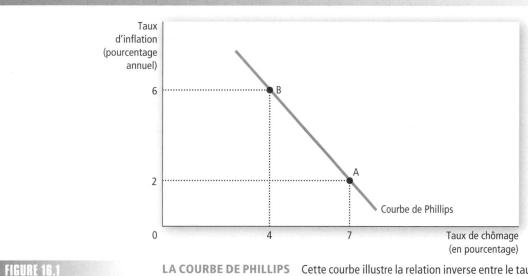

FIGURE 16.1 **LA COURBE DE PHILLIPS** Cette courbe illustre la relation inverse entre le taux d'inflation et le taux de chômage. Au point A, l'inflation est faible et le chômage élevé, tandis qu'au point B, la situation est exactement inverse.

L'année même de la parution de l'article de Lipsey, deux économistes américains, Paul Samuelson et Robert Solow, décidèrent de vérifier l'hypothèse de Phillips-Lipsey à partir de statistiques américaines. Samuelson et Solow démontrèrent que la corrélation inverse entre l'inflation et le chômage, qui se vérifiait aux États-Unis et dans d'autres pays, pouvait s'expliquer par la forte demande agrégée qui accompagnait la baisse du chômage, cette demande accrue exerçant une pression à la hausse sur l'ensemble des prix et des salaires. Samuelson et Solow baptisèrent cette relation inverse du nom de courbe de Phillips. La figure 16.1 présente un exemple de cette courbe reflétant l'hypothèse émise par Samuelson et Solow.

Samuelson et Solow s'intéressaient à la courbe de Phillips parce qu'ils pensaient pouvoir en tirer des enseignements importants pour les dirigeants. Selon eux, la courbe de Phillips fournissait un éventail de résultats économiques possibles. En modifiant la demande agrégée, par des politiques monétaire ou budgétaire, les dirigeants pourraient choisir un point précis le long de cette courbe, le point A correspondant à un chômage élevé et à une faible inflation et le point B correspondant à un chômage faible et à une inflation élevée. Les dirigeants souhaiteraient certainement à la fois une inflation et un chômage faibles, mais les données historiques résumées par la courbe de Phillips montrent clairement l'impossibilité d'une telle combinaison. Selon Samuelson et Solow, les dirigeants font face à un arbitrage entre l'inflation et le chômage, illustré par la courbe de Phillips. Dès lors, dans les premières années du développement de la courbe de Phillips, les économistes croyaient que les dirigeants faisaient face à un arbitrage permanent entre l'inflation et le chômage.

LA DEMANDE AGRÉGÉE, L'OFFRE AGRÉGÉE ET LA COURBE DE PHILLIPS

Le modèle de l'offre et de la demande agrégées offre une explication simple des variations décrites par la courbe de Phillips. La courbe de Phillips représente simplement les combinaisons possibles des taux d'inflation et de chômage survenant à court terme lorsqu'un déplacement de la courbe de demande agrégée fait bouger l'économie le long de la courbe d'offre agrégée à court terme. Comme nous l'avons démontré au chapitre 14, une hausse de la demande agrégée pour les biens et les services conduit, à court terme, à une augmentation de la production et à une hausse du niveau des prix. Cette augmentation de la production stimule l'emploi et réduit le chômage. En outre, et indépendamment du niveau des prix de l'année antérieure, plus le niveau des prix de l'année en cours est élevé, plus l'inflation est forte. Par conséquent, à court terme, une variation de la demande agrégée fait évoluer l'inflation et le chômage dans des directions opposées — c'est la relation que montre la courbe de Phillips.

Pour mieux comprendre ce mécanisme, prenons un exemple simple. Imaginons que le niveau des prix (mesuré, par exemple, par le déflateur) est de 100 en l'an 2010. La figure 16.2 illustre deux résultats possibles pour l'année 2011. Le graphique a) montre les deux possibilités au moyen du modèle de l'offre et de la demande agrégées ; le graphique b) reprend ces deux résultats à partir de la courbe de Phillips.

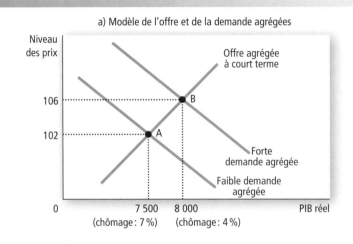

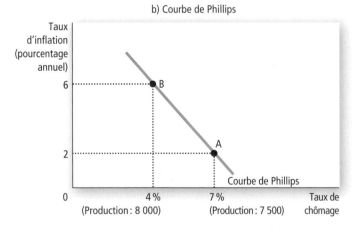

FIGURE 16.2 **LA RELATION ENTRE LA COURBE DE PHILLIPS ET LE MODÈLE DE L'OFFRE ET DE LA DEMANDE AGRÉGÉES** On part d'un niveau des prix fixé à 100 en 2010 pour voir les situations possibles en 2011. Le graphique a) correspond au modèle de l'offre et de la demande agrégées. Si la demande augmente faiblement, l'économie se situe au point A : la production est faible (7500), de même que le niveau des prix (102). Si la demande agrégée augmente fortement, l'économie passe au point B : la production est élevée (8000), de même que le niveau des prix (106). Le graphique b) montre les implications de ces résultats sur la courbe de Phillips. Le point A, reflétant une demande agrégée faible, se caractérise par un taux de chômage élevé (7 %) mais par une faible inflation (2 %). Lorsque la demande agrégée s'accroît en B, le taux de chômage est faible (4 %), mais l'inflation est forte (6 %).

Nous pouvons constater au graphique a) les implications d'un déplacement de la demande agrégée pour la production et le niveau des prix de l'année 2011. Si la demande agrégée de biens et de services augmente faiblement, l'économie se situe au point A, où la production équivaut à 7 500 et le niveau des prix, à 102. Par contre, si la demande agrégée augmente plus fortement, l'économie se retrouve en B, la production passe à 8 000 et le niveau des prix, à 106. Par conséquent, on conclut qu'une demande agrégée plus élevée modifie l'équilibre économique et provoque une hausse de la production de même qu'une hausse des prix.

Sur le graphique b), on peut clairement voir les implications de ces deux résultats pour le chômage et l'inflation. Étant donné que, pour produire plus de biens, les entreprises doivent embaucher davantage, le chômage est plus faible au point B qu'au point A. Dans cet exemple, lorsque la production passe de 7500 à 8000, le chômage tombe de 7 % à 4 %. En outre, le niveau des prix est plus élevé en B qu'en A et, par conséquent, le taux d'inflation (le pourcentage de variation du niveau des prix par rapport à l'année précédente) augmente. Dans ce cas particulier, le niveau des prix se situant à 100 en l'an 2010, l'inflation est de 2 % en A et de 6 % en B. Nous sommes donc en mesure de comparer ces deux résultats économiques sous l'angle de la production et des prix (grâce au modèle de l'offre et de la demande agrégées), mais aussi du point de vue du chômage et de l'inflation (au moyen de la courbe de Phillips).

Dans le chapitre précédent, nous avons vu que les politiques monétaire et budgétaire peuvent causer un déplacement de la courbe de demande agrégée. Les politiques monétaire et budgétaire peuvent donc faire bouger l'économie le long de la courbe de Phillips. Un accroissement de la masse monétaire, une augmentation des dépenses publiques ou une réduction d'impôt font augmenter la demande agrégée et amènent l'économie en un point de la courbe de Phillips correspondant à un taux de chômage plus faible et à une inflation plus forte. À l'inverse, une contraction monétaire, une réduction des dépenses publiques ou une hausse des impôts font diminuer la demande agrégée, et l'économie se déplace alors vers un point de la courbe de Phillips correspondant à un taux de chômage élevé et à une inflation faible. Ainsi, la courbe de Phillips fournit aux autorités un éventail de combinaisons possibles d'inflation et de chômage.

MINITEST

■ Tracez une courbe de Phillips. En vous servant du modèle de l'offre et de la demande agrégées, montrez comment l'économie se déplace le long de cette courbe en passant d'une inflation forte à une inflation faible.

LES DÉPLACEMENTS DE LA COURBE DE PHILLIPS : LE RÔLE DES ANTICIPATIONS

La courbe de Phillips semble fournir aux autorités un éventail de combinaisons possibles d'inflation et de chômage. Mais est-ce bien le cas à long terme ? La courbe de Phillips à pente négative est-elle une relation stable sur laquelle les dirigeants peuvent s'appuyer ? Ce sont justement les questions que se sont posées les économistes à la fin des années 1960.

LA COURBE DE PHILLIPS À LONG TERME

En 1968, l'économiste Milton Friedman a publié un article dans l'*American Economic Review*, tiré d'un discours qu'il venait de prononcer en tant que président de l'American Economic Association. Cet article, intitulé « Le rôle de la politique monétaire », concernait à la fois ce que peut faire la politique monétaire et ce qu'elle ne peut pas faire. Friedman faisait remarquer que la politique monétaire n'est pas en mesure, sauf à court terme, de choisir une combinaison donnée d'inflation et de chômage le long de la courbe de Phillips. À peu près en même temps, un autre économiste, Edmund Phelps, publiait un article niant l'existence d'une relation d'arbitrage à long terme entre le chômage et l'inflation. La contribution de Phelps à ce débat lui a permis de remporter le prix Nobel d'économie en 2006.

Friedman et Phelps basaient leurs conclusions sur les principes macroéconomiques classiques, abordés dans les chapitres 7 à 13 du présent ouvrage. Souvenons-nous que, selon la théorie classique, l'augmentation de la masse monétaire est la cause principale de l'inflation. Mais la théorie classique nous dit également que la croissance de la masse monétaire n'a pas d'effets réels — elle se limite à modifier proportionnellement les prix et les revenus nominaux. Plus particulièrement, elle n'influence pas les facteurs déterminant le chômage, tels que le pouvoir de marché des syndicats, les salaires d'efficience ou le processus de recherche d'emploi. Friedman et Phelps concluaient donc qu'il n'y avait aucune raison de penser que le taux d'inflation soit, à long terme, lié au taux de chômage.

Voici, selon les termes employés par Friedman, ce que les banques centrales peuvent tenter d'accomplir à long terme :

> L'autorité monétaire contrôle des quantités nominales — directement, la quantité de son propre passif [masse monétaire et réserves des banques]. En principe, elle peut utiliser ce contrôle pour cibler une quantité nominale — un taux de change, le niveau des prix, le niveau nominal du revenu national, un agrégat monétaire — ou pour cibler une variation d'une quantité nominale — le taux d'inflation ou de déflation, le taux de croissance ou de décroissance du revenu national, le taux de croissance de la masse monétaire. Elle ne peut pas s'en servir pour cibler une quantité réelle — le taux d'intérêt réel, le taux de chômage, la masse monétaire réelle, le taux de croissance du revenu national réel ou le taux de croissance de la masse monétaire réelle.

Cette vision comporte des implications pour la courbe de Phillips. Cela signifie, en particulier, que les dirigeants se trouvent face à une courbe de Phillips verticale à long terme, comme on le voit à la figure 16.3. Si la Banque du Canada augmente lentement l'offre de monnaie, le taux d'inflation est faible et l'économie se situe au point A. Si, par contre, elle augmente la masse monétaire rapidement, le taux d'inflation est élevé et l'économie se situe au point B. Dans les deux cas, le taux de chômage se trouve à son niveau normal, baptisé *taux de chômage naturel*. Le fait que la courbe de Phillips soit verticale à long terme confirme l'hypothèse selon laquelle, à long terme, le chômage ne dépend pas de la croissance monétaire ni de l'inflation.

Cette courbe de Phillips à long terme correspond à l'idée classique de la neutralité monétaire. Nous avons déjà abordé ce concept lors de l'étude de la courbe d'offre agrégée à long terme verticale, au chapitre 14. Comme on le constate à la figure 16.4, la courbe de Phillips à long terme et la courbe d'offre agrégée à long terme, toutes deux verticales, sont les deux faces de la même médaille. Le graphique a) montre qu'une augmentation de l'offre de monnaie entraîne un déplacement de la courbe de demande

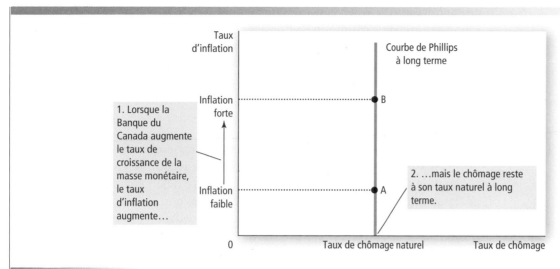

FIGURE 16.3 **LA COURBE DE PHILLIPS À LONG TERME** D'après Friedman et Phelps, il n'y a pas d'arbitrage à long terme entre l'inflation et le chômage. La croissance de la masse monétaire détermine le taux d'inflation. Quel que soit le taux d'inflation, le taux de chômage tend à graviter autour de son taux naturel. La courbe de Phillips à long terme est donc verticale.

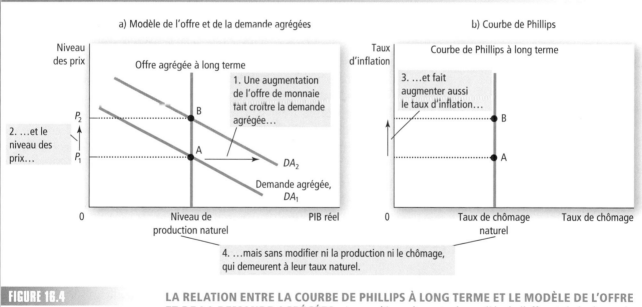

FIGURE 16.4 **LA RELATION ENTRE LA COURBE DE PHILLIPS À LONG TERME ET LE MODÈLE DE L'OFFRE ET DE LA DEMANDE AGRÉGÉES** Le graphique a) montre le modèle de l'offre et de la demande agrégées avec une courbe d'offre agrégée verticale. Si une politique monétaire expansionniste cause un déplacement vers la droite de la courbe de demande agrégée, soit de DA_1 à DA_2, l'équilibre passe de A à B. Le niveau des prix augmente de P_1 à P_2, alors que la production demeure inchangée. Le graphique b) montre une courbe de Phillips à long terme, verticale au taux de chômage naturel. Une politique monétaire expansionniste fait passer l'économie d'une inflation faible (point A) à une inflation forte (point B), sans toutefois modifier le taux de chômage.

agrégée vers la droite, de DA_1 à DA_2. L'équilibre à long terme passe alors du point A au point B. Le niveau des prix augmente de P_1 à P_2, mais la production reste inchangée, puisque la courbe d'offre agrégée est verticale. Le graphique b) montre qu'une croissance plus rapide de la masse monétaire fait augmenter le taux d'inflation en faisant passer l'économie de A à B. Cependant, le taux de chômage reste le même, car la courbe de Phillips est verticale. On voit ce qu'implique la verticalité de la courbe d'offre agrégée à long terme et de la courbe de Phillips à long terme : la politique monétaire influence les variables nominales (niveau des prix et taux d'inflation), mais pas les variables réelles (production et chômage). Quelle que soit la politique monétaire de la Banque du Canada, à long terme, la production et le chômage sont à leur niveau naturel.

LE SENS DU MOT *NATUREL*

Or qu'y a-t-il de si naturel à propos du taux de chômage naturel ? Friedman et Phelps se sont servis de ce qualificatif pour décrire le taux de chômage vers lequel l'économie tend à long terme. Néanmoins, ce taux de chômage naturel n'est pas nécessairement un taux socialement idéal. Il n'est pas non plus constant. Imaginons, par exemple, qu'un syndicat récemment créé se serve de son pouvoir pour faire augmenter les salaires d'une partie des travailleurs au-dessus du niveau d'équilibre. Il en résultera une offre excédentaire de travail sur le marché et, par conséquent, une augmentation du taux de chômage naturel. Ce taux est « naturel » non pas parce qu'il est souhaitable, mais parce qu'il est indépendant de toute politique monétaire. Une augmentation plus rapide de la masse monétaire ne réduirait en rien le pouvoir du syndicat ou le taux de chômage ; elle ne ferait qu'aggraver l'inflation.

Bien que la politique monétaire n'ait aucune influence sur le taux de chômage naturel, ce taux peut être modifié par d'autres types de politiques. Pour réduire le taux de chômage naturel, les dirigeants peuvent mettre au point des politiques visant à améliorer le fonctionnement du marché du travail. Nous avons déjà abordé, au chapitre 9, les politiques influant sur le taux de chômage naturel. Parmi elles, citons entre autres les lois sur le salaire minimum, les lois sur les syndicats et les négociations collectives, l'assurance emploi et les programmes de formation professionnelle. Toute politique réussissant à réduire le taux de chômage naturel entraînera un déplacement vers la gauche de la courbe de Phillips à long terme. De plus, la baisse du chômage se traduira par une augmentation du nombre de travailleurs, l'offre de biens et de services sera en hausse pour tous les niveaux des prix et la courbe d'offre agrégée à long terme se déplacera vers la droite. Il y aura alors un taux de chômage plus faible et une production plus élevée, et ce, quels que soient le taux de croissance de l'offre de monnaie et le taux d'inflation.

LA COURBE DE PHILLIPS À LONG TERME ET LES ANTICIPATIONS

À première vue, la contestation, par Friedman et Phelps, de l'arbitrage à long terme entre l'inflation et le chômage n'a rien de très convaincant. En effet, ils fondent toute leur argumentation sur une théorie. Au contraire, la corrélation négative entre l'inflation et le chômage, découverte par Phillips et Lipsey à partir des données sur le Royaume-Uni et confirmée par les données sur d'autres pays, reposait sur l'*observation* et n'avait donc rien de théorique. Comment croire que les dirigeants se trouvent face à une courbe de Phillips verticale lorsque l'ensemble des données internationales semble indiquer qu'il s'agit d'une courbe à pente négative ? Toutes ces observations ne devraient-elles pas nous inciter à rejeter la conclusion de la théorie classique sur la neutralité monétaire ?

Friedman et Phelps étaient bien conscients de ce problème et ont proposé une solution pour concilier la théorie macroéconomique classique avec la réalité des données britanniques, américaines et internationales. Ils ont fait valoir que la relation inverse entre l'inflation et le chômage ne se vérifie qu'à court terme et qu'elle ne peut pas être utilisée à long terme par les dirigeants. Autrement dit, même si les dirigeants peuvent, pendant un certain temps, réduire le chômage en augmentant la masse monétaire, le chômage finit par revenir à son taux naturel et cette politique monétaire expansionniste ne produit, à long terme, que de l'inflation.

Les travaux de Friedman et de Phelps ont inspiré en grande partie l'exposé du chapitre 14 sur les différences entre la courbe d'offre agrégée à court terme et la courbe d'offre agrégée à long terme. Rappelons que la courbe d'offre agrégée à long terme est verticale, ce qui montre que le niveau des prix n'a aucune influence sur la quantité produite à long terme. En revanche, la courbe d'offre agrégée à court terme a une pente positive, ce qui veut dire qu'une augmentation du niveau des prix accroît la quantité de biens et de services offerts par les entreprises. Selon la théorie des salaires rigides, les salaires sont fixes et déterminés en avance, en fonction du niveau des prix anticipé lors de la négociation. Lorsque les prix sont plus hauts que prévu, les firmes sont incitées à augmenter la production et l'emploi; lorsque les prix sont plus faibles qu'on ne l'avait anticipé, les entreprises réduisent la production et l'emploi. Cependant, parce que les salaires et les prix anticipés s'ajustent ultérieurement aux prix réalisés, la relation positive entre le niveau des prix et la quantité de biens et de services offerts se vérifie à court terme, mais pas à long terme.

Friedman et Phelps ont appliqué le même raisonnement à la courbe de Phillips. De la même manière que la courbe d'offre agrégée n'a une pente positive qu'à court terme, l'arbitrage entre l'inflation et le chômage ne tient qu'à court terme. Et, tout comme la courbe d'offre agrégée à long terme est verticale, la courbe de Phillips à long terme est aussi verticale.

Afin d'expliquer la relation entre l'inflation et le chômage à court et à long termes, Friedman et Phelps ont introduit une nouvelle variable dans l'analyse : il s'agit de l'inflation anticipée, qui mesure l'évolution attendue des prix. Comme nous l'avons vu au chapitre 14, le niveau des prix anticipé affecte les salaires négociés. Pour cette raison, l'inflation anticipée est l'un des facteurs qui déterminent la position de la courbe d'offre agrégée à court terme. À court terme, la Banque du Canada peut considérer l'inflation anticipée (et par conséquent la position de la courbe d'offre agrégée à court terme) comme une donnée déjà établie. Lorsque l'offre de monnaie varie, la courbe de demande agrégée se déplace et l'économie bouge le long d'une courbe d'offre agrégée à court terme fixe. À court terme, les variations de la masse monétaire causent donc des variations non anticipées de la production, des prix, du chômage et de l'inflation. C'est ainsi que Friedman et Phelps ont expliqué la pente négative de la courbe de Phillips observée dans un grand nombre de pays.

La possibilité pour la Banque du Canada de provoquer une inflation non anticipée en augmentant la masse monétaire se limite au court terme. À long terme, en effet, les gens finissent par anticiper le taux d'inflation visé par la Banque du Canada. Parce que les salaires s'ajustent ultérieurement au taux d'inflation, la courbe d'offre agrégée à long terme est verticale. Dans ce cas, les variations de la demande agrégée dues, entre autres, à des variations de la masse monétaire n'ont aucun effet sur la production des biens et des services. Dès lors, Friedman et Phelps concluent que le chômage revient à long terme à son taux naturel.

LA COURBE DE PHILLIPS À COURT TERME

L'équation suivante résume l'analyse de Friedman et de Phelps (il s'agit essentiellement d'une autre expression de l'équation de l'offre agrégée que nous avons étudiée au chapitre 14) :

Taux de chômage = taux de chômage naturel − a (inflation réalisée − inflation anticipée)

Cette équation montre la relation entre le taux de chômage, le taux de chômage naturel, l'inflation réalisée et l'inflation anticipée. À court terme, l'inflation anticipée est connue. Par conséquent, une inflation réalisée plus élevée signifie un taux de chômage inférieur (le degré de sensibilité du chômage à l'inflation anticipée dépend de *a*, une variable qui, elle-même, dépend de la pente de la courbe d'offre agrégée à court terme). À long terme, cependant, les gens parviennent à anticiper le taux d'inflation produit par la Banque du Canada. L'inflation anticipée finit donc par être égale à l'inflation réalisée, et le chômage retrouve son taux naturel.

Cette équation démontre qu'il n'y a pas qu'une seule courbe de Phillips à court terme. Chaque courbe de Phillips correspond à un certain taux d'inflation anticipé. (Pour être précis, si on trace la courbe correspondant à cette équation, on s'aperçoit que la courbe de Phillips à court terme croise la courbe de Phillips à long terme lorsque le taux d'inflation réalisé est égal au taux d'inflation anticipé.) Dès que l'inflation anticipée varie, la courbe de Phillips à court terme se déplace.

D'après Friedman et Phelps, il est risqué pour les dirigeants de considérer la courbe de Phillips comme un éventail d'options possibles. Afin de comprendre ce problème, imaginons une situation où le chômage est à son taux naturel et où l'inflation réalisée et l'inflation anticipée sont toutes deux faibles, comme on le voit au point A de la figure 16.5. Supposons maintenant que les dirigeants, désireux de tirer parti de l'arbitrage entre inflation et chômage, décident d'utiliser les politiques budgétaire ou monétaire pour faire augmenter la demande agrégée. À court terme, l'inflation anticipée étant fixe, l'économie passe de A à B. Le chômage se retrouve alors sous son taux naturel et l'inflation réalisée dépasse l'inflation anticipée. Lorsque l'économie passe du point A au point B, les dirigeants peuvent

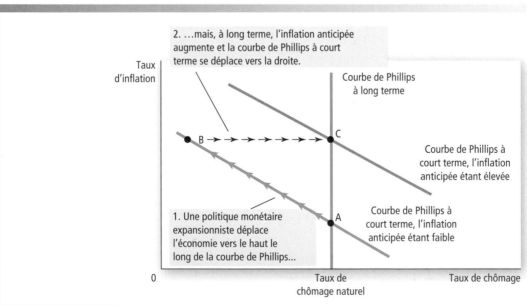

FIGURE 16.5   **L'INFLATION ANTICIPÉE ET LES DÉPLACEMENTS DE LA COURBE DE PHILLIPS À COURT TERME**   Plus l'inflation anticipée est élevée, plus la relation d'arbitrage à court terme entre l'inflation et le chômage est élevée sur le graphique. Au point A, l'inflation anticipée et l'inflation réelle sont toutes deux faibles et le chômage se situe à son taux naturel. Si la Banque du Canada adopte une politique monétaire expansionniste, l'économie passera à court terme de A à B. En B, l'inflation anticipée reste faible, mais l'inflation réalisée est élevée. Le chômage se situe donc en dessous de son taux naturel. À long terme, l'inflation anticipée augmente et l'économie se retrouve en C. À ce point, l'inflation anticipée et l'inflation réalisée sont toutes deux élevées et le chômage retrouve son taux naturel.

avoir l'impression qu'ils ont obtenu, de façon permanente, un taux de chômage inférieur, au prix d'un taux d'inflation plus élevé. Et ils peuvent considérer que ce choix est optimal.

Malheureusement, cette situation ne dure pas. Au fil du temps, les gens s'habituent à ce taux d'inflation élevé et augmentent leur anticipation d'inflation. Lorsque l'inflation anticipée augmente, les travailleurs et les entreprises tiennent compte d'une inflation plus élevée au moment de négocier les salaires. La courbe de Phillips à court terme se déplace alors vers la droite, comme on le constate sur la figure 16.5. L'économie finit par se retrouver en C, avec un taux de chômage égal à celui du point A, mais avec une inflation plus élevée. Friedman et Phelps concluent donc que les dirigeants ne font face qu'à un arbitrage de court terme entre l'inflation et le chômage. À long terme, une augmentation plus rapide de la demande agrégée produit plus d'inflation, sans réduire le chômage.

UNE EXPÉRIENCE DE L'HYPOTHÈSE DU TAUX NATUREL

En 1968, Friedman et Phelps formulèrent une prédiction audacieuse : d'après eux, si les dirigeants essaient de tirer parti de la courbe de Phillips en choisissant une forte inflation pour réduire le taux de chômage, ils ne parviendront à réduire le chômage que temporairement. Leur prédiction — à savoir que le chômage finira par retourner à son taux naturel, et ce, quel que soit le taux d'inflation — est connue sous le nom d'**hypothèse du taux naturel**. Quelques années après la formulation de cette hypothèse, les dirigeants américains et canadiens se sont livrés, bien malgré eux, à une expérience à ce sujet, leur économie respective servant de laboratoire aux économistes.

Hypothèse du taux naturel
Hypothèse selon laquelle le taux de chômage finit par revenir à son taux normal ou naturel, et ce, quel que soit le taux d'inflation.

Avant de prendre connaissance des résultats de cette expérience, observons d'abord de quelles données disposaient Friedman et Phelps en 1968 pour formuler leur prédiction. On trouve à la figure 16.6 (voir la page 434) les taux de chômage et d'inflation canadiens pour la période 1956-1968. Il est possible de les présenter sous la forme d'une courbe de Phillips. Durant ces 13 années, l'inflation croissante s'est accompagnée d'une baisse du chômage. Les données semblaient donc confirmer l'arbitrage entre l'inflation et le chômage.

Dans les années 1950 et 1960, la confirmation apparente de la formule de Phillips faisait de Friedman et Phelps de courageux précurseurs. Lorsque Phillips suggéra cette relation négative entre l'inflation et le chômage en 1958, les données sur la décennie suivante, tant au Canada et aux États-Unis que dans les autres pays, semblèrent confirmer cette corrélation. Pour plusieurs économistes de l'époque, il semblait ridicule d'affirmer, à l'instar de Friedman et Phelps, que la courbe de Phillips ne résisterait pas à l'usage qu'on en ferait.

C'est pourtant ce qui s'est passé. Vers la fin des années 1960, on adopta des politiques expansionnistes, qui stimulèrent la demande agrégée de biens et de services. Ces politiques étaient en partie budgétaires — les dépenses des gouvernements fédéral et provinciaux augmentaient beaucoup plus rapidement que le PIB — et en partie monétaires — la Banque du Canada tentait de maintenir de bas taux d'intérêt, étant donné la politique budgétaire expansionniste. Ainsi, de 1969 à 1973, la masse monétaire (mesurée par $M1$) a crû deux fois plus vite que dans la période précédente, entre 1956 et 1968. Le résultat : l'inflation est restée très forte (avoisinant les 5,4 % par an de 1969 à 1973, au lieu de 2,6 % de 1956 à 1968). Mais, comme Friedman et Phelps l'avaient annoncé, le chômage n'est pas demeuré faible.

434

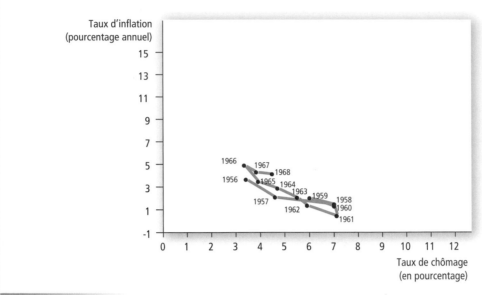

FIGURE 16.6

LA COURBE DE PHILLIPS DANS LES ANNÉES 1950 ET 1960 Cette figure montre la relation négative entre les taux de chômage et d'inflation (ce dernier mesuré selon le déflateur du PIB) de 1956 à 1968.

SOURCES : Les données pour la période allant de 1966 à 1968 proviennent de Statistique Canada, Cansim II, séries V2062816 (taux de chômage) et V1997756 (déflateur du PIB) ; les données pour 1956 à 1965 sont tirées de F. H. Leacy, *Statistiques historiques du Canada*, deuxième édition, Ottawa, Statistique Canada, 1983, séries D233 (taux de chômage) et K17 (déflateur du PIB).

L'évolution de l'inflation et du chômage entre 1956 à 1973 est illustrée à la figure 16.7. On y constate que la relation négative entre ces deux variables commence à disparaître vers 1970. En réponse à l'inflation élevée au début des années 1970, les anticipations d'inflation ont rattrapé la réalité et le chômage a retrouvé son taux du début des années 1960, soit 5 % à 6 %. On remarque également que cette évolution confirme la théorie du déplacement de la courbe de Phillips à court terme, illustrée à la figure 16.5 (voir la page 432). En 1973, les responsables politiques savaient que Friedman et Phelps avaient raison : il n'existe à long terme aucun arbitrage entre l'inflation et le chômage.

MINITEST

■ Tracez une courbe de Phillips à court terme et une courbe de Phillips à long terme et expliquez leurs différences.

LES DÉPLACEMENTS DE LA COURBE DE PHILLIPS : LE RÔLE DES CHOCS D'OFFRE

Friedman et Phelps avaient suggéré en 1968 que les variations de l'inflation anticipée entraînent un déplacement de la courbe de Phillips. L'expérience du début des années 1970 avait démontré aux économistes la justesse de cette hypothèse. Les économistes s'intéressèrent, au cours des années suivantes, à une autre cause des déplacements de la courbe de Phillips : les chocs sur l'offre agrégée.

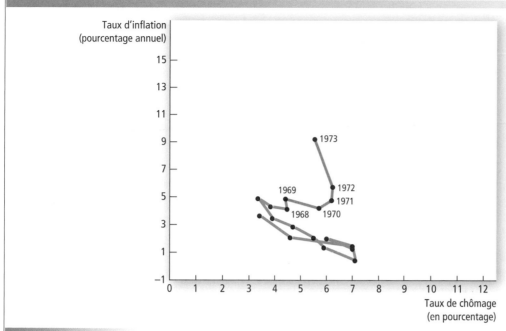

FIGURE 16.7 **LA REMISE EN QUESTION DE LA COURBE DE PHILLIPS** Cette figure met en évidence les taux de chômage et d'inflation annuels (ce dernier mesuré selon le déflateur du PIB) de 1968 à 1973. On constate que la courbe de Phillips des années 1960 disparaît au début des années 1970.

SOURCES : Les données pour la période 1968-1973 proviennent de Statistique Canada, Cansim II, séries V2062816 (taux de chômage) et V1997756 (déflateur du PIB).

Cette fois, le changement de cap ne provenait pas de professeurs d'économie, mais plutôt d'événements se produisant au Moyen-Orient. L'Organisation des pays exportateurs de pétrole (OPEP) avait été fondée en 1960, mais elle n'était pas parvenue à exercer un contrôle sur le prix du pétrole avant le début des années 1970. En 1969, Mouammar Kadhafi prit le pouvoir en Libye, lors d'un coup d'État militaire, et imposa de nouvelles conditions aux sociétés pétrolières. Les membres de l'OPEP se décidèrent alors à agir de concert pour faire monter le prix du pétrole. Ils connurent tout d'abord assez peu de succès mais, durant la guerre israélo-arabe de 1973, alors que le conflit avait déjà fait monter le prix du brut, les membres de l'OPEP parvinrent pour la première fois à utiliser leur pouvoir de cartel sur le marché mondial du pétrole. L'Arabie Saoudite, le Koweït et l'Irak réduisirent leur production et leurs ventes sur les marchés mondiaux et réussirent ainsi, assez rapidement, à faire tripler le prix de l'or noir.

Une augmentation du prix mondial du pétrole constitue un exemple de choc d'offre. Un **choc d'offre** est un événement qui affecte directement les coûts de production des entreprises et, donc, leurs prix de vente ; il cause un déplacement de la courbe d'offre agrégée et entraîne donc un déplacement de la courbe de Phillips. Par exemple, l'augmentation du prix du pétrole fait monter le coût de production de l'essence, du mazout, des pneus et de nombreux autres produits, ce qui réduit la quantité de biens et de services offerts pour un niveau des prix donné. Comme on le voit sur le graphique a) de la figure 16.8 (voir la page 436), cette réduction de l'offre se traduit par un déplacement vers la gauche de la courbe d'offre agrégée, qui passe de $OACT_1$ à $OACT_2$. Le niveau des prix augmente de P_1 à P_2 et la production diminue de Y_1 à Y_2. Cette combinaison de prix à la hausse et d'une production qui diminue est parfois nommée *stagflation*.

Choc d'offre
Événement qui influence directement les coûts des entreprises et les prix de leurs produits, causant un déplacement de la courbe d'offre agrégée et de la courbe de Phillips.

Le déplacement de l'offre agrégée s'accompagne d'un déplacement similaire de la courbe de Phillips à court terme, comme le montre le graphique b) de la figure 16.8. Parce que les entreprises réduisent leur production et leur personnel, l'emploi diminue et le chômage augmente. En raison de la hausse des prix, le taux d'inflation — c'est-à-dire le pourcentage de variation du niveau des prix par rapport à celui de l'année précédente — grimpe également. Dès lors, le déplacement de l'offre agrégée conduit à une augmentation du taux de chômage et du taux d'inflation. L'arbitrage à court terme entre inflation et chômage est déplacé vers la droite, de CP_1 à CP_2.

Face à ce choc négatif sur l'offre agrégée, les dirigeants doivent faire un choix difficile : lutter contre l'inflation ou lutter contre le chômage. S'ils réduisent la demande agrégée afin de lutter contre l'inflation, le chômage, déjà élevé, augmentera. S'ils stimulent la demande agrégée pour réduire le chômage, ils aggravent l'inflation, déjà forte. Autrement dit, un dilemme beaucoup plus délicat qu'avant le déplacement de la courbe de l'offre agrégée se pose maintenant aux dirigeants : il leur faut accepter

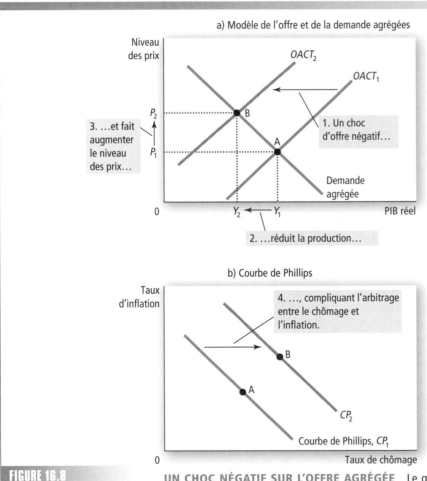

FIGURE 16.8

UN CHOC NÉGATIF SUR L'OFFRE AGRÉGÉE   Le graphique a) présente le modèle de l'offre et de la demande agrégées. Lorsque la courbe d'offre se déplace vers la gauche, de $OACT_1$ à $OACT_2$, l'équilibre passe du point A au point B. On enregistre une baisse de la production de Y_1 à Y_2 et une hausse des prix de P_1 à P_2. Le graphique b) montre l'arbitrage à court terme entre l'inflation et le chômage. Le déplacement vers la gauche de la courbe d'offre agrégée fait passer l'économie du point A (chômage et inflation faibles) au point B (chômage et inflation élevés). La courbe de Phillips à court terme se déplace vers la droite, de CP_1 à CP_2. Les dirigeants sont maintenant devant un arbitrage beaucoup moins intéressant entre l'inflation et le chômage.

une inflation supérieure pour un taux de chômage donné, ou un taux de chômage supérieur pour un taux d'inflation donné, ou la combinaison d'un haut taux de chômage et d'un haut taux d'inflation.

Mis devant ce déplacement de la courbe de Phillips, les dirigeants se demanderont s'il est temporaire ou permanent. La réponse est fonction de l'ajustement des anticipations d'inflation. Si les gens considèrent cette hausse de l'inflation, due au choc d'offre, comme une simple aberration temporaire, la courbe de Phillips reprendra rapidement sa position initiale. Par contre, si le public croit qu'un tel choc annonce une période d'inflation plus élevée, les anticipations d'inflation augmenteront et la courbe de Phillips restera dans cette position moins avantageuse.

La figure 16.9 présente l'inflation et le chômage au Canada durant les années 1970. On note une augmentation marquée de l'inflation au milieu de cette décennie, qui correspond au choc pétrolier de l'OPEP. Cette augmentation du prix du pétrole risquait de provoquer une hausse importante des coûts de production des entreprises canadiennes utilisant le pétrole comme intrant. En l'absence de toute intervention publique, on aurait abouti à une augmentation simultanée de l'inflation et du chômage. Bref, on risquait une stagflation. Devant cette menace, les dirigeants politiques canadiens devaient faire un choix difficile : réduire la demande agrégée pour lutter contre l'inflation, tout en faisant augmenter le chômage, ou stimuler la demande agrégée pour réduire le chômage, tout en provoquant une augmentation encore plus importante de l'inflation et des anticipations d'inflation.

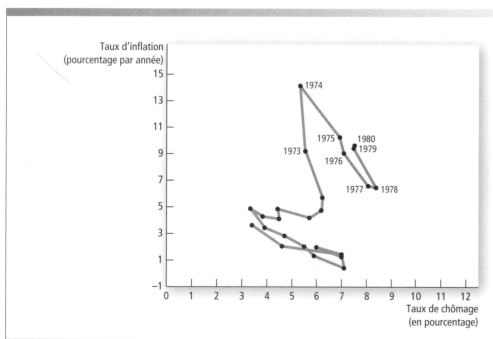

FIGURE 16.9   **LES CHOCS D'OFFRE DES ANNÉES 1970**   Cette figure présente les taux de chômage et d'inflation annuels (mesurés selon le déflateur du PIB). La forte hausse du prix du pétrole au début des années 1970 et en 1979 a causé une forte hausse de l'inflation et un déplacement vers la droite de la courbe de Phillips à court terme. Entre ces deux chocs pétroliers, une politique monétaire restrictive et un contrôle des salaires et des prix ont permis à l'économie canadienne de glisser vers le bas le long de la courbe à court terme temporairement stable.

SOURCES : Les données pour la période 1973-1980 proviennent de Statistique Canada, Cansim II, séries V2062816 (taux de chômage) et V1997756 (déflateur du PIB).

Les dirigeants canadiens ont décidé d'attaquer la menace de stagflation sur deux fronts. Tout d'abord, la Banque du Canada a adopté une politique monétaire restrictive. De 1974 à 1978, l'augmentation de l'offre de monnaie n'a même pas atteint 1 % par année. De cette façon, la Banque du Canada a réduit la demande agrégée, limitant ainsi la hausse des prix, mais faisant diminuer du même coup la production et augmenter le chômage. Les dirigeants ont aussi choisi de lutter contre l'inflation au moyen d'un contrôle des prix et des salaires. Entre 1976 et 1978, le gouvernement fédéral a légiféré pour limiter les augmentations de salaires et de prix sous le taux d'inflation, afin de réduire directement l'inflation et les anticipations d'inflation. Le gouvernement espérait qu'une telle politique persuade les travailleurs et les entreprises d'accepter de modérer leurs demandes en matière de salaires et de prix, leur position relative restant inchangée. Cette double intervention a mené à une impressionnante réduction du taux d'inflation, mais également à une augmentation du chômage. De 1974 à 1978, l'économie canadienne a glissé vers le bas, le long de la courbe de Phillips à court terme. Malheureusement, le choc pétrolier avait causé un déplacement de cette courbe vers la droite. Par conséquent, lorsque le taux d'inflation a retrouvé son niveau de 1972, le chômage était plus élevé de 2 %. Qui plus est, alors que l'inflation s'estompait et que le gouvernement levait le contrôle des prix, l'OPEP a une fois encore utilisé son pouvoir de marché et un second choc pétrolier a fait doubler le prix du baril de pétrole en 1979.

À la suite de ce second choc, l'économie canadienne a enregistré un taux d'inflation très élevé et on craignait que les anticipations d'inflation restent très fortes. En 1980, après les deux chocs pétroliers, l'inflation avait fini par dépasser les 10 % et le chômage atteignait 7,5 %. Cette combinaison était bien loin de correspondre à l'arbitrage que suggérait la courbe de Phillips des années 1960. Durant cette période, la courbe de Phillips laissait penser qu'un taux de chômage de 7,5 % correspondait à un taux d'inflation de moins de 1 %. Une inflation de 10 % était impensable si on se fiait à cette courbe. En 1980, la population se plaignait amèrement de la conjoncture macroéconomique. Il fallait faire quelque chose, et le plus rapidement possible.

MINITEST

■ Donnez un exemple de choc d'offre favorable. À l'aide du modèle de l'offre et de la demande agrégées, expliquez les effets de ce choc. Comment se répercute-t-il sur la courbe de Phillips ?

LE COÛT DE LA LUTTE CONTRE L'INFLATION

En octobre 1979, alors que l'économie mondiale encaissait le deuxième choc d'offre négatif de la décennie, imputable à l'OPEP, la Banque du Canada a décidé de prendre le taureau par les cornes. En tant que responsable du système monétaire du pays, la Banque n'avait d'autre option que d'adopter une politique de désinflation — soit une réduction du taux d'inflation. Si la possibilité d'y parvenir ne faisait aucun doute, étant donné le contrôle que la Banque exerce sur la masse monétaire, on pouvait toutefois se demander quel serait le coût à court terme de cette politique.

LE RATIO DE SACRIFICE

Pour lutter contre l'inflation, la Banque du Canada devait adopter une politique monétaire restrictive, illustrée à la figure 16.10. En ralentissant la croissance de la masse

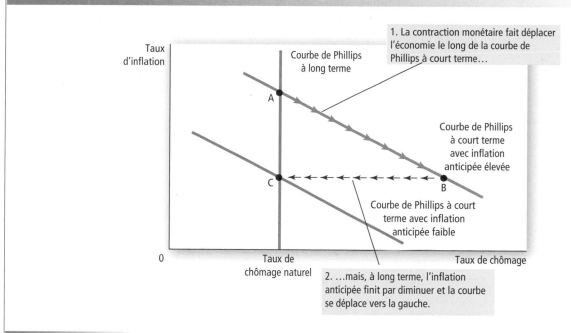

Taux d'inflation

Courbe de Phillips à long terme

A

1. La contraction monétaire fait déplacer l'économie le long de la courbe de Phillips à court terme...

Courbe de Phillips à court terme avec inflation anticipée élevée

C

B

Courbe de Phillips à court terme avec inflation anticipée faible

0

Taux de chômage naturel

Taux de chômage

2. ...mais, à long terme, l'inflation anticipée finit par diminuer et la courbe se déplace vers la gauche.

FIGURE 16.10

LA POLITIQUE MONÉTAIRE DÉSINFLATIONNISTE À COURT TERME ET À LONG TERME
Lorsque la Banque du Canada adopte une politique monétaire restrictive afin de lutter contre l'inflation, l'économie se déplace de A à B le long de la courbe de Phillips à court terme. Avec le temps, l'inflation anticipée diminue et la courbe de Phillips se déplace vers la gauche. Lorsque l'économie se retrouve en C, le chômage est revenu à son taux naturel.

monétaire, la Banque parvient à faire diminuer la demande agrégée. La réduction de la demande agrégée entraîne celle de la production et de l'emploi. L'économie part du point A et se déplace alors le long de la courbe de Phillips à court terme vers le point B, où l'inflation est inférieure mais où le chômage est plus élevé. Au fil du temps, les gens finissent par se rendre compte que les prix augmentent moins rapidement, l'inflation anticipée diminue et la courbe de Phillips se déplace vers la gauche. L'économie passe de B à C, où l'inflation est plus faible et où le chômage est revenu à son taux naturel.

Pour réduire l'inflation, il faut donc passer par une période de chômage élevé et de baisse de la production. Le sacrifice à consentir avant de rejoindre le point C est représenté par le passage par le point B, à la figure 16.10. L'ampleur de ce sacrifice est fonction de la pente de la courbe de Phillips et de la rapidité d'ajustement des anticipations d'inflation, après l'adoption de la nouvelle politique monétaire.

Ratio de sacrifice
Réduction du PIB nécessaire, en points de pourcentage, pour réduire l'inflation de 1 point de pourcentage.

La mesure de ce coût de réduction de l'inflation a fait l'objet de nombreuses études, dont les conclusions peuvent être résumées par le **ratio de sacrifice**. Ce ratio correspond au nombre de points de pourcentage de croissance annuelle perdus pour faire diminuer l'inflation de 1 point de pourcentage. Les macroéconomistes ne s'entendent pas sur sa valeur exacte. Les évaluations pour le Canada oscillent généralement entre 2 et 5. Cela revient à dire que, pour faire baisser l'inflation de 1 point de pourcentage, il faut sacrifier de 2 % à 5 % de la production annuelle.

Loi d'Okun
Relation numérique entre le taux de variation du PIB réel et la variation du taux de chômage.

On peut également exprimer ce ratio de sacrifice en termes de chômage. Pour ce faire, on doit pouvoir estimer la hausse du chômage engendrée par une réduction de 1 point de pourcentage de la production. Selon la **loi d'Okun**, un changement de 1 point de pourcentage du PIB se traduit par une variation du taux de chômage de 0,5 point de pourcentage. Le ratio de sacrifice semble donc indiquer que le prix à payer pour réduire l'inflation de 1 point de pourcentage varie entre 1 et 2,5 points de pourcentage de chômage.

De tels chiffres n'ont sûrement pas rassuré la Banque du Canada, lorsqu'elle songeait à adopter des mesures anti-inflationnistes. L'inflation atteignait presque 10 % en 1979, alors que le chômage était à 7,4 %. Pour revenir à une inflation modérée, soit environ 4 % par année, il fallait faire baisser l'inflation de 6 points de pourcentage. En prenant les chiffres les moins optimistes du ratio de sacrifice, chaque diminution d'inflation de 1 point de pourcentage risquait de causer une chute de la production annuelle de 5 %. Pour atteindre la baisse souhaitée de 6 points de pourcentage, il fallait donc sacrifier l'équivalent de 30 % du PIB d'une année. En même temps, il fallait accepter un coût de 15 points de pourcentage de chômage de plus.

On comprend qu'un tel sacrifice pouvait s'obtenir de plusieurs façons. Une réduction rapide de l'inflation de 6 points de pourcentage aurait pu être obtenue par une chute de la production de 30 % et une montée du chômage de 15 points de pourcentage en une seule année. Un tel remède de cheval était beaucoup trop difficile à avaler. Il valait mieux, selon certains, étaler la lutte contre l'inflation sur plusieurs années. Si la réduction de l'inflation s'étalait sur 5 ans, la production pouvait se retrouver à 6 % sous le PIB potentiel pendant cette période (5 ans × 6 % par année = 30 %), et l'augmentation du chômage, à seulement 3 points de pourcentage ; ce dernier n'allait donc pas dépasser 10,4 % durant la période de cinq ans. La même politique étalée sur une décennie aurait présenté l'avantage de ne réduire la production, par rapport à sa tendance, que de 3 % par année. Peu importe la solution adoptée, le prix à payer était fort lourd.

LES ANTICIPATIONS RATIONNELLES ET LA POSSIBILITÉ D'UNE DÉSINFLATION SANS COÛT

Au moment même où les dirigeants hésitaient quant aux mesures à prendre pour réduire l'inflation, un groupe de professeurs d'économie a provoqué une véritable révolution intellectuelle en remettant en cause les idées reçues au sujet du ratio de sacrifice. Ce groupe, composé d'économistes éminents comme Robert Lucas, Thomas Sargent et Robert Barro, fondait sa nouvelle conception théorique et politique sur les **anticipations rationnelles**. Selon cette théorie, le public utilise l'ensemble des informations disponibles, y compris celles concernant les politiques économiques, pour anticiper l'avenir.

Anticipations rationnelles
Théorie selon laquelle le public utilise l'ensemble des informations disponibles, y compris celles concernant les politiques suivies par le gouvernement, pour anticiper l'avenir.

Une telle conception a eu un impact majeur sur la macroéconomie en général, mais plus particulièrement sur l'arbitrage entre l'inflation et le chômage. Comme Friedman et Phelps l'avaient déjà fait remarquer, l'inflation anticipée est une variable essentielle pour comprendre pourquoi il y a un arbitrage à court terme, mais pas à long terme, entre l'inflation et le chômage. La rapidité avec laquelle cet arbitrage disparaît est liée à la vitesse d'ajustement des anticipations d'inflation. Partant de la théorie de Friedman-Phelps, les partisans du concept d'anticipations rationnelles ont défendu l'idée selon laquelle, lorsqu'il y a un changement de politique économique, le public modifie rapidement ses anticipations d'inflation. En essayant d'évaluer le ratio de sacrifice, les études sur l'inflation et le chômage n'ont jamais tenu compte d'un tel effet direct. Par conséquent, selon les tenants de cette nouvelle théorie, les estimations du ratio de sacrifice n'étaient pas assez fiables pour guider les dirigeants.

En 1981, un article intitulé « La fin des quatre grandes inflations », signé par Thomas Sargent, résumait ainsi cette nouvelle conception :

> Une conception selon les « anticipations rationnelles » s'oppose à l'idée d'une inertie propre au processus inflationniste actuel. Elle considère que les entreprises et les travailleurs, prévoyant de hauts taux d'inflation à l'avenir, négocieront des salaires inflationnistes en raison même de ces anticipations. En fait, le public est convaincu de la persistance d'une inflation élevée parce que les politiques monétaire et budgétaire actuelles et futures prévues tendent à confirmer de telles attentes… Selon la conception des anticipations rationnelles, il serait beaucoup plus facile de juguler l'inflation que ne le pensent les partisans de l'inertie du processus inflationniste. Les évaluations courantes du temps et de la perte de production nécessaires pour stopper l'inflation sont donc totalement erronées… Cela ne veut pas dire pour autant qu'il sera facile d'éliminer l'inflation. Bien au contraire, au lieu d'adopter quelques mesures budgétaires et monétaires temporaires, il faudra changer le régime de politique… Le coût d'une telle opération en matière de perte de production et le temps nécessaire pour que l'ajustement se fasse dépendent largement de la crédibilité des dirigeants.

En somme, d'après Sargent, le ratio de sacrifice pourrait bien être nettement inférieur aux estimations et, dans les cas les plus extrêmes, il serait même nul. Si les dirigeants s'engageaient de façon crédible dans une politique de lutte contre l'inflation, les agents économiques seraient suffisamment rationnels pour réduire immédiatement leurs anticipations d'inflation. La courbe de Phillips à court terme se déplacerait rapidement vers la gauche, et ainsi le taux d'inflation baisserait rapidement, sans augmentation temporaire du chômage ni réduction temporaire de la production.

LA DÉSINFLATION DANS LES ANNÉES 1980

Lorsque la Banque du Canada, au début des années 1980, se préparait à lutter contre l'inflation — qui atteignait alors 11 % —, les économistes faisaient donc des prévisions radicalement contradictoires. Certains estimaient que, pour juguler l'inflation, il faudrait perdre beaucoup d'emplois et réduire la croissance. D'autres, s'appuyant sur la nouvelle théorie des anticipations rationnelles, prédisaient que cette lutte serait beaucoup moins dure que prévu et pourrait même ne rien coûter du tout. Qui avait raison ?

La figure 16.11 (voir la page 442) présente l'inflation et le chômage de 1980 à 1988. Comme on peut le constater, la Banque du Canada a réussi à juguler l'inflation, qui est passée de 11 % en 1980 et 1981 à environ 3 % en 1985 et 1986. Cette réduction de l'inflation est due à la politique monétaire, car la politique budgétaire de l'époque allait à contresens : les déficits du gouvernement fédéral et des gouvernements provinciaux ne cessaient d'augmenter, ce qui faisait croître la demande agrégée et tendait à aggraver l'inflation. La baisse rapide de l'inflation, de 1981 à 1985, a donc été causée par les politiques anti-inflationnistes vigoureuses de la Banque du Canada. En effet, de 1979 à 1982, la Banque du Canada a réduit la masse monétaire (mesurée par $M1$) de 6 % en moyenne par année. Les économistes David Laidler et William Robson ont fait remarquer que la politique monétaire de l'époque était « atrocement » restrictive. Cette qualification semble juste.

La figure 16.11 montre que la désinflation a coûté fort cher en matière d'emploi. En 1983, 1984 et 1985, le taux de chômage dépassait 10 %. Durant la même période, la production mesurée selon le PIB réel était bien en dessous de son

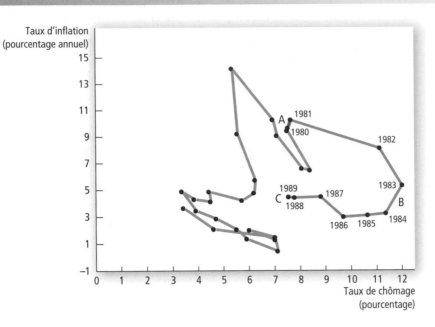

FIGURE 16.11

LA DÉSINFLATION DES ANNÉES 1980 Cette figure montre les taux de chômage et d'inflation (mesurés selon le déflateur du PIB) de 1980 à 1988. La lutte contre l'inflation s'est faite au prix de durs sacrifices sur le plan de l'emploi de 1983 à 1986. On remarquera que les points A, B et C de cette figure correspondent à peu de choses près à ceux de la figure 16.10.

SOURCES : Les données pour la période 1980-1989 proviennent de Statistique Canada, Cansim II, séries V2062816 (taux de chômage) et V1997756 (déflateur du PIB).

niveau tendanciel (voir la figure 14.1 du chapitre 14, page 341). La désinflation du début des années 1980 a provoqué la pire récession que le Canada ait connue depuis la crise des années 1930.

Doit-on en conclure que les théoriciens des anticipations rationnelles ont eu tort ? Selon certains économistes, cela ne fait aucun doute. En effet, l'évolution de la désinflation qu'on observe à la figure 16.11 est tout à fait semblable aux prédictions de la figure 16.10 (voir la page 439). Pour passer d'une inflation forte (point A sur les deux graphiques) à une inflation faible (point C), l'économie a dû traverser une très dure période de chômage (point B). Au début de cette période de transition (point A), le taux de chômage était de 7,5 %, soit à peu près son taux naturel. En 1988, à la fin de la période de transition (point C), le chômage était revenu à ce taux initial. (Comme nous l'avons déjà vu à la figure 9.4 du chapitre 9, page 203, il semble que le taux de chômage naturel ait augmenté durant les années 1980 ; en 1988, il tournait autour de 8 %. Les calculs qui suivent se basent sur le taux de chômage naturel estimé à la figure 9.4.) Si nous additionnons le nombre de points de pourcentage par année où le taux de chômage était au-dessus du taux naturel et que nous divisons cette somme par la réduction de l'inflation en points de pourcentage, nous obtenons un ratio de sacrifice estimé à 2,1 en matière d'emploi. Autrement dit, de 1981 à 1988, toute réduction de 1 point de pourcentage d'inflation a signifié une augmentation du taux de chômage de 2,1 points de pourcentage pour un an. Cela semble confirmer les craintes des économistes partisans de l'idée selon laquelle la lutte contre l'inflation requiert de grands sacrifices, en matière d'emploi et de croissance, contrairement à ce que prétendaient les tenants des anticipations rationnelles.

Malgré les éléments de preuve semblant confirmer le coût élevé de la lutte contre l'inflation, nombre d'économistes se sont gardés de sauter aux conclusions. Leur opinion se justifiait par le fait que le public en général n'avait pas pris au sérieux l'annonce de la politique de rigueur monétaire de la Banque du Canada.

Parce que très peu d'agents économiques avaient cru que la Banque du Canada réduirait l'inflation aussi vite, l'inflation anticipée n'a pas chuté et la courbe de Phillips à court terme ne s'est pas déplacée vers le bas aussi vite qu'elle aurait dû le faire. Certains prévisionnistes privés ont corroboré cette hypothèse : leurs prévisions pour les années 1980 annonçaient une chute de l'inflation beaucoup moins rapide que celle qui s'est produite. Par conséquent, la désinflation de cette période ne réfute pas nécessairement la théorie des anticipations rationnelles, mais elle démontre que les dirigeants ne peuvent s'attendre à ce que les agents économiques les croient immédiatement lors de l'annonce d'une politique de désinflation.

UNE CIBLE D'INFLATION NULLE

La fin des années 1980 fut caractérisée par une croissance économique soutenue. En 1989, le taux de chômage avait diminué de 4,5 points de pourcentage par rapport au sommet atteint en 1983. Vers la fin de la décennie, la solide croissance économique causa cependant une augmentation de l'inflation. Le gouverneur de la Banque du Canada à l'époque, John Crow, dans un discours connu sous le nom de conférence Hanson, formula clairement l'orientation future de la politique monétaire du pays. Il affirma que le but ultime de la banque centrale était désormais d'établir et de maintenir la stabilité des prix et une inflation nulle (pour des raisons techniques liées au calcul de l'inflation, une inflation de 1 % est généralement considérée comme nulle — voir *Les problèmes liés au calcul du coût de la vie*, au chapitre 6).

Le but de la conférence Hanson était d'établir clairement les objectifs de la politique monétaire et de les faire connaître. Bien des macroéconomistes ont cru qu'une telle annonce, par un farouche partisan de la désinflation comme John Crow, allait convaincre le public et l'inciter à réduire ses anticipations d'inflation. Cela aurait permis d'atteindre une inflation plus faible sans devoir assumer un coût élevé en matière d'emplois et de production perdus. La Banque a entamé le processus de contraction de la masse monétaire en 1989 et l'a poursuivi en 1990 et 1991. On constate à la figure 16.12 (voir la page 444) que le taux de chômage a augmenté de 7,5 % en 1989 à 10,4 % en 1994, alors que le taux d'inflation est passé de 4,5 % à 1,1 % durant la même période. On a donc atteint très rapidement les objectifs fixés par la Banque du Canada (sa cible d'inflation était calculée à partir de l'IPC « de référence », ce qui donne des résultats légèrement inférieurs à ceux calculés à l'aide du déflateur du PIB). De 1994 à 1999, le taux d'inflation annuel moyen a été de 1,2 %, ce qui atteste ainsi le succès de la politique menée par la Banque. À la fin de 1999, le taux de chômage avait retrouvé son niveau de 1989, soit 7,5 %, généralement considéré comme le taux naturel.

Tout comme lors des politiques désinflationnistes de la Banque du Canada appliquées au début des années 80, l'économie s'est adaptée, de 1989 à 1999, et d'une manière globalement similaire à celle de la figure 16.10 (voir la page 439), à une baisse de l'inflation. Si nous situons l'année 1989 en A, l'année 1992 en B et l'année 1999 en C, les données de la figure 16.12 semblent démontrer que les anticipations d'inflation ne se sont pas dégonflées aussi rapidement que prévu. Par conséquent, l'économie semble avoir suivi tout d'abord la courbe de Phillips à court terme (de A à B), avant que les anticipations d'inflation ne retombent, faisant se déplacer la courbe vers la

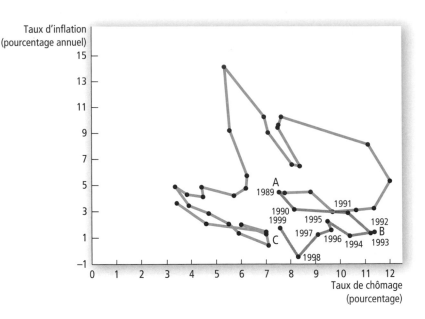

FIGURE 16.12 **UNE CIBLE D'INFLATION NULLE** On trouve sur ce graphique les données concernant les taux de chômage et d'inflation (selon le déflateur du PIB) pour les années 1989 à 1999. En 1988, la Banque du Canada a annoncé sa cible d'inflation nulle et a amorcé en 1989 une contraction monétaire. Le but fixé par la Banque fut atteint en 1994, année où le chômage dépassait 10 %. On remarquera que les points A, B et C de cette figure correspondent plus ou moins à ceux de la figure 16.10.

SOURCES : Les données pour la période 1989-1999 proviennent de Statistique Canada, Cansim II, séries V2062816 (taux de chômage) et V1997756 (déflateur du PIB).

gauche jusqu'au point C. En additionnant les points de pourcentage annuels du taux de chômage dépassant le taux de chômage naturel, durant la période 1989-1999, et en divisant ce nombre par la somme des points de pourcentage de réduction de l'inflation pour la même période, on obtient un ratio de sacrifice égal à 6,1, soit presque le triple de notre évaluation pour la période 1981-1989. Ces données concernant la plus récente offensive contre l'inflation confirment l'opinion des économistes selon laquelle les politiques anti-inflationnistes coûtent cher. Bien que la Banque du Canada ait clairement annoncé son intention de réduire l'offre de monnaie, afin d'éliminer l'inflation, cette opération s'est avérée encore plus douloureuse que la précédente.

Malgré une telle expérience, nombre d'économistes refusent encore de rejeter l'idée que l'annonce crédible de mesures désinflationnistes par la banque centrale réduirait leur coût. Ils justifient leur optimisme par un certain nombre de facteurs qui auraient empêché les anticipations d'inflation de tomber plus rapidement qu'elles ne l'ont fait. Parmi ceux-ci, citons entre autres les déficits des gouvernements provinciaux et fédéral, qui sont demeurés très élevés tout au long de cette période de transition. L'inquiétude concernant ces déficits a atteint son sommet en 1995, lorsque les agences d'évaluation du crédit ont révisé à la baisse la cote de crédit du gouvernement fédéral. Les déficits astronomiques, mis en lumière par le déclassement de cette cote, ont pu ébranler la confiance du public par rapport à la cible d'inflation de la Banque du Canada, empêchant ainsi les anticipations d'inflation de chuter. Selon certains critiques, la Banque aurait dû prévoir un tel problème, les déficits budgétaires découlant en partie de sa politique monétaire très stricte. Ces critiques ont fait remarquer que la décision de la Banque du Canada de lancer sa politique avant que les gouvernements n'aient réduit leurs déficits a sapé sa crédibilité.

Une autre cause de la baisse relativement modérée des anticipations d'inflation réside dans la contradiction entre l'objectif d'inflation nulle et le budget du gouvernement fédéral prévoyant 3 % d'inflation. Une telle contradiction semblait indiquer que le gouvernement fédéral doutait qu'on puisse parvenir à l'objectif fixé par la Banque. Une fois encore, le manque de coordination entre la banque centrale et le gouvernement fédéral a conduit les agents économiques à ne pas revoir à la baisse leurs anticipations d'inflation aussi rapidement qu'ils l'auraient dû. Sans doute conscient de ce problème, le gouvernement fédéral a émis, lors de la publication de son budget de 1998, un communiqué de presse qui réaffirmait son soutien à la politique d'inflation nulle de la Banque du Canada. Un tel communiqué fait depuis lors partie de chaque budget fédéral.

DANS L'ACTUALITÉ

COMMENT MAÎTRISER L'INFLATION ANTICIPÉE

En 2004, Finn Kydland et Edward Prescott ont reçu le prix Nobel de sciences économiques, en partie pour leurs travaux sur le rôle des anticipations en matière de politiques publiques.

RÉSISTER AU CHANT DES SIRÈNES : LE REFRAIN CLASSIQUE DES LAURÉATS DU PRIX NOBEL A UNE RÉSONANCE MODERNE

Selon la légende, Ulysse se fait attacher au mât de son bateau avant de longer l'île des Sirènes, afin de pouvoir entendre leur chant sans mener son navire à la destruction en le dirigeant sur les récifs environnants. Les récipiendaires du prix Nobel d'économie cette année, Finn Kydland (Norvégien) et Edward Prescott (Américain), y verraient tout de suite un bel exemple de la possibilité de résoudre un problème d'incohérence intertemporelle au moyen d'un engagement crédible à appliquer une politique optimale *ex ante*.

L'indépendance des banques centrales des pays européens, comme celle de la plupart des autres dans le monde, montre que, en matière de politique monétaire, les dirigeants politiques de ces pays ont largement retenu la leçon qu'a donnée leur ancêtre mythique et qu'ont codifiée Kydland et Prescott…

Le travail de Kydland et Prescott est indissociablement lié au postulat selon lequel les politiques publiques doivent s'inscrire dans une cohérence intertemporelle. Si les citoyens savent que les dirigeants politiques ont intérêt à réorienter leurs politiques par la suite, ils n'accorderont aucune crédibilité aux décisions que prennent maintenant ces dirigeants.

C'est précisément ce qui sous-tend l'acceptation aujourd'hui presque universelle du fait que la politique monétaire, principal moyen d'orienter une économie, doit être établie par les dirigeants indépendants des diverses banques centrales, qui privilégient fermement la stabilité à long terme, plutôt que par des ministres des Finances

qui gardent l'œil ouvert sur les prochaines élections. Les citoyens auront toujours raison de soupçonner que, même si les taux d'intérêt sont fixés de façon à assurer une faible inflation aujourd'hui, lesdits ministres ont avantage à exploiter le fait que les salaires ont été déterminés en fonction de cette faible inflation et donc à assouplir la politique monétaire afin de voler un peu plus de croissance à court terme. L'incapacité des dirigeants politiques à prendre un engagement crédible en faveur d'une faible inflation va donc faire augmenter les anticipations d'inflation, ce qui va produire des taux d'intérêt plus élevés qu'ils ne l'auraient été autrement.

En d'autres termes, les dirigeants politiques doivent trouver des moyens de s'attacher maintenant au mât pour que le chant des sirènes ne les amène pas à changer de cap plus tard. Un de ces moyens consiste justement à établir des banques centrales indépendantes qui se concentrent sur la lutte contre l'inflation. Les événements survenus ces derniers mois en ont illustré les bienfaits aux États-Unis, dans la zone euro et au Royaume-Uni : les anticipations d'inflation sont demeurées modestes malgré la hausse des prix du pétrole, si bien que les taux d'intérêt sont restés bas...

Grâce à une planification réfléchie, Ulysse a été en mesure d'entendre le chant des sirènes et d'éviter le naufrage de son navire sur les récifs. Les capitaines des navires de l'État devraient tirer des enseignements de cet exemple ainsi que des travaux récemment couronnés de Kydland et Prescott.

Source : «Resist the Siren Song : The Nobel Laureates' Classical Refrain Has Modern Resonance», *The Financial Times*, 12 octobre 2004.

QUE NOUS RÉSERVE L'AVENIR ?

Certains macroéconomistes demeurent donc convaincus que l'inflation peut être réduite sans entraîner de coûts élevés, à la condition que la politique désinflationniste soit claire et crédible. D'autres croient plutôt que les coûts sont substantiels, comme en font foi les expériences des années 1980 et 1990.

Ces derniers économistes mettent le doigt sur un autre phénomène découlant de ces deux périodes de désinflation. Notre évaluation numérique du ratio de sacrifice nécessaire pour faire passer l'inflation de 4,5 % à 1,5 %, entre 1989 et 1999 (voir la figure 16.12 à la page 444), semble plus élevée que celle associée à la réduction de l'inflation de 10,5 % à 4,5 %, entre 1980 et 1989 (voir la figure 16.11 à la page 442). Il est donc possible que la courbe de Phillips soit plus horizontale à des taux d'inflation faibles. Par conséquent, il serait beaucoup plus coûteux, en matière de chômage, de réduire l'inflation lorsqu'elle est faible que lorsqu'elle est élevée.

Quelle que soit leur opinion sur la taille du ratio de sacrifice et la possibilité de minimiser les coûts de la désinflation, les macroéconomistes sont unanimes à reconnaître que, maintenant que l'inflation est faible, la Banque du Canada devrait tout faire en son pouvoir pour éviter que l'inflation ne remonte aux niveaux observés durant les années 1970 et 1980. L'annonce d'une cible d'inflation et la volonté de l'atteindre, bien comprise par le public, sont des éléments-clés de la politique de la Banque du Canada. La discipline budgétaire des gouvernements fédéral et provinciaux contribue aussi à maintenir l'inflation faible, en limitant la croissance de la demande agrégée.

La figure 16.13 montre que, depuis 1999, l'inflation et le chômage ont fluctué à l'intérieur d'une fourchette étroite d'un ou deux points de pourcentage. Il est intéressant de noter que, même si l'expérience des années 2000 ressemble à celle des années 1960 en matière d'inflation, il n'en est pas de même pour le chômage. En fait, le taux de chômage est plus élevé maintenant, car la courbe de Phillips à long terme s'est déplacée depuis les années 1960.

Nous avons montré dans ce chapitre le rôle que les deux chocs pétroliers ont joué dans les déplacements de la courbe de Phillips. Au début des années 1970 et vers la fin de la même décennie, la flambée du prix du pétrole a provoqué des hausses de coûts de production pour les entreprises et a réduit la capacité de production de l'économie canadienne. La courbe de Phillips à long terme s'est donc déplacée vers la droite et l'arbitrage à court terme entre l'inflation et le chômage s'est détérioré. Aujourd'hui, les prix de l'énergie sont bien plus élevés que durant les années 1960, ce qui explique sans doute, en partie, que la courbe de Phillips soit plus à droite que par le passé. Il est aussi intéressant de noter que, même si la hausse des prix de l'énergie a contribué à une augmentation des coûts et à une réduction de la capacité de production de nombreuses firmes, elle a aussi permis l'exploitation des sables bitumineux de l'Alberta, des champs pétrolifères au large de Terre-Neuve et des dépôts gaziers des Territoires du Nord-Ouest. Cette exploitation représente un accroissement de la capacité de production de l'économie canadienne et provoquera un déplacement vers la droite de la courbe de Phillips. Depuis les années 1960, le Canada utilise de moins en moins de pétrole pour produire des biens et des services et il produit lui-même de plus en plus de pétrole et de gaz naturel. La combinaison de ces deux phénomènes pourrait faire en sorte que de futures hausses des prix de l'énergie procurent des bénéfices nets aux Canadiens, sous la forme de déplacements vers la gauche de la courbe de Phillips.

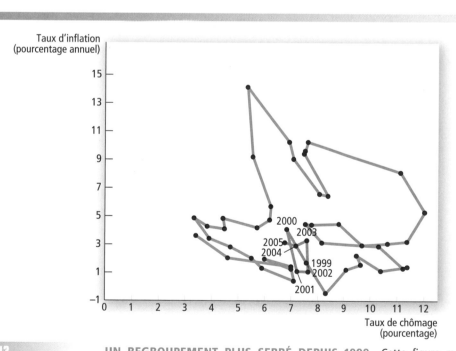

FIGURE 16.13 UN REGROUPEMENT PLUS SERRÉ DEPUIS 1999 Cette figure montre que, depuis 1999, l'inflation et le chômage ont fluctué à l'intérieur d'une fourchette étroite d'un ou deux points de pourcentage. Même si l'expérience de l'inflation des années 2000 ressemble à celle des années 1960, le chômage est plus élevé maintenant.

Sources : Les données pour 1999-2005 proviennent de Statistique Canada, CANSIM II, séries V206281 (taux de chômage) et V1997756 (déflateur du PIB).

Bien des économistes croient que le déplacement vers la droite de la courbe de Phillips canadienne, depuis les années 1960, s'explique aussi par des chocs d'offre négatifs dus à l'accroissement des impôts et de la dette publique. L'alourdissement du fardeau fiscal fait augmenter les coûts des entreprises à la fois directement, par l'intermédiaire des impôts des sociétés, et indirectement, par l'entremise des impôts plus élevés sur le revenu des particuliers, qui réduisent les salaires nets ; il faut alors augmenter ces derniers pour attirer les travailleurs. Dans la mesure où l'accroissement de la dette publique exerce une pression à la hausse sur les taux d'intérêt, les entreprises doivent aussi composer avec des coûts supérieurs pour le financement de leurs investissements. Ces deux phénomènes — le fardeau fiscal plus lourd et l'augmentation de la dette publique — ont contribué au déplacement vers la droite de la courbe de Phillips au cours des années 1980.

Il est également possible que la courbe de Phillips soit en train de se déplacer vers la gauche en raison de l'évolution des dernières années concernant les taux d'imposition et le niveau de la dette publique. En effet, le gouvernement fédéral déclare des surplus budgétaires ininterrompus depuis 1998 et affirme vouloir réduire sa dette accumulée et les taux d'imposition. Plusieurs gouvernements provinciaux font de même. Si les gouvernements continuent sur cette voie, la capacité de production canadienne pourrait augmenter et la courbe de Phillips pourrait se déplacer vers la gauche pour, peut-être, rejoindre sa position des années 1960.

Finalement, plusieurs économistes rappellent la possibilité que le libre-échange entraîne un déplacement favorable de la courbe de Phillips. En effet, la concurrence accrue oblige les firmes canadiennes à réduire leurs coûts et à adopter les dernières technologies. Le libre-échange amène aussi les entreprises à se spécialiser dans les domaines où le Canada dispose d'un avantage comparatif. Pour ces raisons, la plupart des économistes croient que les accords de libre-échange permettent une augmentation de la capacité de production de l'économie canadienne et un déplacement vers la gauche de la courbe de Phillips.

Les économistes continuent à débattre du possible déplacement vers la gauche de la courbe de Phillips à court terme, ainsi que des mérites des différentes explications énumérées ici. Il est fort possible que chacune d'elles intervienne d'une manière ou d'une autre.

On remarquera qu'aucune de ces hypothèses n'infirme la leçon fondamentale de la courbe de Phillips : les dirigeants, qui contrôlent la demande agrégée, doivent toujours composer avec un arbitrage à court terme entre l'inflation et le chômage. L'expérience canadienne démontre cependant que, à la longue, un tel arbitrage peut s'aggraver ou s'améliorer.

MINITEST

Qu'est-ce que le ratio de sacrifice ? En réduisant l'inflation, comment la Banque du Canada peut-elle influer sur ce ratio ?

CONCLUSION

Dans ce chapitre, nous avons abordé l'évolution de la pensée économique sur l'inflation et le chômage. Nous avons présenté les idées de certains des économistes les plus réputés du XXe siècle : de la courbe de Phillips élaborée par Phillips, Lipsey, Samuelson et Solow, à l'hypothèse du taux de chômage naturel de Friedman et Phelps, en passant par la théorie des anticipations rationnelles de Lucas, Sargent et Barro. Cinq de ces économistes ont déjà reçu le prix Nobel d'économie, et il est probable que certains autres le recevront dans les années qui viennent.

Même si l'arbitrage entre l'inflation et le chômage a suscité plusieurs controverses durant les 40 dernières années, certains principes font maintenant l'objet d'un consensus. Il suffit de se reporter aux propos de Milton Friedman sur le sujet, tenus en 1968 :

> Il existe toujours un arbitrage temporaire entre l'inflation et le chômage, mais pas d'arbitrage permanent. Cet arbitrage provisoire ne résulte pas de l'inflation en soi, mais d'une inflation non anticipée, laquelle signifie généralement une hausse du taux d'inflation. Cette idée fort généralisée d'un arbitrage permanent n'est qu'une version sophistiquée de la confusion entre *élevé* et *croissant*, que nous reconnaissons tous lorsqu'elle se présente sous des formes plus simples. Une inflation croissante réduira peut-être le chômage, mais pas une inflation élevée.
>
> Mais que représente cet état *temporairement* ? Je ne peux que suggérer une opinion personnelle, basée sur un examen du passé : les effets d'une inflation plus élevée et non anticipée durent de 2 à 5 ans.

Aujourd'hui, plus de 40 ans plus tard, ce court extrait résume encore très bien l'opinion de la majorité des économistes.

RÉSUMÉ

- La courbe de Phillips décrit une relation inverse entre l'inflation et le chômage. En stimulant la demande agrégée, les dirigeants optent pour un point de cette courbe caractérisé par une inflation supérieure et un chômage plus faible. En réduisant la demande agrégée, ils optent pour un point de cette courbe caractérisé par une inflation inférieure, mais un chômage plus élevé.

- L'arbitrage entre l'inflation et le chômage, décrit par la courbe de Phillips, n'existe qu'à court terme. À long terme, l'inflation anticipée s'ajuste aux changements de l'inflation réalisée, et la courbe de Phillips à court terme se déplace. En conséquence, la courbe de Phillips à long terme est verticale, au taux de chômage naturel.

- La courbe de Phillips à court terme se déplace également en cas de chocs d'offre agrégée. Un choc négatif, comme les chocs pétroliers des années 1970, place les dirigeants face à un arbitrage beaucoup plus difficile entre l'inflation et le chômage. Dans un tel cas, il leur faut accepter une augmentation de l'inflation pour des taux de chômage donnés, ou une augmentation du chômage pour des taux d'inflation donnés.

- Lorsque la Banque du Canada ralentit la croissance de la masse monétaire, afin de réduire l'inflation, l'économie se déplace le long de la courbe de Phillips à court terme, ce qui se traduit par un taux de chômage temporairement élevé. Le coût de cette désinflation dépend de la rapidité d'ajustement des anticipations d'inflation. Certains économistes font valoir qu'un engagement crédible à juguler l'inflation pourrait réduire le coût de cette désinflation, grâce à un ajustement plus rapide des anticipations.

CONCEPTS CLÉS

Anticipations rationnelles, p. 440

Choc d'offre, p. 435

Courbe de Phillips, p. 424

Hypothèse du taux naturel, p. 433

Loi d'Okun, p. 439

Ratio de sacrifice, p. 439

QUESTIONS DE RÉVISION

1. Tracez la courbe représentant l'arbitrage à court terme entre l'inflation et le chômage. Comment la Banque du Canada peut-elle amener un déplacement de l'économie d'un point à un autre sur cette courbe ?

2. Tracez la courbe représentant l'arbitrage à long terme entre l'inflation et le chômage. Expliquez comment les arbitrages à court terme et à long terme sont reliés.

3. Qu'y a-t-il de si naturel dans le taux de chômage naturel ? Pourquoi ce taux varie-t-il selon les pays ?

4. Posons l'hypothèse qu'une sécheresse détruise une partie des récoltes et fasse flamber les prix de la nourriture. Quelles seraient les conséquences de cette situation pour l'arbitrage à court terme entre l'inflation et le chômage ?

5. La Banque du Canada a décidé de s'attaquer à l'inflation. À l'aide de la courbe de Phillips, démontrez les conséquences, à court terme et à long terme, de cette politique. Comment peut-on réduire son coût à court terme ?

EN DERNIÈRE ANALYSE

LES OUTILS
DE LA FINANCE

OBJECTIFS

À la fin de ce chapitre, vous serez en mesure :

→ de comprendre comment on évalue la valeur de la monnaie à différentes périodes ;

→ de savoir comment on gère le risque ;

→ d'évaluer ce qui détermine la valeur d'un actif.

Un jour, vous aurez affaire au système financier de notre économie. Vous déposerez vos économies dans un compte bancaire ou contracterez un emprunt hypothécaire pour acheter une maison. Lorsque vous occuperez un emploi, vous devrez décider si vous placez votre épargne-retraite dans des actions, des obligations ou d'autres instruments financiers. Vous pourriez constituer votre propre portefeuille d'actions, auquel cas vous aurez à choisir entre des entreprises bien établies, comme Bell Canada (BCE Inc.), et des entreprises plus récentes, comme Google Inc. Et lorsque vous regarderez le bulletin de nouvelles en fin de soirée, vous verrez des reportages sur la hausse ou la baisse des cours de la Bourse, assortis de tentatives souvent peu convaincantes d'expliquer les causes des fluctuations des marchés.

Si vous réfléchissez un moment aux nombreuses décisions financières que vous prendrez tout au long de votre vie, vous constaterez la présence de deux éléments interreliés dans presque toutes ces décisions : le temps et le risque. Comme nous l'avons vu dans le chapitre précédent, le système financier coordonne l'épargne et l'investissement de l'économie. Il s'intéresse aux décisions que nous prenons aujourd'hui et qui auront un impact sur notre avenir. Mais l'avenir nous est inconnu. Lorsqu'une personne décide de l'allocation d'une partie de son épargne ou qu'une entreprise procède à un investissement, elles fondent leur décision sur une anticipation, sans connaître le résultat.

454

Finance
Domaine consacré à l'étude de l'allocation des ressources dans le temps et à la gestion du risque.

Ce chapitre présente certains outils permettant de comprendre les décisions que prennent les participants des marchés financiers. La finance s'intéresse à ces outils de façon très détaillée, et vous suivrez peut-être un jour des cours dans ce domaine. Puisque le système financier est un élément important de l'économie, plusieurs idées de la finance jouent un rôle central dans la compréhension de l'économie. Les outils de la finance pourront également vous aider lorsque vous devrez prendre des décisions concernant votre propre épargne.

Ce chapitre aborde trois questions. D'abord, nous verrons comment comparer des sommes d'argent à différents moments dans le temps. Ensuite, nous traiterons de la gestion du risque. Enfin, à partir de notre analyse du temps et du risque, nous examinerons les facteurs qui déterminent la valeur d'un actif, comme une action d'une entreprise.

LA VALEUR ACTUALISÉE : COMMENT TENIR COMPTE DE LA VALEUR DE LA MONNAIE DANS LE TEMPS

Imaginons qu'on vous offre le choix entre gagner 100 $ tout de suite ou 100 $ dans 10 ans. Que choisiriez-vous ? La réponse est vite trouvée. Il s'avère bien plus avantageux de prendre les 100 $ tout de suite, de les déposer à la banque et de les retirer dans 10 ans, augmentés des intérêts. Conclusion : un montant d'argent aujourd'hui vaut plus que le même montant plus tard.

Passons maintenant à une question plus difficile : imaginons qu'on vous offre le choix entre gagner 100 $ tout de suite ou 200 $ dans 10 ans. Quelle sera votre décision cette fois ? Si on veut opter pour la réponse la plus avantageuse, il faut comparer la même somme à différentes époques. Les économistes utilisent pour ce faire le concept de valeur actualisée. La valeur actualisée de tout montant à recevoir ultérieurement correspond à la somme que vous devriez placer aujourd'hui, au taux d'intérêt en vigueur, pour obtenir ce montant dans le futur.

Valeur actualisée
Montant que vous devriez placer aujourd'hui, au taux d'intérêt en vigueur, pour obtenir une somme donnée dans le futur.

Pour vous familiariser avec le concept de valeur actualisée, considérons d'abord quelques problèmes simples.

Question : Si vous placez 100 $ dans un compte bancaire aujourd'hui, combien vaudront-ils dans N années ? Autrement dit, quelle est la valeur future de ces 100 $?

Valeur future
Valeur dans le futur d'un montant placé aujourd'hui au taux d'intérêt en vigueur.

Réponse : Posons r, le taux d'intérêt exprimé en décimales (un taux d'intérêt de 5 % équivaut à $r = 0,05$). Si cet intérêt est payé annuellement et s'il est déposé dans ce compte afin de rapporter des intérêts supplémentaires (opération appelée capitalisation ou intérêts composés), ce montant de 100 $ vaudra :

Capitalisation (ou intérêts composés)
Accumulation de monnaie lorsque les intérêts de chaque période sont ajoutés au montant placé pour l'augmenter et porter intérêt à leur tour.

$(1 + r) \times 100$ $ après un an ;

$(1 + r) \times (1 + r) \times 100$ $ après deux ans ;

$(1 + r) \times (1 + r) \times (1 + r) \times 100$ $ après trois ans ;

$(1 + r)^N \times 100$ $ après N années.

À titre d'exemple, si nous plaçons la somme de 100 $ à un taux d'intérêt annuel de 5 % durant 10 ans, la valeur future de ces 100 $ correspondra à $(1,05)^{10} \times 100$ $, soit 163 $.

Question: Supposons maintenant que vous allez recevoir 200 $ dans *N* années. Quelle est la valeur présente de ce versement futur ? Plus simplement, quel montant d'argent devez-vous déposer dans votre compte en banque aujourd'hui pour obtenir 200 $ dans *N* années ?

Réponse: Pour répondre à cette question, il suffit de se reporter à la question précédente. Nous avons calculé la valeur future d'un montant d'argent à partir de sa valeur actuelle en multipliant cette dernière par le facteur $(1 + r)^N$. Pour obtenir la valeur actualisée d'une somme future, nous *divisons* cette somme future par le facteur $(1 + r)^N$. La valeur actualisée de 200 $ dans *N* années est égale à $200 \$ / (1 + r)^N$. Si nous déposons ce montant en banque aujourd'hui, nous obtiendrons, après *N* années, un montant égal à $(1 + r)^N \times [200 \$ / (1 + r)^N]$, soit 200 $. Par conséquent, si le taux d'intérêt annuel est de 5 %, la valeur actuelle de 200 $ dans 10 ans est égale à $200 \$ / (1,05)^{10}$, soit 123 $.

Ce calcul est un exemple d'une formule générale, qui s'énonce comme suit : si *r* est le taux d'intérêt, le montant *M* à recevoir dans *N* années a une valeur actualisée de $M / (1 + r)^N$.

Revenons maintenant à notre question de départ : est-il préférable de choisir 100 $ aujourd'hui ou 200 $ dans 10 ans ? Selon notre calcul de la valeur actualisée, si le taux d'intérêt est de 5 %, on peut conclure qu'il est préférable de choisir les 200 $ dans 10 ans, puisque cette somme future a une valeur actualisée de 123 $ qui est supérieure aux 100 $ offerts aujourd'hui. Il vaut donc mieux attendre 10 ans.

Cependant, la réponse à cette question dépend du taux d'intérêt. Si le taux d'intérêt était de 8 %, la somme de 200 $ dans 10 ans aurait une valeur actualisée de $200 \$ / (1,08)^{10}$, soit 93 $. Dans ce cas-là, vous auriez tout avantage à prendre les 100 $ aujourd'hui. Pourquoi le taux d'intérêt intervient-il dans votre choix ? Parce que plus il est élevé, plus vous gagnez de l'argent en déposant le montant à la banque et plus il est intéressant d'obtenir les 100 $ dès maintenant.

Le concept de valeur actualisée a de nombreuses applications, y compris dans les décisions prises par les entreprises lorsqu'elles évaluent un investissement. Imaginons que Petro-Canada envisage de construire une nouvelle usine, dont le coût est de 100 millions, et que cette usine rapporte 200 millions dans 10 ans. L'entreprise doit-elle réaliser ce projet ? Les dirigeants de Petro-Canada doivent prendre une décision identique à celle que nous venons d'examiner. Avant de se prononcer, il leur faut comparer la valeur actualisée du rendement de 200 millions par rapport au coût d'investissement de 100 millions.

Le choix de l'entreprise dépendra donc du taux d'intérêt. Si ce dernier est de 5 %, la valeur actualisée du rendement de 200 millions sera de 123 millions, et Petro-Canada choisira d'investir 100 millions. En revanche, si le taux d'intérêt s'élève à 8 %, la valeur actualisée du rendement sera seulement de 93 millions de dollars, et l'entreprise laissera tomber le projet. Le concept de valeur actualisée permet donc d'expliquer pourquoi l'investissement — et la quantité demandée de fonds prêtables — diminue lorsque le taux d'intérêt augmente.

Voici une autre application de ce concept de valeur actualisée : supposons que vous gagniez un million de dollars à la loterie, mais qu'on vous donne le choix entre 20 000 $ versés annuellement sur une période de 50 ans (soit un million de dollars) et un paiement immédiat de 400 000 $. Que devriez-vous choisir ? Pour prendre la bonne décision, vous devez calculer la valeur actualisée du flux de paiements. Après avoir effectué 50 calculs identiques à celui de la question précédente (un pour chaque paiement) et additionné les résultats, vous vous rendrez compte que la valeur actualisée du montant de ce gros lot, à 7 % d'intérêt, n'est que de 276 000 $! Vous devriez donc choisir le montant de 400 000 $ payé immédiatement. Le million de dollars peut sembler plus important mais, lorsqu'on calcule sa valeur actualisée, le flux de paiements vaut moins cher.

[BON À SAVOIR]

LA MAGIE DE LA CAPITALISATION ET LA RÈGLE DU 70

On pourrait être tenté de faire fi des différences entre les taux de croissance en raison de leur faible écart. Si l'économie d'un pays connaît un taux de croissance de 1 % tandis que celle d'un autre enregistre un taux de croissance de 3 %, ces 2 % sont-ils vraiment significatifs ?

En réalité, cette différence minime... fait toute la différence. Même si les taux de croissance paraissent négligeables lorsqu'ils sont présentés en pourcentage, il suffit de les additionner pendant plusieurs années pour constater leur importance.

Prenons un exemple. Imaginons que deux diplômés, Zoé et Marc, trouvent leur premier emploi à 22 ans à un salaire de 30 000 $ par année. Marc vit dans une économie où le taux de croissance des revenus est de 1 % par an, alors que dans le pays de Zoé le taux de croissance est de 3 %. Un simple calcul suffit pour comprendre ce qui se passe. Si on se reporte 40 ans plus tard, alors qu'ils ont tous deux 62 ans, Marc gagne près de 45 000 $ par année, tandis que Zoé a un revenu atteignant presque 98 000 $. La différence de 2 % entre les taux de croissance des deux pays a pour résultat une différence de salaire allant du simple au double.

Examinons en détail les calculs liés à la croissance. Le salaire de Marc, après 40 ans, est égal à :

$$30\,000 \times (1 + 0{,}01)^{40} = 44\,666\,\$$$

Si on cherchait le nombre d'années nécessaires pour faire passer le salaire de Marc de 30 000 $ à 44 666 $, en sachant que son salaire croît de 1 % annuellement, la formule à utiliser serait la suivante :

$$\ln\,(44\,666\,/\,30\,000)\,/\,\ln\,(1 + 0{,}01) = 40$$

où ln est le symbole de *logarithme naturel*.

Une règle empirique, appelée la *règle du 70*, permet de comprendre facilement les effets du taux de croissance et de la capitalisation. Si on veut connaître le temps requis pour doubler une variable, il suffit de diviser la constante 70 par le taux de croissance par période (exprimé en pourcentage). Cette formule permet d'effectuer des calculs rapides et assez précis. Étant donné que ln (2) = 0,693147, soit presque 0,70, et que ln (1 + 0,01) = 0,00995, soit presque 0,01, on peut faire le calcul suivant : 0,70 / 0,01 (ou encore 70 / 1) = 70.

Selon cette règle, si une variable croît à un taux de *x* % par année, sa valeur doublera donc en 70 / *x* années environ. Dans l'économie de Marc, les revenus ont un taux de croissance de 1 % par année ; une période de 70 ans est donc nécessaire pour que les revenus doublent. Dans l'économie de Zoé, le taux de croissance des revenus atteint 3 % par année : il lui faudra donc 70 / 3 ans, soit 23 ans, pour voir son revenu doubler.

La règle du 70 ne s'applique pas seulement à la croissance économique, mais également à la croissance d'un compte d'épargne. Prenons un exemple : en 1791, Benjamin Franklin

est mort en laissant 5000 $ à placer durant une période de 200 ans, dans le but de financer les études des futurs médecins et la recherche scientifique. Si ce dépôt a rapporté 7 % par an (ce qui est parfaitement plausible), l'investissement a doublé tous les 10 ans. En 200 ans, il aura donc doublé 20 fois. Au terme des deux siècles de capitalisation, il aurait dû valoir $2^{20} \times 5000$ \$, soit 5 milliards de dollars (en réalité, les 5000 $ de Franklin valaient 2 millions de dollars à l'issue de ces deux siècles, car une partie de l'argent a été dépensée pendant cette période).

Comme le démontrent ces exemples, les taux de croissance capitalisés au cours des années peuvent donner des résultats spectaculaires.

MINITEST

■ Le taux d'intérêt est de 7 %. Quelle est la valeur actualisée de 150 $ à recevoir dans 10 ans ?

LA GESTION DU RISQUE

Vivre est risqué. Si vous allez faire du ski, vous risquez une fracture de la jambe. Si vous conduisez pour vous rendre au travail, vous risquez un accident de la circulation. Si vous placez une partie de votre épargne dans le marché des actions, vous risquez une chute des cours. La réaction rationnelle envers ces risques ne consiste pas forcément à les éviter à tout prix, mais plutôt à en tenir compte lors de la prise de décisions. Examinons de plus près cette question.

L'aversion pour le risque

Aversion pour le risque
Le fait de préférer la certitude à l'incertitude.

La plupart des personnes éprouvent une aversion pour le risque. Cela ne signifie pas simplement qu'elles détestent subir des événements fâcheux. Cela signifie plutôt qu'elles détestent les événements fâcheux davantage qu'elles n'aiment des événements agréables inversement comparables.

Par exemple, supposons qu'un ami vous fasse la proposition suivante. Il va jouer à pile ou face. Si la pièce de monnaie tombe du côté pile, il vous donnera 1000 $. Mais si elle tombe du côté face, vous devrez lui donner 1000 $. Accepterez-vous sa proposition ? Vous la refuserez si vous éprouvez une aversion pour le risque, parce que le désagrément de perdre 1000 $ serait plus prononcé que le plaisir de gagner 1000 $.

Les économistes ont mis au point des modèles d'aversion pour le risque à l'aide du concept d'*utilité*, qui représente la mesure subjective du bien-être ou de la satisfaction d'une personne. Chaque niveau de richesse apporte une certaine utilité, comme le montre la fonction d'utilité illustrée à la figure 17.1 (voir la page 458). Mais cette fonction illustre une propriété nommée *utilité marginale décroissante* : plus une personne est riche, moins l'utilité qu'elle retire d'un dollar additionnel est importante. Ainsi, sur la figure, la fonction d'utilité s'approche de l'horizontale à mesure que la richesse augmente. En raison de l'utilité marginale décroissante, l'utilité perdue résultant de la perte du pari de 1000 $ est plus importante que l'utilité acquise résultant du gain du pari. C'est pourquoi la plupart des personnes éprouvent une aversion pour le risque.

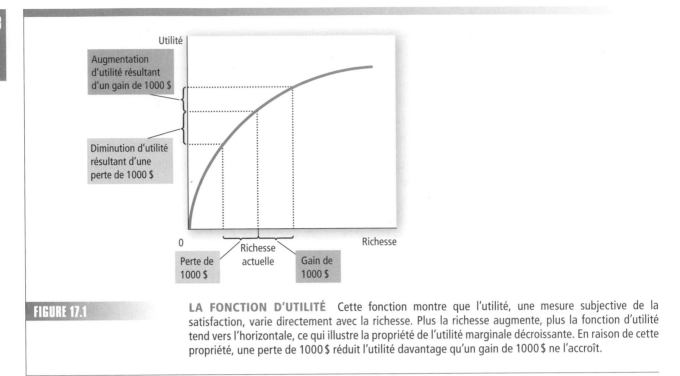

FIGURE 17.1 **LA FONCTION D'UTILITÉ** Cette fonction montre que l'utilité, une mesure subjective de la satisfaction, varie directement avec la richesse. Plus la richesse augmente, plus la fonction d'utilité tend vers l'horizontale, ce qui illustre la propriété de l'utilité marginale décroissante. En raison de cette propriété, une perte de 1000 $ réduit l'utilité davantage qu'un gain de 1000 $ ne l'accroît.

On peut s'appuyer sur l'aversion pour le risque afin d'expliquer divers phénomènes observés dans l'économie. Nous en étudierons trois : l'assurance, la diversification et l'arbitrage entre le risque et le rendement.

Les marchés de l'assurance

Pour faire face aux conséquences financières de certains événements incertains, on peut acheter de l'assurance. La caractéristique générale de tout contrat d'assurance est la suivante : une personne affrontant un risque verse une prime à une compagnie d'assurance, qui accepte en retour d'assumer une partie ou la totalité du risque. Il existe de nombreux types d'assurance. L'assurance automobile protège l'assuré contre le risque d'avoir à se racheter une voiture après avoir été impliqué dans un accident de la circulation ; l'assurance incendie protège l'assuré contre le risque d'avoir à se reconstruire une maison si elle est détruite par le feu ; l'assurance santé protège l'assuré contre le risque d'avoir à payer pour des traitements médicaux coûteux ; et l'assurance vie protège l'assuré contre le risque de laisser sa famille sans revenu après son décès. Il existe aussi une assurance qui protège l'assuré contre les conséquences financières néfastes de vivre longtemps : plutôt que de courir le risque de manquer d'argent un jour, en échange d'une prime acquittée maintenant, une compagnie d'assurance lui versera une rente, c'est-à-dire un revenu annuel régulier jusqu'à son décès.

Notons qu'on peut aussi se protéger des conséquences financières d'événements *financiers* imprévus, à l'aide de contrats d'assurance d'un type spécial, appelés *produits financiers dérivés*. Ces contrats, faits sur mesure ou standardisés, permettent de se protéger des conséquences d'une variation du prix d'une action, d'un taux de change ou d'un taux d'intérêt. Ils existent sous la forme de contrats à terme, d'options ou de *swaps*. Ces titres financiers font l'objet d'une étude particulière dans les cours de finance.

D'une certaine façon, tout contrat d'assurance constitue un pari. Il est possible que l'assuré ne soit jamais impliqué dans un accident de la circulation, ne voie jamais sa maison détruite par le feu et n'ait jamais besoin de traitements médicaux coûteux. La plupart du temps, l'assuré paiera sa prime à la compagnie d'assurance et n'obtiendra en retour rien d'autre que la tranquillité d'esprit. En réalité, la compagnie d'assurance mise sur le fait que la plupart des assurés ne déposeront pas de réclamation. Dans le cas contraire, elle ne pourrait pas verser aux quelques assurés malchanceux les importantes indemnités prévues et demeurer en affaires.

Dans l'économie prise globalement, le rôle de l'assurance ne consiste pas à éliminer les risques de la vie, mais bien à mieux les partager. Prenons le cas de l'assurance incendie : celle-ci ne réduit pas le risque que la maison de l'assuré soit détruite par le feu. Toutefois, si un tel événement malheureux survenait, la compagnie d'assurance indemniserait l'assuré. Plutôt que d'être assumé uniquement par l'assuré, le risque est réparti entre les milliers d'actionnaires de la compagnie d'assurance. En raison de l'aversion pour le risque, il est plus facile pour 10 000 personnes d'assumer 1 / 10 000 du risque que pour une personne d'assumer elle-même la totalité du risque en question.

Les marchés de l'assurance souffrent de deux types de problèmes qui entravent leur capacité de partager les risques. Le premier problème est l'*antisélection* : une personne à risque élevé est plus susceptible d'acheter de l'assurance qu'une personne à risque faible, parce qu'elle bénéficierait davantage de la protection qu'offre l'assurance. Le deuxième problème est l'*aléa moral* : après avoir acheté une police d'assurance, l'assuré est moins enclin à restreindre ses comportements risqués, parce que la compagnie d'assurance l'indemnisera pour les pertes qui en résulteraient. Les compagnies d'assurance connaissent bien ces deux problèmes, mais elles ne peuvent pas les éliminer complètement. Elles ne peuvent pas établir une distinction claire entre les clients à risque élevé et les clients à faible risque et ne peuvent pas non plus surveiller tous les comportements risqués de leurs clients. Le prix de l'assurance reflète les risques réels de la compagnie d'assurance après l'achat d'une police d'assurance par un client. C'est d'ailleurs le prix élevé de l'assurance qui incite certaines personnes, notamment celles qui savent qu'elles sont à faible risque, à ne pas en acheter et à faire face elles-mêmes à quelques-unes des incertitudes de la vie.

La diversification des risques spécifiques

En 1997, les dirigeants de Nortel, une société canadienne de télécommunication, ont décidé de transformer radicalement l'entreprise, en entrant dans le marché des bases de données en réseau. Pour ce faire, Nortel a acquis 19 firmes entre 1997 et 2001. Les anticipations de profits futurs élevés ont poussé à la hausse le prix de l'action, jusqu'à ce que la capitalisation boursière de Nortel atteigne plus du tiers de la capitalisation totale de la Bourse de Toronto. Lorsque la bulle financière de la fin des années 1990 a éclaté, l'assèchement du carnet de commandes de Nortel a provoqué une dégringolade de son titre : la valeur de l'entreprise est passée de 398 milliards de dollars en septembre 2000 à 5 milliards en août 2002.

Si le monde de la finance n'avait qu'un seul conseil pratique à offrir aux personnes éprouvant une aversion pour le risque, ce serait sûrement celui-ci : ne mettez pas tous vos œufs dans le même panier. Vous avez sans doute déjà entendu un tel conseil, mais la finance a conféré à cette manifestation de sagesse populaire un caractère plus rigoureux, qui porte le nom de diversification.

Capitalisation boursière
Valeur totale des actions d'une entreprise.

Diversification
Diminution du risque obtenue au moyen du remplacement d'un seul risque par un grand nombre de risques non reliés.

Le marché de l'assurance est un exemple de diversification. Imaginez une ville regroupant 10 000 propriétaires de maison qui sont tous exposés au risque que leur résidence devienne la proie des flammes. Si une personne mettait sur pied une compagnie d'assurance et que tous les résidants de cette ville devenaient des actionnaires de cette compagnie et lui achetaient chacun une police d'assurance, ils réduiraient tous leur risque au moyen de la diversification. Chaque résidant affronterait dorénavant 1 / 10 000 du risque de 10 000 incendies possibles, plutôt que la totalité du risque d'un seul incendie dans sa propre maison. Ainsi, le risque auquel chaque personne fait face en est nettement amoindri, à moins, bien sûr, que toute la ville ne soit simultanément engouffrée par un seul incendie gigantesque…

Lorsque des personnes utilisent leur épargne pour acheter des actifs financiers, elles peuvent également réduire le risque grâce à la diversification. Quelqu'un qui achète des actions d'une entreprise fait un pari sur la rentabilité future de cette entreprise. Ce pari est souvent risqué, car il est difficile de prédire la réussite d'une firme. Lancée par quelques adolescents maniaques d'informatique, Microsoft est devenue en quelques années une des entreprises ayant la plus grande valeur boursière au monde; quant à Nortel, auparavant l'une des entreprises les plus respectées dans le monde, elle a perdu la quasi-totalité de sa valeur en quelques mois à peine. Heureusement, un actionnaire n'est pas tenu de lier sa bonne fortune à celle d'une seule entreprise. Il peut réduire les risques s'il fait un grand nombre de petits paris plutôt qu'un petit nombre de gros paris.

La figure 17.2 montre comment le risque associé à un portefeuille d'actions varie selon le nombre d'entreprises du portefeuille. Le risque est ici évalué au moyen d'une statistique nommée *écart type*, que vous avez peut-être déjà étudiée dans un cours de mathématiques ou de statistiques. L'écart type mesure la volatilité

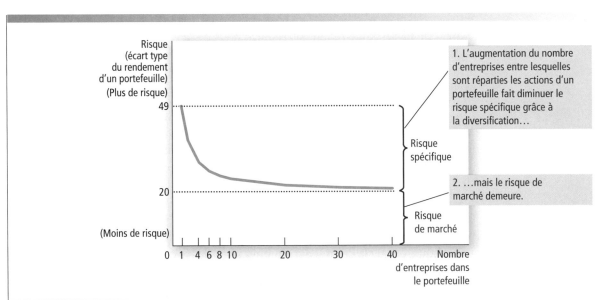

FIGURE 17.2　**LA DIVERSIFICATION AMOINDRIT LE RISQUE** La figure montre en quoi le risque d'un portefeuille d'actions, mesuré ici au moyen d'une statistique dénommée *écart type*, varie selon le nombre d'entreprises dans ce portefeuille. On suppose que chaque entreprise représente un même pourcentage du portefeuille. L'augmentation du nombre d'entreprises fait diminuer la valeur du risque de tout portefeuille d'actions, mais elle ne l'élimine pas.

SOURCES : Adaptation de Meir Statman, « How Many Stocks Make a Diversified Portfolio ? », *Journal of Finance and Quantitative Analysis*, vol. 22, septembre 1987, p. 353-364.

d'une variable, c'est-à-dire l'ampleur des fluctuations probables de cette variable. Plus l'écart type du rendement d'un portefeuille est élevé, plus le risque lié à ce portefeuille est prononcé.

La figure montre que le risque associé à un portefeuille d'actions baisse fortement à mesure qu'augmente le nombre d'entreprises dans le portefeuille. Dans le cas d'un portefeuille comprenant des actions d'une seule entreprise, l'écart type est de 49 %. Si on passe de 7 à 10 entreprises, le risque diminue de moitié. Si on passe à 20 entreprises, le risque diminue de 13 % de plus. Plus le nombre d'entreprises augmente, plus le risque diminue, bien que la réduction du risque devienne faible lorsque le nombre d'entreprises dépasse 20 ou 30.

Notons qu'il est impossible d'éliminer tout risque en augmentant le nombre d'entreprises dans un portefeuille. La diversification peut supprimer le **risque spécifique**, soit l'incertitude liée aux entreprises individuelles, mais pas le **risque de marché**, c'est-à-dire l'incertitude liée à l'économie dans son ensemble, qui affecte toutes les entreprises. Par exemple, lorsque l'économie entre en récession, la plupart des entreprises subissent une baisse des ventes, des profits et du rendement des actions. La diversification amoindrit le risque associé aux actions, mais elle ne l'élimine pas.

Risque spécifique
Risque qui touche une entreprise individuelle.

Risque de marché
Risque qui touche toute l'économie.

L'arbitrage entre le risque et le rendement

Un des **dix principes d'économie** énumérés au chapitre 1 indique que les gens sont soumis à des arbitrages. Parmi ceux-ci, le plus utile à la compréhension des décisions financières est l'arbitrage entre le risque et le rendement.

Comme nous l'avons vu, certains risques sont inhérents à l'acquisition d'actions, même dans un portefeuille diversifié. Mais les personnes éprouvant une aversion pour le risque sont disposées à accepter ces risques, parce qu'on les compense. Les actions ont toujours donné un taux de rendement beaucoup plus élevé que celui d'autres actifs financiers, comme les obligations et les comptes d'épargne bancaires. Depuis 200 ans, le rendement réel moyen des actions est d'environ 8,3 % par année, tandis que les obligations d'État à court terme ont rapporté un rendement réel de seulement 3,1 % par année.

Avant de décider comment placer son épargne, on doit d'abord déterminer l'ampleur du risque qu'on est prêt à accepter pour obtenir un rendement plus élevé. La figure 17.3 (voir la page 462) montre l'arbitrage entre le risque et le rendement d'une personne ayant à répartir son portefeuille entre deux catégories d'actifs. La première catégorie consiste en un groupe diversifié d'actions à risque élevé, assorti d'un rendement moyen de 8,3 % et d'un écart type de 20 %. La deuxième catégorie d'actifs constitue une solution de rechange parfaitement sûre (un compte d'épargne bancaire ou une obligation d'État), apportant un rendement de 3,1 % et ayant un écart type nul. Chaque point sur cette figure représente une répartition particulière entre des actions à risque élevé et un actif sûr. La figure révèle que plus le pourcentage d'actions est élevé, plus le risque et le rendement sont élevés.

Reconnaître l'existence d'un arbitrage entre le risque et le rendement n'indique pas ce qu'une personne devrait faire. Le choix d'une combinaison particulière de risque et de rendement est fonction de l'intensité de l'aversion pour le risque d'une personne, ce qui signifie que le choix reflète ses préférences personnelles. Mais il importe beaucoup que les actionnaires comprennent que le taux de rendement plus élevé dont ils bénéficient s'accompagne d'un risque également plus élevé.

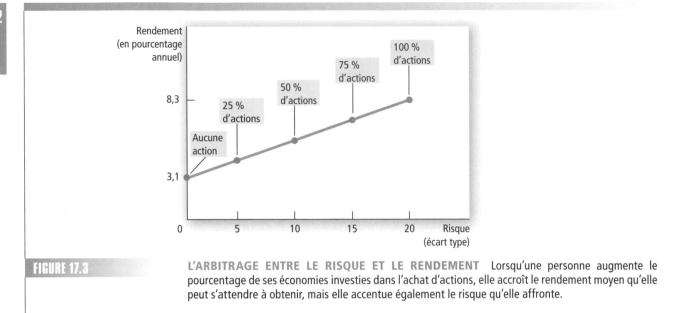

FIGURE 17.3 **L'ARBITRAGE ENTRE LE RISQUE ET LE RENDEMENT** Lorsqu'une personne augmente le pourcentage de ses économies investies dans l'achat d'actions, elle accroît le rendement moyen qu'elle peut s'attendre à obtenir, mais elle accentue également le risque qu'elle affronte.

L'ÉVALUATION DES ACTIFS

Après avoir analysé les deux pierres d'assise de la finance — le temps et le risque —, nous allons mettre en application ces connaissances. La présente section aborde une question simple : qu'est-ce qui détermine le prix d'une action ? Comme pour la plupart des prix, la réponse est la même : l'offre et la demande. Mais la réponse ne s'arrête pas là. Pour bien comprendre le prix (ou le cours) d'une action, nous devons d'abord examiner en détail les facteurs qui expliquent le désir d'une personne d'acheter une action.

L'analyse fondamentale

Supposons que vous ayez décidé d'investir 60 % de vos économies dans l'achat d'actions. Pour assurer une diversification, vous voulez acheter des actions de 20 entreprises distinctes. Si vous ouvrez un journal, vous allez y trouver une liste comprenant des milliers d'entreprises cotées en Bourse. Comment choisir les 20 entreprises dont les actions vont composer votre portefeuille ?

Au moment de faire un tel choix, il est naturel de prendre en compte deux facteurs : la valeur d'une entreprise et le prix de ses actions. Si ce prix est inférieur à la valeur, on dit que l'action est *sous-évaluée*, alors que s'il lui est supérieur, on dit que l'action est *surévaluée*. Si le prix et la valeur sont égaux, on dit que l'action est *correctement évaluée*. Lorsque vous choisissez les actions de 20 entreprises pour constituer votre portefeuille, vous devriez privilégier les actions sous-évaluées. Dans un tel cas, vous faites une bonne affaire puisque vous payez un prix inférieur à la valeur de l'entreprise.

Mais la chose est plus facile à dire qu'à faire! Il est aisé de connaître le prix d'une action, qu'on trouve dans les pages financières des journaux. Il est nettement plus difficile de déterminer la valeur d'une entreprise. L'expression **analyse fondamentale** désigne l'étude détaillée d'une entreprise qui permet d'en établir la valeur. De nombreuses firmes d'investissement embauchent des analystes boursiers pour qu'ils procèdent à de telles analyses fondamentales et qu'ils suggèrent des actions à acheter.

Pour un actionnaire, la valeur d'une action dépend de la valeur actualisée des versements de dividende successifs ainsi que du prix de vente final de cette action. Rappelons ici qu'un dividende est un paiement en espèces qu'une entreprise verse à ses actionnaires. La capacité d'une entreprise de verser un dividende, tout comme la valeur d'une action lorsque l'actionnaire la vend, est fonction de la capacité de l'entreprise de réaliser des profits. La profitabilité d'une entreprise repose quant à elle sur un grand nombre de facteurs: la demande du produit qu'elle fabrique, l'ampleur de la concurrence qu'elle affronte, le capital dont elle dispose, la syndicalisation ou non de ses employés, le degré de fidélité de ses clients, le régime fiscal et la réglementation gouvernementale auxquels elle est assujettie, etc. Le spécialiste en analyse fondamentale a pour tâche de prendre en compte tous ces facteurs afin de déterminer la valeur de l'action d'une entreprise.

Il existe trois façons de recourir à l'analyse fondamentale en vue de constituer un portefeuille d'actions. D'abord, vous pouvez effectuer vous-même toute la recherche nécessaire à cette fin, par exemple en prenant connaissance des rapports annuels que publient les entreprises. Ensuite, vous pouvez vous fier aux conseils formulés par des analystes en investissements. Enfin, vous pouvez acheter des titres d'un fonds commun de placement, dont un directeur est chargé d'effectuer les analyses fondamentales et de prendre les décisions en votre nom.

L'hypothèse de l'efficience des marchés

Il existe une autre façon de choisir les actions de 20 entreprises qui vont constituer votre portefeuille: choisissez-les au hasard, par exemple en plaçant les pages financières d'un journal sur votre babillard et en lançant des dards sur ces pages. Cela peut sembler complètement insensé, mais il existe une bonne raison de croire que cette façon de procéder soit assez efficace. Cette raison est appelée l'**hypothèse de l'efficience des marchés**.

Pour bien comprendre cette hypothèse, il faut d'abord reconnaître que toute entreprise cotée dans une place boursière majeure est observée de près par de nombreux gestionnaires de portefeuilles, comme ceux qui dirigent les fonds communs de placement. Chaque jour, ces gestionnaires prennent connaissance des informations publiées et procèdent à des analyses fondamentales afin de déterminer la valeur des actions. Leur tâche consiste à acheter une action lorsque son prix devient inférieur à sa valeur et à la vendre lorsque son prix dépasse sa valeur.

Le deuxième élément de l'hypothèse de l'efficience du marché des capitaux est le suivant: l'équilibre de l'offre et de la demande détermine le prix du marché. Cela signifie que, au prix du marché, le nombre d'actions offertes à la vente est égal au nombre d'actions que les personnes veulent acheter. En d'autres termes, au prix du marché, le nombre de personnes qui croient que l'action est surévaluée est exactement le même que le nombre de personnes qui estiment qu'elle est sous-évaluée. Aux yeux de la personne typique dans le marché, toutes les actions sont correctement évaluées en tout temps.

464

Efficience informationnelle
Caractéristique du marché des actions lorsque le prix d'un élément d'actif reflète toute l'information disponible.

Selon cette hypothèse, le marché des actions se caractérise par son **efficience informationnelle**, c'est-à-dire qu'il reflète toute l'information disponible sur la valeur de l'actif. Les prix des actions varient lorsque l'information elle-même change. Lorsque de bonnes nouvelles sur les perspectives d'avenir d'une entreprise deviennent publiques, la valeur et le prix de ses actions augmentent tous les deux. Si les perspectives d'avenir de l'entreprise se détériorent, la valeur et le prix de ses actions diminuent tous les deux. Mais, à tout moment, le prix du marché représente la meilleure estimation de la valeur de l'entreprise, compte tenu de l'information disponible.

Une des conséquences de l'hypothèse de l'efficience des marchés est que le prix des actions devrait suivre une **marche aléatoire**, ce qui signifie qu'il est impossible de prédire les variations du prix des actions à partir de l'information disponible. Si, d'après l'information publique disponible, une personne pouvait prédire que le cours d'une action devrait augmenter de 10 % demain, alors le marché des actions ne tiendrait pas bien compte de l'information actuelle. Selon cette théorie, seule une information nouvelle faisant changer la perception de la valeur de l'entreprise est susceptible de modifier le prix des actions. Mais cette information nouvelle est imprévisible par définition, sinon ce ne serait pas vraiment une information nouvelle. C'est pour cette même raison que les variations des prix des actions devraient être imprévisibles.

Marche aléatoire
Évolution d'une variable dont les modifications sont impossibles à prédire.

Si l'hypothèse de l'efficience des marchés est juste, alors il ne sert à rien de passer des heures à étudier les pages financières d'un journal en vue de choisir les actions de 20 entreprises à intégrer à votre portefeuille. Si le prix des actions reflète toute l'information disponible, aucune action ne constitue un meilleur achat qu'une autre. La meilleure chose à faire est donc de composer un portefeuille diversifié.

ÉTUDE DE CAS

LES MARCHES ALÉATOIRES ET LES FONDS INDICIELS

L'hypothèse de l'efficience des marchés est une théorie du fonctionnement des marchés financiers. Cette théorie n'est sans doute pas parfaitement juste : comme on le montrera plus loin, il existe de bonnes raisons de douter que les actionnaires agissent toujours de façon rationnelle et que le prix des actions soit à tout moment efficient sur le plan de l'information. Cette hypothèse offre néanmoins une meilleure description du monde que vous ne pourriez le croire.

Empiriquement, le prix des actions semble suivre de près une marche aléatoire. Par exemple, vous pourriez être tenté d'acheter des actions dont le prix a récemment augmenté et d'éviter celles dont le prix a chuté il y a peu de temps (ou encore de faire l'inverse…). Mais de nombreuses études statistiques ont montré que les personnes qui prennent de telles décisions ne parviennent pas à battre le marché. La corrélation entre le rendement d'une action durant une année donnée et son rendement l'année suivante est presque entièrement nulle.

Les plus solides éléments de preuve en faveur de l'hypothèse de l'efficience des marchés résident dans le rendement des fonds indiciels. Un fonds indiciel est un fonds commun de placement qui achète toutes les actions d'un indice boursier donné. Le rendement d'un fonds indiciel peut être comparé à celui d'un fonds commun de placement à gestion active, pour lequel un gestionnaire de portefeuille professionnel choisit des actions en s'appuyant sur un travail de recherche approfondi et sur son expertise présumée. Bref, un fonds indiciel achète toutes les actions, tandis qu'un fonds commun de placement à gestion active est censé n'acheter que les meilleures actions.

En pratique, les gestionnaires de portefeuille ne font généralement pas mieux que les fonds indiciels : en fait, la plupart obtiennent de moins bons résultats. Par exemple, de février 1992 à février 2002, 82 % des fonds communs de placement d'actions n'ont pas réussi à battre un fonds indiciel regroupant les 500 titres qui composent l'indice 500 de Standard and Poor's (un important indice boursier américain). La plupart des gestionnaires de portefeuille obtiennent un rendement inférieur à celui des fonds indiciels parce qu'ils entreprennent des transactions fréquentes, générant ainsi des coûts élevés, et qu'ils engagent des frais élevés en raison de leur présumée expertise.

Que penser des 18 % de gestionnaires qui ont réussi à battre le marché ? Peut-être sont-ils plus habiles que les autres, ou peut-être plus chanceux. Si 5000 personnes jouent dix fois de suite à pile ou face, environ cinq d'entre elles verront leur pièce retomber dix fois sur le même côté. Ces cinq personnes pourraient prétendre qu'elles possèdent une habileté exceptionnelle pour jouer à pile ou face, mais elles auraient beaucoup de difficulté à répéter leur exploit initial. De même, des études ont montré que les gestionnaires de fonds communs de placement ayant obtenu un rendement supérieur dans le passé sont généralement incapables de le maintenir par la suite.

Selon l'hypothèse de l'efficience des marchés, il est impossible de battre le marché. Les nombreuses études portant sur les marchés financiers confirment qu'il est, au mieux, extrêmement difficile de faire mieux. Même si on estime que l'hypothèse de l'efficience des marchés n'offre pas une description exacte de la réalité, elle comporte une grande part de vérité.

DANS L'ACTUALITÉ

DES CONSEILS EN PLACEMENTS DU CALIBRE D'UN PRIX NOBEL

Le domaine de l'économie comportementale associe des principes de psychologie et des principes d'économie. Daniel Kahneman est l'un des pionniers dans ce domaine.

SELON UN LAURÉAT DU PRIX NOBEL, MIEUX VAUT MOINS QUE PLUS

La plupart des lecteurs tiennent probablement pour acquis que le lauréat du prix Nobel en sciences économiques sait gérer intelligemment ses finances personnelles.

Daniel Kahneman, corécipiendaire du prix Nobel en 2002, n'a pas reçu ce prix en raison de son flair en matière de placements. Il a plutôt formulé des idées pénétrantes sur la façon dont la psychologie humaine sape constamment la prise de décisions concernant les placements.

Les travaux de recherche de Kahneman ont démontré que, puisque les décisions d'effectuer des placements résultent d'un raisonnement hautement émotif et fondé sur un excès de confiance, la meilleure démarche à cet égard est souvent la plus simple. Lorsqu'il s'agit de donner des conseils pour la constitution d'un portefeuille, Kahneman se tourne vers son planificateur financier.

Peu importe où vous vous situez sur la courbe d'apprentissage en matière de place-ments, les résultats des travaux de Kahneman peuvent vous aider à constituer un meilleur portefeuille. La première étape est simple: faites fi de votre instinct pour procéder à des placements.

Selon Kahneman, l'instinct est l'ennemi juré de tout bon placement. En collaboration avec Amos Tversky, son partenaire de recherche décédé en 1996, Kahneman a décou-vert que le pire ennemi de chacun est son propre ego. Chacun est convaincu qu'il en sait plus que ce qu'il sait réellement, puis il agit en fonction d'une telle conviction.

Un optimisme excessif incite à «sous-estimer l'incertitude». Selon la théorie des perspectives [*prospect theory*], chacun répugne à accepter ses pertes, parce que celles-ci déclenchent des émotions douloureuses. Il s'ensuit que chacun s'accro-che beaucoup trop longtemps à de mauvais placements et se défait des titres «ga-gnants». Lorsqu'on prend des décisions, l'aversion pour les pertes domine, puisque «les pertes sont plus marquantes que les gains».

Kahneman et ses collègues ont également découvert que chacun nourrit «l'illusion de maîtriser» des phénomènes, comme l'évolution des marchés boursiers, que per-sonne ne peut prévoir avec certitude. Ainsi, lors de la bulle boursière de 2000 à 2003, Kahneman a observé «qu'une forte proportion des investisseurs savaient qu'il s'agissait d'une bulle et ont néanmoins conservé leurs placements, parce qu'ils pen-saient qu'ils seraient assez futés pour s'en défaire avant qu'elle n'éclate».

Kahneman explique qu'il croit que le cerveau humain est prédisposé à prendre de petites décisions imprégnées d'optimisme. «L'optimisme est une force importante du capitalisme, c'est peut-être même le moteur du capitalisme.»

Kahneman suggère de prendre moins de décisions financières et de viser une accumulation de richesse à long terme, plutôt que de s'intéresser à l'évolution des marchés sur une base quotidienne.

Il investit lui-même dans des fonds indiciels et des bons du Trésor américain protégés contre l'inflation [qu'on appelle en anglais *Treasury Inflation-Protected Securities*, ou TIPS, et qui sont des titres dont le capital et le coupon sont ajustés pour éliminer l'effet de l'inflation]. Il a indiqué que le principal objectif dans la pla-nification de sa retraite est de se mettre à l'abri de l'inflation et de maintenir un revenu stable, ce qui va à l'encontre de l'obsession de la maximisation du rende-ment qui caractérise Wall Street.

Privilégiez la simplicité et mettez-vous à l'abri de l'inflation. Ne tentez pas de battre le marché. Kahneman propose une stratégie saine, qui n'échouera pas à cause de la psychologie humaine. En matière de placements, mieux vaut moins que plus: si vous cherchez à avoir plus, vous allez souvent vous retrouver avec moins.

Source: John Wasik, «For a Nobel Prize Winner, Less Is More», *The Financial Times,* 14 mai 2003.

L'irrationalité des marchés

Selon l'hypothèse de l'efficience des marchés, les personnes qui achètent et vendent des actions traitent rationnellement l'information qu'elles ont au sujet de la valeur de ces actions. Mais le marché des actions est-il vraiment si rationnel ? Le prix des actions s'écarte-t-il parfois des évaluations raisonnables au sujet de leur valeur véritable ?

Depuis longtemps, de nombreuses personnes croient que les fluctuations du prix des actions s'expliquent en partie par des causes psychologiques. Dans les années 1930, l'économiste John Maynard Keynes a soutenu que les marchés des actifs étaient mus par les « esprits animaux » des investisseurs, c'est-à-dire des vagues irrationnelles d'optimisme et de pessimisme. Dans les années 1990, lorsque le marché boursier s'est envolé, Alan Greenspan, alors président de la Réserve fédérale américaine, a qualifié cette forte hausse d'« exubérance irrationnelle ». Le cours des actions a fini par diminuer, mais cela n'a pas pour autant clos le débat sur le caractère irrationnel ou non de la hausse des prix, compte tenu de l'information disponible pour les investisseurs d'alors.

La possibilité que de telles bulles spéculatives apparaissent découle en partie du fait que la valeur d'une action dépend non seulement de la série de versements de dividendes, mais aussi de son prix de vente final. Ainsi, une personne peut être disposée à payer un prix supérieur à la valeur d'une action, si elle s'attend à ce qu'une autre personne paie encore plus cher cette même action dans le futur. Lorsqu'on évalue une action, on doit donc estimer non seulement la valeur de l'entreprise, mais aussi la valeur que d'autres personnes attribueront à cette entreprise dans l'avenir.

Les économistes débattent souvent de la question suivante : les écarts entre le prix des actions et à leur valeur rationnelle sont-ils fréquents ou rares ? Ceux qui postulent l'irrationalité des marchés soulignent (avec raison) que le marché boursier évolue souvent d'une façon difficile à expliquer en fonction des informations disponibles. Les partisans de l'hypothèse de l'efficience des marchés, pour leur part, soulignent (avec raison) que personne ne connaît la valeur rationnellement juste d'une entreprise, si bien qu'il ne faudrait pas en conclure rapidement que toute évaluation particulière est irrationnelle. En outre, si les marchés étaient irrationnels, une personne rationnelle devrait être en mesure de tirer parti d'un tel état de fait. Pourtant, comme l'a montré l'étude de cas précédente, battre le marché est presque impossible.

MINITEST

■ Depuis 1993, le « Concours des 50 sociétés les mieux gérées au Canada » rend hommage aux entreprises à propriété et à direction canadiennes ayant un chiffre d'affaires annuel de plus de 10 millions de dollars. Selon l'hypothèse de l'efficience des marchés, si une personne restreint son portefeuille aux actions de ces entreprises, obtiendra-t-elle un rendement supérieur à la moyenne ? Expliquez votre réponse.

CONCLUSION

Le présent chapitre a décrit certains des outils que les gens devraient utiliser (et utilisent effectivement) en vue de prendre des décisions financières. Le concept de valeur actualisée nous rappelle qu'un dollar demain vaut moins qu'un dollar aujourd'hui. Il nous offre aussi un moyen de comparer des sommes d'argent à différents moments dans le temps. La théorie de la gestion du risque nous indique que l'avenir est incertain et que les personnes éprouvant une aversion pour le risque peuvent se prémunir des effets d'une telle incertitude. L'étude de l'évaluation des actifs montre que le prix d'une action doit refléter la rentabilité anticipée de l'entreprise.

Si la plupart des outils financiers sont bien établis, une certaine controverse entoure toutefois l'hypothèse de l'efficience des marchés, ainsi que la question de savoir si le prix des actions d'une entreprise représente, en pratique, une estimation rationnelle de la valeur véritable de cette entreprise. Rationnelles ou non, les fortes variations observées du prix des actions ont d'importantes répercussions macroéconomiques. Les fluctuations des marchés boursiers sont souvent associées aux fluctuations de l'économie dans son ensemble.

RÉSUMÉ

- Puisque l'épargne rapporte de l'intérêt, une somme d'argent vaut aujourd'hui davantage que la même somme demain. Une personne peut comparer des sommes à différentes époques en recourant au concept de valeur actualisée. La valeur actualisée de toute somme future correspond au montant qui serait nécessaire aujourd'hui, étant donné le taux d'intérêt en vigueur, pour produire cette somme future.

- En raison de l'utilité marginale décroissante, la plupart des personnes éprouvent une aversion pour le risque. Elles peuvent réduire le risque auquel elles sont exposées en recourant à l'assurance, en diversifiant leur portefeuille et en constituant un portefeuille avec des titres à risque et à rendement moindres.

- La valeur d'un actif, comme une action, est égale à la valeur actualisée des paiements que recevra le détenteur, ce qui comprend les versements successifs de dividendes et le prix de vente final de l'action. Selon l'hypothèse de l'efficience des marchés, les marchés financiers traitent rationnellement l'information disponible, de sorte que le prix de l'action d'une entreprise est toujours égal à la meilleure estimation de la valeur de cette entreprise. Certains économistes remettent cependant en question l'hypothèse de l'efficience des marchés et croient que des facteurs psychologiques irrationnels influent également sur le prix des actifs.

CONCEPTS CLÉS

QUESTIONS DE RÉVISION

1. Le taux d'intérêt est de 7 %. Servez-vous du concept de valeur actualisée pour comparer une somme de 200 $ à recevoir dans 10 ans et une somme de 300 $ à recevoir dans 20 ans.

2. Quel avantage retire-t-on du marché de l'assurance ? Quels sont les deux problèmes qui nuisent au fonctionnement des compagnies d'assurance ?

3. Qu'est-ce que la diversification ? Un actionnaire améliore-t-il plus sa diversification si son portefeuille d'actions passe d'une entreprise à 10 ou si son portefeuille passe de 100 entreprises à 120 ?

4. Si on compare des actions et des obligations d'État, lesquelles représentent le plus grand risque ? Lesquelles devraient payer le rendement moyen le plus élevé ?

5. Quels sont les facteurs dont un analyste financier doit tenir compte pour déterminer la valeur d'une action d'une entreprise ?

6. Énoncez l'hypothèse de l'efficience des marchés et donnez un élément de preuve de cette hypothèse.

7. Expliquez la position des économistes qui sont sceptiques à propos de l'hypothèse de l'efficience des marchés.

CHAPITRE 18

CINQ CONTROVERSES SUR LA POLITIQUE MACROÉCONOMIQUE

À la fin de ce chapitre, vous serez en mesure de répondre aux questions suivantes :

→ Les autorités monétaires et budgétaires doivent-elles stabiliser l'économie ?

→ Les banques centrales devraient-elles être indépendantes ?

→ La banque centrale doit-elle viser une inflation nulle ?

→ Le gouvernement doit-il rembourser la dette publique ?

→ Doit-on modifier la fiscalité pour encourager l'épargne ?

O n ne peut pas ouvrir un journal sans tomber sur l'opinion d'un homme politique ou d'une éditorialiste au sujet d'un changement d'orientation de la politique économique. Le gouvernement fédéral devrait-il consacrer ses surplus budgétaires à la réduction de la dette publique ou, au contraire, à l'augmentation des dépenses publiques ? La Banque du Canada devrait-elle baisser ses taux d'intérêt pour stimuler une économie anémique ou refuser d'intervenir pour ne pas risquer de relancer l'inflation ? Dans sa réforme de la fiscalité, le Parlement devrait-il chercher à stimuler la croissance économique ou à promouvoir une meilleure distribution de la richesse ? Le débat politique se centre essentiellement, au Canada comme partout ailleurs, sur des problèmes d'ordre économique.

Les chapitres précédents ont été consacrés à l'élaboration d'outils permettant d'analyser le comportement de l'économie dans son ensemble et les conséquences des interventions publiques. Ce dernier chapitre abordera cinq controverses majeures concernant la politique macroéconomique et présentera, pour chacune d'elles, les différents points de vue des économistes. Les connaissances que vous avez accumulées au fil des pages vous permettent même de participer à ces débats qui portent sur des questions importantes et toujours en suspens. Vous pourrez choisir votre camp ou, du moins, comprendre pourquoi il est difficile de prendre position.

LES AUTORITÉS MONÉTAIRES ET BUDGÉTAIRES DOIVENT-ELLES TENTER DE STABILISER L'ÉCONOMIE ?

Nous avons vu, aux chapitres 14, 15 et 16, que les variations de l'offre et de la demande agrégées provoquent des fluctuations à court terme de la production et de l'emploi. Nous avons également constaté que les politiques monétaire et budgétaire *peuvent* influer sur ces fluctuations à court terme. Cela veut-il dire pour autant que les dirigeants *devraient* intervenir ? Devraient-ils utiliser les moyens à leur disposition pour tenter de réduire les fluctuations du cycle économique ? Cette question délicate fait l'objet de notre première controverse.

LES PARTISANS DE L'INTERVENTION

Laissées à elles-mêmes, les économies ont naturellement tendance à fluctuer. Lorsque les entreprises et les ménages deviennent plus pessimistes, ils réduisent leurs dépenses et, conséquemment, la demande agrégée de biens et de services. Cette baisse de la demande entraîne une diminution de la production, une hausse des mises à pied et une aggravation du chômage. Le PIB réel et les autres indices mesurant le revenu chutent. L'augmentation du chômage et la baisse des revenus viennent alors confirmer le pessimisme initial à l'origine de cette récession.

La société ne retire aucun avantage d'une telle récession, qui entraîne un énorme gaspillage de ressources. Les employés mis à pied en raison de la contraction de la demande agrégée préféreraient certainement travailler ; les propriétaires des entreprises qui tournent au ralenti aimeraient bien mieux produire des biens et des services et les vendre à profit.

Rien ne justifie que la société ait à subir les variations cycliques de l'économie. La théorie macroéconomique nous montre que les dirigeants ont la possibilité de limiter l'intensité de ces fluctuations. À l'aide de politiques contre-cycliques, les responsables des politiques monétaire et budgétaire sont en mesure de stabiliser la demande agrégée et, par conséquent, la production et l'emploi. Lorsque la demande agrégée est insuffisante pour permettre le plein-emploi, les autorités peuvent augmenter les dépenses publiques, réduire les impôts ou augmenter la masse monétaire. À l'inverse, si la demande agrégée augmente de manière excessive, risquant de pousser l'inflation à la hausse, les responsables peuvent réduire les dépenses publiques, augmenter le fardeau fiscal ou réduire la masse monétaire. De telles mesures, suggérées par la théorie macroéconomique, contribuent à la stabilisation de l'économie, ce qui est bénéfique pour tous.

LES OPPOSANTS À L'INTERVENTION

Même si, théoriquement, les politiques monétaire et budgétaire peuvent permettre une stabilisation économique, en pratique, de telles interventions sont problématiques. Toute politique budgétaire ou monétaire ne produit ses effets qu'après un certain temps. En jouant sur les taux d'intérêt, la politique monétaire tente de modifier la consommation et les dépenses d'investissement, afin de faire déplacer la demande agrégée. Toutefois, comme les ménages et les entreprises planifient souvent leurs dépenses à l'avance, les variations du taux d'intérêt se répercutent très lentement sur la demande agrégée. Nombre d'études indiquent que des changements apportés à la politique monétaire n'ont qu'un impact minime sur la demande dans les six premiers mois qui suivent leur mise en application.

La politique budgétaire se fait également sentir avec un retard en raison de la lenteur du processus politique de modification des dépenses publiques et de la fiscalité. Tout changement du régime fiscal requiert l'approbation d'un projet de loi par les comités du cabinet et les comités parlementaires, avant son adoption par la Chambre des communes et le Sénat.

Ayant à composer avec de tels délais, les dirigeants qui prétendent stabiliser l'économie doivent prévoir la situation économique qui aura cours au moment où leur politique entrera en vigueur. Malheureusement, la prévision économique ne s'avère guère précise, d'une part parce que la macroéconomie est encore une science toute récente et, d'autre part, parce que les chocs causant les fluctuations économiques demeurent fondamentalement imprévisibles. Par conséquent, lorsque les dirigeants adoptent une politique budgétaire ou monétaire quelconque, ils n'ont d'autre possibilité que de se livrer à des conjectures sur la situation économique future.

Dans leurs tentatives de stabiliser l'économie, les autorités en arrivent souvent au résultat contraire. La situation économique risque en effet d'avoir complètement changé au moment où leurs décisions commenceront à produire des effets. Voilà pourquoi les dirigeants aggravent parfois, sans le vouloir, la situation économique qu'ils prétendaient améliorer. Certains économistes ont fait remarquer que plusieurs des grandes fluctuations économiques de l'histoire, y compris la Grande Dépression des années 1930, avaient été causées ou aggravées par des politiques déstabilisantes.

L'une des premières règles enseignées aux médecins se résume ainsi: « Ne pas nuire. » Le corps humain dispose de ses ressources propres pour guérir et, devant un diagnostic incertain, il est parfois préférable de ne pas intervenir et de laisser le malade récupérer de lui-même. En fait, une intervention réalisée en l'absence d'informations fiables risque même d'aggraver l'état du patient.

Cet exemple peut facilement se transposer à l'économie. S'il était réaliste de penser pouvoir éliminer toutes les fluctuations économiques, il serait tentant d'intervenir. Mais ce n'est pas le cas, compte tenu des limites des connaissances macroéconomiques et de l'imprévisibilité des événements mondiaux. Les dirigeants devraient donc éviter d'intervenir régulièrement en matière budgétaire et monétaire et s'estimer heureux de ne pas nuire.

MINITEST

Expliquez pourquoi les politiques monétaire et budgétaire se font sentir avec un certain retard. Pourquoi ces délais importent-ils dans le choix de mettre en œuvre ou non une politique active ?

LES BANQUES CENTRALES DEVRAIENT-ELLES ÊTRE INDÉPENDANTES ?

Comme nous l'avons montré au chapitre 10, la Banque du Canada détermine le taux de croissance de la masse monétaire canadienne. En fonction de la situation économique observée et des prévisions, la Banque du Canada peut décider d'augmenter, de réduire ou de maintenir l'offre de monnaie, afin d'atteindre l'objectif de sa politique monétaire. Depuis 1988, la Banque du Canada vise la stabilité des prix. En 1991, elle a précisé cet objectif en annonçant qu'elle tenterait de maintenir l'inflation entre 1 % et 3 %. En novembre 2006, elle a exprimé son intention de conserver cette cible jusqu'à la fin de 2011. Le gouvernement fédéral et la Banque du Canada décideront alors de garder le cap ou d'annoncer une nouvelle cible.

Avec les années, la relation entre le gouvernement fédéral et la Banque du Canada a évolué, de sorte que celle-ci dispose maintenant d'une autonomie presque entière en matière de politique monétaire. Si on s'en tient aux textes de loi relatifs à sa création, son mandat reste vague et rien n'y est précisé concernant les moyens qu'elle peut mettre en œuvre ou la façon dont elle peut établir des priorités. C'est au gouverneur que revient cette responsabilité. Cette indépendance a permis à la Banque du Canada de se donner une règle de politique monétaire, soit de limiter la croissance monétaire afin de maintenir une inflation se situant entre 1 % et 3 % par année, comme nous l'avons vu. Cet objectif a été atteint en 1994, après plusieurs années de contraction monétaire qui ont coûté fort cher en matière de chômage.

Certains économistes critiquent cette indépendance de la banque centrale. La seconde controverse concernant la politique économique porte donc sur l'indépendance de cet organisme par rapport aux citoyens et aux élus. La question est simple : qui devrait être responsable de la politique monétaire, les élus ou les technocrates de la banque centrale ?

LES PARTISANS DE L'INDÉPENDANCE DE LA BANQUE CENTRALE

Le fait de laisser la conduite de la politique monétaire à des élus pose deux problèmes. Tout d'abord, en possession d'un tel pouvoir, les politiciens seront sans doute tentés de s'en servir à des fins électorales. Imaginez que la prochaine élection se joue sur la situation économique actuelle. Si les politiciens peuvent influencer la politique monétaire, il sera intéressant pour eux d'adopter des mesures expansionnistes afin de stimuler la production et l'emploi, sachant que les conséquences inflationnistes d'une telle décision ne se feront sentir qu'après l'élection. Dans une petite économie ouverte en régime de change flexible, comme celle du Canada, la politique monétaire a des effets importants sur la demande agrégée, ce qui ne fait qu'augmenter la tentation de recourir à de telles mesures à des fins politiques. Tant que les gouvernants pourront influencer la politique monétaire, les fluctuations finiront par refléter le calendrier électoral. C'est ce que les économistes appellent le *cycle politique*.

Ensuite, et de manière plus subtile, si la conduite de la politique monétaire est confiée aux élus, ces derniers risquent de laisser l'inflation augmenter au-delà du niveau souhaitable. Imaginez que les dirigeants, sachant qu'il n'existe pas d'arbitrage à long terme entre l'inflation et le chômage, annoncent un objectif d'inflation nulle. Les économistes considèrent que l'atteinte d'un tel objectif sera plus facile si la banque centrale est indépendante. Pourquoi ? À leur avis, une fois que le public a formé ses anticipations d'inflation, les dirigeants font face à un arbitrage à court terme entre l'inflation et le chômage. Ils sont alors tentés de renoncer à leur engagement concernant la stabilité des prix, afin de réduire le chômage.

La différence entre les intentions des politiciens (ce qu'ils disent qu'ils vont faire) et leurs actions (ce qu'ils font réellement) se nomme *incohérence intertemporelle des politiques*. Cette incohérence laisse le public incertain, car il s'attend toujours à une inflation supérieure aux déclarations officielles. L'augmentation de l'inflation anticipée entraîne alors un déplacement vers le haut de la courbe de Phillips. Non seulement le taux d'inflation réalisé à long terme est-il supérieur à ce qu'il devrait être, mais l'arbitrage à court terme entre l'inflation et le chômage est moins favorable. Dans la mesure où les élus ont toujours intérêt à exploiter l'arbitrage à court terme à des fins électorales, le taux d'inflation à long terme et le ratio de sacrifice, mesurant les coûts à court terme de la désinflation, seront toujours supérieurs à ce qu'ils seraient si une banque centrale indépendante décidait de la politique monétaire.

Une façon de résoudre ces difficultés consiste à mener une politique monétaire indépendante du pouvoir politique. Le gouverneur de la Banque du Canada n'étant pas élu, il n'a aucun intérêt à exploiter à des fins partisanes l'arbitrage à court terme entre l'inflation et le chômage. Sachant cela, le public sera davantage poussé à le croire lorsqu'il annoncera un objectif d'inflation faible ou nulle. À long terme, le taux d'inflation sera donc plus faible. Des preuves empiriques internationales semblent corroborer cette hypothèse : les pays dont la banque centrale est très indépendante enregistrent généralement les taux d'inflation les plus faibles.

LES OPPOSANTS À L'INDÉPENDANCE DE LA BANQUE CENTRALE

Malgré certains inconvénients, il existe un avantage incontestable à confier la politique monétaire aux élus : ils ont des comptes à rendre. Le pouvoir discrétionnaire des banques centrales n'élimine ni les abus ni l'incompétence. Lorsque le gouvernement envoie la police sur le terrain pour faire régner l'ordre, il lui donne des règles de conduite strictes. En raison du grand pouvoir de la police, certains dérapages risqueraient en effet de se produire si elle disposait d'une totale liberté d'action. Or, en confiant à la banque centrale le maintien de l'ordre économique, on ne lui donne aucune directive précise. Bien au contraire, on lui octroie un pouvoir discrétionnaire sans la rendre responsable de ses actes. Dans une petite économie en régime de change flexible, la politique monétaire a des effets durables et importants sur la demande agrégée. Toute modification de la demande agrégée ayant des conséquences sur l'emploi et le revenu national, il est donc important que les responsables de la politique monétaire aient à rendre des comptes.

Par ailleurs, les effets réels de l'incohérence intertemporelle dont font preuve les dirigeants de la banque centrale ne sont pas prouvés. Ainsi, on n'a jamais pu démontrer que l'amélioration de la crédibilité de la Banque du Canada a permis d'atténuer le coût de ses politiques à court terme. Les annonces répétées concernant l'objectif d'inflation nulle n'ont pas réduit le ratio de sacrifice de la politique de désinflation du début des années 1990. Au contraire, il semble même que ce ratio ait été supérieur à celui observé pendant les autres périodes de désinflation. La crédibilité améliorée des déclarations du gouverneur de la banque centrale a, pour le moment, porté peu de fruits.

En outre, l'hypothèse selon laquelle les gouvernements manipuleraient la politique monétaire pour créer des cycles politiques contredit la notion d'anticipations rationnelles du public. Dès lors que les gens se rendent compte que la baisse préélectorale du chômage n'est que temporaire et que ce dernier augmentera de nouveau après le scrutin, il semble difficile de voir comment les élus pourraient profiter d'une manipulation de la politique monétaire.

Pour finir, la politique monétaire agit sur l'inflation et les taux d'intérêt nominaux. Il est difficile de favoriser des groupes précis d'agents économiques en cherchant à modifier ces variables, qui touchent à peu près tout le monde. Par exemple, une inflation plus forte que prévu avantagera les emprunteurs au détriment des prêteurs : ce n'est pas alors un moyen très efficace de s'attirer la faveur des électeurs, puisque certains (les emprunteurs) y gagnent, tandis que d'autres seront mécontents (les prêteurs). La politique budgétaire est bien mieux adaptée à la formation de coalitions de voteurs. En effet, les modifications apportées aux dépenses publiques et à la fiscalité permettent de cibler facilement les groupes d'intérêt que les politiciens se proposent de courtiser. Néanmoins, si le fait que ces décisions soient prises par des élus peut présenter des problèmes sérieux, l'obligation de rendre des comptes devant l'électorat (« pas d'impôt sans représentation ») est l'une des pierres angulaires de la démocratie. Pourquoi n'en irait-il pas de même pour la politique monétaire ? Les économistes Lars Osberg et Pierre Fortin, qui ont dirigé la publication du récent ouvrage intitulé *Hard Money, Hard Times*, sont convaincus que :

> [...] il n'est pas souhaitable que les décisions économiques majeures, touchant de nombreux aspects de la vie des Canadiens, soient prises en dehors de tout processus démocratique. Comme le mentionne le mandat de la Banque du Canada, une économie de marché complexe nécessite une véritable stabilité macroéconomique. La tâche de la Banque du Canada consiste à « atténuer autant que possible, par l'action monétaire, les fluctuations du niveau général de la production, du commerce, des prix, de l'emploi et, de façon générale, à favoriser la prospérité économique et financière du Canada ». Les citoyens d'une démocratie sont en droit de s'attendre à ce que l'on tienne compte de leur opinion sur les principaux problèmes politiques, tels que l'équilibre à trouver entre ces objectifs.

DANS L'ACTUALITÉ

L'INDÉPENDANCE DE LA BANQUE DU CANADA

Le recours aux politiques monétaire et budgétaire afin de stabiliser l'économie conduit directement à réfléchir sur les institutions chargées de ces politiques. Au Canada, il incombe à la banque centrale d'assumer la responsabilité de la politique monétaire, à l'écart des pressions du pouvoir. En raison des effets importants de la politique monétaire sur la demande agrégée, on peut croire qu'il est illégitime que, dans une démocratie, de telles décisions ne soient pas prises par des élus. Toutefois, la grande majorité des économistes pensent que cela ne pose pas de problème.

UN DIRIGEANT INDÉPENDANT DE LA BANQUE CENTRALE VEILLE AU BIEN PUBLIC

En affirmant que le marché haussier des actions et des obligations faisait preuve d'une « exubérance irrationnelle », le président de la Réserve fédérale fit plonger les

→

actions le lendemain, faisant craindre un krach similaire à celui d'octobre 1987. Les marchés revinrent à leur niveau antérieur sans que cela n'empêche le leader républicain du Sénat, Trent Lott, de s'interroger sur la grande indépendance de la banque centrale par rapport au pouvoir politique. Il sous-entendait par là que Greenspan devrait se montrer plus prudent.

Greenspan est la prudence même. Son commentaire n'avait donc rien du lapsus. Il choisit en effet soigneusement ses mots, conscient que chaque phrase prononcée est scrutée minutieusement. En l'occurrence, les marchés boursier et obligataire connaissaient alors ce qu'on appelle une «inflation des actifs financiers», et le président de la Réserve se contentait de rappeler que la croissance ne durerait pas éternellement.

Naturellement, compte tenu de l'importance des capitaux traversant quotidiennement le globe à la recherche des meilleurs rendements, une légère modification des flux d'investissement risque de provoquer un déclin des valeurs, comme celui qu'ont connu la Bourse de New York et le parquet des autres grandes villes au lendemain de cette déclaration. Les marchés sont à la fois sensibles et craintifs, en raison même de l'importance des enjeux, et les responsables des fonds se montrent particulièrement circonspects. Lorsque quelqu'un de l'envergure de Greenspan déclare que les choses ne tournent pas rond, il est bon de se mettre à l'abri avant que le reste du monde ne réagisse. La panique s'empare de la foule et les prix dégringolent.

Ceci suffit-il à justifier la remarque selon laquelle Greenspan se montre beaucoup trop indépendant? Il s'agit là d'une question qui hante tous les dirigeants des banques centrales depuis leur fondation au XVIIIe siècle. Le concept même de l'indépendance de la banque centrale (par rapport à toute ingérence politique) provient de sa nécessité même.

Vous êtes-vous déjà demandé pourquoi les pièces de dix et de vingt-cinq cents sont cannelées sur la tranche, ou pourquoi un cordon orne la surface des pièces de cinq cents et de dix cents, du huard ou des nouvelles pièces de deux dollars? Il s'agit d'une vieille coutume datant de l'époque où les gens, y compris les monarques, avaient l'habitude de «rogner» les pièces de monnaie. On procédait au rognage des pièces parce que celles-ci étaient en argent ou en or et que les gens en prélevaient une partie avant de les remettre en circulation. La multiplication de ces rognures, avec le temps, permettait d'accumuler du métal précieux pour le revendre. Les pièces pesaient alors, à la suite de ces rognures répétées, bien moins que ce que représentait leur cours légal. Les rainures en dents de scie rendaient évident tout «grignotage».

Quel rapport a cette histoire avec l'indépendance de la banque centrale? Il ne s'agit que d'une métaphore. En protégeant l'indépendance des dirigeants de la banque de toute pression politique, on garantit que la valeur de la monnaie ne se dégrade pas sous l'influence des «rognures» d'aujourd'hui, à savoir le recours à la planche à billets pour couvrir les dépenses de l'État.

La mission fondamentale de la banque centrale consiste à protéger la valeur de la monnaie, et cela signifie qu'il faut surveiller l'inflation, y compris celle des actifs financiers. Faites disparaître cette indépendance et il est alors facile de dévaloriser

l'étalon monétaire, comme cela s'est produit en Serbie durant les trois dernières années, en Russie actuellement, ou antérieurement en Argentine et au Chili.

Une inflation, somme toute modeste, peut devenir galopante si les responsables politiques s'habituent à la facilité, grâce à la planche à billets, de dépenser sans compter. Dans un tel cas, l'inflation risque d'atteindre 1000 % par jour ou même par heure. Le résultat est la destruction de l'épargne, le retour au troc et l'arrêt de toute activité économique.

Le sénateur Lott ne plaidait pas en faveur de l'inflation. Il faisait simplement montre d'une attitude désinvolte envers l'indépendance des banques centrales et leur mission fondamentale de gestion efficace de l'économie.

Au Canada, nous avons également goûté à l'indépendance des gouverneurs de la Banque du Canada. James Coyne fut mis à la porte en 1961 par le gouvernement conservateur à la suite d'un désaccord politique fondamental. Par après, chacun de ses successeurs a signé avec le gouvernement un accord stipulant que le ministre des Finances a le droit d'imposer une politique donnée, auquel cas le gouverneur peut exprimer son désaccord et démissionner.

L'idée même de la démission du gouverneur de la Banque du Canada incite les gouvernements à réfléchir avant d'imposer leur politique. Une telle démission déstabiliserait les marchés monétaires et provoquerait un désastre. Par conséquent, le gouvernement peut obtenir ce qu'il veut, mais cela risque de coûter cher.

Les responsables des banques centrales se montrent parfois exaspérants, mais ils nous protègent.

Source : David Bond, « An Independant Central Banker Serves us Well », *Vancouver Sun*, 24 janvier 1997, dernière édition, p. D2.

MINITEST

■ Le gouverneur de la Banque du Canada devrait-il être élu ? Justifiez votre réponse.

LA BANQUE CENTRALE DOIT-ELLE VISER UNE INFLATION NULLE ?

Selon l'un des **dix principes d'économie** énoncés au chapitre 1, repris de manière plus détaillée au chapitre 11, les prix montent lorsque le gouvernement émet trop de monnaie. Un autre de ces principes, repris celui-là au chapitre 16, est que la société est soumise à un arbitrage à court terme entre l'inflation et le chômage. Pris ensemble, ces deux principes posent un problème aux dirigeants : quel taux d'inflation la banque centrale devrait-elle viser ? Notre troisième controverse concerne l'objectif d'inflation de la banque centrale : devrait-elle viser une inflation nulle ?

LES PARTISANS D'UN OBJECTIF D'INFLATION NULLE POUR LA BANQUE CENTRALE

L'inflation ne présente aucun intérêt pour la société et impose en revanche des coûts très réels. Comme nous l'avons vu au chapitre 11, les économistes reconnaissent six coûts à l'inflation :

- les coûts d'usure,

- les coûts d'affichage,

- la variabilité des prix relatifs,

- les distorsions fiscales,

- le désagrément et la confusion,

- la redistribution arbitraire de la richesse et des revenus.

Certains font valoir que ces coûts demeurent faibles, du moins tant que l'inflation demeure modérée, comme cela a été le cas au Canada depuis 1990, avec un taux annuel oscillant autour de 2 %. D'autres économistes croient plutôt que ces coûts sont importants, même lorsque l'inflation est faible. D'ailleurs, il ne fait aucun doute que le public déteste l'inflation, car dès qu'elle augmente, elle figure immédiatement parmi les problèmes perçus comme les plus graves dans les sondages d'opinion.

Bien entendu, il faut évaluer les avantages d'une inflation nulle par rapport aux sacrifices consentis pour y parvenir, qui eux se payent en matière de chômage et de baisse de la production, comme on l'a démontré à l'aide de la courbe de Phillips à court terme. Mais une récession désinflationniste n'est jamais que temporaire. Une fois que les agents économiques ont compris que les autorités monétaires visent une inflation nulle, leurs anticipations d'inflation diminuent et l'arbitrage à court terme entre l'inflation et le chômage s'améliore. Ces ajustements expliquent pourquoi il n'existe pas d'arbitrage à long terme entre l'inflation et le chômage.

La lutte contre l'inflation impose donc des coûts temporaires, mais elle rapporte des bénéfices permanents. Une fois que le processus désinflationniste s'achève, les avantages d'une inflation nulle persistent. Les gouvernants intelligents devraient comprendre cela et accepter des inconvénients temporaires pour obtenir des avantages durables. C'est précisément ce que fit la Banque du Canada au début des années 1980 et, à nouveau, au début des années 1990, lorsqu'elle adopta un programme de contraction monétaire pour réduire l'inflation.

En outre, les coûts de la désinflation ne sont pas nécessairement aussi élevés que certains le prétendent. Si la Banque du Canada annonce de façon crédible son intention de ramener l'inflation à zéro, elle réduit les anticipations d'inflation, ce qui améliore l'arbitrage à court terme entre l'inflation et le chômage et allège d'autant le coût de la lutte contre l'inflation. Une telle stratégie repose sur la crédibilité : le public doit être convaincu que la Banque du Canada mettra à exécution le programme qu'elle a annoncé. Le Parlement pourrait lui donner un bon coup de main en adoptant une loi qui fait de la stabilité des prix la priorité de la Banque. Une telle loi réduirait les coûts de l'atteinte de l'objectif d'inflation nulle, sans pour autant en limiter les avantages.

Une inflation nulle a le mérite de la simplicité. Imaginons un instant que la Banque du Canada annonce son intention de maintenir l'inflation à 2 % — le taux moyen observé depuis 1990. Va-t-elle vraiment s'y tenir ? Si on suppose que des événements font monter l'inflation jusqu'à 4 % ou même 5 %, pourquoi ne réviserait-elle pas à la hausse son objectif? Ces 2 % initiaux n'ont rien de bien particulier. En revanche, zéro est le seul chiffre synonyme de stabilité des prix et d'élimination complète des coûts de l'inflation.

LES OPPOSANTS À UN OBJECTIF D'INFLATION NULLE POUR LA BANQUE CENTRALE

Même si la stabilité des prix semble désirable, une inflation nulle n'est guère plus avantageuse qu'une inflation modérée. Par contre, les coûts entraînés pour y parvenir sont beaucoup plus lourds. Selon les évaluations des ratios de sacrifice, pour réduire l'inflation de 1 %, il faut accepter une baisse de la production annuelle de 2 % à 5 %. En choisissant un chiffre à mi-chemin entre ces estimations, on s'aperçoit que, pour réduire l'inflation de 4 % à 0 %, il faut sacrifier 14 % de la production d'une année. Sur un PIB d'environ 1600 milliards de dollars en 2008, cela signifie une perte de production de 225 milliards, soit 6800 $ de revenu par habitant. Même si les gens n'aiment guère l'inflation, il est loin d'être certain qu'ils soient prêts à payer un tel prix pour s'en débarrasser.

Le coût social de la désinflation est même supérieur à une perte de revenu de 14 % par personne, car il ne se répartit pas également entre tous les citoyens. La récession ne touche pas tout le monde de la même manière. En fait, la perte de revenu agrégé est concentrée chez les travailleurs qui perdent leur emploi. Les travailleurs les plus vulnérables sont souvent les moins qualifiés ou ceux qui ont peu d'expérience. Par conséquent, ce sont ceux qui peuvent le moins se le permettre qui assument pourtant une bonne partie du coût de la désinflation.

Les économistes s'entendent pour énumérer les nombreux coûts engendrés par l'inflation, mais pas pour évaluer leur ampleur. Les coûts d'usure, d'affichage ou autres, reconnus par tous les économistes, ne semblent pas à première vue particulièrement lourds, du moins pour des taux d'inflation modérés. Certes, le public n'aime pas l'inflation, mais c'est peut-être parce qu'il croit, à tort, que l'inflation érode son niveau de vie. Les économistes savent que le niveau de vie dépend de la productivité et non pas de la politique monétaire. En effet, puisque l'inflation des revenus nominaux va de pair avec la hausse des prix, la réduction de l'inflation ne fera pas augmenter plus rapidement les salaires réels.

Les dirigeants canadiens ont récemment adopté un certain nombre de mesures pour réduire les coûts de l'inflation. À l'automne 2000, le gouvernement fédéral a indexé les fourchettes d'imposition, pour empêcher l'inflation de pousser les contribuables vers des taux d'imposition supérieurs. Les gouvernements peuvent également réduire la redistribution arbitraire de la richesse entre débiteurs et créditeurs en cas d'inflation inattendue, par l'émission d'obligations d'État indexées. C'est ce que la Banque du Canada a fait en 1991, afin de protéger de l'inflation les détenteurs de ces obligations. En donnant l'exemple, elle encourage les emprunteurs privés et les prêteurs à conclure des emprunts à taux indexés.

La lutte contre l'inflation serait souhaitable si elle ne coûtait rien, et certains économistes prétendent que c'est le cas. Ils ont toutefois beaucoup de difficulté à prouver par des faits cette affirmation. Lorsque les pays réduisent leur inflation, la croissance diminue et le chômage augmente. Parier sur la crédibilité d'une banque centrale pour parvenir à juguler l'inflation rapidement et sans douleur est un choix risqué.

En fait, il semble plutôt qu'une récession désinflationniste laisse des séquelles économiques durables. Lors d'une récession, la baisse des dépenses en équipement et en infrastructure des entreprises dans tous les secteurs industriels fait de l'investissement la composante la plus volatile du PIB. Une fois la récession passée, la réduction du stock de capital maintient la productivité, les revenus et le niveau de vie à des niveaux inférieurs à ce qu'ils auraient dû être. De plus, en perdant leur emploi, les travailleurs perdent également une partie de leur capital humain. Même après la reprise économique, leur valeur en tant que travailleurs reste plus faible. Certains économistes font valoir que la lente diminution du taux de chômage, à la suite des récessions, est causée par cette perte de qualification des chômeurs, ainsi que par la difficulté qu'ils éprouvent à se retrouver un emploi.

Pourquoi alors imposer une récession désinflationniste si coûteuse pour ramener l'inflation à zéro, compte tenu des faibles avantages obtenus? L'économiste Alan Blinder, ancien vice-président de la Réserve fédérale américaine, a plaidé avec beaucoup de conviction, dans son ouvrage *Hard Heads, Soft Hearts*, afin que les politiciens canadiens ou américains — qui ne connaissent que des taux d'inflation modérés — renoncent complètement à ce type de politique:

> Les coûts entraînés par une inflation faible ou modérée, telle qu'on la connaît aux États-Unis et dans les autres pays industrialisés, semblent tout à fait modestes et pourraient se comparer davantage à un mauvais rhume qu'à un cancer… En tant qu'individus rationnels, nous ne sommes pas partisans d'une chimiothérapie pour traiter un rhume de cerveau. Néanmoins, en tant que collectivité, nous prescrivons régulièrement l'équivalent de la chimiothérapie (un fort chômage) comme remède contre le rhume de l'inflation.

Blinder conclut que mieux vaut apprendre à vivre avec une inflation modérée que de causer un mal pire que celui que l'on tente de combattre.

MINITEST

■ Expliquez les avantages et les inconvénients d'une politique visant à ramener l'inflation à zéro. Parmi ceux-ci, lesquels sont temporaires et lesquels sont permanents?

DOIT-ON RÉDUIRE LA DETTE PUBLIQUE?

La politique budgétaire a sans doute fait l'objet des plus âpres débats économiques des dernières années. Au cours des trois dernières décennies, le gouvernement fédéral et les gouvernements provinciaux ont dépensé beaucoup plus que leurs recettes fiscales et ont financé leurs déficits budgétaires par des emprunts. Comme nous l'avons vu au chapitre 8, il résulte de cette situation une dette publique très élevée. Dans ce chapitre, nous avons vu les conséquences des déficits sur l'épargne, l'investissement et le taux d'intérêt. Durant les dernières années, la plupart des gouvernements au Canada ont pris des mesures pour réduire et même éliminer leur déficit respectif. En février 1998, le gouvernement fédéral a annoncé un budget équilibré, pour la première fois depuis 1970. Depuis la fin des années 1990, les surplus budgétaires (des revenus plus élevés que les dépenses) ont été la norme au Canada. En fait, jusqu'en 2008, le gouvernement fédéral a enregistré douze budgets d'affilée en surplus, même si l'incertitude économique qui régnait à l'automne 2008 ne permettait pas de prédire que les surplus allaient durer. La plupart des provinces ont emboîté le pas au gouvernement fédéral, en accumulant des surplus budgétaires et en annonçant comment elles prévoyaient les utiliser : réductions d'impôt, financement de programmes publics et remboursement de la dette.

Notre quatrième controverse concerne l'utilisation de ces surplus budgétaires : devrait-on les consacrer au remboursement de la dette accumulée durant le dernier quart de siècle ou devrait-on plutôt éliminer les surplus budgétaires en réduisant le fardeau fiscal ou en finançant d'autres programmes publics ?

LES PARTISANS DE LA RÉDUCTION DE LA DETTE PUBLIQUE

À partir du milieu des années 1970 et jusqu'au milieu des années 1990, les dépenses publiques canadiennes ont grandement dépassé les recettes fiscales. À l'échelon fédéral, on a vu la dette publique nette passer de 25 milliards de dollars en 1975 à un record de 588 milliards en 1997. Même si une partie de cette dette a été remboursée depuis 1997, elle s'élève toujours à 508 milliards en 2009. Si on divise ce montant par la population totale du Canada, on obtient un endettement de plus de 15 000 $ par habitant. Si on ajoute à cela les dettes des gouvernements provinciaux et territoriaux, la dette publique s'élève à 776 milliards en 2009, soit plus de 23 000 $ par personne.

« Ma part de la dette publique s'élève à 23 000 $. »

Un tel endettement public fait peser un fardeau financier sur les générations futures. Quand viendra le temps de rembourser le capital et les intérêts accumulés, les contribuables devront faire des choix difficiles. Ils devront payer plus d'impôts ou renoncer à certains services gouvernementaux, voire accepter l'un et l'autre sacrifices, afin de disposer des ressources suffisantes pour rembourser le principal et les intérêts des emprunts passés. Ils auront également l'option de repousser l'échéance en s'endettant davantage pour payer les intérêts et rembourser les pans de la dette venant à échéance. Fondamentalement, lorsque le gouvernement accumule les déficits budgétaires, il ne fait que transférer aux contribuables futurs la facture des dépenses publiques des contribuables actuels. Un tel endettement ne peut que réduire le niveau de vie des générations à venir.

Outre cet effet direct, les déficits budgétaires entraînent d'autres conséquences macroéconomiques. Étant donné qu'un déficit représente une épargne gouvernementale négative, l'épargne nationale (la somme de l'épargne privée et de l'épargne publique) est réduite, ce qui contribue à faire augmenter le taux de change réel et à diminuer les exportations nettes. Une succession de déficits gouvernementaux importants, associée à une forte augmentation de la dette publique, accroît également le risque de non-paiement couru par les prêteurs qui envisagent d'acheter des obligations canadiennes. Le taux d'intérêt réel au Canada reste alors supérieur au taux d'intérêt réel ailleurs dans le monde. Ce taux décourage les investissements et réduit l'accumulation du capital. La productivité, les salaires réels et la production de biens et de services sont alors réduits. Par conséquent, lorsque le gouvernement s'endette, nous léguons aux générations futures une économie où les impôts sont élevés et les revenus sont faibles.

Néanmoins, certaines situations justifient un déficit budgétaire. Au cours de l'histoire, la guerre a généralement constitué une raison majeure d'endettement public. Un conflit armé fait temporairement monter les dépenses gouvernementales et, dans ce cas, il est légitime d'emprunter pour financer les dépenses. Sinon, les impôts devraient augmenter fortement en période de guerre. Un tel alourdissement du fardeau fiscal inciterait les contribuables à moins travailler et provoquerait d'immenses pertes sèches. En outre, une telle hausse de la fiscalité serait injuste pour la population, qui doit déjà consentir de grands sacrifices en temps de guerre. Pour une raison similaire, on peut défendre le financement des infrastructures publiques par des emprunts. En effet, ces infrastructures (routes, ponts, égoûts, etc.) profiteront non seulement aux contribuables actuels, mais aussi aux générations futures. Il serait donc injuste de demander aux citoyens actuels de payer en entier le coût de ces nouvelles infrastructures.

De la même manière, un déficit budgétaire peut être acceptable durant une récession. Lors d'un ralentissement économique, les recettes fiscales diminuent automatiquement, puisqu'elles dépendent directement du revenu agrégé et des dépenses agrégées. En période de récession, si le gouvernement essaie de présenter un budget équilibré, il lui faudra augmenter les impôts ou réduire ses dépenses, au moment où le taux de chômage est élevé. Une telle politique aura pour effet de réduire la demande agrégée, alors qu'il faudrait au contraire la stimuler, ce qui aggravera les fluctuations macroéconomiques.

L'accumulation massive de dette par les gouvernements provinciaux et fédéral depuis les années 1970 est difficile à justifier. La responsabilité en incombe aux gouvernants qui n'ont pas su profiter des périodes de forte croissance économique pour rembourser la dette contractée durant les récessions. Considérons, par exemple, la récession de 1980-1981, qui s'est soldée par un alourdissement considérable de la dette fédérale. Il s'agissait de la pire récession au Canada depuis la Grande Dépression des années 1930 et elle fut marquée par d'importantes pertes de recettes fiscales et par une augmentation considérable des dépenses d'assurance emploi.

Il n'est donc pas surprenant que le déficit du gouvernement fédéral ait augmenté et que la dette publique se soit alourdie au cours de cette période. Cependant, de 1983 à 1988, le PIB réel a crû en moyenne de 4,5 % par année. Durant cette période, la croissance des revenus garantissait de solides recettes fiscales et permettait la réduction du coût de programmes comme celui de l'assurance emploi. C'était l'occasion idéale pour le gouvernement fédéral de réaliser des surplus budgétaires et de rembourser la dette contractée durant la récession. Mais il a continué à accumuler de lourds déficits budgétaires et la dette nationale a encore augmenté. En 1985, alors que la croissance économique annuelle atteignait 5,3 %, le gouvernement fédéral a annoncé un déficit dépassant 38 milliards de dollars (soit l'équivalent de 67 milliards de dollars de 2009).

Il est bien difficile de trouver les raisons logiques d'une telle politique. Même si les gouvernements ne sont pas absolument tenus d'équilibrer leur budget chaque année, ils devraient tenter de maintenir l'équilibre à moyen terme, au cours du cycle économique (ou viser un léger déficit budgétaire pour tenir compte des dépenses en infrastructures). Il faudrait pour cela accumuler des surplus budgétaires en période de vaches grasses pour compenser les déficits naturels en période de vaches maigres. Si le gouvernement fédéral avait suivi cette règle fort simple à partir de 1975, les diplômés arriveraient aujourd'hui dans une économie beaucoup plus prospère.

Il est grand temps de corriger cette erreur politique. Une plus grande discipline fiscale et une bonne dose de chance ont permis au gouvernement fédéral et à la plupart des provinces de réaliser des surplus. Ces surplus devraient servir à rembourser la dette accumulée.

Si on compare avec l'autre option (maintenir de forts déficits budgétaires), rembourser la dette permettra de stimuler l'épargne, l'investissement et la croissance économique. Ainsi, les générations futures arriveront dans une économie plus prospère.

LES OPPOSANTS À LA RÉDUCTION DE LA DETTE PUBLIQUE

On exagère beaucoup le problème de la dette publique. Bien que cette dette représente un fardeau pour les jeunes générations actuelles, elle n'est pas énorme si on la compare aux revenus gagnés par une personne pendant sa vie active. La dette combinée des gouvernements provinciaux et fédéral représente environ 23 000 $ par personne. Une personne qui travaille pendant 40 ans en gagnant 40 000 $ par année touche 1,6 million de dollars au cours de sa vie active. Sa part de la dette nationale correspond donc à environ 2,5 % de ses ressources à vie.

En se concentrant uniquement sur la dette publique, on finit par perdre de vue qu'il ne s'agit que d'un aspect des choix de dépense et d'imposition des gouvernements. Les conséquences des décisions gouvernementales touchent de diverses façons les contribuables de différentes générations. Les déficits ou les surplus budgétaires doivent donc être analysés dans le contexte plus large de la politique budgétaire.

Imaginons, par exemple, que les gouvernements se servent de leurs surplus budgétaires pour rembourser la dette, au lieu de dépenser plus en éducation. En quoi cela favorisera-t-il les jeunes générations? Certes, une dette publique moins importante allégera leurs impôts lorsqu'ils entreront sur le marché du travail. Mais s'ils sont moins instruits, leur productivité et leurs revenus seront plus faibles. Bien des analyses confirment que le rendement de l'éducation est élevé (c'est-à-dire qu'une année de scolarité supplémentaire fait substantiellement augmenter le revenu d'un travailleur). Rembourser la dette publique plutôt que financer l'éducation n'est probablement pas la meilleure des décisions, tout bien considéré, pour les générations futures.

En faisant de la dette publique une obsession, on risque aussi d'oublier que d'autres politiques ont un impact sur la distribution intergénérationnelle des revenus. Le gouvernement fédéral et le gouvernement du Québec ont récemment augmenté les cotisations prélevées sur la masse salariale afin de financer le Régime de pensions du Canada (RPC) et le Régime des rentes du Québec (RRQ), destinés aux retraités. Cette politique a pour effet de redistribuer une partie des revenus des jeunes générations (qui assument le coût des charges sociales) aux personnes âgées (qui reçoivent les prestations du régime), même si cela n'affecte pas la dette fédérale. On voit donc que la gestion de la dette publique n'est qu'un élément parmi tant d'autres des effets des politiques budgétaires sur le bien-être des différentes générations.

Dans une certaine mesure, les effets négatifs de la dette publique peuvent être atténués par des parents qui anticipent l'avenir. Si ces derniers profitent des avantages d'une faible imposition et de généreuses prestations sociales, mais qu'ils s'inquiètent des effets de l'endettement qui en résulte pour leurs enfants, ils peuvent économiser pour leur laisser un héritage plus confortable, qui leur permettra de faire face au fardeau fiscal qui les attend. Certains économistes affirment que les gens se comportent ainsi. Or, si c'était effectivement le cas, l'épargne privée plus élevée viendrait compenser la désépargne causée par les déficits budgétaires et annuler ses effets sur l'économie. La plupart des économistes doutent toutefois que les parents aient une telle vision à long terme, même si quelques exceptions confirment sans doute la règle. Les déficits budgétaires permettent ainsi aux parents actuels de consommer aux dépens de leurs enfants, sans pourtant les y obliger. Si le problème de la dette publique était aussi important qu'on le dit pour les générations futures, certains parents n'hésiteraient pas à apporter leur contribution en épargnant davantage.

Les gens qui s'opposent aux déficits budgétaires font parfois remarquer que la dette publique ne peut augmenter constamment, alors qu'en réalité elle le peut. Tout comme une banque évalue une demande de prêt en fonction des revenus du client, nous devrions juger du fardeau de la dette en fonction du revenu national. La croissance démographique et la hausse de la productivité font augmenter le revenu total de l'économie canadienne, de même que sa capacité à payer des intérêts sur la dette publique. Tant et aussi longtemps que la dette publique croît moins rapidement que le revenu national (le PIB), rien n'empêche la dette de progresser indéfiniment.

Quelques données permettent de mettre cette question en perspective. Le PIB réel du Canada augmente en moyenne de 3 % par année. Si le taux d'inflation tourne autour de 2 %, le revenu nominal augmente d'environ 5 % annuellement. La dette publique peut donc croître de 5 % par année, sans pour autant augmenter le ratio dette / PIB. En 2009, la dette fédérale atteint 508 milliards de dollars ; 5 % de cette somme équivaut donc à 25 milliards de dollars. Tant que le déficit fédéral ne dépasse pas ce dernier montant, il reste soutenable à long terme. On ne verra jamais le moment où on devra cesser d'avoir des déficits budgétaires, pas plus qu'on ne risque de voir l'économie s'effondrer.

Si un déficit budgétaire modéré est viable, le gouvernement a peu de raisons de faire des surplus. Il aura davantage intérêt à dépenser les revenus supplémentaires pour financer des programmes utiles, comme l'éducation. Il peut aussi réduire la ponction fiscale. À la fin des années 1990, les impôts avaient atteint un maximum historique par rapport au PIB. Il y avait donc toutes les raisons de croire que les pertes sèches avaient elles aussi atteint un maximum. S'il n'a pas besoin de ces sommes actuellement, le gouvernement devrait laisser cet argent à ceux qui l'ont gagné.

MINITEST

■ Dites en quoi la réduction du déficit public favorise les générations futures. Comment la politique budgétaire peut-elle améliorer le quotidien des futures générations autrement que par la réduction de la dette publique ?

DOIT-ON MODIFIER LA FISCALITÉ POUR ENCOURAGER L'ÉPARGNE ?

Le niveau de vie d'un pays dépend de sa capacité à produire des biens et des services, selon l'un des **dix principes d'économie** énoncés au chapitre 1. Or, comme nous l'avons vu au chapitre 7, la capacité de production d'un pays est déterminée en grande partie par ses taux d'épargne et d'investissement. Notre cinquième controverse porte donc sur les incitatifs fiscaux qui encouragent l'épargne et l'investissement.

LES PARTISANS DE LA MODIFICATION DE LA FISCALITÉ POUR ENCOURAGER L'ÉPARGNE

Le taux d'épargne d'un pays est un facteur-clé de sa prospérité à long terme. Une épargne élevée fournit les ressources nécessaires pour investir dans les infrastructures et les équipements. De solides infrastructures de production garantissent une meilleure productivité, ainsi que des salaires et des revenus plus élevés. Il n'est donc pas surprenant de constater une corrélation entre le taux d'épargne nationale et les indices de prospérité économique.

Un autre des **dix principes d'économie** présentés au premier chapitre concerne le comportement des gens à l'égard des incitatifs. Ce principe s'applique également aux décisions relatives à l'épargne : si la législation encourage l'épargne, les gens auront tendance à épargner une fraction élevée de leurs revenus, et cette épargne élevée mènera à un avenir plus confortable.

Malheureusement, la fiscalité canadienne décourage l'épargne, car elle impose fortement les revenus provenant de l'épargne. Par exemple, prenons une jeune travailleuse de 25 ans qui économise 1000 $ pour s'assurer une retraite confortable à 70 ans. Si elle achète des obligations qui rapportent un taux d'intérêt de 10 %, elle aura accumulé, en 45 ans, 72 900 $ avant impôt. Dans l'hypothèse où son taux marginal d'imposition sur ces intérêts est de 40 %, ce qui correspond en gros à la somme des impôts provincial et fédéral pour un revenu moyen, le taux d'intérêt après impôt ne dépassera pas 6 % et les 1000 $ ne rapporteront que 13 800 $ sur la période de 45 ans. Cela signifie que, durant toute cette période, l'impôt aura grignoté 80 % des revenus d'épargne de cette travailleuse, soit la différence entre 72 900 $ et 13 800 $.

Le régime fiscal décourage encore plus l'épargne en imposant doublement certains revenus du capital. Prenons l'exemple d'une personne qui place son épargne dans des actions d'une grande société canadienne. Lorsque cette société fait des profits sur ses investissements, elle commence par payer l'impôt des sociétés. Si elle redistribue ce qui reste des profits à ses actionnaires sous forme de dividendes, ces derniers devront cette fois payer l'impôt sur le revenu des particuliers. Cette double imposition réduit sérieusement le rendement des actions et, par la même occasion, l'incitation à épargner.

Outre les lois fiscales, bien d'autres politiques et institutions canadiennes découragent l'épargne. Certains transferts du gouvernement, comme la pension de Sécurité de la vieillesse, sont basés sur des critères de revenus ; dès lors, ceux qui ont eu la prudence d'épargner pour leurs vieux jours voient leurs prestations amputées. De la même façon, les universités accordent une aide financière en fonction de la richesse des étudiants et de leurs parents : il s'agit en fait d'une forme d'impôt sur la richesse, qui décourage l'épargne des étudiants et de leurs parents.

Il existe cependant différentes façons d'inciter les gens à épargner ou, du moins, à ne pas les en décourager, comme c'est actuellement le cas. Les lois sur l'impôt accordent un traitement fiscal préférentiel à certaines formes d'épargne en vue de la retraite. Lorsqu'un contribuable place une partie de son revenu dans un régime enregistré d'épargne-retraite (REER), le capital et les intérêts rapportés sont à l'abri de l'impôt jusqu'à ce qu'il les retire. Néanmoins, les montants pouvant être placés dans un REER sont plafonnés annuellement. Après des années où la limite est restée fixée à 13 500 $, cette limite a été relevée progressivement jusqu'à 21 000 $ en 2009. Le relèvement de ce plafond constitue un signe encourageant de l'intérêt croissant du gouvernement fédéral envers l'épargne des ménages.

Le gouvernement fédéral a institué, en 1991, une autre forme d'incitation à l'épargne, soit la taxe sur les produits et services (TPS). L'essentiel des recettes fiscales du gouvernement fédéral provient de l'impôt sur le revenu des particuliers. Dans un tel régime, un dollar gagné est automatiquement imposé, qu'il soit épargné ou dépensé. La TPS, une taxe à la consommation, n'est appliquée que dans la mesure où les ménages dépensent. Le revenu épargné n'est donc pas imposé tant qu'il n'est pas dépensé. C'est la raison pour laquelle une taxe sur la consommation constitue une incitation à l'épargne. Et c'est pourquoi les économistes plaident généralement pour une augmentation des taxes sur la consommation, à la faveur d'une réduction de l'imposition directe sur le revenu.

Notons qu'en 2007 et 2008, malgré la préférence manifestée par la majorité des économistes pour une taxation plus importante de la consommation, le gouvernement fédéral a fait le contraire en réduisant le taux de la TPS de 7 à 5 %.

LES OPPOSANTS À LA MODIFICATION DE LA FISCALITÉ POUR ENCOURAGER L'ÉPARGNE

Encourager l'épargne se justifie pleinement, mais cela ne devrait pas être l'unique objectif de la politique budgétaire. Les dirigeants devraient également s'assurer de la répartition équitable du fardeau fiscal. Or les politiques visant à encourager l'épargne finissent par augmenter le fardeau fiscal des plus démunis.

Les ménages à revenu élevé ont un taux d'épargne supérieur aux ménages à faible revenu. Par conséquent, toute modification du régime fiscal qui favorise les épargnants améliore directement la situation des classes les plus favorisées. Les mesures fiscales du type REER sont attirantes, mais elles accentuent les inégalités. En allégeant le fardeau fiscal des plus riches, qui ont les moyens de profiter de ce genre de mesures, on force le gouvernement à augmenter celui des plus pauvres.

Par ailleurs, les politiques fiscales destinées à encourager l'épargne ne parviennent pas toujours à leur fin. De nombreuses études montrent que l'épargne est relativement inélastique ; autrement dit, elle est peu sensible au taux de rendement. Si c'est le cas, les politiques qui améliorent le rendement de l'épargne auront pour effet d'enrichir les plus fortunés, sans les inciter à épargner davantage.

La théorie économique ne fournit pas d'indication claire quant à l'effet d'un rendement supérieur sur la valeur de l'épargne. Le résultat dépend de l'ampleur relative de deux effets opposés : l'*effet de substitution* et l'*effet de revenu*. D'une part, un rendement plus élevé accroît les bénéfices de l'épargne et chaque dollar économisé aujourd'hui permet de consommer plus demain ; cet effet de substitution tend à encourager l'épargne. D'autre part, un rendement supérieur réduit le besoin d'épargner, puisqu'un ménage peut épargner moins et atteindre tout de même un niveau de consommation donné ; cet effet de revenu tend à réduire l'épargne. Si l'effet de substitution et l'effet de revenu sont de taille plus ou moins égale, comme plusieurs études le laissent entendre, l'épargne ne changera à peu près pas lorsqu'un allégement de l'impôt sur le revenu du capital améliorera le taux de rendement de l'épargne.

Mis à part les avantages fiscaux pour les riches, il existe d'autres moyens d'encourager l'épargne nationale. Rappelons en effet que l'épargne nationale est la somme de l'épargne privée et de l'épargne publique. Au lieu de modifier la fiscalité pour stimuler l'épargne privée, les dirigeants pourraient accroître l'épargne publique en réalisant des surplus budgétaires. Cela pourrait se faire grâce à une augmentation de l'impôt sur les revenus élevés, par exemple, ou à une réduction des dépenses publiques. Voilà un moyen direct d'augmenter l'épargne et d'assurer la prospérité des générations futures.

Lorsqu'on tient compte de l'épargne publique, on se rend compte que les réformes fiscales visant à encourager l'épargne privée risquent de poser problème. En effet, elles mènent à une réduction des recettes fiscales provenant des revenus de placement, ce qui conduit à une détérioration du solde budgétaire du gouvernement. Pour que soit encouragée l'épargne nationale, il faut donc que les réformes fassent augmenter l'épargne privée plus qu'elles ne réduisent l'épargne publique. Sinon, ces mesures n'amélioreront pas la situation.

MINITEST

■ Démontrez par trois exemples comment notre société décourage l'épargne. Quels seraient les inconvénients de l'élimination de ces mesures qui découragent l'épargne ?

CONCLUSION

Dans ce chapitre, nous avons présenté cinq controverses portant sur la politique macroéconomique, en fournissant chaque fois les arguments des deux parties. Vous avez du mal à choisir votre camp ? Rassurez-vous, vous n'êtes pas seul dans ce cas. La connaissance de l'économie ne simplifie pas pour autant les choix politiques. En clarifiant les arbitrages inévitables auxquels doivent faire face les dirigeants, elle risque même de compliquer leurs dilemmes.

Les choix difficiles sont rarement résolus par des solutions simples. Lorsque vous entendez des politiciens ou des commentateurs faire des propositions trop belles pour être vraies, c'est probablement le cas. Il n'y a pas de miracles en économie et tout doit se payer. Vérifiez donc le coût caché de ce genre de propositions. Bien peu de politiques économiques ne présentent que des avantages. L'étude de l'économie vous permettra au moins de voir clair dans la rhétorique brumeuse des politiciens et fera de vous un citoyen plus apte à participer aux débats publics.

RÉSUMÉ

■ Les partisans de l'interventionnisme macroéconomique croient en l'instabilité intrinsèque de l'économie. Ils proposent d'utiliser les politiques monétaire et budgétaire pour stabiliser la demande agrégée. Les opposants à cet activisme monétaire et fiscal mettent l'accent sur les délais inhérents à ce type de mesure et sur le caractère incertain des prévisions macroéconomiques. Les tentatives de stabilisation de l'économie seraient plutôt, selon eux, déstabilisatrices.

■ Les partisans de l'indépendance des banques centrales considèrent qu'elle les protégerait contre toute utilisation de la politique monétaire par des gouvernants désireux d'influencer les électeurs. Ils font également remarquer que cette indépendance permet de maintenir une faible inflation et, par conséquent, un arbitrage plus avantageux à court terme entre l'inflation et le chômage. Les critiques de cette indépendance des banques centrales croient pourtant que, étant donné les effets importants et durables de la politique monétaire sur la demande agrégée et, dès lors, sur la production et l'emploi, les citoyens devraient avoir leur mot à dire sur la conduite de la politique monétaire, comme dans le cas de la politique budgétaire.

■ Les partisans de l'objectif d'inflation nulle insistent sur les coûts multiples et l'absence d'avantages de l'inflation. En outre, le coût de la désinflation, en matière de production

et de chômage, est temporaire. Ce coût peut d'ailleurs être réduit par l'annonce d'un plan crédible de lutte contre l'inflation, ce qui a pour résultat de réduire les anticipations inflationnistes. Les opposants à l'objectif d'inflation nulle croient plutôt qu'une inflation modérée n'impose à la société que de faibles coûts, par rapport aux énormes sacrifices à consentir pour atteindre cet objectif.

■ Les partisans de la réduction de la dette publique considèrent que la dette est un fardeau transmis aux générations futures, qui devront, pour la rembourser, payer davantage d'impôt et donc disposer d'un revenu plus faible. Les opposants à ce type d'intervention déclarent qu'il ne s'agit là que d'un fragment de la politique budgétaire et que, en lui accordant trop d'attention, on finit par oublier les conséquences des autres facettes de la politique budgétaire.

■ Les partisans des modifications de la fiscalité visant à favoriser l'épargne montrent que notre société décourage cette dernière de bien des manières, entre autres en imposant le revenu de l'épargne et en réduisant les avantages de ceux qui ont accumulé de la richesse. Ils approuvent les réformes fiscales qui cherchent à encourager l'épargne, que ce soit au moyen d'une taxe sur la consommation ou d'une augmentation de la contribution permise à un REER. Les opposants à ces incitatifs fiscaux font valoir que ceux-ci avantagent uniquement les plus riches, qui n'ont pas besoin de ce type d'allégement fiscal. Ils pensent également que de telles modifications ont un effet très limité sur l'épargne privée et que l'augmentation de l'épargne publique, par l'intermédiaire des surplus budgétaires, serait un moyen plus direct et plus équitable d'accroître l'épargne nationale.

QUESTIONS DE RÉVISION

1. Expliquez pourquoi les politiques monétaire et budgétaire font sentir leurs effets avec un certain retard. Pourquoi ces délais importent-ils dans le choix d'une politique active ou passive ?

2. Pourquoi la banque centrale serait-elle tentée de créer un cycle politique ? Si on suppose qu'un tel cycle existe, comment modifie-t-il le débat sur l'indépendance de la banque centrale dans la conduite de la politique monétaire ?

3. Pourquoi la crédibilité de la banque centrale est-elle importante en ce qui concerne la réduction du coût de la lutte contre l'inflation ?

4. Pourquoi certains économistes s'opposent-ils à l'objectif d'inflation nulle ?

5. Citez deux raisons pour lesquelles un déficit budgétaire gouvernemental a un effet négatif sur les travailleurs futurs.

6. Quelles sont les deux situations qui justifient, selon la plupart des économistes, un déficit budgétaire ?

7. Donnez un exemple d'une politique gouvernementale qui vise à réduire la dette nationale et qui risque de pénaliser les générations futures.

8. Certains économistes n'hésitent pas à affirmer que le gouvernement peut se permettre d'accumuler des déficits indéfiniment. Expliquez comment ils justifient cette affirmation.

9. Certains revenus de placement sont imposés doublement. Dites comment.

10. Outre la politique fiscale, la société décourage l'épargne au Canada d'autres manières. Donnez-en un exemple.

11. Quels effets négatifs les incitatifs fiscaux favorisant l'épargne peuvent-ils avoir ?

SUGGESTIONS DE LECTURES ESTIVALES

Si vous avez apprécié le cours d'économie que vous venez de terminer, peut-être prendriez-vous plaisir à lire l'un de ces livres.

- *Comprendre l'économie : Ou comment les économistes pensent*, Pierre Lemieux, Paris, Les Belles Lettres, 2008. L'auteur, professeur d'économie à l'Université du Québec en Outaouais, présente les grandes composantes de la théorie économique, sans le moindre artifice mathématique ou graphique. Un tour de force et une lecture passionnante.

- *La face cachée des politiques publiques*, Nathalie Elgrably, Montréal, Éditions Logiques, 2006. Cette économiste à HEC Montréal et à l'IEM jette un regard critique sur les politiques publiques québécoises et canadiennes.

- *Les grands économistes*, Robert L. Heilbroner, Paris, Seuil, 1971. Ce petit livre abordable présente la vie et les idées de quelques économistes célèbres : Smith, Ricardo, Marx, Keynes, Schumpeter, etc.

- *On n'a pas les gouvernements qu'on mérite : regards d'économiste sur les choix publics*, Jean-Luc Migué, Montréal, Carte Blanche, 2007. Un des rares économistes québécois spécialiste de la théorie des choix publics, l'auteur examine les problèmes liés à l'intervention des gouvernements dans la société.

- *The Armchair Economist : Economics and Everyday Life*, Steven E. Landsburg, New York, The Free Press, 1993. Landsburg discute certains des petits puzzles économiques qui émaillent la vie quotidienne.

- *Capitalism and Freedom*, Milton Friedman, Chicago, University of Chicago Press, 1962. Écrit par l'un des économistes les plus influents du XXe siècle, ce livre offre un plaidoyer percutant en faveur de l'économie de marché.

- *Economic Myths : Making Sense of Canadian Public Policy, Fourth Edition*, Patrick Luciani, Toronto, Addison Wesley, 2004. Des applications concrètes, dans un contexte canadien, des concepts développés dans le livre que vous avez entre les mains.

- *Getting It Right : Markets and Choices in a Free Society*, Robert J. Barro, Cambridge, Mass., MIT Press, 1996. Cette collection d'essais, parus dans le *Wall Street Journal*, permet à l'auteur d'offrir sa vision du fonctionnement de l'économie et d'examiner le rôle que devrait jouer le gouvernement.

- *Hidden Order : The Economics of Everyday Life*, David Friedman, New York, HarperCollins, 1996. Ce livre présente une analyse distrayante de la pertinence de l'analyse microéconomique dans l'explication de la vie de tous les jours.

- *Murder at the Margin*, Marshall Jevons, Princeton, N.J., Princeton University Press, 1993, et *The Fatal Equilibrium*, Marshall Jevons, Cambridge, Mass., MIT Press, 1985. Dans chacun de ces romans noirs, l'auteur utilise la boîte à outils de l'économiste afin de débusquer le coupable. Étonnant et amusant !

- *Naked Economics : Undressing The Dismal Science*, Charles Wheelan, New York, W.W. Norton & Company, 2002. Cet ancien correspondant pour le magazine *The Economist* présente la plupart des concepts économiques importants, sans artifices et en donnant des exemples tirés de la vie quotidienne.

- *New Ideas from Dead Economists*, Todd G. Buchholz, New York, Penguin Books, 1989. Ce petit livre sympathique offre un survol de l'histoire de la pensée économique.

- ***Power and Prosperity***, Mancur Olson, New York, Basic Books, 2000. Pourquoi certaines économies sont-elles plus prospères que d'autres? L'auteur, rendu célèbre par le livre *La logique de l'action collective*, explore ici ce que les gouvernements doivent faire pour rendre les marchés efficaces.

- ***The Price of Everything: A Parable of Possibility and Prosperity***, Russel Roberts, Princeton, N.J., Princeton University Press, 2008. Écrit par un professeur d'économie à l'Université George Mason, ce livre explique, à l'aide de paraboles et de dialogues, les principes du fonctionnement du système des prix.

- ***Thinking Strategically: A Competitive Edge in Business, Politics, and Everyday Life***, Avinash Dixit and Barry Nalebuff, New York, Norton, 1991. Cette introduction à la théorie des jeux examine comment les gens — du dirigeant d'entreprises au criminel — prennent des décisions stratégiques.

- ***The Wealth and Poverty of Nations: Why Some Are So Rich and Some So Poor***, David S. Landes, New York, Norton, 1998. Revisitant la problématique mise de l'avant il y a plus de deux siècles par Adam Smith, l'auteur montre comment certains traits culturels permettent d'expliquer pourquoi de nombreux pays deviennent riches alors que d'autres demeurent pauvres.

- ***Why Globalization Works***, Martin Wolf, New Haven, Yale University Press, 2004. Le public est fortement divisé quant aux mérites de la mondialisation. Wolf examine les avantages et les coûts de ce phénomène qui nous touche tous.

- ***Why Popcorn Costs so Much at the Movies: And Other Pricing Puzzles***, Richard B. McKenzie, New York, Springer-Verlag, 2008. Pourquoi les tickets de cinéma sont-ils tous au même prix? Pourquoi une cartouche d'encre coûte-t-elle presque autant qu'une imprimante? L'auteur utilise les idées économiques de base pour expliquer une multitude de stratégies de prix.

- ***A World of Chance: Betting on Religion, Games and Wall Street***, Reuven Brenner, Gabrielle Brenner et Aaron Brown, Cambridge University Press, 2008. Un livre fascinant qui explore les facettes économiques, politiques, financières et historiques des jeux de hasard.

INDEX

Les numéros en caractères gras indiquent qu'une définition du terme se trouve sur la page correspondante.

SOURCES

PHOTOS ET ILLUSTRATIONS

TEXTES